Dressel/Baureis
Rechtshandbuch Nachhaltiges Planen, Bauen und Betreiben

Rechtshandbuch Nachhaltiges Planen, Bauen und Betreiben

ESG-Anforderungen in der Umsetzung

Herausgegeben von:

Dr. Florian Dressel
Rechtsanwalt

und

Anne Baureis
Rechtsanwältin

2024

Zitiervorschlag:
Dressel/Baureis Nachhaltigkeit BauR-HdB/Bearbeiter § … Rn. …

beck.de

ISBN 978 3 406 81700 7

© 2024 Verlag C.H.Beck oHG
Wilhelmstraße 9, 80801 München
Druck und Bindung: Beltz Grafische Betriebe GmbH
Am Fliegerhorst 8, 99947 Bad Langensalza

Satz: Druckerei C.H.Beck Nördlingen
Umschlag: Ralph Zimmermann – Bureau Parapluie

chbeck.de/nachhaltig

Gedruckt auf säurefreiem, alterungsbeständigem Papier
(hergestellt aus chlorfrei gebleichtem Zellstoff)

Alle urheberrechtlichen Nutzungsrechte bleiben vorbehalten.
Der Verlag behält sich auch das Recht vor, Vervielfältigungen dieses Werkes
zum Zwecke des Text and Data Mining vorzunehmen.

Vorwort

Die Anforderungen des Nachhaltigen Planens, Bauens und Betreibens von Gebäuden sind nicht neu – beflügelt durch internationale Abkommen, europäische Verordnungen und Richtlinien und die kontinuierlichen Entwicklungen in der nationalen Gesetzgebung hat der Begriff der Nachhaltigkeit in der Bau- und Immobilienbranche in den letzten Jahren aber einen gänzlich neuen Stellenwert erhalten.

Die Quellen nachhaltiger Anforderungen an die Planungen, die Errichtung und den Betrieb von Immobilien sind dabei vielfältig: Gesetzgebung, Finanzierungen, Markterwartungen und Selbstverpflichtungen der Bauherren, bzw. Betreiber sind maßgebliche Treiber. Entsprechend werden die Themen der Nachhaltigkeit auch unter verschiedenen Blickwinkeln betrachtet: ESG-Konformität, CRREM-Pfad-Betrachtung, Zertifizierungen, Green Lease, regenerative Energien oder Fördermöglichkeiten sind nur einige Aspekte, die aktuell in vielen Bauvorhaben eine Rolle spielen und deren Relevanz weiter zunehmen wird. Erstaunlicherweise gibt es gleichwohl – Stand heute – kein rechtliches Nachschlagewerk, in dem der Lebenszyklus von Immobilien unter Nachhaltigkeitsgesichtspunkten betrachtet wird. Dabei ist ein ganzheitlicher Ansatz unerlässlich, wenn Nachhaltigkeit tatsächlich in der Immobilie verankert werden soll.

Das vorliegende Rechtshandbuch „Nachhaltiges Planen, Bauen und Betreiben" füllt diese Lücke und beschäftigt sich ganzheitlich mit der Immobilie. Ziel der Darstellung ist es, die wesentlichen Phasen im Lebenszyklus einer Immobilie aus rechtlicher Perspektive abzubilden. Die jeweiligen Ausarbeitungen haben dabei nicht den Anspruch, die bereits vorhandene Rechtsprechung und Literatur umfassend und vollständig abzubilden. Ziel es ist vielmehr, dem Leser einen qualifizierten Einstieg in die Rechtsgebiete an sich zu bieten und dann Detailfragen der Nachhaltigkeit konkret und praxisbezogen zu erörtern.

Hinsichtlich der verwendeten Begrifflichkeiten orientiert sich die Darstellung bewusst an dem Begriff der Nachhaltigkeit und nimmt nur vereinzelt auf den vielfach analog verwendeten Begriff der „ESG-Konformität" Bezug. Letzterer ist trotz zunehmender Verbreitung der in Praxis in rechtlicher Sicht im Vergleich deutlich unschärfer. Um dem Leser, der mit der „ESG-Brille" dieses Rechtshandbuch heranzieht, zu unterstützen, wurden allerdings entsprechende Querverweise aufgenommen. Vielfach zeigt sich, dass die „ESG-Anforderungen" im Kern zumindest deckungsgleich mit dem klassischen Begriff der Nachhaltigkeit sind.

Zu der Darstellung im Einzelnen: Nach einem ausführlichen Überblick zu Grundlagen der Nachhaltigkeit und dem Stand von Gesetzgebung werden Nachhaltigkeitsstrategien erläutert und Ansätze der Vertragsgestaltung dargelegt. Technische Methoden, um überhaupt eine verlässliche Datengrundlage für Nachhaltigkeit zu ermitteln, werden in § 5 beschrieben, bevor sich eine Erläuterung von Zertifizierungsmöglichkeiten anschließt.

Auch wenn sich der Abschnitt „Vergabe" primär an den öffentlichen Auftraggeber richtet, der im Bereich der Nachhaltigkeit eine Vorreiterrolle einnehmen sollte, kann das Kapitel gleichwohl für den privaten Auftraggeber als Inspirationsquelle dienen, welche Kriterien bei der Auswahl des „richtigen" Vertragspartners angelegt werden können. In diesem Kontext ist auch die Darstellung der Nachhaltigkeit im öffentlichen Baurecht zu sehen, die gerade in der Projektentwicklung relevant ist.

Nach einer ausführlichen Darstellung des Planungsvertrages, der auch beleuchtet, was die aktuelle HOAI 2021 im Hinblick auf Nachhaltigkeit aussagt, wird der Vertrag mit dem Projektsteuerer in den Fokus gerückt. In beiden Vertragstypen sind zahlreiche Hinweise und Anregungen zur Vertragsgestaltung enthalten. Aktuelle Musterverträge bilden Nachhaltigkeit zumeist nicht ab; gleichwohl stehen die Parteien in der Vertragsgestaltung vor der Schwierigkeit, die für viele schwer greifbare Frage, was an Nachhaltigkeitszielen konkret

Vorwort

vereinbart werden soll, in Vertragsform zu packen. Hier setzt das Rechtshandbuch in den verschiedenen Vertragstypen – so auch im Bauvertrag – an und gibt konkrete und messbare Optionen und erläutert, wie diese im Vertrag umgesetzt werden können.

Auf den Endenergieverbrauch privater Haushalte entfielen im Jahr 2022 in Deutschland 28 % des Gesamtenergieverbrauchs oder 652 Terrawattstunden (TWh).[1] Nur knapp ein Fünftel der Energie für Raumwärme und Warmwasser wird dabei über erneuerbare Energien bereitgestellt.[2] Dies zeigt, welche Bedeutung dem Betrieb von Immobilien zukommt. Im Bereich Energierecht im Gebäudesektor liegt dabei der Fokus insbesondere auf Photovoltaik.

Der Ausbau derselben ist bereits in vielen Bundesländern im öffentlichen Baurecht verankert, gleichwohl stellen sich in der Umsetzung und beim Betrieb von Anlagen zahlreiche Fragen. Das öffentliche (Bau-)Recht erschöpft sich allerdings nicht in den Themen der Photovoltaik, weshalb auch diese Phase des Lebenszyklus im Rechtshandbuch abgebildet wird.

Stellvertretend für die Betriebsphase wird schließlich auch das Mietrecht betrachtet. Mietvertragliche Regelungen zur Nachhaltigkeit finden sich bereits seit einigen Jahren im Green Lease des ZIA[3]. Dabei geht das Rechtshandbuch aber über die Begrifflichkeiten des Green Lease hinaus und erläutert, welche Regelungen zur Nachhaltigkeit zusätzlich im Mietvertrag eingeführt werden können.

Abschließend finden auch versicherungs- und finanzierungsrechtliche Besonderheiten Berücksichtigung. Gerade im Planungs- und Baurecht spielt die vollständige und umfassende Absicherung der Vertragsparteien aufgrund des hohen Kapitaleinsatzes eine maßgebliche Rolle. Werden vertragliche Pflichten über das Bekannte hinaus erweitert, um Nachhaltigkeit rechtssicher in Verträgen abzubilden, muss der entsprechende Versicherungsschutz hierbei Schritt halten. Dies spielt insbesondere bei Themen wie Recyclingmaterialien, Gebäudetyp E und Abweichung von den allgemein anerkannten Regeln der Technik eine Rolle. Schon früh hat die Europäische Union erkannt, dass der Umbau des Kontinents hin zu einem klimaneutralen Kontinent im Jahr 2050 eine Verschiebung von Finanzströmen voraussetzt – der Umbau ist schlichtweg teuer. Entsprechend haben sich zahlreiche Fördermöglichkeiten entwickelt, um Nachhaltigkeit in der Immobilienbranche zu unterstützen und Finanzierungsinstitute „werben" mit günstigeren Zinsen. Beide Themen sind – aktuell – von erheblicher Relevanz beim Aufsetzen eines Projekts.

Die Anforderungen der Nachhaltigkeit werden in der Zukunft eine immer bedeutsamere Rolle in der Immobilienwirtschaft spielen. Ob mit ökologischem, sozialem oder ökonomischem Fokus – der rechtliche Rahmen und die Möglichkeiten der erfolgreichen Umsetzung in der Praxis sind immer entscheidend für den Erfolg. Dieses Rechtshandbuch will zu dem rechtlich, tatsächlich und politisch so wichtigem Thema einen Beitrag liefern. Die Autorinnen und Autoren und haben sich zusammengeschlossen, um dies zu ermöglichen und hierzu ihr jeweiliges Spezialwissen zur Verfügung gestellt.

In der Betrachtung über alle Rechtsgebiete und damit Lebenszyklen hinweg ergibt sich ein herausforderndes, aber doch auch positives Bild. Trotz zum Teil noch ungeklärter Einzelfragen – bereits heute haben wir die notwendigen rechtlichen Instrumente zur Hand, um Nachhaltigkeit erfolgreich im Lebenszyklus der Immobilie zu verankern. Ihre Umsetzung im Sinne künftiger Generationen obliegt allein uns.

Köln/Hamburg, im Mai 2024
Dr. Florian Dressel
Anne Baureis

---

[1] DENA-Gebäudereport 2024, Gebäudeforum Klimaneutral, Zahlen, Daten, Fakten zum Klimaschutz im Gebäudebestand, Seite 60 (Abbildung 82).
[2] DENA-Gebäudereport 2024, Gebäudeforum Klimaneutral, Zahlen, Daten, Fakten zum Klimaschutz im Gebäudebestand, Seite 63 (Abbildung 87).
[3] ZIA = Zentraler Immobilien Ausschuss.

Bearbeiterverzeichnis

Anne Baureis, Rechtsanwältin, Kapellmann und Partner Rechtsanwälte mbB, Hamburg
Luana Cortis, Architektin, KVL Projektentwicklung Plus Gmbh, München
Dr. Florian Dressel, Rechtsanwalt, LOSCHELDER RECHTSANWÄLTE Partnerschaftsgesellschaft mbB, Köln
Dr. Maike Friedrich, Rechtsanwältin, LOSCHELDER RECHTSANWÄLTE Partnerschaftsgesellschaft mbB, Köln
Dr. Julia Herdy, Rechtsanwältin, Kapellmann und Partner Rechtsanwälte mbB, München
Janos Mahlo, Rechtsanwalt, LOSCHELDER RECHTSANWÄLTE Partnerschaftsgesellschaft mbB, Köln
Richard Schwirtz, Rechtsanwalt, EUROMAF SA, Niederlassung für Deutschland, Düsseldorf
Prof. Dr. Michael Simon, Dr. Simon + Savas Ingenieurgesellschaft mbH, Frankfurt am Main
Dr. Julia Wiemer, Rechtsanwältin, Kapellmann und Partner Rechtsanwälte mbB, Mönchengladbach

Inhaltsübersicht

Vorwort	V
Bearbeiterverzeichnis	VII
Abkürzungsverzeichnis	XXI
Literaturverzeichnis	XXV

Kapitel 1 Einleitung ... 1

§ 1 Grundlagen *(Cortis)* ... 1

§ 2 Überblick über den Stand der Gesetzgebung und der Entwicklung *(Baureis)* ... 15

Kapitel 2 Nachhaltigkeitsstrategien und Grundlagen der Vertragsgestaltung ... 43

§ 3 Methodische Ansätze zur Ermittlung von Nachhaltigkeitsstrategien am Bau *(Baureis/Dressel)* ... 43

§ 4 Konzeptionelle Ansätze in der Vertragsgestaltung *(Baureis/Dressel)* ... 55

§ 5 Methoden und Ansätze zur Unterstützung des nachhaltigen Planens, Bauens und Betreibens *(Simon)* ... 77

Kapitel 3 Zertifizierung ... 103

§ 6 Verträge im Zusammenhang mit der Zertifizierung von Bauvorhaben *(Dressel)* ... 103

Kapitel 4 Vergabe ... 113

§ 7 Nachhaltigkeit im Vergaberecht *(Herdy)* ... 113

Kapitel 5 Planungsphase ... 139

§ 8 Der Architekten- und Ingenieurvertrag für das nachhaltige Bauvorhaben *(Dressel)* ... 139

§ 9 Der Vertrag mit dem Projektsteuerer *(Baureis)* ... 183

§ 10 Nachhaltigkeit im öffentlichen Baurecht *(Friedrich)* ... 199

§ 11 Nachhaltige Energieversorgung, v. a. Stromversorgung über Photovoltaikanlagen *(Wiemer)* ... 235

Kapitel 6 Ausführungsphase ... 263

§ 12 Der Vertrag mit den Ausführenden *(Baureis)* ... 263

Kapitel 7 Nutzungsphase ... 305

§ 13 Nachhaltigkeit in der Vermietung – Green Lease *(Mahlo)* ... 305

Kapitel 8 Versicherung ... 329

§ 14 Versicherungsrechtliche Betrachtung *(Schwirtz)* ... 329

Inhaltsübersicht

Kapitel 9 Finanzierung 343

§ 15 Anforderungen an die Nachhaltigkeit bei der Immobilienfinanzierung
   (Cortis/Baureis/Dressel) 343

Sachverzeichnis 363

Inhaltsverzeichnis

Vorwort	V
Bearbeiterverzeichnis	VII
Abkürzungsverzeichnis	XXI
Literaturverzeichnis	XXV

Kapitel 1 Einleitung

§ 1 Grundlagen *(Cortis)*	1
A. Ausgangslage und Anlass	1
I. Klimawandel	1
II. Rolle der Bauwirtschaft	5
III. Rechtliche Konsequenzen und Problemstellung	7
B. Definition und Abgrenzung der Begrifflichkeiten Klimaschutz, Nachhaltigkeit und ESG	8
I. Klimaschutz	8
II. Nachhaltigkeit	9
III. ESG	11
C. „Nachhaltiges Planen, Bauen und Betreiben"	12
§ 2 Überblick über den Stand der Gesetzgebung und der Entwicklung *(Baureis)*	15
A. Nachhaltigkeit auf EU-Ebene	15
I. EU-Offenlegungsverordnung	16
1. Inhalt der EU-Offenlegungsverordnung	17
2. Technische Regulierungsstandards	18
II. EU-Taxonomie-Verordnung	18
1. Inhalt der EU-Taxonomie	19
2. Delegierte Verordnungen	21
III. Fit-for-55-Paket	22
IV. EU-Gebäuderichtlinie	22
V. CSRD-Richtlinie	23
1. CSRD	24
2. ESRS	24
3. Hinweise zur Umsetzung der Berichtspflichten	26
4. Umsetzung der CSRD in Deutschland	27
5. Zusammenhang CSRD und EU-Taxonomie	27
VI. Europäisches Lieferkettengesetz	27
B. ESG	28
C. Nachhaltigkeit in der deutschen Gesetzgebung	30
I. Bundes-Klimaschutzgesetz (KSG)	30
II. Klimaschutz-Sofortprogramme	32
1. Paket vom 23. Juni 2021: „Klimaschutz Sofortprogramm 2022"	32
2. Ostern 2022: Verschärfung der Maßnahmen aus dem Sofortprogramm 2022	33
3. Paket Juli 2022: Sofortprogramm Klimaschutz Gebäude 2022	33
III. Gebäude-Elektromobilitätsinfrastrukturgesetz (GEIG)	33

Inhaltsverzeichnis

IV. Gebäudeenergiegesetz (GEG)	34
V. Bundesförderung für effiziente Gebäude (BEG)	35
VI. Lieferkettensorgfaltspflichtengesetz	36
VII. Schattenpreis	37
D. Technische Neuerungen	37
I. GRESB/ECORE	38
II. Madaster und Concular	40
III. Gebäuderessourcenpass	41
IV. Digitale Gebäude Logbücher	41
V. DIN-Normen	42

Kapitel 2 Nachhaltigkeitsstrategien und Grundlagen der Vertragsgestaltung

§ 3 Methodische Ansätze zur Ermittlung von Nachhaltigkeitsstrategien am Bau *(Baureis/Dressel)*	43
A. Zielfindungsphase	43
I. Bestimmung des Anknüpfungspunkts	44
II. Ermittlung der Anforderungen	45
1. Anforderungen der Gesetzgebung	46
2. Anforderungen der Finanzierung	47
3. Anforderungen des Marktes	47
4. Selbstverpflichtungen	48
III. Definition der Ziele	49
B. Überprüfung der Ziele hinsichtlich Machbarkeit/Bedarf	50
C. Umsetzung in der Projektkonzeption	51
I. Energie- und Messkonzept	51
II. Betriebswasserkonzept	52
III. Konzept zur Reinigungs- und Instandhaltungsfreundlichkeit	52
IV. Konzept zur Vermeidung von Umwelt- und Gesundheitsrisiken aus Bauprodukten	52
V. Erweitertes Lüftungskonzept	53
VI. Konzept zur Barrierefreiheit	53
VII. Abfall- und Recyclingkonzept	53
VIII. Biodiversitätskonzept	53
D. Zusammenfassung	54
§ 4 Konzeptionelle Ansätze in der Vertragsgestaltung *(Baureis/Dressel)*	55
A. Strategien der Vertragsgestaltung in Bezug auf Nachhaltigkeit	55
I. Leicht verständliche Sprache	55
II. Die Maxime des vollständigen Vertrags	57
III. Konsistente Vertragsgestaltung	58
IV. Faire und ausgewogene Verträge	62
B. Umfang der Beauftragung	63
C. Intensität der Verpflichtung	65
I. Programmklausel in der Präambel	65
II. Bemühensklausel/Best Efforts Klausel	67
III. Vertragliche (Leistungs-)Pflichten der Parteien	69
1. Anforderungen an die Vereinbarung	70
2. Inhalt der Vereinbarung	72
3. Vertragliche Leistungspflichten – Beispiele	72
IV. Garantie	75

§ 5 Methoden und Ansätze zur Unterstützung des nachhaltigen Planens, Bauens und Betreibens *(Simon)* 77
- A. Einleitung 77
- B. Bewertungsgrundlagen für Treibhausgasemissionen 78
  - I. Strategien zum Umgang mit THG-Emissionen 78
  - II. Wirkungskategorie Treibhausgasemissionen 79
- C. Ökobilanzierung 80
  - I. Einführung in die Ökobilanzierung 80
    1. Zielsetzung 80
    2. Prinzipielles Vorgehen 80
    3. Ökobilanzierung von Gebäuden 81
    4. Normative Grundlage 84
    5. Anwendungsbereiche 85
  - II. THG-Bilanzierung und Dekarbonisierungspfad nach CRREM 87
    1. Dekarbonisierungspfad für Gebäude 87
    2. Prinzipielles Vorgehen 89
  - III. Umweltproduktdeklaration 90
    1. Zielsetzung 90
    2. Programmbetreiber und Qualitätssicherung 91
    3. Prinzipieller Aufbau 91
    4. Anwendungsbereiche 91
- D. Lebenszykluskostenrechnung 92
- E. Zirkuläres Bauen und Sanieren 94
  1. Zielsetzung 94
  2. Ansätze zirkulären Bauens und Sanierens 94
  3. Anwendungsbereiche 95
- F. Klimarisiko- und Vulnerabilitätsanalyse 96
  1. Zielsetzung 96
  2. Terminologie 97
  3. Prinzipielles Vorgehen 98
- G. Digitalisierung und Gebäudedaten 99

Kapitel 3 Zertifizierung

§ 6 Verträge im Zusammenhang mit der Zertifizierung von Bauvorhaben *(Dressel)* 103
- A. Überblick 103
- B. Der Vertrag mit dem Systemanbieter 105
- C. Der Vertrag mit dem Systemexperten (Auditor) 105

Kapitel 4 Vergabe

§ 7 Nachhaltigkeit im Vergaberecht *(Herdy)* 113
- A. Rechtliche Grundlagen 114
  - I. Europarechtliche Grundlagen 114
  - II. Normative Anknüpfungspunkte für Vergaben im Oberschwellenbereich 115
    1. GWB und nachrangige Verordnungen 115
    2. Beschaffung energieverbrauchsrelevanter Liefer- oder Dienstleistungen 116
  - III. Normative Anknüpfungspunkte für Vergaben im Unterschwellenbereich 117

Inhaltsverzeichnis

```
      IV. Fachspezifische Rechtsgrundlagen ............................... 117
           1. § 45 KrWG .................................................. 117
           2. § 13 KSG ................................................... 118
           3. AVV Klima und AVV EnEff .................................... 118
           4. Ersatzbaustoffverordnung und Bundesbodenschutz- und
              Altlastenverordnung ......................................... 119
       V. Besondere Normen der Länder ................................... 119
           1. Beispiel Baden-Württemberg: CO$_2$-Schattenpreis-VO ........ 119
           2. Beispiel Berlin ............................................. 120
           3. Beispiel Hessen ............................................. 120
   B. Weichenstellungen bei Einleitung des Vergabeverfahrens ............ 120
        I. Überblick ...................................................... 120
       II. Wahl der Verfahrensart ......................................... 121
      III. Einholung von Nebenangeboten .................................. 121
   C. Bedarfsermittlung .................................................. 122
   D. Leistungsbeschreibung .............................................. 123
        I. Allgemeines .................................................... 123
       II. Gütezeichen .................................................... 123
           1. Allgemeines ................................................. 123
           2. Voraussetzungen ............................................. 124
           3. Beispiele für Gütezeichen und Informationsportale ........... 125
      III. Grundsatz der produktneutralen Ausschreibung .................. 125
           1. Allgemeines ................................................. 125
           2. Ausnahmen ................................................... 126
       IV. Funktionale Leistungsbeschreibung ............................. 129
   E. Eignungskriterien .................................................. 130
        I. Rechtliche Grundlagen des GWB, Ausschlussgründe ............... 130
       II. Umsetzungsmöglichkeiten ........................................ 131
           1. Referenzen .................................................. 131
           2. Technische Ausrüstung ....................................... 131
           3. Umweltmanagementmaßnahmen und Darstellung der
              EMAS-Zertifizierung ......................................... 131
   F. Zuschlagskriterien ................................................. 132
        I. Rechtliche Grundlagen .......................................... 132
       II. Mögliche Zuschlagskriterien der Nachhaltigkeit ................. 133
           1. Übersicht ................................................... 133
           2. Sonderfälle ................................................. 134
           3. Einzureichende Unterlagen und deren Bewertung ............... 135
      III. Berechnung von Lebenszykluskosten ............................. 135
   G. Ausführungsbedingungen ............................................. 136
```

Kapitel 5 Planungsphase

```
§ 8 Der Architekten- und Ingenieurvertrag für das nachhaltige
    Bauvorhaben (Dressel) ............................................... 139
   A. Leistungsziele und Leistungsumfang ................................. 140
        I. Vereinbarungen zu nachhaltigen Planungs- und Überwachungszielen
           (Leistungsziele) ................................................ 140
           1. Grundlagen .................................................. 140
           2. Vereinbarungen zur ökologischen Nachhaltigkeit (ESG – E) .... 143
           3. Vereinbarungen zur ökonomischen Nachhaltigkeit (ESG – G) ... 145
```

    4. Vereinbarungen zur soziokulturellen Nachhaltigkeit (ESG – S) 146
    5. Einzelfragen 147
  II. Vereinbarungen zur vertraglichen Verwendung im Sinne der Nachhaltigkeit 153
  III. Gesetzgeberische Anforderungen 153
  IV. Anforderungen der allgemein anerkannten Regeln der Technik 154
  V. Vereinbarungen zum Leistungsumfang (Leistungspflichten) 155
    1. Grundlagen 155
    2. (Teil-)Funktionale Leistungsbeschreibung 157
    3. Detaillierte Leistungsbeschreibung 158
    4. Vermeintliche Widersprüche zwischen funktionaler und detaillierter Leistungsbeschreibung 165
B. Leistungsänderungen 166
C. Abnahme 168
D. Mängel 169
  I. Grundlagen 169
  II. Nachhaltigkeitsbedingte Zielkonflikte 171
  III. Abweichungen von den allgemein anerkannten Regeln der Technik im Sinne der Nachhaltigkeit 172
  IV. Wiederwendung von Bauprodukten 175
  V. Fehlende Berücksichtigung der Vorgaben aus der TaxonomieVO 179
  VI. Fehlende Berücksichtigung von förderrechtlichen Anforderungen (QNG-Siegel) 180

§ 9 Der Vertrag mit dem Projektsteuerer *(Baureis)* 183
A. Einleitung 183
B. Rechtliche Einordnung des Projektsteuerungsvertrags 184
C. Leistungsbild des Projektsteuerers 185
D. Bezug des Leistungsbildes zur Nachhaltigkeit 185
  I. Grundleistungen 186
  II. Besondere Leistungen 186
  III. Zusätzliche Leistungen zur Erweiterung der AHO 188
E. Leistungen des Projektsteuerers in Bezug auf ESG 191
  I. Weites Verständnis von ESG 192
  II. ESG im Sinne der EU-Taxonomie 193
F. Vergütung des Projektsteuerers 194
G. Abnahme und Haftung 195
  I. Dienstvertrag 196
  II. Werkvertrag 196
H. Fortentwicklung der AHO 197

§ 10 Nachhaltigkeit im öffentlichen Baurecht *(Friedrich)* 199
A. Grundlagen 199
B. Bauordnungsrecht 202
  I. Das nachhaltige Bauen nach aktueller Rechtslage 202
    1. Verpflichtung zum nachhaltigen Bauen im Bauordnungsrecht 202
    2. Erleichterungen zugunsten des nachhaltigen Bauens im Bauordnungsrecht 207
    3. Bauordnungsrechtliche Hemmnisse für das nachhaltige Bauen 211
    4. Fazit 215
  II. Bestrebungen zur Änderung des Bauordnungsrechts 216
    1. Umbauordnung 217
    2. Gebäudetyp E 218

Inhaltsverzeichnis

C. Bauplanungsrecht	220
I. Geförderter Wohnungsbau	221
1. Sektoraler Bebauungsplan zur Wohnraumversorgung	221
2. Kooperatives Baulandmodell	222
II. Klimaschutz und Klimaanpassung	224
1. Festsetzungen in Bebauungsplänen	224
2. Energetisches Sanierungsgebiet	227
3. Privilegierung für Anlagen zur Erzeugung solarer Strahlungsenergie, Kraft-Wärme-Kopplungsanlagen und Windenergieanlagen	229
4. Städtebauliche Verträge zu klimabezogener Infrastruktur und energetischer Qualität von Gebäuden, § 11 Abs. 1 S. 2 Nr. 5 BauGB	231
5. Befreiungsmöglichkeiten	231
III. Fazit	232
§ 11 Nachhaltige Energieversorgung, v. a. Stromversorgung über Photovoltaikanlagen *(Wiemer)*	**235**
A. Einleitung	236
B. Nachhaltige dezentrale Energieversorgung	237
I. Für welche Immobilien bietet sich eine nachhaltige dezentrale Energieversorgung an?	237
II. Grundformen nachhaltiger dezentraler Energieversorgung	237
1. Selbstversorgung aus eigenen Erzeugungsanlagen	237
2. Versorgung Dritter aus eigenen Erzeugungsanlagen	238
3. Wie findet man das optimale Modell für das eigene Objekt?	239
III. Fördermöglichkeiten	239
C. Schwerpunktthema: Photovoltaikanlagen	240
I. Einleitung	240
1. Wesentliche Vor- und Nachteile des Pachtmodells	241
2. Wesentliche Vor- und Nachteile des Modells Eigenregie	241
II. Pachtverträge	242
1. Hinweise zur vertraglichen Gestaltung	242
2. Steuerrechtliche Aspekte	243
III. Planung von Anlagen und grundsätzlicher Rechtsrahmen im EEG	243
1. Einspeisevorrang im EEG und Redispatch 2.0	244
2. Einspeisevergütung	245
3. Pflicht zur Direktvermarktung	246
4. Förderungsmöglichkeit: Geförderte Direktvermarktung	247
5. Förderung auf Basis Zuschlag in Ausschreibung	247
6. Sonderkonstellation: Förderung für Bürgerenergiegesellschaften	248
7. Sonderkonstellation: Mieterstrom	248
IV. Errichtung von Anlagen	252
1. Baurechtliche Anforderungen	252
2. Luftsicherheitsrechtliche Anforderungen	253
3. Elektrotechnische Anforderungen und Netzanschluss	253
4. Vergaberechtliche Anforderungen	253
5. Steuerrechtliche Rahmenbedingungen	253
V. Betrieb von Anlagen	254
1. Betriebsführungsvertrag mit einem Dienstleister	254
2. Betrieb durch Anlageneigentümer selbst	254
VI. Eigenverbrauch und Veräußerung von Strom an Mieter oder Dritte	255
1. Eigenverbrauch	256
2. Belieferung von Mietern/benachbarten Immobilien	257

      3. Belieferung von Direktvermarktungsunternehmen und sonstigen
         Dritten 259
      4. Versorgung von Ladesäulen 260
D. Fazit 260

Kapitel 6 Ausführungsphase

§ 12 Der Vertrag mit den Ausführenden *(Baureis)* 263
A. Einleitung 264
B. Vertragsschluss 264
   I. Allgemeines 265
   II. Generalunternehmer 265
   III. Einzelgewerke 266
C. Leistungsziele und Leistungsumfang 266
   I. Vereinbarungen zu nachhaltigen Leistungen 267
      1. Grundlagen 267
      2. Ökologische Nachhaltigkeit 268
      3. Soziale Nachhaltigkeit 270
      4. Ökonomische Nachhaltigkeit 272
      5. Einzelfragen 273
   II. Vereinbarungen zur vertraglichen Verwendung im Sinne der
      Nachhaltigkeit 281
   III. Gesetzgeberische Anforderungen 281
   IV. Anforderungen der allgemein anerkannten Regeln der Technik . 282
      1. Grundlegendes zur Nachhaltigkeit 282
      2. Abweichungen von allgemein anerkannten Regeln der Technik 283
      3. Mindeststandard 285
      4. Gebäudetyp E 285
   V. Vereinbarung zum Leistungsumfang (Leistungspflichten) 286
      1. Grundlagen 286
      2. Funktionale Leistungsbeschreibung 287
      3. Detaillierte Leistungsbeschreibung 288
      4. Individuelle Vereinbarungen zum Leistungsumfang 288
      5. Innovationen 289
      6. Widersprüche zwischen funktionaler und detaillierter
         Leistungsbeschreibung 290
D. Leistungsänderungen 290
E. Abnahme 291
F. Haftung 293
   I. Bedenkenanzeige 293
   II. Haftungsausschluss 293
   III. Innovationsklauseln 294
   IV. Allgemein anerkannte Regeln der Technik 294
   V. Fehlende Berücksichtigung von „ESG" 295
G. Wiederverwendung von Bauprodukten 296
   I. Bauproduktenrecht/CE-Kennzeichnung 297
   II. Besonderheiten des Abfallrechts 299
   III. Wiedereinbringung von Baumaterialien 299
   IV. Ersatzbaustoffverordnung (EBV) 301
   V. Beispiele für Recycling-Materialien 301
   VI. DIN SPEC 91484 302
   VII. Überarbeitung EU-Bauprodukteverordnung 304

Inhaltsverzeichnis

Kapitel 7 Nutzungsphase

§ 13 Nachhaltigkeit in der Vermietung – Green Lease *(Mahlo)* 305
  A. Einführung und Begriff des „Green Lease" 306
    I. Sinn und Zweck mietvertraglicher Regelungen zur Nachhaltigkeit 306
    II. „Green Lease" nach ZIA 306
    III. Nachhaltigkeitsregelungen und AGB-Kontrolle 307
      1. Einbeziehung der Nachhaltigkeitsregelungen in den Mietvertrag ... 307
      2. Risiko der Verwendung von „Bemühensklauseln" 308
  B. Nachhaltige Bewirtschaftung der vermieteten Immobilie 309
    I. Verbrauchsdaten 309
      1. Pflicht zum Austausch von Daten 309
      2. Smart Buildings und Datenschutz 309
    II. Vereinbarung von Nachhaltigkeitsanforderungen 310
      1. Geschuldeter Stand der Technik 310
      2. Zertifizierung des Gebäudes 310
      3. „Klimarisiko" – Wer haftet bei Rekordhitze? 311
    III. Mehrkosten einer nachhaltigen Bewirtschaftung 313
      1. Grundsatz der Wirtschaftlichkeit 313
      2. Mietvertragliche Regelung zur Umlage der Mehrkosten einer
nachhaltigen Bewirtschaftung 314
    IV. Kosten der CO_2-Umlage 315
    V. Energetische Modernisierung während der Mietlaufzeit 316
      1. Modernisierung im Wohnraummietrecht 316
      2. Modernisierung im Gewerberaummietrecht 317
    VI. Anspruch des Mieters auf Gestattung der Installation von
E-Ladestationen 318
      1. Bedeutung der gesetzlichen Regelung 318
      2. Reichweite des gesetzlichen Anspruchs 319
      3. Notwendigkeit einer Interessenabwägung 319
      4. Dokumentation des Abstimmungsergebnisses per Nachtrag 321
      5. Anwendbarkeit auf elektrische Zweiräder (insb. E-Bikes und
E-Roller) 321
      6. Abweichende und konkretisierende mietvertragliche Regelungen .. 321
    VII. Photovoltaik 321
      1. Installation durch den Vermieter und Mitvermietung der
Photovoltaikanlage 322
      2. Installation und Betrieb durch den Mieter 322
      3. Installation und Betrieb durch den Vermieter 322
      4. Vermietung der Dachfläche an einen Dritten als Betreiber 323
    VIII. Verpflichtung des Mieters zum Bezug nachhaltig erzeugter Energie 324
  C. Nachhaltigkeitsaspekte außerhalb der Bewirtschaftung des Gebäudes 324
    I. Art der Nutzung und Identität des Mieters 324
    II. Nichtraucherschutz 325
    III. Lieferketten-Compliance 326

Kapitel 8 Versicherung

§ 14 Versicherungsrechtliche Betrachtung *(Schwirtz)* 329
  A. Umsetzung von Nachhaltigkeitszielen in der Versicherungswirtschaft 329
    I. Einleitung 329

Inhaltsverzeichnis

II. Nachhaltigkeitsziele, Versicherungsaufsicht und Regulatorik auf europäischer Ebene	330
III. Taxonomie-Verordnung	331
IV. Umsetzung der Nachhaltigkeitsziele durch die deutsche Versicherungswirtschaft	331
B. Nachhaltigkeit und Versicherung von Risiken in der Planungs- und Bauphase	332
I. Einleitung	332
II. Berufshaftpflichtversicherung für Architekten/Bauingenieure/Fachplaner des Bauingenieurwesens	333
1. Grundzüge der Berufshaftpflichtversicherung	333
2. Berufsbild und Nachhaltigkeitsziele	333
3. Mitversicherung der Tätigkeit als Nachhaltigkeitsberatende/zB Nachhaltigkeits-Auditoren/-Koordinatoren	334
4. Nachhaltigkeitszertifizierungen und vertragliche Zusagen/Garantien/Erfüllungsausschlüsse	334
5. Nachhaltigkeitszertifizierungen und Fördermittel/Qualitätssiegel Nachhaltiges Bauen (QNG)	336
6. Nachhaltigkeit und Ausschlussgrund der wissentlichen Pflichtverletzung	337
III. Bauleistungsversicherung	338
1. Versicherte Gefahren und Schäden	338
2. Vom Versicherungsschutz ausgeschlossene Gefahren und Schäden	339
C. Versicherungsschutz gegen Naturschadenereignisse in der Nutzungsphase	339
I. Sachversicherungen Wohngebäude- Gewerbegebäudeversicherung	339
1. Versicherte Gefahren Feuer, Hagel, Sturm	340
2. Absicherung gegen Elementarschäden	340
II. Klimawandel und Klimafolgenanpassung	340

Kapitel 9 Finanzierung

§ 15 Anforderungen an die Nachhaltigkeit bei der Immobilienfinanzierung *(Cortis/Baureis/Dressel)* ... 343

A. Grundlegende Prinzipien der Immobilienfinanzierung *(Cortis)*	343
I. Risiko und Rolle der Bank	344
II. Arten der Immobilienfinanzierung	345
III. Der Kreditvertrag	347
IV. Fördermittel	349
V. Die Rolle der BaFin	349
B. Nachhaltigkeit und Finanzierung *(Cortis)*	349
I. Die Rolle der Finanzierung bei der Umsetzung des Green Deals	350
II. Nachhaltigkeit als Teil des Risikomanagements	350
1. Physische Risiken	351
2. Transitorische Risiken	351
3. Aktueller und zukünftiger Umgang mit Nachhaltigkeit und -risiken bei der Finanzierung	352
III. Nachhaltigkeit im Kreditvertrag	354
C. Die Immobilie als Kapitalanlage *(Cortis)*	355
D. Problemstellung und Ausblick *(Cortis)*	356
E. Der Darlehensvertrag nach BGB *(Baureis/Dressel)*	358
I. Zinsen	358
II. Sonstige Finanzierungskosten	359

Inhaltsverzeichnis

    III. Nichtabnahme und vorzeitige Rückzahlung des Darlehens 360
    IV. Auszahlungsvoraussetzungen 360
    V. Finanzkennzahlen 360
    VI. Sonstige anfängliche und laufende Nebenpflichten 361
    VII. Kündigungsrechte des Darlehensgebers 361

Sachverzeichnis 363

Abkürzungsverzeichnis

aA	andere Ansicht/Auffassung
Abb.	Abbildung
Abs.	Absatz
Abschn.	Abschnitt
aF	alte Fassung
aM	andere Meinung
Anl.	Anlage
Anm.	Anmerkung
Aufl.	Auflage
ausf.	ausführlich
ausschl.	ausschließlich
Bd.	Band
Begr.	Begründung
Bes.	besondere(n)
Beschl.	Beschluss
Bsp.	Beispiel
bspw.	beispielsweise
bzgl.	bezüglich
bzw.	beziehungsweise
ca.	circa
d.	der
ders.	derselbe
dgl.	dergleichen, desgleichen
dh	das heißt
diesbzgl.	diesbezüglich
Drs.	Drucksache
Einl.	Einleitung
einschl.	einschließlich
Entsch.	Entscheidung
Erg.	Ergebnis
erg.	ergänzend
etc.	et cetera
f.	folgende
ff.	fortfolgende
Fn.	Fußnote
gem.	gemäß
ggf.	gegebenenfalls
grdl.	grundlegend
hM	herrschende Meinung

Abkürzungsverzeichnis

idR	in der Regel
idS	in diesem Sinne
iE	im Einzelnen
iErg	im Ergebnis
ieS	im engeren Sinn
iHv	in Höhe von
inkl.	inklusive
insbes.	insbesondere
iS	im Sinne
iSv	im Sinne von
iÜ	im Übrigen
iVm	in Verbindung mit
jew.	jeweils
Kap.	Kapitel
max.	maximal
mwN	mit weiteren Nachweisen
MM	Mindermeinung
Nachw.	Nachweise
nF	neue Fassung
Nr.	Nummer
NZB	Nichtzulassungsbeschwerde
oÄ.	oder Ähnliches
og.	oben genannte
S.	Seite
s.	siehe
s. o.	siehe oben
sog.	so genannte
stRspr.	ständige Rechtsprechung
u.	und
ua	unter anderem
uÄ	und Ähnliches
uE	unseres Erachtens
Urt.	Urteil
usw.	und so weiter
uU	unter Umständen
uvm	und vieles mehr
v.	vom/von
va	vor allem
vgl.	vergleiche
vH	von Hundert
Vorbem.	Vorbemerkung
zB	zum Beispiel
Zif.	Ziffer

Abkürzungsverzeichnis

zit. .... zitiert/zitieren
zT .... zum Teil
zutr. .... zutreffend

Literaturverzeichnis (abgekürzte Literatur in Klammern)

AHO-Fachkommission „Nachhaltigkeitszertifizierung", Leistungen für Nachhaltigkeitszertifizierung. Beispielhafte Betrachtung für das Leistungsbild Objektplanung Gebäude und Innenräume, 2016, Nr. 33

AK OGA Arbeitskreis der Oberen Gutachterausschüsse, Zentralen Geschäftsstellen und Gutachterausschüsse in der Bundesrepublik Deutschland; Immobilienmarktbericht Deutschland 2023

Artz/Börstinghaus, AGB in der Wohnraummiete, 2019

Assmann/Peiffer, Beck'scher Online-Kommentar Energiewirtschaftsgesetz, 10. Aufl. 2024 (abgekürzt: BeckOK EnWG/Bearbeiter)

Battis/Krautzberger/Löhr, Baugesetzbuch, 15. Aufl. 2022

Baureis et al., Leitfaden Klimaschutz im Bauwesen, 2022

Beckmann/Matusche-Beckmann, Versicherungsrechts-Handbuch, 3. Aufl. 2015 (abgekürzt: VersR-Hdb/Bearbeiter)

Berg/Kramme, Lieferkettensorgfaltspflichtgesetz, 2023

Bien/Meier-Beck/Montag/Säcker, Münchener Kommentar zum Wettbewerbsrecht, Bd. 3, 4. Aufl. 2022 (abgekürzt: MüKoWettbR/Bearbeiter)

Blank/Börstinghaus/Siegmund, Miete, 7. Aufl. 2023

BMI Bundesministerium des Innern, für Bau und Heimat, Leitfaden Nachhaltiges Bauen, 2019

BMI, Leitfaden Nachhaltiges Bauen, 2019

BMWK Bundesministerium für Wirtschaft und Klimaschutz, Was uns die Folgen des Klimawandels kosten – Zusammenfassung, 2023

Boeddinghaus/Hahn/Schulte, Bauordnung für das Land Nordrhein-Westphalen, Loseblatt, Stand März 2024

Bub/Treier, Handbuch der Geschäfts- und Wohnraummiete, 5. Aufl. 2019

Bundesministerium für Verkehr, Bau und Stadtentwicklung, Abschlussbericht zur Evaluierung der HOAI, 2011

Burgi/Dreher, Beck'scher Vergaberechtskommentar, Bd. 2, 3. Aufl. 2017 (abgekürzt: Beck VergabeR/Bearbeiter)

Burgi/Dreher/Opitz, Beck'scher Vergaberechtskommentar, Bd. 1, 4. Aufl. 2022 (abgekürzt: Beck VergabeR/Bearbeiter)

Busse/Kraus, Bayerische Bauordnung, Loseblatt, Stand Januar 2024

Dauner-Lieb/Langen, BGB Schuldrecht, 4. Aufl. 2021

dena Deutsche Energie-Agentur, DENA-GEBÄUDEREPORT 2024. Zahlen, Daten, Fakten zum Klimaschutz im Gebäudebestand, 2023

dena Deutsche Energie-Agentur, dena-Leitstudie Aufbruch Klimaneutralität: Abschlussbericht, 2021

Deutsche Energie-Agentur, Geschäftsmodelle für zirkuläres Bauen und Sanieren, 2023

Drescher/Fleischer/K. Schmidt, Münchener Kommentar zum Handelsgesetzbuch, 5. Aufl. 2021 (abgekürzt: MüKoHGB/Bearbeiter)

Dürig/Herzog/Scholz, Grundgesetz-Kommentar, 103. EL. 2024

Ernst/Zinkahn/Bielenberg/Krautzberger, Baugesetzbuch, 153. EL. 2024

Eschenbruch, Bauvertragsmanagement, 2017

Eschenbruch, Projektmanagement und Projektsteuerung für die Immobilien- und Bauwirtschaft, 5. Aufl. 2021

Fellenberg/Guckelberger, Klimaschutzrecht, 2022

Literaturverzeichnis

Friedrichsen, Nachhaltiges Planen, Bauen und Wohnen. Kriterien für Neubau und Bauen im Bestand, 2. Aufl. 2018
Fritz/Geldmacher/Leo, Gewerberaummietrecht, 5. Aufl. 2024
FS Koeble 2010
FS Motzke 2006
Fuchs/Berger/Seifert, Beck'scher HOAI- und Architektenrechtskommentar: HAOI, 3. Aufl. 2022 (abgekürzt: Beck HOAI/Bearbeiter)
Gabriel/Krohn/Neun, Handbuch Vergaberecht, 3. Aufl. 2021 (abgekürzt: Gabriel/Krohn/Neun VergabeR-Hdb/Bearbeiter)
Gabriel/Mertens/Prieß/Stein, Beck'scher-Online-Kommentar Vergaberecht, 31. Aufl. 2024 (abgekürzt: BeckOK VergabeR/Bearbeiter)
Gädtke/Johlen/Wenzel, BauO NRW, 15. Aufl. 2024
Gautier, Kooperationskultur in der Bauplanung, 2013
GDV, Datenservice zum Naturgefahrenreport, 2023
GDV, Naturgefahrenreport, 2023
Greb/Boewe/Sieberg, Beck'scher Online-Kommentar Erneuerbare-Energien-Gesetz, 15. Aufl. 2024 (abgekürzt: BeckOK EEG/Bearbeiter)
Große-Suchsdorf, Niedersächsische Bauordnung, 10. Aufl. 2020
Grüneberg, Bürgerliches Gesetzbuch, 81. Aufl. 2022 (abgekürzt: Grüneberg/Bearbeiter)
Gsell/Krüger/Lorenz/Reymann, beck-online.Großkommentar: BGB, 40. Aufl. 2022 (abgekürzt: BeckOGK BGB/Bearbeiter)
Guhling/Günter, Gewerberaummiete, 3. Aufl. 2024
Hamm, Beck'sches Rechtsanwalts-Handbuch, 12. Aufl. 2022 (abgekürzt: BeckRA-HdB/Bearbeiter)
Hannemann/Wiegner, Münchener Anwaltshandbuch, 5. Aufl. 2019 (abgekürzt: MAH MietR/Bearbeiter)
Hau/Poseck, Beck'scher Online-Kommentar BGB, 69. Aufl. 2024 (abgekürzt: Beck OK BGB/Bearbeiter
Hausmann/Odersky, Internationales Privatrecht in der Notar- und Gestaltungspraxis, 4. Aufl. 2021
Heussen/Pischel, Handbuch Vertragsverhandlung und Vertragsmanagement, 5. Aufl. 2021
Hornmann, Hessische Bauordnung, 4. Aufl. 2022
Hutter/Blessing/Köthe, Grundkurs Nachhaltigkeit. Handbuch für Einsteiger und Fortgeschrittene, 2. Aufl. 2018
Immenga/Mestmäcker, Wettbewerbsrecht, Bd. 4, 6. Aufl. 2021
Ingenstau/Korbion/Leupertz/v. Wietersheim, VOB Teile A und B, 22. Aufl. 2023
Institut Bauen und Umwelt, Allgemeine EPD-Programmanleitung, 2016
IPCC, Climate Change 2021, The Physical Science Basis, Summary for Policymakers, 2021
Jahn, Die Erfindung der Nachhaltigkeit. Leben, Werk und Wirkung des Hans Carl von Carlowitz. Sächsische Hans-Carl-von-Carlowitz-Gesellschaft, 2013
Jarass/Petersen, Kreislaufwirtschaftsgesetz, 2. Aufl. 2022
Jasper, Nachhaltige Vergaben – Green Procurement, 2022
Jauernig, Bürgerliches Gesetzbuch, 19. Aufl., 2023
K. Schmidt, Handelsrecht. Unternehmensrecht I, 6. Aufl. 2014
Kapellmann/Messerschmidt, VOB Teile A und B, 8. Aufl. 2022
Kleine-Möller/Merl/Glöckner, Handbuch des privaten Baurechts, 6. Aufl. 2019
Knauff, GEG – GEIG, 2022 (abgekürzt: HK-GEG/GEIG/Bearbeiter)
Kniffka, ibr-online-Kommentar Bauvertragsrecht, 28. Aufl. 2024 (abgekürzt: ibrOK/Bearbeiter)
Kniffka/Koeble/Jurgeleit/Sacher, Kompendium des Baurechts. Privates Baurecht und Bauprozessrecht, 5. Aufl. 2020
König/Roeser/Stock, Baunutzungsverordnung, 5. Aufl. 2022

Literaturverzeichnis

König/Schoof, Lebenszyklusanalyse in der Gebäudeplanung. Grundlagen, Berechnung, Planungswerkzeuge, 2009
Korbion/Mantscheff/Vygen, Honorarordnung für Architekten und Ingenieure (HOAI), 10. Aufl. 2024
Kröninger/Jeromin, Baugesetzbuch, Baunutzungsverordnung, 5. Aufl. 2024
Landmann/Rohmer, Umweltrecht, 102. EL. 2023
Langen/Berger/Dauner-Lieb, Kommentar zum neuen Bauvertragsrecht, 2. Aufl. 2022
Lassen, Immobilienfinanzierung und -investition, Eine Einführung in Praxis und Theorie, 2024
Lehmann, Best efforts- und Best endeavours-Verpflichtungen im US-amerikanischen und englischen Wirtschaftsvertragsrecht, 2004
Leupertz, Bezahlbar Wohnen und nachhaltig Bauen, Rechtsgutachten zu neuen Regelungskonzepten für die kostengünstige und nachhaltige Durchführung von Bauvorhaben im Bereich des Wohnungsbaus, 2023
Leupertz/Preussner/Sienz, Beck'scher Online-Kommentar Bauvertragsrecht, 25. Aufl. 2024 (abgekürzt: BeckOK BauVertrR/Bearbeiter)
Lindner-Figura/Oprée/Stellmann, Handbuch Geschäftsraummiete, 5. Aufl. 2023
Lützkendorf, Klimaschutz im Gebäudebereich, BBSR 33/2021
McKinsey & Company, Net-Zero Europe, Decarbonization pathways and socioeconomic implications, 2020
Messerschmidt/Niemöller/Preussner, Beck'scher Online-Kommentar HAOI, 11. Aufl. 2024 (abgekürzt: BeckOK HAOI/Bearbeiter)
Messerschmidt/Voit, Privates Baurecht, 4. Aufl. 2022
Meyer, Handbuch Immobilienwirtschaftsrecht, 2022
Ministerium für Heimat, Kommunales, Bau und Gleichstellung des Landes Nordrhein-Westfalen, Handlungsempfehlung auf der Grundlage der Dienstbesprechungen mit den Bauaufsichtsbehörden im Oktober/November 2018
Motzke/Preussner/Kehrberg, Die Haftung des Architekten, 11. Aufl. 2019
Müller, Nachhaltigkeit im öffentlichen Baurecht unter besonderer Berücksichtigung energieeffizienten Bauens und des Einsatzes erneuerbarer Energien, 2008
Nicklisch/Weick/Jansen/Seibel, VOB Teil B, Vergabe- und Vertragsordnung für Bauleistungen, Kommentar, 5. Aufl. 2019
Pfeiffer M./Bethe/Pfeiffer C., Nachhaltiges Bauen. Wirtschaftliches, umweltverträgliches und nutzungsgerechtes Bauen, 2022
Potting et al, Circular economy: what we want to know and can measure System and baseline assessment for monitoring the progress of the circular economy in the Netherlands, 2018
Potting/Hekkert/Worrell/Hanemaaijer, Circular Economy: Measuring innovation in the product chain, 2017
Prölss/Martin, Beck'scher Online-Kommentar, Versicherungsvertragsgesetz, 32. Aufl. 2024 (abgekürzt: BeckOK VVG/Bearbeiter)
Pünder/Schellenberg, Vergaberecht, 3. Aufl. 2019
Röwekamp/Kus/Marx/Portz/Prieß, Kommentar zur VgV, 2. Aufl. 2022
Säcker/Rixecker/Oetker/Limperg, Münchener Kommentar zum Bürgerlichen Gesetzbuch, Bd. 1, 9. Aufl. 2021 (abgekürzt: MüKoBGB/Bearbeiter)
Säcker/Rixecker/Oetker/Limperg, Münchener Kommentar zum Bürgerlichen Gesetzbuch, Bd. 2, 9. Aufl. 2022 (abgekürzt: MüKoBGB/Bearbeiter)
Säcker/Rixecker/Oetker/Limperg, Münchener Kommentar zum Bürgerlichen Gesetzbuch, Bd. 6, 9. Aufl. 2023 (abgekürzt: MüKoBGB/Bearbeiter)
Sauter/Vàmos/Stein, Landesbauordnung für Baden-Württemberg, 21. Aufl. 2024
Schlichter/Stich/Driehaus/Paetow, Berliner Kommentar zum Baugesetzbuch, Loseblatt, Stand Juni 2024 (abgekürzt: BerlKomm/Bearbeiter)

Literaturverzeichnis

Schmalzl/Krause-Allenstein, Berufshaftpflichtversicherung des Architekten und Bauunternehmers, 2. Aufl. 2006
Schmidt-Bleibtreu/Klein/Bethge, Bundesverfassungsgerichtsgesetz, Loseblatt, Stand Juni 2023
Schmidt-Futterer/Börstinghaus, Mietrecht, 16. Aufl. 2024
Schoch/Schneider, Verwaltungsrecht, 4. Aufl. 2024
Schönenbroicher/Kamp/Henkel, Bauordnung Nordrhein-Westfalen (BauO NRW 2018), 2. Aufl. 2022
Schönenbroicher/Kamp/Henkel, Bauordnung Nordrhein-Westfalen, 2. Aufl. 2022
Schrödter, Baugesetzbuch, 9. Aufl. 2019
Schwab, Städtebauliche Verträge, 2. Aufl. 2023
Sonntag/Rütten, Formularbibliothek Vertragsgestaltung – Privates Baurecht, 4. Aufl. 2023
Spannowsky/Manssen, Beck'scher Online-Kommentar Bauordnungsrecht Bayern, 28. Aufl. 2024 (abgekürzt: BeckOK BauordnungsR Bayern/Bearbeiter)
Spannowsky/Saurenhaus, Beck'scher Online-Kommentar Bauordnungsrecht Nordrhein-Westfalen, 17. Aufl. 2024 (abgekürzt: BeckOK BauordnungsR NRW/Bearbeiter)
Spannowsky/Uechtritz, Beck'scher Online-Kommentar Baugesetzbuch, 62. Edition 2024 (abgekürzt: BeckOK BauGB/Bearbeiter)
Späte/Schimikowski, Haftpflichtversicherung, 2. Aufl. 2015
Stelkens/Bonk/Sachs, Verwaltungsverfahrensgesetz, 10. Aufl. 2023
TCFD Task Force on climate-related Financial Disclosures (launched by G20 Financial Stability Board), Recommendations of the Task Force on Climate-related Financial Disclosures, Final Report, 2017
Trübestein/Pruegel, Kompakt Edition: Immobilienfinanzierung, Grundbegriffe und Definitionen, 2012
Umweltbundesamt, Durchführung einer robusten Klimarisiko- und Vulnerabilitätsanalyse, 2022
Umweltbundesamt, Monitoringbericht 2023 zur Deutschen Anpassungsstrategie an den Klimawandel, Bericht der Interministeriellen Arbeitsgruppe Anpassungsstrategie der Bundesregierung, 2023
Umweltbundesamt, Veränderungen der Wasseraufnahme und -speicherung landwirtschaftlicher Böden und Auswirkungen auf das Überflutungsrisiko durch zunehmende Stark- und Dauerregenereignisse, 2020
United Nations Environment Programme, 2022 Global Status Report for Buildings and Construction: Towards a Zero-emission, Efficient and Resilient Buildings and Construction Sector, 2022
Watson et al., SBTi Corporate Net-Zero Standard, 2023
Wellner/Scholz, Architekturpraxis Bauökonomie, 3. Aufl. 2023
Werner/Kobabe, Unternehmensfinanzierung, 2005
Werner/Pastor, Der Bauprozess, 18. Aufl. 2023
Wissenschaftlicher Beirat beim Bundesministerium für Wirtschaft und Technologie, Gutachten Öffentliches Beschaffungswesen, Nr. 2/2007
Ziekow/Völlink, Vergaberecht, 5. Aufl. 2024

Kapitel 1 Einleitung

§ 1 Grundlagen

Übersicht

	Rn.
A. Ausgangslage und Anlass	1
I. Klimawandel	1
II. Rolle der Bauwirtschaft	8
III. Rechtliche Konsequenzen und Problemstellung	14
B. Definition und Abgrenzung der Begrifflichkeiten Klimaschutz, Nachhaltigkeit und ESG	19
I. Klimaschutz	20
II. Nachhaltigkeit	24
III. ESG	33
C. „Nachhaltiges Planen, Bauen und Betreiben"	35

A. Ausgangslage und Anlass

I. Klimawandel

„Dieses Übereinkommen zielt darauf ab, (…) die weltweite Reaktion auf die Bedrohung durch Klimaänderungen im Zusammenhang mit nachhaltiger Entwicklung und den Bemühungen zur Beseitigung der Armut zu verstärken, indem unter anderem der Anstieg der durchschnittlichen Erdtemperatur deutlich unter 2 °C über dem vorindustriellen Niveau gehalten wird und Anstrengungen unternommen werden, um den Temperaturanstieg auf 1,5 °C über dem vorindustriellen Niveau zu begrenzen, da erkannt wurde, dass dies die Risiken und Auswirkungen der Klimaänderungen erheblich verringern würde (…)."[1], heißt es im **Pariser Klimaabkommen** vom 12. Dezember 2015, welches von insgesamt 195 Staaten beschlossen wurde. Es umfasst drei Hauptziele: Die Lenkung von Finanzmitteln im Einklang mit den Klimaschutzzielen, die Senkung der Emissionen und Anpassung an den **Klimawandel** sowie die bereits erwähnte Beschränkung des Anstiegs der weltweiten Durchschnittstemperatur.[2] Insbesondere dieses Ziel stellt eine Besonderheit dar, da das Pariser Klimaabkommen hierdurch die weltweit erste Verpflichtung fast aller Länder mit konkreten Zielvorgaben in Bezug auf den Klimawandel geworden ist. Um diese zu erreichen, dürfen gemäß dem Abkommen in der zweiten Hälfte des Jahrhunderts nicht mehr klimaschädliche Gase emittiert werden, als sie durch Kohlenstoffsenken (wie zB Wälder) aufgenommen werden können. Diese „Treibhausgas-Neutralität" erfordert jedoch neben staatlichen und privaten Investitionen in Milliardenhöhe eine schnelle und konsequente Reduktion der CO_2-Emissionen.[3]

Im Jahr 2023, also acht Jahre nach dem Pariser Klimaabkommen, scheinen wir jedoch von den damals formulierten Zielen noch weit entfernt: In dem neuesten **IPCC**[4]-Bericht

1

2

---

[1] Übereinkommen von Paris, 2016, Art. 2 Abs. 1.
[2] Vgl. BMZ, Klimaabkommen von Paris (o. J.), URL: https://www.bmz.de/de/service/lexikon/klimaabkommen-von-paris-14602 (Stand: 28.2.2024).
[3] Vgl. BMZ, Klimaabkommen von Paris (o. J.), URL: https://www.bmz.de/de/service/lexikon/klimaabkommen-von-paris-14602 (Stand: 28.2.2024).
[4] Intergovernmental Panel on Climate Change (IPCC); das regierungsübergreifende Gremium wurde 1988 von der Weltorganisation für Meteorologie (WMO) und dem Umweltprogramm der Vereinten Nationen

„Climate Change 2023 – Synthesis Report" heißt es sogar, dass die globalen Treibhausgasemissionen weiter zugenommen haben (wobei zu beachten ist, dass vergangenes und aktuelles Zutun durch nicht nachhaltige Energie- und Flächennutzung, Flächennutzungsänderungen, Lebensstile sowie Konsum- und Produktionsverhalten zwischen Ländern und Individuen unterschiedlich ist)[5]. Das menschliche Emittieren von Treibhausgasen hat die globale Oberflächentemperatur im Zeitraum 2011–2020 auf 1,1 °C im Vergleich zu dem Wert von 1850–1900 steigen lassen. Seit 1970 ist die Oberflächentemperatur zudem schneller angestiegen als in jedem anderen 50-Jahres-Zeitraum, zumindest innerhalb der letzten 2.000 Jahre. Im Jahr 2019 war die atmosphärische CO_2-Konzentration so hoch wie seit mindestens 2 Millionen Jahren nicht mehr und die Konzentration von Methan und Distickstoffoxid so hoch wie seit 800.000 Jahren nicht mehr.[6] Dies hat zur Folge, dass bereits weitreichende Veränderungen in der Atmosphäre, den Ozeanen, der Kryosphäre und in der Biosphäre eingetreten sind und sich der Klimawandel auf viele Wetter- und Klimaextreme in allen Regionen der Welt und somit auch auf den Menschen auswirkt. Insgesamt leben aktuell etwa 3,3 bis 3,6 Milliarden Menschen in Gebieten, die als „durch den Klimawandel stark gefährdet" gelten; in diesen waren zwischen 2010 und 2020 durch Überschwemmungen, Dürren und Stürme verursachte Todesfälle 15-mal höher als in Regionen mit niedriger Anfälligkeit.[7]

3   Betrachtet man die Lage in Deutschland, so ergibt sich ein sehr ähnliches Bild: 2018–2020 starben knapp 20.000 Menschen zusätzlich durch die vorherrschende Hitze.[8] Die durch das Tiefdruckgebiet Bernd verursachten Regenfälle bewirkten im Juli 2021 katastrophale Schäden und Verluste mit mehr als 180 Todesfällen im und um das Ahrtal; die zusammengefasst rund 8,1 Milliarden Euro versicherten Sachschäden waren der bislang höchste Schadensaufwand in der Sachversicherung von Elementarschäden.[9] Dürren, in vielen Teilen Deutschlands, führten 2019–2021 zu Rekordunterschreitungen des Grundwasserpegels, die Absterberate von Bäumen bei allen Arten ist „sprunghaft angestiegen"[10] und großflächige Waldbrände mehrten sich.

4   Hauptursache all dieser Katastrophen und Extreme ist der konstante Temperaturanstieg; die durchschnittliche Lufttemperatur ist in Deutschland zwischen 1881 und 2022 um 1,7 °C angestiegen, was 0,6 °C über dem globalen Temperaturanstieg liegt (letzteres ist dadurch begründet, dass sich Landesregionen schneller erwärmen als Meeresregionen).[11] Die prozentuale Erwärmung ist insbesondere in den letzten Dekaden stark gestiegen: Neun der zehn wärmsten Jahre lagen im 21. Jahrhundert.[12] Die Hitze trocknet die Böden konstant immer weiter aus, sodass es bei Schauer oder Gewitter leichter zu Überschwemmungen kommt.[13]

(UNEP) gegründet und stellt seitdem politischen Entscheidungsträgern zuverlässig und objektiv wissenschaftliche und technische Bewertung zur Verfügung.
[5]   Vgl. IPCC, Climate Change 2023, 4.
[6]   Vgl. IPCC, Climate Change 2023, 4.
[7]   Vgl. IPCC, Climate Change 2023, 5.
[8]   Vgl. Umweltbundesamt, Monitoringbericht 2023, 2023, 13.
[9]   Vgl. Umweltbundesamt, Monitoringbericht 2023, 2023, 13.
[10] Vgl. Umweltbundesamt, Monitoringbericht 2023, 2023, 13.
[11] Vgl. Umweltbundesamt, Monitoringbericht 2023, 2023, 19.
[12] Vgl. Umweltbundesamt, Monitoringbericht 2023, 2023, 19.
[13] Vgl. Diamantopoulos et al., 2013; Ganz et al., 2013; zitiert nach Umweltbundesamt, Veränderungen der Wasseraufnahme, 2020, 36 ff.

Temperaturanomalie[14]
Deutschland/Global 1881–2022
Referenzzeitraum 1961–1990

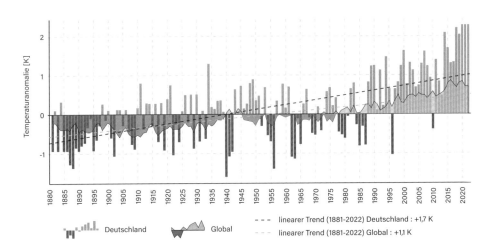

Das Einhalten der Pariser Klimaziele scheint folglich sowohl international als auch national immer ambitionierter zu werden, obwohl die Länder und Regierungen sowohl bei der Anpassung an den Klimawandel als auch bei der Senkung der Emissionen nicht untätig waren: Laut IPPC-Bericht haben seit Inkrafttreten des Abkommens durch das wachsende öffentliche und politische Bewusstsein für Klimaauswirkungen und -risiken dazu geführt, dass mindestens 170 Länder und viele Städte die Anpassung in ihre Klimapolitik und Planungsprozesse mitaufgenommen haben.[15] Die beobachteten Maßnahmen seien jedoch stark fragmentiert und je nach Region und Sektor stark unterschiedlich. Was alle Sektoren und Regionen gemein haben, seien **Anpassungslücken,** die nach heutigem Stand der Umsetzung sogar noch zunehmen werden. Hauptindernisse für die Anpassung sind begrenzte Ressourcen, mangelndes Engagement des Privatsektors und der Bürger, unzureichende Mobilisierung von Finanzmitteln (auch für Forschung), geringe Klimakompetenz, mangelndes politisches Engagement, begrenzte Forschung und/oder langsame und geringe Akzeptanz der Wissenschaft bezogen auf den Klimawandel sowie ein geringes Gefühl der Dringlichkeit.[16]

Auch in Bezug auf die Senkung der **Treibhausgasemissionen** werden politische Maßnahmen und Gesetze ständig erweitert, wodurch bereits in vielen Ländern die **Energieeffizienz** verbessert, die Abholzungsraten verringert und die Einführung von entsprechenden Technologien beschleunigt wurde. Man schätzt, dass durch diese Maßnahmen bereits mehrere Gigatonnen CO_2-Equivalente pro Jahr vermieden werden konnten, was das globale Emissionswachstum jedoch leider nur teilweise ausgleichen konnte.[17] Allgemein wird festgestellt, dass die bei der COP26[18] formulierten Zwischenziele für 2030 bei weitem nicht ausreichen, um die Erwärmung auf 1,5 °C bzw. 2,0 °C begrenzen, was als sog. „Emissionslücke" oder auch **„Ambitionslücke"** bezeichnet wird. Hinzu kommt, dass

---

[14] Abweichung des Jahresmittel der Lufttemperatur in Deutschland und global vom vieljährigen Mittelwert 1961–1990 (Abb. in Anlehnung an Umweltbundesamt, Monitoringbericht 2023, 2023, 13; Daten: DWD, NOAA).
[15] Vgl. IPCC, Climate Change 2023, 2023, 8.
[16] Vgl. IPCC, Climate Change 2023, 2023, 9.
[17] Vgl. IPCC, Climate Change 2023, 2023, 10.
[18] Die 26. UN-Klimakonferenz fand vom 31.10. bis zum 12.11.2021 in Glasgow statt.

auch die implementierten politischen Maßnahmen in den jeweiligen Ländern das Ziel verfehlen und zu einer prognostizierten Erwärmung in 2100 von 2,2–3,5 °C führen (**„Umsetzungslücke"**).[19] Alle global betrachteten Klimapfade, die die Einhaltung der Pariser Klimaziele ermöglichen könnten, beinhalten eine rasche und tiefgreifende und in den meisten Fällen sofortige Reduzierung der Treibhausgasemissionen in allen Sektoren in diesem Jahrzehnt.[20]

Limiting warming to 1.5 °C and 2 °C involves rapid, deep and in most cases immediate greenhouse gas emission reductions[21]

Net zero CO_2 and net zero GHG emissions can be achieved through strong reductions across all sectors

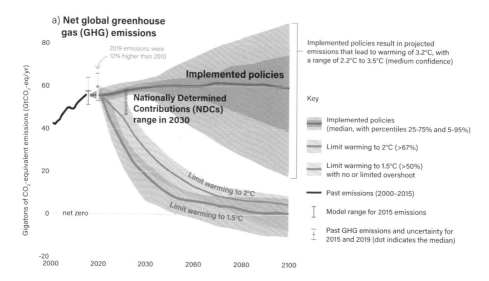

7 Zusammenfassend lässt sich festhalten, dass noch deutlicher Handlungsbedarf besteht, um die 2015 festgelegten Klimaziele erreichen zu können. Es ist insbesondere davon auszugehen, dass politische Maßnahmen in naher Zukunft bzw. in immer enger werdenden Abständen verschärfte Regularien sowohl bei der Anpassung an den Klimawandel als auch bei der Senkung von Treibhausgasemissionen mit sich bringen werden. Dies wird auch von den Ergebnissen der letzten Weltklimakonferenz (**COP28**) untermauert, welche vom 30.11. bis zum 13.12.2023 in Dubai stattgefunden hat. Als wichtigster Erfolg der Konferenz wird „die Einigung der Weltgemeinschaft auf einen Beschlusstext, der zu einem „Übergang weg von fossilen Energieträgern in den Energiesystemen" aufruft"[22] beschrieben. Auch wenn KritikerInnen das Ergebnis als zu vage empfinden und klare Zwischenziele für 2030, 2040 und 2050 vermissen[23], lässt sich bereits heute ableiten, welche Richtung zukünftige Regularien international, aber auch in Deutschland, einschlagen werden müssen – in allen Sektoren, also auch in der Immobilienbranche.

---

[19] Vgl. IPCC, Climate Change 2023, 2023, 11.
[20] Vgl. IPCC, Climate Change 2023, 2023, 20.
[21] Globale Emissionspfade im Kontext mit der umgesetzten Politik und Minderungsstrategien (Abb. in Anlehnung an IPCC, Climate Change 2023, 2023, 22).
[22] BMZ, Weltklimakonferenz in Dubai (COP 28), 2023, 1.
[23] Vgl. PIK, PIK-Einschätzung zum COP28-Abschluss (2023), URL: https://www.pik-potsdam.de/de/aktuelles/nachrichten/cop28-world-climate-summit (Stand: 28.2.2024).

II. Rolle der Bauwirtschaft

Global betrachtet, entfielen im Jahr 2021 rund 37 Prozent der Treibhausgasemissionen auf Gebäude, wobei sowohl die Herstellung als auch der Betrieb berücksichtigt ist.[24] Im aktuellen Global Status Report for Buildings and Construction[25] wird ferner aufgezeigt, dass die COVID-19-Pandemie im Jahr 2020 aufgrund von Nachfragerückgang, Betriebsschließungen und Materialmangel zwar zum größten Rückgang der CO_2-Emissionen der letzten zehn Jahre führte, im Jahr 2021 jedoch auch der größte Anstieg in den letzten zehn Jahren zu verzeichnen ist. Gründe für diesen „**Rebound Effekt**" seien die Wiederinbetriebnahme der Arbeitsplätze bei gleichzeitiger Aufrechterhaltung der hybriden Arbeitsweise von zuhause aus (was die mit Energie zu versorgende Nutzfläche deutlich vergrößerte) sowie die Tatsache, dass Schwellenländer den Einsatz von fossilen Gasen in Gebäuden erhöht haben. Im Ergebnis seien die Aktivitäten der Dekarbonisierung von Gebäuden seit der Pandemie wieder „zu ihrem früheren Tempo zurückgekehrt"[26]

Direct reference path to zero-carbon building stock target in 2050 (left); zoom into the period between 2015 and 2021, comparing the observed Global Buildings Climate Tracker to the reference path (right)[27]

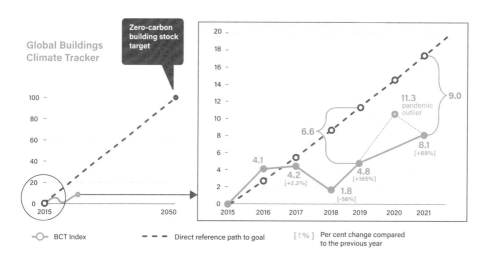

Grundsätzlich verbildlicht die Analyse des Globalen Statusberichts, dass seit 2015 einige Fortschritte auf politischer Ebene mit einem Anstieg der Investitionen erzielt wurden, aber größere Anstrengungen unternommen werden müssten, um die Emissionen insgesamt zu reduzieren und die Energieeffizienz von Gebäuden trotz immer größer werdender Nutzfläche pro Kopf[28] zu verbessern. Der aktualisierte Global Building Climate Tracker (siehe Rn. 8) bestätigt diese Beobachtung und zeigt eine wachsende Kluft zwischen den tatsäch-

---
[24] Vgl. UN Environment Programme, 2022 Global Status Report, 2022, iv.
[25] Der globale Statusbericht für den Gebäude- und Bausektor (Buildings-GSR) ist eine Publikation der von der UNEP betriebenen Global Alliance for Buildings and Construction (GlobalABC) und veranschaulicht eine jährliche Momentaufnahme des Fortschritts des Gebäude- und Bausektors auf globaler Ebene. Er überprüft den Status von Politik, Technologien, Finanzierung und Lösungen, u zu überprüfen, ob der Sektor mit den Pariser Klimazielen in Einklang steht.
[26] Vgl. UN Environment Programme, 2022 Global Status Report, 2022, v.
[27] Global Buildings Climate Tracker; Direkter Bezugspfad zum Ziel eines CO_2-freien Gebäudebestands im Jahr 2050 (Abb. in Anlehnung an UN Environment Programme, 2022 Global Status Report, 2022, v).
[28] Vgl. dena, DENA-GEBÄUDEREPORT 2024, 2023, 9/24.

lichen Emissionen des Sektors und dem notwendigen **Dekarbonisierungspfad.** Und das, obwohl sich 2021 immer mehr Länder zu Energieeffizienz verpflichtet, ausführliche Angaben zur Dekarbonisierung von Gebäuden gemacht haben und die weltweiten Investitionen in Energieeffizienz um etwa 16 Prozent auf über 230 Milliarden US-Dollar gestiegen sind.

10   Auch im bereits erwähnten IPPC-Bericht wird der Gebäudesektor mit rund 66 % Reduktionspotential von Treibhausgasemissionen besonders hervorgehoben.[29] Zu den Möglichkeiten werden die Verbesserung der Effizienz und Nutzung bereits bestehender Gebäude, leistungsfähige Neubauten, effiziente Technik, die Integration erneuerbarer Energien und die Dekarbonisierung der Produktion von Baumaterialien genannt. Letzteres zielt auf die Reduktion der sogenannten grauen Energie ab, eine Strategie, die bei der Reduktion von Emissionen bei Gebäuden bisher kaum Berücksichtigung findet, obwohl sie als eine Schlüsselstrategie gilt: Allein in G7-Ländern könnten durch Materialeffizienzstrategien, in Kombination mit der Verwendung recycelter Baustoffe, die Treibhausgasemissionen im Materialkreislauf von Wohngebäuden bis 2050 um über 80 % reduziert werden.[30] Der Ansatz, ganzheitlich im Lebenszyklus zu denken und zu handeln, hätte zudem den Vorteil der **Ressourcenschonung.** Da Rohstoffe nun mal begrenzt sind, der weltweite Verbrauch sich aufgrund von Wirtschaftswachstum und Erhöhung des Lebensstandards bis 2060 jedoch fast verdoppeln wird[31], gewinnt dies zunehmend an Bedeutung.

11   In Deutschland wird die Verursachung von Treibhausgasemissionen derzeit in sog. „Sektoren" geclustert. Durch die Addition von

- 14 % Sektor Gebäude (direkte Emissionen durch den Betrieb von Gebäuden) und
- 11 % des Sektors Energie (indirekte THG durch den Betrieb von Gebäuden)

werden im 2019 veröffentlichten **Klimaschutzprogramm 2030** der Bunderegierung insgesamt 25 % der nationalen Emissionen der Bauwirtschaft zugeschrieben.[32] Interpretiert man die Bauwirtschaft jedoch als „Handlungsfeld, das Herstellung, Errichtung, Erhalt, Betrieb, Nutzung, Rückbau sowie Aufbereitung/Entsorgung (mit)einbezieht"[33], wird eine sektorübergreifende Betrachtung vorgeschlagen, die insgesamt 40 % der nationalen Emissionen verursacht.[34]

12   Die Weiterentwicklung der **Deutschen Nachhaltigkeitsstrategie** aus dem Jahr 2021 lässt erkennen, dass auch hier der Ansatz der Lebenszyklusbetrachtung immer mehr an Bedeutung gewinnt:

> *„Der Bau- und Gebäudebereich deckt mit der Bereitstellung von Wohnraum sowie allen weiteren baulichen Strukturen Grundbedürfnisse der Gesellschaft und Wirtschaft. Er ist ein zentrales Element für starke, gemeinwohlorientierte und resiliente Stadt- und Siedlungsstrukturen. Gebäude und Ingenieurbauwerke sind langlebige Güter. Die Planungs- und Investitionsentscheidungen im Bau- und Gebäudebereich wirken sich über viele Jahrzehnte hinweg auf Gesellschaft, Wirtschaft und Umwelt aus. Daher sind im Bau- und Gebäudebereich in besonderer Weise neben aktuellen auch zukünftige Anforderungen zu berücksichtigen. Diese ergeben sich u. a. aus dem Klimawandel und der Ressourcenverknappung, dem demografischen Wandel sowie den sich ändernden Nutzeranforderungen."*[35]

---

[29] Vgl. IPCC, Climate Change 2023, 2023, 27.
[30] Vgl. Hertwich et. al., 2020, zitiert nach UN Environment Programme, 2022 Global Status Report, 2022, ix.
[31] Vgl. Organisation for Economic Co-operation and Development [OECD], 2019, zitiert nach UN Environment Programme, 2022 Global Status Report, 2022, ix.
[32] Vgl. Die Bundesregierung, Klimaschutzprogramm 2030 der Bundesregierung zur Umsetzung des Klimaschutzplans 2050, 2019 zitiert nach BBSR, Klimaschutz im Gebäudebereich, 2021, 33.
[33] Vgl. BBSR, Klimaschutz im Gebäudebereich, 2021, 11.
[34] Vgl. Ramseier/Frischknecht, 2020, 26, zitiert nach BBSR, Klimaschutz im Gebäudebereich, 2021, 122.
[35] Die Bundesregierung, Deutsche Nachhaltigkeitsstrategie – Weiterentwicklung 2021, 2020, 56.

Alles weist folglich darauf hin, dass die auf die Baubranche zukommenden Aufgaben zum einen großen Einfluss auf das Erreichen der Pariser Klimaziele haben werden und zum anderen weit umfassender und komplexer sind, als es die bisher eingeschränkte Perspektive auf die Reduzierung von Betriebsemissionen war. Es geht darum, Treibhausgasemissionen bei der Sanierung oder beim Neubau so umfassend wie möglich zu vermeiden und den Gebäudebestand gleichzeitig so zu transformieren, dass er auch bei sich änderndem Klima Schutz und Behaglichkeit für den Menschen bietet. Diese Perspektivenerweiterung wiederum lässt erwarten, dass die aktuelle Rechtslage umfassend angepasst werden muss und wird.

III. Rechtliche Konsequenzen und Problemstellung

Auf Basis des Pariser Klimaabkommens vom Dezember 2015 wurde vier Jahre später, im Dezember 2019 der **European Green Deal** beschlossen – Europas Weg, um die Klimaziele zu erreichen. Und viel mehr noch: Der Green Deal besagt, dass Europa bis zum Jahr 2050 erster klimaneutraler Kontinent werden möchte (siehe hierzu auch folgenden § 2). Um dies zu erreichen, soll der private Finanzmarkt aktiviert werden; Anlageprodukte (wie zB Immobilien) müssen nun ausweisen, ob sie nachhaltig sind oder nicht. Diese sog. **Offenlegungsverordnung** ist mit dem Green Deal bereits 2019 in Kraft getreten und ist seitdem in allen Mitgliedsstaaten geltendes Recht. Die zugehörige **Taxonomieverordnung,** welche ein „nachhaltiges" Finanzprodukt definieren soll, ist allerdings bis heute nicht vollständig ausgearbeitet. Dies führt in der Branche verständlicherweise zu großer Unsicherheit.

Deutschland geht sogar noch einen Schritt weiter als die Europäische Union und formuliert im **Klimaschutzgesetz,** dass die auch ursprünglich für 2050 geplante Klimaneutralität auf 2045 vorgezogen werden soll.[36] Dieses Vorhaben scheint für den Immobiliensektor sehr ambitioniert, wenn man bedenkt, dass der deutsche Wohngebäudebestand zu ca. 60 % vor Inkrafttreten der Ersten Wärmeschutzverordnung von 1978 errichtet wurde[37] und die **Sanierungsquote** sich von heutigen 0,8 % auf 1,9 % ab 2030 mehr als verdoppeln müsste.[38] Der Trend der verbauten Materialien und Energieträgern zeigt zwar deutlich, dass immer mehr emissionsarme Alternativen zum Einsatz kommen,[39] allerdings ist der Anteil der „konventionellen" Bauweise mit emissionsintensiven Baustoffen immer noch verhältnismäßig hoch, unter der Berücksichtigung, dass die heutigen Neubauten den Gebäudebestand im Jahr 2045 darstellen.

Sowohl der European Green Deal als auch das Deutsche Klimaschutzgesetz haben die Regulatorik in der Bauwirtschaft in einer für die Branche unüblichen Schnelligkeit und Intensität geändert bzw. beeinflusst, was zu großer Verunsicherung bei allen Akteuren führt. Und dies zu einer Zeit, in welcher die Branche aufgrund von erhöhten Energie- und Baupreisen, Zinssteigerung und Fachkräftemangel schon mit zahlreichen Problemstellungen konfrontiert ist. Es ist unumstritten, dass die Bauwirtschaft aufgrund ihres hohen Anteils an den globalen Treibhausgasemissionen reagieren und bisher „bewährte" Prozesse grundlegend überdenken muss. Aber auch wenn sich das Bewusstsein für diese Tatsache in den letzten Jahren deutlich verändert hat, die Leistungsbilder aller am Bau beteiligten haben es noch nicht. Zwar haben sich neue Fachkompetenzen am Markt angesiedelt, Konstrukte wie HOAI, AHO, etc. werden jedoch aktuell noch überarbeitet, um das Thema Klimaschutz und Nachhaltigkeit wenigstens als sog **Besondere Leistung** aufzuführen.

Hinzu kommt, dass solange die Anforderungen an nachhaltige Gebäude nicht abschließend definiert sind, jedes Bauprojekt einer individuellen **Nachhaltigkeitsstrategie** bedarf, die es klar auszuformulieren und in allen Verträgen zu berücksichtigen gilt. Nach aktueller Rechtslage obliegt es dem Bauherrn, seine Bedarfsplanung durch eine solche Nachhaltig-

---

[36] Bundes-Klimaschutzgesetz (KSG), 2019.
[37] Vgl. dena, DENA-GEBÄUDEREPORT 2024, 2023, 7.
[38] Vgl. dena, Leitstudie Aufbruch Klimaneutralität, 2021, 18.
[39] Vgl. dena, DENA-GEBÄUDEREPORT 2024, 2023, 12/18/43/44.

keitsstrategie zu vervollständigen. Hierfür braucht es jedoch einen Überblick über das geltende Recht genauso wie über die zukünftigen Entwicklungen und Trends, was den meisten am Bau Beteiligten, auch aufgrund mangelnder Literatur, aktuell noch fehlt. Die Idee des vorliegenden Rechtshandbuches ist mit dem Ziel entstanden, diese Lücke zu schließen und das erforderliche Handwerkszeug zu liefern, um bisherige Vertragskonstrukte und Leistungsbilder um das Thema Nachhaltigkeit zu erweitern.

18 In den nachfolgenden Kapiteln wird hierfür zunächst ein ausführlicher Überblick über den Stand der Gesetzgebung und der Entwicklung geschaffen, um dann den Aufbau einer Nachhaltigkeitsstrategie und deren Implementierung in die Vertragsgestaltung zu erläutern. Anschließend werden Verträge in Zusammenhang mit Gebäudezertifizierungen betrachtet, sowie die Implementierung der Nachhaltigkeit in der Vergabe-, Planungs-, Ausführungs- und Nutzungsphase. Abschließend werden zudem noch Besonderheiten beim Thema Versicherungen und der Finanzierung beleuchtet.

B. Definition und Abgrenzung der Begrifflichkeiten Klimaschutz, Nachhaltigkeit und ESG

19 Vorab bedarf es jedoch einer klaren Einordnung der Begrifflichkeiten „**Klimaschutz**", „**Nachhaltigkeit**" und „**ESG**", da diese in der Branche fälschlicherweise miteinander verwechselt oder vielmehr miteinander gleichgesetzt werden.

I. Klimaschutz

20 Im Bemühen, dem Klimawandel entgegenzuwirken, ist grundsätzlich zweigleisig vorzugehen, wie auch in einem der drei Hauptziele des Pariser Klimaabkommens beschrieben: „Die Senkung der Emissionen und Anpassung an den Klimawandel"[40]. Es wird wie folgt unterschieden:
- Klimaschutz (**Mitigation**): Maßnahmen zur Begrenzung der globalen Erderwärmung (zB durch Minderung der Treibhausgasemissionen)
- Klimaanpassung (**Adaption**): Maßnahmen zur Anpassung an den Klimawandel[41]

21 Es ist obligatorisch, Klimaschutz und Klimaanpassungen stets gemeinsam zu betrachten und umzusetzen. Denn auch wenn die Erwärmung gemäß den Pariser Klimazielen begrenzt werden kann, werden Extremwetterereignisse zunehmen; es gilt daher die Schäden durch Anpassungen so gering wie möglich zu halten.

22 Auf die Bauwirtschaft bezogen, sind folgenden Maßnahmen den beiden Bereichen zuzuordnen (Aufzählung nicht abschließend):

Klimaschutz	Klimaanpassungen
• Erneuerbare Stromerzeugung • Erneuerbare Wärmeerzeugung • Energieeffiziente Gebäude • Ressourcenschonende und zirkuläre Bauweise (Reduktion der grauen Energie) • etc.	• Entsiegelung der Flächen • Begrünung der Flächen • Verminderung des Urban-Heat-Island-Effektes durch Grün- und Blauflächen in der Stadt • Sommerlicher Wärmeschutz • etc.

23 Bei Klimaschutz handelt es sich demzufolge nur um eine von zwei Strategien im Kampf gegen den Klimawandel.

---

[40] Vgl. BMZ, Klimaabkommen von Paris (o. J.), URL: https://www.bmz.de/de/service/lexikon/klimaabkommen-von-paris-14602 (Stand: 28.2.2024).
[41] Vgl. VDI, Klimaschutz trifft Klimaanpassung (2023), URL: https://www.vdi.de/news/detail/klimaschutz-trifft-klimaanpassung (Stand 28.2.2024).

II. Nachhaltigkeit

Der Begriff „Nachhaltigkeit" hingegen beschreibt ein weit umfassenderes und komplexeres Thema. Historisch betrachtet hat der Begriff seinen Ursprung in der Forstwirtschaft. Im Jahre 1713 wird vom Oberberghauptmann Hans Carl von Carlowitz (1645–1714) das „wohl erste forstwissenschaftliche Werk"[42] mit dem Titel „Sylvicultura oeconomica" veröffentlicht. Hauptaussage dieses Werkes ist, dass „stets nur so viel Holz geschlagen werden (dürfe) wie nachwachse"[43]. Wieso hierbei Nachhaltigkeit mit dem Wort „oeconomica" in Verbindung gebracht wird, begründet Dr. Ernst Ulrich Köpf (2013) wie folgt: „'Ökonomie' bedeutet eigentlich Wirtschaftsordnung. Sie sollte ein möglichst stabiler Rahmen sein, in dem Menschen ihre Angelegenheiten, möglichst autonom, vernünftig wahrnehmen können: ‚nachhaltig wirtschaften', wie es normales Bestreben ist, das nicht durch Geldgier verdorben wird. (...) Rücksichtslosigkeit und Egoismus haben im Rahmen einer nachhaltigen Wirtschaftsordnung keinen Platz."[44]

Zusätzlich zur Ökonomie sind drei weitere Komponenten der Nachhaltigkeit aus Carlowitz Werk zu entnehmen: Die Langfristigkeit (konstante Erbringung der Wirkung), die Sozialpflichtigkeit (Einschränkung der Nutzung des Eigentümers zum Wohle der Allgemeinheit) und die Verantwortung (Verpflichtung des Bewirtschafters gegenüber der Zukunft)[45].

Im Jahr 1987 wird der Begriff „Nachhaltigkeit" in einem Bericht der „Weltkommission für Umwelt und Entwicklung", welcher auch „Brundtland-Bericht" genannt wird, erstmals verwendet. Nachhaltige Entwicklung wird hier als „Entwicklung, die die Bedürfnisse der Gegenwart befriedigt, ohne zu riskieren, dass künftige Generationen ihre eigenen Bedürfnisse nicht befriedigen können"[46] definiert.

Und auch heute findet man im Duden folgende zwei Bedeutungen[47]:
1. längere Zeit anhaltende Wirkung
2. Prinzip, nach dem nicht mehr verbraucht werden darf, als jeweils nachwachsen, sich regenerieren, künftig wieder bereitgestellt werden kann

Doch auch wenn sich die Begriffsdefinition in mehr als 300 Jahren Weltgeschichte kaum geändert hat, fand die Nachhaltigkeit erst vor etwas mehr als 30 Jahren Einzug in die Politik. Bei der 1992 stattfindenden UN-Konferenz für Umwelt und Entwicklung in Rio de Janeiro wurde die Nachhaltigkeit erstmals als übergreifendes Ziel der globalen Politik definiert. Dies wurde in einer weiteren Konferenz der UN-Mitgliedsstaaten zwanzig Jahre später erneuert, woraufhin die sog. 2030-Agenda für Nachhaltige Entwicklung entwickelt und schlussendlich im September 2015 verabschiedet wurde. Letztere enthält 17 Nachhaltigkeitsziele (**Sustainable Development Goals**, kurz „SDGs")[48]:

1. Keine Armut
2. Kein Hunger
3. Gesundheit und Wohlergehen
4. Hochwertige Bildung
5. Geschlechtergleichstellung
6. Sauberes Wasser und Sanitärversorgung
7. Bezahlbare und saubere Energie
8. Menschenwürdige Arbeit und Wirtschaftswachstum

---

[42] Hutter et al., Grundkurs Nachhaltigkeit, 2012, 26.
[43] Hutter et al., Grundkurs Nachhaltigkeit, 2012, 27.
[44] Jahn, Die Erfindung der Nachhaltigkeit, 2013, 53.
[45] Vgl. König und Schoof, Lebenszyklusanalysen in der Gebäudeplanung, 2009, 8.
[46] Hutter et al., Grundkurs Nachhaltigkeit, 2012, 12.
[47] Duden, Nachhaltigkeit (o. J.), URL: https://www.duden.de/rechtschreibung/Nachhaltigkeit (Stand: 28.2.2024).
[48] BMUV, Die 2030-Agenda für Nachhaltige Entwicklung (o. J.), URL: https://www.bmuv.de/themen/nachhaltigkeit/2030-agenda (Stand: 28.2.2024).

9. Industrie, Innovation und Infrastruktur
10. Weniger Ungleichheiten
11. Nachhaltige Städte und Gemeinden
12. Verantwortungsvolle Konsum und Produktionsmuster
13. Maßnahmen zum Klimaschutz
14. Leben unter Wasser
15. Leben an Land
16. Frieden, Gerechtigkeit und starke Institutionen
17. Partnerschaften zur Erreichung der Ziele

29 Die **Agenda 2030** bildet bis heute die Grundlage für die Nachhaltigkeitspolitik der Bundesregierung; in der Deutschen Nachhaltigkeitsstrategie[49] wird auf alle 17 Ziele eingegangen. Allerdings enthielt die Überarbeitung aus 2021 auch eine klare Statusfeststellung, dass das bisherige globale Handeln bei weitem nicht ausreicht, einen nachhaltigen Entwicklungspfad einzuschlagen.[50]

30 In Bezug auf das Bauwesen wird Nachhaltigkeit zum Beispiel in der DIN EN 15643[51] wie folgt erläutert:

„Zustand des Gesamtsystems, einschließlich der umweltbezogenen, sozialen und ökonomischen Aspekte, innerhalb dessen gegenwärtige Bedürfnisse erfüllt werden, ohne die Fähigkeit zukünftiger Generationen zur Erfüllung ihrer eigenen Bedürfnisse zu beeinträchtigen
Anmerkung 1 zum Begriff: Umweltbezogene, soziale und ökonomische Aspekte stehen in Wechselwirkung zueinander, sind voneinander abhängig und werden häufig als die drei Dimensionen der Nachhaltigkeit bezeichnet.
Anmerkung 2 zum Begriff: Im Kontext der Errichtung von Gebäuden und Ingenieurbauwerken bezieht sich der Begriff auf den Beitrag der Attribute der bei der Bauausführung durchgeführten Aktivitäten oder der bei der Bauausführung verwendeten Produkte oder Dienstleistungen bzw. der Nutzung von Bauwerken zum Erhalt von Teilen des Ökosystems und ihren Funktionen für zukünftige Generationen.
Anmerkung 3 zum Begriff: Während die Herausforderung der Nachhaltigkeit global ist, sind die Strategien zur Erreichung der Nachhaltigkeit im Bauwesen lokal und hinsichtlich Kontext und Inhalt von Region zu Region verschieden.
Anmerkung 4 zum Begriff: Nachhaltigkeit ist das Ziel einer nachhaltigen Entwicklung."

31 Die hier beschriebenen „Drei Dimensionen der Nachhaltigkeit" werden häufig auch als drei Säulen beschrieben, wobei öfter auch der Aspekt einer vierten Säule, der zeitlichen Komponente, die Rede ist, wie es auch bereits bei Carlowitz der Fall war. Fest etabliert haben sich jedoch das Drei-Säulen-Modell oder das Dreieck mit den Komponenten „Ökologie", „Ökonomie" und „Soziokulturelles":

---

[49] Vgl. Die Bundesregierung, Deutsche Nachhaltigkeitsstrategie – Weiterentwicklung 2021, 2020.
[50] Vgl. Die Bundesregierung, Deutsche Nachhaltigkeitsstrategie – Weiterentwicklung 2021, 2020, 12.
[51] Vgl. EN 15643:2021, 24, zitiert nach ISO 15392:2019.

Dimensionen der Nachhaltigkeit[52]

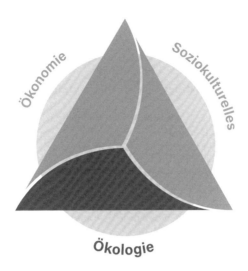

Ein weiterer wichtiger Aspekt ist der oben zitierten Norm zu entnehmen: Der **Lebens-** 32
zyklusansatz (siehe Anmerkung 2). Das Berücksichtigen jeder einzelnen Dimension sowie ihr Zusammenspiel untereinander ist sowohl bei Errichtung, bei der Verwendung der hierfür benötigten Materialien und Dienstleistungen sowie der Nutzung eines Gebäudes erforderlich. Dies erhöht die Komplexität der erforderlichen Maßnahmen für nachhaltiges Bauen deutlich.

III. ESG

Die Begrifflichkeit von „ESG" wird in der Bauwirtschaft oftmals mit „Nachhaltigkeit" 33
gleichgesetzt, was zugegebenermaßen nachvollziehbar ist, denn die drei Buchstaben stehen für **E**nvironment (Ökologie/Umwelt), **S**ocial (Soziales) und **G**overnance (verantwortungsvolle Unternehmensführung). Der Begriff „ESG" stammt ursprünglich aus dem Finanz- und Unternehmensbereich und wurde erstmals 2004 im Bericht „Who Cares Wins" festgelegt, um in der Analyse und im Risikomanagement von Finanzprodukten und Unternehmen die unterschiedlichen Themengebiete der Nachhaltigkeit besser implementieren zu können.[53] Demnach hat der Begriff im weiteren Sinne seinen Ursprung in der Nachhaltigkeit mit ihren drei Dimensionen, da die Finanzbranche mit der Entwicklung von ESG auf die allgemeine Nachhaltigkeitsdebatte einging, allgemein gleichgesetzt werden können „ESG" und „Nachhaltigkeit" jedoch nicht. ESG ist jedoch in der Immobilienbranche aktuell deshalb so präsent, weil der ESG- Kriterien mit der Taxonomie und Offenlegungsverordnung fest in die **Sustainable Finance** und somit in das Reporting von Unternehmen verankert wurde; Die EU-Taxonomie soll die Kriterien nachhaltiger Finanzprodukte in den drei Kategorien E, S und G definieren. Wie bereits angedeutet, ist die Verordnung zum heutigen Tag jedoch nicht vollständig ausgearbeitet, bislang ist lediglich der Teilbereich Environment veröffentlicht und auch hier gibt es noch Ausarbeitungslücken (eine umfangreiche Darstellung ist § 2, 2.2 zu entnehmen).

---

[52] Abb. in Anlehnung an BMI, Leitfaden Nachhaltiges Bauen, 2019, 15 und BBSR.
[53] Vgl. The Global Compact, Who Cares Wins, 2004, vii ff.

34 Sollte deswegen von einem „ESG-konformen" Gebäude in einem rechtlichen Rahmen oder Kontext die Rede sein, kann nicht davon ausgegangen werden, dass alle Dimensionen der Nachhaltigkeit berücksichtigt wurden, sondern nur, dass die aktuell veröffentlichten Anforderungen der Taxonomieverordnung erfüllt worden sind, welche derzeit alle unter den ökologischen Bereich fallen.

C. „Nachhaltiges Planen, Bauen und Betreiben"

35 Eine allgemeingültige und abschließende Definition von „nachhaltigem Planen, Bauen und Betreiben" existiert weder auf europäischer noch auf nationaler Ebene. Zahlreiche Anbieter von Gebäudezertifikaten oder Benchmarking-Plattformen liefern mehr oder weniger unterschiedliche Leistungskataloge oder Checklisten, die es insbesondere bei der Planung und beim Bau zu berücksichtigen gilt, wenn man das entsprechende Siegel erhalten möchte. Die Gesetzgebung enthält lediglich Angaben zu Mindeststandards bei Planung und Bau, mit großem Fokus auf den Klimaschutz und wenig Berücksichtigung auf andere Komponenten der Nachhaltigkeit. Hingegen wurde die bundesweite Vergabe von Fördermitteln seit Inkrafttreten des Gebäudeenergiegesetzes im Jahr 2020 **(GEG)** umfassend und mehrfach überarbeitet; aktuell kann die Berücksichtigung von Nachhaltigkeitsaspekten durch die Erlangung eines Gebäudezertifikates (wie **DGNB**[54], **BNB**[55] oder **NahWo**[56]) zu besseren Förderkonditionen führen.

36 Neben Zertifikaten existieren zudem noch zahlreiche Ansätze und Theorien für nachhaltige Bauprojekte mit unterschiedlichen Schwerpunkten. So konzentriert sich das **Urban Mining Prinzip**[57], ähnlich wie der **Cradle 2 Cradle** Ansatz[58], beispielsweise auf die Kreislaufwirtschaft bei den zu verbauenden Materialien. Die **„Doughnut for Urban Development"**[59] Theorie beschreibt hingegen ein ständiges Balancieren und Abwägen zwischen zwei konzentrischen Ringen; einem sozialen Fundament, welches jedem und jeder gewisse Lebensstandards einräumt, und der ökologischen Obergrenze, die nicht überschritten werden darf, damit der Lebensraum Erde nicht gefährdet wird.

37 Um jedoch einen Ansatz für eine tiefere Betrachtung auszuwählen, welcher möglichst objektiv ist, flächendeckende Relevanz in Deutschland hat und zugleich neben dem Planen und Bauen auch den Betrieb einer Immobilie berücksichtigt, wird im Folgenden das Prinzip der **Schutzgüter und -Ziele** des Leitfadens für Nachhaltiges Bauen vom Bundesministerium des Innern, für Bau und Heimat (BMI) näher erläutert. Um seiner Vorbildfunktion als größter öffentlicher Bauherr gerecht zu werden, hat der Bund bereits 2001 die Methoden des Leitfadens Nachhaltiges Bauen für die zivilen Baumaßnahmen verbindlich eingeführt und seitdem stetig weiterentwickelt.[60] Mittlerweile wird die Berücksichtigung der im Leitfaden enthaltenen Kriterien mittels eines eigenen Gebäudezertifikats, dem **BNB**, belegt.

38 Aufbauend auf den drei Dimensionen der Nachhaltigkeit (Ökologie, Ökonomie und Soziokulturelles) beschreibt das Prinzip zunächst allgemeine Schutzgüter und -ziele, welche dann anschließend „an die Belange des nachhaltigen Bauens sowie seine spezifischen Arbeits- und Entscheidungsabläufe und Bewertungsmethoden angepasst"[61] werden (siehe folgende Abb.). So werden im Bereich Ökologie Maßnahmen zur Ressourcenschonung bei der Materialwahl, zur Reduzierung von Flächenversiegelungen, zur Förderung der Biodiversität und zur Reduzierung des Wasser- und Energieverbrauchs gefordert. Hierbei wird

---

[54] Deutsche Gesellschaft für Nachhaltiges Bauen.
[55] Bewertungssystem Nachhaltiges Bauen.
[56] Qualitätssiegel Nachhaltiger Wohnungsbau.
[57] Heisel, F.; Hebel, D.; Urban mining und kreislaufgerechtes Bauen, 2021.
[58] Braungart, Michael, William McDonough; Cradle to Cradle: Einfach intelligent produzieren, 2014.
[59] Birgisdóttir, H. et al.; Doughnut for Urban Development: A Manual, 2023.
[60] Vgl. BMI, Leitfaden Nachhaltiges Bauen, 2019, 4.
[61] BMI, Leitfaden Nachhaltiges Bauen, 2019, 15.

zudem der gesamte Lebenszyklus der Immobilie berücksichtigt, dh auch die Betriebs- und Rückbauphase. Bei der Bewertung der Ökonomie ist das auch der Fall; anhand einer **Lebenszyklus-Kosten-Analyse** (LCC)[62] werden neben den Errichtungskosten auch die Baufolgekosten (Betrieb, Instandhaltung und Rückbau) betrachtet, welche die Herstellungskosten oft um ein Vielfaches überschreiten. Weiterer Fokus liegt auf der Wirtschaftlichkeit und der Wertstabilität des Gebäudes. Die dritte Dimension der Nachhaltigkeit, dem Soziokulturellen, stellt Anforderungen an die soziale und kulturelle Identität der Immobilie. Es werden Aspekte wie Gesundheit, Mobilität, Partizipation und Funktionalität bewertet.[63]

Schutzgüter und -ziele der Nachhaltigkeit allgemein und auf den Baubereich bezogen[64]

		ÖKOLOGIE	ÖKONOMIE	SOZIOKULTURELLES
SCHUTZGÜTER	Nachhaltigkeit allgemein	• natürliche Ressourcen • natürliche Umwelt	• Kapital/Werte • ökonomische Leistungsfähigkeit	• menschliche Gesundheit • soziale und kulturelle Werte
	Nachhaltiges Bauen	• Natürliche Ressourcen • globale und lokale Umwelt	• Kapital/Werte	• Gesundheit • Nutzerzufriedenheit • Funktionalität • kultureller Wert
SCHUTZZIELE	Nachhaltigkeit allgemein	• Schutz der natürlichen Ressourcen/sparsamer und schonender Umgang mit natürlichen Ressourcen • Effizienzsteigerung • Reduktion von Schadstoffbelastungen/Umwelteinwirkungen • Schutz der Erdatmosphäre, des Bodens, des Grundwassers und der Gewässer • Förderung einer umweltverträglichen Produktion	• Lebenszykluskosten senken • Verringerung des Subventionsaufwandes • Schulden verringern • Förderung einer verantwortungsbewussten Unternehmerschaft • Schaffung nachhaltiger Konsumgewohnheiten • Schaffung dynamischer und kooperativer internationaler wirtschaftlicher Rahmenbedingungen	• Schutz und Förderung der menschlichen Gesundheit • sozialen Zusammenhalt und Solidarität stärken • kulturelle Werte erhalten • Chancengleichheit • Sicherung von Erwerbsfähigkeit und Arbeitsplätzen • Armutsbekämpfung • Bildung/Ausbildung • Gleichberechtigung • Integration • Sicherheit/lebenswertes Umfeld
	Nachhaltiges Bauen	• Schutz der natürlichen Ressourcen • Schutz des Ökosystems	• Reduzierung der Lebenszykluskosten • Verbesserung der Wirtschaftlichkeit • Erhalt von Kapital/Wert	• Bewahrung von Gesundheit • Sicherheit und Behaglichkeit • Gewährleistung von Funktionalität • Sicherung der gestalterischen und städtebaulichen Qualität

Solange noch keine Vereinheitlichung bei der Antwort auf die Frage existiert, was nachhaltiges Planen, Bauen und Betreiben eigentlich ist, ist der Ansatz bzw. die Definition durch den Bauherrn aktuell noch selbst festzulegen oder auszuwählen. Verschiedene Zwänge, wie das Erlangen von Fördermitteln, schränken die Wahl hierbei natürlich ein. Dieses gilt es, durch das Entwickeln einer Nachhaltigkeitsstrategie herauszufinden und die **Bedarfsplanung** somit um den Bereich Nachhaltigkeit zu vervollständigen. Als Grundlage hierfür ist jedoch ein Überblick über die aktuell gültige Gesetzgebung sowie Entwicklungen auf dem Markt obligatorisch. Letztere werden im nachfolgenden Paragraphen ausführlich beschrieben. 39

---

[62] Life-Cycle-Costs.
[63] Vgl. BMI, Leitfaden Nachhaltiges Bauen, 2019, 15.
[64] Abb. in Anlehnung an BMI, Leitfaden Nachhaltiges Bauen, 2019, 16 und BBSR.

§ 2 Überblick über den Stand der Gesetzgebung und der Entwicklung

Übersicht

	Rn.
A. Nachhaltigkeit auf EU-Ebene	2
I. EU-Offenlegungsverordnung	5
1. Inhalt der EU-Offenlegungsverordnung	7
2. Technische Regulierungsstandards	15
II. EU-Taxonomie-Verordnung	18
1. Inhalt der EU-Taxonomie	20
2. Delegierte Verordnungen	30
III. Fit-for-55-Paket	36
IV. EU-Gebäuderichtlinie	38
V. CSRD-Richtlinie	43
1. CSRD	44
2. ESRS	49
3. Hinweise zur Umsetzung der Berichtspflichten	56
4. Umsetzung der CSRD in Deutschland	58
5. Zusammenhang CSRD und EU-Taxonomie	60
VI. Europäisches Lieferkettengesetz	63
B. ESG	67
C. Nachhaltigkeit in der deutschen Gesetzgebung	72
I. Bundes-Klimaschutzgesetz (KSG)	74
II. Klimaschutz- Sofortprogramme	79
1. Paket vom 23. Juni 2021: „Klimaschutz Sofortprogramm 2022"	81
2. Ostern 2022: Verschärfung der Maßnahmen aus dem Sofortprogramm 2022	84
3. Paket Juli 2022: Sofortprogramm Klimaschutz Gebäude 2022	86
III. Gebäude- Elektromobilitätsinfrastrukturgesetz (GEIG)	87
IV. Gebäudeenergiegesetz (GEG)	91
V. Bundesförderung für effiziente Gebäude (BEG)	101
VI. Lieferkettensorgfaltspflichtengesetz	105
VII. Schattenpreis	110
D. Technische Neuerungen	112
I. GRESB/ECORE	114
II. Madaster und Concular	123
III. Gebäuderessourcenpass	128
IV. Digitale Gebäude Logbücher	130
V. DIN-Normen	134

Die Gesetzgebung ist im Hinblick auf Nachhaltigkeit fließend. Eine Vielzahl von Entwicklungen auf europäischer und deutscher Ebene hat sich in den letzten Jahren herausgebildet; eine Vielzahl weiterer Regelungen und Gesetzgebungen ist in der Pipeline. Vorliegend kann daher nur ein Überblick über den aktuellen Stand gegeben werden. Die dynamische Entwicklung erfordert, dass sich die am nachhaltigen Bauvorhaben Beteiligten regelmäßig selbst ein Update verschaffen – dies betrifft insbesondere die Regelungen auf EU-Ebene. **1**

A. Nachhaltigkeit auf EU-Ebene

Die EU steuert seit einigen Jahren über Verordnungen und Richtlinien das Thema Nachhaltigkeit im Bau- und Immobilienbereich. Dabei sind Verordnungen nach Art. 288 Abs. 2 AEUV *„unmittelbar in jedem Mitgliedstaat"* wirksam und bedürfen keiner Umsetzung in nationales Recht. Sie gelten somit wie ein nationales Gesetz. Die Mitgliedstaaten sind nur **2** berechtigt, zu diesen Verordnungen ergänzende Ausführungsvorschriften zu erlassen, wenn die Verordnung dies zulässt.[1] Im Gegenzug zu Verordnungen sind Richtlinien für die Mitgliedsstaaten nach Art. 288 Abs. 3 AEUV nur verbindlich im Hinblick auf das zu erreichende Ziel. Wie dieses Ziel aber erreicht wird, überlässt die EU den nationalen Stellen, die für die Wahl von Form und Mittel verantwortlich sind.[2] Ohne Umsetzung in nationales Recht entfalten Richtlinien damit keine Wirkung gegenüber den Bürgern der Mitgliedsstaaten. Auch wenn die Mitgliedsstaaten in der Wahl von Form und Mittel der Umsetzung frei sind, müssen die nationalen Normen zur Umsetzung der Richtlinien richtlinienkonform sein – das Ziel des europäischen Gesetzgebers, dass er mit der Schaffung der Richtlinie verfolgen möchte, muss erreicht werden.

3 Diese Unterscheidung ist von erheblicher Bedeutung, wenn man sich mit den europäischen Regelungen im Hinblick auf Nachhaltigkeit beschäftigt. Insbesondere, wenn abgegrenzt werden soll, welche Leistungen die Beteiligten bereits schulden und was voraussichtlich gilt, wenn zB das Bauvorhaben fertiggestellt ist. Üblicherweise haben Auftraggeber ein erhebliches Interesse daran, auf Grund des Lebenszyklus einer Immobilie ein Bauvorhaben so errichten zu lassen, dass auch die Regelungen aus Richtlinien, die noch nicht als nationales Gesetz umgesetzt sind, (überobligatorisch) eingehalten werden. Sofern dies nicht der Fall ist, sind die Beteiligten gut beraten, den Auftraggeber über die fehlende Einhaltung von Regelungen aus Richtlinien aufzuklären.

4 Auf EU-Ebene finden sich die wesentlichen Regelungen zum Thema klimagerechtes Bauen in der Offenlegungsverordnung, der **EU-Gebäuderichtlinie**, der **EU-Taxonomie-Verordnung** und den hieraus erwachsenden Anforderungen an die **ESG-Kriterien.**[3] Zurückführen lassen sich diese Regelungen auf den sog. Europäischen Grünen Deals **(European Green Deal**[4]**)**, wonach Europa zum ersten klimaneutralen Kontinent werden soll. Hierzu beschloss der Europäische Rat im Dezember 2020 eine Anhebung der EU-Klima-Ambitionen bis zum Jahr 2030. Zur Klimaneutralität gehört die Reduzierung von Treibhausgasen, so dass nach diesen Maßgaben zur Erreichung der EU-Treibhausgasneutralität bis 2050 die Emissionen gesenkt werden sollen. Dabei geht die EU in zwei Stufen vor: bis ins Jahr 2030 sollen die EU-internen Treibhausgasemissionen um mindestens 55 % gegenüber dem Stand von 1990 reduziert werden; zum Jahr 2050 sollen die EU- internen Treibhausgasemissionen dann auf Null reduziert sein. Der erste Schritt ist seit dem Jahr 2019 auch in Deutschland im Bundes-Klimaschutzgesetz (§ 3 Abs. 1) verankert.

I. EU-Offenlegungsverordnung

5 Von Anfang an war der EU bewusst, dass die ambitionierten Nachhaltigkeitsziele nur erreicht werden können, wenn auch ein nachhaltiges Finanzierungssystem existiert. Schätzungen gehen von einer jährlichen Finanzierungslücke von EUR 175 bis 290 Mrd. aus.[5] Daher müssen Finanzströme umgelenkt und Finanzprodukte transparenter und nachhaltiger werden. Ohne Definition nachhaltiger Wirtschaftstätigkeiten und Transparenz bei der Entscheidung für eine Investition ist dies nicht möglich. Eines der Kernelemente, um dies umzusetzen, ist die **EU-Offenlegungsverordnung.**

---

[1] Hausmann, Hausmann/Odersky, Internationales Privatrecht in der Notar- und Gestaltungspraxis, § 1 Begriff und Rechtsquellen des IPR, Rn. 41.
[2] Hausmann, Hausmann/Odersky, Internationales Privatrecht in der Notar- und Gestaltungspraxis, § 1 Begriff und Rechtsquellen des IPR, Rn. 42.
[3] Umweltbundesamt, Europäische Energie- und Klimaziele (2023), www.umweltbundesamt.de/daten/klima/europaeische-energie-klimaziele (Stand: 26.3.2024).
[4] Europäische Kommission, Der europäische grüne Deal (2020), ec.europa.eu/info/strategy/priorities-2019-2024/european-green-deal_de (Stand: 26.3.2024).
[5] Europäische Kommission, Financing sustainable growth (2020), finance.ec.europa.eu/system/files/2020-01/200108-financing-sustainable-growth-factsheet_en.pdf (Stand: 26.3.2024).

Die **EU-Offenlegungsverordnung (Sustainable Finance Disclosure Regulation, „SFDR")**[6] ist ein wesentliches Element des EU-Aktionsplans für nachhaltige Finanzen, der Vorschriften zur Förderung nachhaltiger Investitionen enthält, und ist am 10. März 2021 in Kraft getreten. Die **technischen Regulierungsstandards** („RTS")[7], die die Anforderungen der SFDR konkretisieren, sind am 14. August 2022 in Kraft getreten und seit dem 1. Januar 2023 anzuwenden – dabei entwickeln sich die RTS ständig fort.

1. Inhalt der EU-Offenlegungsverordnung

Das Ziel der EU ist es, über diese Verordnung Finanzprodukte im Hinblick auf ökologische und/oder soziale Kriterien transparenter zu machen. Dabei richtet sich die SFDR an Finanzmarktteilnehmer und Finanzberater in der EU sowie Vermögensverwalter und Berater außerhalb der EU, die ihre Produkte an Kunden in der EU gemäß Art. 42 der Richtlinie EU 2011/61 vertreiben. Hierunter fallen auch Versicherungsunternehmen und Versicherungsvermittler (es sei denn, sie beschäftigen weniger als drei Arbeitnehmer).

Die SFDR wird in zwei Stufen umgesetzt: Level 1 und Level 2. Level 1 ist am 30. Juni 2021 in Kraft getreten und verlangt von Unternehmen, dass sie eine Erklärung zu ihren wichtigsten negativen Auswirkungen (sog. **Principal Adverse Impacts** „PAI") und ihrer Sorgfaltspflicht auf der Homepage veröffentlichen und aufbewahren. Level 2 ist seit dem 1. Januar 2023 anzuwenden und enthält eine Reihe von Indikatoren für die PAI-Erklärung, die sich auf klima- und umweltbezogene negative Auswirkungen sowie auf soziale Auswirkungen wie Menschenrechte und Korruptionsbekämpfung konzentrieren. Diese sind in 14 Kernindikatoren und 31 zusätzliche Indikatoren unterteilt, wobei die Unternehmen über alle 14 Kernindikatoren und zwei zusätzliche Indikatoren (mindestens ein klima- und ein sozialbezogener) berichten müssen.

Letztendlich soll durch die SFDR die Auswahl zwischen nachhaltigen Investitionsentscheidungen und unterschiedlichen Produkten für Anleger vereinfacht werden. Dabei hat die EU drei Produktkategorien geschaffen:

- **Artikel-6-Produkte** beziehen Umwelt-, Sozial- und Governance-Aspekte in den Anlageentscheidungsprozess ein oder erklären, dass sie Nachhaltigkeitsrisiken nicht für relevant halten und die zusätzlichen Kriterien nach Artikel 8 oder 9 nicht erfüllen
- **Artikel-8-Produkte** bewerben soziale und/oder ökologische Merkmale und investieren auch in nachhaltige Anlagen, ihr Hauptzweck ist jedoch nicht die nachhaltige Geldanlage
- **Artikel-9-Produkte** verfolgen ein nachhaltiges Anlageziel

Die Produktkategorien werden gelegentlich auch als *„hell- oder dunkelgrüne Fonds"* beworben. Insbesondere für Anlageobjekte im Immobilienmarkt ist dies zunehmen zu lesen.

Problematisch ist, dass viele Adressaten der SFDR diese Produktkategorien als Label nutzen und eine trennscharfe Abgrenzung bei ihren Assets angeben. Rechtlich ist dies jedoch so nicht möglich: die EU hat bislang keine verbindlichen Schwellenwerte für die einzelnen Produktkategorien eingeführt; die SFRD definiert somit nicht abschließend welche Produkte in welche Kategorie gehören. Auch definiert die SFRD „nachhaltiges Investment" nicht. In der Vergangenheit hat die Europäisch Kommission hierzu im Juni 2022 erläutert:

„Um Zweifel zu vermeiden, wie die Europäische Kommission in ihrem SFDR Q&A vom Juli 2021 erklärt, sollten Finanzprodukte, die nachhaltige Investments als Ziel haben, nur nachhaltige Investments tätigen"

---

[6] VO (EU) 2019/2088.
[7] Delegierte Verordnung (EU) 2022/1288.

12 Nachdem diese Erläuterung für viele Finanzmarktteilnehmer und Fondsanbieter eher verwirrend war, stuften einige große Konzerne ihre Fonds von Artikel 9 auf Artikel 8 herab.[8]

13 Ab 2025 tritt Level 2 der SFRD in Kraft. Ab diesem Zeitpunkt ist über wesentliche nachteilige Auswirkungen auf Unternehmensebene für die Produkte nach Art. 8 und Art. 9 aufzuklären.

14 Aktuell[9] prüft die EU zudem, ob ein System zur Kategorisierung für Produkte eingeführt werden soll. Hierbei sollen Finanzprodukte nach deren Nachhaltigkeitszielen und Nachhaltigkeitsperformance, ggf. auch nach der Art der Investmentstrategie, bewertet werden. Hierzu werden momentan folgende Kategorien genannt:

- Investitionen in Vermögenswerte, die „anstreben, gezielte und messbare **Lösungen für nachhaltigkeitsbezogene Probleme** zu liefern", darunter in Erzeuger erneuerbarer Energie oder Unternehmen des sozialen Wohnungsbaus
- „Produkte, die anstreben, glaubwürdige **Nachhaltigkeitsstandards** zu erfüllen oder sich an ein bestimmtes nachhaltigkeitsbezogenes Thema halten, beispielsweise Investitionen in Unternehmen, deren Müllentsorgung oder Wasserversorgung und Wasserentsorgung belegt ist oder bei denen Frauen in der Entscheidungsfindung stark vertreten sind"
- Produkte, die Aktivitäten mit negativen Auswirkungen auf Menschen oder den Planeten ausschließen
- Produkte mit einem **Transitionsfokus,** die das Ziel haben, das Nachhaltigkeitsprofil ihrer Vermögenswerte messbar zu verbessern.

2. Technische Regulierungsstandards

15 Die technischen Regulierungsstandards zur SFRD sollen ergänzend zur SFRD *„Greenwashing"* verhindern und über die stetige Weiterentwicklung der Regelungen sicherstellen, sodass aktuelle rechtliche und technische Entwicklungen in die RTS einfließen können.[10]

16 Die RTS geben Indikatoren für die wichtigsten nachteiligen Auswirkungen von Investitionsentscheidungen auf Nachhaltigkeitsfaktoren vor. Zur Vermeidung von **„Greenwashing"** beziehen sich die RTS insbesondere auf Inhalt, Methodik und Darstellung der vorvertraglichen Informationen, der Informationen auf der Homepage sowie der Informationen in regelmäßigen Berichten bei der Bewerbung ökologischer oder sozialer Merkmale, bei nachhaltigen Investitionen. Die Indikatoren sollen leicht verständlich sein; daher sollen Informationen kostenlos und in einer Weise zur Verfügung gestellt werden, die leicht zugänglich, nichtdiskriminierend, deutlich sichtbar, einfach, knapp, verständlich, redlich, klar und nicht irreführend ist.

17 Um die Vergleichbarkeit der Informationen zu verbessern, sollen sich Informationen über die wichtigsten nachteiligen Auswirkungen jeweils auf den Bezugszeitraum vom 1. Januar bis zum 31. Dezember des Vorjahres beziehen.

II. EU-Taxonomie-Verordnung

18 Die Europäische Kommission hat am 21. April 2021[11] ein Maßnahmenpaket auf den Weg gebracht, welches unter anderem einen Delegierten Rechtsakt zur Taxonomie umfasst und entsprechende Bewertungskriterien über den Beitrag bestimmter Wirtschaftstätigkeiten zu den Zielen des Europäischen Grünen Deals beinhaltet. Diese EU-Taxonomie ist einerseits durch ihre Bezugnahme auf das Stichwort *„ESG"* und andererseits durch ihre klaren

---

[8] Becker, Shades of Green (2023), www.institutional-money.com/magazin/produkte-strategien/artikel/shades-of-green-64785 (Stand: 26.3.2024).
[9] Stand Dezember 2023.
[10] Letzter Stand der RTS: EUR 2023/363.
[11] Europäische Kommission, Nachhaltiges Finanzwesen und EU-Taxonomie (2021), ec.europa.eu/commission/presscorner/detail/de/IP_21_1804 (Stand: 26.3.2024).

Vorgaben bezüglich der Bau- und Immobilienbranche eines der Kernelemente der EU-Verordnungen im Hinblick auf Nachhaltigkeit. Dabei ist die EU-Taxonomie-Verordnung Mittelpunkt des Aktionsplans der EU zur „Finanzierung nachhaltigen Wachstums".[12]

Flankierend zur EU-Taxonomie hat die EU bereits verschiedene Delegierte Verordnungen (zB EU 2021/2139) erlassen, in denen technische Bewertungskriterien genannt sind, anhand derer bestimmt wird, unter welchen Bedingungen konkret davon auszugehen ist, ob eine Wirtschaftstätigkeit diesen wesentlichen Beitrag leistet. Es ist davon auszugehen, dass sich die Delegierten Verordnungen ebenfalls stets weiterentwickeln und Anforderungen verschärfen. 19

1. Inhalt der EU-Taxonomie

Die am 12. Juli 2020 in Kraft getretene Taxonomie-Verordnung, deren vollständiger Name „Verordnung (EU) 2020/852 des Europäischen Parlaments und des Rates vom Juni 2020 über die Einrichtung eines Rahmens zur Erleichterung nachhaltiger Investitionen und zur Änderung der Verordnung (EU) 2019/2088" ist, soll gewissermaßen Finanzmittel in nachhaltige Tätigkeiten lenken und die Umsetzung des **European Green Deal** genauer definieren bzw. implementieren.[13] Sie soll ein Klassifizierungssystem für ökologisch nachhaltige Wirtschaftstätigkeiten schaffen, eine Art „grüne Liste" also, um damit den Grad der Nachhaltigkeit einer Investition ermitteln zu können. Anleger, die in umweltfreundliche Projekte investieren wollen, sollen ohne **„Greenwashing"** von einer gleichen und verlässlichen Grundlage ausgehen können, Unternehmen sollen bei nachhaltigen Investitionsentscheidungen unterstützt werden. 20

Die EU-Taxonomie geht davon aus, dass die jeweilige Wirtschaftsaktivität, um die es geht, in das binäre System passt: entweder ist sie konform mit der Verordnung oder sie ist es nicht. Allerdings sind ergänzend auch **Übergangsaktivitäten (Transition Activities)** und ermöglichende **Wirtschaftsaktivitäten (Enabling Activities)** aufgenommen worden – neben **umweltfreundlichen Aktivitäten (Stand-alone Activities)** sind somit auch weitere Tätigkeiten erfasst. 21

Dabei sieht die EU-Taxonomie ein mehrstufiges System vor: sie definiert in Art. 9 Umweltziele, die wiederrum durch delegierte Verordnungen weiter konkretisiert werden und konkrete **technische Bewertungsmerkmale** erhalten. Die Umweltziele sind: 22
- Klimaschutz,
- Anpassung an den Klimawandel
- nachhaltige Nutzung und Schutz von Wasser- und Meeresressourcen
- Übergang zu einer Kreislaufwirtschaft
- Vermeidung und Verminderung der Umweltverschmutzung
- Schutz und Wiederherstellung der Biodiversität und der Ökosysteme

Sieht ein Auftraggeber vor, dass das Bauvorhaben im Einklang mit der EU-Taxonomie errichtet werden soll, wählt er mindestens eines dieser Umweltziele aus und leistet hierzu einen **wesentlichen Beitrag** entsprechend Art. 10 bis Art. 15 der EU-Taxonomie, wobei die Details zu den **wesentlichen Beiträgen** in den **technischen Bewertungskriterien** der Delegierten Verordnungen enthalten sind. 23

Gleichzeitig darf hierbei kein erheblicher Schaden bei einem anderen Umweltziel eintreten (**„Do no significant harm"** – **„DNSH"**). Hiermit soll nach Art. 17 der EU-Taxonomie sichergestellt werden, dass nicht solche Wirtschaftstätigkeiten als ökologisch nachhaltig gelten, die das Ziel der Nachhaltigkeit in Summe mehr beeinträchtigen, als sie es fördern. Auch hier finden sich die Details zur Bewertung dieses Aspekts in der Ausarbeitung der **technischen Bewertungskriterien** der Delegierten Verordnungen. 24

---

[12] COM (2018) 97 final.
[13] Europäische Kommission, EU taxonomy for sustainable activities (o. J.), finance.ec.europa.eu/sustainable-finance/tools-and-standards/eu-taxonomy-sustainable-activities_en (Stand: 26.3.2024).

Kapitel 1 — Einleitung

25 Zuletzt muss der sogenannte Mindestschutz nach Art. 18 der EU-Taxonomie eingehalten werden. Hierbei verweist die Taxonomie auf ein Verfahren, dass sicherstellen soll, dass die

„OECD-Leitsätze für multinationale Unternehmen und die Leitprinzipien der Vereinten Nationen für Wirtschaft und Menschenrechte, einschließlich der Grundprinzipien und Rechte aus den aus den acht Kernübereinkommen, die in der Erklärung der Internationalen Arbeitsorganisation über grundlegende Prinzipien und Rechte bei der Arbeit festgelegt sind, und aus der Internationalen Charta der Menschenrechte, befolgt werden."

26 Dies soll sich über Art. 18 Abs. 2 der EU-Taxonomie beurteilen lassen. Diese Regelung verweist ihrerseits wiederum auf Art. 2 Nr. 17 der Offenlegungsverordnung, nach dem eine „nachhaltige" Investition:

„eine Investition in eine wirtschaftliche Tätigkeit, die zur Erreichung eines Umweltziels beiträgt, gemessen beispielsweise an Schlüsselindikatoren für Ressourceneffizienz bei der Nutzung von Energie, erneuerbarer Energie, Rohstoffen, Wasser und Boden, für die Abfallerzeugung, und Treibhausgasemissionen oder für die Auswirkungen auf die biologische Vielfalt und die Kreislaufwirtschaft, oder eine Investition in eine wirtschaftliche Tätigkeit, die zur Erreichung eines sozialen Ziels beiträgt, insbesondere eine Investition, die zur Bekämpfung von Ungleichheiten beiträgt oder den sozialen Zusammenhalt, die soziale Integration und die Arbeitsbeziehungen fördert oder eine Investition in Humankapital oder zugunsten wirtschaftlich oder sozial benachteiligter Bevölkerungsgruppen, vorausgesetzt, dass diese Investitionen keines dieser Ziele erheblich beeinträchtigen und die Unternehmen, in die investiert wird, Verfahrensweisen einer guten Unternehmensführung anwenden, insbesondere bei soliden Managementstrukturen, den Beziehungen zu den Arbeitnehmern, der Vergütung von Mitarbeitern sowie der Einhaltung der Steuervorschriften"

ist.

27 Hierdurch erstreckt sich der Mindestschutz auch auf die beiden anderen Bereiche der Nachhaltigkeit (Social und Governance).

28 Konkret sieht dies für das Umweltziel 1 (Klimaschutz) und Neubauvorhaben somit wie folgt aus:

Wesentlicher Beitrag – Klimaschutz[14]

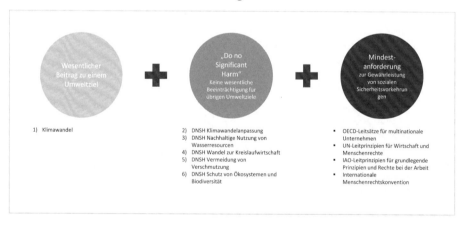

29 Die EU-Taxonomie differenziert nicht nur zwischen den Wirtschaftstätigkeiten, sondern hat in der Delegierten Verordnung[15] auch zwischen **Neubauten**, Sanierung (**Bestandsgebäude**) und **Erwerb und Eigentum** unterschieden. Wie der wesentliche Beitrag zu

---

[14] In Anlehnung an Abbildung: DGNB: ESG-Verifikation zur EU-Taxonomie Neubau.
[15] EU 2021/2139.

§ 2 Überblick über den Stand der Gesetzgebung und der Entwicklung **Kapitel 1**

dem jeweiligen Umweltziel zu erbringen ist, ergibt sich ebenfalls aus Delegierten Verordnungen.

2. Delegierte Verordnungen

Die Delegierten Verordnungen bilden somit an sich das Kernstück der EU-Taxonomie. 30

Am 4. Juni 2021 wurde die erste relevante delegierte Verordnung hinsichtlich der ersten 31 beiden Umweltziele; Klimaschutz und Anpassung an den Klimawandel, erlassen,[16] die seit dem 1. Januar 2022 gelten.

In Abschnitt 7 sind die für die Bau- und Immobilienbranche relevanten Wirtschafts- 32 aktivitäten zusammengefasst, die zum Teil bereits an sich umweltfreundlich sind/sein können **(Stand-alone Activities),** ermöglichende Tätigkeiten **(Enabling Activities)** sind oder Tätigkeiten auf dem Übergangspfad **(Transition Activities)** sind:

1. Bau neuer Gebäude
2. Renovierung bestehender Gebäude
3. Einzelne Renovierungsmaßnahmen, bestehend aus Installation, Wartung und Reparatur von energieeffizienten Geräten
4. Installation, Wartung und Reparatur von Ladestationen für Elektrofahrzeuge in Gebäuden (und bei an Gebäuden angebrachten Parkplätzen)
5. Installation, Wartung und Reparatur von Instrumenten und Geräten zur Messung, Regulierung und Kontrolle der Energieeffizienz von Gebäuden
6. Installation, Wartung und Reparatur von erneuerbaren Energietechnologien
7. Erwerb von und Eigentum an Gebäuden,

Diese Wirtschaftsaktivitäten lassen sich hinsichtlich der Umweltfreundlichkeit wie folgt 33 einteilen:

Bau- und Renovierung von Gebäuden		Installations-, Wartungs- und Reparaturarbeiten				Erwerb von Eigentum an Gebäuden
Neubau	Renovierung	Geräte	Elektrofahrzeuge	Energieeffizienz	Energietechnologie	
Bau neuer Gebäude	Renovierung bestehender Gebäude	Einzel-Renovierungsmaßnahmen Installation, Wartung und Reparatur von energieeffizienten Geräten	Installation, Wartung und Reparatur von Ladestationen für Elektrofahrzeuge in Gebäuden (und bei an Gebäuden angebrachten Parkplätzen)	Installation, Wartung und Reparatur von Instrumenten zur Messung, Regulierung und Kontrolle der Energieeffizienz in Gebäuden	Installation, Wartung und Reparatur von erneuerbarer Energietechnologie	
Stand-alone	Transition	Enabling	Enabling	Enabling	Enabling	Stand-alone

Weder zur EU-Taxonomie noch zu der delegierten Verordnung EU 2021/2139 gibt es 34 bereits einschlägige Literatur. Die EU hat daher ein FAQ[17] herausgegeben, in dem u. a. die

---
[16] EU 2021/2139.
[17] Frequently Asked Questions.

relevantesten Fragen zu Verfahren, Aktualisierungen, weiteren Entwicklungen sowie Umfang der Wirtschaftsaktivitäten zumindest teilweise beantwortet werden.[18]

35   Zu den übrigen vier Umweltzielen
- nachhaltige Nutzung und Schutz von Wasser- und Meeresressourcen
- Übergang zu einer Kreislaufwirtschaft
- Vermeidung und Verminderung der Umweltverschmutzung und
- Schutz und Wiederherstellung der Biodiversität und der Ökosysteme

billigte die EU-Kommission am 13. Juni 2023 die „Environmental Delegated Regulation" und verabschiedete diese am 21. November 2023.[19] Diese zweite relevante delegierte Verordnung zur EU-Taxonomie ist seit dem 11. Dezember 2023 in Kraft und seit dem 1. Januar 2024 anzuwenden. Für die Bau- und Immobilienbranche ist aktuell (neben Klimaschutz und Anpassung an den Klimawandel aus der Verordnung EU 2021/2139) der Übergang zur Kreislaufwirtschaft relevant. Die EU gibt für Neubauvorhaben, Sanierung und Abriss von Bauvorhaben konkrete Mengen vor, die hinsichtlich Bau- und Abbruchabfällen nicht überschritten werden dürfen.

III. Fit-for-55-Paket

36   Gedanke des sogenannten Fit-for-55 Pakets der EU ist, dass die Netto-Treibhausgasemissionen bis 2030 um mindestens 55 % gesenkt werden. An sich hat die EU hier eine Reihe von Vorschlägen zur Überarbeitung und Aktualisierung von EU-Rechtsvorschriften zusammengefasst und neue Initiativen vorgeschlagen. So soll ein kohärenter und ausgewogener Rahmen für die Verwirklichung der Klimaziele der EU geschaffen werden, der
- einen fairen und sozial gerechten Übergang gewährleistet,
- die Innovation und Wettbewerbsfähigkeit der EU-Industrie erhält und stärkt, während er gleiche Wettbewerbsbedingungen gegenüber den Wirtschaftsteilnehmern aus Drittländern sicherstellt und
- die Position der EU als Vorreiter im weltweiten Kampf gegen den Klimawandel untermauert.

37   Kernstück des Pakets sind die Beschlüsse zum **EU-Emissionshandel** zu CO_2-Einsparungen. Hierüber erhält Treibhausgas einen Preis, der die energieintensiven Industrien treffen soll. Die Bau- und Immobilienbranche ist insoweit betroffen, als auf in die EU importierte Güter etwa aus der Zement- oder Stahl- bzw. Aluminiumindustrie ebenfalls ein CO_2-Preis erhoben werden soll.

IV. EU-Gebäuderichtlinie

38   Unter dem Namen „Richtlinie 2010/31/EU", welche am 19. Mai 2019 vom EU-Parlament verabschiedet wurde, stellt die EU-**Gebäuderichtlinie** (European Directive Energie Performance of Buildings „EPBD") die Weichen für eine Zukunft mit deutlich geringerem Energiebedarf. Die Kernforderung lautet:

'Ab dem Jahr 2021 sollen alle Neubauten innerhalb der EU nach dem Niedrigstenergiestandard errichtet werden.'

39   Dabei hat die EU den Begriff des **Niedrigstenergiestandards** bzw. **Niedrigstenergiegebäudes** eingeführt, das unter Art. 2 der EPBD als ein Gebäude mit einem Energiebedarf definiert wird, der sehr gering ist oder fast bei Null liegt. Der verbleibende Energiebedarf des Gebäudes wird zu einem ganz wesentlichen Teil aus erneuerbaren Quellen gedeckt.

---

[18] C/2023/267: Technische Bewertungskriterien der 2 klimabezogenen Umweltziele.
[19] Delegierte Verordnung (EU) 2023/2486.

Die ersten Klauseln der EBPD aus dem Jahr 2019 betrafen die Gebäude der staatlichen Behörden. In Deutschland hatte die **EU-Gebäuderichtlinie** mit der EnEV 2014 bereits einen vergleichbaren Vorläufer, sodass die neuen Anforderungen durch Beschluss auf EU-Ebene kurzerhand in die gültige Energieeinsparverordnung integriert und 2020 ins GEG überführt wurden. Weiteres Ziel der Richtlinie war es jedoch, die Sanierungsrate von **Bestandsgebäuden** zu steigern. Neben den positiven Auswirkungen auf das Klima, versprach sich die EU davon ein Ankurbeln der Wirtschaft durch die Schaffung neuer Arbeitsplätze. Weiterhin sollen die Energiekosten für die Bürger erheblich gesenkt und damit deren Lebensqualität sowie Kaufkraft erhöht werden.

Unter den Mitgliedsstaaten war die EU-Gebäuderichtlinie auf Grund dieser Ziele und Bestrebungen sehr umstritten. Dies lag auch daran, dass diese EPBD ursprünglich zB vorsah, dass alle **Bestandsgebäude,** die im Energieausweis „G" oder „H" erzielen, bis 2030 mindestens auf Standard „E" saniert werden sollten. Auch für Neubauvorhaben gab es klare Forderungen hinsichtlich der Umsetzung der Klimaneutralität, die bei öffentlichen Gebäuden bis 2028 und im Übrigen bis 2030 erreicht werden sollte. Entsprechend ließ ua auch Deutschland die gesetzte Frist zur Umsetzung der EU-Gebäuderichtlinie verstreichen. Am 7. Dezember 2023 schlossen Europaparlament, die EU-Kommission und die Mitgliedsstaaten folgenden Kompromiss:

- Bei Wohngebäuden soll der Energieverbrauch um durchschnittlich 16 % bis 2030 sinken und bis 2035 um 20–22 % (die sogenannten WBP's[20] sollen dabei mindestens 55 % der erforderlichen Energieeinsparung liefern)
- Implementierung eines nationalen Fahrplans zum Ausstieg aus Heizungen mit fossilen Brennstoffen bis 2040
- Ende der Förderung von Öl- und Gasheizungen bis 2025
- Renovierung von 16 % der am wenigsten energieeffizienten Nichtwohngebäude bis 2030 und von 26 % bis 2033 (Ausnahmen für Baudenkmäler und bestimmte Gebäudetypen möglich)
- Gebäude sollen so geplant werden, dass sie sich für die Installation von Solaranlagen eignen; Vorreiterrolle der öffentlichen Hand: bis 2027 schrittweise Installation von Solaranlagen (in Abhängigkeit von technischer und wirtschaftlicher Sinnhaftigkeit)

Aktuell[21] hat am 12. April 2024 der Ministerrat der EU der Novelle der Gebäuderichtlinie zugestimmt. Damit kann die Richtlinie nun in Kraft treten und im Anschluss durch die Mitgliedsstaaten in nationales Recht umgesetzt werden. Perspektivisch wird davon ausgegangen, dass ein erster Gesetzesentwurf vor der Bundestagswahl 2025 vorliegt und im Nachgang ausgearbeitet wird.

V. CSRD-Richtlinie

Vielen Auftraggebern ist noch nicht bewusst, dass die **EU-Offenlegungsverordnung** und die **EU-Taxonomieverordnung** auch dann für sie relevant sind, wenn sie weder Finanzmarktteilnehmer sind noch ein nachhaltiges Bauvorhaben errichten wollen. Hierfür sorgt die **Corporate Sustainability Reporting Directive („CSRD"),** die am 5. Januar 2023 in Kraft getreten ist und noch in nationales Recht umzusetzen ist.[22] Die in der CSRD verankerte Berichterstattung zur Nachhaltigkeit für Unternehmen wird flankiert durch die European Sustainability Reporting Standards („ESRS"), die standardisiert vorgeben, über was Unternehmen zu berichten haben. Hier ist zu beachten, dass die CSRD zwar noch in nationales Recht umgesetzt werden muss, die ESRS aber als Delegierte Verordnung bereits unmittelbar in den Mitgliedsstaaten Geltung erlangt haben.

---

[20] Kurz für: worst performance buildings = energetisch schlechteste Wohngebäude.
[21] Stand Mai 2024.
[22] Umsetzung bis 6. Juli 2024 (Art. 5 Abs. 1 CSRD).

1. CSRD

44 Die Pflicht zur Nachhaltigkeitsberichterstattung für Unternehmen aus der CSRD soll Schritt für Schritt in Abhängigkeit von Unternehmensgröße und Kapitalmarktorientierung eingeführt werden. Die Berichtspflichten sollen nach Art. 5 Abs. 2 CSRD ab dem Jahr 2025 jeweils für das Vorjahr eingeführt werden:

- 1. Januar 2024: für Unternehmen, die bereits der Pflicht zur nichtfinanziellen Erklärung unterliegen,[23]
- 1. Januar 2025: für alle anderen **großen Unternehmen,**[24]
- 1. Januar 2026: für kapitalmarktorientierte kleine und mittlere Unternehmen,[25]
- 1. Januar 2028: für bestimmte Unternehmen aus Drittstaaten mit relevantem EU-Bezug.

45 In der Bau- und Immobilienbranche wird somit das Jahr 2026 erstmals von entscheidender Bedeutung sein, in dem *„große Unternehmen"* für das Geschäftsjahr 2025 Bericht erstatten müssen. Denn hierunter fallen nach Art. 1 Abs. 1 CSRD alle Unternehmen, für die zwei der drei folgenden Kriterien zutreffen:

- eine Bilanzsumme von mindestens EUR 20 Mio.,
- Nettoumsatzerlöse von mindestens EUR 40 Mio. und
- eine durchschnittliche Zahl an Beschäftigten innerhalb eines Geschäftsjahres von mindestens 250.

46 Zudem sollen nichteuropäische Unternehmen, die in der EU einen Nettoumsatz von mehr als 150 Mio. Euro erzielen und mindestens eine Tochtergesellschaft oder Zweigniederlassung in der EU haben, ab dem Jahr 2028 Bericht erstatten müssen.

47 Ähnlich wie bei der EU-Taxonomie gibt die CSRD dabei nur an, dass eine Berichterstattung über Nachhaltigkeit zu erfolgen hat, wer Adressatenkreis ist und ab wann berichtet werden muss. In Art. 1 Abs. 4 CSRD ist zudem vorgesehen, dass die Berichterstattung im Lagebericht in einem eigenen Abschnitt zu erfolgen hat. Die Nachhaltigkeitsberichte sind nach Art. 1 Abs. 13 CSRD von einem Abschlussprüfer zu prüfen (Wirtschaftsprüfer oder gleichwertig). Dabei hat die Prüfung zunächst mit begrenzter Sicherheit (limited assurance) zu erfolgen und ist auf hinreichende Sicherheit (reasonable assurance) ab dem Jahr 2028 (Art. 2 Abs. 15 CSRD) auszuweiten.

48 Wie berichtet werden muss und vor allem, was berichtet werden muss, ist nicht in der CSRD geregelt, sondern in den European Sustainability Reporting Standards („ESRS").

2. ESRS

49 Die Details der Berichterstattung sind in einer Delegierten Verordnung enthalten, der ESRS, die letztendlich aus drei Teilen (sogenannten „Sets") bestehen soll. Set 1 der ESRS ist am 31. Juli 2023 verabschiedet worden und trat 2024 in Kraft.[26] In diesem Set 1 sind themenübergreifende Standards (**ESRS1** und **ESRS2**) sowie 10 themenspezifische Standards enthalten. Weitere sektorspezifische Standards (Set 2) sollen Mitte 2024 veröffentlicht werden; Set 3 mit branchenbezogenen Berichtsstandards für Unternehmen aus Drittländern soll bis Mitte 2026 folgen.

50 Die themenübergreifenden Standards in Set 1 geben dabei an, wie zu berichten ist und beschreiben allgemeine Anforderungen. Die Inhalte des Berichts ergeben sich aus den

---

[23] Nach § 289b HGB unterliegen diejenigen Unternehmen bereits der Pflicht zur finanziellen Erklärung, die aktuell kapitalmarktorientierte, nach § 267 Abs. 3 HGB große Unternehmen mit mehr als 500 Mitarbeitenden der Pflicht zur nichtfinanziellen Erklärung. Nach 340a Abs. 1a bzw. § 341 Abs. 1a HGB sind auch große Versicherungsunternehmen und große Kreditinstitute mit jeweils mehr als 500 Mitarbeitenden verpflichtet.
[24] Größenkategorie nach Bilanzrichtlinie, § 267 HGB.
[25] Auch kleine, nicht komplexe Kreditinstitute (Art. 3 Abs. 1 Nr. 145 Kapitaladäquanzverordnung (Capital Requirements Regulation, CRR, EU 575/2019) und konzerneigene Versicherungen und Rückversicherungsunternehmen (Captives) sind umfasst.
[26] Art. 2 ESRS1, Delegierte Verordnung (EU) 2023/2772.

themenspezifischen Standards, die sich eng an der Begrifflichkeit „**ESG**" der EU-Taxonomie orientieren.

Der themenübergreifende Standard **ESRS1** enthält allgemeine Anforderungen an Erstellung und Darstellung von Nachhaltigkeitsberichten und sieht vor, dass die einzelnen themenspezifischen Standards einer Wesentlichkeitsanalyse unterzogen werden. Das Konzept der Wesentlichkeitsanalyse ist eines der Kernelemente der CSRD und der ESRS. Die CSRD gibt an, dass aus Nachhaltigkeitssicht der Geschäftsverlauf, das Geschäftsergebnis, die Lage des Unternehmens sowie die Auswirkungen der Unternehmenstätigkeiten auf die Umwelt unter Berücksichtigen des Prinzips der **„Doppelten Materialität"** (**„Double Materiality"**) oder **„Doppelten Wesentlichkeit"** beschrieben werden (Art. 1 Abs. 4 CSRD). Hierunter versteht man, dass

- Unternehmen angeben müssen, welche Auswirkungen und Konsequenzen sie auf externe Stakeholder wie Gesellschaft und Umwelt haben (**„Impact Materiality"** oder „Inside-Out-Perspektive") und
- Risiken und Chancen, die sich aus globalen oder lokalen ESG-Herausforderungen ergeben und die das Unternehmen direkt betreffen, sei es in Form von finanziellen Auswirkungen, Betriebsunterbrechungen oder Reputationsschäden, betrachtet werden müssen (**„Financial Materiality"** oder **„Outside-In-Perspektive"**)

Die ESRS 1 definiert[27] nun, was konkret unter „Wesentlichkeit" zu verstehen ist:

- **Wesentlichkeit der Auswirkungen (Impact Materiality)**
Ein Nachhaltigkeitsaspekt ist aus Sicht des Impacts wesentlich, wenn er sich auf die wesentlichen tatsächlichen oder potenziellen, positiven oder negativen Auswirkungen des Unternehmens auf Menschen oder Umwelt auf kurze, mittlere oder lange Sicht bezieht. Zu den wesentlichen Nachhaltigkeitsaspekten gehören die Auswirkungen, die das Unternehmen verursacht oder zu denen es beigetragen hat, sowie die Auswirkungen, die direkt mit der eigenen Geschäftstätigkeit, den Produkten und Dienstleistungen des Unternehmens durch seine Geschäftsbeziehungen verbunden sind. Die Geschäftsbeziehungen umfassen die vor- und nachgelagerte Wertschöpfungskette des Unternehmens und sind nicht auf direkte vertragliche Beziehungen beschränkt.
- **Finanzielle Wesentlichkeit (Financial Materiality)**
Ein Nachhaltigkeitsaspekt ist aus finanzieller Sicht wesentlich, wenn er Folgendes auslöst oder auslösen kann: finanzielle Auswirkungen auf die Entwicklung des Unternehmens, einschließlich der Cashflows, der Finanz- und Ertragslage, kurz-, mittel- oder langfristig.

Unabhängig von der Wesentlichkeitsanalyse steht der zweite themenübergreifende Standard **ESRS2:** hier sind allgemeine Angaben zu berichten, unabhängig der Wesentlichkeit, und es sind Struktur und Inhalte für themenspezifische Standards enthalten. Diese sind in vier Bereiche gegliedert:

- Unternehmensführung (Governance),
- Strategie,
- Management und Auswirkungen, Risiken und Chancen und
- Kennzahlen und Ziele,

Die zehn themenspezifischen Standards aus Set 1 sind dabei in E: Environment, S: Social und G: Governance eingeteilt.[28]

---

[27] Anhang 1, 3.4, 3.5 ESRS1 (= Delegierte Verordnung (EU) 2023/2772).
[28] Abb. in Anlehnung an Umweltbundesamt, Überblick Set 1 der EU-Nachhaltigkeitsberichtsstandards (o. J.), www.umweltbundesamt.de/umweltberichterstattung-berichtsstandards#einheitliche-eu-standards-fur-die-umwelt-und-nachhaltigkeitsberichterstattung (Stand: 26.3.2024).

Kapitel 1

Einleitung

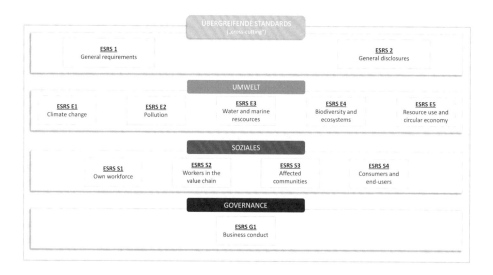

55 Alle Unternehmen, die unter den Anwendungsbereich der CSRD fallen, sind nach ESRS verpflichtet, zu ESRS2 (General disclosure) zu berichten; hat ein Unternehmen mehr als 250 Mitarbeiter ist zu ESRS E1 und ESRS S 1 zu berichten und bei Eintritt des Prinzips der Doppelten Wesentlichkeit auch zu den weiteren themenspezifischen Standards.

3. Hinweise zur Umsetzung der Berichtspflichten

56 Für viele Unternehmen, die sich bereits mit CSRD und ESRS beschäftigt haben, hat sich die Umsetzung der Anforderungen als sehr herausfordernd dargestellt. Dies liegt u. a. auch an fehlenden Beispielen und fehlenden Erläuterungen. Das EU-Beratungsgremium für die Nachhaltigkeitsberichterstattung von Unternehmen (European Financial Reporting Advisory Group Sustainability Reporting Board – „EFRAG SRB") hat nun drei Leitfäden erarbeitet, die Lösungsvorschläge zur Umsetzung enthalten.[29]

- **EFRAG IG1:** Leitfaden zur Umsetzung der Wesentlichkeitsbewertung (Darstellung von möglichen Prozessschritten zur Beurteilung von Wesentlichkeitsgesichtspunkten, Fage-Antwort-Kapitel (FAQ))
- **EFRAG IG2:** Leitfaden zur Umsetzung der Wertschöpfungskette (Auswirkungen, Risiken, Chancenmanagement, Kennzahlen und Ziele bezüglich Wertschöpfungsketten in Berichterstattung)
- **EFRAG IG3:** Leitlinien zur Implementierung von ESRS-Datenpunkten und begleitende Erläuterungen (Arbeitsmappe mit Erläuterungen)

57 Die Entwürfe lagen bis zum 2. Februar 2024 zur Kommentierung aus.[30] Die Leitfäden sollten dabei auch nach der Kommentierungsphase nicht verbindlich werden, sondern sind als Hilfestellungen für Unternehmen zu sehen.

---

[29] EFRAG, Publication of the 3 draft EFRAG ESRS IG documents (2023), www.efrag.org/News/Public-471/Publication-of-the-3-Draft-EFRAG-ESRS-IG-documents-EFRAG-IG-1-to-3-?AspxAutoDetect-CookieSupport=1 (Stand: 26.3.2024).

[30] EFRAG, Publication of the 3 draft EFRAG ESRS IG documents (2023), www.efrag.org/News/Public-471/Publication-of-the-3-Draft-EFRAG-ESRS-IG-documents-EFRAG-IG-1-to-3-?AspxAutoDetect-CookieSupport=1 (Stand: 26.3.2024).

4. Umsetzung der CSRD in Deutschland

Auch wenn die Bundesrepublik Deutschland zur Umsetzung der CSRD noch bis zum 6. Juli 2024 Zeit hatte, liegt der erste Referentenentwurf des Bundesministeriums der Justiz bereits seit dem 11. Dezember 2023 vor und ist am 22. März 2024 auch veröffentlicht worden. Dieser Entwurf sieht eine Vielzahl von Änderungen in unterschiedlichen Gesetzen wie dem Handelsgesetzbuch, dem Lieferkettensorgfaltspflichtengesetz und dem Aktiengesetz vor. Aber auch zahlreiche weitere Gesetze werden von dem Entwurf berührt.

58

Der Entwurf sieht aktuell eine 1:1 Umsetzung der Richtlinie vor.[31] Gleichwohl haben bereits erste Bundesländer[32] angekündigt, für Landesunternehmen, die zur Anwendung der CSRD bzw. der deutschen Regelungen hierzu, aufgrund der Größenvorgaben nicht verpflichtet sind, über noch zu schaffende Landesregelungen zur Anwendung der CSRD verpflichtet werden sollen.

59

5. Zusammenhang CSRD und EU-Taxonomie

Unternehmen, die dem Anwendungsbereich der CSRD unterliegen, sind nach Art. 1 Abs. 4 CSRD verpflichtet, über Aktivitäten zu berichten, die zu den Umweltzielen der EU-Taxonomie[33] beitragen, zudem ist auf soziale und Governance-Aspekte einzugehen. Über diesen Umweg werden die Umweltziele der EU-Taxonomie für die Berichterstattung einer Vielzahl von Unternehmen in den Fokus gerückt.

60

Dadurch, dass durch die CSRD die Berichterstattung zur Nachhaltigkeit auf eine Stufe mit der Finanzberichterstattung gehoben wird, geht die EU davon aus, dass der Markt neben finanziellen Kennzahlen auch die Kennzahlen zur Nachhaltigkeit von Unternehmen gleichwertig beachten wird. Damit hier Unternehmen *„positiv"* zur Nachhaltigkeit berichten können, ist eine Auseinandersetzung mit nachhaltigen Wirtschaftsaktivitäten aus der EU-Taxonomie erforderlich.

61

Bereits jetzt zeigt die Praxis, dass die Berichtspflichten auch schon Unternehmen aus der Bau- und Immobilienbranche betreffen, die an sich – rein rechtlich – noch nicht berichtspflichtig sind. Dies kann an unterschiedlichen Stakeholdern wie Banken oder Investoren liegen, die ihrerseits bereits heute nach der **NFRD**[34] berichtspflichtig sind. Diese Stakeholder sind auf die Zuarbeit ihrer Geschäftspartner angewiesen und fordern bereits heute die Einhaltung der – noch nicht verpflichtenden – Berichtspflicht, wenn laufende Geschäftsbeziehungen fortgeführt werden sollen. Hierauf sind viele Unternehmen aus der Bau- und Immobilienbranche noch nicht eingestellt. Häufig fehlt es noch an internen „Selbstverständlichkeiten" wie einem Nachhaltigkeitsmanager, einem Code of Conduct oder ganz allgemein der Auseinandersetzung zu diesem Thema.

62

VI. Europäisches Lieferkettengesetz

Am 14. Dezember 2023 hat sich das Europaparlament mit den Mitgliedsstaaten auf ein Lieferkettengesetz geeinigt. Neben dem Thema Menschenrechte soll hierüber sichergestellt werden, dass Unternehmen einen Plan vorlegen, wonach ihr Geschäftsmodell und ihre Unternehmensstrategie im Einklang mit den Zielen des **Pariser Klimaschutzabkommens**[35] stehen.

63

---

[31] https://www.bmj.de/SharedDocs/Downloads/DE/Gesetzgebung/RefE/RefE_CSRD_UmsG.pdf?__blob=publicationFile&v=2 (abgerufen am 28.3.2024).
[32] Wie Berlin (Senatsverwaltung für Finanzen).
[33] → Rn. 18 ff.
[34] Non-Financial Reporting Directive, RL 2014/95/EU.
[35] Übereinkommen von Paris, 21. Vertragsstaatenkonferenz der Klimarahmenkonvention der Vereinten Nationen (COP21), Dezember 2015, in Kraft seit November 2016; Ziel: Begrenzung der Erderwärmung auf unter 2 °C, möglichst aber auf 1,5 °C gegenüber vorindustriellem Niveau.

Kapitel 1

Einleitung

64 Da die Bau- und Immobilienbranche mit rund 40 % CO_2 und CO_2 Äquivalenten zu den Top 5 der größten CO_2-Emittenten zählt, ist die Einhaltung des 1,5 °C-Ziels aus dem Pariser Klimaschutzabkommen eine Herausforderung, die auf viele Beteiligte der Branche zukommt. Das europäische Lieferkettengesetz (rechtlich gesehen eine Richtlinie[36]) hat jedoch nicht nur die Bau- und Immobilienbranche im Blick und zielt im ersten Schritt auf Unternehmen. Im ersten Schritt waren folgende Kennzahlen für den Anwendungsbereich vorgesehen:

- mit beschränkter Haftung sowie mehr als 500 Beschäftigten und mindestens EUR 150 Mio. Umsatz (weltweit)
- mit beschränkter Haftung sowie mehr als 250 Beschäftigten und mindestens EUR 40 Mio. Umsatz (weltweit), wenn mindestens 50 % des Umsatzes in einem oder mehreren der folgenden Wirtschaftszweige erwirtschaftet wurde: Textil- und Lederindustrie, Land- und Forstwirtschaft, Nahrungsmittelproduktion, Gewinnung von Rohstoffen, Verarbeitung metallischer und nicht-metallischer Erzeugnisse sowie Großhandel mit mineralischen Rohstoffen und
- die außerhalb der EU sitzen, wenn sie mehr als EUR 300 Mio. Umsatz in der EU erwirtschaften.

65 Die Richtlinie soll vorsehen, dass tatsächliche oder etwaige negative Auswirkungen auf die Umwelt ermittelt werden, um dann geeignete Maßnahmen zu ergreifen, diese zu verhindern, abzuschwächen oder zu beheben.

66 Nachdem der Entwurf der Richtlinie aus Dezember 2023 keine Mehrheit unter den EU-Staaten finden konnte, wurde die Richtlinie nochmal überarbeitet und deutlich abgeschwächt. Die Anfang 2024 vorgelegte Version der Richtlinie sieht einen Anwendungsbereich

- für Unternehmen ab 1.000 Beschäftigte und mindestens EUR 450 Mio. Umsatz (weltweit) vor.
- Zudem soll sich an diese Grenze über einen Zeitraum von 5 Jahren herangetastet werden (nach drei Jahren sollen die Vorgaben für Unternehmen mit mehr als 5.000 Beschäftigte und mehr als EUR 1,5 Mrd. Umsatz (weltweit) gelten; nach vier Jahren für Unternehmen mit mehr als 3.000 Beschäftigte und mehr als EUR 900 Mio. Umsatz (weltweit)).
- Risikosektoren, Wirtschaftszweige, in denen das Risiko von Menschenrechtsverletzungen als besonders hoch bewertet wurde, wurden gestrichen.

Auf diesen Vorschlag signalisierte am 15. März 2024 eine ausreichende Anzahl von EU-Mitgliedsstaaten eine Zustimmung im Ausschuss der ständigen Vertreter der Mitgliedsstaaten – gegen den Widerstand der Bundesrepublik Deutschland. Am 24. April 2024 fand eine Endabstimmung im EU-Parlament hierzu statt, bei der der Richtlinie zugestimmt wurde, so dass (Stand heute)[37] noch die formale Zustimmung der Mitgliedsstaaten aussteht. Sobald die Richtlinie wie aktuell vorgesehen in Kraft tritt, wäre zu erwarten, dass der deutsche Gesetzgeber das **Lieferkettensorgfaltspflichtengesetz**[38] noch einmal anpasst. Denn das Lieferkettensorgfaltspflichtengesetz fokussiert sich auf den eigenen Standort und direkte Lieferanten des Unternehmens, wobei das europäische Lieferkettengesetz auch indirekte Lieferanten einbezieht (soweit eine etablierte Geschäftsbeziehung vorliegt); zudem stehen Nutzung und Entsorgung der hergestellten Produkte im Fokus.

B. ESG

67 Das Kürzel ESG dürfte den meisten am Bau Beteiligten aus der Presse bekannt sein. Gleichwohl ist oft unklar, was sich hinter diesem Kürzel verbirgt. Die Abkürzung steht

---

[36] Umsetzung in nationales Recht ist somit erforderlich.
[37] Stand Ende Mai 2024.
[38] → Rn. 105 ff.

allgemein für nachprüfbare Kriterien in den Dimensionen Umwelt (Environment), Soziales (Social) und verantwortungsvolle Unternehmensführung (Governance). Eine rechtlich verbindliche Definition und Festlegung der Inhalte dieser Kriterien existiert allerdings nicht. Der Begriff wird am Markt häufig verwandt, um insbesondere nachhaltige Investments zu beschreiben.

68 Um eine Transparenz und Vergleichbarkeit hinsichtlich der Folgen von Klima- und Umweltschäden für Investoren darzustellen, hat die EU begonnen, diese Kriterien zu definieren. Zur Schaffung eines europaweit einheitlichen und transparenten Standards für Investitionen in nachhaltige Produkte ist bislang der **Faktor E (Environment)** in der EU-Taxonomie als regulatorisches Instrument eingeführt. Die Umweltziele der EU-Taxonomie aus Art. 9 sind über die Delegierten Verordnungen als Schutzziele definiert.[39] Bereits am 28. Februar 2022 hatte die Plattform on Sustainable Finance einen Berichtsentwurf veröffentlicht, der die Schaffung einer Sozialtaxonomie **Faktor S (Social)** thematisiert. Die EU hat sich mit diesem Entwurf aber noch nicht weiter auseinandergesetzt. Allgemein sollen hierunter Punkte wie menschenwürdige Arbeit (auch für den in der Baubranche relevanten Part: Wertschöpfungskette – somit dem Einsatz von Subunternehmern), angemessener Lebensstandard und Wohlbefinden für Endnutzer sowie integrative und nachhaltige Gemeinschaften und Gesellschaften verstanden werden. Die Taxonomien sollen nicht nebeneinanderstehen, sondern miteinander verknüpft werden – was sich bereits bei „E" und „S" als schwierig erweisen kann: denkt man beispielsweise an den Ausbau von Solar- und Windenergie, fördert dies sicherlich „E", führt aber unter Umständen zum Verlust von Arbeitsplätzen an anderen Stellen und kann negative Auswirkungen auf Gemeinschaften haben (zB Onshore-Windanlagen). Der **Faktor G (Governance)** ist gegenwärtig noch am wenigsten beschrieben. Es bleibt daher abzuwarten, welche weiteren Regelungen hierzu auf EU-Ebene erlassen werden. Bislang gibt es für diesen Faktor weder auf internationaler noch auf nationaler Ebene konkrete Ausprägungen. Unter dem Begriff versteht man einerseits die Einhaltung der geltenden Vorschriften, andererseits auch weiche Faktoren wie verantwortliches, unternehmerisches Handeln, das auf freiwilliger Basis in der Geschäftstätigkeit und in den Wechselbeziehungen mit Interessengruppen und Anspruchsberechtigten soziale und ökologische Belange integriert.

69 Im Bau- und Immobilienbereich dürfte die Einhaltung von Vorschriften zu Environment oder Umweltschutz, gemessen an Kriterien wie zum Beispiel CO_2-Emissionen, Anteil erneuerbarer Energien, Umweltmanagement oder Einhaltung von Umweltrichtlinien, eine wichtige Rolle spielen. Sofern auch der Auftraggeber mit seinem Unternehmen ins Blickfeld gerät, dürfte eher die Einhaltung von sozialen Kriterien wie Humankapital, Produkthaftung, Tarifabschlüsse, die Einhaltung von Anti-Diskriminierungsrichtlinien, Versammlungsfreiheit oder die Fluktuationsrate der Belegschaft eine Rolle spielen.

70 Auch wenn ESG nicht rechtlich verbindlich definiert ist, ist dieser Begriff für Nachhaltigkeit im Bau- und Immobiliensektor aktuell prägend. Bereits eine Vielzahl von Anbietern offeriert „*ESG-Checks*" oder „*ESG-Ratings*" in unterschiedlichen Ausprägungen und prüft den „*ESG-Status*" von Unternehmen oder Bauvorhaben. Was darunter zu verstehen ist, ist im Einzelfall genau zu hinterfragen. Zudem muss der einzelne „*ESG-Check*" auf Grund der Unverbindlichkeit der Begriffe nicht zwangsläufig für das angestrebte Ziel geeignet sein. Möchten die Parteien im Bau- und Immobilienbereich solche Checks einholen, bietet die **Deutsche Gesellschaft für Nachhaltiges Bauen („DGNB")** eine *„ESG-Verifikation"* an, die für die in der Taxonomie definierten wirtschaftlichen Aktivitäten Neubau, Sanierung sowie Erwerb und Eigentum anwendbar sein soll und sich an den aktuell vorliegenden **Taxonomiekriterien** orientiert, Arbeits- und Sozialstandards einbezieht sowie eine „Good Governance" vorsieht. Diese *„ESG-Verifikation"* ist europaweit anerkannt und wird auch von der Climate Positive Europe Alliance („CPEA") angeboten, einem Think Tank mit Sitz in Brüssel, in dem neben der DGNB auch vergleichbare Gesellschaften aus

---
[39] → Rn. 22.

Kapitel 1   Einleitung

Österreich, Spanien und Dänemark sowie Dachorganisationen für Technische Gebäudeausrüstung (Federation of European Heating, Ventilation and Air-Conditioning Associations – „REHVA") tätig sind.

71   Für die Vertragsgestaltung ist es essenziell, dasjenige, was die Parteien unter „ESG" verstehen, genau zu beschreiben und festzulegen.[40] Die Praxis zeigt, dass dies den wenigsten bislang gelingt. Dabei ist zu beachten, dass allgemeine Aufklärungspflichten zur Begrifflichkeit „ESG" auch nach tradierter Rechtsprechung des BGH zu beachten sind. Denn *„jeden Vertragspartner trifft die Pflicht, den anderen Teil über Umstände aufzuklären, die den Vertragszweck des anderen vereiteln können und daher für seinen Entschluss von wesentlicher Bedeutung sind, sofern er die Mitteilung nach Treu und Glauben unter Berücksichtigung der Vertragsanschauung redlicherweise erwarten darf."*[41] Je deutlicher für Auftragnehmer somit zu erkennen ist, dass der Auftraggeber ein „ESG-konformes" Bauvorhaben anstrebt, umso eher sind *„Aussagen ins Blaue"* zur Konformität zu vermeiden, da auch dies eine Haftung begründen kann.[42]

C. Nachhaltigkeit in der deutschen Gesetzgebung

72   Anders als die EU konzentriert sich der deutsche Gesetzgeber aktuell (noch) auf einzelne Maßnahmen bzw. Komplexe, wenn es um Nachhaltigkeit im Bau- und Immobilienbereich geht. Häufig stehen die Themen Energieeffizienz und Wärmeschutz im Mittelpunkt. Dies zeigt sich auch an „neuen" Gesetzen zu diesem Bereich, wie dem bereits häufig überarbeiteten **Gebäudeenergiegesetz („GEG")** – dem sogenannten Heizungsgesetz.

73   Dabei zeigt die aktuelle Einigung zur **EU-Gebäuderichtlinie**[43], dass eine erneute Überarbeitung des GEG bevorsteht: denn das GEG sieht vor, dass in Deutschland noch bis ins Jahr 2044 mit fossilen Energieträgern geheizt werden kann – die EU-Gebäuderichtlinie verlangt einen Ausstieg bis zum Jahr 2040. Auch das europäische Lieferkettengesetz wirft seine Schatten voraus und wird wohl zu Änderungen am **Lieferkettensorgfaltspflichtengesetz** führen, das ebenfalls erst seit 2023 in Deutschland gilt.

I. Bundes-Klimaschutzgesetz (KSG)

74   Das Klimaschutzgesetz (KSG) war im Jahr 2021 durch häufige Berichterstattung in den Mittelpunkt der Debatte um Nachhaltigkeit in Deutschland gerückt. Kurz zum Hintergrund: das Gesetz aus Dezember 2019 enthielt u. a. Regelungen für zulässige Treibhausgasemissionen bis 2030. Oder andersherum: die Treibhausgasemissionen sollten auf festgelegte Grenzen sinken – allerdings waren die Ziele nur bis zum Jahr 2031 festgeschrieben. Für den Gebäudesektor zB waren danach im Jahr 2020 noch 118 Mio. Tonnen zulässig, für das Jahr 2025 maximal 94 Mio. Tonnen und für das Jahr 2030 waren maximal 70 Mio. Tonnen erlaubt. Das KSG enthielt aber keine festen Regeln zum Zeitraum ab dem Jahr 2031.

75   Das Bundesverfassungsgericht teilte mit Beschluss vom 24. März 2021[44] mit, dass das KSG teilweise verfassungswidrig ist, da das Gesetz hohe **Emissionsminderungslasten** unumkehrbar auf die Zeiträume nach 2030 verschiebe. Die danach nur noch in geringstem Maße verbleibenden Emissionsmöglichkeiten würden besonders umfassende und strikte Einsparungsmaßnahmen erforderlich machen, durch die praktisch jegliche grundrechtlich geschützte Freiheit gefährdet wäre. Im Folgenden gab das Gericht dem Gesetzgeber auf, spätestens bis zum 31. Dezember 2022 die Minderungsziele ab 2031 besser zu regeln; es müssten Vorkehrungen zur „Gewährleistung eines freiheitsschonenden Übergangs in die **Klimaneutralität**" getroffen werden. Daraufhin legte die Bundesregierung am 12. Mai

---

[40] → § 4 Rn. 4.
[41] BGH 1.2.2013 – V ZR 72/11, NJW 2013, 1807.
[42] BGH 26.9.1997 – V ZR 29/96, NJW 1998, 302.
[43] → Rn. 38.
[44] BVerfG, 24.3.2021 – 1 BvR 2656/18, 1 BvR 78/20, 1 BvR 96/20, 1 BvR 288/20, BVerfGE 157, 30.

§ 2 Überblick über den Stand der Gesetzgebung und der Entwicklung **Kapitel 1**

2021 eine entsprechende Gesetzesänderung vor und der Bundestag beschloss die Klimaschutznovelle am 24. Juni 2021, die am 31. August 2021 in Kraft trat. Das KSG sieht nun für einzelne Sektoren, wie zB den Gebäudesektor, Reduzierungen des Ausstoßes klimaschädlicher Treibhausgase vor. Mit der Gesetzesänderung ist das bestehende nationale Klimaschutzziel für das Jahr 2030 auf mindestens 65 Prozent (vorher 55 Prozent) an CO_2-Emissionseinsparung im Vergleich zum Jahr 1990 erhöht worden Für 2040 gilt dann ein Ziel von 88 Prozent und bis zum Jahr 2045 soll die Treibhausgasneutralität erreicht werden.

Am 20. Juni 2023 hatte die Bundesregierung einen Referentenentwurf für die Novellierung des Gesetzes vorgelegt. Die Ziele zur Senkung der Treibhausgase sollen zwar gleichbleiben, neu ist aber, dass die Einhaltung der Klimaziele nicht mehr rückwirkend nach verschiedenen Sektoren wie dem Gebäudesektor kontrolliert wird, sondern sektorübergreifend erfolgen soll. Erst wenn zwei Jahre in Folge die gesteckten Ziele verfehlt würden, sollen Maßnahmen ergriffen werden. Spätestens mit der Sachverständigen-Anhörung am 8. November 2023 zum Entwurf der Bundesregierung zur Änderung des KSG ist erneut breite Kritik an diesem Gesetz aufgeflammt: die geplante Fortentwicklung der Klimaschutzziele sei verfassungsrechtlich problematisch. Einerseits verfehle Deutschland regelmäßig diese,[45] andererseits sollen weiterhin Reduktionslasten im Hinblick auf Treibhausgase in die Zukunft geschoben werden.[46] **76**

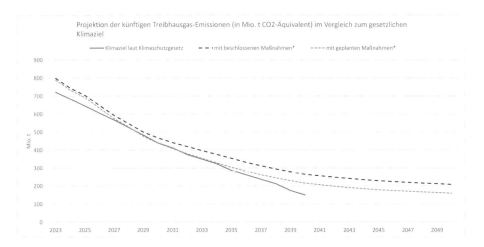

Für die Bau- und Immobilienbranche genügt ein Überblick des jeweils aktuellen Stands des KSG, dann wenn ein Bauvorhaben ansteht. Denn das KSG richtet sich nicht primär an die Bau- und Immobilienbranche, sondern gibt – wie bereits ausgeführt nur Reduktionsziele in einzelnen Sektoren (wie dem Gebäudesektor) an. Wird nach § 8 des KSG ein Sektorenziel verfehlt, muss das jeweils zuständige Ministerium mit einem Sofortprogramm gegensteuern. Diese Sofortprogramme könnten dann jedoch konkrete Vorgaben für die Bau- und Immobilienbranche enthalten – für das Jahr 2022 wurde u. a. das Ziel für den Gebäudesektor gerissen,[47] **77**

---

[45] Harthan et. al, Projektionsbericht 2023 für Deutschland (2023), https://www.umweltbundesamt.de/publikationen/projektionsbericht-2023-fuer-deutschland (Stand: 26.3.2024).

[46] Abb. in Anlehnung an Umweltbundesamt, Projektionsbericht 2023 für Deutschland, https://www.umweltbundesamt.de/sites/default/files/medien/11850/publikationen/39_2023_cc_projektionsbericht_12_23.pdf (Stand: 26.3.2024).

[47] Anlage 2 KSG: 107,4 Millionen Tonnen CO_2/CO_2-Äquivalente; Ausstoß von 112 107,4 Millionen Tonnen CO_2/CO_2-Äquivalente. Abb. in Anlehnung an Umweltbundesamt, Emissionsentwicklung und Sektorziele, https://www.umweltbundesamt.de/daten/klima/treibhausgasminderungsziele-deutschlands#undefined (Stand 26.3.2024).

Kapitel 1 — Einleitung

	Jahresemissionsmengen des Sektors, in Mio. t. CO2-Äquivalent			
	Emissionen (gerundet)	Jahresemissionsmenge gemäß Klimaschutzgesetz	Differenz (absolut)	Differenz (relativ)
2021	118	113	+5	+4%
2022	112	107,4	+4,6	+4%

was nach Urteil des Oberverwaltungsgerichts Berlin-Brandenburg dazu führt, dass die Bundesregierung verurteilt werden kann, neue Sofortprogramme für den Gebäudesektor aufzulegen.[48]

78 Sofern es zur angestrebten Auflösung der Reduktionsziele nach einzelnen Sektoren kommt, dürfte das Gesetz jedoch an konkreter Relevanz verlieren.

II. Klimaschutz-Sofortprogramme

79 Infolge der Anpassung des KSG im Mai 2021, die auf den Beschluss des Bundesverfassungsgerichts vom 24. März 2021 zurückgeht, hat die Bundesregierung begonnen, Sofortprogramme für Klimaschutz aufzulegen. Nach § 8 KSG sollen Sofortprogramme u. a. für die Sektoren aufgelegt werden, bei denen die Emissionsdaten nach § 5 Abs. 1 und 2 KSG eine Überschreitung der zulässigen Jahresemissionsmenge ausweisen. Innerhalb von drei Monaten nach Bewertung der Emissionsdaten durch den Expertenrat für Klimafragen hat dann die Bundesregierung ein Sofortprogramm für den jeweiligen Sektor vorzulegen, dass die Einhaltung der **Jahresemissionsmenge** für die folgenden Jahre sicherstellt.

80 Mittlerweile gibt es drei Klimaschutz-Sofortprogramme, die fortlaufend zu den aktuellen Geschehnissen bezugnehmen und auch Neuerungen von EU-Ebene aufnehmen.

1. Paket vom 23. Juni 2021: „Klimaschutz Sofortprogramm 2022"

81 Im Zusammenhang mit dem vorgelegten Eckpunktepapier „Klimapakt Deutschland", das nach der Bundesumweltministerin eine „fundierte To-do-Liste für die Bundesregierung" darstellen soll, wurde im Sommer 2021 ein Sofortprogramm 2022 angekündigt, welches für Klimaschutzinvestitionen u. a. die Bereitstellung weiterer Mittel in Höhe von knapp 8 Milliarden Euro vorsehe. Das Bundeskabinett hat entsprechend am 23. Juni 2021 das „Klimaschutz Sofortprogramm 2022" beschlossen, welches neben übergreifenden Maßnahmen detaillierte Vorgaben für den Industrie-, Energie-, Gebäude-, und den Verkehrssektor, ferner für die Landschaft und den sogenannten LULUCF-Sektor (Land Use, Land-Use Change and Forestry – zu Deutsch: Landnutzung und Forstwirtschaft) enthält. Übrigens: In Bezug auf den Gebäudesektor musste die Bundesregierung ein solches Sofortprogramm nach § 8 KSG ohnehin vorlegen, weil diesbezüglich eine Überschreitung der zulässigen **Jahresemissionsmengen** vorlag, der Gebäudesektor also die Einspaziele des KSG verfehlt hatte.[49]

82 Das größte Energiespar- und Klimaschutzpotential wird wenig überraschend im Gebäudesektor gesehen. Mit 5,5 Milliarden Euro werden die energetische Sanierung von Gebäuden, der Einbau energieeffizienter Heizungen sowie der klimagerechte soziale Wohnungsbau gefördert. Dazu wurde die Überprüfung des GEG (Gebäudeenergiegesetzes) auf 2020

---

[48] OVG Berlin-Brandenburg 30.11.2023 – OVG 11 A 11/22, OVG 11 A 27/22, OVG 11 A 1/23, BeckRS 2023, 38546.
[49] → Rn. 76.

vorgezogen sowie eine Verschärfung der Anforderungen an den Neubaustandard im GEG beschlossen. Die drei Maßnahmen im Gebäudesektor (BEG, klimagerechter sozialer Wohnungsbau, Überprüfung des GEG) sind dabei insgesamt allgemein gefasst.

In jedem Fall stellte das beschlossene Programm eine wichtige Grundlage für die Finanzierung klimapolitisch notwendiger Maßnahmen dar. Viele weitere Eckpunkte des Klimaschutz- Sofortprogramms aus Juni 2021 wie der Einbau von Solaranlagen bei **Neubauten** und Dachrenovierungen waren im Jahr 2022 auf Länderebene überwiegend umgesetzt – so zB die Solardachpflicht in 10 von 16 Bundesländern.[50]

2. Ostern 2022: Verschärfung der Maßnahmen aus dem Sofortprogramm 2022

In Folge des Angriffskriegs auf die Ukraine hatte die Bundesregierung Maßnahmen des Sofortprogramms 2022 verschärft. So legte sie drei neue Gesetzesentwürfe als sogenanntes „Osterpaket" auf, das Folgendes umfasst:
- Sofortmaßnahmen für einen beschleunigten Ausbau der erneuerbaren Energien und weiteren Maßnahmen im Stromsektor,
- Änderung des Windenergie-auf-See-Gesetzes und anderer Vorschriften und
- die Änderung des Energiewirtschaftsgesetzes im Zusammenhang mit dem Klimaschutz-Sofortprogramm und Anpassungen im Recht der Endkundenbelieferung

Auch als Folge des Krieges in der Ukraine ist das Stufenmodell zwischen Mieter und Vermieter zur Teilung der CO_2-Kosten zu sehen, das zum 1. Januar 2023 in Kraft getreten ist.

3. Paket Juli 2022: Sofortprogramm Klimaschutz Gebäude 2022

Am 13. Juli 2022 wurden sowohl vom Verkehrs- als auch vom Bundesministerium für Wohnen, Stadtentwicklung und Bauwesen (BMWSB) Sofortprogramme zur Einhaltung der Klimaziele in den jeweiligen Sektoren vorgelegt. Das in Kooperation mit dem Ministerium für Wirtschaft und Klmaschutz erstellte Sofortprogramm für den Gebäudesektor enthält einen Maßnahmenkatalog mit 11-Punkten.[51]

III. Gebäude- Elektromobilitätsinfrastrukturgesetz (GEIG)

Das Gebäude-Elektromobilitätsinfrastrukturgesetz („GEIG") ist am 11. Februar 2021 vom Deutschen Bundestag verabschiedet worden und seit dem 25. März 2022 in Kraft. Ziel des Gesetzes ist es, den Ausbau der Leitungs- und Ladeinfrastruktur für die Elektromobilität im Gebäudebereich zu beschleunigen und dabei zugleich die Bezahlbarkeit des Bauens und Wohnens zu wahren. Auch das GEIG geht dabei auf die EU-Gebäuderichtlinie EU 2018/844 zurück, die bereits Vorgaben für Gebäudeeigentümer enthielt, Ladeinfrastruktur in einem gewissen Umfang in und an ihren Gebäuden vorzusehen.

Das Gesetz steht im engen Zusammenhang mit dem im Klimaschutzprogramm 2030 verankerten Ziel der Bundesregierung bis zum Jahre 2030 sieben bis zehn Millionen Elektrofahrzeuge zuzulassen. Im Jahr 2020 lag der Anteil des Verkehrssektors an den Treibhausgas-Gesamtemissionen in Deutschland bei 19,8 % und betrug 146 Mio. Tonnen CO_2; im Jahr 2022 war der Anteil leicht auf 19,9 % gestiegen und betrug 148 Mio. Tonnen CO_2. Ähnlich wie im Gebäudesektor[52] ist somit das Ziel des KSG verfehlt worden.[53] Damit ist

---

[50] Strauss, Solarpflicht in Deutschland (2024), www.aroundhome.de/solaranlage/solarpflicht-in-deutschland/ (Stand: 26.3.2024).
[51] Bundesministerium für Wohnen, Stadtentwicklung und Bauwesen, BMWSB und BMWK legen Sofortprogramm mit Klimaschutzmaßnahmen für den Gebäudesektor vor (2022), bmwsb.bund.de/SharedDocs/pressemitteilungen/Webs/BMWSB/DE/2022/07/sofortprogramm-klimaschutz-gebaeude.html (Stand: 26.3.2024).
[52] Rn. 76.
[53] Anlage 2 KSG: zulässige Jahresemissionsmenge für Verkehr im Jahr 2022: 149 Millionen Tonnen CO_2/ CO_2-Äquivalente.

der Verkehrssektor weiterhin der drittgrößte Verursacher von CO_2-Emissionen in Deutschland. Die Bereitstellung der Ladeinfrastruktur für Elektrofahrzeuge auf Parkplätzen von sowohl Wohn- als auch Nichtwohngebäuden soll die Nutzung von Elektrofahrzeugen fördern und damit einen wichtigen Beitrag in der Verkehrs- und Klimawende leisten.[54]

89 Das GEIG regelt die Errichtung von Ladeinfrastruktur und die Ausstattung mit der vorbereitenden Leitungsinfrastruktur für die Elektromobilität in **Neubauten** und **Bestandsgebäuden,** wenn diese einer größeren Renovierung unterzogen werden, § 1 Abs. 1 GEIG. Es gilt auch für die Gemeinschaft von Wohnungseigentümern (WEG) nach dem Wohnungseigentumsgesetz, §§ 1 Abs. 1, 2 Nr. 1 GEIG. Jeder Wohnungseigentümer hat einen Anspruch gegen die WEG, dass das GEIG beachtet wird. Auf Gebäude, die sich im Eigentum von kleinen und mittleren Unternehmen befinden und überwiegend von diesen selbst genutzt werden, ist das GEIG hingegen nicht anzuwenden. Dabei sind kleine und mittlere Unternehmen all diejenigen Unternehmen, die weniger als 250 Mitarbeiter und einen Jahresumsatz von unter EUR 50 Mio. bzw. eine Jahresbilanz von unter EUR 43 Mio. aufweisen. Der Eigentumsbegriff knüpft an das Eigentum an Grundstücken nach den §§ 93, 94 BGB an; denkbar ist aber auch, dass Grundstücks- und Gebäudeeigentum auseinanderfallen, wie im Falle des Erbbaurechts. In diesen Fällen kommt es auf das Eigentum am Gebäude an.

90 Konkret sieht das Gesetz zB vor, dass gemäß § 10 GEIG bei Nichtwohngebäuden mit mehr als 20 Stellplätzen ab dem 1. Januar 2025 die Pflicht besteht, mindestens einen Ladepunkt bereitzustellen. Für bestehende Gebäude, die *„größeren Renovierungen"* unterzogen werden, bestimmt § 8 GEIG bzw. § 9 GEIG, dass ebenfalls Leitungsinfrastruktur für Elektromobilität vorzusehen ist. Was dabei eine *„größeren Renovierung"* ist, bestimmt § 2 Nr. 5 GEIG: eine Renovierung, bei der mehr als 25 % der Oberfläche der Gebäudehülle einer Renovierung unterzogen werden.

IV. Gebäudeenergiegesetz (GEG)

91 Zur Umsetzung der Änderungsfassung der EU-Gebäuderichtlinie hat der deutsche Gesetzgeber das Gebäudeenergiegesetz (GEG) erlassen, das am 1. November 2020 in Kraft trat und welches vor allem aus Transparenzgründen die Energiesparverordnung (EnEV), das Energieeinsparungsgesetz (EnEG), und das Erneuerbare-Energien-Wärmegesetz (EEWärmeG) in einem einheitlichen Regelwerk zusammengeführt hat.[55]

92 Kurz zusammengefasst enthält das GEG Angaben über:
- energetische Anforderungen, welche beheizte und klimatisierte Gebäude erfüllen müssen,
- Vorgaben zur Heizungs- und Klimatechnik sowie zum Wärmedämmstandard und zum Hitzeschutz von Gebäuden,
- energetische Mindestanforderungen an Neubauten (geringer als in der zuvor geltenden Energieeinsparverordnung (EnEV)),
- Nachrüst- und Austauschpflichten für Eigentümer von Bestandsgebäuden und
- konkrete Anteile an regenerativen Energien für Neubauten, die das Gebäude zum Heizen oder auch Kühlen verwenden muss.

93 In Konsequenz wurden in Deutschland (teilweise schon durch Umsetzung der früheren Fassungen der EU-Gebäuderichtlinie in der damaligen EnEV) beispielsweise einzelne energetische Mindestanforderungen für Gebäude mit entsprechenden Berechnungsgrundlagen fixiert, Energieausweise für Gebäude mit detaillierten Regeln eingeführt, Vorgaben zu sog. **Niedrigstenergiegebäuden**[56] gemacht oder auch allgemein Standards und Hand-

---

[54] BT-Drs. 19/19366, 1 (1).
[55] Verbraucherzentrale, GEG: Was ändert sich mit dem Gebäude-Energie-Gesetz? (2023), www.verbraucherzentrale.de/wissen/energie/energetische-sanierung/geg-was-steht-im-neuen-gebaeudeenergiegesetz-13886 (Stand: 26.3.2024).
[56] → Rn. 39.

lungsgebote zur Heizungs-, Kühl- und Raumlufttechnik sowie der Warmwasserversorgung aufgestellt.

Nachdem das GEG bereits Anfang 2023 novelliert worden war, wurde nach einigen Debatten und Runden am 8. September 2023 eine erneute Änderung des GEG verabschiedet – das sogenannte Heizungsgesetz, das zum 1. Januar 2024 in Kraft tritt. Dieses differenziert grundsätzlich zwischen Neubauten und Bestandsgebäuden und sieht für beide Typen Anforderungen im Hinblick auf Energiebedarf, Heizen und Warmwasseraufbereitung vor. **94**

Besonders umstritten waren vor der Verabschiedung Regelungen für Neubauten, die im endgültigen Entwurf aber erheblich abgeschwächt wurden. Nun sieht zB § 71 GEG vor, dass jede neu eingebaute Heizung verpflichtend zu 65 % mit erneuerbaren Energien betrieben werden muss (sofern es sich um einen Neubau in Neubaugebieten handelt bzw. der Bauantrag nach dem 1. Januar 2024 gestellt wurde). **95**

Eine Ausnahme besteht für Heizungsanlagen, die vor dem 19. April 2023 beauftragt wurden und bis zum 18. Oktober 2024 eingebaut werden. Außerhalb von Neubaugebieten gelten diese Anforderungen erst, wenn Kommunen die kommunale Wärmeplanung bis zu folgenden Daten abgeschlossen haben: **96**

- ab 100.000 Einwohner: Abschluss bis zum 30. Juni 2026
- bis 100.000 Einwohner: Abschluss bis zum 30. Juni 2028

Sofern die Kommunen überobligatorisch ihre Planung vor der Frist vorlegen, gilt nach § 71 Abs. 8 GEG die 65 %-Pflicht einen Monat nach Bekanntgabe der Kommune über die *„Ausweisung als Gebiet zum Neu- oder Ausbau eines Wärmenetzes oder Wasserstoffnetzausbaugebiets"*. **97**

Bei Bestandsgebäuden hat man sich auf neue Vorschriften zur Austausch- und Nachrüstpflichten verständigt, die sowohl für Mehrfamilienhäuser (zB § 71n GEG) gelten, als auch für selbst bewohnte Ein- und Zweifamilienhäuser – wie zB: **98**

- Austauschpflicht für Heizungen, die weder einen Brennwert- noch einen Niedertemperaturkessel haben und die älter als 30 Jahre sind,
- Dämmung von neuen Heizungs- und Warmwasserrohren in unbeheizten Räumen und
- Dämmung von obersten Geschossdecken zu unbeheizten Dachräumen (war schon Bestandteil der EnEV und bis Ende 2015 umzusetzen).

Dabei sieht das GEG durchaus Ausnahmetatbestände vor. Austausch und Nachrüstverpflichtungen gelten für Ein- und Zweifamilienhäuser beispielsweise nicht, wenn sie vom Eigentümer bereits vor Februar 2022 bewohnt worden sind. **99**

Mit dem GEG ist auch eine Änderung von Vorschriften im Mietrecht verbunden (§§ 555b Nr. 1, 559, 559c, § 559e BGB), sowie eine Änderung der Verordnung über die Heizkostenabrechnung und eine Änderung der Betriebskostenverordnung (sowie der Kehr- und Überprüfungsordnung). **100**

V. Bundesförderung für effiziente Gebäude (BEG)

Die „Bundesförderung für effiziente Gebäude (BEG)" des Bundesministeriums für Wirtschaft und Energie (BMWi)[57] gliedert sich in drei Teile, nämlich **101**

- in die Bundesförderung für Wohngebäude (BEG WG),
- für Nichtwohngebäude (BEG NWG) und
- für Einzelmaßnahmen (BEG EM).

Letztere wurde am 30. Dezember 2020 im Bundesanzeiger veröffentlicht, die BEG WG und BEG NWG am 1. Februar 2021. Mit der BEG wurden in Umsetzung des Klimaschutzprogramms 2030 und der BMWi-Förderstrategie „Energieeffizienz und Wärme aus Erneuerbaren Energien" ab 2021 die bisherigen Programme unter einem Dach zusammen- **102**

---

[57] Richtlinie für die Bundesförderung für effiziente Gebäude – Einzelmaßnahmen (BEG EM) vom 9. Dezember 2022, BAnz AT 30.12.2022 B1.

gefasst und weiterentwickelt bzw. ergänzt. Denn um im Gebäudebereich weitere Fortschritte bei der Verringerung des Endenergieverbrauchs und der Reduzierung der CO_2-Emissionen zu erreichen, seien noch deutlich mehr Investitionen pro Jahr in noch ambitionierteren Maßnahmen zur Steigerung der Energieeffizienz und zur Nutzung erneuerbarer Energien im Gebäudebereich erforderlich, und das sowohl beim Neubau energetisch optimierter Gebäude als auch bei der energetischen Sanierung von **Bestandsgebäuden.**

103 Grundsätzlich ist der Förderantrag durch einen **Energie-Effizienz-Experten** (EEE) vor Vertragsschluss mit einem Bauunternehmen und somit vor Baubeginn zu stellen. Der Energie-Effizienz-Experte ist obligatorisch hinzuzuziehen, wenn es um

- Einzelmaßnahmen an der Gebäudehülle
- Anlagentechnik (außer Heizung)
- Errichtung, Umbau und Erweiterung eines Gebäudenetzes
- Anträge mit einem iSFP[58]-Bonus oder
- Fachplanung und Baubegleitung

geht; er erstellt im Nachgang einen technischen Projektnachweis und bestätigt, dass die Baumaßnahmen den technischen Anforderungen der Förderrichtlinie entspricht. In anderen Fällen ist er optional.

104 Welche Maßnahmen gefördert werden, wird regelmäßig angepasst – so zB auch an die Neuerungen des GEG ab dem 1. Januar 2024. Es ist daher unerlässlich, sich vor Beginn einer Baumaßnahme über den aktuellen Stand und die Fördermöglichkeiten zu informieren.

VI. Lieferkettensorgfaltspflichtengesetz

105 Bekanntermaßen gründet Nachhaltigkeit nach dem Drei-Säulen-Modell auf den Aspekten Ökologie, Ökonomie und Soziales. Entsprechend soll auch das Gesetz über die unternehmerischen Sorgfaltspflichten in Lieferketten (**„Lieferkettensorgfaltspflichtengesetz"**, auch bekannt als ,**Lieferkettengesetz'**) einen wichtigen Beitrag leisten und die nachhaltige Entwicklung sozialer gestalten. Auf Grund der vielfältigen Anforderungen an – notwendigerweise internationale – Materialbeschaffung gilt das Lieferkettengesetz bei großen Konzernen (seit 2023 für Unternehmen mit mehr als 3.000; seit 2024 für Unternehmen mit mehr als 1.000 Mitarbeiter:innen) und soll ua im Bauwesen eine große Rolle spielen.

106 Der vom Bundestag am 11. Juni 2021 beschlossene Gesetzesentwurf sieht eine Verantwortung bei den großen, in Deutschland ansässigen Unternehmen für die gesamte Lieferkette vor. Eine im Rahmen des 2016 verabschiedeten **Nationalen Aktionsplans für Wirtschaft und Menschenrechte (NAP)** durchgeführte repräsentative Untersuchung aus Juli 2020 hat gezeigt, dass nur zwischen 13 und 17 % der befragten Unternehmen die Anforderungen des NAP erfüllen, sodass ein Bedarf für eine rechtlich verbindliche Regelung gesehen wird. Den großen Unternehmen werden daher, ggf. in u. a. nach Art und Umfang der Geschäftstätigkeit oder dem Einflussvermögen auf den unmittelbaren Zulieferer abgestufter Form, in § 3 des Lieferkettengesetzes menschenrechtliche und umweltbezogene Sorgfaltspflichten auferlegt, welche in den darauffolgenden Paragraphen näher bestimmt und ausgestaltet werden.

107 Diese Sorgfaltspflichten umfassen die Einrichtung eines Risikomanagements, die Festlegung einer betriebsinternen Zuständigkeit (etwa durch Benennung eines Menschenrechtsbeauftragten), die Durchführung regelmäßiger Risikoanalysen, die Verabschiedung einer Grundsatzerklärung über die Menschenrechtsstrategie des Unternehmens, die Verankerung von Präventionsmaßnahmen im eigenen Geschäftsbereich und gegenüber Zulieferern, die umgehende Ergreifung von Abhilfemaßnahmen bei Feststellung einer Verletzung einer geschützten Rechtsposition, die Einrichtung eines unternehmensinternes

---

[58] iSFP = individueller Sanierungsfahrplan.

Beschwerdemanagements, die Umsetzung von Sorgfaltspflichten in Bezug auf Risiken bei mittelbaren Zulieferern und allgemein die Dokumentation und Berichterstattung.

Die Überprüfung der Einhaltung der gesetzlichen Vorgaben soll durch das Bundesamt 108 für Wirtschaft und Ausfuhrkontrolle (BAFA) erfolgen. Dabei hat es auch eingereichten Beschwerden nachzugehen, welche von Menschenrechtsverletzungen Betroffene künftig nicht nur gerichtlich, sondern auch beim BAFA selbst vortragen können. Deutsche Gewerkschaften und Nichtregierungsorganisationen können zudem von Betroffenen zur Prozessführung ermächtigt werden (§ 11 Lieferkettengesetz).[59]

Die Anforderungen an die Unternehmen orientieren sich an dem Sorgfaltsstandard der 109 UN-Leitprinzipien für Wirtschaft und Menschenrechte, welche 2011 vom UN-Menschenrechtsrat verabschiedet wurden. Eine dem Lieferkettengesetz vergleichbare und verbindliche Regelung auf europäischer Ebene soll mit dem Europäischen Lieferkettengesetz[60] folgen, das wohl die Anforderungen verschärfen wird.

VII. Schattenpreis

Der sogenannten CO_2-Schattenpreis ist aktuell[61] für Beschaffungsvorgänge des Bundes nach 110 der Allgemeinen Verwaltungsvorschrift zur Beschaffung klimafreundlicher Leistungen (AVV-Klima) und nach § 8 Abs. 1 KlimaG BW für Neubauvorhaben in Baden-Württemberg anzusetzen,

- wenn die Bauherreneigenschaft beim Land Baden-Württemberg liegt oder feststeht, dass das Bauvorhaben in das Eigentum des Landes übergeht oder
- bei Baumaßnahmen der Staatlichen Vermögens- und Hochbauverwaltung Baden-Württemberg, der Wasserwirtschaftsverwaltung Baden-Württemberg, der Straßenbauverwaltung Baden-Württemberg und der Anstalt des öffentlichen Rechts Forst Baden-Württemberg

Dabei versteht man unter einem CO_2-Schattenpreis einen rechnerischen Preis entspre- 111 chend des vom Umweltbundesamt wissenschaftlich ermittelten und empfohlenen Wertes für jede über den Lebenszyklus der Maßnahme entstehende Tonne Kohlenstoffdioxid, der bei der Planung von Baumaßnahmen zu veranschlagen ist. Der Wert ist der Höhe nach dynamisch, liegt aber nach der CO_2-Schattenpreis-Verordnung in Baden-Württemberg (CO_2-SP-VO) gem. § 2 bei EUR 237,00/ Tonne. Mit dem Schattenpreis wird dieser Vorteil eines klimaschädlichen Produkts zugunsten des klimafreundlichen Produkts mindestens ausgeglichen: wenn Verbraucher nun den fiktiven Preis (= realer Preis + fiktiver CO_2-Schattenpreis) für das klimaschädliche Produkt ansetzen, müssten sie sich, so der Gedanke, für das real teurere, klimafreundlichere Produkt entscheiden.

D. Technische Neuerungen

Neben rechtlichen Entwicklungen auf EU-Ebene und in Deutschland, zeichnet sich Nach- 112 haltigkeit in der Bau- und Immobilienbranche auch durch eine Vielzahl technischer Neuerungen aus. In den vergangenen Jahren haben sich bereits Benchmarking-Systeme für den Betrieb nachhaltiger Gebäude herausgebildet, es gibt Scoring-Verfahren zur Herstellung der Vergleichbarkeit von nachhaltigen Bauvorhaben und **digitale Hilfsmittel,** um

---

[59] Bundesministerium für Arbeit und Soziales, Gesetz über die unternehmerischen Sorgfaltspflichten in Lieferketten (o. J.), www.bmas.de/DE/Service/Gesetze-und-Gesetzesvorhaben/gesetz-unternehmerische-sorgfaltspflichten-lieferketten.html (Stand: 26.3.2024); Bundesministerium für wirtschaftliche Zusammenarbeit und Entwicklung, Das Lieferkettengesetz (o. J.), www.bmz.de/de/entwicklungspolitik/lieferkettengesetz (Stand: 26.3.2024).
[60] → Rn. 63 ff.
[61] Stand März 2024.

Kapitel 1 Einleitung

einerseits festzustellen, ob Gebäude das Ziel **Klimaneutralität** im Jahr 2050 erreichen kann und andererseits, um den Einsatz von Re-Use und Recycling-Materialien zu fördern.

113   Im Folgenden soll ein Überblick über die relevantesten Neuerungen für die Bau- und Immobilienbranche gegeben werden.

I. GRESB/ECORE

114   Vielen Beteiligten am nachhaltigen Bauvorhaben sind vor allem Zertifizierungssysteme für den Bau wie DGNB oder BREEAM bekannt, die bereits seit Jahren in unterschiedlichen Stufen angeben, wie nachhaltig der Bau oder Umbau eines Gebäudes ist. Daneben wird aber seit vielen Jahren auch ein System zur Nachhaltigkeitsbewertung auf Portfolio-Ebene verwandt, das auf dem deutschen Markt noch nicht die gleiche Bekanntheit erlangt hat. Dabei ist dieses System insbesondere für große Bestandshalter zur Bewertung der Assets in ihrem Portfolio von erheblicher Bedeutung.

115   GRESB – kurz für Global Real Estate Sustainability Benchmark – ist das insoweit international marktführende Bewertungssystem, das 2009 von Immobilieninvestoren in den Niederlanden begründet wurde. Ziel ist es, das eigene Gebäude im Hinblick auf den nachhaltigen Betrieb mit anderen Gebäuden der gleichen Klasse zu vergleichen, Verbesserungspotentiale zu erkennen und den – nachhaltigen – Betrieb weiter zu steigern. Dabei unterscheidet GRESB zwischen den folgenden Kategorien:

- Real Estate Benchmark
- Real Estate Development Benchmark
- Infrastructure Fund Benchmark
- Infrastructure Asset Benchmark

116   Im Jahr 2022 waren etwa 1.300 Portfolios mit mehr als 90.000 Immobilien in über 60 Ländern Gegenstand der laufenden Bewertung. Das Zertifikat, das hierbei erlangt werden kann, wird nicht wie die Zertifizierung von Bauvorhaben einmalig erteilt, sondern muss als Benchmarking-System jährlich neu beantragt werden. Die benötigten Daten aus dem Betrieb des Gebäudes sind somit jährlich zu erfassen und zu kommunizieren. Zwischen April und August jeden Jahres sind die Daten für neue Immobilien und die Verbrauchsdaten des Vorjahres für die bekannten Immobilien im Portfolio zusammenzutragen und zu kommunizieren, die dann bis November ausgewertet werden. Im Dezember werden die Ergebnisse bekannt gegeben und mit allen anderen Portfolios verglichen. Diese Herangehensweise führt laut GRESB nicht nur dazu, dass Daten über die ESG-Performance leichter zugänglich und vergleichbar gemacht werden, sondern auch zu einer deutlichen Verbesserung der Portfolios auf globaler Ebene. In den vergangenen Jahren wurden laut GRESB etwa eine Verbesserung des Stromverbrauchs um 2 %, des Wasserverbrauchs um 1,5 % und von Treibhausgasen um 3 % registriert.

117   GRESB ist hinsichtlich der zu sammelnden Daten des Gebäudebetriebes nach **ESG-Kriterien** untergliedert. Der Schwerpunkt liegt hierbei auf „E" und somit dem ökologischen Betrieb des Gebäudes

„*E – indicators related to actions and efficiency measures undertaken in order to monitor and decrease the environmental footprint of the portfolio.*"[62]

Die beiden Bereiche „S"

„*S – indicators elated to the entity's relationship with and impact on its stakeholders and direct social impact of its activities*"[63]

---

[62] GRESB, Real Estate Standard and Reference Guide (2023), documents.gresb.com/generated_files/real_estate/2023/real_estate/reference_guide/complete.html (Stand: 26.3.2024).
[63] GRESB, Real Estate Standard and Reference Guide (2023), documents.gresb.com/generated_files/real_estate/2023/real_estate/reference_guide/complete.html (Stand: 26.3.2024).

§ 2 Überblick über den Stand der Gesetzgebung und der Entwicklung **Kapitel 1**

und „G"

„G – indicators related to the governance of ESG, policies and procedures, and approach to ESG at the entity level"[64]

fließen insgesamt zu etwa 20–25% in die Bewertung ein.[65] In Bezug auf „S" und „G" liegt ein erheblicher Schwerpunkt des Bewertungssystems auf dem Vorhandensein eines Risikomanagements. Für die Kategorie „Real Estate Benchmarks" unterteilt GRESB zB:

	Environment	Social	Governance
Management	0%	35%	65%
Performance	89%	11%	0%
Development	73%	21%	6%

Inhaltlich fragt GRESB Daten zu Themen ab wie „Gibt es eine Nachhaltigkeitsstrategie und ist diese transparent kommuniziert?" oder „Gibt es Zertifikate zur Nachhaltigkeit von einzelnen Objekten, die von unabhängigen Dritten erstellt wurden?" bzw. „Werden Maßnahmen ergriffen, um Risiken im Zusammenhang mit Korruption, Bestechung, Klimawandel und neuen Umweltregulierungen zu verringern oder abzuwenden?". **118**

Aus allen gesammelten Daten erstellt GRESB dann eine Übersicht[66], die zB wie folgt aussieht: **119**

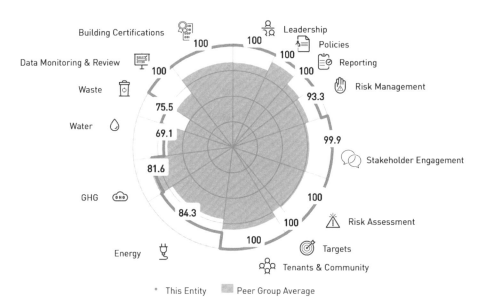

Vor einigen Jahren haben sich Projektentwickler und große Bestandshalter zusammengeschlossen, um ein vergleichbares Benchmarking- System auch in Deutschland zu gründen: **ECORE** – kurz für ESG Circle of Real Estate. Auch dieses System hat es sich zum **120**

---

[64] GRESB, Real Estate Standard and Reference Guide (2023), documents.gresb.com/generated_files/real_estate/2023/real_estate/reference_guide/complete.html (Stand: 26.3.2024).
[65] GRESB, Real Estate Standard and Reference Guide (2023), documents.gresb.com/generated_files/real_estate/2023/real_estate/reference_guide/complete.html (Stand: 26.3.2024).
[66] In Anlehnung an GRESB, Kilroy Realty Corporation – GRESB Real Estate Assessment 2020 (2021), gresb-prd-public.s3.amazonaws.com/2021/RE_Documents/2020_Kilroy_Realty_Corporation_Benchmark_Report.pdf (Stand: 26.3.2024).

Kapitel 1

Einleitung

Ziel gemacht, Portfolios zu „scoren" und zu „benchmarken", Erfahrungen auszutauschen und ein Netzwerk aufzubauen. Viele Bestandshalter, die „grüne" Fonds aufbauen wollen, oder durch (institutionelle) Anleger auf die Nachhaltigkeit der Anlagen angesprochen werden, partizipieren bereits heute bei der Entwicklung.

121 Das von **ECORE** entwickelte Scoring von Immobilien enthält ebenfalls Aspekte von „ESG". Das Scoring ist dynamisch aufgebaut und wird kontinuierlich an die Anforderungen der EU-Regulatorik, der deutschen Gesetzgebung und der gesellschaftlichen Anforderungen angepasst. Es gibt einen einheitlichen **ESG-Kriterienkatalog,** aus dem sich der Score errechnet und der Stakeholder eine anbieterübergreifende Transparenz bieten soll im Hinblick auf die Frage, wo sich die Immobilien auf dem Pfad zur **Klimaneutralität** befinden.[67]

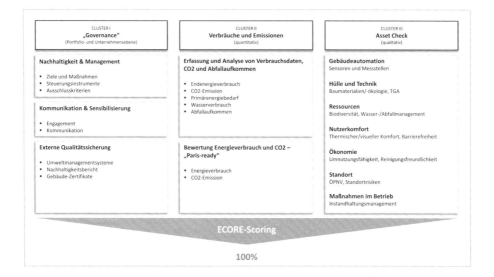

122 Auch wenn ECORE erst vor wenigen Jahren gegründet wurde, sind bereits viele Portfolioanbieter hier vertreten.

II. Madaster und Concular

123 Mittlerweile gibt es erste digitale Hilfsmittel für die an Bauvorhaben Beteiligten, um Klimaschutz und weitere Themen der Nachhaltigkeit besser in Planung, Bau, Betrieb und Dokumentation integrieren zu können.

123a Mit Blick auf Ressourcen ist aktuell in Deutschland sicherlich ‚Madaster' mit am bekanntesten. Hierbei handelt es sich um eine Plattform, mit der ein webbasierter Material-Passport für Gebäude erstellt werden kann. Voraussetzung für ebendiesen ist ein passendes Digitalmodell, welches der Plattform, die zur Berechnung der **Zirkularität** und anderen Aspekte notwendigen Daten korrekt liefert. Konkret entsteht so mit Madaster ein Kataster für Materialien, die in Gebäuden stecken. Der Pass gibt somit einen Überblick über verbaute Materialien des zukünftigen, aktuell entstehenden, **anthropogenen Lagers.** Gleichzeitig gibt Madaster einen Anhaltspunkt für den wirtschaftlichen Wert eines Gebäudes bzw. seiner Einzelteile auf Basis der berechneten **Zirkularität.** Tagesaktuell wird damit gemäß den aktuellen Rohstoffwerten ein Gebäudematerialrestwert ermittelt.

---

[67] Abb. in Anlehnung an ECORE, ESG Circle of Real Estate (o. J.), www.ecore-scoring.com/ (Stand: 26.3.2024).

Concular hingegen ist eine Plattform für Bauteile und Materialien, die schon einmal verwendet worden sind, bezieht sich also hauptsächlich auf **Bestandsgebäude.** Diese werden zunächst mit Bild- und Grundinformationen erfasst, auf der entsprechenden Firmen-Website dargestellt und können dort dann erworben werden. Hier sind unter anderem auch Hersteller aktiv, allen voran jene, die kreislauffähige Produkte entwickelt haben. Auf diesem Wege Materialien wiederzuverwenden, ist ressourceneffizient und gleichzeitig ein Schritt hin zur CO_2-Neutralität.

Beide Ansätze sind aktuell noch in der Weiterentwicklung, in den kommenden Jahren werden sich hier sicherlich mehr Formen der digitalen Lösungen ergeben, zumal die beiden obengenannten sich im intensiven Austausch mit Herstellern befinden.

Weitere Informationen zur Nutzung von und Bildung einer Strategie zu Rohstofflagern finden sich kurz erläutert unter dem Begriff Urban Mining zB beim Umweltbundesamt.[68]

Neben diesen beiden schon bekannteren Lösungen gibt es weitere Ansätze, gerade im Bereich der BIM-basierten Betrachtung von Ökobilanzen. Hierzu finden sich inzwischen gute Einführungen und einschlägige Literatur u. a. bei buildingSMART e. V.

III. Gebäuderessourcenpass

Im Koalitionsvertrag der Bundesregierung von 2021 ist die Einführung eines digitalen Gebäuderessourcenpasses vorgesehen. Dieser soll im Gebäudesektor Ressourcen einsparen, über den Einsatz **grauer Energie** und **Lebenszykluskosten** informieren und die Auswirkungen von Gebäuden auf die Umwelt transparent machen.

Ob ein solcher Pass eingeführt wird und welche Informationen er beinhalten soll, wer ihn ausstellen darf und nach welcher Methodik er zu erstellen ist, wird sich zeigen. Einstweilen haben private Initiativen das Thema für sich besetzt.[69] Die EPEA GmbH (Environmental Protection Encouragement Agency) hat den Building Circularity Passport entwickelt, der auf einem BIM-Modell beruht und Auskunft über den CO_2-Fußabdruck, die Recyclingfähigkeit und den verbauten Rohstoffrestwert des Gebäudes gibt – der Urban Mining Index ist eine quantitative Bewertung der Kreislaufpotentiale von Konstruktionen der Neubauplanung.

IV. Digitale Gebäude Logbücher

Zur Verringerung und Reduzierung von Treibhausgasemissionen (THG) entlang des gesamten Lebenszyklus eines Gebäudes, wird die rechtliche Verankerung von Lebenszyklus-THG-Grenzwerten für den Gebäudebestand, die die Anforderungen an den Gebäudebetrieb sowie an die Gebäudehülle ergänzen, verlangt.

Im Anhang der Renovierungswelle (Renovation Wave Annex[70]) wurde die „Entwicklung eines Fahrplans für die Leistung im gesamten Lebenszyklus bis 2050 zur Verringerung der Kohlenstoffdioxidemissionen von Gebäuden und Förderung des nationalen Benchmarkings mit den Mitgliedstaaten" angekündigt (S. 1). Diese EU 2050 WLC-Roadmap (so die Kurzform in der englischen Version) wird aktuell entwickelt. Sie wird Meilensteine für Betriebs- und Lebenszyklusemissionen beinhalten und dient dazu, künftige Maßnahmen und politische Ziele abzugleichen.

Die Renovation Wave Annex der EU-Kommission führt zudem eine weitere Neuerung ein: digitale Logbücher (Digital Building Logbook, DBL) für gebäudebezogene Daten. Hierzu führt sie aus:

---

[68] Umweltbundesamt, Urban Mining (2022), www.umweltbundesamt.de/themen/abfall-ressourcen/abfallwirtschaft/urban-mining#strategie-zur-kreislaufwirtschaft- (Stand: 26.3.2024).
[69] → Rn. 123 ff.
[70] Renovation wave (europa.eu).

„Die Kommission wird digitale Gebäude-Logbücher einführen, in denen sämtliche gebäudebezogenen Daten erfasst werden, die über die anstehenden Gebäuderenovierungspässe, die Intelligenzfähigkeitsindikatoren, die sogenannten Level(s) und die Energieausweise bereitgestellt werden, um für die Kompatibilität sowie die Zusammenführung der Daten während der gesamten Renovierungsphase zu sorgen. (…) Die digitalen Gebäude-Logbücher fungieren als Archiv für die Daten zu einzelnen Gebäuden; sie werden den Informationsaustausch innerhalb der Baubranche sowie zwischen Gebäudeeigentümern und Mietern, Finanzinstituten und Behörden erleichtern."[71]

133   Ein solches DBL kann – unabhängig von rechtlichen Verpflichtungen – auch im Sinne der besseren Sammlung und Verwertbarkeit von Daten genutzt werden. Wichtig ist hierbei die regelmäßige Aktualisierung des DBL mit allen dynamischen Daten. Belgien setzt das DBL in der Region Flandern bereits um, in Frankreich ist das Gebäudetagebuch (Le Carnet d' Information du Logement – kurz CiL) für Neubauten und umfassende energetische Sanierungen von Wohngebäuden (Einzelhäuser sowie Wohnblöcke) bereits seit dem 1. Januar 2023 gesetzlich vorgeschrieben.[72]

V. DIN-Normen

134   Verbindliche DIN-Normen für nachhaltiges Bauen befinden sich noch in den Anfängen. DIN-Normen sind private technische Regelungen mit Empfehlungscharakter. Aus Ihnen folgt grundsätzlich die widerlegbare Vermutung, dass sie die allgemein anerkannten Regeln der Technik wiedergeben;[73] zwingend ist dies allerdings nicht.[74]

135   Gleichwohl gibt es zu Einzelthemen bereits einige Normen, wie die
- DIN EN 15804 „Nachhaltigkeit von Bauwerken":
  Umweltproduktdeklarationen (englisch: Environmental Product Declarations; EPDs) liefern Informationen zu der Frage, wie umweltfreundlich ein Bauwerk oder Bauprodukt ist. Die Europäische Norm DIN EN 15804 trägt dazu bei, EPDs einheitlich und verifizierbar zu gestalten und unterstützt so bei der Auswahl von Produkten und Leistungen mit geringen Umweltbelastungen.
- DIN EN ISO 15118-1 „Elektromobilität":
  Damit Fahrzeug, Ladestation und Stromnetz optimal zusammenspielen, hilft die DIN EN ISO 15118 dabei, Kommunikationsschnittstellen zu implementieren.
- DIN EN ISO 14090 „Anpassung an den Klimawandel":
  Dient Unternehmen als Leitfaden, um sich an Folgen des Klimawandels anzupassen und Herausforderungen zu meistern.

136   Daneben sind neue Regelungen in der Entwicklung. Die Normungsroadmap Circular Economy weist auf den Bedarf eines Informationsstandards zur Bereitstellung für das Recycling relevanter Informationen im Gebäudesektor hin, ist aber noch keine eingeführte Regelung. Die **DIN SPEC 90051-1** soll nachhaltigkeitsorientierte Unternehmensfinanzierung unterstützen, indem sie Investierenden/Kapitalgebenden einen Standard für die Bewertung des Nachhaltigkeitspotenzials von Start-ups in ihrem Portfolio an die Hand gibt.

---

[71] EUR-Lex – 52020DC0662 – EN – EUR-Lex (europa.eu).
[72] Solution digitale collaborative pour créer, valoriser et… (keepeo.fr).
[73] OLG Hamm 13.4.1994 – 12 U 171/93, NJW-RR 1995, 17; OLG Rostock 23.9.2020 – 4 U 86/19, BauR 2021, 1479.
[74] Baureis/Dressel/Friedrich NZBau 2023, 641.

Kapitel 2 Nachhaltigkeitsstrategien und Grundlagen der Vertragsgestaltung

§ 3 Methodische Ansätze zur Ermittlung von Nachhaltigkeitsstrategien am Bau

Übersicht

	Rn.
A. Zielfindungsphase	1
I. Bestimmung des Anknüpfungspunkts	2
II. Ermittlung der Anforderungen	10
1. Anforderungen der Gesetzgebung	12
2. Anforderungen der Finanzierung	18
3. Anforderungen des Marktes	21
4. Selbstverpflichtungen	23
III. Definition der Ziele	30
B. Überprüfung der Ziele hinsichtlich Machbarkeit/Bedarf	33
C. Umsetzung in der Projektkonzeption	39
I. Energie- und Messkonzept	42
II. Betriebswasserkonzept	45
III. Konzept zur Reinigungs- und Instandhaltungsfreundlichkeit	47
IV. Konzept zur Vermeidung von Umwelt- und Gesundheitsrisiken aus Bauprodukten	48
V. Erweitertes Lüftungskonzept	50
VI. Konzept zur Barrierefreiheit	52
VII. Abfall- und Recyclingkonzept	53
VIII. Biodiversitätskonzept	55
D. Zusammenfassung	56

A. Zielfindungsphase

Die Ermittlung einer immobilien- bzw. baubezogenen Nachhaltigkeitsstrategie hängt von verschiedenen Faktoren ab. Eine Nachhaltigkeitsstrategie ist im Einzelfall bezogen auf das jeweilige Unternehmen bzw. das individuelle Projekt zu erarbeiten. Grundsätzlich lassen sich jedoch die nachfolgenden Schritte unterscheiden: **1**

Gegenstand der, in Anlehnung an § 650p BGB als solche benannten, Zielfindungsphase ist die strukturelle Aufbereitung der nachhaltigen Anforderungen. Dazu zählen alle Anforderungen, die an das jeweilige Unternehmen bzw. das individuelle Projekt gestellt werden können bzw. müssen. In einem ersten Schritt ist dabei festzulegen, worin der Anknüpfungspunkt der jeweiligen Nachhaltigkeitsstrategie besteht. In einem zweiten Schritt sind dann die konkreten Anforderungen, die sich in Bezug auf den jeweiligen Anknüpfungspunkt ergeben, zu ermitteln. Im dritten Schritt ergibt sich hieraus die Definition der konkreten Nachhaltigkeitsziele. Diese bilden die Grundlage der Nachhaltigkeitsstrategie.

I. Bestimmung des Anknüpfungspunkts

2 In einem ersten Schritt ist zunächst festzulegen, woran die Nachhaltigkeitsstrategie anknüpfen soll. Der Fokus kann hier auf dem jeweiligen Unternehmen selbst liegen. Hinsichtlich des jeweiligen Unternehmens können Nachhaltigkeitsziele definiert werden, die sich auch auf das individuelle Bauvorhaben auswirken. Beispiele für an die juristische/natürliche Person anknüpfende Nachhaltigkeitsvorgaben ergeben sich beispielsweise aus der **CSRD**[1] (Corporate Sustainability Reporting Directive), die durch die Berichtspflichten zumindest einen Referenzrahmen für Nachhaltigkeitsanforderungen darstellt. Unabhängig vom gesetzlichen Rahmen können sich ganzheitliche, unternehmensbezogene Anforderungen auch aus Selbstverpflichtungen ergeben, wie zB aus der Einhaltung der Vorgaben des Branchencodex „Nachhaltigkeit in der Immobilienwirtschaft" des Zentralen Immobilien Ausschusses.[2]

3 Daneben kann auch das Projekt selbst wesentlicher Anknüpfungspunkt der **Nachhaltigkeitsstrategie** sein. Die Anforderungen werden hier projektbezogen definiert und sind (in einem gewissen Rahmen) losgelöst von den unternehmensbezogenen Anforderungen zu betrachten. Hier geht es dann vor allem um die Frage, wie das individuelle Projekt möglichst optimal den (im Einzelnen zu definierenden) Nachhaltigkeitsanforderungen genügen kann.

4 Es ergibt sich folgende Übersicht:

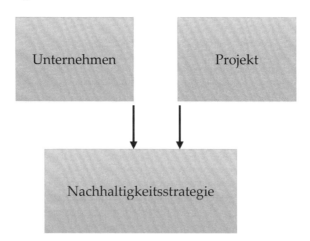

5 Eine konsequente Unterscheidung zwischen den Nachhaltigkeitsanforderungen an den Bauherrn und den Anforderungen an das konkrete Projekt ist nicht durchgängig möglich. Wechselwirkungen sind vielmehr Teil des ganzheitlichen Ansatzes nachhaltiger Systeme. So wirken sich interne Vorgaben des Unternehmens zur Optimierung der Nachhaltigkeitsbewertung grundsätzlich auch auf die einzelnen Projekte aus. Im Gegenzug wird bei einem individuellen Projekt, in dem die Nachhaltigkeit im Vordergrund stehen soll, das jeweilige Unternehmen in der Betrachtung nicht außen vor bleiben können. Schnittstellen sind insofern konzeptionell zu erwarten.

---

[1] Richtlinie (EU) 2022/2464 des Europäischen Parlaments und des Rates vom 14. Dezember 2022 zur Änderung der Verordnung (EU) Nr. 537/2014 und der Richtlinien 2004/109/EG, 2006/43/EG und 2013/34/EU hinsichtlich der Nachhaltigkeitsberichterstattung von Unternehmen.

[2] Zentraler Immobilien Ausschuss e.V., Nachhaltigkeit in der Immobilienwirtschaft – Kodex, Berichte und Compliance – (2015), URL: https://zia-deutschland.de/wp-content/uploads/2021/04/150722_ZIA_Nachdruck_Nachhaltigkeitsleitfaden_final_Ohne_Schnittmarken1.pdf (Stand: 4.3.2024).

Bei einer Betrachtung des individuellen Projektes wird für die Ermittlung des richtigen 6
Anknüpfungspunktes der Nachhaltigkeitsstrategie im nächsten Schritt zu untersuchen sein,
in welchem Abschnitt des Lebenszyklus des jeweiligen Bauwerkes die Nachhaltigkeitsstrategie eingreift bzw. eingreifen soll.[3] Entsprechend der DIN EN 15804 ist insofern
zwischen der Planungsphase, der Herstellungsphase, der Errichtungsphase, der Nutzungsphase und schließlich der Entsorgungsphase zu unterscheiden. Es ergibt sich folgende
Übersicht:

Der jeweilige Lebenszyklusabschnitt ist maßgeblicher Anknüpfungspunkt für die Beantwortung der Frage, inwiefern eine erfolgreiche Umsetzung der konkreten Nachhaltigkeitsziele überhaupt möglich ist. Dabei ist zwischen den ökologischen, sozialen und ökonomischen Anforderungen der Nachhaltigkeit durchaus zu unterscheiden.[4] Ökologische
Anforderungen lassen sich insbesondere in der Planungs- bzw. Herstellungs- und Errichtungsphase umfänglich verankern und für das Projekt erfolgreich umsetzen. In der Nutzungsphase wird dies nur untergeordnet der Fall sein. Unter Umständen lassen sich
allerdings soziale Nachhaltigkeitsanforderungen in der Nutzungsphase auch dann noch
erfolgreich umsetzen, wenn sie in der Planungsphase nur eine untergeordnete Bedeutung
hatten.

Im Hinblick auf den Anknüpfungspunkt der Nachhaltigkeitsstrategie wird weiterhin nach 8
dem Immobilientyp an sich zu unterscheiden sein. So lässt ein Neubau bezüglich
sämtlicher Nachhaltigkeitsanforderungen deutlich größere Spielräume zu als eine Bestandssanierung. Hinsichtlich des Bestandes muss der Fokus zunächst auf der Bestandsuntersuchung liegen, bevor eine Nachhaltigkeitsstrategie implementiert werden kann.

Die frühzeitige und inhaltlich zutreffende Ermittlung des richtigen Anknüpfungspunktes 9
der späteren Nachhaltigkeitsstrategie ist entscheidend für den Erfolg ihrer Umsetzung.
Gerade in Anbetracht der erheblichen Unsicherheiten, die vielfach mit dem konkreten
Verständnis von den Dimensionen der Nachhaltigkeit verbunden sind, bedarf es einer
frühzeitigen detaillierten Erfassung der Anknüpfungspunkte. Im Anschluss hieran können
dann die konkreten Anforderungen ermittelt werden.

II. Ermittlung der Anforderungen

Nach der Festlegung des Anknüpfungspunktes geht es im nächsten Schritt darum, die 10
konkreten Anforderungen, die sich im Hinblick auf die Nachhaltigkeit an den Bauherren
bzw. das konkrete Projekt ergeben, zu ermitteln.

Die Anforderungen können vielfältig sein. Vielfach lassen sich vier verschiedene Kategorien unterscheiden: 11

---

[3] Pfeiffer/Bethe/Pfeiffer, Nachhaltiges Bauen, 7 f.; Friedrichsen, Nachhaltiges Planen, Bauen und Wohnen, 3 ff.
[4] Pfeiffer/Bethe/Pfeiffer, Nachhaltiges Bauen, 7, 9 ff.; Friedrichsen, Nachhaltiges Planen, Bauen und Wohnen, 9 f.

Kapitel 2 Nachhaltigkeitsstrategien und Grundlagen der Vertragsgestaltung

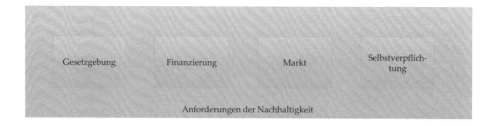

1. Anforderungen der Gesetzgebung

12 Gerade in Anbetracht der Entwicklung der letzten Jahre ergibt sich aus den legislativen Vorgaben eine Vielzahl von Anforderungen an Immobilien, die im Zuge einer Nachhaltigkeitsstrategie zu berücksichtigen sind.

13 Auf europäischer Ebene sind hier vor allem die Offenlegungsverpflichtungen für Finanzmarktteilnehmer wie auch die Verpflichtungen zur Berichterstattung zu nennen.[5] So wird unter anderem durch die **Taxonomieverordnung**[6] bzw. die hiermit in Verbindung stehenden delegierten Rechtsakte[7] für Neubauten oder Umbauten konkret vorgegeben, wann eine damit verbundene Wirtschaftstätigkeit als ökologisch nachhaltig einzustufen ist. Finanzteilnehmer, die unter die Offenlegungsverordnung fallen, müssen dementsprechend für die Einordnung der jeweiligen Immobilie die Vorgaben der Taxonomieverordnung berücksichtigen. Damit werden diese Vorgaben unmittelbar zur Quelle von Anforderungen in Bezug auf den Bauherrn bzw. in Bezug auf das individuelle Projekt. Im Hinblick auf die europäischen Vorgaben im Einzelnen wird auf die Ausführungen unter → § 2 verwiesen.

14 Aber auch in der nationalen Gesetzgebung finden sich verschiedentliche Vorgaben, die letztendlich der Nachhaltigkeit dienen.

15 So bilden beispielsweise arbeitsrechtliche und sozialversicherungsrechtliche Vorgaben den Rahmen für die soziale Nachhaltigkeit – anknüpfend an das jeweilige Unternehmen selbst. Gleiches gilt für die Vermeidung von Menschenrechtsverletzungen in **Lieferketten,** die das Gesetz über die unternehmerischen Sorgfaltspflichten in Lieferketten[8] sicherstellen soll.

16 Vorgaben des nationalen Gesetzgebers in Bezug auf konkrete Projekte finden sich im Gesetz zur Einsparung von Energie und zur Nutzung erneuerbarer Energie zur Wärme- und Kälteerzeugung in Gebäuden. Eine zunehmende Bedeutung erlangen allerdings auch die Vorschriften des öffentlichen Baurechts, die verstärkt auch eine nachhaltige Stadtentwicklung im Fokus haben. Durch die unmittelbar verbindlichen Vorgaben der Bauleitplanung können sich Anforderungen im Sinne der Nachhaltigkeit ergeben, die in Bezug auf eine Nachhaltigkeitsstrategie als Ganzes zu berücksichtigen sind. Hinter solchen Aspekten der Bauleitplanung (auf die in → § 10 näher eingegangen werden wird) stehen vielfach

---

[5] Verordnung (EU) 2019/2088 des Europäischen Parlaments und des Rates vom 27. November 2019 über nachhaltigkeitsbezogene Offenlegungspflichten im Finanzdienstleistungssektor (EU-Offenlegungsverordnung); Richtlinie (EU) 2022/2464 des Europäischen Parlaments und des Rates vom 14. Dezember 2022 zur Änderung der Verordnung (EU) Nr. 537/2014 und der Richtlinien 2004/109/EG, 2006/43/EG und 2013/34/EU hinsichtlich der Nachhaltigkeitsberichterstattung von Unternehmen (Nachhaltigkeitsberichterstattung – CSRD).

[6] Verordnung (EU) 2020/852 des Europäischen Parlaments und des Rates vom 18. Juni 2020 über die Einrichtung eines Rahmens zur Erleichterung nachhaltiger Investitionen und zur Änderung der Verordnung (EU) 2019/2088.

[7] Delegierte Verordnung (EU) 2021/2139 der Kommission vom 4. Juni 2021; Delegierte Verordnung (EU) 2021/2178 der Kommission vom 6. Juli 2021; Delegierte Verordnung (EU) 2023/2485 der Kommission vom 27. Juni 2023; Delegierte Verordnung (EU) 2023/2486 der Kommission vom 27. Juni 2023.

[8] Gesetz über die unternehmerischen Sorgfaltspflichten zur Vermeidung von Menschenrechtsverletzungen in Lieferketten (Lieferkettensorgfaltspflichtengesetz).

übergreifende Konzepte. So hat beispielsweise die Stadt Köln im Jahr 2022 Leitlinien zum Klimaschutz in der Umsetzung nicht-städtischer Neubauvorhaben in Köln veröffentlicht.[9] Diese befassen sich explizit mit Bauleitverfahren. Gleiches gilt für die Checkliste für eine klimaangepasste Bauleitplanung der Städteregion Aachen.[10] Ähnliche Konzepte gibt es beispielsweise seitens des hessischen Landesamtes für Naturschutz, Umwelt und Geologie.[11]

Bezogen auf die betroffenen Unternehmen und das individuelle Projekt sind die gesetzgeberischen Vorgaben jeweils zu prüfen, im Sinne einer umfassenden Nachhaltigkeitsstrategie zusammenzustellen und im Einzelnen herauszuarbeiten. **17**

2. Anforderungen der Finanzierung

In der Praxis nicht zu unterschätzen sind die Anforderungen, die sich aus der **Finanzierung** ergeben. Hierbei ist zu unterscheiden zwischen den Anforderungen von Kreditgebern und von Fördermittelgebern. **18**

Hinsichtlich der Anforderungen der kreditgebenden Banken wird auf die Ausführungen unter → § 15 verwiesen. Zwar zeigen sich hier am Markt zunehmend einheitliche Maßstäbe, festzuhalten ist jedoch immer noch, dass die Anforderungen von der individuellen Bank und den dortigen Kreditrichtlinien abhängig sind. **19**

Im Hinblick auf **Fördermittelgeber** spielen die Förderungen der Kreditanstalt für Wiederaufbau in der Praxis eine besondere Rolle. Im Fokus steht hierbei vielfach die Bundesförderung für effiziente Gebäude (BEG) mit der Maßnahme, für mehr Energieeffizienz in Wohn- und Nichtwohngebäuden unter anderem den Austausch alter, fossiler Heizungen auf Basis erneuerbarer Energien zu fördern.[12] Diese Investitionsanreize sollen dazu beitragen, die Energie- und Klimaziele im Gebäudesektor zu erreichen und Deutschland bis 2045 treibhausgasneutral zu machen. Antragsberechtigt sind Privatpersonen, Kommunen, Unternehmen und gemeinnützige Einrichtungen. Die Förderung kann in einem Zuschuss zu den Investitionskosten oder in zinsvergünstigten Krediten bestehen. Die jeweiligen Förderrichtlinien sind maßgeblich für die Förderzusage. Dabei ist insbesondere auch zu berücksichtigen, dass die Anträge vielfach gestellt werden müssen, bevor die Maßnahme überhaupt begonnen wird. Insofern sind diese Vorgaben im Zuge der Ermittlung einer Nachhaltigkeitsstrategie, insbesondere einer projektbezogenen Nachhaltigkeitsstrategie, frühzeitig zu berücksichtigen. **20**

3. Anforderungen des Marktes

Projektbezogen individuell zu berücksichtigen sind darüber hinaus Anforderungen des Marktes. Diese können sich aus der Vermarktungsstrategie des jeweiligen Bauherrn bzw. aus der angestrebten Zielgruppe ergeben. **21**

In diesem Zusammenhang werden vielfach auch wiederum die rechtlichen Rahmenbedingungen relevant. Gerade in Bezug auf die Projektentwicklung sind häufig nicht die unmittelbaren Anforderungen an den Projektentwickler maßgebend, sondern diejenigen, die an die späteren Erwerber als Zielgruppe gestellt werden. **22**

---

[9] Stadt Köln, Leitlinien zum Klimaschutz in der Umsetzung nicht-städtischer Neubauvorhaben in Köln (2022), URL: https://ratsinformation.stadt-koeln.de/getfile.asp?id=859022&type=do (Stand: 4.3.2024).
[10] Projekt ESKAPE (Entwicklung städteregionaler Klimaanpassungsprozesse) der Städteregion Aachen, Checkliste für eine klimaangepasste Bauleitplanung (2016), URL: https://www.staedteregion-aachen.de/fileadmin/user_upload/A_70/A70.5_Klimaschutz/70.5_Dateien/Dateien/ESKAPE_Checkliste_klimaangepasste_Bauleitplanung_ISB.pdf (Stand: 4.3.2024).
[11] Hessisches Landesamt für Naturschutz, Umwelt und Geologie, KLIMPRAX (Klimawandel in der Praxis) Planung und Bauen (o. J.), URL: https://www.hlnug.de/themen/klimawandel-und-anpassung/klimpraxplanen-bauen (Stand: 4.3.2024).
[12] Bundesamt für Wirtschaft und Ausfuhrkontrolle, Bundesförderung für effiziente Gebäude (BEG) – Förderprogramm im Überblick (o. J.), URL: https://www.bafa.de/DE/Energie/Effiziente_Gebaeude/Foerderprogramm_im_Ueberblick/foerderprogramm_im_ueberblick_node.html (Stand: 4.3.2024).

4. Selbstverpflichtungen

23 Im Zuge der Ermittlung einer Nachhaltigkeitsstrategie ist darüber hinaus zu prüfen, inwiefern sich der Bauherr im Rahmen einer **Selbstverpflichtung** bereits verbindlichen Prinzipien unterworfen hat, die strategische Berücksichtigung finden müssen. Hervorzuheben ist, dass es sich insbesondere im Vergleich zu den rechtlichen Rahmenbedingungen nicht um eine legislative Verpflichtung handelt, sondern um eine Verpflichtung, die freiwillig eingegangen wurde. Ihre Auswirkungen im Zuge der Ermittlung einer Nachhaltigkeitsstrategie sind jedoch dieselben wie bei legislativen Verpflichtungen.

24 Eine abschließende Darstellung sämtlicher Systeme der Selbstverpflichtung ist kaum möglich. Exemplarisch sei allerdings auf folgende Mechanismen hingewiesen:

Die UN Principles for Responsible Investment (**UNPRI**) sind eine 2006 gegründete Investoreninitiative in Partnerschaft mit der Finanzinitiative des UN-Umweltprogramms UNEP und dem UN Global Compact.[13] Die von den Vereinten Nationen unterstützte Initiative orientiert sich an sechs Prinzipien für verantwortungsvolles Investieren. So verpflichten sich die Mitglieder die Environment-, Social- und Governance-Themen in Investmentanalyse- und Entscheidungsfindungsprozesse einzubeziehen. Sie verpflichten sich weiter, aktive Inhaber zu sein und ESG-Themen in die Eigentümerpolitik und -praxis zu integrieren. Gleichzeitig ist auf eine angemessene Offenlegung von ESG-Themen bei Unternehmen zu achten, in die investiert werden soll. Die Mitglieder verpflichten sich darüber hinaus, die Achtung und Umsetzung der Grundsätze in der Investmentindustrie voranzutreiben, die Effektivität bei der Umsetzung zu steigern und über die Aktivitäten zu berichten.

25 In der Praxis weit verbreitet ist darüber hinaus die Bezugnahme auf die 17 **sustainable development goals** (Ziele für nachhaltige Entwicklung, SDG), die weltweit der Sicherung einer nachhaltigen Entwicklung auf ökonomischer, sozialer und ökologischer Ebene dienen sollen.[14] Die am 1.1.2016 in Kraft getretenen Ziele der Vereinten Nationen (UN) sind in Deutschland in der Deutschen Nachhaltigkeitsstrategie aufgegangen. Die 17 Ziele umfassen Themenbereiche wie die Vermeidung von Armut und Hunger, aber auch die Förderung von Gesundheit und Wohlergehen, die Vermittlung einer hochwertigen Bildung, den Zugang zu bezahlbarer und sauberer Energie, die Errichtung von nachhaltigen Städten und Gemeinden sowie den Schutz von Ökosystemen und Maßnahmen zum Klimaschutz. Es handelt sich im Ausgangspunkt um Vorgaben, die sich an den Staat als solchen und nicht an das jeweilige Individuum richten. Tatsächlich finden sich aber in vielen Verträgen inzwischen Bezugnahmen auf die 17 SDG, um eine Verbindlichkeit auch im Privatrechtsverhältnis zu erreichen.

26 Eine Selbstverpflichtung kann daneben auch hinsichtlich des **Branchenkodexes Nachhaltigkeit des ZIA** (Zentraler Immobilien Ausschuss e.V.) erfolgen. Hierin enthalten sind 10 Selbstverpflichtungen und Empfehlungen zur Nachhaltigkeitspositionierung, die je nach Geschäftsfeld clusterspezifische Ergänzungen erfahren. Entsprechend der Selbstverpflichtung bestätigen die Unterzeichner des Kodexes, dass die Prinzipien der Nachhaltigkeit integraler Bestandteil der Wertesysteme, Strategien und Strukturen der jeweiligen Unternehmen sind. Sie orientieren sich bei der Festigung und Verfolgung der Ziele an eben diesen Grundsätzen. Die Entwicklung von Produkten und Dienstleistungen und die Auswahl der Geschäftspartner erfolgen unter Berücksichtigung nachhaltiger Prinzipien. Gleiches gilt für die Beschäftigung von Mitarbeitern, die aktiv einbezogen werden sollen. Die Unterzeichner verpflichten sich, die gesetzlichen Mindestanforderungen zu übertreffen, und veröffentlichen ihre Ziele, Maßnahmen und Aktivitäten regelmäßig.

---

[13] UNPRI, Prinzipien für verantwortliches Investieren (2019), URL: https://www.unpri.org/download?ac=10967 (Stand: 4.3.2024).

[14] Die Bundesregierung, Übersicht der 17 Ziele für eine nachhaltige Entwicklung (2016), URL: https://www.bundesregierung.de/breg-de/themen/nachhaltigkeitspolitik/uebersicht-der-17-ziele-fuer-eine-nachhaltige-entwicklung-236516 (Stand: 4.3.2024).

Daneben ist auch eine Selbstverpflichtung unter Bezugnahme auf die Systematik der Global Real Estate Sustainability Benchmark **(GRESB)** möglich.[15] 2009 durch den Zusammenschluss einer Reihe von Immobilienfonds-Inhabern gegründet, soll der Zugang zu vergleichbaren und zuverlässigen Daten über die Umwelt-, Sozial- und Verwaltungs-Performance ihrer Investitionen erleichtert werden. Es handelt sich dabei um ein Ratingsystem, mit dessen Hilfe ermittelt wird, inwiefern Nachhaltigkeitskriterien bzw. ESG-Anforderungen in der Praxis und in Immobilienfonds bereits integriert sind. Das Rating basiert auf ESG Real Estate Score und ermöglicht einen Abgleich mit einer globalen Datenbank. Dabei werden die Anforderungen in drei Kategorien unterteilt: Management, Performance und Development.

Beispielhaft ist schließlich das Scoring-Modell des **Ecore-ESG-Circle of Real Estate** zu nennen.[16] Die Mitglieder dieser Initiative haben einen Scoring-Standard entwickelt, um die Nachhaltigkeit in Portfolios transparent, messbar und vergleichbar zu machen. Dies soll Basis für die kontinuierliche Optimierung hin zur CO_2-Neutralität sein. In dem Scoring-System wird zwischen drei Clustern unterschieden: Governance, Verbräuche und Emissionen und Asset Check. Diese Cluster sind wiederum in Kategorien unterteilt, wie beispielsweise Nachhaltigkeit und Management, Kommunikation und Sensibilisierung, Bewertung Energieverbrauch und CO_2, Ressourcen, Nutzerkomfort etc. Hieraus resultiert das sogenannte Ecore-Scoring. Es handelt sich um ein dynamisches Model, das kontinuierlich an die regulatorischen und gesellschaftlichen Anforderungen angepasst wird.

Neben diesen und weiteren Möglichkeiten, für Unternehmen bzw. Projekte eine Selbstverpflichtung im Hinblick auf mehr Nachhaltigkeit einzugehen, sind schließlich immer auch individuelle, unternehmensinterne Regelungen zu berücksichtigen.

III. Definition der Ziele

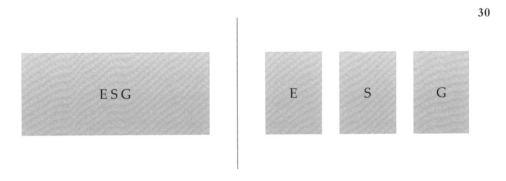

Nach Maßgabe der vorstehenden Ausführungen wird in der Erarbeitung der Nachhaltigkeitsstrategie zu entscheiden sein, ob ein ganzheitliches Konzept verfolgt werden soll oder ob die Strategie aus einzelnen Schwerpunktsetzungen besteht. Bei einer ganzheitlichen Strategie werden alle drei Bewertungsmaßstäbe der Nachhaltigkeit bzw. Kriterien von ESG gemeinsam betrachtet und in eine einheitliche Strategie überführt.

Bei einer Schwerpunktsetzung können beispielsweise ökologische Aspekte in den Vordergrund gerückt werden. Hier werden dann konkrete Anforderungen formuliert, während die anderen Bewertungsmaßstäbe nur dahingehend konkretisiert werden, dass der gesetzliche Standard gesichert wird.

---

[15] German Green Building Association e.V., Global Real Estate Sustainability Benchmark (GRESB) (o. J.), URL: https://www.german-gba.org/gresb/ (Stand: 4.3.2024).

[16] ECORE – ESG-Circle of Real Estate, Ziel und ECORE-Ansatz (o. J.), URL: https://www.ecore-scoring.com/ (Stand: 4.3.2024).

B. Überprüfung der Ziele hinsichtlich Machbarkeit/Bedarf

33 Wesentliche Voraussetzung für eine erfolgreiche Nachhaltigkeitsstrategie ist die sorgfältige Prüfung ihrer Umsetzbarkeit. Dabei geht es zum einen um die Umsetzung der Ziele an sich und zum anderen um die Frage, welche Ausgangsposition überhaupt auf dem Weg hin zu den Zielen zu berücksichtigen ist. Eine solche Überprüfung hängt individuell von der Nachhaltigkeitsstrategie ab und ist insbesondere bezogen auf ein ganzes Unternehmen kaum abstrakt zu beschreiben.

34 Hinsichtlich der individuellen Projekte gibt es zwischenzeitlich am Markt eine Vielzahl von Angeboten, die aus technischer Perspektive dazu dienen, Nachhaltigkeit messbar zu machen. Mit ihrer Hilfe lassen sich die Ausgangspunkte, die Umsetzung und der Erfolg einer (insbesondere ökologischen) Nachhaltigkeitsstrategie beschreiben und bestimmen.

Beispiele für technische Maßnahmen:
- *Zirkularitätsbewertungen*
- *Erstellung eines Gebäuderessourcenpasses*
- *Klimarisikoanalysen*
- *Ökobilanzierungen*
- *Lebenszyklus-Kostenanalyse*
- *CRREM-Pfad-Betrachtung*

35 Die Aufzählung ist nicht abschließend. Sie soll lediglich einen Überblick über die technischen Bewertungshilfen geben, die im Zusammenhang mit der Nachhaltigkeitsstrategie gerade im Hinblick auf ihre Umsetzbarkeit herangezogen werden können.[17]

36 Daneben finden in diesem Zusammenhang allerdings auch klassische Methoden Anwendung. So kann hinsichtlich der Umsetzbarkeit der Nachhaltigkeitsstrategie beispielsweise eine Machbarkeitsstudie in Auftrag gegeben werden, die sich dann im Einzelnen an den definierten Zielen orientiert.

37 In jedem Fall sinnvoll ist eine Kostenermittlung verbunden mit einer Wirtschaftlichkeitsanalyse, um auch die ökonomischen Auswirkungen der Nachhaltigkeitsstrategie im Einzelnen beurteilen zu können.

38 Im Hinblick auf angestrebte Immobilien-Zertifizierungen kann schließlich die Beauftragung eines sogenannten **Pre-Checks** sinnvoll sein. Bei einem solchen handelt es sich um eine frühzeitige Überprüfung der Potenziale eines Immobilienprojekts für die angestrebte Zertifizierungsstufe. Auf Basis von ersten Einschätzungen und Daten wird die Zertifizierbarkeit des Projektes als solches bewertet. Insofern ermöglicht der Pre-Check eine frühzeitige Überprüfung, ob die Nachhaltigkeitsziele tatsächlich im konkreten Projekt auch erreichbar sind.

---

[17] Vgl. insofern auch die Ausführung in → § 5.

C. Umsetzung in der Projektkonzeption

39 Die nachfolgende Betrachtung konzentriert sich auf die Umsetzung der projektbezogenen Nachhaltigkeitsstrategie. Hier gilt:

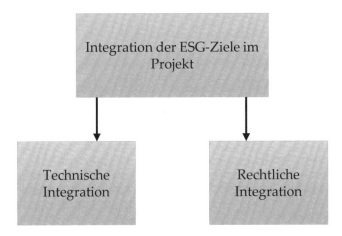

40 Die Nachhaltigkeitsstrategie muss in die Projektstruktur umfassend integriert werden. Dabei kann grundsätzlich zwischen der technischen Integration (welche technischen Vorgaben sind zur Einhaltung der Ziele überhaupt notwendig und möglich) und der rechtlichen Integration (Vertragsgestaltung) unterschieden werden. In Bezug auf den jeweiligen Stand der Projektentwicklung ist eine Integration grundsätzlich jederzeit möglich. Selbstverständlich ist dabei aber zu berücksichtigen, dass eine frühzeitige Integration eine größere Wahrscheinlichkeit mit sich bringt, die Ziele auch ohne erhebliche zusätzliche Kosten zu erreichen. Bei einer (bezogen auf den Projektverlauf) späteren Integration kann die nachträgliche Anpassung zusätzliche Kosten mit sich bringen.

41 Hinsichtlich der rechtlichen Integration ist auf die nachfolgenden Ausführungen unter → § 4 zu verweisen. Hinsichtlich der technischen Integration bietet es sich an, frühzeitig die Ziele der Nachhaltigkeitsstrategie in technischen Konzepten zu konkretisieren und auf diese Weise eine Projektgrundlage zu schaffen. Mögliche konzeptionelle Ansätze sind beispielsweise:

I. Energie- und Messkonzept

42 Für die Reduktion des Energiebedarfs ist die Erarbeitung eines **Energie- und Messkonzeptes** maßgeblich. Dieses ist Grundlage für die Kontrolle und Optimierung des Energiebedarfs in der Betriebsphase. Idealerweise umfasst die konzeptionelle Betrachtung dabei bereits die Energiebereitstellung sowie die Nutzung regenerativer Energien. Bereits in der Projektvorbereitung müssen durch die entsprechenden Definitionen des Gebäudetyps, der Gebäudefonds sowie der Lage des Gebäudes die Voraussetzungen für einen möglichst geringen primären Energiebedarf in der Nutzungsphase geschaffen werden.

43 Im ersten Schritt ist ein Energiekonzept zu erarbeiten. Denn die Höhe des späteren Energieverbrauchs, insbesondere in der Nutzungsphase, bemisst sich maßgeblich nach dem architektonischen Entwurf, dem Standort sowie der geografischen Ausrichtung.[18] Im Rahmen der Projektleitung sind erste Festlegungen zur energetischen Qualität des Gebäudes zu

---

[18] Bundesministerium des Innern, für Bau und Heimat, Leitfaden Nachhaltiges Bauen (2019), 67.

treffen, die in der späteren Planung zu berücksichtigen sind. Dies umfasst die energetische Qualität der Gebäudehülle und der Anlagentechnik. Erforderlich in diesem Zusammenhang ist die Ermittlung des End- sowie des Primärenergiebedarfs für die Nutzungsphase.[19]

44 Das Mess- und Monitoringkonzept dient dann der Überwachung der energetischen Ressourcenverbräuche und Betriebskosten während der Nutzungsphase. Die Anforderungen eines solchen Konzeptes sind bereits im Rahmen der Planung zu berücksichtigen, um die erfolgreiche Umsetzung des Energiekonzeptes sicherzustellen. Notwendige Messvorrichtungen sind zu planen und in der Kostenermittlung zu berücksichtigen.[20]

II. Betriebswasserkonzept

45 Hinsichtlich eines **Betriebswasserkonzeptes** ist zwischen dem Trinkwasser- und dem Schmutzwasserkonzept zu unterscheiden. Grundsätzlich ist das Ziel der möglichst schonende Umgang mit der Ressource Wasser. Im Rahmen dieser Konzepte werden Lösungsvorschläge erarbeitet, um den Wasserverbrauch durch geeignete Maßnahmen zu verringern und damit den Frischwasserverbrauch genauso wie die Schmutzwasseraufbereitung bzw. -entsorgung zu reduzieren.[21]

46 Je nach Anforderungen der Nachhaltigkeitsstrategie kann im Einzelnen zwischen dem Abwasserkonzept, dem Niederschlagswasserkonzept und dem Grauwasserkonzept unterschieden werden. Bei dem Abwasserentsorgungskonzept wird für die gesamte Liegenschaft ein entwässerungstechnisches Gesamtkonzept entwickelt. Im Hinblick auf das Niederschlagswasser besteht die vielfach praktizierte Möglichkeit darin, dieses der öffentlichen Kanalisation zuzuleiten. Stattdessen können im Sinne der Nachhaltigkeit Verfahren zur Versickerung, Rückhaltung, Reinigung und möglichen Nutzung des Niederschlagswassers Berücksichtigung finden.[22] Ähnliches gilt letztendlich auch für das Grauwasser. Auch hier kann eine Wiederaufbereitung gegenüber der Entsorgung über die öffentliche Kanalisation vorteilhaft sein.

III. Konzept zur Reinigungs- und Instandhaltungsfreundlichkeit

47 Das Nachhaltigkeitskonzept kann sich auf die **Reinigungs- und Instandhaltungsfreundlichkeit** des zu errichtenden bzw. zu sanierenden Gebäudes erstrecken. Insofern bietet es sich aus technischer Sicht an, im Zuge des Projektentwurfs bereits ein entsprechendes Konzept zu erarbeiten. Hierin können Aspekte wie die Vermeidung von Räumlichkeiten, die der Reinigung schlecht zugänglich sind, die Förderung von größeren zusammenhängenden Flächen, die durch einheitliche Reinigungstechniken bearbeitet werden können, etc. berücksichtigt werden.

IV. Konzept zur Vermeidung von Umwelt- und Gesundheitsrisiken aus Bauprodukten

48 Mit Blick auf ökologische Nachhaltigkeitskriterien ist die Vermeidung von **Umwelt- und Gesundheitsrisiken aus Bauprodukten** von besonderer Bedeutung. Der Schwerpunkt liegt hier auf der **Vermeidung von Schadstoffen,** die auch die spätere Rückbaubarkeit betreffen können.

49 Das Ziel wird durch das Aufstellen eines Konzeptes unterstützt, das Hinweise auf potentielle Umwelt- und Gesundheitsrisiken bei Bauprodukten enthält und das in der frühen Planungsphase als Grundlage für die weitere Planung dient.[23] Idealerweise enthält

---

[19] Bundesministerium des Innern, für Bau und Heimat, Leitfaden Nachhaltiges Bauen (2019), 67 f.
[20] Bundesministerium des Innern, für Bau und Heimat, Leitfaden Nachhaltiges Bauen (2019), 69.
[21] Bundesministerium des Innern, für Bau und Heimat, Leitfaden Nachhaltiges Bauen (2019), 69.
[22] Bundesministerium des Innern, für Bau und Heimat, Leitfaden Nachhaltiges Bauen (2019), 69 f.
[23] Bundesministerium des Innern, für Bau und Heimat, Leitfaden Nachhaltiges Bauen (2019), 71.

das Konzept Empfehlungen zur Vermeidung potentieller Schadstoffe und bezieht alle Bauproduktgruppen mit ein. Darüber hinaus enthält es Hinweise zur Vermeidung von Risiken für die Gesundheit aus Bauprodukten; zudem kann es der Auswahl emissionsarmer, innenraumrelevanter Bauprodukte dienen.[24]

V. Erweitertes Lüftungskonzept

Gegenstand des erweiterten **Lüftungskonzeptes** ist die Begrenzung der CO_2-Konzentration in der Innenraumluft durch Luftaustausch. Dies hat Auswirkungen auf die Raumluftqualität und die thermische Behaglichkeit sowie auf den Energiebedarf des Gebäudes. Idealerweise soll das Lüftungskonzept neben der Sicherstellung des erforderlichen Luftwechsels dabei auch Hinweise zu weiteren raumklimatischen Bedingungen enthalten.[25]

Die Unterscheidung zwischen einer anlagentechnischen und einer mechanischen Lüftung ist maßgeblich für den Energiebedarf des gesamten Gebäudes.

VI. Konzept zur Barrierefreiheit

Gerade im Hinblick auf öffentlich-rechtliche Anforderungen bzw. unter Berücksichtigung sozialer Nachhaltigkeitskriterien kann die **Barrierefreiheit** im Rahmen einer übergreifenden Nachhaltigkeitsstrategie eine besondere Rolle spielen. Ihrer Umsetzung im Projekt dient das Konzept.

VII. Abfall- und Recyclingkonzept

Ein Gebäude unterliegt nicht nur bei seinem Rückbau den Regelungen des Kreislaufwirtschaftsgesetzes, sondern hat die entsprechenden Anforderungen in allen Phasen seines Lebenszyklus zu erfüllen. Dazu zählen:
– Schonung der natürlichen Ressourcen
– Vermeidung von Abfällen
– Ordnungsgemäße und schadlose Verwertung unvermeidbarer Abfälle
– Gemeinwohlverträgliche Beseitigung nicht verwertbarer Abfälle[26]

Folgende gebäudebezogenen Ressourcen können hinsichtlich ihrer Umsetzungsfähigkeit überprüft werden:
– Wiederverwendung von Bauteilen bzw. Einbauten
– Prüfung der Verwendung von recycelten Baustoffen
– Prüfung der Verwendung von recyclingfähigen Baustoffen/Bauteilen
– Bevorzugung abfallarmer Konstruktionen durch die Möglichkeit eines sortenreinen Rückbaus
– Abfallvermeidung bei der Bauausführung.[27]

VIII. Biodiversitätskonzept

Gerade im Hinblick auf die ökologische Nachhaltigkeit spielen die Aspekte der **Biodiversität** eine zunehmende Rolle. Im Kern soll (wie auch in der Nationalstrategie zur biologischen Vielfalt der Bundesregierung aus 2007) der Rückgang der biologischen Vielfalt aufgehalten werden. Auch hier gilt es, frühzeitig planerische Eckpunkte zu definieren, um insofern die Förderung der Biodiversität durch das gesamte Projekt hin sicher zu stellen.

---

[24] Bundesministerium des Innern, für Bau und Heimat, Leitfaden Nachhaltiges Bauen (2019), 71.
[25] Bundesministerium des Innern, für Bau und Heimat, Leitfaden Nachhaltiges Bauen (2019), 71.
[26] Bundesministerium des Innern, für Bau und Heimat, Leitfaden Nachhaltiges Bauen (2019), 72.
[27] Bundesministerium des Innern, für Bau und Heimat, Leitfaden Nachhaltiges Bauen (2019), 73.

D. Zusammenfassung

56 Die Erarbeitung einer unternehmens- bzw. projektbezogenen Nachhaltigkeitsstrategie unterliegt verschiedenen Voraussetzungen. Zunächst müssen die Anknüpfungspunkte definiert werden. Danach gilt es, die bestehenden Anforderungen zu ermitteln und herauszuarbeiten, sodass die Ziele der Nachhaltigkeitsstrategie definiert werden können. In einem zweiten Schritt sind die ermittelten Ziele hinsichtlich der Frage, ob sie überhaupt erreichbar sind, zu überprüfen. Halten sie einer solchen Machbarkeitsprüfung stand, so gilt es, sie in die Projektkonzeption zu integrieren. Die Integration umfasst dabei die rechtliche Umsetzung, aber gerade auch die technische Vorbereitung. Dazu gibt es eine Vielzahl von technischen Konzepten, die im Zusammenhang mit der jeweils individuellen Nachhaltigkeitsstrategie erstellt werden können.

§ 4 Konzeptionelle Ansätze in der Vertragsgestaltung

Übersicht

	Rn.
A. Strategien der Vertragsgestaltung in Bezug auf Nachhaltigkeit	1
I. Leicht verständliche Sprache	3
II. Die Maxime des vollständigen Vertrags	7
III. Konsistente Vertragsgestaltung	15
IV. Faire und ausgewogene Verträge	33
B. Umfang der Beauftragung	37
C. Intensität der Verpflichtung	47
I. Programmklausel in der Präambel	48
II. Bemühensklausel/Best Efforts Klausel	55
III. Vertragliche (Leistungs-)Pflichten der Parteien	65
1. Anforderungen an die Vereinbarung	67
2. Inhalt der Vereinbarung	73
3. Vertragliche Leistungspflichten – Beispiele	74
a) Zertifizierungen	75
b) Treibhausbilanz	78
c) Materialeinsatz	81
d) Taxonomie	83
e) Soziale Nachhaltigkeit	87
f) Abfall	89
IV. Garantie	91

A. Strategien der Vertragsgestaltung in Bezug auf Nachhaltigkeit

Die rechtssichere Verankerung nachhaltiger Zielvorgaben in den verschiedenen Verträgen ist Voraussetzung für die erfolgreiche Umsetzung der Nachhaltigkeitsziele in den jeweiligen Lebenszyklusphasen. Insbesondere unter Berücksichtigung des Umstandes, dass Nachhaltigkeitsziele selten einen einzelnen Vertragspartner allein betreffen bzw. auf einen Lebensabschnitt einer Immobilie beschränkt sind, bedarf es einer sorgfältigen strategischen Ausrichtung in der Vertragsgestaltung. 1

Für die Vertragsgestaltung im Hinblick auf die Einhaltung nachhaltiger Ziele können verschiedene **Grundmaximen** unterschieden werden. Deren Abgrenzung ist im Einzelnen nicht immer klar; bezogen auf das einzelne Projekt, kann auch die Schwerpunktsetzung bzw. die Anzahl der Maximen variieren. Sie sind bei der konkreten Ausgestaltung der Projektverträge zu berücksichtigen, um eine wirklich leistungsfähige Vertragsordnung im Hinblick auf die Nachhaltigkeit zu erreichen. Nachfolgend soll auf sechs wesentliche Grundmaximen eingegangen werden.[1] 2

I. Leicht verständliche Sprache

Projektverträge werden vielfach nicht von juristisch versierten Lesern „gelebt", sondern von juristischen Laien, denen die Einzelheiten der juristischen Fachtermini fremd sind. Zudem liegt in vielen Fällen zwischen Vertragsabschluss und tatsächlichem Anwendungsfall ein erheblicher Zeitraum. Dies gilt beispielsweise bei Bauverträgen für größere Bauvorhaben oder aber auch bei Mietverträgen, die über einen längeren Zeitraum abgeschlossen werden. Hier sind die Personen, die am Vertragsschluss beteiligt gewesen sind, zumeist nicht mehr mit denjenigen identisch, die sich im Hinblick auf eine konkrete Fragestellung 3

---

[1] In Anlehnung an: Eschenbruch, Bauvertragsmanagement, 66 ff.

mit dem Vertragswerk auseinandersetzen. Die erste Grundmaxime einer erfolgreichen Vertragsgestaltung besteht daher in einer leicht verständlichen Sprache.[2]

4   Dieser allgemeine Grundsatz gilt insbesondere im Hinblick auf die besonderen Anforderungen der Nachhaltigkeit. Wie aus den einleitenden Ausführungen in → § 1 bereits deutlich geworden ist, werden die verschiedenen Begrifflichkeiten rund um das Thema Nachhaltigkeit keineswegs trennscharf verwendet. Das mag für den **Begriff der Nachhaltigkeit** an sich nur eingeschränkt gelten, der ja immerhin in verschiedenen DIN-Vorschriften näher beschrieben wird.[3] Auch hier ist allerdings zu berücksichtigen, dass sich aus diesen Regelungen keineswegs immer konkrete, allgemein verständliche Vorgaben für die Vertragsparteien ergeben. Vielfach bleibt es bei abstrakten Konzepten, die auf einen bestimmten Lebenszyklusabschnitt oder einen bestimmten Sachzusammenhang abstellen, ohne dass hieraus konkret deutlich würde, wie die Nachhaltigkeit herbeigeführt bzw. gesteigert werden kann. Mit erheblicher Rechtsunsicherheit verbunden ist die Verwendung des Begriffs „ESG". Auch wenn die sog. **„ESG-Anforderungen"** am Markt in verschiedener Hinsicht thematisiert werden – das Verständnis von den Inhalten weicht im Einzelnen jedoch erheblich voneinander ab. Dies liegt nicht nur an einer allgemeinen Marktunsicherheit, sondern ist auch darauf zurückzuführen, dass die ESG-Anforderungen vielfach unternehmensbezogen verstanden und dann auch entsprechend ausgefüllt werden. Bei nicht trennscharfen Begrifflichkeiten verbessert sich die Transparenz auch nicht durch den Verweis auf die Taxonomieverordnung oder andere europäische Regelwerke. Hier ist zu berücksichtigen, dass diese vielfach in einem völlig anderen Regelungszusammenhang stehen, als von den Parteien beabsichtigt. Ohne hinreichend konkrete Verweise führen entsprechende Hinweise nicht zu der von den Parteien beabsichtigten Transparenz.

5   Vor diesem Hintergrund ist es in Anbetracht der derzeitigen Unklarheiten in Bezug auf die verschiedenen Begrifflichkeiten rund um das Thema Nachhaltigkeit empfehlenswert, dieses für jedes Projekt zu definieren. Im Sinne der leicht **verständlichen Sprache** können dabei unterschiedliche Ansätze verfolgt werden. Denkbar ist es, die marktgängigen, aber unklaren Begrifflichkeiten wie „ESG-Anforderungen" zu verwenden und sie im Rahmen von Definitionen und technischen Spezifikationen derart vertraglich auszugestalten, dass jedenfalls bezogen auf das individuelle Vertragsverhältnis transparent und nachvollziehbar ist, welche Anforderungen im Einzelnen gemeint sind. Davon abweichend könnte in der Vertragsgestaltung auch gänzlich auf die Begrifflichkeiten der Nachhaltigkeit verzichtet werden – allein die messbaren technischen Vorgaben (zB der Recycling-Anteil der Baumaterialien) würden dann vertraglich vereinbart. Aus technischer Perspektive mag ein solches Vorgehen in Anbetracht der damit verbundenen Transparenz vorzugswürdig erscheinen. Der Vertrag regelt in diesem Fall allerdings auch keine über diese technischen Regelungen hinausgehenden Fallgestaltungen. Hinsichtlich möglicher Schnittstellen oder auslegungsbedürftiger Fragestellungen bietet eine solche Vertragsgestaltung keine Anhaltspunkte für das (gemeinsame) Parteiinteresse.

6   In beiden Fällen maßgeblich bleibt die Maxime der klaren und verständlichen Sprache. Die Vertragsanwender müssen (idealerweise unabhängig von der Frage, ob sie bei der Vertragserstellung mitgewirkt haben oder nicht) in der Lage sein, die einzelnen Anforderungen der Nachhaltigkeit dem Vertrag unmittelbar und unmissverständlich zu entnehmen. Nur dann ist gewährleistet, dass die Nachhaltigkeitsziele auch entsprechend erreicht werden.

---

[2] Eschenbruch, Bauvertragsmanagement, 66 ff.
[3] Vgl. hierzu speziell Ziff. 3.93 der DIN EN 15643 Nachhaltigkeit von Bauwerken – Allgemeine Rahmenbedingungen zur Bewertung von Gebäuden und Ingenieurbauwerken; vgl. auch DIN EN 15978 Nachhaltigkeit von Bauwerken – Bewertung der umweltbezogenen Qualität von Gebäuden – Berechnungsmethode; DIN EN 16309 Nachhaltigkeit von Bauwerken – Bewertung der sozialen Qualität von Gebäuden – Berechnungsmethoden.

II. Die Maxime des vollständigen Vertrags

Ziel der Vertragsgestaltung ist es, möglichst eine vollständige Erfassung der wechselseitigen Rechte und Pflichten abzubilden.[4] Das gilt insbesondere hinsichtlich Leistung, Vergütung und Haftung. Risikoaverse Vertragspartner werden darüber hinaus versuchen, eine in jeder Hinsicht abschließende Regelung zu finden, die sämtliche Eventualitäten berücksichtigt.

Das Ziel des **vollständigen, abschließenden Vertrags** bleibt jedoch unerreichbar. Zwar können häufig wiederkehrende Konstellationen im Rahmen der Vertragsgestaltung antizipiert und entsprechend aufgenommen werden – auch eine umfassende Vertragsgestaltung wird jedoch kaum in der Lage sein, sämtliche Eventualitäten hinsichtlich der Vertragsabwicklung zu berücksichtigen. Insofern bleibt der Vertrag stets unvollständig.[5] Diese absehbaren Lücken in der Vertragsgestaltung können beispielsweise durch die sog. relationale Vertragstechnik geschlossen oder zumindest reduziert werden.[6] Im Zuge der relationalen Vertragstechnik können Vertragsziele einleitend als Auslegungshilfe definiert werden. Zudem können im Rahmen der Vertragsgestaltung für absehbare Lücken bereits Regelungsmechanismen vorgesehen werden, die die Parteien dabei unterstützen, einvernehmliche Lösungen für die offenen Fragen zu finden. Dazu gehört insbesondere auch die Verpflichtung der Vertragsbeteiligten zur kooperativen Zusammenarbeit, genauso wie die Einführung von außergerichtlichen Konfliktschlichtungssystemen.[7]

Bei den Anforderungen der Nachhaltigkeit handelt es sich zudem vielfach um dynamische Konzepte, die sich analog des Projektes weiterentwickeln und ausdifferenzieren. Dies betrifft insbesondere Anforderungen an die Planung und den Bau. Diese werden zum Zeitpunkt des Vertragsschlusses zumeist nicht vollständig und abschließend zu beschreiben sein. Daneben ist zu berücksichtigen, dass es sich bei den einzelnen Anforderungen der Nachhaltigkeit häufig um Fragen von technischen Innovationen und technischen Machbarkeiten handelt. Auch diese können von den Parteien zum Zeitpunkt des Vertragsschlusses kaum abschließend beurteilt werden. Auch hier bedarf es – allein schon mit Blick auf die technischen Entwicklungen – einer dynamischen Anpassungsfähigkeit des Vertrages. Sie ist Voraussetzung und gleichzeitig Folge der mit den Anforderungen der Nachhaltigkeit – zumindest zum Teil – einhergehenden Lückenhaftigkeit.

Diesen Grundsätzen muss die Vertragsgestaltung im Hinblick auf die Nachhaltigkeit besonders Rechnung tragen. Zur Umsetzung ist es erforderlich, die wesentlichen Anforderungen mit Blick auf eine spätere Auslegung des Vertrags konkret zu formulieren. Das betrifft beispielsweise die Frage, welcher Dimension der Nachhaltigkeit (ökologische, soziale oder ökonomische) sich die Parteien besonders verpflichtet sehen. Die in der Praxis häufig anzutreffenden Verweise auf allgemeine Grundprinzipien, wie beispielsweise die 17 Substainable Development Goals der Vereinten Nationen, helfen hier in der Auslegung allerdings kaum weiter. Soweit möglich, sollten die Parteien ihr Verständnis von der Nachhaltigkeit (und sei es auch noch abstrakt) gemeinsam abbilden, um zumindest in dieser Hinsicht im Zuge der Auslegung ein für beide Seiten tragbares Ergebnis zu erzielen.

Im Hinblick auf die vielfach unvermeidliche Dynamik bzw. die Notwendigkeit der Entwicklung nachhaltiger Konzepte parallel zum Vertragsschluss helfen offene Vertragsgestaltungen. Dazu zählen beispielsweise **dynamische Regelungen,** die den Parteien eine gemeinsame Fortschreibung der Nachhaltigkeitsziele erlauben. Hier können Kontrollmechanismen genauso eingeführt werden wie Regelungen zur Entscheidungsfindung. Wesentliches Merkmal solcher Regelungen ist es, dass sie auf die Kooperation der Vertragsparteien setzen und insofern die vertragliche Zusammenarbeit im Sinne der Nachhaltigkeit fördern und fordern.

---
[4] Eschenbruch, Bauvertragsmanagement, 66 ff.
[5] Schumann, Projektmanagement aktuell 01/2013, 24, 25; Gautier, Kooperationskultur in der Bauplanung, 76; in Anlehnung an: Eschenbruch, Bauvertragsmanagement, 68 ff.
[6] Heussen/Pischel/Heussen, Handbuch Vertragsverhandlung und Vertragsmanagement, Teil 1, Rn. 16.
[7] Eschenbruch, Bauvertragsmanagement, 66 ff.

12 Beispiel Vertragsklausel: „*Die Projektbeteiligten sind sich darüber im Klaren, dass die ESG-Kriterien ständig und fortlaufend im Wandel sind und sich dementsprechend fortentwickeln. Um das Bauvorhaben bestmöglich zu planen, zu bauen und für ein zukunftsfähiges Objekt zu sorgen, vereinbaren die Parteien die Anforderungen im Sinne der Nachhaltigkeit kontinuierlich auf etwaige Aktualisierungen hin zu überprüfen und solche gemeinsam festzulegen.*

Zu diesem Zweck ist der Auftragnehmer daher angehalten und auch berechtigt, Verbesserungsmaßnahmen zur Erreichung der vereinbarten Ziele der ESG- Kriterien vorzuschlagen. Darüber hinaus ist der Auftragnehmer auch berechtigt und angehalten, Vorschläge zur Fortschreibung und Fortentwicklung der vertraglich vereinbarten ESG-Kriterien zu entwickeln und dem Bauherrn zu unterbreiten."

13 Dabei können Detailvereinbarungen zu den Anforderungen der Nachhaltigkeit auch im Anschluss an den eigentlichen Vertragsschluss getroffen werden, um der dynamischen Entwicklung Rechnung zu tragen.

14 Beispiel Vertragsklausel: „*Detailfestlegungen zur Umsetzung der Zusammenarbeit der an der Planung fachlich Beteiligten bei Einsatz von ESG-konformen Baumethoden und ESG-Kriterien sind in einem ESG-Masterplan (im Folgenden: EMP) dokumentiert bzw. zu dokumentieren, siehe Anhang. Soweit nichts Abweichendes in vorrangigen Vertragsgrundlagen geregelt ist, wirkt der Auftragnehmer gemeinsam mit den weiteren Projektbeteiligten an der Erarbeitung und/oder Fortschreibung eines EMP mit.*

Der EMP ist ein Instrument zur Koordinierung der Zusammenarbeit der Projektbeteiligten. Aus diesem ergeben sich die werkvertraglichen Pflichten der Projektbeteiligten und insbesondere die Anforderungen an die Einhaltung der ESG-Kriterien zur Ermöglichung eines reibungslosen Zusammenarbeitsprozesses."

III. Konsistente Vertragsgestaltung

15 Bezogen auf den gesamten Lebenszyklus wird im Hinblick auf eine Immobilie eine Vielzahl verschiedener Verträge geschlossen. Zu Beginn stehen meistens Grundstückserwerb- oder Pachtverträge. Hieran knüpft die Projektentwicklung an, die neben den klassischen Planer- und Fachplanerverträgen vielfach auch die Frage der öffentlich-rechtlichen Genehmigungsfähigkeit (öffentlich-rechtlicher Vertrag) umfasst. Im Anschluss an die Ausführung folgt die eigentliche Nutzungs- bzw. Betriebsphase. Hier werden Verträge mit den FM-Dienstleistern genauso geschlossen wie mit etwaigen Mietern. Während der Nutzung stehen Verträge zur Sanierung an. Letztendlich wird die Immobilie verkauft bzw. zurückgebaut – beides gilt es wiederum vertraglich abzusichern. Darüber hinaus sind etwaige Verträge mit finanzierenden Banken oder Fördermittelgebern zu berücksichtigen.

16 In der klassischen Vertragsgestaltung ergibt sich daher eine Vielzahl einzelner Vertragsbeziehungen:

§ 4 Konzeptionelle Ansätze in der Vertragsgestaltung

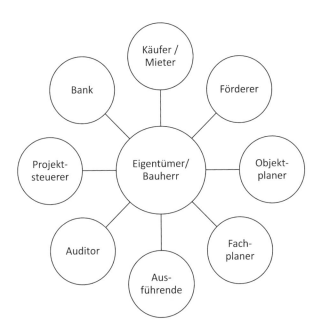

Anhand der hier beispielhaft benannten Verträge wird bereits deutlich, dass diese unterschiedlichen rechtlichen Rahmenbedingungen unterliegen. So stehen zumeist Regelungen des Kaufvertragsrechts, Bauvertragsrechts, Architektenrechts und Mietrechts nebeneinander. Diese unterschiedlichen rechtlichen Anforderungen sind in der jeweiligen Vertragsgestaltung zu berücksichtigen. Sie führen dazu, dass – bezogen auf dieselbe Immobilie – verschiedene Regelungskonzepte notwendig werden. 17

Anhand der Grafik wird ebenfalls deutlich, dass die Leistungsbereiche der verschiedenen Vertragspartner des Bauherrn/Eigentümers aneinander angrenzen. Diese faktischen/technischen Schnittstellen werden rechtlich vielfach nur unzureichend abgebildet. Untereinander verbindet die jeweiligen Vertragspartner des Bauherrn kein Vertragsverhältnis. So steht der Ausführende nicht mit dem Architekten in einem Vertragsverhältnis, der Mieter nicht mit dem sanierenden Unternehmen. Aus rechtlicher Perspektive sind die jeweils geschuldeten Leistungen und Erfolge (soweit es sich denn um Werkverträge handelt) daher isoliert und voneinander abgegrenzt zu betrachten. Das ist für Projektziele, die über die einzelnen Leistungsbereiche hinausgehen, nachteilig. 18

Zudem sind die Auswirkungen der zeitlich sukzessiven Beauftragungen zu berücksichtigen. Selbst im Hinblick auf Neubauvorhaben ist es unüblich, sämtliche notwendigen Leistungen zu Beginn zum selben Zeitpunkt zu beauftragen. Stattdessen erfolgt eine sukzessive Beauftragung, die beispielsweise mit dem Vertragsschluss mit dem Architekten beginnt und über die einzelnen Beauftragungen von Sonderfachleuten und Fachplanern schließlich (deutlich später) zur Beauftragung des Ausführenden führt. 19

Die Anforderungen der Nachhaltigkeit kollidieren – je nach Ausgestaltung im Einzelfall – mit diesen grundlegenden Rahmenbedingungen der „klassischen" Vertragsgestaltung rund um die Immobilie. Denn die Anforderungen der Nachhaltigkeit nehmen zumeist auf den gesamten Lebenszyklus der Immobilie Bezug. Darüber hinaus sind sie vielfach schnittstellenübergreifend relevant und beschränken sich nicht auf die Leistungsbereiche einzelner Vertragspartner des Bauherrn/Eigentümers. Schließlich sind sie auch in zeitlicher Hinsicht nicht immer kongruent mit der üblichen Reihenfolge der Beauftragung von Leistungen rund um die Immobilie. 20

21   Die übergreifenden Konzepte der Nachhaltigkeit kollidieren daher vielfach mit dem klassischen Verständnis der Vertragsgestaltung rund um die Immobilie, bzw. stellen besondere Herausforderungen an dieselbe.

Beispiel:
Vor dem Hintergrund förderrechtlicher Vorgaben verpflichtet der Eigentümer des zu errichtenden Neubaus den Planer zur Konzeption eines Gebäudes mit einem besonders niedrigen Energieverbrauch. Dieses übergreifende Vertragsziel muss auch von dem Ausführenden beachtet werden. Etwaige Spielräume in der Leistungsbeschreibung darf dieser jedenfalls nicht derart ausnutzen, dass der Energieverbrauch zunimmt. Im nächsten Schritt muss auch der Mieter zu einem entsprechend angepassten Nutzungsverhalten angehalten werden, soweit das rechtlich zulässig ist. Es wäre widersinnig, wenn der Mieter stets bei offenen Fenstern mit Elektro-Öfen heizte.

22   Die konsistente Vertragsgestaltung im Hinblick auf Nachhaltigkeitsziele muss daher ein besonderes Augenmerk auf die Schnittstellen zwischen den jeweiligen Beauftragungen legen, sie muss den gesamten Lebenszyklus der Immobilie betrachten (soweit es in Anbetracht der konkreten Ziele erforderlich ist) und sie muss auch die Auswirkungen aufeinander nachfolgender Beauftragungen berücksichtigen.

23   Die Berücksichtigung dieser Anforderungen hängt vom individuellen Einzelfall ab. Es lassen sich allgemein jedoch folgende Herangehensweisen unterscheiden:
In der **isolierten Vertragsgestaltung** wird letztendlich das eingangs dargestellte klassische System der Vertragsgestaltung rund um die Immobilie unverändert fortgesetzt. Der Bauherr schließt mit den jeweiligen Vertragspartnern zweiseitige Verträge ab, die zeitlich aufeinander folgen. Die einzelnen Leistungsbereiche grenzen aneinander an (Schnittstellen). Die Sicherstellung der vertraglichen Grundlagen im Hinblick auf die Ziele der Nachhaltigkeit muss dementsprechend in jedem Vertragsverhältnis individuell erfolgen. Im Zusammenhang mit jedem Vertragsschluss, bzw. gegebenenfalls auch in der Vereinbarung von nachträglichen Ergänzungserklärungen, ist jeweils relevant, inwiefern die übergreifenden Nachhaltigkeitsziele für das konkrete Vertragsverhältnis von Bedeutung sind. Ist dies der Fall, sollten die übergreifenden Nachhaltigkeitsanforderungen in das jeweilige Vertragsverhältnis zumindest abstrakt (d.h. ohne konkreten Bezug zum Leistungsumfang) aufgenommen werden. Des Weiteren sollte bezogen auf die individuellen Vertragspartner festgehalten werden, inwiefern konkrete nachhaltigkeitsbezogene Leistungen zu erbringen sind. Regelungen zur Fortschreibung derselben etc. sind sinnvoll. Darüber hinaus müssen technische und rechtliche Schnittstellen vereinbart werden, die jeweils aufeinander abzustimmen sind.

24   Der Vorteil eines solchen Vorgehens liegt in den individuellen Spielräumen, die sich im Hinblick auf das jeweilige Vertragsverhältnis eröffnen. Gleichzeitig besteht damit ein etwas geringeres Risiko, dass diese Regelungen (soweit es sich nicht ohnehin um die Leistungsbeschreibung handelt) einer Prüfung nach den §§ 305 ff. BGB unterfallen. Der Nachteil eines solchen individuellen Vorgehens liegt in der Fehleranfälligkeit. Werden Schnittstellen nicht richtig betrachtet bzw. Nachhaltigkeitsanforderungen uneinheitlich definiert, so ergeben sich jeweils unterschiedliche Leistungsziele. In diesen Konstellationen fehlt es an der für die Zielerreichung notwendigen einheitlichen Leistungsvereinbarung. Die individuelle Vertragsgestaltung erschwert darüber hinaus die Übersichtlichkeit bei komplexen Projekten, da immer wieder eine Vielzahl verschiedener Verträge miteinander abgeglichen werden muss, um den einheitlichen Stand der Vereinbarungen zum Thema Nachhaltigkeit zu ermitteln.

25   Als Alternative hierzu könnte sich die **integrierte Projektabwicklung (IPA)** mit einem **Mehrparteienvertrag** erweisen. Diese betrifft im Wesentlichen die Planungs- und Bauphase. Kennzeichen für die integrierte Projektabwicklung sind eine gemeinsame Planung und Festlegung der Leistungsinhalte sowie die frühzeitige Unterzeichnung einer Vertragsurkunde durch alle Vertragspartner zu Beginn des Projekts. Hierzu wird ein sog. Mehrparteienvertrag am Ende der Vorplanungsphase oder im Stadium der Entwurfsplanung abgeschlossen.[8] Durch Mehrparteienverträge soll sichergestellt werden, dass alle Vertrags-

---
[8] Boldt/Fuchs, Die integrierte Projektabwicklung mit Mehrparteienvertrag, NZBau 2023, 441.

§ 4 Konzeptionelle Ansätze in der Vertragsgestaltung **Kapitel 2**

partner auf dieselben Projektziele hinarbeiten und die Ausführenden ihre Kompetenz in Bauverfahren und -logistik frühzeitig in die Planung einfließen lassen.[9] Die frühzeitige Prozessintegration aller wesentlichen Projektbeteiligten stellt einen typischen Inhalt eines Mehrparteienvertrags dar.[10] Die Vertragsnatur des zugrundeliegenden Vertrags ist dabei noch nicht abschließend geklärt.[11]

Die Leistungsbeziehungen zwischen den Parteien (zu denen auch Anforderungen der Nachhaltigkeit gehören) werden bislang noch nicht einheitlich geregelt. Denkbar sind hier verschiedene Modelle. Soll die angestrebte Integration besonders ausgeprägt sein, verpflichten sich die beteiligten Auftragnehmer gesamtschuldnerisch zu Erbringung aller erforderlichen Projektmanagement-, Planungs- und Bauleistungen, zu denen auch die Anforderungen der Nachhaltigkeit gehören würden.[12] In anderen Modellen werden Schnittstellen zwischen den jeweiligen Leistungspflichten vorgesehen, die dem konventionellen Verständnis entsprechen. Zu berücksichtigen ist allerdings, dass auch in diesen Fällen zwischen den Auftragnehmern zusätzliche Pflichten begründet werden. Sie verpflichten sich beispielsweise zu Kooperationen, Transparenz und Treue hinsichtlich der Projektziele.[13] 26

Im Rahmen einer derartigen Vertragsgestaltung würden – je nach Ausgestaltung im Einzelfall – die für die lebenszyklusorientierten Nachhaltigkeitsanforderungen relevanten Schnittstellen zumeist in den Hintergrund treten. Der einheitliche Gedanke der Erreichung des Projektziels, der der integrierten Projektabwicklung mittels Mehrparteienvertrag zugrunde liegt, käme dem Verständnis der Nachhaltigkeit in Bezug auf den Lebenszyklus deutlich entgegen. Auch würde das durch die zeitlich aufeinanderfolgenden Beauftragungen immanente Risiko einer Aktualisierung bzw. Anpassung der Nachhaltigkeitsanforderungen (mit der Folge unterschiedlicher Anforderungen in unterschiedlichen Verträgen) reduziert. Ungeachtet der bislang noch überschaubaren praktischen Erfahrungen im Umgang mit Mehrparteienverträgen dürfte jedenfalls ihr konzeptioneller Ansatz den Nachhaltigkeitsanforderungen entgegenkommen. 27

Als praxisnäher erweist sich im Vergleich eine dritte Variante der Vertragsgestaltung: Hier werden die zuvor beschriebenen Risiken im Hinblick auf die vertragliche Vereinbarung nachhaltiger Anforderungen durch die vertraglichen Einbeziehungen von **„Besonderen Vertragsbedingungen Nachhaltigkeit"** reduziert. Der Kern dieses Ansatzes besteht darin, dass möglichst allen relevanten Verträgen einheitliche Vertragsbedingungen im Hinblick auf die Anforderungen der Nachhaltigkeit zugrunde gelegt werden (sog. **„Vernetzte Verträge"**). Ziel ist es, allgemein gültige Grundstandards hinsichtlich der Anforderungen der Nachhaltigkeit zu entwickeln. Diese sollen möglichst unverändert über sämtliche Verträge hinweg vereinbart werden. Aus Gründen der Praktikabilität und um das Risiko individueller Abweichungen zu reduzieren, werden diese Regelungen nicht unmittelbar in den jeweiligen Vertragstext einbezogen, sondern einheitlich als Anlage formuliert. Im Rahmen dieser Anlage sollen dann die übergreifenden Nachhaltigkeitsziele einheitlich definiert werden. 28

Die Formulierung der Nachhaltigkeitsziele erfolgt schnittstellenübergreifend und anknüpfend an den jeweils relevanten Lebenszyklusabschnitt der Immobilie. Dieses Grundverständnis soll allen Verträgen gleichermaßen zugrunde liegen. Daneben kann noch eine individuelle Konkretisierung im Hinblick auf die Leistungspflichten des jeweiligen Vertragspartners erfolgen. Die besonderen Vertragsbedingungen können darüber hinaus allerdings auch weitergehende, allgemeine Regelungen enthalten, die beispielsweise die Fort- 29

---

[9] Boldt/Fuchs, Die integrierte Projektabwicklung mit Mehrparteienvertrag, NZBau 2023, 441.
[10] Dauner-Lieb, Mehrparteienverträge für komplexe Bauvorhaben, NZBau 2019, 339.
[11] Dauner-Lieb, Mehrparteienverträge für komplexe Bauvorhaben, NZBau 2019, 339; Fuchs/Leuering, Die gesellschaftsrechtliche Einordung einer integrierten Projektabwicklung mittels Mehrparteienvertrags, NZBau 2022, 499.
[12] Fuchs/Leuering, Die gesellschaftsrechtliche Einordung einer integrierten Projektabwicklung mittels Mehrparteienvertrags, NZBau 2022, 499.
[13] Fuchs/Leuering, Die gesellschaftsrechtliche Einordung einer integrierten Projektabwicklung mittels Mehrparteienvertrags, NZBau 2022, 499.

schreitung der nachhaltigen Anforderungen zum Gegenstand haben. Hier lassen sich auch Regelungen zur Qualitätssicherung vereinbaren. Das Ziel dieses Ansatzes besteht darin, die jeweiligen Grundlagen im Hinblick auf die Nachhaltigkeit soweit wie möglich zu vereinheitlichen und nur dort individuelle Regelungen zu treffen, wo dies in Anbetracht des Vertragstypus und des Leistungsumfangs zwingend notwendig ist. Diese Vertragsbedingungen können dann über die verschiedenen Vertragsschlüsse hinweg möglichst einheitlich zum Einsatz kommen, sodass sich die Nachteile der zeitlichen Verschiebung der jeweiligen Beauftragungen reduzieren.

30 Der Vorteil eines solchen Vorgehens liegt in einer einheitlichen Vereinbarung analog der lebenszyklusbasierten, schnittstellenübergreifenden Anforderungen der Nachhaltigkeit. Auch die aus den zeitlich aufeinanderfolgenden Beauftragungen resultierenden Risiken werden durch die einheitlichen vertraglichen Standards reduziert. Ein weiterer Vorteil besteht in der Praktikabilität. Bei konsequenter Umsetzung dieses konzeptionellen Ansatzes ergeben sich die Nachhaltigkeitsanforderungen im Wesentlichen aus den „Besonderen Vertragsbedingungen Nachhaltigkeit" – sie werden durch die individuellen Leistungsvereinbarungen jeweils ergänzt. Insofern ist es zum Abgleich der Projektziele innerhalb der verschiedenen Verträge nicht immer erforderlich, sämtliche Verträge auszuwerten – zumindest die Rahmenbedingungen sind überall vergleichbar.

31 Als nachteilig erweist sich, dass es sich je nach Ausgestaltung im Einzelfall um Allgemeine Geschäftsbedingungen handeln dürfte. Insofern unterliegen sie (soweit es sich nicht eindeutig um Leistungsbeschreibungen handelt) der Inhaltskontrolle gemäß § 307 BGB. Dementsprechend ist insbesondere auf die erforderliche Ausgewogenheit und Transparenz bei der Vertragsgestaltung ein Augenmerk zu legen. Als nachteilig kann sich weiter erweisen, dass es bei stark voneinander abweichenden Vertragstypen bzw. Leistungen kaum möglich sein wird, einheitliche Vertragsstandards für die Nachhaltigkeit zu formulieren. Hier sind dann individuelle Lösungen vorzugswürdig.

32 Die konkrete Entscheidung für oder gegen eine der vorgestellten Varianten der Vertragsgestaltung ist abhängig von dem individuellen Projekt, den Projektbeteiligten, den Zielen der Nachhaltigkeit und dem betroffenen Lebenszyklus zu treffen. Auch Mischformen der zuvor dargestellten Varianten sind denkbar. Entscheidend ist das Erreichen des übergeordneten Projekterfolges durch entsprechende rechtliche Vereinbarungen. In Anbetracht der Komplexität, die teilweise mit den Anforderungen der Nachhaltigkeit einhergeht, scheint eine individuelle, einzelvertragsbasierte Betrachtung jedenfalls bei größeren Projekten kaum praxistauglich zu sein. Im Rahmen konsistenter Vertragsgestaltung ist insofern sicherzustellen, dass die jeweiligen Vertragsbeziehungen mehr als nur eine Grundlage für die zu erreichenden Nachhaltigkeitsziele enthalten.

IV. Faire und ausgewogene Verträge

33 Verträge sind von der Rechtsordnung bereitgestellte juristische Steuerungselemente für Projektprozesse.[14] Sie sind allerdings nicht das einzige Steuerungsmedium; daneben treten Mechanismen wie Kompetenz, Vertrauen, finanzielle Anreize oder organisatorische Vorkehrungen.[15] Aus einer einseitigen Machtposition heraus werden in der Praxis vielfach einseitige, d. h. unausgewogene Verträge vereinbart. Dies hat sich in der Vergangenheit gerade im Hinblick auf Großprojekte als nachteilig erwiesen. Denn unausgewogene Verträge vernachlässigen die Besonderheiten der Langfristvertragsbeziehungen, wie sie in allen Lebenszyklen zu finden sind.[16] Gleichzeitig führt eine machtbezogene Vorgehensweise häufig zu einer Verengung des Wettbewerbes und zu einem Hoflieferantentum, da nur noch einige wenige Vertragspartner bereit sind, die einseitigen Vorstellungen des Eigentü-

---

[14] Eschenbruch, Bauvertragsmanagement, 72.
[15] Eschenbruch, Bauvertragsmanagement, 73.
[16] Eschenbruch, Bauvertragsmanagement, 66 ff.

mers/Bauherrn mit zu tragen. Ohnehin steigt in diesen Fällen das Risiko von Auseinandersetzungen während der Vertragsabwicklung, da die jeweiligen Vertragspartner des Eigentümers/Bauherrn spätestens mit Beginn der jeweiligen Leistungserbringung ihr Verhalten darauf ausrichten, vertragliche Vorteile zu erarbeiten und zu nutzen. Insofern liegt vielfach der Fokus weniger auf der eigentlichen Vertragsabwicklung, als vielmehr auf der Erarbeitung vertraglicher Vorteile bzw. Vermeidung vertraglicher Nachteile, wie beispielsweise in Form von Vertragsstrafen. Ohnehin ist anerkannt, dass bei großen langandauernden Projekten die Wirkkraft der Verträge mit der Zeit abnimmt, da die Verträge dann lediglich als Grundlage für Neuverhandlungen begriffen werden.[17] Im Hinblick auf die rechtliche Wirksamkeit begegnen einseitige Verträge ohnehin häufig Bedenken gemäß § 307 BGB, jedenfalls soweit es sich um Allgemeine Geschäftsbedingungen handelt.

Aus diesen Gründen erweisen sich **faire und ausgewogene Verträge** als vorzugswürdig. Es gilt, möglichst früh einen breiten Markt anzusprechen, eigene Planungsstrategien offen zu diskutieren und die eigenen Vertragsregelungen den Vertragsstandards der Branche anzupassen. Sicherheiten und Vertragsstrafen bzw. pauschalierte Schadensersatzansprüche sind auf das notwendige Minimum zu reduzieren. Auch in der konzeptionellen Vertragsgestaltung kann dieser Gedanke aufgegriffen werden, indem beispielsweise Partnering-Modelle vereinbart werden.[18] 34

Im Hinblick auf die Nachhaltigkeitsanforderungen entfaltet die Maxime von fairen und ausgewogenen Verträgen ebenfalls eine besondere Bedeutung. Denn wie eingangs dargelegt, ist bereits die konkrete Definition der nachhaltigen Anforderungen mit Herausforderungen verbunden. Hinzu kommen technische Herausforderungen sowie der Umstand, dass die endgültigen Nachhaltigkeitsanforderungen vielfach zum Zeitpunkt des Vertragsschlusses noch gar nicht abschließend beurteilt werden können bzw. sich erst aus der weiteren Zusammenarbeit der Parteien ergeben. 35

Vor diesem Hintergrund scheint eine einseitige Vertragsgestaltung, in der der Eigentümer/Bauherr versucht, sämtliche mit den Nachhaltigkeitsanforderungen verbundenen Risiken auf seinen Vertragspartner abzuwälzen, wenig erfolgversprechend. Hier gilt es, durch eine sorgfältige Vertragsgestaltung im Vorhinein mögliche Konfliktpunkte zu erkennen und durch angemessene, ausgleichende Regelungen einer für beide Seiten tragfähigen Lösung zuzuführen. In einem ersten Schritt sind daher jedenfalls die individuellen Leistungsvorgaben konkret abzustimmen und derart transparent zu formulieren, dass beiden Parteien verständlich ist, was Gegenstand der geschuldeten Leistung sein wird. 36

B. Umfang der Beauftragung

Vielfach können einzelne Aspekte und Anforderungen des nachhaltigen Planens, Bauens und Betreibens zum Zeitpunkt des Vertragsschlusses noch nicht abschließend bestimmt werden. Sie sind von weiteren Faktoren abhängig. Die in dem nachfolgenden Abschnitt näher beschriebene Frage, mit welcher Intensität die einzelnen Anforderungen an die Nachhaltigkeit im Vertrag vereinbart werden können, stößt dann an Grenzen, wenn der zugrundeliegende Sachverhalt noch nicht eindeutig festgestellt wurde. In Bezug auf ein einstufiges Vertragsmodell können die Parteien dann lediglich Absichtserklärungen vereinbaren, mit denen sie die Vorlagen der weiteren Zusammenarbeit (deren Anforderungen im Einzelnen noch nicht feststehen) definieren. In praktischer Hinsicht kann dies beispielsweise der Fall sein, wenn der Bauherr die weitere Durchführung des Bauvorhabens von der Erteilung bestimmter Fördermittel abhängig macht. Im Hinblick auf die Zertifizierungssysteme stellt sich in den frühen Projektphasen vielfach die Frage, inwiefern das Projekt überhaupt den Anforderungen einer bestimmten Zertifizierungsstufe genügen wird. Gleiches gilt für eine bauherrenseitig gestellte Anforderung an die THG-Bilanzierung im Sinne 37

---

[17] Eschenbruch, Bauvertragsmanagement, 66 ff.
[18] Vgl. hierzu ausführlich: Eschenbruch, Bauvertragsmanagement, 75 ff.

einer maximalen Obergrenze. Ähnliche Konstellationen sind allerdings auch im Hinblick auf die Nutzungsphase denkbar, wenn der Vermieter bestimmte Anforderungen formuliert, die mangels Vorlage von aussagekräftigen Daten hinsichtlich ihrer Praktikabilität überhaupt nicht prüfbar sind.

38   Derartigen Unsicherheiten in tatsächlicher Hinsicht kann in der Vertragsgestaltung durch die sog. **stufenweise Beauftragung** begegnet werden. Hinsichtlich der rechtlichen Umsetzung einer solchen Beauftragung gilt es im Einzelnen zu differenzieren.[19] Gemeinsam ist den verschiedenen Modellen, dass jeweils ein bestimmter Leistungsanteil verbindlich beauftragt wird. Ein weiterer Leistungsanteil wird bereits näher definiert. Inwiefern eine konkrete Beauftragung erfolgt, hängt von der Ausgestaltung im Einzelnen ab.

39   Ein Stufenvertrag kann zunächst im Sinne eines sog. **Abrufauftrages** ausgestaltet sein. Dabei werden sämtliche Leistungen von Anfang an beauftragt und lediglich die Frage des zeitlichen Abrufs obliegt der Entscheidung des Auftraggebers.[20] Auch wenn ein solches Vertragsmodell unter den Begriff des Stufenvertrages gefasst wird, so trägt es der beschriebenen Schwierigkeit in tatsächlicher Hinsicht nur unzureichend Rechnung – denn der Umstand, dass im Hinblick auf die einzelnen Anforderungen der Nachhaltigkeit im konkreten Projekt noch offene Fragen bestehen, ändert nichts daran, dass mit dem sog. Abrufauftrag sämtliche Leistungen des Auftragnehmers vollumfänglich beauftragt werden bzw. beauftragt wurden.

40   Alternativ hierzu gibt es die Möglichkeit, die weitere Beauftragung mit Leistungen von einer aufschiebenden bzw. alternativ auch aufhebenden **Bedingung** abhängig zu machen. So kann beispielsweise die weitere Beauftragung eines Auditors mit den Leistungen davon abhängig gemacht werden, dass die Überprüfung in der ersten Stufe (sog. Pre-Check) dazu führt, dass das Projekt mit einem Zertifikat der Stufe Silber der DGNB zertifiziert werden kann. In diesem Fall tritt die Beauftragung der weiteren Leistungen mit Eintritt der Bedingung ein, ohne dass es einer weiteren Beauftragung durch den Auftraggeber bzw. eines Abrufs bedürfte.

41   Handelt es sich so wie hier um eine aufschiebende Bedingung gemäß § 158 Abs. 1 BGB, so wird die bedingte Rechtswirkung erst ex nunc wirksam, dies allerdings ipso jure.[21]

42   Daneben sind auch Stufenverträge in Form von einseitig eingeräumten **Optionsrechten** denkbar. Hierbei ist zwischen drei Modellen zu unterscheiden: Der Festofferte, dem Optionsvertrag und dem Hauptvertrag mit Optionsvorbehalt. Bei einer Festofferte handelt es sich um eine teilweise Beauftragung mit einem begleitenden langfristigen Angebot, mit dem der Antragende dem Empfänger für eine bestimmte Dauer das Recht zur Annahme einräumt. Diese Möglichkeit ist im Gesetz in § 148 BGB ausdrücklich geregelt. Erst mit der späteren Annahme des langfristigen Angebotes kommt der Vertrag über die weiteren Leistungen überhaupt zustande. Der Auftraggeber sichert sich auf diese Weise allerdings die einseitige Disposition über die Leistungen des Auftragnehmers und erlangt darüber hinaus eine (je nach vertraglichen Regelungen auszugestaltende) preisliche Sicherheit.

43   Davon zu unterscheiden ist der Optionsvertrag, bei dem sämtliche vertragliche Details von Anfang an geregelt und beidseitig unterzeichnet werden.[22] In dieser vollumfänglichen Beauftragung wird dem Auftraggeber lediglich ein Optionsrecht eingeräumt, die weitere Leistungserbringung der zweiten Stufe durch eine einseitige Willenserklärung herbeizuführen (oder nicht).

44   Eng verwandt damit ist der sog. Hauptvertrag mit Optionsvorbehalt.[23] Bei diesem Optionsvorbehalt handelt es sich um eine aufschiebende Potestativ- bzw. Wollensbedingung

---

[19] Beck HOAI/Berger vor §§ 650p ff. BGB Rn. 164 ff.
[20] Beck HOAI/Berger vor §§ 650p ff. BGB Rn. 156, 148; Messerschmidt/Voit/Cramer I. Teil C. Rn. 80.
[21] Grüneberg BGB/Ellenberger § 158 Rn. 2; MüKoBGB/Westermann § 158 Rn. 39 f.
[22] Beck HOAI/Berger vor §§ 650p ff. BGB Rn. 158; MüKoBGB/Busche vor § 145 Rn. 75; Schmidt, Handelsrecht, § 20 Rn. 10; MüKoHGB/Maultzsch vor § 343 Rn. 36.
[23] Beck HOAI/Berger vor §§ 650p ff. BGB Rn. 159; MüKoBGB/Busche vor § 145 Rn. 76; MüKoHGB/Maultzsch vor § 343 Rn. 36.

gemäß § 158 Abs. 1 BGB. Der Hauptvertrag ist bereits geschlossen, begründet aber erst die vereinbarten Ansprüche mit Ausübung des vorbehaltenen Optionsrechtes.[24]

45 Gerade im Hinblick auf Stufenverträge mit Optionsvertragsklauseln gibt es allerdings AGB-rechtliche Grenzen, die unbedingt zu berücksichtigen sind. So verbietet § 308 Nr. 1 BGB Regelungen, nach denen unangemessen lange oder nicht hinreichend bestimmte Fristen für die Annahme oder Ablehnung eines Angebotes oder die Erbringung einer Leistung vorgesehen werden. Bei zeitlich unbeschränkten Bindungen an bereits vorliegende Angebote führt § 308 BGB zu einer Unwirksamkeit der jeweiligen Regelung. Um dies zu vermeiden, müssen Honorarnachverhandlungsrechte oder aber zeitliche Lösungsrechte vorgesehen werden. In der Praxis ist beispielsweise die Regelung verbreitet, nach der der Auftraggeber innerhalb von drei Monaten nach Fertigstellung der zuletzt beauftragten Leistung den weiteren Abruf bzw. die Ausübung seines Optionsrechtes vorzunehmen hat. Wird dem Planer allerdings als Gegenleistung für seine lange Angebotsbindung ein Rechtsanspruch auf Weiterbeauftragung eingeräumt, so dürften die Voraussetzungen des § 308 Nr. 1 BGB vielfach nicht vorliegen.[25]

46 Durch die Ausübung der in dieser Hinsicht bestehenden vertraglichen Gestaltungsmöglichkeiten können die Parteien auf fehlende Informationen in tatsächlicher Hinsicht vertraglich reagieren. So kann beispielsweise der Auftraggeber eine weitere Beauftragung unter die aufschiebende Bedingung der Zusage entsprechender Fördermittel stellen. Geht es im Hinblick auf eine Zertifizierung des Projektes zunächst darum, die Projektpotentiale zu ermitteln, und sollen gleichzeitig die weiteren Kapazitäten beispielsweise des Auditors gesichert werden, so kann dies durch eine zeitlich begrenzte Festofferte erfolgen. In der verbindlich beauftragten Leistungsstufe sind die Leistungen des Pre-Checks enthalten. Darüber hinaus bindet sich der Auftragnehmer beispielsweise für einen Zeitraum von drei Monaten ab Vorlage der Ergebnisse des Pre-Checks für die Erbringung der weiteren Leistungen. Die Annahme liegt dann allein in der Entscheidung des Auftraggebers. Eine vergleichbare Konstellation ist hinsichtlich verbindlicher THG-Vorgaben denkbar. Auch hier kann beispielsweise der Planer zunächst mit der prognostischen Ermittlung und Planung beauftragt werden. Erst wenn hinreichend sicher feststeht, dass die verbindlichen THG-Vorgaben des Auftraggebers eingehalten werden, kann eine weitere Beauftragung im Sinne eines Abrufs erfolgen.

C. Intensität der Verpflichtung

47 Der Schwerpunkt der Vertragsgestaltung im Rahmen von nachhaltigen Anforderungen liegt auf der Frage nach der Intensität der Verpflichtung. Die Erstellung eines Nachhaltigkeitskonzepts, die Unterscheidung von den verschiedenen Vertragstypen, die Entscheidung über den Zeitpunkt und Umfang der Beauftragung – sie alle münden in der Frage, in welchem Umfang der jeweilige Vertragspartner zur Einhaltung der einzelnen Vorgaben der Nachhaltigkeit verpflichtet werden soll. Hierbei ist wie folgt zu unterscheiden:

I. Programmklausel in der Präambel

48 Im Zusammenhang mit nachhaltigen Anforderungen an die Errichtung und den Betrieb von Gebäuden sind in der Praxis sog. **Programmklauseln** in der Präambel weit verbreitet. Diese halten die Motivation der Parteien zur Nachhaltigkeit in unterschiedlichem Umfang fest.

---

[24] Schmidt, Handelsrecht, § 20 Rn. 10; MüKoBGB/Busche vor § 145 Rn. 76; MüKoHGB/Maultzsch vor § 343 Rn. 36.
[25] Beck HOAI/Berger vor §§ 650p ff. BGB Rn. 170; Kniffka/Koeble/Jurgeleit/Sacher/Koeble Teil 11 Rn 75 ff.

49 Beispiel Vertragsklausel: *„Die Parteien sind sich ihrer Verantwortung für den Schutz der natürlichen Lebensgrundlagen und des Klimas im Interesse der künftigen Generationen bewusst; sie sind sich darüber einig, dass sie die Durchführung des Mietverhältnisses an möglichst nachhaltigen Kriterien ausrichten wollen.*
Es ist daher insbesondere der Wunsch der Parteien, bei der Bewirtschaftung und Nutzung des Mietobjekts mit Ressourcen und Energie schonend und sparsam umzugehen, Emissionen zu vermeiden und konstruktiv zusammenzuarbeiten (...)."[26]

50 Solche und ähnliche Regelungen zeichnen sich zunächst dadurch aus, dass sie in der Vertragsgestaltung nicht im eigentlichen vertraglichen Regelwerk, sondern in der Präambel positioniert werden. In den meisten Fällen legt die Präambel den Hintergrund des Vertragsschlusses dar und kann insofern Besonderheiten des Objekts und der Vertragsparteien erläutern.[27] Eine Präambel muss sich nicht an juristischen Begrifflichkeiten orientieren. Ihr Umfang ist abhängig vom Vertragsgegenstand. Je nach Einzelfall kann sie auch vollständig entfallen. Zumeist enthalten Präambeln Angaben zur Beschreibung der Parteien, die Darstellung der historischen Vertragsbeziehungen und Hintergründe der Beauftragung im konkreten Fall, eine Beschreibung des Objektes und des Gebäudezwecks sowie die Beschreibung etwaiger Planungsleitbilder bzw. mietvertraglicher Leitbilder.[28]

51 Vielfach wird davon ausgegangen, dass die Regelungen in einer Präambel nicht verbindlich sind. Vor einem solchen Verständnis ist jedoch in doppelter Hinsicht zu warnen:
Die Auffassung, wonach einer Präambel grundsätzlich keine Rechtserheblichkeit zukommt, ist in dieser Allgemeinheit nicht zutreffend. Es spricht nämlich nichts dagegen, dass die Parteien in der Präambel eines zivilrechtlichen Vertrages verbindliche Zusicherungen abgeben können.[29] Insofern ist jeweils im Einzelfall zu prüfen, ob und inwiefern es sich um eine unverbindliche Präambel handelt oder ob verbindliche Regelungen getroffen werden sollen. Dies ist zumeist eine Frage der Auslegung. Diese ist grundsätzlich dem Tatrichter vorbehalten.

52 Im Sinne der Transparenz der Vertragsgestaltung erscheint es vorzugswürdig, verbindliche Zusicherungen in die entsprechenden Regelungen des Vertrags aufzunehmen. Um die Unterscheidung zwischen verbindlichen und unverbindlichen Regelungen deutlich zu machen, können Ausführungen in die Präambel aufgenommen werden, wonach diese selbst keine rechtliche Bindungswirkung entfalten soll. Ohnehin muss in Fällen, in denen eine nachvollziehbare Trennung zwischen verbindlicher Regelung und unverbindlicher Präambel (siehe dazu aber nachfolgend) nicht ohne Weiteres vorgenommen werden kann, auch der Inhalt der vermeintlichen Verbindlichkeit geprüft werden. Bislang gängige Präambeln verweisen im Hinblick auf die Nachhaltigkeit allenfalls auf allgemeine Grundprinzipien, wie beispielsweise die 17 Sustainable Development Goals der Vereinten Nationen oder den Europäischen Grünen Deal etc. Ein hinreichend konkreter Inhalt ließe sich hieraus – selbst wenn ein Rechtsbindungswille zutage träte – kaum ableiten.

53 Ob durch expliziten Hinweis oder als Ergebnis einer **Auslegung:** Auch einer Präambel ohne unmittelbar rechtsverbindlichen Inhalt kommt eine vertragliche Bedeutung zu. Denn der Inhalt der Präambel kann im Rahmen einer Auslegung des Vertrags maßgeblich werden.[30] Auch wenn der zwischen den Parteien abzuschließende Vertrag konkrete Zusicherungen bzw. Regelungen zu einer vertraglich vereinbarten Beschaffenheit enthält, so ist in einer praxisnahen Betrachtung dennoch davon auszugehen, dass auslegungsfähige bzw.

---

[26] Zentraler Immobilien Ausschuss e.V., Green Lease 2.0 – Vom grünen Mietvertrag zum ESG Lease (2024), URL: https://zia-deutschland.de/wp-content/uploads/2024/03/zia_broschuere_green_lease_2024_einzelseiten.pdf (Stand: 22.5.2024).
[27] Sonntag/Rütten, Formularbibliothek Vertragsgestaltung – Privates Baurecht, § 2 Rn. 20.
[28] Sonntag/Rütten, Formularbibliothek Vertragsgestaltung – Privates Baurecht, § 2 Rn. 20 f.
[29] BGH 21.9.2005 – XII ZR 66/03, NJW 2006, 899; BGH 26.5.2004 – XII ZR 149/02, NZM 2004, 618.
[30] OLG München 28.10.2009 – 20 U 2836/09, BeckRS 2009, 29255; BGH 16.12.2022 – V ZR 174/21, DStR 2023, 961; Grabowski/Harrer, Wesentliche Elemente von Zusicherungen und/oder Garantien beim Unternehmenskauf, DStR 1993, 20 (23).

-bedürftige Fragen bestehen bleiben. Gemäß § 157 BGB sind Verträge grundsätzlich so auszulegen, wie Treu und Glauben mit Rücksicht auf die Verkehrssitte es erfordern. Insbesondere dann, wenn die offene Auslegungsfrage durch „einfache Auslegung" nicht vollständig zu lösen ist, muss sie im Rahmen der ergänzenden Vertragsauslegung der Vertrag „zu Ende gedacht" werden.[31] Maßgeblich ist insofern der hypothetische Parteiwille.[32] Die planwidrige Regelungslücke ist unter Berücksichtigung dessen zu schließen, was die Parteien redlicher Weise vereinbart hätten, wenn Ihnen die Unwirksamkeit der vereinbarten Vertragsbestimmungen bekannt gewesen wäre. In diesen Konstellationen kann die Präambel eine maßgebliche Auslegungshilfe darstellen. Insofern kann es durchaus sinnvoll sein, wenn die Parteien hier ihr gemeinsames Bestreben im Sinne der Nachhaltigkeit festhalten.

Gerade im Hinblick auf die Funktion der Präambel bei der Auslegung des Vertrags an sich ist allerdings die Bedeutung hinreichend konkret definierter Nachhaltigkeitsziele hervorzuheben. Der bloße Verweis auf die 17 Sustainable Development Goals der Vereinten Nationen bzw. auf den „Schutz der natürlichen Lebensgrundlagen" dürfte in seiner Allgemeinheit kaum geeignet sein, im Falle von vertraglichen Lücken tatsächlich zu deren Schließung beizutragen. Es bedarf also in jedem Fall einer nachvollziehbaren Konkretisierung des Verständnisses der Nachhaltigkeit. Hilfreich kann zudem eine ausdrückliche Fokussierung auf eine der drei Dimensionen der Nachhaltigkeit sein. Eine darüber hinausgehende Konkretisierung, nach der die Parteien etwa vor allem die ökologische Nachhaltigkeit und dabei die Biodiversität ihrem Vertrag als Leitlinie zugrunde legen wollen, ist im Sinne der Auslegung hilfreich. In diesem Zusammenhang sind dann auch Regelungen zu berücksichtigen, die die Rangfolgen der in der Präambel benannten Vertragsziele zueinander zum Gegenstand haben. Zum Teil halten die Parteien etwa in der Präambel fest, dass sie sich bestimmten nachhaltigen Zielen verpflichtet sehen – solange diese mit der Wirtschaftlichkeit des Projekts nicht kollidieren. **54**

II. Bemühensklausel/Best Efforts Klausel

Beispiel Vertragsklausel: *„Die Parteien werden sich bemühen, ihre Mitarbeiter nach den Grundsätzen guter Unternehmensführung sowie Untermieter, Dienstleister und sonstige für die Nutzung und Bewirtschaftung der Immobilie maßgeblichen Vertragspartner zur Beachtung der Aspekte der nachhaltigen Nutzung und Bewirtschaftung anzuhalten."*[33] **55**
„Der AN verpflichtet sich gegenüber dem AG, sich nach Kräften darum zu bemühen, die Aspekte der ökologischen Nachhaltigkeit bei der Planung zu berücksichtigen und umzusetzen."

Der niedrigste Grad der Verpflichtung wird mit sog. **Bemühensklauseln** („Best Efforts"-Klauseln) erreicht. Diese sichern dem jeweiligen Vertragspartner gerade keine vereinbarte Beschaffenheit bzw. eine darüber hinaus gehende Garantie zu, sondern bestätigen lediglich, dass der Auftragnehmer sich bemüht, konkret definierte Ziele einzuhalten. Ein konkreter Erfolg wird also gerade nicht vereinbart. **56**

Abzugrenzen sind derartige Vereinbarungen zunächst von reinen **Absichtserklärungen** ohne Rechtsbindungswillen. Insofern wird im Rahmen der Auslegung im Einzelnen zu prüfen sein, ob die Parteien tatsächlich eine *Vertragspflicht* mit der Bemühensklausel begründen wollen. Vielfach kann es nahliegen, dass es sich um eine reine Absicht bzw. eine abstrakte Wunschvorstellung der Parteien handelt. Dann fehlt der Rechtsbindungswille.[34] **57**

---

[31] MüKoBGB/Busche § 157 Rn. 26 ff.
[32] BGH 30.9.1952 – I ZR 31/52, NJW 1953, 339; BGH 22.4.1953 – II ZR 143/52, NJW 1953, 937; BGH 10.7.2013 – VIII ZR 388/12, NJW 2013, 2820.
[33] Zentraler Immobilien Ausschuss e.V., Green Lease 2.0 – Vom grünen Mietvertrag zum ESG Lease (2024), URL: https://zia-deutschland.de/wp-content/uploads/2024/03/zia_broschuere_green_lease_2024_einzelseiten.pdf (Stand: 22.5.2024).
[34] Graf von Westphalen, Bemühensklauseln in „Grünen" Mietverträgen – Eine AGB-rechtliche Antwort, NZM 2022, 1; Lindner-Figura/Oprée/Stellmann/Sittner, Handbuch Geschäftsraummiete, § 24 Rn. 44.

Zur Unterscheidung ist mit dem BGH von folgendem Grundsatz auszugehen: Eine vertragliche Bindung liegt insbesondere dann nahe, wenn erkennbar ist, dass wesentliche Interessen wirtschaftlicher Art für den Leistungsempfänger auf dem Spiel stehen und dieser sich auf die Zusage verlässt.[35] In Anbetracht der Bedeutung, die die Einhaltung nachhaltiger Anforderungen gerade im Hinblick auf die Finanzierung eines Bauprojektes haben kann (vgl. insofern die BEG-Förderung der Kreditanstalt für Wiederaufbau), dürfte es in vielen Fällen naheliegen, von einem wesentlichen Interesse wirtschaftlicher Art auszugehen. Selbst wenn eine bloße Absichtserklärung vorliegen sollte, kann diese aber gesteigerte Sorgfaltspflichten auslösen.[36]

58 Ist jedoch von einem entsprechenden Rechtsbindungswillen auszugehen, entfalten Bemühensklauseln eine Verbindlichkeit zu Lasten des Auftragnehmers. Zwar ist entsprechend der einleitenden Ausführungen kein Erfolg geschuldet, die Verpflichtung zu einem „bloßen" Bemühen sollte allerdings auch nicht unterschätzt werden. Aus Sicht der baubegleitenden Rechtsberatung mag es naheliegen, die (im Gegensatz zu den Werkverträgen) nicht erfolgsbezogene Haftung als von untergeordneter Bedeutung einzuschätzen. Dabei darf allerdings nicht übersehen werden, dass die Bemühensklauseln gerade im internationalen Handels- und Wirtschaftsverkehr durchaus gebräuchlich sind. Da das „nach Kräften" geschuldete „Bemühen" im Rahmen einer Auslegung nach deutschem Rechtsverständnis kaum abschließend bestimmt werden kann, ist eine Heranziehung ausländischer Auslegungsergebnisse zulässig.[37] So gehen englische Gerichte bei vergleichbaren Formulierungen davon aus, dass der jeweils Verpflichtete das tun müsse, was ein gewissenhafter und sorgfältig handelnder Dritter unter den konkreten Umständen vernünftigerweise getan hätte.[38] Dagegen schienen US-amerikanische Gerichte zwischenzeitlich sogar anzunehmen, die Verpflichtung gehe bis zur Grenze der Insolvenz des Verpflichteten – nunmehr wird allerdings die Grenze des „Standard of good faith" als maßgeblich diskutiert.[39] Über die Relevanz der Übertragbarkeit solcher und ähnlicher Entscheidungen wird im Rahmen des Einzelfalls zu diskutieren sein. Sie zeigen allerdings, dass auch Bemühens-Verpflichtungen ernst zu nehmen sind, um eine Haftung des Auftragnehmers zu vermeiden.

59 Eine aus Sicht der nationalen Regelungen abschließende Definition des mit dem Begriff „Bemühen" geschuldeten Leistungsumfangs ist bislang nicht etabliert. Der Auftragnehmer wird hier darlegen müssen, dass er im Sinne der angestrebten Ziele tätig geworden ist. Dabei schuldet er die Zielerreichung nicht als Erfolg – die bloße Behauptung, die Zielerreichung „im Blick gehabt zu haben", dürfte allerdings auch nicht ausreichend sein. Vom Auftragnehmer werden konkrete Überlegungen und Maßnahmen zu erwarten sein, die die Zielerreichung zumindest fördern. Darin liegt ein gegenüber der eigentlich vertraglich geschuldeten Leistung zusätzlicher Aufwand, der entsprechend zu dokumentieren ist.

60 Die praktisch relevante Frage besteht dabei darin, innerhalb welcher Grenzen der Auftragnehmer diese Leistungen erbringen muss. Insofern ist mit der britischen Rechtsprechung davon auszugehen, dass ein Verpflichteter das tun muss, was ein gewissenhafter und sorgfältig handelnder Dritter unter den konkreten Umständen vernünftigerweise getan hätte. Im Sinne der Transparenz ist es hier empfehlenswert, konkrete Leistungsschranken in die Formulierung mit aufzunehmen. Insofern kommen Vorbehalte wie „soweit technisch möglich" oder „wirtschaftlich zumutbar" in Frage. Diese tragen letztendlich aber nur untergeordnet zu einer Klarstellung des Leistungsumfangs bei und begegnen insbesondere auch AGB-rechtlichen Bedenken (siehe nachfolgend).

---

[35] BGH 17.5.1971 – VII ZR 146/69, NJW 1971, 1404.
[36] Vgl. Schmidt, Handelsrecht, § 20 Rn. 11.
[37] Hoenig/Sprado, „Best Efforts"-Klauseln in Unternehmenskaufverträgen unter deutschem Vertragsstatut, NZG 2014, 688.
[38] Hoenig/Sprado, „Best Efforts"-Klauseln in Unternehmenskaufverträgen unter deutschem Vertragsstatut, NZG 2014, 688.
[39] Hoenig/Sprado, „Best Efforts"-Klauseln in Unternehmenskaufverträgen unter deutschem Vertragsstatut, NZG 2014, 688.

§ 4 Konzeptionelle Ansätze in der Vertragsgestaltung

Im Hinblick auf die Vertragsgestaltung wird in Anbetracht der zuvor beschriebenen Unsicherheiten teilweise empfohlen, von Bemühensklauseln abzusehen.[40] Das soll insbesondere bei einem für die Parteien fundamentalen Leistungserfolg gelten. Als Alternativen werden aufschiebende Bedingungen für den Vertragsschluss vorgeschlagen. 61

In Anbetracht des Umstandes, dass die Themen der Nachhaltigkeit vielfach noch in der Entwicklung begriffen sind, wird es den Parteien häufig schwerfallen, sich auf einen konkret geschuldeten Erfolg zu einigen bzw. den Vertragsschluss unter eine aufschiebende Bedingung zu stellen. Insofern können Bemühensklauseln ein Minus zu einer solchen Vereinbarung darstellen und gleichzeitig die Nachhaltigkeit im Projekt fördern. Voraussetzung ist hierfür eine sorgfältige und den Anforderungen des Einzelfalls gerecht werdende Vertragsgestaltung. Dazu zählt, Art und Umfang der Bemühungen zu konkretisieren, genauso wie die zu erzielenden Ergebnisse und die hieran anknüpfenden Rechtsfolgen. Zu einer Konkretisierung der Art und des Umfangs der Bemühungen zählt insbesondere die Aufzählung von Einzelmaßnahmen, die hierunter zu verstehen sind. Weiter sollten sich die Parteien im Hinblick auf die zu erzielenden Ergebnisse nicht darauf beschränken, übergreifende Konzepte zu beschreiben, sondern möglichst konkret Teilerfolge identifizieren. Auch die Festlegung der Rechtsfolgen im Fall einer Nichtbefolgung, wie beispielsweise in Form von Vertragsstrafen, kann zur Transparenz der Klausel beitragen.[41] 62

Selbst bei Beachtung der vorstehend beschriebenen Grundsätze zur Ausgestaltung einer Bemühensklausel mit einem gewissen Verbindlichkeitsgehalt sind die Grenzen des § 307 BGB auch im unternehmerischen Geschäftsverkehr zu beachten. Insofern werden gegen Bemühensklauseln jedenfalls in Mietverträgen erhebliche Bedenken erhoben.[42] Dabei wird darauf hingewiesen, dass nicht nur bei Haftungsfreizeichnungsklauseln AGB-rechtliche Bedenken bestehen, sondern auch gerade im Hinblick auf das Transparenzgebot gemäß § 307 Abs. 1 S. 2 BGB.[43] Denn mit dem Gebot der kundenfeindlichsten Auslegung ist stets von der für den Verwender ungünstigsten Auslegungsvariante auszugehen. In Anbetracht der allein schon in der Rechtswissenschaft bestehenden Unsicherheiten in Verbindung mit den Begrifflichkeiten des Bemühens ist auch in Verbindung mit den Anforderungen der Nachhaltigkeit in doppelter Hinsicht Vorsicht geboten. 63

§ 307 BGB findet freilich nur dann Anwendung, wenn tatsächlich eine Allgemeine Geschäftsbedingung vorliegt und nicht eine Individualvereinbarung. Im Zuge von Individualvereinbarungen sind Bemühensklauseln daher unproblematisch möglich. 64

III. Vertragliche (Leistungs-)Pflichten der Parteien

Im Hinblick auf die Vertragsziele der Nachhaltigkeit ist es über reine Bemühensklauseln hinaus möglich, die Erreichung des jeweiligen Ziels zwischen den Parteien verbindlich zu vereinbaren. Die Ausgestaltung derartiger Vereinbarungen erfolgt nach Maßgabe des zugrundeliegenden Vertragstyps. So kann im Mietvertrag gemäß § 535 Abs. 1 S. 2 BGB definiert werden, welcher Zustand für die Mietsache als maßgeblich zugrunde zu legen ist. Weiter können auch Anforderungen an das Mieterverhalten verbindlich vereinbart werden. Einen ähnlichen Grad der Verbindlichkeit in dogmatisch anderem Kontext legen die §§ 433, 434 BGB in Kaufverträgen zugrunde. Gemäß § 434 Abs. 1 BGB ist die Sache frei von Sachmängeln, wenn sie bei der Gefahrtragung den subjektiven Anforderungen, den 65

---
[40] Hoenig/Sprado, „Best Efforts"-Klauseln in Unternehmenskaufverträgen unter deutschem Vertragsstatut, NZG 2014, 688; Wilske/Fürst, Die „Best Efforts"-Klausel – Eine potentiell gefährliche Vertragsklausel, DZWir 1998, 213; Lehmann, Best efforts- und Best endeavours-Verpflichtungen im US-amerikanischen und englischen Wirtschaftsvertragsrecht, 2004, 175 f.
[41] Hoenig/Sprado, „Best Efforts"-Klauseln in Unternehmenskaufverträgen unter deutschem Vertragsstatut, NZG 2014, 688.
[42] Graf von Westphalen, Bemühensklauseln in „Grünen" Mietverträgen – Eine AGB-rechtliche Antwort, NZM 2022, 1.
[43] Graf von Westphalen, Bemühensklauseln in „Grünen" Mietverträgen – Eine AGB-rechtliche Antwort, NZM 2022, 1.

objektiven Anforderungen und den Montageanforderungen dieser Vorschrift entspricht. Den subjektiven Anforderungen genügt der Kaufgegenstand dabei, wenn er die vereinbarte Beschaffenheit hat, sich für die nach dem Vertrag vorausgesetzte Verwendung eignet und mit dem vereinbarten Zubehör und den vereinbarten Anleitungen übergeben wird. In der Sache vergleichbar sind die Regelungen für Bauverträge gemäß §§ 650a, 633 BGB. Hiernach hat der Unternehmer dem Besteller das Werk frei von Sach- und Rechtsmängeln zu verschaffen. Das Werk ist frei von Sachmängeln, wenn es die vereinbarte Beschaffenheit hat. Soweit die Beschaffenheit nicht vereinbart ist, ist das Werk frei von Sachmängeln, wenn es sich für die nach dem Vertrag vorausgesetzte oder die gewöhnliche Verwendung eignet. Diese Regelungen finden gemäß § 650q BGB auch auf Architekten- und Ingenieurverträge Anwendung. Bei Beraterverträgen, wie unter Umständen dem Auditorenvertrag, sind die rechtlichen Rahmenbedingungen anders. Handelt es sich tatsächlich um einen Dienstvertrag, so sieht das Bürgerliche Gesetzbuch gerade keine Gewährleistungssystematik vor. Der Verpflichtete schuldet ohnehin nur ein Bemühen. Hier ist jedoch eine Einzelfallbetrachtung notwendig, da häufig dienstvertragliche mit werkvertraglichen Elementen kombiniert werden.

66 Ungeachtet der Anforderungen der einzelnen Verträge lassen sich für die Vereinbarung vertraglicher (Leistungs-)Pflichten folgende Grundprinzipien festhalten:

1. Anforderungen an die Vereinbarung

67 Mit Blick auf eine entsprechende vertragliche Vereinbarung ist zunächst zu prüfen, inwiefern die Parteien tatsächlich eine Vertragspflicht begründen wollten: Es kann sich auch nur um eine reine **Absichtserklärung** handeln. Auch reine Absichtserklärungen bzw. abstrakte Wunschvorstellungen können derart konkret formuliert sein, dass zumindest ohne nähere Prüfung von einer vertraglichen Verpflichtung auszugehen ist. Tatsächlich fehlt es in diesen Fällen allerdings an dem notwendigen Rechtsbindungswillen.[44] Mit der Rechtsprechung des BGH liegt eine vertragliche Bindung im Sinne eines Rechtsbindungswillens allerdings dann nahe, wenn erkennbar ist, dass wesentliche Interessen wirtschaftlicher Art für den Leistungsempfänger auf dem Spiel stehen und dieser sich auf die Zusage verlässt.[45] Insbesondere in einem Kontext, in dem es um die Erreichung oder Erhaltung von Zertifizierungen bzw. die Einhaltung von seitens Fördermittelgebern formulierten Vorgaben geht, wird vielfach von einem entsprechenden Rechtsbindungswillen auszugehen sein.

68 Eine verbindliche Vereinbarung setzt wiederum gemäß §§ 145 ff. BGB zwei übereinstimmende Willenserklärungen, Angebot und Annahme voraus. In der weit überwiegenden Zahl der im Zusammenhang mit der Planung, dem Bau und dem Betrieb eines Gebäudes abzuschließenden Verträge gibt es keine Formanforderungen. Insofern ist allein maßgeblich, ob sich die Parteien über ein konkretes Nachhaltigkeitsziel geeinigt haben.

69 Der Gegenstand der konkreten Einigung ist üblicherweise der Vereinbarung selbst zu entnehmen. Bei der Überprüfung von Angebot und Annahme wird in der praktischen Umsetzung allerdings vielfach § 150 Abs. 2 BGB übersehen. Hiernach ist eine Annahme unter Erweiterungen, Einschränkungen oder sonstigen Änderungen als Ablehnung verbunden mit einem neuen Antrag anzusehen. Bietet zB der Architekt im Rahmen seines Angebots zur Erbringung von Planungsleistungen an, die Voraussetzung einer DGNB-Zertifizierung der Stufe Silber für den Neubau zu berücksichtigen, und „bestätigt" der Auftraggeber in seinem Zuschlagsschreiben das Angebot mit der Maßgabe, dass eine DGNB-Zertifizierung der Stufe Gold in der Planung berücksichtigt wird, so ist zunächst keine Vereinbarung in dieser Hinsicht zustande gekommen. Tatsächlich handelt es sich um ein sog.

---

[44] Zentraler Immobilien Ausschuss e.V., Green Lease 2.0 – Vom grünen Mietvertrag zum ESG Lease (2024), URL: https://zia-deutschland.de/wp-content/uploads/2024/03/zia_broschuere_green_lease_2024_einzelseiten.pdf (Stand: 22.5.2024).
[45] Graf von Westphalen, Bemühensklauseln in „Grünen" Mietverträgen – Eine AGB-rechtliche Antwort, NZM 2022, 1; Lindner-Figura/Oprée/Stellmann/Sittner, Handbuch Geschäftsraummiete, § 24 Rn. 44.

abänderndes Angebot, das seinerseits durch den Architekten angenommen werden muss. Übersieht der Architekt diese Änderung in dem Beauftragungsschreiben und nimmt seine Planungsleistungen auf, so ist von einer konkludenten Annahme und damit einer Vereinbarung auszugehen, nach der die Anforderungen DGNB-Gold für die Planungsleistung maßgeblich sind.

Durch bloßes **Schweigen auf ein Angebot** kommt kein Vertrag zustande. Allerdings kann das Schweigen auf ein sog. kaufmännisches Bestätigungsschreiben im Geschäftsverkehr dazu führen, dass eine entsprechende Vereinbarung über nachhaltige Ziele zustande kommt.[46] Von einem kaufmännischen Bestätigungsschreiben ist dann auszugehen, wenn der Absender desselben berechtigt erwarten durfte, dass der Empfänger diesem Schreiben, soweit er nicht damit einverstanden ist, widerspricht. Voraussetzung ist dabei, dass die Vertragsparteien kaufmannsähnlich am Geschäftsverkehr teilnehmen – was bei gewerblichen Bauvorhaben vielfach der Fall ist. Das Konzept des kaufmännischen Bestätigungsschreibens ist nicht auf den Zeitraum vor Vertragsschluss beschränkt. So geht das Kammergericht Berlin davon aus, dass die Grundsätze über das kaufmännische Bestätigungsschreiben auf (Baustellen-)Protokolle entsprechend anwendbar sind. Der Auftragnehmer müsse daher dem Inhalt eines vom Auftraggeber erstellten Protokolls unverzüglich widersprechen, wenn er verhindern wolle, dass sein Schweigen wie eine nachträgliche Genehmigung behandelt werde.[47] 70

Eine entsprechende Vereinbarung kann nicht nur formlos, sondern auch konkludent erfolgen. Macht ein Vertragspartner kenntlich, dass er bestimmte Eigenschaften zusichern will, und vertraut der andere Vertragspartner auf deren Einhaltung oder zeigt, dass er an einer bestimmten Eigenschaft ein besonderes Interesse hat, kann von einer entsprechenden Vereinbarung ausgegangen werden. Voraussetzung ist hierfür ein konkretes, dem jeweilgen Vertragspartner zuzurechnendes Verhalten mit Erklärungswert.[48] 71

Bei entsprechenden Vereinbarungen stets zu berücksichtigen sind die besonderen Anforderungen des § 307 BGB. Unter Umständen können Vereinbarungen unwirksam sein, wenn sie eine Seite unangemessen benachteiligen. Voraussetzung ist dabei allerdings, dass es sich bei den entsprechenden Regelungen um Allgemeine Geschäftsbedingungen im Sinne des § 305 BGB handelt. Zudem ergibt sich aus § 307 Abs. 3 S. 1 BGB, dass nicht alle Allgemeinen Geschäftsbedingungen der Inhaltsprüfung unterfallen. Das ist gerade nicht der Fall, wenn sie lediglich eine Leistungsbeschreibung enthalten, also den Umfang der von den Parteien geschuldeten Vertragsleistungen festlegen. Dies ergibt sich jedenfalls aus Art. 4 Abs. 2 Klausel-RL.[49] Die Abgrenzung ist im Einzelnen schwierig. Hierbei ist stets auch der gesetzgeberische Schutzzweck zu berücksichtigen. Danach sollen diejenigen Teile des Vertrags einer richterlichen Kontrolle unterworfen werden, die nicht schon aufgrund ihrer besonderen Bedeutung Gegenstand der Aufmerksamkeit beider Vertragsparteien sind. Aufgrund dieser Erwägungen sind jedenfalls die Hauptleistungspflichten der richterlichen Inhaltskontrolle entzogen.[50] Nicht der Inhaltskontrolle unterfällt damit der „enge Bereich der Leistungsbezeichnungen, ohne deren Vorliegen mangels Bestimmtheit oder Bestimmbarkeit des wesentlichen Vertragsinhalts ein wirksamer Vertrag nicht mehr angenommen werden kann".[51] Beispielsweise gehören zu den Leistungsbestimmungen, von denen die Bestimmtheit oder Bestimmbarkeit der Leistungspflichten des Architekten abhängig ist und die damit den unmittelbaren Gegenstand der Hauptleistungspflichten bilden, sämtliche Vereinbarungen der Vertragsparteien zu den von dem Architekten zu erreichenden Planungs- und Überwachungszielen.[52] 72

---

[46] Dazu allg. MüKoBGB/Busche § 147 Rn. 13 ff.; Jauernig/Mansel § 147 BGB Rn. 5 ff.
[47] KG Berlin 18.9.2012 – 7 U 227/11, IBR 2014, 9.
[48] MüKoBGB/Busche § 133 Rn. 38; BeckOK BGB/Wendtland § 133 Rn. 24.
[49] MüKoBGB/Wurmnest § 307 Rn 13.
[50] MüKoBGB/Wurmnest § 307 Rn 13.
[51] BGH 21.4.1993 – IV ZR 33/92, NJW-RR 1993, 1049; BGH 23.6.1993 – IV ZR 135/92, NJW 1993, 2369; BGH 30.6.1995 – V ZR 184/94, NJW 1995, 2637.
[52] BGH 11.7.2019 – VII ZR 266/17, NJW 2019, 2997.

2. Inhalt der Vereinbarung

73 Die Inhalte einer Vereinbarung zu nachhaltigen Anforderungen sind abhängig von den jeweiligen Umständen des Einzelfalls. Über alle Vertragstypen hinweg ist es kaum möglich, allgemeingültige Anforderungen zu definieren. Im Grundsatz ist es allerdings in jedem Vertragsverhältnis erforderlich, dass die jeweiligen Vereinbarungsinhalte hinreichend bestimmt oder bestimmbar sind. Im Übrigen wird auf die Ausführungen zu den jeweiligen Einzelverträgen verwiesen.

3. Vertragliche Leistungspflichten – Beispiele

74 Beispielhaft sind nachfolgend Formulierungen für die verbindliche Vereinbarung der Vertragsziele aufgeführt. Diese sind allerdings nicht ohne Weiteres zu verallgemeinern und müssen je nach individuellem Kontext angepasst werden.

a) Zertifizierungen

75 Beispiel Vertragsklausel: *„Das vertragsgegenständliche Bauvorhaben soll eine Zertifizierung der Deutschen Gesellschaft für nachhaltiges Bauen in der Stufe „Gold", DGNB-System Gebäude Neubau, Version 2023 erhalten. Die Parteien vereinbaren die Erreichung als geschuldeten Erfolg im Rahmen der vom Auftragnehmer zu erbringenden Leistungen."*

76 In Bezug auf die **Zertifizierung** von Bauvorhaben bietet sich vielfach eine funktionale Beschreibung an.[53] Dabei wird lediglich die Zertifizierung in der zu erreichenden Stufe beschrieben. Wichtig ist dabei, die jeweiligen Systemanbieter und die zugrundeliegenden Bewertungskriterien hinreichend konkret zu beschreiben.

77 Im Sinne des Auftraggebers wird die Zielerreichung als werkvertraglicher Erfolg zu qualifizieren sein. Insofern sind allerdings nach individualvertraglichem Kontext auch Abstufungen möglich.

78 b) Treibhausbilanz. Die Vereinbarung von Pflichten betreffend die Einhaltung bestimmter Obergrenzen beispielsweise in Bezug auf THG spielt in der Praxis eine zunehmende Rolle. Um eine möglichst präzise, technisch belastbare Vereinbarung zu ermöglichen, bedarf es einer sorgfältigen Abstimmung zwischen Juristen und Technikern. Je nach Einzelfall erfahren diese Vereinbarungen dann unterschiedliche Ausprägungen.

79 Beispiel Vertragsklausel: *„Das Treibhauspotential (GWP 100) für das vom Auftragnehmer zu planende Gebäude beträgt maximal […]kg CO_2e in Bezug auf [Bezugsgröße, z. B. Quadratmeter, Netto-Raumfläche (NRF (R)) nach DIN 277 (2021-08).].*
Das Treibhauspotential in kg CO_2e ist dabei für einen Betrachtungszeitraum von 50 Jahren zu berechnen. Zu berücksichtigen sind die Treibhausgasimmissionen der [Herstellungsphase/Errichtungsphase/Nutzungsphase/Entsorgungsphase etc.] gemäß DIN EN 15643 iVm DIN EN 15978-1 jeweils in der aktuellen Fassung.
Diese Angaben müssen auf Grundlage einer Ökobilanz gemäß der Bilanzierungsregeln [maßgebliche Bilanzierungsregeln einsetzen] berechnet werden. Hinsichtlich der heranzuziehenden Datengrundlage gilt […]."

80 Bei der Abstimmung eines entsprechenden Leistungsziels ist bereits sorgfältig zu unterscheiden, auf welchen Betrachtungsgegenstand sich eine entsprechende Bilanzierung überhaupt beziehen soll. Die Ökobilanz ist eine systematische Analyse der Umweltwirkungen von Produkten, Verfahren oder Dienstleistungen entlang des gesamten Lebensweges (dazu → § 8 Rn. 46). Sie wird unter anderem in den Normen DIN EN ISO 14040 und DIN EN ISO 14044 beschrieben. Spezifische Grundregeln zur Erstellung von Ökobilanzen von Gebäuden und Bauprodukten sind normativ in DIN EN 15804 und DIN EN 15978 geregelt. Als Datengrundlage ist vor allem die frei zugängliche Onlinedatenbank „Öko-

---

[53] Dazu auch → § 8 Rn. 38 ff.

baudat" des BBSR zu nennen.[54] Soll in der Zielvereinbarung dagegen auf die eingesetzte graue Energie oder aber auf die grauen Emissionen abgestellt werden, so ist eine nähere Definition erforderlich. Diese Begriffe werden nicht immer einheitlich verwendet (dazu → § 8 Rn. 46).

c) Materialeinsatz

Beispiel Vertragsklausel: *„Der Auftragnehmer verpflichtet sich, soweit für seine Leistungen (einschließlich vorbereitender Arbeiten) Holz zum Einsatz kommt, ausschließlich FSC® zertifiziertes Holz aus nachhaltiger Waldwirtschaft zu verwenden."* **81**

Die Anforderungen an den **Materialeinsatz** des Auftragnehmers während der Errichtung **82** bzw. Sanierung eines Objektes können im Hinblick auf die Ziele der Nachhaltigkeit durch die Verwendung entsprechender Siegel konkretisiert werden. Voraussetzung ist hierfür, dass transparent beschrieben wird, welche Produkte von diesen Anforderungen erfasst sind. Zudem ist das jeweilige Siegel hinreichend konkret zu benennen. Insbesondere gilt es zum Zeitpunkt des Vertragsschlusses zu überprüfen, inwiefern mit dem Siegel verschiedene Abstufungen verbunden sind, die die jeweilige Verwendung der Baumaterialien einschränken oder erweitern.

d) Taxonomie

Beispiel Vertragsklausel: *„Die Parteien vereinbaren, dass das Projekt [...] den Anforderungen der* **83** *Verordnung (EU) 2020/852 des Europäischen Parlaments und des Rats vom 18.6.2020 über die Einrichtung eines Rahmens zur Erleichterung nachhaltiger Investitionen und zur Änderung der Verordnung (EU) 2019/2088 genügen soll. Gemäß Artikel 10 dieser Verordnung soll das Projekt einen wesentlichen Beitrag zum Klimaschutz leisten. Maßgeblich sind insofern die Vorgaben gemäß Anhang 1 zu Artikel 1 der delegierten Verordnung (EU) 2021/2139 der Kommission vom 4.6.2021 zur Ergänzung der Verordnung (EU) 2020/852 des Europäischen Parlaments und des Rats dort Ziffer 7.1 (Neubau)."*

Der Begriff der **„Taxonomie"** ist letztendlich keinem konkreten Regelungsmechanismus **84** zugeordnet. Vielfach wird darunter allerdings die Einhaltung der Vorgaben der Verordnung (EU) 2020/852 des Europäischen Parlaments und des Rats vom 18.6.2020 über die Einrichtung eines Rahmens zur Erleichterung nachhaltiger Investitionen und zur Änderung der Verordnung (EU) 2019/2088 verstanden. Um eine spätere Auseinandersetzung zwischen den Parteien über die Frage zu vermeiden, ob die Vorgaben dieser Verordnung ohne individuelle Vereinbarung Anwendung finden sollen, erscheint aus Sicht des Auftraggebers die unmittelbare vertragliche Einbeziehung vorzugswürdig. Zu berücksichtigen ist dabei, dass die Taxonomieverordnung im Wesentlichen Vorgaben zur ökologischen Nachhaltigkeit enthält. Dabei überlässt der Verordnungsgeber allerdings den jeweils Betroffenen eine Auswahlentscheidung. Die Verordnung definiert insgesamt sechs Umweltziele (Artikel 9). Zu einem dieser Umweltziele muss ein wesentlicher Beitrag geleistet werden (Artikel 10 bis 15). Die übrigen Umweltziele dürfen nicht erheblich beeinträchtigt werden. Darüber hinaus müssen Mindeststandards (Artikel 18) eingehalten werden.

Der bloße Verweis auf die **Taxonomieverordnung** reicht allerdings nicht aus, um eine **85** eindeutige vertragliche Verpflichtung zu begründen. Vielmehr ist im Zuge der entsprechenden Vereinbarung zwischen den Parteien auch festzuhalten, zu welchem Umweltziel ein wesentlicher Beitrag geleistet werden soll. Die technische Umsetzung dieser rechtlichen Rahmenbedingung ist der delegierten Verordnung (EU) 2021/2139 der Kommission vom 5.6.2021 zu entnehmen. Im Sinne der umfassenden Transparenz ist auch ein entsprechend konkreter Hinweis in dieser Hinsicht aufzunehmen. Nur so wird es den Vertragsparteien

---

[54] Bundesministerium für Wohnen, Stadtentwicklung und Bauwesen, ÖKOBAUDAT (o.J.), URL: https://www.oekobaudat.de/ (Stand: 4.3.2024).

möglich sein, den konkreten Inhalt der vertraglichen Verpflichtung eindeutig zu beschreiben.

86 Alternativ hierzu können die Anforderungen, wie sie in der delegierten Verordnung (EU) 2021/2139 der Kommission vom 5.6.2021 bzw. in deren Anlagen enthalten sind, unmittelbar zum Gegenstand der vertraglichen Verpflichtungen gemacht werden. Dies hat den Vorteil, dass die (insbesondere technischen) Vorgaben der vertraglichen Vereinbarung der Parteien unmittelbar zu entnehmen sind. Als nachteilig erweist sich allerdings, dass (je nach Ausgestaltung im Einzelfall) dann tatsächlich auch nur deren Einhaltung geschuldet ist. Ergibt sich aus der Taxonomieverordnung bzw. aus dem Kontext eine weitergehend geschuldete Leistung, so dürfte diese vom Auftragnehmer nicht ohne Weiteres zu erbringen sein. Denkbar sind insofern also auch Mischlösungen, die auf der einen Seite die technischen Vorgaben im Einzelnen wiedergeben und auf der anderen Seite den Bezug zu der Taxonomieverordnung herstellen.

e) Soziale Nachhaltigkeit

87 Beispiel Vertragsklausel: *„Das Projekt […] soll insbesondere den Anforderungen der sozialen Nachhaltigkeit genügen. Die Parteien verstehen den Begriff der sozialen Nachhaltigkeit dabei im Sinne der DIN EN15643 vor allem im Sinne der Gleichheit und der Übernahme sozialer Verantwortung. Die vertraglichen Anforderungen im Sinne der sozialen Nachhaltigkeit werden (als geschuldeter Erfolg) dahingehend konkretisiert, dass die Zugänglichkeit des Objektes wie auch die Gesundheit, Behaglichkeit und Qualität des Innenraums eine besondere Bedeutung inne haben. Die Parteien vereinbaren dabei über die gesetzlichen Anforderungen hinaus das Nachfolgende: [technische Ausführungen zu Grenzwerten]."*

88 Die pauschale Vereinbarung einer **„sozialen Nachhaltigkeit"** ist im Sinne der vertraglichen Transparenz nicht empfehlenswert. Eine Bezugnahme auf eine der Dimensionen als besondere Schwerpunktsetzung ist ohne weiteres möglich, sie bedarf allerdings der vertraglichen Ausfüllung und Erläuterung. Hier kann u.a. die Bezugnahme auf bestehende normative Werke, wie beispielsweise die DIN EN 15643, hilfreich sein. Diese formuliert dann bereits den Rahmen, innerhalb dessen sich die Parteien bewegen. Auch unter Heranziehung der DIN EN 15643 ist allerdings der konkrete Inhalt der „sozialen Nachhaltigkeit" nicht abschließend verbindlich beschrieben. Ein pauschaler Verweis würde die vertraglichen Verpflichtungen gegebenenfalls etwas einschränken, eine konkrete Leistungspflicht ließe sich der Formulierung allerdings nicht entnehmen. Insofern ist es naheliegend, auch hier die von der DIN EN 15643 vorgesehenen Aspekte in die vertragliche Vereinbarung mit aufzunehmen. In einem letzten Schritt müssen diese Aspekte dann wiederum ihre technische Umsetzung entfalten, indem beispielsweise vereinbart wird, dass über die gesetzlichen Verpflichtungen hinaus eine besondere Zugänglichkeit für Nutzer mit besonderen Bedürfnissen sichergestellt wird. Alternativ kann auch vereinbart werden, dass beispielsweise die Innenraumluftwerte höheren als den gesetzlichen Anforderungen genügen müssen. Auch hier sind dann konkrete Grenzwerte vorzugeben, um die Vereinbarung messbar zu machen.

f) Abfall

89 Beispiel Vertragsklausel: *„Die Parteien werden sich darüber verständigen, wie bei der Nutzung des (Miet-)Objektes anfallender Abfall im Sinne des § 3 KrWG schon im Vorhinein vermieden, zur Wiederverwendung vorbereitet, recycelt oder anderweitig verwertet werden kann. Zu beseitigender Abfall ist nach Papier, Metall, Glas und Kunststoff (§ 20 KrWG, § 3 GewAbfV) sowie nach Holz und Textilien (§ 3 GewAbfV), Energiesparleuchtmitteln (ElektroG), Batterien (§ 11 BattG), Drucker-/Tonerkartuschen, Verpackungsmaterialien mit „Grünem Punkt" (oder sonstigen, ggf. künftig allgemein eingeführten Trennsystemen zugeordneten Materialien), Bioabfall (§ 20 KrWG, § 3 GewAbfV) und sonstigem Abfall zu trennen und zu entsorgen, wobei eine etwa weitergehende heute bestehende oder künftig eingeführte gesetzliche Pflicht zur Behandlung von Abfall vorrangig zu*

beachten ist. Der Vermieter ist berechtigt, die Lagerung nicht nach dieser Maßgabe getrennten Abfalls zu untersagen. Der Vermieter hat für das Gesamtobjekt insgesamt und der Mieter für das Innere des Mietobjekts Müllsammelsysteme vorzuhalten, die die getrennte Sammlung und Entsorgung des Abfalls nach Satz 1 ermöglichen. Die Parteien werden etwaigen Dokumentationspflichten (z. B. nach Maßgabe des § 3 Abs. 3 GewAbfV) nachkommen und sich diesbezüglich vorher abstimmen."[55]

Vertragliche Vorgaben hinsichtlich des Umgangs mit **Abfällen** sind nicht nur auf die Planungs- und Ausführungsphase beschränkt, sondern betreffen insbesondere auch die Nutzungsphase. Mit dem seitens des Zentralen Immobilien Ausschuss e.V. vorgeschlagenen Regelungskonzept wird der Mieter in transparenter Weise zur Einhaltung der Vorgaben zur Abfallentsorgung verpflichtet. 90

IV. Garantie

Von den vertraglich vereinbarten (Leistungs-)Verpflichtungen hinsichtlich der Intensität der Verpflichtung abzugrenzen sind die Fälle der **Garantie.** Hier übernimmt der Auftragnehmer zumeist für einen bestimmten Erfolgseintritt eine Garantie. Dabei ist die Erklärung aufgrund ihrer Mehrdeutigkeit durch Auslegung zu ermitteln.[56] Drei Auslegungen kommen in den meisten Fällen in Betracht.[57] Eine Garantie kann die missverständliche Bezeichnung einer vertraglichen Vereinbarung über eine (einfache) Leistungspflicht bedeuten. Deutlich weiter geht das Verständnis, nach dem das Wort „Garantie" bedeutet, dass die entsprechende vertragliche Anforderung in jedem Fall eintreten soll, so dass der Auftragnehmer, wenn sie fehlt, verschuldensunabhängig auf Schadensersatz in Anspruch genommen werden kann (unselbständige Garantie).[58] Schließlich kann die Garantie auch eine Haftungsübernahme für einen über die Hauptleistungspflicht hinausgehenden und auch von anderen Faktoren abhängigen wirtschaftlichen Erfolg darstellen (selbständige Garantie).[59] Aufgrund der je nach Auslegungsergebnis erheblichen (Haftungs-)Folgen wird in den praktischen Umsetzungen weit überwiegend von Garantien Abstand genommen. Ohnehin gilt allerdings, dass bei der Formulierung entsprechender vertraglicher Vereinbarungen wiederum in besonderem Maße auf Transparenz zu achten ist. Gerade wenn davon auszugehen ist, dass sich der jeweilige Vertragspartner beispielsweise verschuldensunabhängig auf Schadensersatz für den Fall der Nichteinhaltung verpflichtet, muss eindeutig sein, welchen Anforderungen sein Werk genügen muss. Anderenfalls sind Auseinandersetzungen zwischen den Parteien bzw. eine mögliche Unwirksamkeit der Regelung die Folge. 91

---

[55] Zentraler Immobilien Ausschuss e.V., Green Lease 2.0 – Vom grünen Mietvertrag zum ESG Lease (2024), URL: https://zia-deutschland.de/wp-content/uploads/2024/03/zia_broschuere_green_lease_2024_einzelseiten.pdf (Stand: 22.5.2024).
[56] BGH 5.3.1970 – VII ZR 80/68, BauR 1970, 107.
[57] RG 28.9.1940 – II 23/40, RGZ 165, 41; BGH 5.3.1970 – VII ZR 80/68, BauR 1970, 107; BGH 8.2.1973 – VII ZR 208/70, BauR 1973, 191; BGH 20.9.1973 – VII ZR 207/72, WM 1973, 1322; BGH 25.9.1975 – VII ZR 179/73, NJW 1976, 43.
[58] BGH 12.3.1986 – VIII ZR 332/84, NJW 1986, 1927.
[59] BGH 8.3.1967 – VIII ZR 285/64, NJW 1967, 1020; BGH 12.3.1986 – VIII ZR 332/84, NJW 1986, 1927.

§ 5 Methoden und Ansätze zur Unterstützung des nachhaltigen Planens, Bauens und Betreibens

Übersicht

	Rn.
A. Einleitung	1
B. Bewertungsgrundlagen für Treibhausgasemissionen	6
I. Strategien zum Umgang mit THG-Emissionen	6
II. Wirkungskategorie Treibhausgasemissionen	10
C. Ökobilanzierung	14
I. Einführung in die Ökobilanzierung	14
1. Zielsetzung	15
2. Prinzipielles Vorgehen	17
3. Ökobilanzierung von Gebäuden	18
4. Normative Grundlage	26
5. Anwendungsbereiche	27
II. THG-Bilanzierung und Dekarbonisierungspfad nach CRREM	29
1. Dekarbonisierungspfad für Gebäude	30
2. Prinzipielles Vorgehen	32
III. Umweltproduktdeklaration	34
1. Zielsetzung	35
2. Programmbetreiber und Qualitätssicherung	38
3. Prinzipieller Aufbau	40
4. Anwendungsbereiche	41
D. Lebenszykluskostenrechnung	42
E. Zirkuläres Bauen und Sanieren	48
1. Zielsetzung	49
2. Ansätze zirkulären Bauens und Sanierens	50
3. Anwendungsbereiche	52
F. Klimarisiko- und Vulnerabilitätsanalyse	53
1. Zielsetzung	54
2. Terminologie	56
3. Prinzipielles Vorgehen	59
G. Digitalisierung und Gebäudedaten	62

A. Einleitung

In der Bau- und Immobilienwirtschaft rückt nicht nur der Neubau von Immobilien, sondern ebenso die Sanierung bestehender Immobilien vermehrt in den Fokus regulatorischer Anforderungen. Ein zentraler Aspekt in diesem Zusammenhang sind die grauen Emissionen, welche die durch Bau und Betrieb von Immobilien verursachten, materialgebundenen Treibhausgasemissionen darstellen. **1**

Es lässt sich erkennen, dass sich im Planen, Bauen und Betreiben von Immobilien vermehrt Methoden und Ansätze etablieren, welche den Material-, Energie- und Ressourcenverbrauch adressieren, um den regulatorischen Zielvorgaben sowie Transparenzanforderungen gerecht zu werden. Die Konzepte für weitere regulatorische Maßnahmen erstrecken sich von der verpflichtenden Ermittlung der grauen Emissionen und Verringerung der Emissionen durch Endenergieeinsparung über Nachweisführung zu verbauten Materialien bis hin zur Implementierung von CO_2-Bepreisungen. Investoren und Kreditgeber setzen vermehrt Druck auf klimafreundlichere Immobilien. Die steigende Bepreisung von Treibhausgasen schafft finanzielle Anreize, während die Umsetzung von Strategien zur Emissionsminderung betriebswirtschaftliche Herausforderungen mit sich bringt. In der Folge **2** nimmt die präzise Erfassung und Bewertung von Treibhausgasemissionen im Lebenszyklus von Gebäuden an Bedeutung zu. In Anbetracht dieser Entwicklung gewinnt die Auseinandersetzung der Akteure der Bau- und Immobilienwirtschaft mit geeigneten Methoden und Ansätzen zur Unterstützung des nachhaltigen Planens, Bauens und Betreibens von Immobilien zunehmend an Relevanz.

3   Die Ökobilanzierung stellt eine Methode zur systematischen Analyse der Umweltauswirkungen von Produkten, Verfahren oder Dienstleistungen entlang ihres gesamten Lebenszyklus dar. Ziel ist die umweltorientierte Entscheidungsfindung, die Entwicklung umweltfreundlicher Produkte sowie der Nachweis der Umweltwirkung von Gebäuden. Die THG-Bilanzierung konzentriert sich auf das Treibhauspotenzial von Gebäuden und kann je nach Bedarf den gesamten Lebenszyklus oder nur die Betriebs- und Nutzungsphase berücksichtigen. Im Vergleich zur umfassenden Ökobilanzierung ist die THG-Bilanzierung somit schneller und einfacher anzuwenden.

4   Zusehends Relevanz für das nachhaltiges Planen und Bauen gewinnen die Beschreibung von Baustoffen, Bauprodukten oder Baukomponenten in Form von Umweltproduktdeklarationen sowie die ganzheitliche Optimierung von Immobilienprozessen im Lebenszyklus. Der Nachweis der Klimaresilienz sowie zirkuläre Ansätze für Immobilien gelten bereits heute als grundlegende Erfordernisse für Umweltziele gemäß der EU-Taxonomie.

5   Die Digitalisierung von Gebäudedaten trägt zur Reduzierung von Treibhausgasemissionen und zur Förderung des zirkulären Bauens bei. Die Implementierung digitaler Methoden erfordert jedoch die Verknüpfung von Ökobilanzdaten mit Bauelementen und Bewirtschaftungskonzepten, wobei Herausforderungen wie Datenstandards und Verständnis für professionelles Datenmanagement überwunden werden müssen.

B. Bewertungsgrundlagen für Treibhausgasemissionen

I. Strategien zum Umgang mit THG-Emissionen

6   Die meisten Immobilieneigentümer in Deutschland sind derzeit noch nicht gesetzlich verpflichtet, ihre **THG-Emissionen** zu reduzieren, sondern handeln freiwillig. Häufig sind es Stakeholder wie Investoren oder Kreditgeber, die klimafreundlichere Immobilien fordern. Durch die zunehmende THG-Bepreisung im Gebäudesektor entsteht jedoch auch ein finanzieller Anreiz.

7   Strategien zur Vermeidung oder Reduktion von **Treibhausgasemissionen (THG-Emissionen)** führen jedoch zu betriebswirtschaftlichen Herausforderungen, da schnelle Minderungseffekte nur schwer zu erzielen sind und häufig unvermeidbare Emissionen verbleiben. Hinzu kommt, dass anfänglich erzielte Einspareffekte mit steigendem Aufwand abnehmen. Dies führt zu Überlegungen, ob Investitionen in Vermeidungs- und Minderungsmaßnahmen bei Immobilien betriebswirtschaftlich vertretbar sind. Die Kompensation von **THG-Emissionen,** zB durch Zertifikate, wird daher als ergänzende Strategie gesehen, die neben der ökologisch-sozialen Verantwortung auch betriebswirtschaftliche Überlegungen berücksichtigt.

8   Diese Situation ist typisch für eine Übergangsphase, in der zunächst keine oder kaum Erfolge sichtbar sind. Die Kommunikation mit den Stakeholdern kann sich in der Phase des Übergangs als schwierig erweisen, da schnelle Erfolge oft nicht sichtbar sind. Die Wahl des Strategie-Mix ist eine individuelle Entscheidung und beeinflusst Art, Umfang und Reihenfolge der Maßnahmen auf dem Weg zur CO_2-Neutralität im **Lebenszyklus** der Immobilie. Immobilieneigentümer, die CO_2-Neutralität anstreben, wählen ihre Strategien individuell, wobei der Grundsatz der Vermeidung und Minderung von CO_2-Emissionen Vorrang vor der Kompensation hat.[1] Die Anwendung der Kompensationsstrategie kann – ebenso wie die Vermeidungs- und Reduktionsstrategie – volumenmäßig gestaffelt über den Lebens-

---

[1] Vgl. Watson et al, SBTi Corporate Net-Zero Standard, 2023, 21.

zyklus der Immobilie erfolgen und sollte nicht in Konkurrenz zu besseren und zielführenderen Ansätzen des Klimaschutzes stehen.

Es existieren diverse Maßnahmen, welche vergleichsweise einfach realisierbar sind und zugleich eine erhebliche Wirkung erzielen können, gemeinhin als „low-hanging fruits" bezeichnet. Hierbei handelt es sich häufig um die Nutzeraktivierung in Verbindung mit dem Umstieg auf Photovoltaik als nachhaltiger Energieträger. Die Ausrichtung von Entscheidungen in Planungs- und Bauprozessen von Gebäuden sollte entsprechend den vorhandenen Potenzialen zur Reduktion von **THG-Emissionen** erfolgen.

II. Wirkungskategorie Treibhausgasemissionen

Um gezielt Einfluss auf die **THG-Emissionen** im **Lebenszyklus** von Gebäuden ausüben zu können, ist eine präzise Erfassung und Bewertung dieser von entscheidender Bedeutung. Im Kontext der Bewertung der Umweltwirkungen fungiert das **Treibhauspotenzial** (GWP 100 *gesamt*) als geeigneter Indikator. Der weithin gebräuchlichste Indikator quantifiziert den Beitrag der Emissionen von Kohlendioxid, Methan oder Stickstoff zum Treibhauseffekt.

Mit Hilfe von **Umrechnungsfaktoren** werden die Emissionen anderer Treibhausgase in CO_2-Äquivalente umgerechnet. Aufgrund der unterschiedlichen Wirkungspotenziale und zur Erleichterung einer adäquaten Vergleichbarkeit erfolgt stets die Angabe von CO_2-Äquivalenten (kg CO_2e) über einen Zeithorizont von 100 Jahren. Die neuesten Entwicklungen in der europäischen Normung spiegeln wider, dass zunehmend in Analyse- und Bewertungsverfahren für Treibhauspotenzial neben dem GWP 100 *gesamt*, folgende Teilgrößen zu betrachten sind:[2]

- GWP-*fossil*: **Treibhauspotenzial** fossiler Energieträger und Stoffe, welches u. a. durch die Oxidation oder Reduktion von fossilen Brennstoffen oder fossilen Kohlenstoff enthaltenden Stoffen durch ihre Umwandlung oder ihren Zerfall entsteht
- GWP-*biogen*: Als biogen deklariertes **Treibhauspotenzial**, welches u. a. aus der Bindung von CO_2 in Biomasse aus allen Quellen, mit Ausnahme natürlicher Wälder, als Transfer von gebundenem Kohlenstoff durch lebende Biomasse, aus der Natur in das Produktsystem
- GWP-*luluc*: **Treibhauspotenzial** Landnutzung und Landnutzungsänderung, welches u. a. durch Veränderungen des festgelegten Kohlenstoffbestandes infolge der Landnutzung und Landnutzungsänderung in Zusammenhang mit der deklarierten bzw. funktionalen Einheit entsteht.

Die so ermittelten **THG-Emissionen** bzw. das **Treibhauspotenzial** gilt es künftig mitsamt dem biogenen Kohlenstoffgehalt auszuweisen und zu bewerten. Möglichkeiten der Bewertung umfassen dabei u.a.:
- Relativer Vergleich von Entwurfsvarianten
- Absoluter Vergleich mit Benchmarks

Die ermittelten Werte sollten zur Validierung der Aussagekraft mit weiteren Indikatoren und Bewertungsmaßstäben in Abgleich gebracht werden.

Treibhauspotenzial (Global Warming Potenzial, GWP) und **Treibhausgasprotokoll** (engl.: Greenhouse Gas Protocol, GHG Protocol) sind verwandte Konzepte, dienen jedoch unterschiedlichen Zwecken im Zusammenhang mit der Bekämpfung des Klimawandels. Während das GWP ein Indikator für die Wirkungsbilanz einer Ökobilanzierung ist, stellt das GHG Protocol einen globalen Bilanzierungsstandard für Unternehmen, Länder und Organisationen dar. Es gliedert die **THG-Emissionen** in direkte Emissionen aus der eigenen Geschäftstätigkeit (Scope 1), indirekte Emissionen aus dem Energiebezug (Scope 2) und weitere indirekte Emissionen entlang der Wertschöpfungskette (Scope 3).

---

[2] DIN EN 15804:2022-03; Nachhaltigkeit von Bauwerken – Umweltproduktdeklarationen – Grundregeln für die Produktkategorie Bauprodukte; Deutsche Fassung EN 15804:2012+A2:2019 + AC:2021, 64.

C. Ökobilanzierung

I. Einführung in die Ökobilanzierung

14 Bei der **Ökobilanzierung** (engl.: Life Cycle Assessment – LCA) handelt es sich um eine Methode zur systematischen Analyse der Umweltwirkungen von Produkten, Verfahren oder Dienstleistungen entlang des gesamten Lebenswegs.[3]

1. Zielsetzung

15 Die ganzheitliche Methode der **Ökobilanzierung** zeichnet sich durch die Erfassung und Bewertung der Stoff- und Energieströme sowie der potentiellen Umweltwirkungen eines Produktes entlang seines gesamten Lebensweges aus. Die Ergebnisse der **Ökobilanzierung** werden vornehmlich für folgende Zwecke herangezogen:
- Umweltorientierte Entscheidungsfindung über Produkte, Prozesse und Dienstleistungen
- Entwicklung neuer oder Weiterentwicklung vorhandener Produkte mit verminderten Umweltwirkungen
- Nachweisführung zur Umweltwirkung von Bauwerken oder Bauprodukten aus gesetzlichen Anforderungen oder im Zuge von Zertifizierungen

16 Während die **Ökobilanzierung** systematisch die verschiedenen Umweltwirkungen über den **Lebenszyklus** bewertet, fokussiert sich die THG-Bilanzierung auf eine Umweltwirkung – das **Treibhauspotenzial**. Im Unterschied zur vollständigen **Ökobilanzierung** beschränkt sich die THG-Bilanzierung für Gebäude je nach Bedarf dabei auf den gesamten Lebenszyklus oder lediglich auf die Betriebs- und Nutzungsphase. Im Vergleich zur Ökobilanzierung ist die THG-Bilanzierung schneller in der Anwendung und einfacher in der Interpretation. Die CO_2-Bilanzierung hingegen hat vornehmlich die Erfassung von Kohlenstoffdioxid-Emissionen im Fokus. Tabelle 1 stellt eine vergleichende Betrachtung der verschiedenen Umweltbilanzierungsarten nach wesentlichen Unterscheidungsmerkmalen dar.

Merkmal	Ökobilanz	THG-Bilanz	CO_2-Bilanz
Erfassung der Kohlenstoffdioxid-Emissionen	✓	✓	✓
Erfassung sämtlicher THG-Emissionen	✓	✓	x
Erfassung der Stoff- und Energieströme	✓	x	x
Erfassung des Global Warming Potenzials	✓	✓	x
Dekabonisierungspfad CREEM	x	✓	x

Tabelle 1: Wesentliche Unterscheidungsmerkmale von Umweltbilanzierungsarten

2. Prinzipielles Vorgehen

17 Die normative Grundlage für Ökobilanzen für Produkte aller Art ist in DIN EN ISO 14040:2021 und DIN EN ISO 14044:2021 festgelegt. Das prinzipielle Vorgehen zur Erstellung und Bewertung von Ökobilanzen umfasst folgende Schritte:[4]

---

[3] DIN EN ISO 14040:2021-02; Umweltmanagement – Ökobilanz – Grundsätze und Rahmenbedingungen (ISO 14040:2006 + Amd 1:2020); Deutsche Fassung EN ISO 14040:2006 + A1:2020, 9.
[4] DIN EN ISO 14044:2021-02; Umweltmanagement – Ökobilanz – Anforderungen und Anleitungen (ISO 14044:2006 + Amd 1:2017 + Amd 2:2020); Deutsche Fassung EN ISO 14044:2006 + A1:2018 + A2:2020, 22 ff.

1. **Festlegung von Ziel und Untersuchungsrahmen**
   Definition des Ziels und des Anwendungsbereichs der Ökobilanz, wie beispielsweise die Festlegung der Systemgrenzen, die Auswahl der zu bewertenden Umweltwirkungen oder die Anforderungen an die Datenqualität.
2. **Sachbilanz**
   Erfassung, Quantifizierung und Validierung aller relevanten Daten zu Material- und Energieträger sowie Emissionen über den gesamten Lebenszyklus in einer Bilanz. Die Daten können aus verschiedenen Quellen stammen und umfassen sowohl eingehende als auch ausgehende Stoff- und Energieströme. Die Sachbilanz kann folgende Indikatoren umfassen:
   - Summe Primärenergieverbrauch (PE) [MJ]
   - davon Summe Primärenergie aus nicht regenerierbaren Ressourcen (PENRT) [MJ]
   - davon Summe Primärenergie aus regenerierbaren Quellen (PERT) [MJ]
   - Abiotischer-Ressourcen-Verbrauch (ADP) [kg Sb-Äq.]
   - Wasserverbrauch Frischwasser (FW)
3. **Wirkungsbilanz**
   Bewertung der potenziellen Umweltwirkungen durch Anwendung von Indikatoren auf die Daten der Sachbilanz. Dies kann unter Einsatz von softwaregestützten Charakterisierungsmodellen erfolgen. Die Wirkungsbilanz kann neben dem Treibhauspotenzial auch folgende Indikatoren umfassen:
   - Ozonabbaupotenzial (ODP) [kg R11-Äq.]
   - Versauerungspotenzial (AP) [kg SO2-Äq.]
   - Eutrophierungspotenzial (EP) [kg PO4-Äq.]
   - Bodennahe Ozonbildung (POCP) [kg C2H4-Äq.]
4. **Auswertung**
   Interpretation der Ergebnisse aus Sachbilanz und Wirkungsbilanz in Bezug auf das Ziel und den Anwendungsbereich der Ökobilanzierung. Identifizierung der Schlüsselbereiche, die signifikante Umweltwirkungen haben. Dabei wird unter anderem auf Sensitivitätsanalysen zurückgegriffen. Entwicklung von Handlungsempfehlungen zur Reduzierung der Umweltwirkungen und Kosteneffizienz in der Produktentwicklung.

3. Ökobilanzierung von Gebäuden

Für die **Ökobilanzierung** von Gebäuden wird die derzeit in Überarbeitung befindliche DIN EN 15978:2012 als Grundlage herangezogen. Die Norm gilt sowohl für Neubauten als auch den Bestand.[5] Die Systemgrenze definiert sowohl den zeitlichen Betrachtungshorizont, nämlich die Lebensdauer des Gebäudes bzw. die berücksichtigten Lebenszyklusphasen, als auch den räumlich-technischen Aspekt, indem sie festlegt, welche Materialien und Bauteile bilanziert werden. In Ökobilanzen nach DIN EN 15804 werden die Umweltwirkungen von Bauprodukten anhand von über 20 Indikatoren bewertet.[6] Im Fokus stehen dabei Grundregeln für Produktkategorien, um **Umweltproduktdeklarationen** für Bauprodukte, Bauleistungen und Bauprozesse in einheitlicher Weise ableiten, verifizieren und darstellen zu können.

Grundlage für die Ökobilanz eines Gebäudes ist zunächst ein Modell des Gebäudes und dessen **Lebenszyklus,** wobei in einer spezifisch baubezogenen Anwendung nicht zwangsläufig sämtliche Phasen durchlaufen werden müssen. Die Beschreibung des Gebäudes erfolgt gemäß den Kostengruppen der DIN 276:2018 unter Anwendung eines elementbasierten Ansatzes. Der **Lebenszyklus** wird in unterschiedliche Phasen und Module unterteilt, wie in Abbildung 1 veranschaulicht.

---
5   DIN EN 15978:2012-10; Nachhaltigkeit von Bauwerken – Bewertung der umweltbezogenen Qualität von Gebäuden – Berechnungsmethode; Deutsche Fassung EN 15978:2011, 7.
6   DIN EN 15804:2022-03; Nachhaltigkeit von Bauwerken – Umweltproduktdeklarationen – Grundregeln für die Produktkategorie Bauprodukte; Deutsche Fassung EN 15804:2012+A2:2019 + AC:2021, 6.

Kapitel 2   Nachhaltigkeitsstrategien und Grundlagen der Vertragsgestaltung

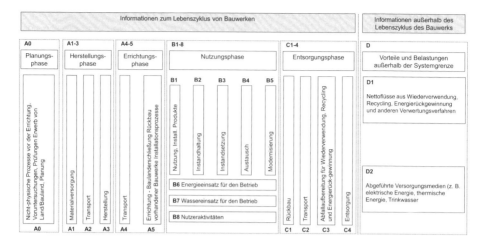

Abbildung 1 Lebenszyklusphasen und Informationsmodule DIN EN 15643:2021[7]

Nach DIN EN 15643 wird der allgemein bei der Ökobilanzierung von Gebäuden angenommenen zeitlichen Betrachtungshorizont von in der Regel 50 Jahren in folgende Lebenszyklusphasen unterteilt:
- Herstellungsphase (A1-A3)
- Errichtungsphase (A4-A5)
- Nutzungsphase (B1-B8)
- Entsorgungsphase (C1-C4)
- Wiederverwendung (D)

20   In den Modulen A1-A3 erfolgt die Bilanzierung der Umweltauswirkungen von der Rohstoffgewinnung bis zur Herstellung eines fertigen Bauprodukts. Die Bilanzierung erfolgt stets auf Produktebene. Die Module A4-A5 erfassen den Transport vom Herstellungsort bis zum Einbauort und die dabei auftretenden Emissionen durch die Installation. Bauaktivitäten sind stark lokal geprägt und involvieren erhebliche Massenbewegungen. Infolgedessen spielen Emissionen aus dem Transport, insbesondere zum Baustellenstandort (A4), eine bedeutende Rolle in der ökologischen Bilanz von Gebäuden. Internationale Studien differenzieren oft zwischen den Transportwegen nach:
- 50 km lokal produziert
- 300 km national produziert
- 1.500 km in Europa produziert

21   Die Module B1-B8 widmen sich der Bilanzierung der Nutzung und des Betriebs des Gebäudes über den Zeitraum, in dem es in Betrieb ist und genutzt wird. Diese Phase erstreckt sich typischerweise über den längsten Zeitraum innerhalb der Gesamtlebensdauer eines Gebäudes. Während dieser Phase werden verschiedene Aspekte im Zusammenhang mit dem Energieverbrauch, der Ressourcennutzung und den Umweltauswirkungen des Gebäudes betrachtet.

Ein entscheidender Faktor für die Umweltauswirkungen eines Gebäudes in dieser Lebenszyklusphase ist der Energieverbrauch im Betrieb (Modul B6). Dabei wird analysiert, wie viel Energie für Heizung, Kühlung, Beleuchtung, Lüftung, elektrische Geräte und andere Zwecke benötigt wird. Im Gegensatz zur Gebäudeenergiebilanz nach dem Gebäudeenergiegesetz (GEG), die sich auf den Energiebedarf des Gebäudes in der Nutzungsphase

---

[7]   DIN EN 15643:2021-12; Nachhaltigkeit von Bauwerken – Allgemeine Rahmenbedingungen zur Bewertung von Gebäuden und Ingenieurbauwerken; Deutsche Fassung EN 15643:2021, 31.

beschränkt, wird bei der Gebäudeökobilanz der gesamte **Lebenszyklus** des Gebäudes berücksichtigt. Das Modul B6 soll in der aktuellen Diskussion zur Überarbeitung der DIN EN 15978:2012 weiter unterteilt werden in[8]:
- B6.1 **Treibhausgasemissionen** infolge des gebäudebezogenen und normativ geregelten Energieaufwands (entsprechend dem GEG),
- B6.2 **Treibhausgasemissionen** infolge des gebäudebezogenen, jedoch nicht normativ geregelten Energieaufwands (zB Aufzüge), sowie
- B6.3 **Treibhausgasemissionen** infolge des nutzer- und nutzungsbezogenen Energieaufwands (zB Nutzerstrom).

Die Module C1-C4 erfassen den Rückbau von Material und Bauprodukten, den Transport des zurückgebauten Materials, dessen Behandlung für eine spätere Weiterverwendung bis hin zur Entsorgung nicht wieder verwendbarer Bestandteile.

Der bilanziellen Ermittlung von Vorteilen und Belastungen außerhalb der Systemgrenze des **Lebenszyklus** widmen sich die Modul D1 „Recyclingpotenzial" und D2 „Effekten der an Dritten gelieferten Energie". Die Ergebnisse dieser beiden Module werden bei Berechnungen zumeist separat dargestellt.

Um die Komplexität der Darstellung zu reduzieren, lässt sich das Lebenszyklusmodell nach international üblichen Ansätzen in einen betriebsbedingten Teil und einen gebäudebezogenen Teil unterteilen, siehe Abbildung 2.

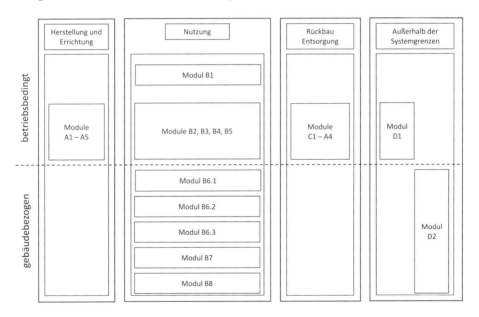

Abbildung 2 Nutzungsbezogene Unterteilung des Lebenszyklusmodells nach Lützkendorf[9]

Die Anforderungen an die **Ökobilanzierung** ergeben sich unmittelbar aus dem jeweiligen Anwendungsfall. Die aktuell in Anwendung befindlichen **Bilanzierungsregeln** des Qualitätssiegels Nachhaltiges Bauen (QNB) adressieren die Module A1-A3, B4, B5, C3 und C4. Eine Umsetzung der Bilanzierung gemäß den Vorgaben der Deutschen Gesell-

---

[8] DIN EN 15978-1:2021-09 – Entwurf; Nachhaltigkeit von Bauwerken – Methodik zur Bewertung der Qualität von Gebäuden – Teil 1: Umweltqualität; Deutsche und Englische Fassung prEN 15978-1:2021, 31.
[9] Lützkendorf, BBSR 33/2021 Klimaschutz im Gebäudebereich, 2021, 18.

Kapitel 2
Nachhaltigkeitsstrategien und Grundlagen der Vertragsgestaltung

schaft für Nachhaltiges Bauen (DGNB) schließt darüber hinaus das Modul D1 ein, wie Abbildung 4 zu entnehmen.

Lebenszyklus Module	Herstellung und Errichtung					Betrieb und Nutzung							Rückbau und Abfallbehandlung				Vorteile und Belastungen außerhalb der Systemgrenzen
Module DIN EN 15978	A1	A2	A3	A4	A5	B1	B2	B3	B4	B5	B6	B7	C1	C2	C3	C4	D1
QNG	X	X	X						X		X				X	X	separat darzustellen
DGNB	X	X	X						X		X				X	X	X

Abbildung 3 Gegenüberstellung von Bilanzierungsregeln

4. Normative Grundlage

26 Eine Reihe von Normen können im Zusammenhang mit der Ermittlung und Bewertung von **Treibhausgasemissionen** angewendet werden. Dazu zählen u.a.:

a) Grundlagen der Ökobilanzierung
- DIN EN ISO 14040:2021-02
  Umweltmanagement – Ökobilanz – Grundsätze und Rahmenbedingungen (ISO 14040:2006 + Amd 1:2020); Deutsche Fassung EN ISO 14040:2006 + A1:2020
- DIN EN ISO 14044:2021-02
  Umweltmanagement – Ökobilanz – Anforderungen und Anleitungen (ISO 14044:2006 + Amd 1:2017 + Amd 2:2020); Deutsche Fassung EN ISO 14044:2006 + A1:2018 + A2:2020

b) Umweltbezeichnungen und Deklarationen (allgemein)
- DIN EN ISO 14020:2023-07
  Umweltaussagen für Produkte und deren Programme – Grundsätze und allgemeine Anforderungen (ISO 14020:2022); Deutsche Fassung EN ISO 14020:2023
- DIN EN ISO 14025:2011-10
  Umweltkennzeichnungen und -deklarationen – Typ III Umweltdeklarationen – Grundsätze und Verfahren (ISO 14025:2006); Deutsche und Englische Fassung EN ISO 14025:2011

c) Umweltqualität von Bauprodukten
- DIN EN 15804:2022-03
  Nachhaltigkeit von Bauwerken – **Umweltproduktdeklarationen** – Grundregeln für die Produktkategorie Bauprodukte; Deutsche Fassung EN 15804:2012+A2:2019 + AC:2021

d) Umweltqualität von Gebäuden
- DIN EN 15643:2021-12
  Nachhaltigkeit von Bauwerken – Allgemeine Rahmenbedingungen zur Bewertung von Gebäuden und Ingenieurbauwerken; Deutsche Fassung EN 15643:2021
- DIN EN 15978:2012-10
  Nachhaltigkeit von Bauwerken – Bewertung der umweltbezogenen Qualität von Gebäuden – Berechnungsmethode; Deutsche Fassung EN 15978:2011
- ISO 16745-1:2017-05
  Nachhaltigkeit von Gebäuden und Ingenieurbauwerken – Grundlagen für die Bilanz der Treibhausgasemissionen in der Nutzungsphase eines Gebäudes – Teil 1: Berechnung, Berichte und Kommunikation
- ISO 16745-2:2017-05
  Nachhaltigkeit von Gebäuden und Ingenieurbauwerken – Grundlagen für die Bilanz

der Treibhausgasemissionen in der Nutzungsphase eines Gebäudes – Teil 2: Verifikation

e) Ermittlung und Management von Treibhausgasfußabdruck
- ISO 14067:2018-08
Treibhausgase – Carbon Footprint von Produkten – Anforderungen an und Leitlinien für Quantifizierung
- ISO 14068-1:2023-11
Management des Klimawandels – Übergang zu Netto-Null – Teil 1: Treibhausgasneutralität

f) Bewertung der Datenqualität
- DIN EN 15941:2022-11 – Entwurf
Nachhaltigkeit von Bauwerken – Datenqualität für die Erfassung der Umweltqualität von Produkten und Bauwerken – Auswahl und Anwendung von Daten; Deutsche und Englische Fassung prEN 15941:2022

g) Anforderungen an die Beschreibung von Benchmarks und Zielwerten für Gebäude
- ISO 21678:2020-06
Nachhaltigkeit von Bauwerken – Methodische Grundsätze für die Entwicklung von Benchmarks für nachhaltiges Bauen

Die aufgeführten Normen unterliegen Anpassungs- und Weiterentwicklungszyklen und befinden sich teilweise in Überarbeitung. Es empfiehlt sich, jeweils den aktuellen Stand der Normung zu recherchieren und zu berücksichtigen.

5. Anwendungsbereiche

Abbildung 3 gibt einen Überblick über die angewandte **Ökobilanzierung** von Gebäuden. Angaben zu Umweltwirkungen von Gebäuden werden derzeit in verschiedenen Anwendungsfällen von der Finanzierung, über die Entwicklung bis in die Bewirtschaftung nachgefragt und als Nachweis benötigt. [27]

Kapitel 2 Nachhaltigkeitsstrategien und Grundlagen der Vertragsgestaltung

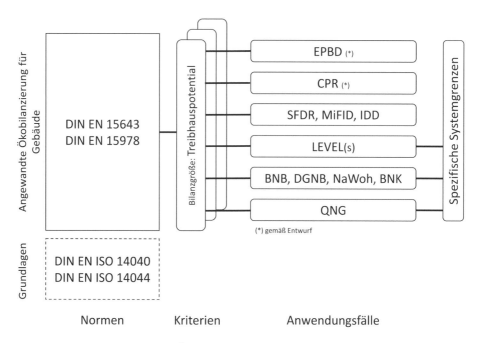

Abbildung 4 Grundlagen der angewandten Ökobilanzierung für Gebäude, in Anlehnung an Lützkendorf[10]

28 Unter den verschiedenen Anwendungsbereichen für die **Ökobilanzierung** bei Gebäuden finden sich:

- **Planungsbegleitende Bewertung und nachhaltiges Bauen**
  Ökobilanzen gestatten im Rahmen der planungsbegleitenden Betrachtung, Probleme zu identifizieren, verschiedene Alternativen zu simulieren und daraus Anpassungs- bzw. Verbesserungsmaßnahmen abzuleiten. Dabei ist es geboten, die genannten Maßnahmen in einer Weise zu koordinieren bzw. zu kombinieren, die darauf abzielt, Umweltauswirkungen zu minimieren.
- **Informationen und Kennwerten zur Entscheidungsfindung**
  Ökobilanzen gewinnen zunehmend an Bedeutung für Entscheidungsprozesse bei Immobilientransaktionen und zur Nachhaltigkeitsberichterstattung. So fließen die Ergebnisse zunehmend in Finanzierungsentscheidungen, Wertermittlungen und Mietverträge ein. Dies unterstreicht die Notwendigkeit, nicht nur transparente und verlässliche ökologische Kennwerte darzustellen, sondern auch sicherzustellen, dass diese Daten rechtsverbindlich und nachvollziehbar sind. Die Zielgruppen dieser Informationen verfügen häufig nur über geringe Kenntnisse der zugrunde liegenden Berechnungsmethoden. Eine klare und verständliche Darstellung sowie die Qualitätssicherung bei der Kommunikation von Ergebnissen aus Ökobilanzen ist deshalb wichtiger Gegenstand der Vertragsgestaltung.
- **Erreichen von Anforderungsniveaus in der Nachhaltigkeitszertifizierung**
  Viele Zertifizierungssysteme für nachhaltiges Bauen, wie BREEAM, DGNB oder LEED, berücksichtigen Ökobilanzen als Bewertungskriterium. Gebäude, die umweltfreundliche Materialien verwenden und nachhaltige Praktiken anwenden, können so besser zertifiziert werden. Auf Ebene der eingesetzten Bauprodukte gelten Ökobilanzen zuteilen als Nachweis von nachhaltigen und ressourcenschonenden Bauprodukten.

---

[10] Lützkendorf, Grundlagen für die Erstellung der Ökobilanz von Gebäuden, 2022, in: nbau.org, https://www.nbau.org/2022/06/27/grundlagen-fuer-die-erstellung-der-oekobilanz-von-gebaeuden/, letzter Zugriff: 29.1.2024.

- **Erfüllung von Anforderungen aus Förderprogrammen**
  Einige Förderprogramme setzen Anforderungen an die Verwendung umweltfreundlicher Materialien in Bauprojekten und bieten somit finanzielle Anreize für nachhaltige Bauweisen und die Verwendung nachhaltiger Bauprodukte. Ökobilanzen können dazu beitragen, die Einhaltung dieser Anforderungen nachzuweisen und somit die Teilnahme an Förderprogrammen zu erleichtern. So beurteilen beispielsweise alle für das Qualitätssiegel Nachhaltiges Gebäude registrierten Bewertungssysteme mithilfe der Ökobilanzierung die Umweltwirkungen über den gesamten Lebenszyklus eines Gebäudes.
- **Gesetzliche Anforderungen und Regularien**
  In einigen europäischen Ländern wie Frankreich oder Dänemark wurden in den letzten Jahren bereits Gesetze und Verordnungen erlassen, die eine umfassende Bewertung der Umweltauswirkungen von Bauprojekten verlangen. Ökobilanzen dienen dabei als Instrument, um diesen Anforderungen gerecht zu werden und die Umweltverträglichkeit von Bauprojekten sicherzustellen. Nach Auffassung der Bundesarchitektenkammer sollten die Umweltziele der EU-Taxonomie als übergeordnete Prämisse für die Bauordnungen der Länder gelten, wobei das gebundene **THG-Potenzial** eine wichtige Nachweisgröße darstellt.
- **Grundlage bei Untersuchungen und Studien**
  Die Ökobilanzierung findet in der Umweltforschung Anwendung, um die Umweltauswirkungen von menschlichen Aktivitäten, Produkten oder Technologien rund um die Immobilie zu verstehen. Dies kann dazu beitragen, Hotspots der Umweltbelastung zu identifizieren und gezielte Maßnahmen zur Verbesserung der Umweltperformance zu entwickeln. Bei der Einführung neuer Technologien oder Produkte im Bauwesen wird die Ökobilanzierung genutzt, um die Umweltauswirkungen im Vergleich zu bestehenden Lösungen zu bewerten.

Die Ökobilanzierung von Gebäuden ist grundsätzlich eine planerische Aufgabe. In der Regel erfolgt jedoch die Beauftragung entsprechender Experten, sofern die Berechnungen nicht von den beteiligten Architekten selbst durchgeführt werden können.

II. THG-Bilanzierung und Dekarbonisierungspfad nach CRREM

Die **THG-Bilanzierung** fokussiert sich auf eine Umweltwirkung, das **Treibhauspotenzial,** und beschränkt sich für Gebäude je nach Bedarf dabei auf den gesamten **Lebenszyklus** oder lediglich auf die Betriebs- und Nutzungsphase.

1. Dekarbonisierungspfad für Gebäude

Der **Dekarbonisierungspfad** bezieht sich auf einen strategischen Ansatz zur Reduktion der **THG-Emissionen** in einem bestimmen Sektor, beispielsweise Energieerzeugung, Verkehr oder Gebäude. Er fungiert als transformatives Instrument, welches die weltweit vorgegebenen Emissionsziele auf die Ebene von Gebäuden überführt, wobei die Emissionen aus dem Betrieb von Gebäuden (Modul B6) betrachtet werden. Als praxisorientiertes Instrument zur quantitativen Erfassung und Bewertung der **THG-Emissionen** dient das **CRREM-Tool** (Carbon Risk Real Estate Monitor). Das Instrument wurde von einer Gruppe von Forschern und Experten aus der Immobilienwirtschaft entwickelt. Das Instrument zielt darauf ab, den CO_2-Fußabdruck von Gebäuden zu messen und soll dazu beitragen die Dekarbonisierung und die Resilienz des Immobiliensektors in der EU zu forcieren. Dies soll gelingen, indem mittels des Instruments die mit hohen CO_2-Emissionen verbundenen finanziellen Risiken offengelegt und die finanziellen Auswirkungen des Klimawandels auf das Gebäude quantifiziert werden. Während die THG-Bilanzierung den Fokus auf die Gesamtemissionen legt, ermöglicht das CRREM-Tool eine detailliertere Analyse der Energieeffizienz und anderer Umweltaspekte auf Einzelobjekt- und Portfolio-

systemebene. Die grundlegenden Zielsetzungen, die mittels des vorliegenden Instruments verfolgt werden, umfassen im Wesentlichen:
- Konkretisierung der Verpflichtungen der Europäischen Union hinsichtlich der Reduktion von Treibhausgasemissionen im Einklang mit den Vorgaben des Pariser Klimaabkommens auf präzise sektorspezifische und gebäudebezogene Ebenen.
- Optimierung der Investitionen in Maßnahmen zur energetischen Sanierung, durch Darlegung von Szenarien, die eine effektive und effiziente Ressourcennutzung fördern.
- Transparente Darlegung der Energieintensität von einzelnen Gebäuden sowie von Gesamtportfolios, um eine präzise Bewertung und Vergleichbarkeit zu ermöglichen.
- Umfassende Bewertung des Risikos ungenutzter Vermögenswerte („Stranding-Risiko"), das sich infolge von regulatorischen Veränderungen, möglichen Schwankungen der Energiekosten und durchgeführten Sanierungsmaßnahmen ergeben könnte.

31 Der Anwendungsbereich des CRREM-Tools ist die Bewertung der Risiken im Zusammenhang mit betrieblichen Emissionen aus laufenden Investitionen und Sanierungs- und Nachrüstungsmaßnahmen an Gebäuden. Das Verfahren erfordert die Eingabe immobilienspezifischer Daten, darunter tatsächliche Verbrauchsdaten und die präzise Ausweisung selbst erzeugter Energie. Der Begriff **„Stranding Point"** bezeichnet dabei den Zeitpunkt, zu dem der emissionspfadbezogene Verlauf von Immobilien den vorgegebenen **Dekarbonisierungspfad** kreuzt, d.h. die Immobilie als „gestrandet" gilt. Ausgehend von diesem Zeitpunkt, wird aufgezeigt in welchem Jahr die Emissionen über dem vorgegebenen Zielwert liegen, siehe Abbildung 5. Der **Dekarbonisierungspfad** veranschaulicht das potenzielle Risiko, dass eine Immobilie aufgrund sich ändernder Rahmenbedingungen, Marktverhältnisse oder politischer Entscheidungen an Wert verliert. Durch die Implementierung adäquater Maßnahmen zur Emissionsminderung kann der spezifische Emissionspfad von Gebäuden wieder in Übereinstimmung mit dem Ziel des Dekarbonisierungspfades gebracht werden:

1. Länder- und nutzungsspezifischer Zielpfad zur Dekarbonisierung von Immobilien gemäß Pariser Klimaschutzabkommen
2. Ausgangsemission von Immobilie (ohne Effizienzmaßnahmen)
3. Effekte aus höherem Energieverbrauch infolge Klimawandel
4. Effekte aus prognostizierter Energieträger-Dekarbonisierung CO_2-Bepreisung oder Strafzahlung aus Marktmechanismen oder gesetzlichen Grundlagen
5. „Stranding-Point" (ohne Effizienzmaßnahmen)
6. Dekarbonisierungsmaßnahmen und -fahrplan mit Effekt auf „Stranding"-Zeitpunkt
7. Künftiger „Stranding-Point" (unter Betrachtung von Dekarbonisierungsmaßnahmen)

§ 5 Methoden des nachhaltigen Planens, Bauens und Betreibens   **Kapitel 2**

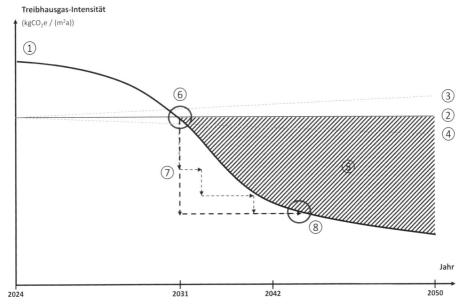

Abbildung 5 Dekarbonisierungspfad für Gebäude und Portfolios

Die Identifikation von handlungsspezifischen Maßnahmen für einzelne Objekte setzt technische Expertise voraus.

2. Prinzipielles Vorgehen

Die Analyse und Bewertung des **Dekarbonisierungspfades** für Immobilien umfasst **32** mehrere Schritte:

1. **Datenbeschaffung und -analyse**
   - Beschaffung von relevanten Informationen zu den Gebäuden, einschließlich baulich-technische Objektdaten als auch Energieverbrauchs- und Emissionsdaten.
   - Durchführung einer detaillierten Analyse und Plausibilisierung der Daten.
2. **THG-Bilanzierung:**
   - Berechnung des aktuellen THG-Fußabdrucks der Gebäude mittels softwaregestützter THG-Bilanzierung in Anlehnung an CRREM.
   - Berücksichtigung von Faktoren wie Standort, Energieeffizienz und spezifischer Emission zur Bestimmung des klimabedingten THG-Risikopotenzialfaktors.
3. **Benchmarking:**
   - Vergleich der CO_2-Emissionen des Gebäudes mit branchenweiten Benchmarks zur Einschätzung der Positionierung im Vergleich zu anderen.
4. **Szenarioanalyse durchführen:**
   - Durchführung einer Szenarioanalyse zur Bewertung unterschiedlicher Pfade der Dekarbonisierung und Berechnung eines künftigen THG-Fußabdrucks der Gebäude.
   - Berücksichtigung von Maßnahmen wie Energieeffizienzverbesserungen, erneuerbare Energien, Gebäudemodernisierungen und Technologien zur Reduzierung von Treibhausgasemissionen.

5. **Priorisierung von Maßnahmen:**
   - Identifizierung kosteneffektiver Maßnahmen zur Reduzierung von CO_2-Emissionen und Priorisierung basierend auf dem Beitrag zur Dekarbonisierung.
6. **Umsetzungsplan entwickeln:**
   - Entwicklung eines klaren Umsetzungsplans, der die Schritte zur Dekarbonisierung der Gebäude mit festgelegten Zielen, Zeitplänen und Budgets unterlegt.
7. **Monitoring und Anpassung:**
   - Implementierung der identifizierten Maßnahmen.
   - Kontinuierliches Monitoring des Fortschritts und Anpassung des Dekarbonisierungsplans bei Bedarf in Reaktion auf veränderte Rahmenbedingungen oder neue Technologien.

33   Es ist wichtig zu beachten, dass diese Schritte allgemeiner Natur sind und je nach den spezifischen Gegebenheiten des Immobilienportfolios Anpassungen erforderlich sein können. Die Inanspruchnahme von Fachleuten wie Energieberatern oder Experten für nachhaltiges Bauen kann zusätzlich empfehlenswert sein, um eine effektive und effiziente Umsetzung der Dekarbonisierungsstrategie bei Gebäuden zu gewährleisten.

III. Umweltproduktdeklaration

34   Eine **Umweltproduktdeklaration** (engl.: Environmental Product Declaration – EPD) beschreibt Baustoffe, Bauprodukte oder Baukomponenten hinsichtlich ihrer Umweltwirkungen auf Basis einer **Ökobilanzierung** sowie ihre funktionalen und technischen Eigenschaften. Die quantifizierten und verifizierten Angaben beziehen sich auf die Module A1-A3, die Module C1-C4 und das Modul D im **Lebenszyklus** eines Bauprodukts.[11]

1. Zielsetzung

35   Die Betrachtung des gesamten Produktlebenszyklus ist ein zentraler Gedanke bei der kontinuierlichen Verbesserung der ökologischen Qualität von Bauprodukten. Der Rückgriff auf **EPD**s wird auch durch die zunehmende Verbreitung von Green-Building-Zertifizierungen gestärkt und entwickelt sich immer mehr zum Standard bei der Planung und Errichtung von Gebäuden.

36   Im Unterschied zu anderen **Umweltkennzeichen** sind **EPD**s keine Zertifikate, sondern sie sind der Typ III-Umweltdeklaration zuzuordnen. Dementsprechend stellen **EPD**s keine Anforderungen an die Produktqualität, sondern vielmehr an die Bereitstellung verifizierbarer und konsistenter Daten.[12] Im Kontext von EPDs werden wissenschaftlich ermittelte Werte aus der Ökobilanz eines Produktes nach einem standardisierten Schema sachlich, neutral und wissenschaftlich fundiert dokumentiert.

37   Die ISO 14025 regelt die Grundsätze und Verfahren für Typ III-**Umweltkennzeichen,** die quantifizierte Umweltinformationen über den Lebensweg eines Produkts bereitstellen, während die DIN EN 15804 die Grundregeln für **EPD**s im Bereich Bauprodukte spezifiziert und den grundlegenden Aufbau vorgibt. Sie definiert die zu deklarierenden Umweltauswirkungen und Lebenszyklusphasen in EPDs sowie die Anforderungen an die Umweltdatenberechnung. Eine gemäß dieser Norm konforme EPD beinhaltet quantifizierte Umweltinformationen sowie Angaben zu gesundheitsbezogenen Emissionen in Innenraumluft, Boden und Wasser während der Nutzungsphase des Gebäudes.

---

[11] DIN EN 15804:2022-03; Nachhaltigkeit von Bauwerken – Umweltproduktdeklarationen – Grundregeln für die Produktkategorie Bauprodukte; Deutsche Fassung EN 15804:2012+A2:2019 + AC:2021, 15.

[12] DIN EN 15804:2022-03; Nachhaltigkeit von Bauwerken – Umweltproduktdeklarationen – Grundregeln für die Produktkategorie Bauprodukte; Deutsche Fassung EN 15804:2012+A2:2019 + AC:2021, 14.

2. Programmbetreiber und Qualitätssicherung

Das Institut Bauen und Umwelt e. V. (IBU), eine Vereinigung von Bauproduktherstellern, fungiert als maßgeblicher Träger des **EPD**-Programms in Deutschland. Das IBU gewährleistet die Qualität der bereitgestellten Informationen durch eine unabhängige Verifizierung der EPDs nach ISO 14025 durch externe Dritte. In Zusammenarbeit mit deutschen Bau- und Umweltbehörden hat das IBU ein nationales EPD-Programm auf Basis internationaler Normen entwickelt.

Nach erfolgreicher Verifizierung bleibt die **EPD** ab dem Ausstellungsdatum fünf Jahre lang gültig. Es ist erforderlich, den Hintergrundbericht, die Ökobilanz und die EPD nach Ablauf dieser Frist zu überarbeiten. Eine Neuberechnung ist nach Ablauf der Frist nicht notwendig, sofern sich die zugrundeliegende Basisnorm EN 15804+A1, die anwendbaren Procuct Category Rules (PCR)-Anleitungstexte Teile A und B sowie die der EPD zugrunde liegenden Daten nicht eine gravierende Veränderung erfuhren.

3. Prinzipieller Aufbau

Die **EPD** sind modular aufgebaut und umfassen grundsätzlich zumindest die in der DIN EN 15804 definierten Inhalte (Kern-EPD). Die Grundlage jeder EPD bilden die spezifischen PCR-Anleitungstexte Teil B, die für die jeweiligen Produktgruppen festgelegt sind. Die Kern-EPD kann durch die in den jeweiligen Anleitungstexten für PCR (Procuct Category Rules) spezifizierten zusätzlichen Informationen erweitert werden (IBU-EPD). Die IBU-EPD muss folgende zusätzliche Informationen enthalten[13]:

- Produkt (ua Lieferzustand, Inverkehrbringung, Anwendungsregeln/Herstellung, Umwelt/Gesundheit während der Herstellung, Produktverarbeitung/Installation, Verpackung, Nutzungszustand, Umwelt/Gesundheit während der Nutzung, Außergewöhnliche Einwirkungen, Nachnutzungsphase, Entsorgung)
- Berechnungsmaßstäben der **Ökobilanzierung** (ua Abschätzungen und Annahmen, Abschneideregeln, Allokationsregeln, Datenqualität, Betrachtungszeitraum)
- Sonstiges (Interpretation der Ökobilanzierungsergebnisse, Relevante Nachweise für die Produktgruppe zB VOC)

4. Anwendungsbereiche

Die Anwendung von **EPD**s im Planungs- und Bauprozess trägt dazu bei, die Nachhaltigkeit von Immobilien zu verbessern und die Umweltwirkungen von Baumaterialien zu minimieren. Unter den verschiedenen Anwendungsbereichen finden sich:

- **Nachhaltige Bauplanung**
  Architekten und Planern ermöglichen EPDs Gebäude ganzheitlich planen und bewerten zu können. Sie tragen im Planungsprozess dazu bei Produkten mit geringen Umweltwirkungen auszuwählen und in Entwürfe zu integrieren, um so den ökologischen Fußabdruck optimieren zu können.
- **Ausschreibungen und Vergabeprozesse**
  EPDs dienen als Grundlage für Ausschreibungen und Vergabeprozesse im Bauwesen. Bauherren und Unternehmen können Produkte mit niedrigeren Umweltauswirkungen bevorzugen und in ihre Beschaffungsentscheidungen einbeziehen.
- **Nachhaltigkeitsbewertung von Gebäuden**
  EPDs tragen zu einer umfassenden Umweltbewertung von Gebäuden bei, indem sie Informationen über die Umweltwirkungen der verwendeten Bauprodukte liefern. Im Planungsprozess dienen EPDs als Grundlage für die Nachhaltigkeitszertifizierung von Gebäuden.

---

[13] Institut Bauen und Umwelt, Allgemeine EPD-Programmanleitung, 2016, 13.

- **Verbraucherinformation**
  Hersteller von Bauprodukten verwenden EPDs, um transparente Informationen über die Umweltauswirkungen ihrer Produkte zur Verfügung zu stellen. Dies stärkt das Umweltbewusstsein und die Kommunikation mit den Stakeholdern und dient der Erfüllung von Nachweispflichten durch die Gesetzgebung.
- **Forschung und Entwicklung**
  Forscher und Entwickler im Bausektor nutzen Informationen über die Umweltwirkungen zur Entwicklung innovativer, umweltfreundlicher Verfahren und Bauprodukte.

D. Lebenszykluskostenrechnung

42   Die ganzheitliche Optimierung von Prozessen im Lebenszyklus einer Immobilie stellt einen essenziellen Bestandteil des nachhaltigen Planens und Bauens dar. Im Rahmen einer umfassenden Nachhaltigkeitsbewertung von Immobilien ist es erforderlich, dass Maßnahmen zur Verringerung der **Treibhausgasemissionen** durch eine eingehende Beurteilung der **Lebenszykluskosten** gestützt werden.

43   Die Lebenszykluskostenrechnung (engl.: life cycle costing, LCC) bietet sich als methodische Ergänzung zur **Ökobilanzierung** bereits in frühen Projektphasen bis hin zur Planung an. Die Methode dient zur Unterstützung von Entscheidungsprozessen im nachhaltigen Planen, Bauen und Betreiben von Immobilien. Ihren Ursprung findet die LCC in der Betriebswirtschaftslehre und fand letztlich in der Immobilienökonomie Anwendung. Im Vordergrund steht dabei die Identifikation der spezifischen Anforderungen sowie Rahmenbedingungen in Bezug auf die jeweilige Entwicklungsphase der Immobilie.[14]

44   Die LCC trägt zur umfassenden Erfassung sämtlicher relevanten Kosten bei, indem der Fokus von den reinen Anschaffungskosten zum Zeitpunkt t=1 auf die Instandhaltungs-, Betriebs-, Entsorgungs- und Umweltkosten erweitert wird (1) siehe Abbildung 6. Das maximale Einflusspotenzial auf **Lebenszykluskosten** von Immobilien besteht im Vorfeld von Investitionen, was auch für Nachinvestitionen wie Sanierung oder Modernisierung gilt (2).

45   Die Wahl einer qualitativ hochwertigeren Ausführungsvariante kann in Abhängigkeit von der Komplexität der Planungsaufgabe zu höheren Errichtungskosten führen. Durch den Vergleich der Kosten alternativer Bauprodukte oder Gebäudevarianten lassen sich jedoch potenzielle Einsparungen in der Nutzungsphase gegenüberstellen. In der Konsequenz kann eine nachhaltige Planung und Errichtung von Immobilien im Vergleich zu konventionellen Alternativen zu geringeren **Lebenszykluskosten** führen (3).

---

[14] VDI 3808:2021-03: Energetische Bewertung von Gebäuden und der Gebäudetechnik – Anwendung bestehender Verfahren, 2021, 8.

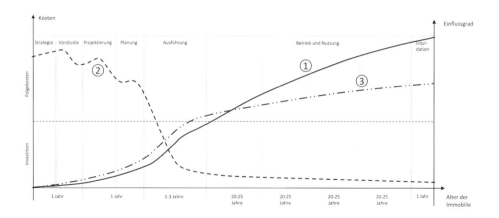

1. Kostenbeeinflussung
2. Kostenentwicklung konventionelles Bauen
3. Kostenentwicklung klimaneutrales Bauen

Abbildung 6 Einflusspotenzial Lebenszykluskosten von Immobilien (schematische Darstellung)

Die Ergebnisse der LCC liefern somit eine Argumentationshilfe für vermeintlich teurere Alternativen, indem die Wirtschaftlichkeit verschiedener nachhaltiger Konzepte verglichen werden: 46

- Darstellung sämtlicher anfallender Kosten über den **Lebenszyklus** von Immobilien
- Identifikation der langfristig kostengünstigsten und zugleich nachhaltigsten Handlungsalternative

Bei öffentlichen Ausschreibungen ist es nach europäischem Recht in vielen Fällen zulässig, die **Lebenszykluskosten** als Argument für den nicht unmittelbar billigsten Entwurf heranzuziehen. Im Rahmen der EU Taxonomie trägt die Lebenszykluskostenrechnung dazu bei, die Anforderungen der EU Taxonomie zu erfüllen, indem sie Transparenz und Vergleichbarkeit in Bezug auf ökologische und ökonomische Auswirkungen von Gebäuden und Bauprodukten ermöglicht.

Die wichtigsten Aspekte, die bei der Modellierung der **Lebenszykluskosten** berücksichtigt werden müssen, sind ua folgende: 47

1. **Wahl des Betrachtungszeitraums**
   - Berücksichtigung der erwarteten Lebensdauer von Anlagen oder Gebäuden.
   - Orientierung an der Dauer des Vertragsverhältnisses, insbesondere bei Public-Private-Partnerships (PPP) oder Miet- und Pachtverträgen.
   - Einbeziehung des geplanten Zeitpunkts von Modernisierungen oder Nutzungsänderungen.
2. **Definition der Systemgrenzen:**
   - Festlegung räumlicher Systemgrenzen, einschließlich Portfolios, Gebäuden, Bauteilgruppen oder Einzelbauteilen.
   - Berücksichtigung akteursbedingter Systemgrenzen, die sich auf die Gesellschaft, Investoren/Eigentümer, Vermieter, Eigennutzer und Mieter beziehen.
   - Berücksichtigung gebäudebedingter Systemgrenzen, die bauwerksbezogene Prozesse (Instandhaltung, Energie-/Ressourcenverbrauch) und nutzungsbezogene Prozesse (Art und Qualität der Nutzung) umfassen.
   - Berücksichtigung von zahlungsbedingten Systemgrenzen.

3. **Berechnung**
   - Festlegung der angewendeten Berechnungsmethoden und Parameter, wie unterschiedliche Prognoseansätze (linear/exponentiell).
   - Entscheidung zur Berücksichtigung von Umweltaspekten
4. **Ergebnis und Kennwerte:**
   - Sicherstellung von Prozessen und Kostentransparenz.
   - Effektives Datenmanagement.
   - Gewährleistung der Vergleichbarkeit von Daten.

Diese Aspekte sind von rechtlicher Bedeutung, um eine präzise und transparente Berechnung von Lebenszykluskosten zu gewährleisten. Insbesondere im Rahmen von Vertragsverhältnissen, wie PPP oder Miet- und Pachtverträgen, ist die genaue Festlegung des Betrachtungszeitraums und der Systemgrenzen von entscheidender Relevanz. Die Anwendung klar definierter Berechnungsmethoden und die Sicherstellung von Prozess- und Kostentransparenz sind wesentliche Elemente für eine verlässliche und vergleichbare Lebenszykluskosten. Grundsätzlich sollte der Berechnungsansatz der Lebenszykluskosten dem der Wirtschaftlichkeitsberechnung entsprechen.

E. Zirkuläres Bauen und Sanieren

48 Die **Kreislaufwirtschaft** gewinnt in der Bau- und Immobilienwirtschaft sowohl hinsichtlich der Bauprodukte als auch der Planungsprozesse von Bauvorhaben, erheblich an Bedeutung. Eine essenzielle Rolle dabei spielen Ansätze, welche darauf ausgerichtet sind, den Verbrauch natürlicher Ressourcen zu minimieren und die Kreislaufführung von Materialien zu fördern.

1. Zielsetzung

49 Entscheidend für den Übergang zu einer **zirkulären Wertschöpfung** beim Planen, Bauen und Betreiben von Gebäuden ist die Schaffung rechtlicher Rahmenbedingungen und die Förderung entsprechend als notwendig erachteter Maßnahmen im Bauwesen. Eine wesentliche Zielsetzung ist darin zu finden, die Anwendung kreislaufwirtschaftlicher Prinzipien zu erleichtern und einen Beitrag zur Entwicklung des Kreislaufprinzips im Bauwesen zu leisten.

2. Ansätze zirkulären Bauens und Sanierens

50 Das zirkuläre Bauen und Sanieren umfasst vier zentrale Maßnahmen der **zirkulären Wertschöpfung**, von welchen die ersten drei unmittelbar auf die **Kreislaufwirtschaft** anwendbar sind:
   1. Verengen („Narrow")
   2. Verlangsamen („Slow")
   3. Schließen („Close")
   4. Regenerieren („Regenerate")

51 Das ursprüngliche 3R-Modell der **Kreislaufwirtschaft,** das „Reduce", „Reuse" und „Recycling" umfasst, wurde kontinuierlich weiterentwickelt. In aktuellen Diskursen im Kontext der Kreislaufwirtschaft wird daher zunehmend von **R-Strategien** gesprochen. Diese Strategien fungieren als Kernprinzipien zur Umsetzung der Kreislaufwirtschaft, die Ansätze zur Ressourceneffizienz und Kreislaufführung aufzeigen. Tabelle 1 stellt die R-Strategien im Lichte der zugehörigen Maßnahmen der zirkulären Wertschöpfung dar.

R-Strategien	Maßnahme zirkuläre Wertschöpfung	Erläuterung
REFUSE – vermeiden	Ressourcenströme minimieren durch effektivere innovativere Nutzung und Produktion	Produkte und Materialien überflüssig machen, indem Nutzen auch anderweitig erfüllt oder gar verzichtet wird
RETHINK – neu denken		Nutzungsintensität von Produkten erhöhen, bspw. durch Sharing- oder Leasingmodelle
REDUCE – reduzieren		Materialeinsatz reduzieren durch Effizienzsteigerung bei Materialien oder Prozessoptimierung der Herstellung
REUSE – wiederverwenden	Verlängerung der Lebensdauer durch Verlangsamung von Ressourcenströmen	Weiternutzung von Produkten, bspw. durch Wiederverwendung in Neubauten
REPAIR – reparieren		Defekte Produkte in Ausgangszustand mit derselben Funktion zurückführen
REFURBISH – aufarbeiten		Verbesserung von Produkten auf neuesten Stand, bspw. durch Ersatz oder Reparatur einzelner Komponenten
REMANUFACTURE – überarbeiten		Neues Produkt mit intakten Komponenten alter Produkte derselben Funktion ausstatten, bspw. durch die Substitution von bereits verwendeten Bauteilen in gebrauchten Produkten
REPURPOSE – umnutzen		Erzeugung von neuem Nutzen, bspw. durch Verwendung von Komponenten aus alten in neuen Produkten mit anderer Funktion
RECYCLE – recyceln	Nutzenmaximierung zum Ende des Lebenszyklus	Materialien zurückzugewinnen, bspw. durch Umwerten von Materialien mit gleicher oder geringerer Qualität
RECOVER – verwerten		Thermische Verwertung von Materialien, bspw. durch Energiegewinnung aus Abfallprodukten

Tabelle 2 Eigene Darstellung[15][16]

Die R-Strategien im vorliegenden Kontext werden gemäß der Anfangsbuchstaben ihrer Benennung bezeichnet, wobei das Präfix „re" für „wieder" oder „zurück" steht. Die exakte Anzahl der R-Strategien innerhalb des genannten Rahmens ist nicht einheitlich festgelegt und variiert je nach Publikation Auch lassen sich nicht alle Maßnahmen der zirkulären Wertschöpfung eindeutig einer R-Strategie zuordnen, was in der Struktur der R-Strategien anhand des Produktlebenszyklus reflektiert wird. Die R-Strategien sind absteigend nach ihrem Zirkularitätsgrad sortiert, wobei höhere Zirkularitätsgrade eine längere Nutzung und Wiederverwendung von Materialien ermöglichen. Höher priorisierte R-Strategien führen zudem zu geringeren Umweltauswirkungen, da der Bedarf an Primärmaterial und Primärenergiebedarf für die Produktherstellung sinkt.[17] Dies muss jedoch für jeden Fall individuell überprüft werden, da Abweichungen möglich sind, beispielsweise durch erhöhten Energieaufwand im Recycling- und Wiederverwendungsprozess.

3. Anwendungsbereiche

Die Anwendung zirkulärer Ansätze im **Lebenszyklus** von Gebäuden besitzt im Vergleich zur linearen Betrachtung viele Chancen, um die Rückführung von Ressourcen in den Kreislauf und die Minimierung von Abfall anzugehen. Die vorliegenden Ansätze erweisen sich nicht allein als ökologisch vorteilhaft, sondern vermögen gleichsam wirtschaftlich zielführend zu sein, indem sie die Effizienz und Qualität im Planen, Bauen und Betreiben von Gebäuden steigern. Unter den verschiedenen Anwendungsbereichen finden sich[18]:

- **Material- und Bauprodukterstellung**
  Verwendung von biobasierten Materialien aus erneuerbaren Quellen, die gleichzeitig CO_2 binden können. Die Transparenz über die Herkunft bzw. Lokalität sowie Lieferkette sind dabei von zentraler Bedeutung.

---

[15] Vgl. Potting et al, Circular economy: what we want to know and can measure System and baseline assessment for monitoring the progress of the circular economy in the Netherlands, 2018, 11.
[16] Vgl. Deutsche Energie-Agentur, Geschäftsmodelle für zirkuläres Bauen und Sanieren, 2023, 9.
[17] Vgl. Potting, Hekkert, Worrell, Hanemaaijer, Circular Economy: Measuring innovation in the product chain, 2017, 4.
[18] Deutsche Energie-Agentur, Geschäftsmodelle für zirkuläres Bauen und Sanieren, 2023, 14–18.

- **Planungs- und Bauansätze**
  Optimierte Bauverfahren und standardisierte Bauelemente tragen dazu bei, Treibhausgasemissionen zu reduzieren und gleichzeitig das Abfallaufkommen zu minimieren. Recycelte und wiederverwendete Materialien können im Bauprozess angemessen berücksichtigt werden. Das Instrument „Materialkataster" unterstützt bei der Suche und Bewertung geeigneter existierender Materialien zur Wiederverwendung. Für den präzisen Aufbau von Bauelementen bietet sich die 3D-Drucktechnologie an, die zugleich ein äußerst ressourceneffizientes Verfahren darstellt. Der Einsatz von Technologien für energieeffizientes Gebäudemanagement ermöglicht den Rückgriff auf erneuerbare Energiequellen und berücksichtigt die Betrachtung von Wasser in geschlossenen Kreisläufen. Die Berücksichtigung des Restwerts der verwendeten Materialien bei der Planung und dem Bau eines Gebäudes ermöglicht eine ökologischere Handhabung dieser Materialien anstelle ihrer Behandlung als Abfall. Im Sinne der Kreislaufwirtschaft errichtete Gebäude sind in der Regel einfacher und kostengünstiger rückbaubar. Die Materialien behalten einen gewissen Wert, der durch eine ordnungsgemäße Handhabung und Dokumentation erhalten bleibt.
- **Materialauswahl**
  Die Digitalisierung des Materialbestands mithilfe von Werkzeugen wie 3D-San oder Building Information Modelling (BIM) eröffnet die Möglichkeit einer präziseren Planung und eines effizienteren Verbrauchs durch Implementierung von Verfahren einer ressourceneffizienten Wiederverwendung von Materialien. Es ermöglicht darüber hinaus eine Qualitätssicherung hinsichtlich der zugesicherten Eigenschaften zur Minderung von THG-Emissionen.
- **Bauausführung**
  Durch die Optimierung von Transportwegen und die Implementierung von Zwischenlagerungsmöglichkeiten lässt sich der Energieverbrauch reduzieren und gleichzeitig THG-Emissionen verringern.
- **Nutzungs- und Betriebsphase**
  Die Bereitstellung detaillierter Informationen über die Ressourcen und Materialien eines Gebäudes in Form eines Gebäuderessourcenpasses, fördert der Transparenz über die ökologischen Qualitäten des Gebäudes. Die integrale Betrachtung von Gebäuden und Infrastruktur zur Erzeugung und gemeinsamen Nutzung von Energie wie die Nutzung von ungenutzter Abwärme aus industriellen oder gewerblichen Prozessen ist ein wesentlicher Baustein der zirkulären Wertschöpfung in der Nutzungs- und Betriebsphase.

F. Klimarisiko- und Vulnerabilitätsanalyse

53 Die Anpassung an den Klimawandel kann einen wesentlichen Beitrag zur Erhöhung der Klimaresilienz leisten, ist aber auch eine generelle Voraussetzung für die anderen Umweltziele nach EU-Taxonomie. In Bezug auf die **Klimarisiko- und Vulnerabilitätsanalyse** spielt die Klimaanpassung eine wesentliche Rolle.

1. Zielsetzung

54 Die Methode der **Klimarisiko- und Vulnerabilitätsanalyse** zielt darauf ab, die potenziellen Auswirkungen des Klimawandels auf bestimmte Regionen, Sektoren oder Systeme zu bewerten. Eine Klimarisiko- und Vulnerabilitätsanalyse kann als Werkzeug dienen, um die Notwendigkeit und Effektivität von Maßnahmen zur Klimaanpassung im Kontext der EU-Taxonomie zu unterstützen und zu bewerten,
- wenn ein wesentlicher Beitrag für das Umweltziel „Klimawandelanpassung" angestrebt wird

- oder das „Do no significant harm" Kriterium des entsprechenden Umweltziels sichergestellt werden soll.

Die rechtliche Basis zur Anwendung einer fundierten **Klimarisiko- und Vulnerabilitätsanalyse** ergibt sich aus der delegierten Verordnung (EU) 2021/2139 der Europäischen Kommission. Zur Durchführung einer konformen **Klimarisiko- und Vulnerabilitätsanalyse** gemäß den Taxonomieanforderungen auf Basis der DIN EN ISO 14090/14091 empfiehlt sich die Umsetzung in vier Schritten, welche sich in zwei unterschiedliche Phasen gliedern.

2. Terminologie

Die Anwendung einer **Klimarisikoanalyse** erfordert eine präzise und einheitliche Terminologie, um effektive Maßnahmen und Strategien zu entwickeln. Eine **Klimarisikoanalyse** wird in Anlehnung an die Anwendungspraxis als gleichbedeutend mit einer „Klimarisiko- und Vulnerabilitätsbewertung", wie sie in den Kriterien des delegierten Klimarechtsakt zur EU-Taxonomie-Konformität gefordert wird, angesehen. Dies setzt jedoch den Einbezug sämtlicher relevanten Aspekte der Vulnerabilität voraus, namentlich: (i) Sensitivität oder Anfälligkeit und (ii) mangelnde Bewältigungs- oder Anpassungskapazität.

Ein physisches **Klimarisiko** manifestiert sich für ein System, sofern das funktionale Systemelement (Gebäude oder Gebäudeteil) einer Exposition gegenüber klimatischen Gefahren unterliegt und hierfür sensitiv ist. Zusätzlich werden weitere Faktoren berücksichtigt, um das physische Klimarisiko eines Systems zu determinieren. Der Pfad von Klimagefahren hin zu physischen Klimarisiken erstreckt sich nach folgendem Prinzip:

Abbildung 7 Pfad von Klimagefahren zu physischen Klimarisiken

Die DIN EN ISO 14090/14091 definiert zentrale Begriffe, die bei der Analyse von Klimarisiken und der Bewertung von Anpassungsmaßnahmen von entscheidender Bedeutung sind. Im Rahmen der nachfolgenden Ausführungen liegt der Fokus auf der präzisen Definition und Abgrenzung der Termini Klimagefahr, Anpassungskapazität, (Räumliche) Exposition, Sensitivität und Vulnerabilität.[19]

- **Klimagefahr**
  Eine Gefährdung als „potenzielle Schadensquelle" basierend auf „klimatische[n] oder klimabedingte physikalische Ereignisse[n] oder Trends bzw. deren physische Folgen."
- **Anpassungskapazität**
  „Die Fähigkeit von Systemen [...], sich auf poten[z]ielle Schäden einzustellen, Vorteile zu nutzen oder auf Auswirkungen zu reagieren."
- **(Räumliche) Exposition**
  „Vorhandensein [...] in Gegenden und Umständen, die betroffen sein könnten".
- **Sensitivität**
  „Ausmaß, zu dem ein System [...] oder eine Spezies durch Schwankungen oder Änderungen des Klimas [...] benachteiligt oder begünstigt wird."
- **Vulnerabilität**
  Die „Neigung dazu oder Prädisposition dafür nachteilig betroffen zu sein[.] [...]. Vulnerabilität umfasst eine Vielzahl von Konzepten und Elementen, unter anderem Empfindlichkeit [Sensitivität] [...] oder Anfälligkeit gegenüber Schädigungen und die mangelnde Fähigkeit [Kapazität] zur Bewältigung und Anpassung."

---

[19] DIN EN ISO 14091; Anpassung an den Klimawandel – Vulnerabilität, Auswirkungen und Risikobewertung (ISO 14091:2021); Deutsche Fassung EN ISO 14091:2021, 10.

3. Prinzipielles Vorgehen

59   Eine **Klimarisikoanalyse** konform mit dem delegierten Klimarechtsakt der EU-Taxonomie umfasst in Anlehnung an die Empfehlungen des Umweltbundesamtes vier Schritte, die sich in zwei unterschiedliche Phasen gliedern[20]:

1. **Festlegung des Betrachtungsrahmens**
   Vorab ist die Festsetzung der Lebensdauer der den Vorgaben zur EU-Taxonomie entsprechenden Wirtschaftstätigkeiten erforderlich, wobei dies insbesondere im Kontext der unternehmensbezogenen Berichtspflicht von Relevanz ist. Auf dieser Grundlage sind Untersuchungsobjekte für die Risikoanalyse zu bestimmen. Ein solches Untersuchungsobjekt repräsentiert ein System (Standort oder Quartier), in dem für die Taxonomie relevante Wirtschaftstätigkeiten durchgeführt werden.

2. **Ermittlung der klimabedingten Gefahren**
   Identifikation von Klimagefahren die potenziell relevant sind einer vertiefenden Betrachtung zu unterziehen. Dabei ist besonderes Augenmerk ua auf folgende Punkte zu richten:
   - Akuten klimabedingten Ereignissen (extreme Wetterereignisse)
   - Chronischen Klimatrends (latent über längeren Zeitraum hinweg veränderte Klimabedingungen)
   - Räumlicher Exposition des Untersuchungsobjektes
   - Sensitivität der Systemelemente

   Klimagefahren, die auch in ihrer extremen Ausprägung keine nachteiligen Auswirkungen auf ein relevantes System haben, bedürfen keiner weiteren Betrachtung.

3. **Durchführung der Klimarisikobewertung**
   Nach der Bestimmung der Wesentlichkeit eines oder mehrerer physischer Klimarisiken wird eine Vulnerabilitätsbewertung für das funktionale Systemelement (Gebäude oder Gebäudeteil) durchgeführt. Dabei werden sowohl aktuelle als auch zukünftige Risiken analysiert. Anhand der Vulnerabilität des Systems und der Eintrittswahrscheinlichkeit lässt sich das Risiko klassifizieren.

   a) <u>Verstehen von Wirkungszusammenhängen</u>
   Die Auswirkungen einiger Klimagefahren sind offensichtlich und zeigen sich zB durch Schäden an Gebäuden. Bei den Auswirkungen anderer Klimagefahren hingegen, ist es teilweise nicht möglich, alle Wirkungszusammenhänge zu betrachten, da diese beispielsweise nacheinander auftreten oder sich gegenseitig verstärken. Zur Erläuterung werden folgende Beispiele angeführt:
   - **Auswirkung von Klimagefahren:**
     Sturm beschädigt Gebäudehülle => verursacht herabfallende Fassadenteile => wenn Absicherung unzureichend => Gebäudesicherheit beeinträchtigt und Nutzung beschränkt
   - **Verstärkung durch aufeinanderfolgende Gefahren:**
     Risiko von Überschwemmungen wird verstärkt, weil starke Regenfälle auf ausgetrockneten Boden treffen
   - **Entstehung von Risiken durch kombinierte Wirkung mehrerer Klimagefahren**
     Dürre + Sturm + temperaturbedingte Schädlinge = erhöhtes Risiko von umstürzenden Bäumen

   b) <u>Informationen über aktuelle und zukünftige Klimagefahren sammeln</u>
   Um eine fundierte Klimarisikoanalyse durchführen zu können, ist es notwendig, für jedes Untersuchungsobjekt Informationen über Klimagefahren zu sammeln. Im Sinne einer taxonomiekonformen Vorgehensweise ist dabei externen Informationsquellen der Vorzug zu geben.

---

[20] Umweltbundesamt, Durchführung einer robusten Klimarisiko- und Vulnerabilitätsanalyse, 2022, 8.

Dabei sind zunächst die aktuellen Klimagefahren (<10 Jahre) und anschließend die zukünftigen Klimagefahren (>10 Jahre) zu bewerten. Für die Zukunftsszenarien sind die Szenarien nach RCP (Representative Concentration Pathways) im Sinne des delegierten Klimarechtsaktes zur EU-Taxonomie zu berücksichtigen. Jedes dieser Szenarien stellt eine eigene Abschätzung dar, wie sich die Konzentration von Treibhausgasen entwickeln könnte und wie sich dies auf den Energiebilanz und die Atmosphäre der Erde auswirken könnte. Das Umweltbundesamt empfiehlt, das Szenario RCP 8.5 zu verwenden. Dabei handelt es sich um das pessimistischste von insgesamt vier Szenarien nach IPCC, welchem eine „business as usual"-Betrachtung mit einer langfristig unveränderten Klimapolitik und Förderung fossiler Energieträger zugrunde liegt.

c) Informationen über die Sensitivität der funktionalen Systemelemente sammeln
Um eine robuste Klimarisikoanalyse zu erhalten, sind die Sensitivitäten für möglicherweise betroffene Gebäude oder Gebäudeteile angemessen zu berücksichtigen.

d) Bewertung des gesamten physischen Klimarisikos
Auf Basis der ermittelten Informationen und Bewertungen hinsichtlich Wirkzusammenhängen, Klimagefahren und Sensitivitäten kann nun die Wesentlichkeit dieser Klimarisiken bestimmt werden.

Hierzu empfiehlt sich die Verwendung einer Risikomatrix als qualitatives Bewertungsverfahren. Immobilieneigentümer sollten die Bewertung nicht selbständig durchführen, sondern Experten in diesen Prozess miteinbeziehen.

4. Identifizierung und Bewertung von Anpassungslösungen
Ergibt sich aus der Klimarisikobewertung ein wesentliches Klimarisiko und eine Gefährdung für ein Gebäude, so sind Anpassungsmaßnahmen zu planen bzw. im Falle von Neubauten oder Bestandssanierungen direkt umzusetzen. In diesem Schritt ist gleichermaßen die Anpassungskapazität für aktuelle als auch zukünftige Anpassungsmaßnahmen zu bestimmen.

Die durchgeführten Schritte und Entscheidungen der **Klimarisikoanalyse** sind lückenlos und nachvollziehbar zu dokumentieren, um der Nachweisführung gemäß delegierten Klimarechtsakt der EU-Taxonomie gerecht zu werden. Die Herkunft und Anwendung von Klimadaten und qualitativen Informationen ist dabei ausreichend zu begründen.

Die Anforderungen der EU-Taxonomie enthalten derzeit keine Vorgaben zur Aktualisierung der **Klimarisiko- und Vulnerabilitätsanalyse.** Das Umweltbundesamt empfiehlt eine Aktualisierung mindestens alle drei Jahre für aktuelle Risiken und alle fünf Jahre für zukünftige Risiken.[21]

G. Digitalisierung und Gebäudedaten

Digitale Methoden tragen durch eine transparente und eindeutige Bewertung und Dokumentation in Planungs- und Betriebsprozessen dazu bei, die **THG-Emissionen** von Immobilien zu reduzieren und das zirkuläre Bauen und Sanieren zu unterstützen.

Die entscheidende Voraussetzung für die Implementierung digitaler Methoden im Rahmen des nachhaltigen Planens, Bauens und Betreibens von Gebäuden liegt in der Verfügbarkeit beziehungsweise Verknüpfung aktueller Ökobilanzdaten mit den Entwurfs- und Konstruktionselementen. Des Weiteren ist ein effizientes Gebäudemanagement lediglich durch Bewirtschaftungskonzepte unter Einbindung digitaler Datensätze realisierbar. Hierbei stellen sich jedoch diverse Herausforderungen in Form von Daten- und Modellierungsstandards, der Verfügbarkeit von Daten sowie dem Verständnis für den Nutzen eines professionellen Datenmanagements dar.

---

[21] Umweltbundesamt, Durchführung einer robusten Klimarisiko- und Vulnerabilitätsanalyse, 2022, 28.

Kapitel 2 Nachhaltigkeitsstrategien und Grundlagen der Vertragsgestaltung

63   Die wesentlichen Konzepte, Methoden und IT-Werkzeuge zur Digitalisierung von Gebäudedaten sind im Folgenden aufgeführt und erläutert:
1. **Building Information Modeling**
Ein zentrales Konzept zur Digitalisierung von Gebäudedaten ist das Building Information Modeling (BIM). BIM ist eine Methode, bei der digitale Modelle eines Gebäudes erstellt werden, die alle für den Bau und Betrieb relevanten Informationen enthalten. Diese Modelle werden aber nicht nur in der Planungs-, Bau- und Betriebsphase genutzt, sondern auch in den Phasen der Umnutzung und des Rückbaus. Denn gerade hier kann ein digitales Gebäudemodell wichtige Informationen zu verwendeten Baumaterialien und Gefahrstoffen liefern, die bereits in der Planungs- und Bauphase definiert, modelliert und verbaut wurden. Dies hilft, Materialien gezielt zu recyceln, sicher zu entsorgen oder im Zuge des Umbaus wiederzuverwenden. Dadurch trägt BIM zur Minimierung von Abfall und zur Förderung der Kreislaufwirtschaft bei. Darüber hinaus ermöglicht die BIM-Methode eine optimierte Planung von Energieeffizienzmaßnahmen, was zu einer Reduzierung von THG-Emissionen während des gesamten Lebenszyklus eines Gebäudes führen kann. Als BIM-Authoring-Tool stehen verschiedene Softwarelösungen zur Verfügung, welche es ermöglichen alle Gebäudedaten in einem einheitlichen Modell zu integrieren und in Echtzeit zu aktualisieren.
2. **Computer Aided Facility Management**
Computer Aided Facility Management Systeme (CAFM-Systeme) sind ein weiterer wichtiger Baustein zur Digitalisierung von Gebäudedaten. Sie unterstützen zum einen sämtliche FM-Prozesse in der Betriebsphase (sowohl operativ als auch strategisch im technischen, infrastrukturellen und kaufmännischen Bereich), zum anderen stellen CAFM-Systeme die effiziente Verwaltung und Nutzung von Gebäudeinfrastruktur und Ressourcen sicher. Raumbelegungspläne helfen dabei, Leerstände zu reduzieren und Energiekosten zu senken, was wiederum zur Verringerung des CO_2-Ausstoßes beiträgt. Durch vorausschauende Planung von Wartungsarbeiten (Predicitve Maintenance, auch in Abhängigkeit des digital erfassten Zustands von Geräten und Anlagen), kann der Verschleiß minimiert und die Lebensdauer von Gebäuden verlängert werden – ein wichtiger Aspekt in Hinblick auf Ressourcenschonung und Nachhaltigkeit. Häufig werden bidirektionale Schnittstellen zwischen BIM- und CAFM-Systemen implementiert, da die Flächen und Anlagen aus dem Gebäudemodell als Grundlage für die FM-Prozesse dienen und Informationen aus dem Betrieb (zB Instandhaltungs- und Zustandsdaten) in das Modell zurückgespielt werden.
3. **Internet of Things**
Das Internet of Things (IoT) spielt ebenfalls eine wichtige Rolle bei der Digitalisierung von Gebäudedaten. Durch die Integration von Sensoren, Aktoren und weiteren vernetzten Geräten in Gebäudeinfrastrukturen können Daten in Echtzeit erfasst und analysiert werden. Beispielsweise können Temperatur- und Feuchtigkeitssensoren, Bewegungssensoren und intelligente Beleuchtungssysteme verwendet werden, um Informationen über die Umweltbedingungen und die Nutzung von Räumen zu sammeln. Sensoren können den Energieverbrauch kontinuierlich überwachen und automatisch optimieren. Dies reduziert nicht nur den Energieverbrauch, sondern erhöht auch den Komfort für die Nutzer, was zu einer nachhaltigen Gebäudenutzung beiträgt. IoT-Plattformen ermöglichen die Verarbeitung und Analyse dieser Daten, um die Effizienz, den Komfort und die Sicherheit von Gebäuden zu verbessern.
4. **Geographische Informationssysteme**
Geographische Informationssysteme (GIS) sind ein weiteres nützliches Werkzeug zur Digitalisierung von Gebäudedaten. Sie dienen der räumlichen Darstellung von Gebäuden und Anlagen auf Kartenmaterial durch Georeferenzierung und erlauben die Integration von geografischen Informationen. Diese Systeme können bei der Standortanalyse, der Verwaltung von geografisch verteilten Gebäuden und der Optimierung von Ver-

kehrsflüssen hilfreich sein. Dies trägt zur Reduzierung des Energieverbrauchs und zur Minimierung von Umweltauswirkungen bei. Zudem können geographische Informationssysteme bei der Planung von Grünflächen und der Erhaltung von Ökosystemen in städtischen Gebieten unterstützen, was die Lebensqualität der Bewohner verbessert und zur Nachhaltigkeit beiträgt.

5. **Machine Learning und Künstliche Intelligenz**
Die Anwendung von Machine Learning (ML) und Künstlicher Intelligenz (KI) gewinnt in der Digitalisierung von Gebäudedaten zunehmend an Bedeutung. Diese Technologien ermöglichen die automatische Analyse großer Datenmengen, um Muster und Trends zu erkennen. In der Gebäudeautomation können KI-Algorithmen den Energieverbrauch präzise vorhersagen und automatisch steuern, um die Energieeffizienz zu maximieren. Dies reduziert den CO_2-Ausstoß und senkt die Betriebskosten. Zudem ermöglichen KI-gestützte Inspektions- und Analysetools die frühzeitige Erkennung von Mängeln und Schäden, was die Instandhaltungseffizienz steigert und die Lebensdauer von Gebäuden verlängert – ein weiterer Schritt in Richtung Nachhaltigkeit und Ressourcenschonung.

64 Die Digitalisierung von Gebäudedaten ist ein entscheidender Schritt in Richtung Effizienz, Nachhaltigkeit und Transparenz in der Bau- und Immobilienbranche. Durch den Einsatz von BIM, CAFM, IoT, GIS und KI-Werkzeugen können Gebäudedaten effizient erfasst, verwaltet und genutzt werden. Diese Technologien ermöglichen nicht nur eine bessere Planung und Realisierung von Bauprojekten, sondern auch eine optimierte Nutzung und Betrieb von Gebäuden. Die kontinuierliche Weiterentwicklung dieser Methoden und Werkzeuge wird die Bau- und Immobilienwirtschaft weiterhin revolutionieren und einen wesentlichen Beitrag zu smarteren und nachhaltigeren Gebäuden leisten.

Kapitel 3 Zertifizierung

§ 6 Verträge im Zusammenhang mit der Zertifizierung von Bauvorhaben

Übersicht

	Rn.
A. Überblick	1
B. Der Vertrag mit dem Systemanbieter	14
C. Der Vertrag mit dem Systemexperten (Auditor)	16

A. Überblick

Ob im Zusammenhang mit Fördervorgaben (beispielsweise durch die Kreditanstalt für Wiederaufbau) hinsichtlich der Bundesförderung für effiziente Gebäude (BEG) oder aus anderen Gründen: Der Markt für die Zertifizierung von Bauvorhaben (auch: Green-Building-Zertifikate) erfährt eine zunehmende Nachfrage. Eine abschließende Auflistung sämtlicher Anbieter ist dabei kaum möglich. Nachfolgend soll exemplarisch auf die für den deutschen Markt relevanten Zertifikate BREEAM, LEED sowie DGNB eingegangen werden. Ergänzend erfolgt vor dem Hintergrund der Bundesförderung für effiziente Gebäude (BEG) noch ein Hinweis auf die dort relevanten Zertifizierungs-Systemanbieter. 1

BREEAM steht für Building Research Establishment Environmental Assessment Method.[1] Es handelt sich um ein Zertifizierungssystem, das in den 90er-Jahren in Großbritannien von BRE Global Limited entwickelt wurde. Entsprechende Zertifikate sind derzeit weltweit präsent. In Deutschland ist die TÜV Süd Industrie Service GmbH in Frankfurt am Main Lizenzpartner von BRE Global und somit alleiniger Standardgeber der BREEAM-Systeme in Deutschland, Österreich und der Schweiz. 2

Das BREEAM-System sieht verschiedene Ratings von Acceptable über Pass, Good, Very Good und Excellent bis Outstanding vor.[2] Je nach Erfüllungsgrad werden ein bis maximal fünf (bzw. je nach System sechs) Sterne verliehen. Das BREEAM-Bewertungssystem für Neubauten enthält dabei neun Hauptkategorien, darunter Management, Gesundheit, Energie, Transport, Wasser, Materialien, Abfall, Ökologie und Umwelt.[3] 3

LEED® steht für Leadership in Energy and Environmental Design.[4] Es handelt sich um ein auf Basis des britischen Systems BREEAM entwickeltes System aus den Vereinigten Staaten. LEED® ist das international bekannteste Nachhaltigkeitslabel. Hiermit können alle Gebäudetypen über den gesamten Lebenszyklus bewertet werden. 4

Das LEED®-System unterscheidet zwischen den Zertifizierungsstufen Zertifiziert, Silber, Gold und Platin.[5] Mindestvoraussetzungen und Grundvoraussetzungen sind zu erfüllen. Im 5

---

[1] BREEAM – Nachhaltiges Bewertungs- und Zertifizierungssystem für die Lebenszyklusphasen von Immobilien (o. J.), URL: https://breeam.de/ (Stand: 4.3.2024).
[2] BREEAM – Nachhaltiges Bewertungs- und Zertifizierungssystem für die Lebenszyklusphasen von Immobilien (o. J.), URL: https://breeam.de/ (Stand: 4.3.2024).
[3] BREEAM – Nachhaltiges Bewertungs- und Zertifizierungssystem für die Lebenszyklusphasen von Immobilien (o. J.), URL: https://breeam.de/ (Stand: 4.3.2024).
[4] GGBA – German Green Building Association (o. J.), URL: https://www.german-gba.org/leed/ (Stand: 4.3.2024).
[5] GGBA – German Green Building Association (o. J.), URL: https://www.german-gba.org/leed/ (Stand: 4.3.2024).

Kapitel 3

Übrigen erfolgt die Bewertung anhand eines Punktesystems. Das LEED®-System enthält acht Themenfelder: Infrastrukturelle Einbindung des Standortes, Grundstücksqualitäten, Wassereffizienz, Energie und globale Umweltwirkungen, Materialkreisläufe und Ressourcenschonung, Innenraumqualität, Innovation und Boni für Kriterien mit standortbedingt besonderer Bedeutung.

6   Die Deutsche Gesellschaft für nachhaltiges Bauen **(DGNB)** ist Europas größtes Netzwerk für nachhaltiges Bauen. Die DGNB hat ein eigenes Zertifizierungssystem – das „Deutsche Gütesiegel für nachhaltiges Bauen" – entwickelt.[6] Erstmals angewendet wurde es im Jahr 2009.

7   Das DGNB-System bewertet nach Erfüllungsgraden. Es werden Zertifizierungen in den Qualitätsstufen Platin, Gold, Silber und Bronze unterschieden.[7] In der Bewertung berücksichtigt werden dabei sechs Kategorien: Ökologische Qualität, ökonomische Qualität, soziokulturelle und funktionale Qualität, technische Qualität, Prozessqualität und Standortqualität. Im Verhältnis der Kategorien zueinander spielen die ökologische, ökonomische und soziokulturelle Qualität eine hervorgehobene Rolle.

8   Die verschiedenen Systemanbieter vereint jedenfalls – mit Blick auf das deutsche Recht –, dass die jeweiligen Verträge und zu erteilenden Zertifikate ausschließlich zivilrechtlicher Natur sind.[8] Es handelt sich nicht etwa um öffentlich-rechtliche Verwaltungsakte, sondern ausschließlich um Zertifikate, die aufgrund zivilrechtlicher Verträge vergeben werden.[9] Zu den Einzelheiten in vertraglicher Hinsicht → § 4 Rn. 75 ff., § 8 Rn. 34 ff.

9   In diesem Zusammenhang zu unterscheiden ist das sog. **Qualitätssiegel nachhaltiges Gebäude**.[10] Dieses findet im Rahmen der Förderprogramme klimafreundlicher Neubau (KFN) und der Bundesförderung für effiziente Gebäude **(BEG)** Anwendung. Es wurde von dem Bundesministerium für Wohnen, Stadtentwicklung und Bauwesen entwickelt. Das Ziel ist die Etablierung der Ziele und Prinzipien des nachhaltigen Planens, Bauens und Betreibens. Die Kriterien und Anforderungen für die Erteilung des Siegels werden durch die Bundesregierung, vertreten durch das Bundesministerium für Wohnen, Stadtentwicklung und Bauwesen, festgelegt.

10   Voraussetzung für die Verleihung des Qualitätssiegels nachhaltiges Gebäude ist zunächst die Erreichung einer Zertifizierung mit einem registrierten Bewertungssystem für nachhaltiges Bauen. Das Qualitätssiegel nachhaltiges Gebäude sieht damit im Wesentlichen keine eigenen Anforderungen vor, sondern nimmt auf die am Markt vorhandenen Anbieter Bezug. Lediglich ergänzend werden besondere Anforderungen formuliert.

11   Für Wohngebäude sind Zertifizierungsstellen der registrierten Bewertungssysteme die Bau-Institut für Ressourceneffizientes und Nachhaltiges Bauen GmbH, die DGNB GmbH und der Verein zur Förderung der Nachhaltigkeit im Wohnungsbau e.V.[11] Für Nicht-Wohngebäude sind Zertifizierungsstellen der registrierten Bewertungssysteme die DGNB GmbH sowie das Steinbeis-Transfer-Institut Bau- und Immobilienwirtschaft.[12] Die besonderen Anforderungen ergeben sich aus den jeweiligen Förderrichtlinien im Einzelfall.

---

[6]   DGNB – Über das DGNB System (o. J.), URL: https://www.dgnb.de/de/zertifizierung/das-wichtigste-zur-dgnb-zertifizierung/ueber-das-dgnb-system (Stand: 4.3.2024).

[7]   DGNB – Über das DGNB System (o. J.), URL: https://www.dgnb.de/de/zertifizierung/das-wichtigste-zur-dgnb-zertifizierung/ueber-das-dgnb-system (Stand: 4.3.2024).

[8]   Zur Rechtsnatur des DGNB-Zertifikats: Tschäpe, Das DGNB-Zertifikat als Leistungsanforderung – wie nachhaltig muss eine Ausschreibung sein? –, ZfBR 2012, 130; Schlemminger, Nachhaltigkeitszertifikate in Immobilienverträgen, NJW 2014, 3185; Dressel, Nachhaltiges Bauen – Herausforderungen in Planerverträgen, NZBau 2021, 224.

[9]   Schlemminger, Nachhaltigkeitszertifikate in Immobilienverträgen, NJW 2014, 3185.

[10]   Bundesministerium für Wohnen, Stadtentwicklung und Bauwesen – Informationsportal Qualitätssiegel Nachhaltiges Gebäude (o. J.), URL: https://www.qng.info/ (Stand: 4.3.2024).

[11]   Bundesministerium für Wohnen, Stadtentwicklung und Bauwesen – Informationsportal Qualitätssiegel Nachhaltiges Gebäude (o. J.), URL: https://www.qng.info/ (Stand: 4.3.2024).

[12]   Bundesministerium für Wohnen, Stadtentwicklung und Bauwesen – Informationsportal Qualitätssiegel Nachhaltiges Gebäude (o. J.), URL: https://www.qng.info/ (Stand: 4.3.2024).

Das Qualitätssiegel nachhaltiges Gebäude wird durch die jeweilige Zertifizierungsstelle 12
erteilt. Liegt eine erfolgreiche Zertifizierung vor, wird dies durch die Zertifizierungsstelle bei dem zuständigen Bundesamt gemeldet, welches eine Registernummer vergibt, um die entsprechende Förderfähigkeit nachzuweisen.

Abgesehen von den Besonderheiten im Hinblick auf das Qualitätssiegel nachhaltiges 13
Gebäude sind im Hinblick auf die Zertifizierung eines Bauvorhabens im Wesentlichen zwei Verträge zu unterscheiden: Der Vertrag mit dem Systemanbieter selbst und der Vertrag mit einem üblicherweise hinzuzuziehenden Systemexperten (Auditor).

B. Der Vertrag mit dem Systemanbieter

Die Einzelheiten der in diesem **Vertrag** geregelten Rechte und Pflichten sind abhängig 14
von dem individuellen **Systemanbieter**.[13] Durch die Systemexperten werden in der Regel Projekt-Audits erstellt, deren Ergebnisse beim Systemanbieter eingereicht werden. Der Systemanbieter überprüft diese Audits nach den jeweiligen Systemvorgaben. Liegen die Voraussetzungen vor, so erfolgt eine Zertifizierung des Projekts nach Maßgabe der jeweiligen Punktezahl oder ähnlicher Anhaltspunkte. Der Empfänger der Zertifizierung ist verpflichtet, für diese Leistung eine entsprechende Vergütung zu zahlen.

Die Rechtsnatur eines entsprechenden Vertrags hängt vom **Schwerpunkt** der jeweils zu 15
erbringenden Leistungen ab.[14] Insofern wird im Hinblick auf die jeweiligen Systemanbieter individuell zu prüfen sein, welche Leistungen konkret zu erbringen sind und wie diese rechtlich bewertet werden können. Allgemein liegt jedoch die Annahme eines Werkvertrags nahe.[15] Der **werkvertragliche Erfolg** ist dabei nicht darauf gerichtet, dass der Systemanbieter eine Zertifizierung einer bestimmten Stufe erteilt. Gegenstand der erfolgsorientierten Leistungserbringung dürfte vielmehr sein, dass sich der Systemanbieter verpflichtet, nach den eingereichten Unterlagen die Erfüllung der Systemvorgaben zu prüfen und auf Grundlage dieser Prüfung eine (richtige) Entscheidung über die Zertifizierungsfähigkeit zu treffen. In diesem Zusammenhang ist der Zertifizierungsempfänger insofern zur Mitwirkung verpflichtet, als dass er die nach den Vorgaben des Systemanbieters notwendigen Unterlagen zur Verfügung stellt und gegebenenfalls weitere Zusicherungen abgibt, die die Einhaltung dieser Vorgaben betreffen.

C. Der Vertrag mit dem Systemexperten (Auditor)

Sowohl LEED®, als auch BREEAM und DGNB erfordern im Zuge des Zertifizierungs- 16
verfahrens das Hinzuziehen eines **Systemexpertens,** der jeweils unterschiedlich bezeichnet wird. Bei der Deutschen Gesellschaft für nachhaltiges Bauen wird er als **Auditor** bezeichnet. Mit diesem Systemexperten schließt der Zertifizierungsempfänger üblicherweise parallel zu dem Vertrag mit dem Systemanbieter einen eigenen Vertrag. Auf dem Weg zu einer Zertifizierung steht der Zertifizierungsempfänger damit sowohl in einem Vertragsverhältnis mit dem Systemanbieter ansich, als auch in einem Vertragsverhältnis mit dem Systemexperten. Üblicherweise verbinden den Systemexperten mit dem Systemanbieter allenfalls Lizensierungsvereinbarungen. Ein solches Vorgehen soll eine unabhängige Prüfung sicherstellen.

Hinsichtlich des Vertrags mit dem Systemexperten sind die von ihm zu erbringenden 17
Leistungen wiederum im Einzelfall konkret zu vereinbaren. Die Deutsche Gesellschaft für

---

[13] Zum Vertrag mit der DGNB: Schlemminger, Nachhaltigkeitszertifikate in Immobilienverträgen, NJW 2014, 3185.
[14] BGH 2.10.2019 – XII ZR 8/19, NJW 2020, 328.
[15] So auch: Schlemminger, Nachhaltigkeitszertifikate in Immobilienverträgen, NJW 2014, 3185.

nachhaltiges Bauen veröffentlicht auf ihrer Homepage (beispielhaft) das folgende **Leistungsbild** für die Leistungen der **Auditoren:**[16]

Nr.	Position/Leistung	Inhalt
1	**Pre-Check** (Eventualposition)	Ein Pre-Check dient der Einschätzung der grundsätzlichen Zertifizierbarkeit sowie des erreichbaren Auszeichnungsgrades (Platin, Gold oder Silber) eines Projektes.
1.1	Abstimmungstermin	• *in einem Abstimmungstermin mit dem Bauherrn und ggf. weiteren Projektbeteiligten werden u. a. erläutert und abgestimmt:* *a) die Grundlagen des DGNB Zertifizierungssystems,* *b) einzelne Kriterien sowie* • *der voraussichtliche, projektspezifische Zertifizierungsprozess*
1.2	Darstellung Prozess	• *Zertifizierungsprozess darstellen (allgemein)*
1.3	Bereitstellung von Grundlagen	• *sämtliche relevante Unterlagen bzgl. der Zertifizierung (z. B. Anforderungs- und Bewertungskriterien) zusammenstellen und den am Zertifizierungsprozess Beteiligten (z. B. Planungsteam/Auftraggeber) zur Verfügung stellen*
1.4	Bestimmung Nutzungsprofil	• *Bestimmung des DGNB-Nutzungsprofils aufgrund der geplanten Projektart. Ist keine eindeutige Zuordnung des Projekts möglich, ist eine Abstimmung mit der DGNB erforderlich.*
1.5	Projektanalyse/Bestimmung Zertifizierungsgrad	• *Prüfung der grundsätzlichen Zertifizierbarkeit des Projektes, u. a. anhand der Mindestanforderungen.* • *Bewertung und stichpunktartige Erläuterungen der voraussichtlichen Erfüllung einzelner Kriterien anhand vorhandener Projektinformationen* • *Darstellung in Form einer tabellarischen Gewichtungsmatrix* • *Ermittlung des erreichbaren Zertifizierungsgrad (Bronze, Silber, Gold, Platin) basierend auf dem derzeitigen Planungsstand*
1.6	Maßnahmen- & Potentialanalyse (Eventualposition)	• *Aufzeigen von erforderlichen Maßnahmen und Optimierungspotentialen zur Erreichung des gewünschten bzw. eines höheren Zertifizierungsgrads*

---

[16] Deutsche Gesellschaft für Nachhaltiges Bauen, Leistungsbild DGNB Auditor (2021), Tabelle 1, URL: https://static.dgnb.de/fileadmin/dgnb-system/de/zertifizierung/Leistungsbild-DGNB-Auditor.pdf (Stand: 4.3.2024).

Nr.	Position/Leistung	Inhalt
1.7	Ergebnisbesprechung	• Ergebnisbesprechung mit dem Bauherrn und ggf. weiteren Planungsbeteiligten
1.8	Vorläufiger Ergebnisbericht (Eventualposition)	• Verfassen eines Ergebnisberichts, der u. a. eine Beurteilung der verschiedenen Kriterien auf Grundlage des aktuellen Planungsstandes sowie ggf. konkreter Optimierungsempfehlungen ausgewählter Kriterien des Projektes umfasst
2	**Leistungen in der Planungsphase**	Eine umfassende Planungsbegleitung bildet den Grundstein für eine erfolgreiche DGNB Zertifizierung. *Hinweis DGNB: Wurde kein Pre-Check durchgeführt oder wurden im Rahmen eines Pre-Checks nicht alle notwendigen Leistungen beauftragt, sind ggf. Leistungen aus Pos. 1 in dieser Phase nachzuholen.*
2.1	Koordination Entscheidungsprozess	• Unterstützung und Koordination des Entscheidungsprozesses zur Festsetzung der Zielwerte der Gebäudeeigenschaften durch den Auftraggeber. Entscheidungsgrundlage sind u. a. die Gewichtungsmatrix, die Maßnahmen- und Potentialanalyse (siehe Pos. 1.6) sowie die Auswirkungen auf Kosten und Termine. *Hinweis DGNB: Die Auswirkungen auf Kosten und Termine sind i. d. R. durch die betrauten Architekten/Fachplaner zu ermitteln und dem Auditor als Entscheidungsgrundlage rechtzeitig zur Verfügung zu stellen.*
2.2	Vorläufige Zielvereinbarung/Festlegung von Zuständigkeiten	• vorläufige Zielfestlegung auf Basis des Ergebnisberichts (Pos. 1.8) • Vereinbarung der zur Zielerreichung erforderlichen Maßnahmen unter Berücksichtigung aller Einzelanforderungen innerhalb der Kriterien • Festlegung der für die Maßnahmenumsetzung federführend verantwortlichen beteiligten Planer/Fachplaner/Gutachter • Kommunikation (durch Auftraggeber und/oder Auditor) der angestrebten Ziele, Maßnahmen und Zuständigkeiten im Planungsteam
2.3	Koordination Nachweisführung/Dokumentation	• Abstimmung und Festlegung der für die Dokumentation erforderlichen Mitwirkung aller Projektbeteiligten • Koordination der Nachweisführung der Projektbeteiligten für die zur Einreichung bei der DGNB erforderlichen Dokumentation. Dies beinhaltet u. a. die Unterstützung bei Rückfragen bzgl. der Nachweis-

Kapitel 3 — Zertifizierung

Nr.	Position/Leistung	Inhalt
		führung sowie die Annahme, Plausibilitätsprüfung und Zusammenstellung der Einzelnachweise der Projektbeteiligten. Die Dokumentation enthält am Ende alle für die Zertifizierung relevanten Unterlagen (z. B. Pläne, Nachweise, Berechnungen, Stellungnahmen etc.).
2.4	Verbindliche Zielvereinbarung/Festlegung von Maßnahmen	• *auf Grundlage der vorläufigen Zielvereinbarungen (Pos. 2.2) werden verbindliche Ziele der Gebäudeeigenschaften und Maßnahmen zur Umsetzung, beispielsweise hinsichtlich der Planung und der Materialien, festgelegt und in geeigneter Form kommuniziert.*
2.5	Pflichtenheft erstellen	• *Darstellung der für die Maßnahmenumsetzung federführend verantwortlichen beteiligten Planer/Fachplaner/Gutachter auf Grundlage der verbindlichen Zielvereinbarung* • *Überführung festgelegter Maßnahmen und Zuständigkeiten in ein oder mehrere Pflichtenhefte (Schnittstellenmatrix mit Angabe projektspezifisch festgelegten Zielen, Maßnahmenumsetzung, Zuständigkeiten, Dokumentation)*
2.6	Beratungsleistung (Eventualposition)	• *Beratung des Auftraggebers bzgl. der Aufnahme zusätzlich erforderlicher Leistungen in die entsprechenden Fachplaner-Verträge (Abgleich Maßnahmen/Beauftragung durch den Auftraggeber)*
2.7	Fortschreibung Gewichtungsmatrix/Zielwerte/Pflichtenheft	• *Anpassung bzw. Fortschreibung* *a) der tabellarischen Gewichtungsmatrix (siehe Pos. 1.5)* *b) der Zielvereinbarungen der Gebäudeeigenschaften (siehe Pos. 2.4)* *c) des erstellten Pflichtenheftes (siehe Pos. 2.5) gemäß Planungsfortschritt des Projektes.*
2.8	Planungsbegleitung	• *Unterstützung während des Planungsprozesses zur Qualitätssicherung bzgl. der DGNB-Zertifizierung (z. B. Beratung und Darstellung der Zertifizierungskonsequenzen wesentlicher Entscheidungen, Prüfung der Planung hinsichtlich der Einhaltung der Zertifizierungsziele)* • *Abgleich der Planungsergebnisse mit den Zielvereinbarungen (Pos. 2.4)* *Hinweis DGNB:* *Es wird empfohlen, den Umfang der Planungsbegleitung bzw. die Häufigkeit*

Nr.	Position/Leistung	Inhalt
		des Abgleichs zwischen den Vertragsparteien vertraglich zu vereinbaren.
2.9	Mitwirkung Ausschreibung/Vergabe (Eventualposition)	• *Unterstützung der Projektbeteiligten bei den Ausschreibungen und der Vergabe von Leistungen für eine erfolgreiche Zertifizierung* • *Zuarbeit zu den Ausschreibungstexten mit erforderlichen Textbausteinen/Vorlagen* • *inhaltliche Prüfung von Leistungsverzeichnissen in Bezug auf zertifizierungsrelevante und projektspezifisch festgelegte Inhalte, sofern nicht durch andere Fachdisziplinen abgedeckt* <u>Hinweise DGNB:</u> *1) Es wird empfohlen, den Umfang der LV-Prüfung zwischen den Vertragsparteien vertraglich zu vereinbaren. Der Umfang ist u. a. abhängig von der Vergabeart. 2) Es wird empfohlen, die Ausschreibungs-Unterstützung und LV-Prüfung hinsichtlich möglicher Schad- und Risikostoffe von Materialien und Baustoffen gem. Kriterium ENV1.2 – Risiken für die lokale Umwelt (auf Basis der Anlage 1 „Kriterienmatrix") aufgrund des Umfangs gesondert zu beauftragen (z. B. in Verbindung mit einer materialökologischen Beratung).*
2.10	Teilnahme an Besprechungen	• *Teilnahme an einer bestimmten Anzahl (X) ausgewählter Baubesprechungen zum Thema Zertifizierung während der Planungsphase*
2.11	Zusätzlicher Vor-Ort-Termin (Eventualposition)	• *Teilnahme an weiteren Baubesprechung mit ausgewählten Projektbeteiligten (nach Bedarf) im Rahmen der Zertifizierung*
2.12	Projektanmeldung	• *Anmeldung des Projektes bei der DGNB (= zuständige Zertifizierungsstelle) sowie Übernahme der erforderlichen Kommunikation/Abstimmung mit der DGNB*
2.13	Vorzertifizierung (Eventualposition)	Auf Wunsch kann eine vorläufige Dokumentation bereits in einer frühen Planungsphase eingereicht werden, um ein offizielles Vorzertifikat zu erhalten. Voraussetzung ist die Projektanmeldung (Pos. 2.12).
2.13.1	Erstellung Dokumentation	• *Abstimmung mit den Projektbeteiligten (z. B. Fachplaner und Bauherr)* • *Zusammenstellung/Aufbereitung der für das Vorzertifikat erforderlichen Dokumentationsunterlagen (Absichtserklärungen und ggf. Dokumentation für eine Vorprüfung ausgewählter Kriterien) unter Einhaltung der DGNB-Dokumentationsanforderungen*

Kapitel 3 Zertifizierung

Nr.	Position/Leistung	Inhalt
2.13.2	Auditierung Vorzertifikat – Einreichung zur 1. Prüfung	• siehe Pos. 4.3.1
2.13.3	Auditierung Vorzertifikat – Einreichung zur 2. Prüfung	• siehe Pos. 4.3.2
3	**Leistungen in der Ausführungsphase**	
3.1	Mitwirkung Ausschreibung/Vergabe (Eventualposition)	• siehe Pos. 2.9
3.2	Koordination Zertifizierungsprozess	• *Koordination des Zertifizierungsprozesses* • *Ansprechpartner für sämtliche Zertifizierungsbelange für alle Projektbeteiligten (z. B. Beratung und Darstellung der Zertifizierungskonsequenzen wesentlicher Entscheidungen) sowie für die DGN*
3.3	Koordination Nachweisführung/Dokumentation	• *siehe Pos. 2.3*
3.4	Planungsbegleitung	• *siehe Pos. 2.8 (hier: Ausführungsplanung)*
3.5	Teilnahme an Besprechungen	• *siehe Pos. 2.10 (hier: Ausführungsphase)*
3.6	Zusätzlicher Vor-Ort-Termin (Eventualposition)	• *siehe Pos. 2.11*
3.7	Abstimmung	• *regelmäßige Abstimmungen mit den Projektbeteiligten zur Besprechung und Beurteilung von Lösungen sowie notwendigen Anpassungen in Bezug auf das gewünschte Zertifizierungsziel*
3.8	Kommunikation DGNB	• *Kommunikation mit der DGNB und Ansprechpartner für sämtliche Belange*
3.9	Fortschreibung Gewichtungsmatrix/Zielwerte/Pflichtenheft	• *siehe Pos. 2.7*
3.10	Berichterstattung (Eventualposition)	• *regelmäßige Berichterstattung an den Bauherrn und/oder weitere Projektbeteiligte (z. B. bzgl. der Beschreibung von Potentialen und Risiken hinsichtlich der Zertifizierung sowie Terminen und Verantwortlichkeiten)*
4.	**Leistungen nach Fertigstellung/Dokumentationen**	<u>Hinweis DGNB:</u> *Die aufgeführten Leistungen können grundsätzlich nach Projektfertigstellung erfolgen. Je nach Bedarf und individueller Abstimmung zwischen den Vertragsparteien können sie jedoch ggf. in eine frühere Projektphase vorgezogen werden.*
4.1	Koordination Nachweisführung/Dokumentation	• *siehe Pos. 2.3*
4.2	Erstellung Dokumentation	• *abschließende Zusammenstellung und Aufbereitung der Dokumentation unter Einhaltung der DGNB-Dokumentationsanforderungen: die Dokumentation beinhaltet sämtliche Nachweise und Unterla-*

Nr.	Position/Leistung	Inhalt
		gen der Projektbeteiligten (z. B. Beschreibungen, Berechnungen, Pläne), die für die Zertifizierung notwendig sinn
4.3	Zertifizierung	<u>Hinweis DGNB:</u> *Wurden ausgewählte Kriterien bereits im Rahmen einer Vorzertifizierung/ -prüfung (Pos. 2.13) vollständig auf ihre Konformität geprüft, entfällt die Prüfung dieser Kriterien in dieser Phase.*
4.3.1	Auditierung Zertifikat – Einreichung zur 1. Prüfung	• *Kriterienbewertung und Einreichung der Dokumentation bei der DGNB unter Einhaltung der von der DGNB vorgegebenen Einreichungsvorgaben zur Erreichung des angestrebten Zertifikates* • *ggf. Kommunikation mit der DGNB bei Unklarheiten*
4.3.2	Auditierung Zertifikat – Einreichung zur 2. Prüfung	• *Bearbeitung der DGNB-Prüfkommentare der 1. Prüfung* • *Beschaffung und Einreichung erforderlicher weiterer Unterlagen/Nachweise (z. B. aufgrund fehlerhafter/unzureichender Dokumentation oder unplausiblen Bewertungsvorschlägen einzelner Indikatoren)* • *Überarbeitung der Bewertungsvorschläge* • *ggf. Kommunikation mit der DGNB bei Unklarheiten*
4.3.3	Auditierung Zertifikat – Einreichung zur 3. Prüfung (Eventualposition)	<u>Hinweis DGNB:</u> *die Kosten einer 3. Prüfung sind nicht in den Zertifizierungskosten der DGNB enthalten und müssen zusätzlich entrichtet werden. Diese Kosten müssen vom Auftraggeber, dem Auditor oder dem für das/die Kriterien verantwortlichen Fachplaner getragen werden.* • *wurde das Projekt bei der 2. Prüfung durch die DGNB nicht zertifiziert (z. B. aufgrund fehlerhafter/unzureichender Dokumentation oder unplausiblen Bewertungsvorschlägen einzelner Indikatoren) kann das Projekt zu einer 3. Prüfung eingereicht werden* • *ggf. Beschaffung und Einreichung erforderlicher weiterer Unterlagen/Nachweise* • *Überarbeitung der Bewertungsvorschläge* • *Kommunikation mit der DGNB bei Unklarheiten*

Die Verwendung dieses Leistungsbildes ist keineswegs zwingend. Der Leistungsumfang der Systemexperten ist ausgerichtet an den Anforderungen des Systemanbieters, an den Zertifizierungsanforderungen und an der Leistungsfähigkeit des Systemexperten zu vereinbaren. Ein einheitliches Leistungsbild hat sich in der Praxis bislang nicht durchgesetzt.

Kern jeder vertraglichen Vereinbarung mit einem Systemexperten ist dabei eine Leistung im Hinblick auf die Prüfung und Dokumentation der Einhaltung der von dem Systemanbieter formulierten Voraussetzung. Der genaue Umfang der Prüf- und Dokumentationsleistung ist damit im Einzelfall zu vereinbaren und unter anderem abhängig von dem angestrebten Zertifikat.

20   Da der Bundesgerichtshof in ständiger Rechtsprechung bei der Frage, welcher Rechtsnatur ein Vertragsverhältnis zuzuordnen ist, auf den Schwerpunkt, der jeweils zu erbringenden Leistungen abstellt, ist die Formulierung des Leistungsumfangs maßgebliche Voraussetzung für die richtige rechtliche Einordnung.[17] Ganz allgemein wird man hier zwischen Dienstverträgen im Sinne eines Beratungsvertrags und Werkverträgen zu unterscheiden haben. Hat der Systemexperte nach den Formulierungen des Vertrags und den von ihm zu erbringenden Leistungen für einen Erfolg im Sinne einer Zertifizierung (bzw. konkreter: einer seinerseits zu erbringenden Leistung, die eine Zertifizierung ermöglicht) einzustehen, so handelt es sich um einen **Werkvertrag.** Indizien hierfür sind eine umfassende Prüfung der Planungs- und Ausführungsleistung. Dagegen ist auch denkbar, dass der Systemexperte seinen Vertragspartner lediglich zur Erreichung der Zertifizierung berät, d. h. nicht für einen eigenen Erfolg einzustehen verpflichtet ist. Auf Leistungsseite wird das vielfach dadurch deutlich, dass der Systemexperte keine eigenen Prüfungsleistungen erbringt, sondern dem Bauherrn vor allem beratend zur Seite steht und allenfalls mitwirkt.

21   In Abhängigkeit von der rechtlichen Bewertung des Vertragsverhältnisses an sich folgt dann die Beantwortung der weiteren Fragen zur Haftung, Verjährung von Ansprüchen, Geltendmachung von Vergütungsansprüchen etc.

---

[17] BGH 2.10.2019 – XII ZR 8/19, NJW 2020, 328.

Kapitel 4 Vergabe

§ 7 Nachhaltigkeit im Vergaberecht

Übersicht

	Rn.
A. Rechtliche Grundlagen	3
I. Europarechtliche Grundlagen	4
II. Normative Anknüpfungspunkte für Vergaben im Oberschwellenbereich	6
1. GWB und nachrangige Verordnungen	6
2. Beschaffung energieverbrauchsrelevanter Liefer- oder Dienstleistungen	8
III. Normative Anknüpfungspunkte für Vergaben im Unterschwellenbereich	12
IV. Fachspezifische Rechtsgrundlagen	13
1. § 45 KrWG	13
2. § 13 KSG	16
3. AVV Klima und AVV EnEff	18
4. Ersatzbaustoffverordnung und Bundesbodenschutz- und Altlastenverordnung	19
V. Besondere Normen der Länder	20
1. Beispiel Baden-Württemberg: CO_2-Schattenpreis-VO	20
2. Beispiel Berlin	24
3. Beispiel Hessen	25
B. Weichenstellungen bei Einleitung des Vergabeverfahrens	26
I. Überblick	26
II. Wahl der Verfahrensart	27
III. Einholung von Nebenangeboten	29
C. Bedarfsermittlung	33
D. Leistungsbeschreibung	37
I. Allgemeines	37
II. Gütezeichen	39
1. Allgemeines	39
2. Voraussetzungen	41
3. Beispiele für Gütezeichen und Informationsportale	45
III. Grundsatz der produktneutralen Ausschreibung	46
1. Allgemeines	46
2. Ausnahmen	52
a) Rechtfertigung durch den Auftragsgegenstand	55
b) Keine hinreichend genaue Beschreibung möglich	61
IV. Funktionale Leistungsbeschreibung	65
E. Eignungskriterien	71
I. Rechtliche Grundlagen des GWB, Ausschlussgründe	71
II. Umsetzungsmöglichkeiten	74
1. Referenzen	75
2. Technische Ausrüstung	76
3. Umweltmanagementmaßnahmen und Darstellung der EMAS-Zertifizierung	77
F. Zuschlagskriterien	82
I. Rechtliche Grundlagen	82
II. Mögliche Zuschlagskriterien der Nachhaltigkeit	84
1. Übersicht	85
2. Sonderfälle	87
a) Transportentfernung	87

	Rn.
b) Ökostromanteil	88
c) EMAS-Zertifizierung als Zuschlagskriterium?	89
3. Einzureichende Unterlagen und deren Bewertung	92
III. Berechnung von Lebenszykluskosten	94
G. Ausführungsbedingungen	98

1 Nachhaltigkeitskriterien können an verschiedenen Stellen eines jeden Vergabeverfahrens Berücksichtigung finden. Angesichts des Volumens öffentlicher Aufträge[1] kann das öffentliche Beschaffungswesen den Markt und Wettbewerb in diesem Umfang signifikant prägen und insoweit auch seiner Vorbildfunktion gerecht werden.[2]

2 Dargestellt werden soll hier im Wesentlichen das Kartellvergaberecht (**Oberschwellenbereich**), also die Rechtsgrundlagen für öffentliche Aufträge über den unionsrechtlichen Schwellenwerten. Diese betragen seit dem 1.1.2024 für Bauaufträge und Konzessionen aller öffentlichen Auftraggeber 5.538.000 EUR, für Liefer- und Dienstleistungsaufträge von oberen und obersten Bundesbehörden 143.000 EUR und für Liefer- und Dienstleistungsaufträge aller übrigen öffentlichen Auftraggeber 221.000 EUR, jeweils netto.[3] Für Sektorenauftraggeber liegen die Schwellenwerte ab dem 1.1.2024 für Bauleistungen bei 5.538.000 EUR und Liefer- und Dienstleistungen bei 443.000 EUR.[4] Im Wesentlichen gelten die Ausführungen auch für Vergaben im **Unterschwellenbereich**, welcher von den rein nationalen Vergaberegelungen gelenkt wird. Ein Zurückbleiben der Möglichkeiten im Unterschwellenbereich würde das Ziel einer nachhaltigen Beschaffung auch deshalb konterkarieren, da diese in Deutschland mit 80 bis 90 % aller Vergaben den unbestreitbaren Großteil der Vergaben ausmachen.[5]

A. Rechtliche Grundlagen

3 Die rechtlichen Grundlagen sehen vielfach kann-Vorschriften vor, sodass die tatsächliche Einführung und Anwendung, einschl. des Umfangs der Berücksichtigung nachhaltiger Kriterien und Vorgaben insoweit im Ermessen des Auftraggebers stehen. Zunehmend finden sich in fachspezifischen Normen oder solchen bestimmter Landesvergabegesetze verpflichtende Vorgaben, oder sie werden im Rahmen von Selbstverpflichtungen von Auftraggebern durchgesetzt.

I. Europarechtliche Grundlagen

4 Die Intention für eine nachhaltige Beschaffung lässt sich bereits den europarechtlichen Grundlagen entnehmen. So benennen in der RL 2014/24/EU von den 139 Erwägungsgründen 19 Erwägungsgründe das Ziel einer umweltgerechten oder ökologischen Vergabe.[6] Hervorgehoben werden sollen hier folgende, zentrale Aspekte:

---

[1] Bezogen auf das Bruttoinlandsprodukt der Union geschätzt mehr als 16 %; vgl. Kurzdarstellung zur EU, Stand 11/2023, https://www.europarl.europa.eu/erpl-app-public/factsheets/pdf/de/FTU_2.1.10.pdf; zuletzt abgerufen am 29.7.2024.
[2] Dieckmann NVwZ 2016, 1369 (1370).
[3] § 106 GWB i. V. m. der Delegierten Verordnung (EU) 2023/2497 der Kommission vom 15.11.2023 zur Änderung der RL 2014/23/EU des Europäischen Parlaments und des Rates im Hinblick auf die Schwellenwerte für Konzessionen; Delegierte Verordnung (EU) 2023/2510 der Kommission vom 15.11.2023 zur Änderung der RL 2009/81/EG des Europäischen Parlaments und des Rates im Hinblick auf die Schwellenwerte für Liefer-, Dienstleistungs- und Bauaufträge.
[4] § 106 GWB i. V. m. der Delegierten Verordnung (EU) 2023/2496 vom 15.11.2023 zur Änderung der RL 2014/25/EU des Europäischen Parlaments und des Rates im Hinblick auf die Schwellenwerte für Liefer-, Dienstleistungs- und Bauaufträge sowie für Wettbewerbe.
[5] Wissenschaftlicher Beirat beim Bundesministerium für Wirtschaft und Technologie, Gutachten Öffentliches Beschaffungswesen, Nr. 2/2007, 7.
[6] Immenga/Mestmäcker/Dreher § 97 Rn. 132.

Bereits Erwägungsgrund 2 verweist auf die **Strategie „Europa 2020"**[7] und ihre Schlüsselrolle als eines der marktwirtschaftlichen Instrumente, die zur Erzielung eines intelligenten, nachhaltigen und integrativen Wachstums bei gleichzeitiger Gewährleistung eines möglichst effizienten Einsatzes öffentlicher Gelder. Weiter verlangt Erwägungsgrund 37 gerade im Hinblick auf Bauvorhaben, dass die *„Mitgliedstaaten und öffentliche Auftraggeber geeignete Maßnahmen ergreifen, um die Einhaltung der am Ort der Ausführung der Bauleistungen oder der Erbringung der Dienstleistungen geltenden Anforderungen auf dem Gebiet des Umwelt-, Sozial- und Arbeitsrechts zu gewährleisten, die sich aus auf nationaler und auf Unionsebene geltenden Rechts- und Verwaltungsvorschriften, Verfügungen und Beschlüssen sowie aus Tarifverträgen ergeben (...)."* In Umsetzung dessen regeln die Grundsätze zur Auftragsvergabe das Treffen entsprechender Maßnahmen (Art. 18 Abs. 2 RL 2014/24/EU). Zahlreiche weitere Erwägungsgründe zielen auf die Einhaltung sowie Überprüfung von umweltrechtlichen Vorschriften ab im Rahmen der Durchführung von Vergabeverfahren, bspw. Erwägungsgrund 75 zu Gütezeichen, und auf den unterschiedlichen Wertungsstufen der Angebotsprüfung – bspw. Erwägungsgrund 88 zur Eignungsprüfung, Erwägungsgrund 96 zu den Lebenszykluskosten.

Einige Normen, die – teilweise oder auch vollständig unverändert – in nationales Recht umgesetzt wurden, lassen sich unmittelbar auf den Richtlinientext zurückführen. So regelt Art. 67 RL 2014/24/EU hinsichtlich der **Zuschlagskriterien,** auf die noch im Einzelnen eingegangen werden soll: *„Die Bestimmung des aus der Sicht des öffentlichen Auftraggebers wirtschaftlich günstigsten Angebots erfolgt anhand einer Bewertung auf der Grundlage des Preises oder der Kosten, mittels eines Kosten-, Wirksamkeitsansatzes, wie der Lebenszykluskostenrechnung gem. Art. 68, und kann das beste Preis-Leistungs-Verhältnis beinhalten, das auf der Grundlage von Kriterien – unter Einbeziehung qualitativer, umweltbezogener und/oder sozialer Aspekte – bewertet wird, die mit dem Auftragsgegenstand des betreffenden öffentlichen Auftrags in Verbindung stehen."* 5

II. Normative Anknüpfungspunkte für Vergaben im Oberschwellenbereich

1. GWB und nachrangige Verordnungen

In Umsetzung dieser europarechtlichen Vorgaben regelt § 97 Abs. 3 GWB, dass bei der Vergabe Aspekte der Qualität und der Innovation sowie soziale und umweltbezogene Aspekte nach Maßgabe dieses Teils berücksichtigt werden (sog. **strategische Vergabeziele**). Zwar wird der Begriff der Nachhaltigkeit nicht explizit benannt, mit den umweltbezogenen Aspekten können Nachhaltigkeitskriterien aber umgesetzt werden.[8] Zu beachten ist, dass es sich bei § 97 Abs. 3 GWB weder um eine muss-, soll- oder kann-Vorschrift handelt, sondern umweltbezogene Aspekte „berücksichtigt werden", und zwar „nach Maßgabe dieses Teils". Umweltbezogene Aspekte sind dabei solche, die auf eine nachhaltige, energieeffiziente und ressourcenschonende Beschaffung gerichtet sind, mit welcher der öffentliche Auftraggeber seiner Vorreiterrolle beim Umwelt- und Klimaschutz gerecht werden soll.[9] Abgeleitet wird aus dem Erfordernis der Berücksichtigung kein Anwendungsbefehl bzw. keine konkrete Handlungsverpflichtung, sondern lediglich die Legitimierung.[10] Verwiesen wird in diesem Zuge des Weiteren auf die grds.e **Beschaffungsautonomie** des Auftraggebers, die im Hinblick auf die Nachhaltigkeit lediglich durch bestimmte Normen eingeschränkt wird, die auf der Grundlage des GWB erlassen wurden, wie zB § 67 VgV und § 8c EU VOB/A.[11] Die Norm des § 97 Abs. 3 GWB gilt gleichwohl sowohl für die Vergabe von öffentlichen Aufträgen durch öffentliche Auftraggeber als auch Sektorenauf- 6

---

[7] Europa 2020 – Eine Strategie für intelligentes, nachhaltiges und integratives Wachstum.
[8] MüKo-WettbR/Kühnast, GWB § 97 Rn. 81; Immenga/Mestmäcker/Dreher § 97 Rn. 132.
[9] Begr. RegE VergRModG 68, zu § 97 Abs. 3; Funk/Tomerius KommJur 2016, 1; Burgi NZBau 2015, 597 (599).
[10] BeckOK VergabeR/von Wietersheim, UVgO § 2 Rn. 13.
[11] Dazu sogleich → Rn. 8.

traggeber sowie des Weiteren auch für die Vergabe von Konzession und verteidigungs- oder sicherheitsspezifischen öffentlichen Aufträgen.[12]

7   Weitere, nachgeordnete Rechtsgrundlagen sind für Planungs- und Bauleistungen von öffentlichen Auftraggebern insbesondere die VgV, die für Bauleistungen auf den zweiten Abschnitt der VOB/A verweist (VOB/A-EU), der wiederum nachrangig zur VgV ist (sog. Kaskadenprinzip). Die Verordnungen für die spezielleren Bereiche der Sektorenvergaben (SektVO), Konzessionsvergaben (KonzVgV) und den Bereich der Verteidigung und Sicherheit (VSVgV) sollen im Folgenden nicht weiter behandelt werden.[13]

2. Beschaffung energieverbrauchsrelevanter Liefer- oder Dienstleistungen

8   Die Sondervorschriften der §§ 67 VgV und § 8c EU VOB/A sind bei der Beschaffung von **energieverbrauchsrelevanten** Liefer- und Dienst**leistungen** zu beachten. Der Umweltbezogenheit des Vergaberechts (vgl. § 97 Abs. 3 GWB) wird durch die konkreten Regelungen für diesen energieverbrauchsrelevanten Bereich Rechnung getragen.[14] Erfasst werden energieverbrauchsrelevante Waren, technische Geräte oder Ausrüstungen, die Gegenstand einer Lieferleistung oder wesentliche Voraussetzung zur Ausführung einer Dienstleistung sind (§ 67 Abs. 1 VgV). Der Begriff dieser sog. **energieverbrauchsrelevanten Produkte** wird grds. weit ausgelegt (vgl. bereits Art. 2 lit. a RL 2010/30/EG),[15] sodass es ausreicht, wenn ein Produkt mittelbar Einfluss auf den Energieverbrauch hat. Im Fall von Bauleistungen trifft dies bspw. auf Dämmstoffe, Fenster und Außentüren zu, da es sich um Produkte mit Energieeinsparwirkung handelt. Bei diesen energieverbrauchsrelevanten Waren können in der Leistungsbeschreibung Dämmvorgaben oder Wärmeleitgruppen vorgegeben werden.[16] Einschränkend ist zu beachten, dass es sich im Falle einer Dienstleistung um eine „wesentliche" Voraussetzung bei ihrer Ausführung handeln muss. Dies wird bspw. für Geräte im Betrieb einer Kantine angenommen, nicht aber für das Firmenfahrzeug eines Beraters und seiner Beraterleistung.[17]

9   Bei Vorliegen dieser energieverbrauchsrelevanten Produkte sind die Regelungen von § 67 Abs. 2–5 VgV sowie § 8c EU VOB/A zu beachten: So sind in der **Leistungsbeschreibung** Mindestziele aufzustellen, und zwar soll das höchste Leistungsniveau an **Energieeffizienz** und, soweit vorhanden, die höchste Energieeffizienzklasse nach der Energieverbrauchskennzeichnungsverordnung (EnVKV)[18] verlangt werden (§ 67 Abs. 2 VgV). Es ist also das Produkt mit dem niedrigsten auf dem Markt verfügbaren **Energieverbrauch** im Verhältnis zur Leistung zu fordern. Die Auflistung der Anforderungen an die Energieeffizienz in § 67 Abs. 2 VgV ist nicht abschließend, wie die Formulierung „insbesondere" deutlich macht.[19]

10 Des Weiteren sind in der Leistungsbeschreibung oder an anderer geeigneter Stelle konkrete Angaben zum **Energieverbrauch** zu fordern, wenn dieser sich nicht nur geringfügig zu den auf dem Markt verfügbaren Produkten unterscheidet (§ 67 Abs. 3 Nr. 1 VgV). Dies setzt voraus, dass ein Produkt selbst Energie verbraucht. Solche Produkte, die nur den Energieverbrauch beeinflussen, sind demnach nicht erfasst. Als Grenze für den Wert des geringfügigen Unterschieds zu den sonstigen Produkten auf dem Markt setzt die überwiegende Meinung einen Wert von 10 % an.[20] In geeigneten Fällen ist des Weiteren eine Analyse minimierter **Lebenszykluskosten** oder eine dazu vergleichbare Angabe zur Über-

---

[12] MüKo-WettbR/Kühnast, GWB § 97 Rn. 92.
[13] Gabriel/Krohn/Neun VergabeR-HdB/Reichling § 2 Rn. 2.
[14] Ziekow/Völlink/Greb 67 Rn. 3.
[15] MüKo-WettbR/Rusch, VgV § 67 Rn. 7 f.
[16] RKMPP/Fandrey § 67 Rn. 5–7.
[17] Ziekow/Völlink/Greb § 67 Rn. 5.
[18] Energieverbrauchskennzeichnungsverordnung vom 30.10.1997 (BGBl. I 2616), die zuletzt durch Artikel 1 der Verordnung vom 19.2.2021 (BGBl. I 310) geändert worden ist.
[19] Ziekow/Völlink/Greb § 67 Rn. 11 ff.; RKMPP/Fandrey § 67 Rn. 14 ff.
[20] Beck VergabeR/Knauff, Bd. 2, VgV § 67 Rn. 20 mwN; weitergehender, und zwar bis 20 %, RKMPP/Fandrey § 67 Rn. 15.

prüfung der Wirtschaftlichkeit zu verlangen (§ 67 Abs. 3 Nr. 2 VgV). Die von den Bietern übermittelten Angaben dürfen vom öffentlichen Auftraggeber überprüft werden und wofür können ergänzende Erläuterungen eingeholt werden. Anforderungen, die der öffentliche Auftraggeber zu beachten hat, gehen über die sonst genügenden Eigenerklärungen hinaus: Zur bestmöglichen Durchsetzung der Energieeffizienz sollten diese Angaben an ein Mindestkriterium, bspw. in Form eines maximalen Energieverbrauchs geknüpft werden, oder in die Wirtschaftlichkeitsbewertung einfließen.[21]

Diese nach § 67 Abs. 3 übermittelten Informationen darf der Auftraggeber überprüfen **11** und ergänzende Informationen fordern (§ 67 Abs. 4 VgV). Diese Regelung zur **Überprüfungs**möglichkeit ist insoweit klarstellender Natur, da dies vergaberechtlich ohnehin gilt.[22] Schließlich verlangt § 67 Abs. 5 VgV, dass die **Energieeffizienz** als Zuschlagskriterium angemessen berücksichtigt wird, und zwar anhand der Informationen nach § 67 Abs. 3 VgV oder der Ergebnisse einer Überprüfung nach § 67 Abs. 4 VgV. Hierfür kann entweder die zu ermittelnde Energieeffizienz angeführt werden, wobei verschiedene Erfüllungsgrade in den Vergabeunterlagen im Einzelnen mitzuteilen sind. Alternativ kann der Auftraggeber die Energieeffizienz finanziell bewerten, indem er diese in Euro umgerechnet und sich dies auf den Angebotsvergleichspreis auswirkt. Letzteres kann im Rahmen der Lebenszykluskosten Berücksichtigung finden. Auch in diesem Fall muss in den Vergabeunterlagen transparent mitgeteilt werden, wie der zu bewertende Energieverbrauch berechnet wird und auf welche Weise er einfließt. Entsprechende Berechnungsvorgaben (Einzelstunden pro Jahr) und/oder Stromkosten, ggf. unter den erforderlichen Annahmen zur Laufzeit, sind hierfür vorzugeben.[23]

III. Normative Anknüpfungspunkte für Vergaben im Unterschwellenbereich

Gleichermaßen regelt im **Unterschwellenbereich** § 2 Abs. 3 UVgO, dass Aspekte der **12** Qualität und der Innovation sowie soziale und umweltbezogene Aspekte nach Maßgabe dieser Verfahrensordnung berücksichtigt werden. Die Regelung ist gleichlautend zu § 97 Abs. 3 GWB, weshalb auf die Ausführungen zu § 97 Abs. 3 GWB verwiesen werden kann.

IV. Fachspezifische Rechtsgrundlagen

1. § 45 KrWG

Eine fachrechtliche Norm stellt § 45 KrWG dar, der den Bund verpflichtet, die **Kreislauf- 13 wirtschaft** zur Schonung der natürlichen Ressourcen zu fördern und den Schutz von Mensch und Umwelt bei der Erzeugung und Bewirtschaftung von Abfällen sicherzustellen (Gesetzeszweck, vgl. § 1 Abs. 1 KrWG). Diese Verhaltenspflicht des § 45 Abs. 1 KrWG ist an die Behörden des Bundes und alle der Aufsicht des Bundes unterstehenden Stellen adressiert, d.h. alle dem Bund zuzurechnenden, rechtlich selbstständigen oder unselbstständigen Stellen (§ 45 Abs. 1 KrWG). Da dem Bund eine erhebliche Nachfragemacht und Vorbildfunktion zukommt, soll diesem die sichtbare Beschaffung kreislaufwirtschaftskonformer Produkte erleichtert werden. Ziel ist ein Nachahmeffekt bei privaten Konsumenten sowie bei anderen Wirtschaftsteilnehmern.[24] Das Abfallrecht ist im Übrigen noch vorwiegend durch Landesrecht geprägt, zumal sich auch der bundesrechtliche § 45 KrWG ausdrücklich an § 2 LKrWG RP orientiert. So beinhalten aber auch die landesabfallrechtlichen Vorschriften weit überwiegend vergleichbare Pflichten zu § 45 KrWG.[25]

---

[21] RKMPP/Fandrey § 67 Rn. 17.
[22] EuGH 4.12.2003 – C-448/01, Slg. 2003, I-14527 Rn. 50 ff.; Beck VergabeR/Knauff, Bd. 2, § 67 Rn. 22.
[23] RKMPP/Fandrey § 67 Rn. 20 f.
[24] Jarass/Petersen/v. Komorowski, KrWG § 45 Rn. 1.
[25] BT-Drs. 19/19373, 71; Jarass/Petersen/v. Komorowski, KrWG § 45 Rn. 13 ff.

14 Für die genannten Bundesbehörden gilt aber eine **Bevorzugungspflicht** von nachhaltigen Produkten (§ 45 Abs. 2 KrWG). Dabei kann folgenden Erzeugnissen der Vorzug gegeben werden:
- Erzeugnisse, die umweltschonend, und zwar in rohstoffschonenden, energiesparenden, wassersparenden, schadstoffarmen oder abfallarmen **Produktionsverfahren** hergestellt wurden (Nr. 1).
- Erzeugnisse, die durch Vorbereitung zur Wiederverwendung oder durch **Recycling** von Abfällen, insbesondere unter Einsatz von Rezyklaten, oder aus nachwachsenden Rohstoffen hergestellt worden sind (Nr. 2).
- Erzeugnisse, die sich durch **Langlebigkeit, Reparaturfreundlichkeit, Wiederverwendbarkeit und Recyclingfähigkeit** auszeichnen (Nr. 3).
- Erzeugnisse, die im Vergleich zu anderen Erzeugnissen zu weniger oder schadstoffärmeren Abfällen führen oder sich besser zur umweltverträglichen **Abfallbewirtschaftung** eignen (Nr. 4).

15 Eingeschränkt wird diese Bevorzugungspflicht dadurch, dass keine unzumutbaren Mehrkosten entstehen, ein ausreichender Wettbewerb gewährleistet wird und keine anderen Rechtsvorschriften entgegenstehen (§ 45 Abs. 2 S. 2 KrWG).

2. § 13 KSG

16 Eine weitere Rechtsgrundlage findet sich in § 13 KSG, der alle Träger öffentlicher Aufgaben verpflichtet, bei Planungen und Entscheidungen den Zweck des KSG, **Klimaschutzziele** sowie die Einhaltung der europäischen Zielvorgaben gemäß § 1 KSG, zu berücksichtigen. Weiter verpflichtet § 13 Abs. 2 KSG den Bund zur Prüfung, *„bei der Planung, Ausfall und Durchführung von Investitionen und bei der Beschaffung, wie damit jeweils zum Erreichen der nationalen Klimaschmutzziele nach § 3 beigetragen werden kann. Kommen mehrere Realisierungsmöglichkeiten in Frage, dann ist Abwägung mit anderen relevanten Kriterien mit Bezug zum Ziel der jeweiligen Maßnahme solchen der Vorzug zu geben, mit denen das Ziel der Minderung von Treibhausgasemissionen über den gesamten **Lebenszyklus** der Maßnahme zu den geringsten Kosten erreicht werden kann. Mehraufwendungen sollen nicht außer Verhältnis zu ihrem Beitrag zur Treibhausgasminderung stehen. Soweit vergaberechtliche Bestimmungen anzuwenden sind, sind diese zu beachten.*"

17 Damit stellt § 13 Abs. 2 S. 4 KSG klar, dass die allgemeinen vergaberechtlichen Anforderungen des GWB sowie der weiteren Verordnungen (VgV, SektVO, KonzVgV) vorrangig gelten. Die Anforderungen wirken sich aber insofern auf das Vergabeverfahren aus, als ihnen bei der Bestimmung des Leistungsgegenstandes und der Auswahlkriterien Rechnung zu tragen ist.[26]

3. AVV Klima und AVV EnEff

18 Ein weiteres fachrechtliches Regelwerk ist die Allgemeine Verwaltungsvorschrift zur Beschaffung klimafreundlicher Leistungen (AVV Klima), die am 1.1.2022 in Kraft getreten ist.[27] Die AVV Klima gilt nur für die Bundesverwaltung und dient neben der Erreichung der Ziele aus § 3 KSG und § 13 KSG auch der Konkretisierung der Anforderungen aus § 15 KSG.[28] Sie wurde aus der bisherigen Allgemeinen Verwaltungsvorschrift zur Beschaffung energieeffizienter Produkte und Dienstleistungen (AVV EnEff) fortentwickelt, die die Bundesverwaltung bereits zu einem umweltfreundlichen Beschaffungswesen verpflichtete. Die AVV Klima beinhaltet Prüf- und Berücksichtigungspflichten vor Einleitung eines Vergabeverfahrens. Sie verpflichtet zur **Energieeffizienz,** der Prognose der Treibhausgasemissionen während des Lebenszyklus, der Verwendung von Gütezeichen und zur Berücksichtigung von Lebenszykluskosten.

---

[26] Fellenberg/Guckelberger/Fellenberg, Klimaschutzrecht § 13 Rn. 54.
[27] AVV Klima vom 19.10.2021.
[28] Fellenberg/Guckelberger/Fellenberg, Klimaschutzrecht § 13 Rn. 40.

4. Ersatzbaustoffverordnung und Bundesbodenschutz- und Altlastenverordnung

Des Weiteren ist zum 1.8.2023 die Verordnung zur Änderung der Ersatzbaustoffverordnung und die Neufassung der Bundes-Bodenschutz- und Altlastenverordnung in Kraft getreten. Sie beinhaltet erstmals bundesweite Regelungen zur Verwertung gütegesicherter Ersatzbaustoffe und rechtsverbindliche Anforderungen an die Herstellung und den Einbau mineralischer **Ersatzbaustoffe.** Damit sollen die gesetzlichen Ziele des Schutzes von Boden und Grundwasser, die Förderung der Ziele der **Kreislaufwirtschaft** und eine bessere Akzeptanz für den Einsatz von Ersatzbaustoffen gefördert werden.

V. Besondere Normen der Länder

Im Folgenden soll beispielhaft auf landesvergaberechtliche Normen ausgewählter Bundesländer eingegangen werden.

1. Beispiel Baden-Württemberg: CO_2-Schattenpreis-VO

Mit dem am 11.2.2023 in Kraft getretenen KlimaG BW und der CO_2-Schattenpreis-Verordnung hat Baden-Württemberg als erstes Bundesland ein Regelwerk zur rechnerischen Bepreisung geschaffen, die bei der Planung von Baumaßnahmen zu berücksichtigen ist und zur ökologischen Nachhaltigkeit beitragen soll.

Dazu werden die Liegenschaften des Landes verpflichtet, insbesondere beim Neubau und der Sanierung von Bauwerken im Eigentum des Landes, im Rahmen von Wirtschaftlichkeitsuntersuchungen ein rechnerischer Preis entsprechend des vom Umweltbundesamt wissenschaftlich ermittelten und empfohlenen Wertes für jede über den Lebenszyklus der Maßnahme entstehende Tonne Kohlenstoffdioxid zu veranschlagen (**CO_2-Schattenpreis;** § 8 Abs. 1 KlimaG BW). Über die Planung von Baumaßnahmen hinaus soll der C02-Schattenpreis auch bei der Beschaffung von Liefer- und Dienstleistungen durch das Land angewendet werden (§ 8 Abs. 2 KlimaG BW). Neben den Liegenschaften des Landes wird den Gemeinden und Gemeindeverbänden empfohlen, für die Planung von Baumaßnahmen sowie die Beschaffung von Liefer- und Dienstleistungen in eigener Zuständigkeit einen CO_2-Schattenpreis einzuführen (§ 8 Abs. 6 KlimaG BW).

Durch diese Ermittlung des CO_2-Schattenpreises soll ein Instrument geschaffen werden, das zur nachhaltigen Verringerung von **CO_2-Emissionen** bei Landesbaumaßnahmen führt, und zwar durch die Förderung von Baumaßnahmen mit einem geringeren Anteil an Baustoffen mit einem treibhausgasintensiven Herstellungsaufwand sowie Energieversorgungslösungen mit einem geringeren Anteil fossiler Energieträger. Neben diesem Beitrag zur ökologischen Nachhaltigkeit werden mithilfe des CO_2-Schattenpreises die ökologischen Folgekosten schon bei der Planung von Baumaßnahmen berücksichtigt, da anteilig die Höhe der Schäden widergespiegelt werden, die der Gesellschaft gesamtheitlich betrachtet künftig andernfalls, nämlich durch den Ausstoß von Kohlenstoffdioxid, entstehen.[29]

Zur Ermittlung der CO_2-Emissionen können verschiedene DIN-Normen als wesentliche Grundlage für eine Ökobilanzierung herangezogen werden. Dies sind:
- DIN EN ISO 14040 und DIN EN ISO 14044: Diese definieren die vier zu betrachtenden Phasen einer Lebenszyklusanalyse;
- DIN EN 15804: Diese konkretisiert die Rahmenbedingungen dieser DIN-Normen und grenzt die Lebensstadien des betrachteten Produkts ab;
- DIN EN 15978: Diese liefert die notwendigen Berechnungsmethoden der umweltbezogenen Qualität der aus verschiedenen Modulen bestehenden Lebensstadien.

---

[29] Begründung der CO_2-SchattenpreisVO.

2. Beispiel Berlin

24 Eine Vorreiterrolle nimmt außerdem Berlin ein, das sich mit den landesrechtlichen Vorschriften klar zu einem nachhaltigen Beschaffungswesen bekennt[30] und weitreichendere Vorgaben vorsieht als das Bundesrecht: § 7 Abs. 1 des Berliner Ausschreibungs- und Vergabegesetzes (BerlAVG) verpflichtet öffentliche Auftraggeber der unmittelbaren Landesverwaltung, bei der Beschaffung ökologische Kriterien anzuwenden. Weiter soll bei der Festlegung der Leistungsanforderungen umweltfreundlichen und **energieeffizienten** Produkten, Materialien und Verfahren der Vorzug gegeben werden, und es ist Sorge zu tragen, dass bei der Herstellung, Verwendung und Entsorgung von Gütern sowie durch die Ausführung der Leistung bewirkte negative Umweltauswirkungen möglichst vermieden werden. Schließlich sind die **Lebenszykluskosten** bei der Wertung der Wirtschaftlichkeit der Angebote im Sinne von § 127 Abs. 1 GWB grds. zu berücksichtigen. Konkretisiert werden diese Vorgaben durch die Verwaltungsvorschrift Beschaffung und Umwelt (VwVBU), die Hinweise zur Anwendung von ökologischen Anforderungen für Liefer- und Dienstleistungen sowie in einem separaten Abschnitt zu Bauleistungen enthält. Den Anlagen lassen sich Umweltschutzanforderungen entnehmen, die auch den Baubereich betreffen (zB Anlage 1 Ziff. 12 Innenwandfarben, Ziff. 16 Dichtstoffe, Ziff. 17 Bodenbelagsklebstoffe und andere Verlegewerkstoffe, Ziff. 18 Bodenbeläge). Zu beachten ist schließlich, dass diese Vorschriften für die Vergabe von Liefer- und Dienstleistungen bereits ab einem geschätzten Auftragswert von 10.000 Euro netto, bei Bauleistungen ab einem geschätzten Auftragswert von 50.000 Euro netto bindend sind (§ 1 Abs. 6 iVm § 7 Abs. 1, 2 BerlAVG).

3. Beispiel Hessen

25 Auch das Hessische Landesvergaberecht sieht in bindender Weise vor, dass bei Vergaben von öffentlichen Aufträgen des Landes Hessen grds. Aspekte der Qualität und der Innovation sowie soziale und umweltbezogene Aspekte, wie etwa der Klimaschutz zu berücksichtigen sind. Auch Gemeinden, Gemeindeverbände, Eigenbetriebe sowie kommunale Arbeitsgemeinschaften und Zweckverbände können bei Vergaben von öffentlichen Aufträgen diese Aspekte berücksichtigen (§ 3 Abs. 1 Hessisches Vergabe- und Tariftreuegesetz, HVTG). Auftraggebern freigestellt ist, diese Anforderungen als Eignungsanforderungen, Anforderungen in der Leistungsbeschreibung, Zuschlagskriterien oder Ausführungsbedingungen zu fordern. Klarstellend ist weiter geregelt, dass diese mit dem Auftragsgegenstand in Verbindung stehen und zu dessen Wert und den Beschaffungszielen verhältnismäßig sein müssen (§ 3 Abs. 2 HVTG).

B. Weichenstellungen bei Einleitung des Vergabeverfahrens

I. Überblick

26 Auftraggeber sind zunehmend zur Implementierung von Nachhaltigkeitsaspekten bei der Beschaffung angehalten. Die Möglichkeiten zur Implementierung von Nachhaltigkeitskriterien sind vielfältig und bedürfen der Beurteilung anhand der auszuschreibenden Leistungen. Orientiert am zeitlichen Ablauf eines jeden Vergabeverfahrens kommen folgende Phasen bzw. Kriterien in Betracht:
- Die **Bedarfsanalyse**;
- Die **Leistungsbeschreibung**;
- Die **Eignungskriterien**;
- Die **Zuschlagskriterien**.

---

[30] Dieckmann NVwZ 2016, 1369 (1371).

II. Wahl der Verfahrensart

27 Manche Verfahrensarten bieten mehr Möglichkeiten als andere, eine Beschaffung an Nachhaltigkeitskriterien auszurichten. Die o. g. Phasen bzw. Kriterien können zunächst bei jeder Verfahrensart genutzt werden, sodass auch ein **offenes Verfahren** für eine nachhaltige Beschaffung genutzt werden kann, mit dem Vorteil, dass das offene Verfahren regelmäßig am zügigsten abgewickelt werden kann. Dennoch gilt grds., dass je simpler eine Verfahrensart ist, desto weniger Möglichkeiten bestehen, um auf eine nachhaltige Beschaffung hinzuwirken.[31]

28 Eine Verfahrensart, auf die hier ein besonderes Augenmerk zu legen ist, ist das Verhandlungsverfahren (Oberschwellenbereich) bzw. die Verhandlungsvergabe (Unterschwellenbereich) mit Teilnahmewettbewerb (im Folgenden nur: **Verhandlungsverfahren**). Diese Verfahrensart ist sowohl im Ober- als auch im Unterschwellenbereich für den Fall zugelassen, dass innovative oder konzeptionelle Lösungen abgefragt werden. Im Zuge der Angebotseinholung kann durch das Abverlangen solcher Lösungen das Know-How der Bieter genutzt und dafür gesammelt werden, die Anforderungen entsprechend zu konkretisieren.[32] Die Beschaffung einer „konzeptionellen" Lösung, wie dies oftmals bei der Umsetzung von Nachhaltigkeitsaspekten der Fall ist, bedingt regelmäßig der noch darzustellende Aspekt der Zuschlagskriterien: Erfolgt die Angebotswertung sodann nicht nur nach dem Preis, sondern auch nach anderen Kriterien, die wiederum die Einreichung von Konzepten verlangt, so kann dies die Wahl des Verhandlungsverfahrens mit Teilnahmewettbewerb begründen (dazu → Rn. 67 ff.).

III. Einholung von Nebenangeboten

29 Auch die Einholung von **Nebenangeboten** (§ 35 VgV bzw. § 8 Abs. 2 Nr. 3 VOB/A-EU) kann die Möglichkeit bieten, dass die Bieter ihr Know-How einbringen, um neue und innovative Lösungen in das Vergabeverfahren einzuführen. So können Auftraggeber Lösungen im Rahmen der Angebote erhalten, die der Auftraggeber bei seiner Ermittlung der Bedarfsdeckung nicht berücksichtigt hat bzw. mangels Kenntnis nicht berücksichtigen konnte.[33]

30 Die Voraussetzung – und regelmäßige Herausforderung – ist aber, die Gleichwertigkeit der Nebenangebote – im Verhältnis zu den Hauptangeboten – sicherzustellen. Dafür hat der Auftraggeber zwingend konkrete **Mindestanforderungen** für Nebenangebote als Wertungsmaßstab festzulegen. Sind diese Mindestanforderungen nicht erfüllt, scheidet das Angebot aus der Wertung aus; umgekehrt sind die Nebenangebote nur bei Erfüllung dieser Mindestanforderungen wertbar. Diese Anforderungen schützen den Bieter vor der pauschal begründeten Zurückweisung seines Nebenangebots als minderwertig.[34]

31 Erforderlich ist dies, weil ein Nebenangebot grds. nie genauso exakt wie ein Hauptangebot alle Anforderungen der Leistungsbeschreibung erfüllt. Umgekehrt ist immer in bestimmten Punkten eine Abweichung von der Leistungsbeschreibung erforderlich – nur so kann es sich um ein Nebenangebot handeln. Für eine unbenannte, nicht näher determinierte und damit intransparente Prüfung der Gleichwertigkeit von Nebenangeboten ist dadurch kein Raum.[35]

32 Im Vergabeverfahren bedarf es einer ausdrücklichen Angabe über die Zulassung von Nebenangeboten; fehlt diese, sind Nebenangebote ausgeschlossen. Anzugeben sind weiter die Mindestanforderungen an die Prüfung und Wertung. Im Fall von Bauvergaben kann

---

[31] Jasper, Nachhaltige Vergaben, 2022, Rn. 335.
[32] Jasper, Nachhaltige Vergaben, 2022, Rn. 416.
[33] Gabriel/Krohn/Neun VergabeR-HdB/Weiner § 22 Rn. 27.
[34] HK-VergabeR/Schellenberg VgV § 35 Rn. 9.
[35] OLG Frankfurt 15.3.2022 – 11 Verg 10/21, ZfBR 2022, 495 (hier: Verwendung von Recyclingmaterial im Straßenbau).

hier angegeben werden, wie Nebenangebote im Verhältnis zu der als Hauptangebot vorgesehenen Ausführung („Amtsvorschlag") gewertet werden. Eine wettbewerbskonforme Wertung ist nach der Rechtsprechung des BGH dann nicht sichergestellt, wenn alleiniges Zuschlagskriterium der Preis ist. Insoweit sind die **Zuschlagskriterien** so zu formulieren, dass sie auf Haupt- und Nebenangebote anwendbar sind, und eben nicht nur auf den Preis abstellen.[36] Dies ermöglicht gerade die Einbeziehung von umweltbezogenen oder anderen qualitativen Kriterien, um gerade den – umweltbezogenen oder qualitativen – Unterschied der Nebenangebote angemessen in die Wertung einfließen lassen zu können.[37]

C. Bedarfsermittlung

33 Bei der **Bedarfsanalyse** können nachhaltigkeitsbezogene Erwägungen einfließen, wenn entschieden wird, ob und wenn ja, welcher Bedarf besteht und gedeckt werden muss. Erst nach Identifizierung des Beschaffungsbedarfs sowie der Sicherstellung der rechtlichen und tatsächlichen Grundlagen, wie insbesondere der Finanzierung, darf ein Vergabeverfahren begonnen werden.[38] So kann der Auftraggeber zunächst schon über eine mögliche Weiternutzung vorhandener Produkte unter Berücksichtigung von Reparatur- und Wartungsmöglichkeiten oder über eine – regelmäßig ressourcenintensivere – Neubeschaffung entscheiden.[39] Besteht die Möglichkeit, eine Sanierung statt eines Neubaus durchzuführen, so kann die Sanierung unter Verwendung von **Energieeffizienz**kriterien, oder unter dem Einsatz umweltfreundlicher Baumaterialien durchgeführt werden sowie ferner unter sozialen Aspekten entlang der Lieferkette der eingesetzten Produkte und Dienstleistungen. Festgelegt oder gesteuert werden können in diesem Zuge auch Produktionsmethoden, Emissionen, der **Recycling**anteil von zu verwendenden Baustoffen oder der Wasser- und Energieverbrauch.

34 Im Rahmen dieser dem Auftraggeber zustehenden **Beschaffungsautonomie** kann der Auftragsgegenstand weitgehend frei festgelegt werden. In dieser Phase – zusammen mit der Erstellung der **Leistungsbeschreibung** – ist der Einfluss auf die Nachhaltigkeit regelmäßig am größten und der Auftraggeber genießt einen grds. nicht justiziablen Entscheidungsspielraum.[40] Bei Bauvergaben können bspw. im angestrebten Umfang nachhaltige Produkte (Holz statt Kunststoff, Verzicht auf bestimmte, umweltschädliche Produkte oder Inhaltsstoffe, Beschränkung von Emissionsgrenzwerten) oder Bauweisen (Holz- oder Holz-Hybrid-Bauweise) einbezogen werden.[41] Unzulässig sind hingegen generelle Vorgaben an eine nachhaltige Unternehmensführung auf Seiten des Auftragnehmers.[42]

35 Die Festlegungen in dieser wichtigen Phase haben einen grundlegenden Einfluss auf die Umweltauswirkungen der Beschaffung – die Bedarfsermittlung und die Bestimmung des Auftragsgegenstandes entscheiden selbst über den Grad der Nachhaltigkeit der Leistung an sich, einschl. der gerade aus einer Bauleistung folgenden Betriebskosten oder der **Lebenszykluskosten.** Auch aus diesem Grund empfiehlt es sich bei der Verfolgung eines ganzheitlichen Ansatzes, die Lebenszykluskosten schon im Rahmen der **Bedarfsanalyse** einzubeziehen.

36 Für eine zielführende Bestimmung des Auftragsgegenstandes kann eine **Markterkundung** (§ 28 VgV) regelmäßig zweckmäßig sein. Durch eine derartige Marktkonsultation

---

[36] BGH 7.1.2014 – X ZB 15/13, NZBau 2014, 185.
[37] Vgl. OLG Düsseldorf 2.11.2011 – VII-Verg 22/11, NZBau 2012, 194 (196) = VergabeR 2012, 185 (191) – Bundesagentur.
[38] MüKo-WettbR/Eichler Band 3, 1. Teil Rn. 246, 249.
[39] Dieckmann NVwZ 2016, 1369 (1370); vgl. zB Nr. 5 der Berliner Verwaltungsvorschrift Beschaffung und Umwelt (VwVBU); Schneider NVwZ 2009, 1057 (1058).
[40] Gabriel/Krohn/Neun VergabeR-HdB/Weiner § 22 Rn. 21; Röwekamp/Hofmann/Wapelhorst NZBau 2022, 707.
[41] Zu den zwingenden normativen Einschränkungen z. B. des KrWG oder des KSG → Rn. 13 ff.
[42] Jarass/Petersen/v. Komorowski, KrWG § 45 Rn. 19.

können sowohl die Fähigkeiten des Marktes, Informationen zur Kosten- oder Preisermittlung oder zu potenziellen Bietern durch den Auftraggeber besser bewertet werden, als auch der Markt von den Vergabeplänen und Anforderungen unterrichtet werden, um die Vergabe bestmöglich vorzubereiten. Gleichwohl ist nach wohl überwiegender Meinung eine Markterkundung für Auftragsspezifikationen nicht erforderlich, um zu erforschen, ob ein Ausschreibungsergebnis auch durch alternative Produkte oder technikoffene Ausschreibung erreichbar ist.[43] Umgekehrt, ist die Durchführung eines Vergabeverfahrens zum Zweck der Markterkundung unzulässig (§ 28 Abs. 2 VgV, § 2 EU Abs. 7 S. 2 VOB/A).[44]

D. Leistungsbeschreibung

I. Allgemeines

In engem Zusammenhang mit der Bedarfsermittlung steht die **Leistungsbeschreibung,** 37 die letztlich aus der Bedarfsermittlung resultiert: Die Leistungsbeschreibung hat den Bedarf so eindeutig und erschöpfend wie möglich zu beschreiben, dass diese Beschreibung für alle Unternehmen im gleichen Sinne verständlich ist (§ 121 GWB, § 31 Abs. 1 VgV). Die Leistungsbeschreibung ist damit das „zentrale Einfallstor" für eine nachhaltige(re) Beschaffung und der primäre Ort zur Implementierung von Nachhaltigkeitsanforderungen, die zu ihrer Durchsetzung dort eindeutig und erschöpfend beschrieben werden müssen. Sofern Umwelteigenschaften oder andere technische Spezifikationen vorgegeben werden, müssen diese Merkmale in Verbindung mit dem Auftragsgegenstand stehen und zu dessen Wert und Beschaffungszielen verhältnismäßig sein (§ 31 Abs. 3 S. 2 VgV) (sog. **Auftragsbezug**)[45].

Zu berücksichtigen sind bei der Erstellung der Leistungsbeschreibung zwingende spezial- 38 gesetzliche Vorgaben, wie aus dem Abfallrecht, die das Leistungsbestimmungsrecht des Auftraggebers einschränken. So hat es die Rechtsprechung für unzulässig erachtet, wenn ein Auftraggeber einen bestimmten Umgang mit dem Abfall vorschreibt und er alle sonstigen Möglichkeiten der Verwertung oder Entsorgung zwingend ausschließt. Wenn dabei entsorgungsrechtliche Vorschriften an die Abfallbewirtschaftung bzw. allgemein die Systematik des KrWG[46] nicht hinreichend berücksichtigt wurden, überschreitet der Auftraggeber die vergaberechtlichen Grenzen seiner Bestimmungsfreiheit.[47]

II. Gütezeichen

1. Allgemeines

Zum Nachweis bestimmter Produktmerkmale von Liefer- und Dienstleistungen, gerade 39 auch im Hinblick auf ihre Nachhaltigkeit, können **Gütezeichen** zur Anwendung kommen. Sie alle treffen eine Aussage über bestimmte Eigenschaften des Produkts oder der Dienstleistung, sei es, dass eine Wandfarbe schadstoffarm ist, oder eine Energiedienstleistung klimaschützend ist. Gütezeichen im vergaberechtlichen Sinn sind stets produktbezogen und müssen hohen formellen, vergaberechtlich definierten Anforderungen genügen (vgl. § 34 VgV, § 32 SektVO, § 7a EU Abs. 6 VOB/A, § 24 UVgO). Neben dem hohen Informationswert, der Gütezeichen zukommt, können Bieter mit ihnen belegen, dass Produkte bestimmte, definierte **Umwelteigenschaften** erfüllen und damit das Erfüllen verschiedener Kriterien im Vergabeverfahren nachweisen.[48]

---

[43] RKMPP/Kularz § 28 Rn. 2 f. mwN.
[44] MüKo-WettbR/Eichler Band 3, 1. Teil Rn. 247.
[45] Ziekow/Völlink/Trutzel/Meeßen § 31 Rn. 44.
[46] Dazu → Rn. 13.
[47] OLG München 9.3.2018 – Verg 10/17, NVwZ 2018, 995; OLG Frankfurt 21.7.2020 – 11 Verg 9/19, VPR 2020, 221.
[48] Ziekow/Völlink/Püstow § 34 Rn. 1 ff., auch zum Folgenden; BeckOK VergabeR/Thiele VgV § 34 Rn. 4 ff., auch zum Folgenden; Dieckmann NVwZ 2016, 1369 (1370 ff.).

40 § 34 VgV dient der Umsetzung von Art. 43 RL 2014/24/EU, der wiederum die Rechtsprechung des EuGH in der Sache „Max-Havelaar" aus dem Jahr 2012 zur Verwendung von Gütezeichen teilweise kodifiziert. Schon damals hat der EuGH entschieden, dass technische Spezifikationen in Form von Leistungs- oder Funktionsanforderungen formuliert werden können, die Umwelteigenschaften umfassen können. Dabei kann eine bestimmte Produktionsmethode eine solche Umwelteigenschaft darstellen, wie zB ökologische Landwirtschaft oder fairer Handel. Schon Art. 23 Abs. 6 UAbs. 1 der Vorgängerrichtlinie 2004/18/EG erlaubte den öffentlichen Auftraggebern bei Anforderungen in Bezug auf Umwelteigenschaften, die detaillierten Spezifikationen eines Umweltgütezeichens, nicht aber ein ganz bestimmtes **Umweltgütezeichen** zu verwenden. Wichtig ist dabei eine konkrete, detaillierte und dadurch hinreichend transparente Beschreibung der Spezifikationen. Darüber hinaus müssen öffentliche Auftraggeber aber auch andere geeignete Beweismittel, wie technische Unterlagen des Herstellers oder Prüfberichte anerkannter Stellen, akzeptieren.[49]

2. Voraussetzungen

41 Nach § 34 Abs. 1 VgV sind Auftraggeber berechtigt, die Vorlage eines Gütezeichens zu verlangen (§ 34 VgV, § 24 UVgO). Das Gütezeichen definiert die Anforderungen, die nicht mehr detailliert beschrieben werden müssen. Hinsichtlich des Gütezeichens sind dabei folgende Voraussetzungen einzuhalten (§ 34 Abs. 2 VgV):[50]
- Anforderungen des Gütezeichens sind für die Bestimmung der Merkmale der Leistung geeignet und stehen mit Auftragsgegenstand in Verbindung
- Gütezeichen-Anforderungen müssen auf objektiv nachprüfbaren, nicht-diskriminierenden Kriterien basieren
- Gütezeichen sind in offenen und transparenten Verfahren entwickelt worden
- Alle betroffenen Unternehmen haben Zugang zum Gütezeichen
- Anforderungen sind von unabhängigem Dritten festgelegt

42 Zu bedenken ist bei der Verwendung von Gütezeichen gleichwohl, dass durch ihre Vorgabe der Markt verengt werden kann, zB weil nur eine geringe Auswahl an entsprechend gekennzeichneten Produkten zur Verfügung steht oder weil sie ausländische oder neue Unternehmen auf dem Markt benachteiligen können. Weitere Folge daraus ist dann regelmäßig, dass sich eine solche Einengung auch auf den Wettbewerb negativ auswirkt. Schließlich besteht auch das Risiko, dass Vorgaben zur Verwendung eingeführter Produkte führen, und Innovationen ausgebremst werden können.

43 Stets möglich muss den Bietern der Nachweis über **gleichwertige** Gütezeichen sein, wobei die Beweislast beim Bieter liegt (**alternative Nachweisführung**, § 34 Abs. 4 VgV). Als alternative Nachweise kommen neben anderen, gleichwertigen Gütezeichen oder Metasiegeln auch einfache und qualifizierte Eigenerklärungen in Betracht. Letztere können je nach Produkt bzw. nachzuweisendem Kriterium durch Konzepte, Fragebögen, Nachweis eines Lieferkettenmanagements/Umweltmanagements, Managementsysteme, Herstellererklärung, Audit oder Prüfberichte erbracht werden.[51]

44 Dabei gilt, dass der Bieter den alternativen Nachweis (nur dann) in anderer Weise führen darf, wenn er keine Möglichkeit hatte, das (gleichwertige) Gütezeichen innerhalb der Fristen zu erlangen. Die Beweislast liegt dann aber beim Bieter, der nachweisen muss, dass sein Produkt die spezifischen Anforderungen erfüllt (vgl. § 34 Abs. 5 VgV). Insoweit kann das Gütezeichen also nicht nur Beweiserleichterung, sondern auch Leistungsanforderung sein. Soweit in bestimmten Bereichen (noch) keine Gütezeichen existieren oder nicht genügend Bieter den Nachweis über ein bestimmtes Gütezeichen erbringen können, sind alternative Nachweisformen umso bedeutender.

---

[49] EuGH 10.5.2012 – C-368/10, NVwZ 2012, 867 (870) – Max Havelaar; MüKo-WettbR/Seebo VgV § 34 Rn. 2.
[50] MüKo-WettbR/Seebo VgV § 34 Rn. 7 ff.; RKMPP/Wiedemann § 34 Rn. 5 ff.
[51] Ziekow/Völlink/Püstow § 34 Rn. 12.

3. Beispiele für Gütezeichen und Informationsportale

Die hohe – und sogar noch steigende – Anzahl an Zeichen, Siegeln, Zertifikaten und Standards erschwert jedoch zunehmend den Überblick und auch die Festlegung eines bestimmten Zeichens. Einerseits existieren Gütezeichen staatlicher Natur wie das in Deutschland bekannte Umweltzeichen „Blauer Engel", oder das Europäische Umweltzeichen „EU-Ecolabel", andererseits findet sich eine noch größere Anzahl nichtstaatliche Zeichen, und darüber hinaus internationale Zeichen, wie das FSC-Label für Forstbetriebe und Holzprodukte, oder solche anderer Länder.[52] Als Orientierung bei der Verwendung kann bspw. das **Informationsportal** Siegelklarheit.de dienen,[53] das von der Gesellschaft für Internationale Zusammenarbeit (GIZ) unter Beteiligung mehrerer Bundesministerien (BMZ; BMUB; BMJV; BMAS) erstellt wurde. Verwiesen werden soll außerdem auf den Kompass Nachhaltigkeit[54], der im Auftrag des BMZ durch die Gesellschaft für internationale Zusammenarbeit (GIZ) und bzgl. des Kommunalen Services durch die Servicestelle „Kommunen in der Einen Welt" der Engagement Global gGmbH aufgebaut wurde. Schließlich existieren weitere Übersichten und Datenbanken, wie zB eine Label-Datenbank vom Bundesverband Die Verbraucher Initiative eV,[55] in der Informationen zu mehr als 500 Labels zu spezifischen Produktgruppen oder produktübergreifend zusammengetragen sind. Das Angebot kann helfen, die Aussagekraft und Qualität verschiedener Umweltzeichen zu beurteilen.

III. Grundsatz der produktneutralen Ausschreibung

1. Allgemeines

Grds. obliegt dem Auftraggeber die Entscheidung, welchen Gegenstand mit welcher Beschaffenheit und welchen Eigenschaften er beschaffen will (**Beschaffungsautonomie des Auftraggebers**). Darunter fällt auch die Festlegung zur Ausführung der Leistungen, wie bspw. ein gelände- und umweltschonendes Verfahren für den Neubau von Kabelschutzrohranlagen, die zu einer Einschränkung der Verfahrenstechnik führte.[56]

Im Rahmen der Beschreibung des Leistungsgegenstands gilt dabei der Grundsatz der **produktneutralen Ausschreibung,** zu welcher der Wettbewerbsgrundsatz verpflichtet, der aber die Beschaffungsautonomie des Auftraggebers beschränkt. Der Grundsatz der produktneutralen Ausschreibung besagt, dass nicht auf eine bestimmte Produktion oder Herkunft oder ein besonderes Verfahren oder auf gewerbliche Schutzrechte, Typen oder einem bestimmten Ursprung verwiesen werden darf, wenn dadurch bestimmte Unternehmen oder bestimmte Produkte begünstigt oder andere ausgeschlossen werden (§ 31 Abs. 6 S. 1 VgV).

Auf ein bestimmtes Produkt darf nicht verwiesen werden, wenn dadurch bestimmte Unternehmen oder bestimmte Produkte (sog. **offene Produktfestlegung**) begünstigt oder ausgeschlossen werden, es sei denn dieser Verweis ist durch den Auftragsgegenstand gerechtfertigt. Gegen diese Verpflichtung wird nicht nur dann verstoßen, wenn ein Produkt oder **Leitfabrikat** offen in der Leistungsbeschreibung genannt wird, sondern auch dann, wenn durch die Vielzahl der Vorgaben **verdeckt** ein bestimmtes Produkt vorgegeben wird und nur mit diesem die Anforderungen der Leistungsbeschreibung erfüllt werden können.[57]

---

[52] Dieckmann NVwZ 2016, 1369 (1369 f.).
[53] https://www.siegelklarheit.de; zuletzt abgerufen am 29.7.2024.
[54] http://oeffentlichebeschaffung.kompass-nachhaltigkeit.de; zuletzt abgerufen am 29.7.2024.
[55] http://www.label-online.de; zuletzt abgerufen am 29.7.2024.
[56] VK Südbayern 31.1.2019 – Z3-3-3194-1-35-10/18, BeckRS 2019, 7490, mit Verweis auf EuGH 25.10.2018 – Rs. C- 413/17, ZfBR 2019, 494.
[57] BayObLG 26.4.2023 – Verg 16/22, ZfBR 2023, 711, sowie bereits OLG München 26.3.2020 – Verg 22/19, Juris; OLG München 17.9.2022 – Verg 10/07, IBR 2007, 635.

49 Die vergaberechtlichen Grenzen der Bestimmungsfreiheit des öffentlichen Auftraggebers sind eingehalten, sofern die Bestimmung durch den Auftragsgegenstand sachlich gerechtfertigt ist, vom Auftraggeber dafür nachvollziehbare objektive **und auftragsbezogene** Gründe angegeben worden sind und die Bestimmung folglich willkürfrei getroffen worden ist, solche Gründe tatsächlich vorhanden sind und die Bestimmung andere Wirtschaftsteilnehmer nicht diskriminiert.[58]

50 Drohende Rechtsfolge bei Verstoß gegen den Grundsatz der produktneutralen Ausschreibung: Ist die Abweichung nicht gerechtfertigt, werden Vergabeverfahren von der Rechtsprechung aufgehoben bzw. zurückversetzt und die Vergabestelle – bei fortbestehender Beschaffungsabsicht – verpflichtet, die Vergabe unter Beachtung des Grundsatzes der produktneutralen Ausschreibung erneut durchzuführen. In der o. g. Entscheidung des OLG München (Verg 22/19) hat der Senat die bloße Möglichkeit ausreichen lassen, dass der Hersteller eines bestimmten Produkts unterschiedliche – und einem Mitbieter damit günstigere – Einkaufskonditionen gewährt. Daraus resultierte die Rechtsverletzung der Antragstellerin, die bei einer produktneutralen Ausschreibung hingegen die Möglichkeit gehabt hätte ein anderes, günstigeres Produkt anzubieten. Dies konnte zumindest nicht ausgeschlossen werden.

51 Schließlich muss die Entscheidung in einer nachvollziehbaren Begründung und Dokumentation festgehalten sein: Die Vergabestelle trifft eine umfassende Darlegungs- und Beweislast. Dies bedeutet, dass die Begründung der jeweiligen Ausnahmefälle vom Grundsatz der produktneutralen Ausschreibung umfassend zu dokumentieren ist, da mit jeder Ausnahme die zentralen vergaberechtlichen Grundsätze des Wettbewerbs und der Gleichbehandlung erheblich eingeschränkt werden. Nicht erforderlich ist für die Festlegung bestimmter Produkte die Durchführung einer **Markterkundung**.[59]

2. Ausnahmen

52 Ausnahmen vom Grundsatz der produktneutralen Ausschreibung sind nur in folgenden Fällen zulässig:
- Der Verweis auf ein bestimmtes Produkt etc. ist durch den Auftragsgegenstand gerechtfertigt (dazu → Rn. 55 ff.)
- Der Auftragsgegenstand kann anderenfalls nicht hinreichend genau und allgemein verständlich beschrieben werden; diese Verweise sind mit dem Zusatz „oder gleichwertig" zu versehen (dazu → Rn. 61 ff.).

53 Ein wettbewerbliches Verfahren mit mehreren Bietern muss gleichwohl gewährleistet bleiben. Unternehmen dürfen durch Produktvorgaben nicht diskriminiert werden.

54 Unzulässig ist daher, ein **Leitprodukt** im Leistungsverzeichnis mit dem Zusatz „oder gleichwertig" zu benennen, wenn damit verdeckt, aber durch eine Vielzahl wettbewerbseinschränkender Vorgaben nur ein einziges Produkt beschrieben wird, das allen Vorgaben gerecht wird.

55 **a) Rechtfertigung durch den Auftragsgegenstand.** Die vergaberechtlichen Grenzen dieser Beschaffungsautonomie des Auftraggebers werden aber eingehalten, sofern die Bestimmung des Produkts durch den Auftragsgegenstand sachlich gerechtfertigt ist (§ 7 Abs. 2 Nr. 1 VOB/A, § 7 EU Abs. 2 S. 1 VOB/A, § 31 Abs. 6 S. 1 VgV). Folgende Voraussetzungen hat die Rechtsprechung aufgestellt, wonach die Festlegung bestimmter Produkte dann gerechtfertigt ist, wenn

---

[58] OLG München 26.3.2020 – Verg 22/19, Juris; sowie bereits: OLG München 17.9.2007 – Verg 10/07, IBR 2007, 635; Ziekow/Völlink/Trutzel/Meeßen § 31 Rn. 50.
[59] OLG Brandenburg 8.7.2021 – 19 Verg 2/21, ZfBR 2022, 307; BayObLG 25.3.2021 – Verg 4/21, ZfBR 2022, 307; OLG Rostock 12.8.2020 – 17 Verg 3/20, IBRRS 2020, 3290; OLG Celle 31.3.2020 – 13 Verg 13/19, NZBau 2021, 136; OLG Düsseldorf 16.10.2019 – VII-Verg 66/18, NZBau 2020, 184; OLG Rostock 17.7.2019 – 17 Verg 1/19, NZBau 2020, 120.

- vom Auftraggeber dafür nachvollziehbare objektive und auftragsbezogene Gründe angegeben worden sind und die Bestimmung folglich willkürfrei getroffen worden ist
- solche Gründe tatsächlich vorhanden sind (festzustellen und notfalls erwiesen) und
- die Bestimmung anderer Wirtschaftsteilnehmer nicht diskriminiert.[60]

Objektive und auftragsbezogene Gründe können darin liegen (so bereits Erwägungsgrund 50 zu Art. 32 RL 2014/24/EU)), „*dass es für ein Wirtschaftsteilnehmer technisch nahezu unmöglich ist, geforderte Leistung zu erbringen, oder dass es nötig ist, spezielles Wissen, spezielle Werkzeuge oder Hilfsmittel zu verwenden, die nur einem einzigen Wirtschaftsteilnehmer zur Verfügung stehen. Technische Gründe können auch zurückzuführen sein auf konkrete Anforderungen an die Interoperabilität, die erfüllt sein müssen, um es vorzunehmende zu beschaffende Lieferung zu gewährleisten.*" 56

In der Rechtsprechung hat dieser Erwägungsgrund Anwendung gefunden und die Begründung gerechtfertigt, dass die Bestimmung eines konkreten Produkts im Interesse der **Systemsicherheit und -funktion** eine wesentliche Verringerung von Risikopotenzial ist (Risiko von Fehlfunktionen, Kompatibilitätsproblemen, höheren Umstellungsaufwand).[61] 57

Demnach kann zur Begründung der Produktfestlegung an objektive Gegebenheiten angeknüpft werden, wie etwa an bestehende Kompatibilitätsanforderungen, an Sicherheitsrisiken oder wirtschaftliche Erwägungen. 58

Die Rechtsprechung hat es außerdem gebilligt, dass sich eine Vergabestelle auf ein subjektives Bedürfnis, nämlich die **Nutzerfreundlichkeit** aufgrund des bereits vorhandenen Systems gestützt hat, verbunden mit einem objektiven Aspekt (Verkehrssicherheit, Arbeitssicherheit). Entschieden wurde dies für eine Ausschreibung, bei der es um die Beschaffung von Fahrzeugen und deren Ausstattung mit lediglich einem Display anstatt zweier Displays ging, da dies die Gefahr von Fehlern im Einsatz mindert und einen reibungslosen Arbeitsablauf fördert. Daraus hat die Vergabestelle den Schluss gezogen, dass damit eine höhere Verkehrssicherheit und eine bessere Arbeitssicherheit gewährleistet ist. **S**ubjektive Erwägungen (von der Rechtsprechung gebilligt: Nutzerfreundlichkeit, Sicherheit im Straßenverkehr, oder auch eine langfristig angelegte Beschaffungsstrategie hinsichtlich IT-Beschaffungen) können also der Ausgangspunkt sein, solange diese eine objektive und auftragsbezogene Begründung nach sich ziehen.[62] 59

Auch steht dem öffentlichen Auftraggeber bei der Einschätzung, ob die Vorgabe eines bestimmten Herstellers gerechtfertigt ist, ein Beurteilungsspielraum zu. Die Festlegung muss nicht zwingend sein, ebenso wenig kommt es darauf an, ob das Gericht (oder andere Vergabestellen) anstelle des Antragsgegners eine produktspezifische Vorgabe wählen würde. Die Entscheidung muss aber nachvollziehbar begründet und dokumentiert sein, wenngleich eine vorherige Markterkundung nicht erforderlich ist. 60

b) Keine hinreichend genaue Beschreibung möglich. Produktnamen dürfen nur ausnahmsweise benannt werden, und zwar wenn eine anderweitige Beschreibung nicht möglich ist (§ 7 Abs. 2 Nr. 2 VOB/A, § 7 EU Abs. 2 S. 2 VOB/A, § 31 Abs. 6 S. 2 VgV). Auch hier steht dem Auftraggeber bei der Frage, ob eine Beschreibung durch hinreichend genaue, allgemeinverständliche Bezeichnungen nicht möglich ist, ein Beurteilungsspielraum zu. Die Entscheidung muss aber nachvollziehbar begründet und dokumentiert sein, wenngleich eine vorherige Markterkundung nicht erforderlich ist.[63] Weiter sind regelmäßig andere Fabrikate zu prüfen, und die Frage nach deren Gleichwertigkeit. Erforderlich ist 61

---

[60] So ausdrücklich: BayObLG 26.4.2023 – Verg 16/22, ZfBR 2023, 711, sowie bereits BayObLG 25.3.2021 – Verg 4/21, ZfBR 2022, 307; OLG München 26.3.2020 – Verg 22/19, VPR 2020, 122; OLG Celle 31.3.2020 – 13 Verg 13/19, NZBau 2021, 136; OLG Düsseldorf 13.4.2016 – VII-Verg 47/15, NZBau 2016, 656; OLG München 17.9.2007 – Verg 10/07, IBR 2007, 635.
[61] OLG Celle 31.3.2020 – 13 Verg 13/19, NZBau 2021, 136 (139) mit Verweis auf OLG Düsseldorf 31.5.2017 – VII-Verg 36/16, NZBau 2017, 623 (627).
[62] BayObLG 25.3.2021 – Verg 4/21, ZfBR 2022, 307; OLG Celle 31.3.2020 – 13 Verg 13/19, NZBau 2021, 136.
[63] OLG Düsseldorf 16.10.2019 – Verg 66/18, NZBau 2020, 184.

dabei zunächst, **Mindestanforderungen** zu ermitteln und transparent mitzuteilen. Dafür muss der Auftraggeber konkret zu bezeichnende Leistungsmerkmale und –anforderungen angeben. Ein allgemeiner Hinweis auf **Gleichwertigkeit** reicht insoweit nicht aus.[64]

62 Die Vorgabe eines Leitfabrikats kann zulässig sein, wenn an das Produkt hohe Anforderungen an die Gebrauchstauglichkeit gestellt werden, bejaht von der Rechtsprechung bspw. für anspruchsvolle Tischsysteme mit modularen Gerätesysteme für zwei Elektrolabore. Wird der Markenname mit dem Zusatz „oder gleichwertig" versehen, muss der Auftraggeber in den Ausschreibungsunterlagen gleichwohl Parameter festlegen, die erfüllt sein müssen, damit ein angebotenes, alternatives Produkt als gleichwertig angesehen werden kann. Das gebietet der Grundsatz der Chancengleichheit der Bieter, denn damit ist weder vereinbar, ein Leitprodukt vorzugeben, das in vollem Umfang einzuhalten ist und deswegen letztendlich nur ein identisches Produkt angeboten werden kann, noch ist damit vereinbar, dass der Auftraggeber im Nachhinein eine großzügige Beurteilung vornimmt und auch ohne detaillierte sachverständige Prüfung angebotene Produkte als gleichwertig akzeptiert, die sich in wesentlichen Ausstattungsmerkmalen vom Leitfabrikat unterscheiden.[65]

63 Dies bedeutet, soweit **Leitfabrikate** benannt werden: Der Verweis auf ein Leitfabrikat ist mit dem Zusatz „oder gleichwertig" zu versehen. Entscheidend ist des Weiteren, dass der Auftraggeber klar und deutlich festlegt, welche Produkte er als gleichwertig einstuft und welche wesentlichen und unbedingt zu liefernden Produkteigenschaft erfüllt sein müssen. Nur dann weiß der Bieter, ob er durch andere Produkte den Nachweis der **Gleichwertigkeit** zum vorgegebenen Leitfabrikat führen kann.[66]

64 Weitere Beispiele aus der Rechtsprechung für Produktvorgaben im Baubereich sollen hier knapp dargestellt werden:

- Das OLG Düsseldorf hat entschieden,[67] dass ein Angebotsausschluss gerechtfertigt ist, wenn ein Alternativprodukt technisch, aber nicht optisch gleichwertig ist. Dafür muss aus der Leistungsbeschreibung zweifelsfrei deutlich werden, dass es auf das optische Erscheinungsbild – im zu entscheidenden Fall eines Oberputzes – ankommt. Die Gleichwertigkeit setzt zwar keine Identität in allen Beschaffenheitsmerkmalen voraus, aber von entscheidender Bedeutung ist, hinsichtlich welcher Leistungsmerkmale Gleichwertigkeit gefordert, und nach welchen Parametern diese zu bestimmen ist.
- Die VK Baden-Württemberg hat entschieden,[68] dass die verdeckte Ausschreibung eines Leitfabrikats gegen das Gebot der produktneutralen Ausschreibung verstößt. Es ging um Mobilwände mit spezifischen Anforderungen (u. a.: Rahmenkonstruktion aus einer Verbundbauweise, Flächengewicht bei einer Schalldämmung Rw 55 dB von maximal 40 kg/cbm, TÜV-GS geprüfte Sicherheit sowie Nachweis einer Umwelt-Produktdeklaration nach ISO 14025), auf das jedoch nur ein Produkt passte.
- Die VK Nordbayern hat entschieden,[69] dass ein Leistungsverzeichnis widersprüchlich und damit rechtswidrig war, weil technische Anforderungen an Türdrücker im Leistungsverzeichnis zum einen durch Vorgabe der Korrosionsklasse 5 beschrieben war, zum anderen durch „Richtfabrikat XXX oder gleichwertig" benannt war. Das Verfahren wurde daher zurückversetzt. Auch mit dem Zusatz „oder gleichwertig" ist die Ausschreibung bestimmter Produkte rechtswidrig. Trotzdem werden oftmals Produkte im Leistungsverzeichnis erwähnt, und sei es – wie regelmäßig – als Rückfallebene für etwaige Lücken bei den technischen Vorgaben. Diese Vorsichtsmaßnahme kann bei Widersprüchen die Widersprüchlichkeit nicht beseitigen. Es kann dann eine Klarstellung im Leistungsverzeichnis erfolgen, wonach bei Widersprüchen die technischen Vorgaben dem Richtfabrikat vorgehen.

---

[64] VK Münster 26.7.2012 – VK 17/12, ZfBR 2012, 807.
[65] VK Baden-Württemberg 29.1.2015 – 1 VK 59/14, VPR 2015, 126.
[66] Ziekow/Völlink/Trutzel/Meeßen § 31 Rn. 49.
[67] OLG Düsseldorf 9.1.2013 – Verg 33/12, IBR 2013, 228.
[68] VK Baden-Württemberg 30.8.2016 – 1 VK 36/16, IBRRS 2016, 2853.
[69] VK Nordbayern 20.10.2016 – 21.VK-3194-33/16, IBR 2017, 157.

- Die VK Sachsen-Anhalt hat entschieden,[70] dass ein Leitfabrikat verdeckt ausgeschrieben wurde, und zwar trotz Ca.-Hinweis für Abmessungen: Ohne hinreichende Rechtfertigung müssen technische Spezifikationen produkt- und verfahrensneutral gefasst werden. Wird ein zu lieferndes Produkt – hier Betonsteinpflaster – so detailgenau beschrieben, dass es sich nur einem Hersteller zuordnen lässt, reicht der Hinweis „ca." für die Abmessungen nicht aus, um Spielraum für Alternativangebote zuzulassen.

IV. Funktionale Leistungsbeschreibung

65 Die Implementierung von Nachhaltigkeitskriterien im Rahmen von Bauvergaben ermöglicht auch eine **funktionale Leistungsbeschreibung,** eine sog. Leistungsbeschreibung mit **Leistungsprogramm** (§ 7c VOB/A-EU). Diese kommt neben der „klassischen" Leistungsbeschreibung mit **Leistungsverzeichnis** (§ 7b VOB/A-EU) zur Anwendung, wenn statt eines ausführlichen und detaillierten Leistungsverzeichnisses beschrieben wird, welche Funktion die Leistung erfüllen soll. Hier geht es dem Auftraggeber darum, die technisch, gestalterisch, ökologisch oder wirtschaftlich beste Lösung dadurch zu finden, dass er den Bietern die konkrete Art und Weise der Lösung dem Wettbewerb unterstellt.

66 Das Leistungsprogramm definiert § 7c EU Abs. 2 Nr. 1 VOB/A als Beschreibung der Bauaufgabe, aus der die Bewerber alle für die Entwurfsbearbeitung und die im Angebot maßgebenden Bedingungen und Umstände erkennen können und in der sowohl der Zweck der fertigen Leistung als auch die an sie gestellten technischen, wirtschaftlichen, gestalterischen und funktionsbedingten Anforderungen angegeben sind. Außerdem kann ein Musterleistungsverzeichnis oder ein Rahmenentwurf Bestandteil des Leistungsprogramms sein.[71]

67 Dennoch gilt auch für eine funktionale Leistungsbeschreibung der **Bestimmtheitsgrundsatz** (§ 121 Abs. 1 GWB, § 7 EU Abs. 1 Nr. 1 VOB/A), wonach dass die Leistung eindeutig und erschöpfend zu beschreiben ist, der nur insoweit eingeschränkt wird, dass die o. g. Funktionen beschrieben werden. Denn eine funktionale Leistungsbeschreibung kann den Auftragsgegenstand per se nicht gleichermaßen detailliert festlegen wie eine konventionelle Beschreibung.[72] Eine funktionale Leistungsbeschreibung ist aber dadurch gekennzeichnet, dass darin nur der Zweck und die zu erreichenden Ziele verbindlich vorgegeben werden. Die jeweiligen Bieter erhalten die Möglichkeit, den Lösungsweg eigenständig zu erarbeiten und individuell anzubieten.

68 Im Fall einer funktionalen Leistungsbeschreibung bedarf es umgekehrt keiner Vorgaben zu den zu verwendenden Stoffen, Materialien oder Geräten, sondern der Vorgabe von Rahmenbedingungen und Zielvorgaben in der Form von technischen, wirtschaftlichen, gestalterischen und funktionsbedingten Anforderungen für die Angebotsabgabe. Ökologische Zielvorgaben können sich bspw. auf die **Energieeffizienz** oder die Schadstoffbelastung von Bauprodukten beziehen. So kann die Errichtung einer „energieeffizienten" Pumpstationen ausgeschrieben werden. Die Bieter sind dann aufgefordert, eine möglichst hohe Energieeffizienz anzubieten. Dies erfordert des Weiteren, dass die Energieeffizienz im Rahmen der Zuschlagskriterien gewertet werden muss.

69 In der Praxis finden sich funktionale Leistungsbeschreibungen häufig in folgenden Fällen: Es müssen neue Lösungen in die Ausführungsplanung integriert werden, oder es soll kein fester Lösungsweg vorgeschrieben werden, weil mehrere denkbar sind, ohne dass einer davon zwingend vorgeschrieben werden soll, oder ein Lösungsweg ist durch die Regeln der Technik noch nicht hinreichend detailliert beschreibbar. Auch dadurch kann interessierten Unternehmen die Möglichkeit gegeben werden, kreative und innovative Lösungen bzw.

---

[70] VK Sachsen-Anhalt 11.4.2017 – 3 VK LSA 05/17, IBRRS 2017, 3540.
[71] MüKo-WettbR/Kemper VOB/A § 7c EU Rn. 13 ff.; HK-VergabeR/Schellenberg VOB/A § 7c EU Rn. 16 f.
[72] OLG Düsseldorf 16.8.2019 – Verg 56/18, NZBau 2020, 249.

Varianten zu einer „klassischen" Erfüllung anzubieten, indem zB neueste umwelttechnische Lösungen angeboten werden, über die der Auftraggeber bisher nicht informiert war. Hierfür kann es schließlich sinnvoll sein, ggf. Nebenangebote zuzulassen, um solche Abweichungen zuzulassen.

70 Regelmäßig finden sich zu spezifischen Funktionsanforderungen auch sog. **teilfunktionale Leistungsbeschreibungen.** Eine solche liegt vor, wenn die funktionale Leistungsbeschreibung mit genauen Anforderungen an die ausgeschriebene Leistung kombiniert ist.

E. Eignungskriterien

I. Rechtliche Grundlagen des GWB, Ausschlussgründe

71 Gesetzliche Grundlage für die Eignungsprüfung ist § 122 GWB, wodurch die ordnungsgemäße Ausführung des öffentlichen Auftrags durch geeignete Unternehmen sichergestellt wird. Dabei dürfen die **Eignungskriterien** ausschließlich die Befähigung und Erlaubnis zur Berufsausübung, die wirtschaftliche und finanzielle Leistungsfähigkeit sowie die technische und berufliche Leistungsfähigkeit betreffen (§ 122 Abs. 2 GWB).

72 Immer zu beachten ist dabei, dass die Eignungskriterien mit dem Auftragsgegenstand in Verbindung stehen (**Auftragsbezug,** § 122 Abs. 4 GWB). Diese muss sich aber nicht auf die materielle Eigenschaft des angebotenen Gegenstands auswirken, sondern dem Eignungskriterium objektiv dienen und angemessen sein, die Leistungsfähigkeit des Bieters im Hinblick auf den konkret ausgeschriebenen Auftragsgegenstand nachzuweisen.[73]

73 Im Rahmen der Eignungsprüfung findet sich weiter in § 124 Abs. 1 Nr. 1 GWB (gleichlautend § 6e EU Abs. 6 Nr. 1 VOB/A) ein **fakultativer Ausschlussgrund,** der u. a. zur Prüfung von **umweltrechtlichen Verstößen** verpflichtet, welcher zum Ausschluss vom Vergabeverfahren führen kann. Der Auftraggeber muss insoweit nach pflichtgemäßem Ermessen unter Berücksichtigung des Verhältnismäßigkeitsgrundsatzes entscheiden, ob nach einem nachweislichen umweltrechtlichen Verstoß das Unternehmen vom weiteren Vergabeverfahren ausgeschlossen wird.[74] Darin liegt die Umsetzung von Art. 57 Abs. 4 lit. a und Art. 18 Abs. 2 RL 2014/24/EU. Letzterer verpflichtet die Mitgliedstaaten, geeignete Maßnahmen zu treffen, um dafür zu sorgen, dass die Wirtschaftsteilnehmer bei der Ausführung öffentlicher Aufträge die geltenden umweltrechtlichen sowie sozial- und arbeitsrechtlichen Verpflichtungen einhalten. Derartige umweltrechtliche Verpflichtungen können sich aus Rechtsvorschriften der Union, einzelstaatlichen Rechtsvorschriften, Tarifverträgen[75] oder den in Anhang X der RL 2014/24/EU aufgeführten, internationalen umwelt-, sozial- und arbeitsrechtlichen Vorschriften ergeben. So nennt der Anhang X der RL 2014/24/EU u. a. das Wiener Übereinkommen zum Schutz der Ozonschicht und das im Rahmen dieses Übereinkommens geschlossene Montrealer Protokoll über Stoffe, die zum Abbau der Ozonschicht führen, das Basler Übereinkommen über die Kontrolle der grenzüberschreitenden Verbringung gefährlicher Abfälle und ihrer Entsorgung oder das Stockholmer Übereinkommen über persistente organische Schadstoffe. Bekannt und im Baubereich relevant ist des Weiteren das Übereinkommen über das Verbot und unverzügliche Maßnahmen zur Beseitigung der schlimmsten Formen der Kinderarbeit (ILO-Übereinkommen 182).[76]

---

[73] EuGH 18.10.2012 – C-218/11, NZBau 2013, 58 Rn. 29 – Édukövízig; Ziekow/Völlink/Ziekow GWB § 122 Rn. 23; Beck VergabeR/Opitz, Bd. 1 GWB § 122 Rn. 95 ff.
[74] Ziekow/Völlink/Stolz § 124 Rn. 6 f.
[75] VK Südbayern 21.12.2018 – Z3-3-3194-1-32-09/18, BeckRS 2018, 37330.
[76] BeckOK VergabeR/Friton GWB § 124 Rn. 17.

II. Umsetzungsmöglichkeiten

Umsetzungsmöglichkeiten in Form von **Eignungsnachweisen,** die Auftraggeber zur Aus- 74
wahl geeigneter Unternehmen fordern dürfen, finden sich in den §§ 42 ff. VgV sowie in
den §§ 6a EU ff. VOB/A. Konkret können sie insbesondere in der Abfrage einer Zertifizierung von Unternehmen, in der Erfahrung mit Nachhaltigkeitsprojekten oder innovativen
Projekten liegen. Unzulässig sind hingegen Eignungsanforderungen, die an die allgemeine
Einkaufs-, Handels oder Geschäftspolitik der Bieter ohne Auftragsbezug anknüpfen: So ist
eine Mindestanforderung an die technische Leistungsfähigkeit vergaberechtswidrig, die im
Rahmen der im Lastenheft aufgeführten Eignungskriterien und Mindestanforderungen die
Bedingung vorgeschrieben hat, dass die Bieter die „Kriterien der Nachhaltigkeit der Einkäufe und des gesellschaftlich verantwortlichen Verhaltens" einhalten.[77]

1. Referenzen

Der Nachweis von Erfahrungen erfolgt regelmäßig anhand von **Referenzen** (§ 46 Abs. 3 75
Nr. 1 VgV, § 6a EU Nr. 3 lit. a VOB/A), die zu den relevantesten Eignungsnachweisen
zählen. Im Bau- und Planungsbereich müssen Bieter dabei anhand ausgeführter Aufträge
bei vergleichbaren Referenzprojekten ihre Eignung belegen. Zu beachten ist die unterschiedlich geregelte Anrechnungsfrist für Referenzen, die für Planungsleistungen grds. bei
höchstens drei Jahren (§ 46 Abs. 3 Nr. 1 VgV), für Bauleistungen bei grds. bis zu fünf
abgeschlossenen Kalenderjahren liegt (§ 6a EU Nr. 3 lit. a VOB/A). Soweit erforderlich
bzw. zur Sicherstellung eines ausreichenden Wettbewerbs, kann der Auftraggeber jedoch
jeweils auch die Berücksichtigung von Referenzleistungen zulassen, die zeitlich weiter
zurückliegen.[78] An die Vergleichbarkeit der Referenzprojekte sind hinreichend konkrete
Voraussetzungen zu knüpfen, die sich bspw. neben der Größe des Bauvorhabens auf
konkrete Umweltkriterien wie die Bauweise (Holz- oder Holzhybridbauweise) beziehen
können, soweit diese nachhaltigkeitsspezifischen Anforderungen auch auf den ausgeschriebenen Auftrag zutreffen.

2. Technische Ausrüstung

In Betracht kommt auch die Forderung der Beschreibung der **technischen Ausrüstung,** 76
die bspw. bei der Ausführung von Leistungen zur Anwendung kommt (§ 46 Abs. 3 Nr. 3
VgV, § 6a EU Nr. 3 lit. c VOB/A). Der Auftragsbezug kann durch nachhaltigkeitsbezogene (Mindest-) Anforderungen in der Leistungsbeschreibung bestehen.[79]

3. Umweltmanagementmaßnahmen und Darstellung der EMAS-Zertifizierung

Explizit geregelt ist in § 46 Abs. 3 Nr. 7 VgV bzw. § 6a EU Nr. 3 lit. f VOB/A die 77
Forderung von **Umweltmanagementmaßnahmen,** die bei der Auftragsausführung zur
Anwendung kommen.[80]

Bekanntes Beispiel, das hierzu dargestellt werden soll, ist die **EMAS-Zertifizierung:** 78
Die Forderung dieser Zertifizierung ist als **Eignungskriterium** bei Dienstleistungen im
Ober- sowie Unterschwellenbereich nur unter den folgenden zwei Voraussetzungen vergaberechtlich **zulässig:**

- Es darf nicht allein auf die EMAS-Zertifizierung abgestellt werden, sondern es sind
  Kriterien zu benennen, die – neben der Erfüllung durch Vorlage der EMAS-Zertifizierung – auch durch andere Zertifikate oder Einzelnachweise erbracht werden können.

---

[77] So bereits EuGH 10.5.2012 – C-368/10, NVwZ 2012, 867 – Max Havelaar, m. Anm. Rosenkötter.
[78] Jasper, Nachhaltige Vergaben, 2022, Rn. 106, 438.
[79] Jasper, Nachhaltige Vergaben, 2022, Rn. 439.
[80] Gabriel/Krohn/Neun-VergabeR-HdB/Weiner § 22 Rn. 31.

- Es besteht ein konkreter **Bezug zum Auftragsgegenstand;** die Vorbildfunktion des Auftraggebers allein rechtfertigt die Forderung der EMAS-Zertifizierung nicht.

79 Grds. können im **Oberschwellenbereich** Umweltaspekte bei der technischen Leistungsfähigkeit berücksichtigt werden (§ 122 Abs. 1, Abs. 2 S. 2 Nr. 3 GWB). Insbesondere § 46 Abs. 3 Nr. 7 VgV benennt als Beleg die Angabe von Umweltmanagementmaßnahmen. Dass während der Auftragsausführung bestimmte Umweltmanagementmaßnahmen ergriffen werden, kann die Vergabestelle demnach bei umweltrelevanten Dienstleistungsaufträgen verlangen. Zum Nachweis dieser Maßnahmen ist bspw. eine Bezugnahme auf eine EMAS-Zertifizierung möglich (§ 49 Abs. 2 S. 1 Nr. 1 VgV). Soweit eine Zertifizierung verlangt wird, darf der Wettbewerb nicht zu sehr eingeengt werden, indem nur auf eine bestimmte Zertifizierung oder Umweltgütezeichen abgestellt wird. Vielmehr sind detaillierte Kriterien zu benennen, die den Bietern ermöglichen, die jeweiligen Kriterien auch durch gleichwertige Bescheinigungen oder sonstige Nachweise zu erbringen (§ 49 Abs. 2 S. 1 Nr. 2, 3, S. 2, 3 VgV). Zu beachten ist weiter, dass Eignungskriterien mit dem Auftragsgegenstand in Verbindung und zu diesem in einem angemessenen Verhältnis stehen müssen (§ 122 Abs. 4 S. 1 GWB). Die Rechtsprechung des EuGH verlangt hier einen konkreten Sachbezug zum Auftragsgegenstand: Dieser wurde für die Lieferung und Bewirtschaftung von Kaffeeautomaten verneint, wenn die Bieter die „Kriterien der Nachhaltigkeit der Einkäufe und des gesellschaftlich verantwortlichen Verhaltens" einhalten und angeben sollten, wie sie „zur Verbesserung der Nachhaltigkeit des Kaffeemarkts und einer umwelttechnisch, sozial und wirtschaftlich verantwortlichen Kaffeeproduktion beitragen".[81] Für die EMAS-Zertifizierung bedeutet dies, dass sie als Eignungskriterium nur gefordert werden darf, wenn Umweltmanagementmaßnahmen bei der Ausführung des Auftrags angewendet werden können.[82]

80 Ferner kann eine EMAS-Zertifizierung im Rahmen der fakultativen Ausschlussgründe zum Tragen kommen, indem diese Zertifizierung als Nachweis des Nichtverstoßes gegen umweltrechtliche Vorschriften (vgl. § 124 Abs. 1 Nr. 1 GWB) zugelassen wird.

81 Diese Ausführungen gelten ebenso für den **Unterschwellenbereich,** da die § 31 Abs. 1, § 33 Abs. 1, § 35 UVgO vergleichbare Regelungen zu den §§ 122, 124 GWB beinhalten.

F. Zuschlagskriterien

I. Rechtliche Grundlagen

82 Als rechtliche Grundlage hinsichtlich der **Zuschlagskriterien** ermöglicht § 127 GWB die Berücksichtigung von Nachhaltigkeitskriterien bei der Festlegung von Zuschlagskriterien. In Umsetzung von Art. 67 RL 2014/24/EU bestimmt § 127 Abs. 1 S. 3 und 4 GWB, dass das wirtschaftlichste Angebot sich nach dem besten Preis-Leistungs-Verhältnis bestimmt. Zu dessen Ermittlung können neben dem Preis oder den Kosten auch qualitative, umweltbezogene oder soziale Aspekte berücksichtigt werden.[83] Wurden **strategische Beschaffungsziele** früher noch als vergabefremd abgetan, werden diese mittlerweile auch im Rahmen der Zuschlagskriterien als systemimmanent und allgemein anerkannt angesehen.[84] Ausweislich der Gesetzesbegründung zu § 127 GWB ist es zwar auch zukünftig zulässig, den Zuschlag allein auf das preislich günstigste Angebot zu erteilen. IdR wird bzw. sollte bei der Beschaffung von nicht-marktüblichen oder nicht-standardisierten Leistungen die

---

[81] EuGH 10.5.2012 – C-368/10, NVwZ 2012, 867 = ZfBR 2012, 489 – Max Havelaar.
[82] Beck VergabeR/Opitz Bd. 1 GWB § 122 Rn. 96.
[83] Von der Ermächtigung, den öffentlichen Auftraggebern vorzugeben, den Preis oder die Kosten. nicht als alleiniges Zuschlagskriterium verwenden zu dürfen (Art. 67 Abs. 2 UAbs. 3 Hs. 1 RL 2014/24/EU; Art. 82 Abs. 2 UAbs. 2 Hs. 1 RL 2014/25/EU), machte der deutsche Gesetzgeber jedoch keinen Gebrauch, vgl. § 127 Abs. 1 GWB.
[84] EuGH 10.5.2012 – C-368/10, NVwZ 2012, 867 – Max Havelaar: Umwelt- und Sozialkriterien als qualitative Zuschlagskriterien bereits für zulässig erachtet.

Vergabeentscheidung auch anhand weiterer Zuschlagskriterien wie zB Qualität, Zweckmäßigkeit, technischer Wert, Lieferfrist oder Ausführungsdauer beurteilt werden.[85] Zu beachten ist des Weiteren, dass ein Bezug zum Auftragsgegenstand bestehen muss (§ 127 Abs. 3 GWB).

Neben der Wahl der Zuschlagskriterien ist auch ihre **Gewichtung** grds. dem Auftraggeber überlassen.[86] Mit einer Diskrepanz zwischen der Spreizung der zu erwartenden Angebotspreise und der Spreizung der zu erwartenden Qualitätsbewertungen kann der Auftraggeber zum Ausdruck bringen, dass er der Qualität der Leistung erhebliches Gewicht beimessen und einen etwas niedrigeren Preis ggf. geringer gewichten will als ein qualitativ etwas besseres Angebot; dies ist für sich genommen nicht rechtswidrig. Insoweit lässt der Grundsatz der Wirtschaftlichkeit die Berücksichtigung von Nachhaltigkeitskriterien zu.[87]

II. Mögliche Zuschlagskriterien der Nachhaltigkeit

Die Wahl der Zuschlagskriterien hängt stark vom Beschaffungsgegenstand und der Detailtiefe der Leistungsbeschreibung ab. Je detaillierter der Auftraggeber die Leistungsbeschreibung, insbesondere im Rahmen von Bauausschreibungen in Bezug auf Nachhaltigkeitskriterien fasst, desto geringer ist die Möglichkeit des Bieters, eine möglichst nachhaltige Leistung anzubieten. Umgekehrt können Bieter bei einer funktionalen Leistungsbeschreibung[88] im Rahmen der anzubietenden Lösung die Umwelteigenschaften eines Bauwerks beeinflussen, sei es durch Einflussnahmemöglichkeiten in der Leistungsbeschreibung auf das Bauwerk selbst (zB Haltbarkeit oder Umweltauswirkungen verbauter Baustoffe, Anteil an Recyclingbaustoffen) oder auf die Ausführung der Bauleistung (zB **Energieverbrauch, Umweltbelastungen durch Baustellenbetrieb durch eingesetzte Fahrzeuge**).[89]

1. Übersicht

Für zahlreiche Liefer- und Bauleistungen kommen Kriterien des Abfall-, Entsorgungs- und Recycling- Managements in Betracht, um das Ziel der Abfallerfassung, Abfallvermeidung, Abfalltrennung und des Recyclings zu verfolgen. Bei der Vergabe von Bauleistungen kommen des weiteren Kriterien der Bau- oder Versorgungslogistik, der Bauablaufplanung, Baustelleneinrichtungsplanung, aber auch der Luft- oder Lichtverschmutzung sowie der Gewässer-, Grundwasser-, oder Bodenkontamination in Betracht.[90]

Weitere Kriterien können sein:
- Anforderungen an Verbrauch, Kosten etc., die über bestimmte Mindestanforderung hinausgehen;
- Erfüllungsgrad von Zertifizierungsstandards (zB grds. silber, aber Punkte für Goldstandard in einzelnen Kriterien);
- Qualität der Baustoffe, zB Einsatz von recycelten Baustoffen/Recyclingfähigkeit; Rückbaufähigkeit;
- Energie, zB Haustechnik- und Energiekonzept, **Energieeffizienz.**

---

[85] BT-Drs. 18/6281, 111; zur regelmäßigen Verwendung des Preises als einzigem Zuschlagskriterium aufgrund der Ausschreibung auf der Grundlage einer detaillierten Leistungsbeschreibung mit Leistungsverzeichnis: Röwekamp/Hofmann/Wapelhorst NZBau 2022, 707.
[86] Beck VergabeR/Opitz Bd. 1 GWB § 127 Rn. 33.
[87] BGH 4.4.2017 – X ZB 3/17, NZBau 2017, 366 (370); Beck VergabeR/Opitz Bd. 1 GWB § 127 Rn. 40 ff.; Röwekamp/Hofmann/Wapelhorst NZBau 2022, 707 (711).
[88] Dazu → Rn. 66 ff.
[89] Röwekamp/Hofmann/Wapelhorst NZBau 2022, 707 (708).
[90] Röwekamp/Hofmann/Wapelhorst NZBau 2022, 707 (709 f.) mwN.

2. Sonderfälle

87 **a) Transportentfernung.** Wiederholt hat sich die Rechtsprechung bereits mit der Frage beschäftigt, ob die **Transportentfernung** ein zulässiges Zuschlagskriterium sein kann. Zuletzt hat das OLG Frankfurt dies im Rahmen der Entscheidung über die Ausschreibung von Abfallentsorgungsleistungen nach folgenden Maßgaben bejaht: Der Transportweg kann im Rahmen eines ökologischen Wertungskriteriums nach § 127 Abs. 1 S. 4 GWB bewertet werden. Die Bevorzugung eines Bieters allein aufgrund seiner Ortsnähe ist hingegen unzulässig. Ein mit der Entsorgung von Restabfällen beauftragter öffentlicher Auftraggeber darf aber sowohl bei der Leistungsbeschreibung als auch bei der Wertung der Angebote auf die Nutzung einer ortsnahen Entsorgungsanlage hinwirken, wenn dadurch Schadstoffemissionen beim Transport verringert werden können.[91]

88 **b) Ökostromanteil.** Eingegangen werden soll in diesem Zusammenhang auch auf das Zuschlagskriteriums des **Ökostromanteils.** Bereits im Jahr 2003 hat der EuGH entschieden, dass jedenfalls im Rahmen der Beurteilung des wirtschaftlich günstigsten Angebots für die Vergabe eines Auftrags für die Lieferung von Strom ein Zuschlagskriterium festgelegt werden kann, das die Lieferung von Strom aus erneuerbaren Energieträgern verlangt („Wienstrom-Entscheidung").[92] Ausgeschrieben wurde die Belieferung von Verwaltungsdienststellen mit elektrischem Strom. Der Energielieferant hatte sich zu verpflichten, nach Maßgabe der technischen Möglichkeiten, Bundesdienststellen elektrische Energie zu liefern, die aus erneuerbaren Energieträgern erzeugt worden ist, zumindest aber nicht wissentlich elektrische Energie zu liefern, die durch Kernspaltung erzeugt worden ist; dieses Zuschlagskriterium wurde mit 45% bewertet. Die Kernaussagen der Entscheidung waren:

- Das Kriterium muss mit dem Gegenstand des Auftrags zusammenhängen und darf dem Auftraggeber keine unbeschränkte Entscheidungsfreiheit einräumen.
- Die Einhaltung des Kriteriums muss überprüfbar sein. Der Auftraggeber muss insoweit in der Lage sein, anhand der von den Bietern gelieferten Angaben und Unterlagen effektiv zu überprüfen, ob ihre Angebote die Zuschlagskriterien erfüllen. Wenn ein öffentlicher Auftraggeber hingegen ein Zuschlagskriterium festlegt und dabei angibt, dass er weder bereit noch in der Lage ist, die Richtigkeit der Angaben der Bieter zu prüfen, so verstößt er gegen den Grundsatz der Gleichbehandlung, denn ein solches Kriterium gewährleistet nicht die Transparenz und die Objektivität des Vergabeverfahrens.
- Hierbei spielte es gleichwohl keine Rolle, dass sich mit diesem Kriterium das angestrebte Ziel – eine Steigerung des Anteils erneuerbarer Energiequellen an der Stromerzeugung im Elektrizitätsbinnenmarkt – möglicherweise nicht erreichen lässt. Da auch dieses Ziel für die Europäische Gemeinschaft von hoher Priorität ist, erscheint die Gewichtung dieses Zuschlagskriteriums mit 45% mit dem Gemeinschaftsrecht vereinbar.
- Weiter muss das Kriterium alle wesentlichen Grundsätze des Gemeinschaftsrechts, insbes. das Diskriminierungsverbot beachten.

89 **c) EMAS-Zertifizierung als Zuschlagskriterium?** Als Zuschlagskriterium ist eine **EMAS-Zertifizierung** – im Gegensatz zur Verwendung im Rahmen der Eignungskriterien[93] – hingegen grds. unzulässig. Dies gilt insbesondere für den Fall, dass das EMAS-Zertifikat bereits als Eignungskriterium gewertet wurde. Bei umweltbezogenen Zuschlagskriterien kann eine EMAS-Zertifizierung aber als Nachweis der Erfüllung bestimmter, zu benennender Kriterien dienen.

---

[91] OLG Frankfurt am Main 29.3.2018 – 11 Verg 16/17, NZBau 2018, 498; ähnlich bereits: OLG Düsseldorf 1.8.2012 – Verg 105/11, ZfBR 2012, 826; OLG Rostock 30.5.2005 – 17 Verg 4/5, IBRRS 2005, 3055; krit. ggü. der Transportentfernung als Wertungskriterium RKMPP/Wiedemann § 58 Rn. 187 ff.; eher großzügig Knauff VergabeR 2021, 1 (10 f.).
[92] EuGH 4.12.2003 – C-448/01, NVwZ 2004, 201 – Wienstrom.
[93] Dazu → Rn. 77 ff.

Zwar können Umweltaspekte im Rahmen der Zuschlagsentscheidung sowohl im **Ober-** als auch **im Unterschwellenbereich** berücksichtigt werden (§ 127 Abs. 1 S. 4 GWB, § 58 Abs. 2 S. 2 VgV, § 43 Abs. 2 S. 2 UVgO). Dabei steht die Auswahl der einzelnen Zuschlagskriterien mit Umweltbezug im Beurteilungsspielraum der Auftraggeberin.[94] Genauso wie die Eignungskriterien müssen auch die Zuschlagskriterien mit dem Auftragsgegenstand in Verbindung stehen, d. h. Nachhaltigkeitskriterien müssen sich auf den Inhalt des Angebots beziehen, nicht auf das allgemeine Geschäftsgebaren des Bieters.[95] 90

Wichtig ist jedoch, die Prüfung der – unternehmensbezogenen – Eignungskriterien von der – auftragsbezogenen – Prüfung der Zuschlagskriterien zu trennen.[96] So hat die EMAS-Zertifizierung zunächst einen Unternehmensbezug. Selbst bei der Bewertung eines Qualitätssicherungskonzepts darf nicht bewertet werden, ob das Unternehmen über eine bestimmte Zertifizierung verfügt.[97] Gleichwohl können für die Auftragsausführung einzuhaltende Kriterien als Ausführungsbedingung aufgestellt oder deren Einhaltung im Rahmen der Zuschlagskriterien bewertet werden. Dabei kann den Bietern ermöglicht werden, die Erfüllung dieser Kriterien anhand der EMAS-Zertifizierung nachzuweisen. 91

3. Einzureichende Unterlagen und deren Bewertung

Gegenstand der Bewertung sind bei dem überwiegenden Kriterien Konzepte wie zB Planungs- oder Nachhaltigkeitskonzepte sowie Umweltmanagementkonzepte. Regelmäßig werden diese nach Schulnoten (oder vergleichbaren Punkteabstufungen) bewertet, die von der Rechtsprechung hinreichend anerkannt sind. Im Rahmen dieser Schulnoten besteht ein Beurteilungsspielraum des Auftraggebers.[98] Denkbar ist aber auch, dass eine Bewertung anhand eines **CO_2-Preises** durchgeführt wird oder eine prozentuale Abstufung möglich ist. Letzteres bietet sich zB bei einem Zuschlagskriterium an, das den Einsatz von recycelten Baustoffen in Prozent abfragt. Abhängig ist von den einzelnen Zuschlagskriterien ist demnach die Festlegung eines Erfüllungsmaßstabs bzw. eine Abstufung der Erfüllung erforderlich, verbunden mit einer textlichen Beschreibung (so regelmäßig bei einem vorzulegenden Konzept, das zur Erfüllung des zugehörigen Zuschlagskriteriums anhand von Schulnoten erfolgt) oder konkreten Zahlenwerten (so zB bei einer prozentualen Abstufung, zB bei der Angabe des Recyclinganteils von verwendeten Baustoffen). Dadurch wird eine qualitative oder quantitative Bewertung ermöglicht, die schließlich nachvollziehbar dokumentiert werden muss.[99] 92

Zu beachten ist bei derartigen Kriterien generell, dass die Leistung insoweit noch eine Ausgestaltung ermöglicht. Denn je detaillierter die Leistung im Hinblick auf Nachhaltigkeitsaspekte bereits definiert ist, desto geringer ist auch der Einfluss des Bieters auf die Nachhaltigkeit der Leistung, welche im Rahmen der Angebotswertung dann noch berücksichtigt werden kann. 93

III. Berechnung von Lebenszykluskosten

In Ergänzung zu den allgemeiner gehaltenen Regelungen zu den Zuschlagskriterien, § 127 GWB und § 58 VgV, räumt § 59 VgV dem Auftraggeber die Möglichkeit ein, die **Lebenszykluskosten** im Rahmen der Zuschlagsentscheidung zu berücksichtigen. Diese Norm setzt Art. 68 RL 2014/24/EU um und in Bezug auf den Grundsatz der Berücksichtigung 94

---

[94] Lausen/Pustal NZBau 2022, 3 (4).
[95] EuGH 12.11.2009 – C-199/07, ZfBR 2010, 98; VK Schleswig-Holstein 22.4.2008 – VK-SH 3/08, BeckRS 2008, 17002; BKartA 1.12.2020 – VK 1–90/20, BeckRS 2020, 37931; RKMPP/Wiedemann GWB § 97 Rn. 59.
[96] BGH 15.4.2008 – X ZR 129/06, VergabeR 2008, 641 sowie st. Rspr. der Obergerichte.
[97] Beck VergabeR/Opitz Bd. 1 GWB § 127 Rn. 98.
[98] BeckOK VergabeR/von Bechtolsheim GWB § 127 Rn. 33.
[99] Röwekamp/Hofmann/Wapelhorst NZBau 2022, 707 (710).

umweltbezogener Aspekte (§ 97 Abs. 3 GWB) liegt mit § 59 VgV eine konkrete Ausprägung dieses Grundsatzes vor.[100]

95 Den Begriff der **Lebenszykluskosten** definiert Art. 2 Abs. 1 Nr. 20 RL 2014/24/EU als alle aufeinander folgenden und/oder miteinander verbundenen Stadien, einschl. der durchzuführenden Forschung und Entwicklung, der Produktion, des Handels und der damit verbundenen Bedingungen, des Transports, der Nutzung und Wartung, während der Lebensdauer einer Ware oder eines Bauwerks oder während der Erbringung einer Dienstleistung, angefangen von der Beschaffung der Rohstoffe oder Erzeugung von Ressourcen bis hin zu Entsorgung, Aufräumarbeiten und Beendigung der Dienstleistung oder Nutzung.

96 Die Methode zur Berechnung der Lebenszykluskosten und die hierfür durch die Bieter zu übermittelnden Informationen sind vom Auftraggeber bekanntzumachen (§ 59 Abs. 2 VgV). Im Gegensatz zur sonst den Bietern überlassenen Kalkulationsfreiheit werden den Bietern im Fall der Lebenszykluskostenberechnung konkrete Vorgaben zur Kalkulation auferlegt. Bei der vorzugebenden Methodik werden verschiedene Kostenarten benannt, die zunächst beim Auftraggeber bzw. Nutzer anfallen (sog. **interne Kosten**), und zwar die Anschaffungs-, Nutzungs-, Wartungskosten sowie die Kosten am Ende der Nutzungsdauer (§ 59 Abs. 2 Nr. 1–4 VgV).[101] Konkret können in die Lebenszykluskosten also Aspekte einfließen, die mit den Kosten für die Gewinnung und die Produktion der zur Herstellung des Produktes benötigten Rohstoffe beginnen und mit Kosten für die Rückgewinnung von Rohstoffen aus den Verwertungs- oder Entsorgungsrückständen enden.[102] Darüber hinaus können von der Berechnungsmethode aber auch sog. **externe Kosten** umfasst werden, die durch externe Effekte der Umweltbelastung entstehen, also Auswirkungen auf andere schutzwürdige Güter haben (§ 59 Abs. 2 S. 2 Nr. 5 VgV).[103] Konkretisiert werden die Voraussetzungen eine Methode zur Berechnung der externen Kosten in § 59 Abs. 3 VgV.

97 Schließlich verpflichtet § 59 Abs. 4 VgV zur Vorgabe einer Methode zur Berechnung der Lebenszykluskosten, soweit der europäische Normgeber hierzu verbindliche Vorgaben macht. Derartige Vorgaben sollen im Anhang XIII der RL 2014/24/EU aufgeführt werden, die derzeit nur die RL 2009/33/EG des Europäischen Parlaments und Rates über die Förderung sauberer und energieeffizienter Straßenfahrzeuge enthält. Lediglich unverbindlichen Charakter haben Modelle und Verfahren zu Lebenszykluskostenberechnung von Gebäuden (Lebenszykluskostenberechnung nach DIN 18960 oder andere Normen).[104]

G. Ausführungsbedingungen

98 Gesetzliche Grundlage für die Festlegung von **Ausführungsbedingungen** ist § 128 Abs. 2 GWB. Neben den allgemeinen Rechtspflichten nach § 128 Abs. 1 GWB kann der Auftraggeber dem Auftragnehmer zusätzliche Ausführungsbedingungen verpflichtend vorgeben. Sie können insbesondere wirtschaftliche, innovationsbezogene, umweltbezogene, soziale oder beschäftigungspolitische Belange umfassen.[105] Demnach können auch im Rahmen der Ausführungsbedingungen vertragliche Verpflichtungen im Sinne der Nachhaltigkeit vorgegeben werden. Derartige zwingend zu erfüllende Vorgaben im Rahmen der Ausführungsbedingungen sind dann umgekehrt einer Wertung im Rahmen der Zuschlagskriterien entzogen.[106]

---

[100] Ziekow/Völlink/Herrmann VgV § 59 Rn. 1; MüKo-WettbR/Pauka/Frischmuth VgV § 59 Rn. 1 ff.
[101] MüKo-WettbR/Pauka/Frischmuth VgV § 59 Rn. 7.
[102] Ziekow/Völlink/Herrmann VgV § 59 Rn. 15, zu den einzelnen, vom Auftraggeber zu tragenden Kosten Rn. 17 ff.
[103] Ziekow/Völlink/Herrmann VgV § 59 Rn. 5 f.
[104] Ziekow/Völlink/Herrmann VgV § 59 Rn. 28 f.; MüKo-WettbR/Pauka/Frischmuth VgV § 59 Rn. 13 f.
[105] MüKo-WettbR/Pauka/Birk GWB § 128 Rn. 20, 26.
[106] Ziekow/Völlink/Ziekow GWB § 128 Rn. 36 ff.

Im Baubereich können bspw. folgende Ausführungsbedingungen in Betracht kommen: 99
- Nichtverwendung von giftigen Stoffen bei der Herstellung der bestellten Ware;
- Einsatz **energieeffizienter** Fahrzeuge bzw. Leistungserbringung unter Einsatz energieeffizienter Maschinen;
- Maximale **Transportentfernung;**
- **Kompensation** von CO_2-Emmissionen;
- Einsatz **recycelbaren** Verpackungsmaterials;
- Verwendung wiederverwendbarer Transportbehältnisse;
- Rücknahme von Abfall.[107]

Voraussetzung für solche Vorgaben in den Ausführungsbedingungen ist – neben einer entsprechenden Verankerung in der Auftragsbekanntmachung oder den Vergabeunterlagen – auch hier ein sachlicher Zusammenhang zum Auftragsgegenstand. Unzulässig sind im Rahmen der Ausführungsbedingungen umgekehrt Vorgaben, die Unternehmen – nur generell – bei ihrer internen Unternehmenspolitik an bestimmte (zB Umweltschutz–) Standards binden, denn bei derartigen allgemeinen Vorgaben fehlt regelmäßig der **Auftragsbezug** (§ 128 Abs. 2 S. 1 iVm § 127 Abs. 3 GWB); so auch iRv Eignungsnachweisen (dazu → Rn. 39 ff.).[108] 100

Als Beleg, dass Leistung den geforderten Ausführungsbedingungen entspricht, kann aber auch hier in Betracht kommen, die Vorlage eines **Gütezeichens** zu verlangen (§§ 61, 34 VgV, dazu → Rn. 39 ff.).[109] Von den Bietern darf aber grds. nicht verlangt werden, schon im Vergabeverfahren einen Nachweis über die Einhaltung der Ausführungsbedingungen – im Falle der künftigen Beauftragung – zu erbringen. Umgekehrt empfehlen sich zur Sicherstellung der Einhaltung bzw. Durchsetzung vielmehr vertragliche Sanktionen bei Nichterfüllen der Vorgaben, bspw. durch Vertragsstrafenregelungen oder sogar Kündigungsrechte. So wird auch verhindert, dass die Implementierung von Nachhaltigkeitsaspekten im Rahmen der Ausführungsbedingungen lediglich eine Symbolik darstellt.[110] 101

---

[107] Ziekow/Völlink/Ziekow GWB § 128 Rn. 33; MüKo-WettbR/Pauka/Birk GWB § 128 Rn. 27; Hattenhauer/Butzert ZfBR 2017, 129 (132); Dieckmann NVwZ 2016, 1369 (1371).
[108] Ziekow/Völlink/Ziekow GWB § 128 Rn. 23 ff.
[109] Jarass/Petersen/v. Komorowski, KrWG§ 45 Rn. 25.
[110] Ziekow/Völlink/Ziekow, 5. Aufl. 2024, GWB § 128 Rn. 28; Gabriel/Krohn/Neun VergabeR-HdB/Weiner, 3. Aufl. 2021, § 22 Rn. 38 f.

Kapitel 5 Planungsphase

§ 8 Der Architekten- und Ingenieurvertrag für das nachhaltige Bauvorhaben

Übersicht

	Rn.
A. Leistungsziele und Leistungsumfang	1
I. Vereinbarungen zu nachhaltigen Planungs- und Überwachungszielen (Leistungsziele)	1
1. Grundlagen	1
2. Vereinbarungen zur ökologischen Nachhaltigkeit (ESG – E)	14
3. Vereinbarungen zur ökonomischen Nachhaltigkeit (ESG – G)	22
4. Vereinbarungen zur soziokulturellen Nachhaltigkeit (ESG – S)	27
5. Einzelfragen	34
a) Zertifizierungen	34
b) Treibhausbilanz	44
c) Vorgaben der Taxonomieverordnung	48
d) Abweichungen von den allgemein anerkannten Regeln der Technik	52
II. Vereinbarungen zur vertraglichen Verwendung im Sinne der Nachhaltigkeit	55
III. Gesetzgeberische Anforderungen	57
IV. Anforderungen der allgemein anerkannten Regeln der Technik	59
V. Vereinbarungen zum Leistungsumfang (Leistungspflichten)	61
1. Grundlagen	61
2. (Teil-)Funktionale Leistungsbeschreibung	66
3. Detaillierte Leistungsbeschreibung	72
a) Nachhaltigkeitsbezogene Leistungen in der Planungsphase (LP 1 bis 5)	74
b) Nachhaltigkeitsbezogene Leistungen in der Ausschreibungsphase (LP 6 und 7)	86
c) Nachhaltigkeitsbezogene Leistungen in der Überwachungsphase (LP 8)	90
d) Individuelle Detailvereinbarungen zum Leistungsumfang	94
4. Vermeintliche Widersprüche zwischen funktionaler und detaillierter Leistungsbeschreibung	96
B. Leistungsänderungen	99
C. Abnahme	106
D. Mängel	109
I. Grundlagen	109
II. Nachhaltigkeitsbedingte Zielkonflikte	118
III. Abweichungen von den allgemein anerkannten Regeln der Technik im Sinne der Nachhaltigkeit	120
IV. Wiederwendung von Bauprodukten	132
V. Fehlende Berücksichtigung der Vorgaben aus der TaxonomieVO	148
VI. Fehlende Berücksichtigung von förderrechtlichen Anforderungen (QNG-Siegel)	152

Kapitel 5

A. Leistungsziele und Leistungsumfang

I. Vereinbarungen zu nachhaltigen Planungs- und Überwachungszielen (Leistungsziele)

1. Grundlagen

1 Bei dem Architekten- und Ingenieurvertrag handelt es sich entsprechend der gesetzlichen Systematik um einen werkvertragsähnlichen Vertrag. Über den Verweis des § 650q Abs. 1 BGB ist § 631 BGB auf die vertragstypischen Pflichten entsprechend anzuwenden. Durch den Verweis wird unter anderem deutlich, dass der Architekt bzw. Ingenieur einen durch Arbeit oder Dienstleistung herbeizuführenden Erfolg im Sinne des § 631 Abs. 1 BGB schuldet: Das Erreichen der vereinbarten Planungs- und Überwachungsziele.[1] Das Gesetz hat dabei die zuvor in der Literatur bereits diskutierte Systematik aufgegriffen, nach der zwischen den **Leistungszielen** auf der einen und dem **Leistungsumfang** auf der anderen Seite unterschieden wird.[2] Der Architekt bzw. Ingenieur hat die vereinbarten Planungs- und Überwachungsziele durch die hierfür nach dem jeweiligen Stand der Planung und Ausführung des Bauwerks oder der Außenanlage erforderlichen Leistungen herbeizuführen. Im Hinblick auf ein nachhaltiges Bauvorhaben stehen dabei zunächst die nachhaltigen Planungs- und Überwachungsziele im Fokus. Im Sinne einer vereinbarten Beschaffenheit sind diese Ziele vorrangig zu erreichen; von ihrer Umsetzung hängt der Gesamterfolg der Planungsleistung ab.[3]

2 Dabei führt die Vereinbarung entsprechender Beschaffenheiten im Hinblick auf die Nachhaltigkeit (in der Regel) nicht dazu, dass der Architekt in dieser Hinsicht Ausführungsleistungen schuldet. Soweit nicht etwas anderes ausdrücklich vereinbart ist, schuldet der Architekt ausschließlich Planungs- und Überwachungsleistungen. Bauleistungen sind nicht umfasst. Neben die Planungs- und Überwachungsleistungen treten vielmehr zumeist Beratungs-, Dokumentations- und sonstige Leistungen, wie die Vorbereitung und Mitwirkung bei der Vergabe etc.[4]

3 Gerade im Hinblick auf die Leistung der Objektüberwachung gilt, dass der Planer nicht „das Entstehenlassen des Bauwerkes"[5] schuldet bzw. nicht schuldet, „die Entstehung des Bauvorhabens zu bewirken"[6]. Ein Architekt bzw. Ingenieur schuldet als Werkerfolg eine Planungs-, Beratungs- und Überwachungsleistung, die unabhängig von der konkreten Ausführung geeignet ist, zum einen zu den Planungs- und Überwachungszielen des Auftraggebers und damit der vereinbarten Beschaffenheit und zum anderen zu einem der üblichen Beschaffenheit entsprechenden, funktionierenden Bauwerk zu führen.[7] Es kommt also sowohl bei Planungs- als auch bei Überwachungsleistungen auf die objektive Eignung der erbrachten Leistung des Planers an; die tatsächliche Bauleistung ist allenfalls mittelbar relevant, wenn von einem Mangel im Bauwerk auf einen Mangel in der Planungs- und Überwachungsleistung des Planers geschlossen wird.[8]

4 Die Vereinbarung von Planungs- und Überwachungszielen gehört zu den *essentialia negotii* eines Planervertrages. Gerade im Hinblick auf die im Einzelnen vielfach noch nicht näher konkretisierten Anforderungen der Nachhaltigkeit ist es allerdings ausreichend, wenn eine Bestimmbarkeit des Inhaltes möglich ist, wenn also die wesentlichen Vertragspunkte

---

[1] Beck HOAI/Fuchs § 650p BGB Rn. 8 f.; Langen/Berger/Dauner-Lieb/Berger § 650p BGB Rn. 1, 54.
[2] Beck HOAI/Fuchs § 650p BGB Rn. 66 f.
[3] FS Motzke/Messerschmidt, 2006, 269 (276).
[4] Beck HOAI/Fuchs § 650p BGB Rn. 68 ff.; Dauner-Lieb/Langen/Henrici § 650p BGB Rn. 160 f.; BeckOK BauVertrR/Fuchs § 650p BGB Rn. 129 f.
[5] BGH 26.11.1959 – VII ZR 120/58, NJW 1960, 431; BGH 7.5.1962 – VII ZR 7/61, NJW 1962, 1499.
[6] BGH 26.11.1959 – VII ZR 120/58, NJW 1960, 431.
[7] Beck HOAI/Fuchs § 650p BGB Rn. 70; Langen/Berger/Dauner-Lieb/Berger § 650p BGB Rn. 54; BGH 8.10.2020 – VII ARZ 1/20, NZBau 2021, 29.
[8] Beck HOAI/Fuchs § 650p BGB Rn. 73.

beispielsweise durch Auslegung ermittelt werden können.[9] Unter Umständen kann sich der Auftraggeber hier gemäß § 315 BGB auch ein einseitiges Leistungsbestimmungsrecht einräumen lassen. Dies setzt allerdings voraus, dass die wesentlichen Beschaffenheiten des Bauwerkes zumindest rahmenmäßig bestimmbar sind.[10] Lässt sich ein solcher Rahmen noch nicht einmal im Wege der Auslegung erkennen, so besteht auch kein einseitiges Leistungsbestimmungsrecht.

In der Praxis sind die Ziele – im Sinne der Nachhaltigkeit aber auch ganz allgemein – 5 zum Zeitpunkt des Abschlusses des Architekten-/Ingenieurvertrags häufig zwischen den Parteien nicht vollumfänglich abgestimmt. Der Gesetzgeber hat hier insofern reagiert, als dass er gemäß § 650p Abs. 2 BGB die sog. **Zielfindungsphase** eingeführt hat. Damit sollen die Vertragsparteien dazu angehalten werden, sich frühzeitig über die wesentlichen Planungsgrundlagen einschließlich der Kosten auszutauschen. Unabhängig von der Zielfindungsphase bietet sich hier vielfach auch die Beauftragung einer Bedarfsuntersuchung an, um die Grundlagen des Architekten- und Ingenieurvertrags zu klären. Die Transparenz in dieser frühen Phase dient beiden Vertragsparteien: Der Auftraggeber erlangt frühzeitig Klarheit über die zum Stand des Vertragsschlusses erreichbaren Leistungsziele und vermeidet insofern Fehlerkosten. Der Auftragnehmer, hier der Architekt bzw. der Ingenieur, kann sich hinsichtlich des zu erbringenden Werkerfolgs auf die vertraglichen Vereinbarungen stützen und insofern auch Änderungen transparent darlegen und gegebenenfalls entstehende Nachtragsforderungen durchsetzen.

Die im Einzelnen zu vereinbarenden Planungs- und Überwachungsziele beschränken sich 6 vielfach nicht nur auf die Nachhaltigkeit an sich. Denkbar sind Vereinbarungen zur Qualität und Quantität, zu Kosten und zur Zeit sowie Vorgaben zur Planungsmethode (beispielsweise BIM). Mit Blick auf die Nachhaltigkeit werden vielfach die Vereinbarungen zur Qualität und Quantität im Fokus stehen.

Hinsichtlich der **Intensität der Verpflichtungen** (dazu → § 4 Rn. 47 ff.) kann zwi- 7 schen verschiedenen Stufen unterschieden werden.

Allgemeine **Programmklauseln,** beispielsweise in Präambeln, enthalten zumeist keinen 8 rechtsverbindlichen Kern. Ihr Inhalt kann allerdings im Rahmen der Auslegung des Vertrages herangezogen werden. Gerade wenn ein im Vertrag nicht näher konkretisierter Punkt im Rahmen der ergänzenden Vertragsauslegung „zu Ende gedacht"[11] werden muss, können derartige Klauseln hilfreich sein. Denn maßgeblich ist insofern der hypothetische Parteiwille.[12]

In der Intensität der Verbindlichkeit über den Programmklauseln zu verorten sind 9 sogenannte **Bemühensklauseln bzw. Best Effort Klauseln** (dazu → § 4 Rn. 55 ff.). Diese sichern dem jeweiligen Vertragspartner gerade keine vereinbarte Beschaffenheit zu, sondern bestätigen lediglich, dass sich der Architekt bzw. Ingenieur bemüht, konkret definierte Ziele einzuhalten. Hier ist im Einzelnen zu prüfen, inwiefern tatsächlich ein Rechtsbindungswille vorliegt. Insofern sind diese Regelungen von den reinen Absichts- bzw. Wunschvorstellungen der Parteien abzugrenzen. Eine vertragliche Bindung liegt allerdings insbesondere dann nahe, wenn erkennbar ist, dass wesentliche Interessen wirtschaftlicher Art für den Leistungsempfänger auf dem Spiel stehen und sich dieser auf die Zusagen verlässt.[13] So dürfte es vielfach naheliegend sein, in Architekten- und Ingenieurverträgen von dem erforderlichen Rechtsbindungswillen jedenfalls hinsichtlich solcher Leistungsziele auszugehen, die beispielsweise aus Anforderungen der Fördermittelgeber resultieren. Der Architekten- und Ingenieurvertrag spiegelt hier die Anforderungen des

---

[9] BGH 8.2.1996 – VII ZR 219/94, NJW 1996, 1751.
[10] Beck HOAI/Fuchs § 650p BGB Rn. 74; Dauner-Lieb/Langen/Henrici § 650p BGB Rn. 155; BeckOK BauVertrR/Fuchs § 650p BGB Rn. 113.
[11] MüKoBGB/Busche § 157 Rn. 26 ff.
[12] BGH 30.9.1952 – I ZR 31/52, NJW 1953, 339; BGH 22.4.1953 – II ZR 143/52, NJW 1953, 937; dazu auch unter → § 4 Rn. 48 ff.
[13] BGH 17.5.1971 – VII ZR 146/69, NJW 1971, 1404.

Fördermittelgebers unmittelbar wider, da deren Einhaltung für den Auftraggeber von besonderer wirtschaftlicher Bedeutung ist. Zu berücksichtigen ist dabei allerdings, dass die Bemühensklauseln im Detail transparent und bestimmbar auszugestalten sind. Insofern gelten die zuletzt in Bezug auf grüne Mietverträge formulierten Vorbehalte auch für den Architekten- und Ingenieurvertrag.[14] Häufig bleibt aber unklar, welche Anforderungen sich hinter dem Begriff des „Bemühens" konkret verbergen. Insofern werden gerade dann, wenn es sich bei den jeweiligen Klauseln um Allgemeine Geschäftsbedingungen handelt, Wirksamkeitsbedenken gemäß § 307 BGB erhoben.[15] Unter Berücksichtigung der vorstehenden Ausführungen zur Zielfindungsphase bzw. Bedarfsplanung könnte in Bezug auf den Architekten- und Ingenieurvertrag jedenfalls in der Theorie eine Formulierung von Leistungszielen im Rahmen von Bemühensklauseln überflüssig sein. In der Praxis ist dies jedoch vielfach nicht der Fall. Denn nicht selten sind die Anforderungen der jeweiligen konkreten Nachhaltigkeitsziele noch nicht näher definiert. So wird es vielfach Teil der nach Vertragsschluss zwischen den Parteien abzustimmenden Leistungen sein, die detaillierten Anforderungen zu konkretisieren und auf ihre technische Umsetzbarkeit im Einzelnen zu überprüfen. In diesen Fällen sind Bemühensklauseln hinsichtlich der Leistungsziele zumindest eine denkbare Möglichkeit, die jeweiligen Anforderungen vertraglich mit geringerer Verbindlichkeit zu vereinbaren.

10   In vielen Fällen dürften jedoch die nachhaltigen Leistungsziele bestimmt, aber zumindest bestimmbar sein. Mit einem entsprechenden Rechtsbindungswillen werden die jeweiligen nachhaltigen Vorgaben dann zur **vereinbarten Beschaffenheit** für die vom Architekten bzw. Ingenieur zu erbringenden Leistungen (dazu → § 4 Rn. 65 ff.). Eine entsprechende Vereinbarung kann ausdrücklich oder konkludent erfolgen. Üblicherweise wird diese zum Vertragsschluss getroffen, aber auch nachlaufend sind entsprechende Vereinbarungen möglich. In letzterem Fall handelt es sich allerdings unter Umständen um Leistungsänderungen (dazu → Rn. 99 ff.).[16]

11   Die in der Intensität verbindlichste Stufe bei der Vereinbarung von nachhaltigen Planungs- und Überwachungszielen stellen die Fälle der **Garantie** dar. Aufgrund der Mehrdeutigkeit des Begriffes wird jeweils im Einzelnen zu ermitteln sein, welchen Erfolg der Auftragnehmer hier garantiert.[17] Drei Auslegungen kommen in den meisten Fällen in Betracht (dazu → § 4 Rn. 91). In der praktischen Anwendung ist eine Garantie jedoch sehr selten. Sie bleibt vielfach theoretisches Mittel zur Umsetzung von Leistungszielen in der Vertragsgestaltung.

12   Nachhaltige Planungs- und Überwachungsziele unterliegen – wie die übrigen Leistungsziele auch – zumeist einer Dynamik bzw. müssen im Planungsverlauf konkretisiert werden. Gerade im Hinblick auf mögliche Leistungsänderungen stellt sich jedoch vielfach die Frage, ob diese Konkretisierung an bestimmte Zeitpunkte gebunden ist, in bestimmten Schritten erfolgt und irgendwann ihr Ende finden muss.[18] Während die Notwendigkeit der Konkretisierung an sich vielfach unstreitig ist, bleibt die Frage, wann diese denn endet, häufig unbeantwortet. Vereinbaren die Parteien zum Leistungsumfang einen Planungsprozess in Anlehnung an die Leistungsbilder der HOAI, erfolgt die Konkretisierung der Leistungsziele – gerade auch im Hinblick auf die Nachhaltigkeit – in der Planung in drei festgelegten Stufen.[19] Angelehnt an die Leistungsbilder der HOAI beginnt der Planer bei entsprechender Beauftragung seine Tätigkeit vielfach mit der Grundlagenermittlung (Leistungsphase 1), insbesondere der Klärung der Aufgabenstellung. Hier müssen Konkretisierungen aktiv

---

[14] Zu den Bedenken in Bezug auf Mietverträge: Graf von Westphalen, Bemühensklauseln in „Grünen" Mietverträgen – Eine AGB-rechtliche Antwort, NZM 2022, 1.
[15] Graf von Westphalen, Bemühensklauseln in „Grünen" Mietverträgen – Eine AGB-rechtliche Antwort, NZM 2022, 1.
[16] Zu den allgemeinen Anforderungen an die Beschaffenheitsvereinbarung → § 4 Rn. 65 ff.
[17] Vgl. BGH 5.3.1970 – VII ZR 80/68, BauR 1970, 107.
[18] Beck HOAI/Fuchs § 650p BGB Rn. 105; BeckOK BauVertrR/Fuchs § 650p BGB Rn. 116.
[19] Beck HOAI/Fuchs § 650p BGB Rn. 106; BeckOK BauVertrR/Fuchs § 650p BGB Rn. 117.

erfragt werden, um die wesentlichen Planungs- und Überwachungsziele überhaupt identifizieren zu können. Auf dieser Grundlage tritt der Planer im zweiten Schritt in die Vorplanung (Leistungsphase 2) ein. Dort analysiert er die in der ersten Stufe erarbeiteten Grundlagen und Zielvorstellungen und weist auf Zielkonflikte hin.[20] In der Phase der Vorplanung findet der eigentliche dynamische Planungsprozess statt, im Zuge dessen der Planer Varianten bei gleichen Planungs- und Überwachungszielen unter Beachtung der allgemein anerkannten Regeln der Technik zu erarbeiten hat. Solange der Auftraggeber die Anforderungen (Leistungsziele) unverändert lässt, muss der Planer eine Vielzahl von Varianten untersuchen, bis mit dem Auftraggeber Einigkeit über die beste Lösungsmöglichkeit erzielt wurde.[21] Im Anschluss läuft dann die Entwurfsplanung (Leistungsphase 3), d. h. die System- und Integrationsplanung. In dieser Leistungsphase müssen alle wichtigen Entscheidungen, die die Gestaltung, die Konstruktion, die technischen Anlagen, die Standards des Ausbaus und damit die Kosten betreffen, getroffen werden.[22] Alle nachfolgenden Planungsschritte, insbesondere die Ausführungsplanung, können nur eine Konkretisierung oder Materialisierung der Entwurfsplanung darstellen. Fordert der Auftraggeber während der Entwurfsplanung die Betrachtung einer anderen, gegebenenfalls in der Vorplanung diskutierten Variante, kann dies bereits einen Honorarnachtrag begründen. Jedenfalls mit Fertigstellung der Entwurfsplanung ist die Konkretisierung der Leistungsziele abgeschlossen und der dynamische Zahlungsprozess zu Ende.[23]

In diese allgemeinen Erwägungen fügt sich der Umgang mit den Leistungszielen der Nachhaltigkeit nahtlos ein. Auch hier sind die nachhaltigen Leistungsziele insbesondere in der Phase der Vorplanung (solange die Inhalte unverändert bleiben) unter Umständen variantenreich zu prüfen und darzustellen. Eine Konkretisierung erfolgt im Zuge der Entwurfsplanung, die mit Abschluss derselben ihr vorläufiges Ende findet. Das bedeutet mit anderen Worten, dass sämtliche Leistungsziele, die Gegenstand der vertraglichen Vereinbarung sind, spätestens mit Abschluss der Entwurfsplanung eine dahingehende Konkretisierung erfahren haben sollten, dass nachlaufende Wünsche des Bauherrn zwangsläufig als Änderungen anzusehen sind. Dies gilt selbstverständlich vorbehaltlich etwaiger Mängel, die der Architekt in jedem Fall kostenneutral zu beheben hat. 13

2. Vereinbarungen zur ökologischen Nachhaltigkeit (ESG – E)

Leistungsziele in Bezug auf die ökologische Qualität für Planungs- bzw. Überwachungsaufgaben sind einzelfallabhängig und in Gänze kaum abschließend zu beschreiben. Gerade in Anbetracht der kontinuierlichen technischen Entwicklung im Bereich der ökologischen Nachhaltigkeit auf der einen Seite und unter Berücksichtigung der sich ständig ändernden gesetzlichen Anforderungen auf der anderen Seite obliegt es den Vertragsparteien, für den jeweiligen Architekten- und Ingenieurvertrag aktuelle und individualisierte Regelungen zu treffen. Aus systematischer Sicht lassen sich in Bezug auf ökologische Leistungsziele allerdings folgende Eckpunkte im Hinblick auf die Vertragsgestaltung und Auslegung festhalten: 14

Im Sinne der zuvor beschriebenen Bestimmtheit bzw. Bestimmbarkeit der Leistungsziele, die Gegenstand der vertraglichen Vereinbarung sind, reicht es nicht aus, allein auf den Begriff der **„ökologischen Nachhaltigkeit"** für ein zu planendes Bauvorhaben abzustellen. Es bedarf insofern einer weitergehenden Konkretisierung. Mögliche Aspekte einer ökologischen Nachhaltigkeit sind:

– **Wasserverbrauch;**
– **Nutzung von Energieressourcen** (einschließlich der vergegenständlichten („grauen") Energie, erneuerbar und nicht erneuerbar);

---

[20] Beck HOAI/Fuchs § 650p BGB Rn. 109; BeckOK BauVertrR/Fuchs § 650p BGB Rn. 118 ff.
[21] Beck HOAI/Fuchs § 650p BGB Rn. 109; BeckOK BauVertrR/Fuchs § 650p BGB Rn. 120.
[22] Beck HOAI/Fuchs § 650p BGB Rn. 110 mwN; BeckOK BauVertrR/Fuchs § 650p BGB Rn. 121.
[23] Beck HOAI/Fuchs § 650p BGB Rn. 110; BeckOK BauVertrR/Fuchs § 650p BGB Rn. 121.

- **Nutzung von Materialien** (einschließlich Primär- und Sekundärstoffen, erneuerbar und nicht erneuerbar);
- **Abfallaufkommen;**
- **Emissionen in die Luft** (einschließlich der Auswirkungen auf den Klimawandel);
- **Belastungen von Böden;**
- **Belastungen von Gewässern;**
- **Strahlung;**
- Folgen für die lokale Umwelt und **Artenvielfalt** (einschließlich Wärme, Lärm, Schwingungen, Blendung und Licht);
- **Landnutzung,** landschaftliche Veränderungen und Veränderungen in der Artenvielfalt.[24]

15 Die Aufzählung ist nicht abschließend, aber jedenfalls entsprechend der DIN EN 15643 handelt es sich um die wesentlichen Aspekte ökologischer Nachhaltigkeit. Derart lässt sich in einem ersten Schritt der allgemeine Begriff der ökologischen Nachhaltigkeit konkretisieren. Entsprechend der Parteivereinbarung wird sich die Betrachtung der ökologischen Nachhaltigkeit auf einen oder mehrere Aspekte konzentrieren.

16 Des Weiteren ist es für eine bestimmte bzw. hinreichend bestimmbare Leistungszielvereinbarung hinsichtlich der ökologischen Qualität eines Gebäudes erforderlich, den Gegenstand der Leistungszielvereinbarung hinreichend zu konkretisieren. Diese auf den ersten Blick vermeintlich offenkundige Anforderung wird in der praktischen Umsetzung vielfach unterschätzt. Denn für die einzelnen Aspekte ökologischer Nachhaltigkeit kann es einen erheblichen Unterschied in der Bewertung machen, ob das gesamte Gebäude, gegebenenfalls inklusive Fundament, zu betrachten ist, ob Außengelände innerhalb der Grundstücksgrenzen einzubeziehen sind oder ob eine Betrachtung getrennt nach Bauwerksteil und Bauabschnitten erfolgt. Insofern sind bereits im Rahmen der Leistungszielvereinbarung eine jedenfalls bestimmbare Eingrenzung und Beschreibung vorzunehmen.

17 Gleiches gilt für die Frage, innerhalb welchen Betrachtungszeitraums die Bewertung der Einhaltung der Vorgaben der Leistungszielvereinbarung vorgenommen werden soll. Die DIN EN 15643 stellt hier insofern auf den gesamten Lebenszyklus des Gebäudes ab (dazu → Rn. 45).

18 Im Rahmen von individuellen Vereinbarungen steht es den Parteien frei, entgegen der DIN EN 15643 nur einzelne Phasen des **Lebenszyklus** von Gebäuden für die Betrachtung der Leistungszielvereinbarung zu berücksichtigen. Bei Neubauten wird vielfach auf den gesamten Lebenszyklus abgestellt; bei bestehenden Gebäuden kann die Vereinbarung notwendigerweise nur die noch verbleibenden Phasen betreffen. Insofern werden solche Vereinbarungen auch als „Systemgrenzen" entsprechend der DIN EN 15978 beschrieben. In der DIN EN 15978 finden sich auch weitergehende Beschreibungen der Systemgrenzen in technischer Hinsicht, auf die Bezug genommen werden kann.[25]

19 Des Weiteren kann es je nach Anforderungen im Einzelfall erforderlich sein, technische Eigenschaften, die der Bewertung der Leistungsziele der ökologischen Nachhaltigkeit zugrunde liegen, vertraglich festzuhalten. Dies gilt beispielsweise hinsichtlich der Frage, von welchen Betriebs- und Öffnungszeiten im Zuge der Planung hinsichtlich der Berücksichtigung der Leistungsziele auszugehen ist. Eine relevante technische Eigenschaft kann zB auch die Struktur der Nutzung sein, die beispielsweise für den Energiebedarf maßgeblich werden kann. Hier sind jedenfalls im Hinblick auf die Planung von Neubauten konkrete Annahmen sinnvoll, um das Leistungsziel frühzeitig auf die Erfordernisse des Bauherrn abzustimmen.

---

[24] Vgl. Ziff. 6.2 der DIN EN 15643 Nachhaltigkeit von Bauwerken – Allgemeine Rahmenbedingungen zur Bewertung von Gebäuden und Ingenieurbauwerken; Pfeiffer/Bethe/Pfeiffer, Nachhaltiges Bauen, 9 f.

[25] Vgl. Ziff. 7.4 der DIN EN 15978 Nachhaltigkeit von Bauwerken – Bewertung der umweltbezogenen Qualität von Gebäuden – Berechnungsmethode.

Kernelement einer Leistungszielvereinbarung im Hinblick auf die ökologische Qualität 20
ist schließlich die Quantifizierung der Anforderungen in technischer Hinsicht. Es müssen
die geeigneten Indikatoren, die die Umweltauswirkungen beschreiben, herangezogen werden, um eine möglichst bestimmte, jedenfalls aber bestimmbare Leistungszielvereinbarung
zu ermöglichen. Diese Indikatoren sind wiederum abhängig von den Leistungszielvereinbarungen im Einzelnen. So sollten Leistungszielvereinbarungen hinsichtlich des Treibhauspotentials, GWP, in kgCO$_2$äquiv erfolgen. Für die Verwendung von erneuerbaren Primärenergieressourcen ohne Energieressourcen, die als Rohstoff dienen, ist die Einheit MJ,
Heizwert, heranzuziehen. In Bezug auf Vereinbarungen hinsichtlich der Abfälle wird
üblicherweise auf die Einheit kg verwiesen; gleiches gilt für austretende Abgabeströme, wie
beispielsweise die Materialquote für das Recycling.[26]

Schließlich können Vereinbarungen zur Datenqualität zur Transparenz der Leistungsziel- 21
vereinbarung beitragen. Dies gilt beispielsweise hinsichtlich der einer THG-Bilanzierung
zugrunde zu legenden EPD-Daten. Für aussagekräftige Ergebnisse und entsprechende Vereinbarungen im vertraglichen Kontext ist eine Mindestqualität der Daten – soweit möglich
– vorab zu vereinbaren.

3. Vereinbarungen zur ökonomischen Nachhaltigkeit (ESG – G)

Auch Vereinbarungen zu Leistungszielen **ökonomischer Nachhaltigkeit** bedürfen einer 22
Bestimmtheit, jedenfalls aber einer Bestimmbarkeit, um die von den Parteien angestrebte
Verbindlichkeit zu erreichen. Analog zu den Anforderungen an die ökologische Nachhaltigkeit gilt es auch hier, den allgemeinen Begriff der ökonomischen Nachhaltigkeit
jedenfalls nicht als allein maßgeblich zu verwenden, da er durch die Heranziehung der
DIN-Normen unter Umständen zwar konkretisierbar ist, allerdings kaum eine bestimmbare
Leistungszielvereinbarung enthält.

Insofern gilt es auch hier, im ersten Schritt einzelne Aspekte der ökonomischen Nach- 23
haltigkeit konkret zu benennen und zu gewichten. Aspekte, die die ökonomische Qualität
eines Bauwerks über seinen gesamten Lebenszyklus beschreiben, sind ua:

– **Lebenszykluskosten;**
– externe Kosten und Nutzen;
– Auswirkungen auf den ökonomischen Wert und langfristige Wertbeständigkeit des Assets.[27]

Dabei sind auch diese Anforderungen im Einzelnen zu präzisieren. So umfassen Lebens- 24
zykluskosten alle Kosten, die über die Lebensdauer eines Gebäudes von der Vorbereitung
bis zum Rückbau entstehen. Zu unterscheiden ist dabei zwischen Lebenszykluskosten im
weiteren Sinne, den sogenannten whole life costs (WLC), und Lebenszykluskosten im
engeren Sinne, den sogenannten life cycle costs (LCC). Letztere beinhalten zB die Baukosten, die Ver- und Entsorgungskosten, die Reinigungskosten, die Instandhaltungskosten
etc. Zu den Lebenszykluskosten im weiteren Sinne zählen darüber hinaus die externen
Kosten, die nicht vom Bauherrn bzw. Eigentümer getragen werden, gebäudeunabhängige
Kosten, Einnahmen und Erträge etc.

Analog zu den vorstehenden Ausführungen zur ökologischen Qualität ist auch hier der 25
Gegenstand der Leistungszielvereinbarung zu beschreiben. So können beispielsweise Lebenszykluskostenberechnungen für das gesamte Gebäude oder für einzelne Teilbereiche
bzw. Gebäudekomponenten erstellt werden.

Weiter sind die Bestimmung des Betrachtungszeitraums genauso wie die Qualifizierung 26
der Anforderungen (dazu → § 3 Rn. 2 ff., 6 f., 10 ff.) vorzunehmen. Für die Berechnung
der Lebenszykluskosten stehen darüber hinaus verschiedene Methoden zur Verfügung. Je
nach Zielsetzung müssen die Ansätze differenziert werden, da sowohl statische als auch

---

[26] Vgl. im Einzelnen Ziff. 11 der DIN EN 15978 Nachhaltigkeit von Bauwerken – Bewertung der umweltbezogenen Qualität von Gebäuden – Berechnungsmethode.
[27] Vgl. Ziff. 6.4 der DIN EN 15643 Nachhaltigkeit von Bauwerken – Allgemeine Rahmenbedingungen zur Bewertung von Gebäuden und Ingenieurbauwerken; Pfeiffer/Bethe/Pfeiffer, Nachhaltiges Bauen, 9.

dynamische Verfahren zum Einsatz kommen können. Weitere Regelungen hinsichtlich der Preissteigerungsraten, des Diskontierungszinssatzes, des Aufwands für regelmäßige Instandhaltungen etc. führen zu einer höheren Belastbarkeit des Ergebnisses und damit auch zu einer höheren Verbindlichkeit der Vereinbarung. Unter Umständen ist es sinnvoll, wenn sich die Parteien auf die Nutzung eines konkreten Programmes einigen. So stellt beispielsweise der Deutsche Verband für Facility Management GEFMA ein Excel-basiertes Rechentool zur Verfügung.[28] Das BNB stellt ein kostenfreies Tool zur Verfügung.[29] Darüber hinaus gibt es eine Vielzahl weiterer, teils kostenpflichtiger Programme, deren konkrete Bezeichnung zwischen den Parteien im Vorhinein abzustimmen ist.

4. Vereinbarungen zur soziokulturellen Nachhaltigkeit (ESG – S)

27 Analog zu den vorstehenden Ausführungen gilt es hinsichtlich möglicher Leistungsziele in Bezug auf die **sozikulturelle Qualität** für die notwendige Verbindlichkeit die Grenze der Bestimmtheit, jedenfalls aber der Bestimmbarkeit zu erreichen. Dazu genügt es nicht, ein allgemeines Leistungsziel zu vereinbaren, nach dem das von dem Architekten bzw. von dem Ingenieur zu planende Bauwerk den Anforderungen der „sozialen Nachhaltigkeit" Rechnung tragen muss. Auch hier ist eine Konkretisierung erforderlich.

28 Im ersten Schritt gilt es dabei wiederum, die Begrifflichkeiten zu konkretisieren. Kategorien sozialer Aspekte, die die soziale Qualität des Bauwerks über seinen ganzen Lebenszyklus beschreiben, sind:
– **Zugänglichkeit** (auch für Nutzer mit besonderen Bedürfnissen);
– **Anpassungsfähigkeit** an die Bedürfnisse des Nutzers;
– **Gesundheit und Behaglichkeit** und Qualität des Innenraums;
– **Belastungen für die Umgebung,** d. h. auf das Einflussgebiet (einschließlich Wärme, Lärm, Schwingungen, Blendung und Licht);
– **Sicherheit;**
– **Schutz;**
– **Resilienz;**
– **Herkunft der Baustoffe** und Dienstleistungen;
– Einbeziehung der Beteiligten/gesellschaftliches Engagement (auch in Bezug zur örtlichen Gesellschaft und den Nutzern eines Gebäudes);
– **Arbeitsplätze**/Schaffung von Arbeitsplätzen (auch in Bezug zur örtlichen Gesellschaft);
– **Schutz von Kulturerbe.**[30]

29 Die soziale Leistungskategorie „Zugänglichkeit" bewertet die in das Gebäude einbezogene Ausstattung zur Erleichterung des Zugangs und der Benutzung ihrer Einrichtungen und der Gebäudedienstleistungen.[31] Die Anpassungsfähigkeit beschreibt die in das Gebäude einbezogene Ausstattung, die es gestattet, das Gebäude so zu verändern, dass es einem bestimmten Zweck angepasst wird. Beispiele hierfür sind die einfache Demontage oder die einfache Trennung innenliegender Bauelemente, Lastreserven bei tragenden Bauteilen, die Zugänglichkeit von Rohren und von Kabeln wie auch Festlegungen für mögliche, zukünftige Ausrüstungsgegenstände.[32] Der Aspekt „Gesundheit und Behaglichkeit" umfasst folgende Unteraspekte:

---

[28] Gefma Deutscher Verband für Facility Management e.V., Gesamtverzeichnis gefma-Richtlinien (2024), URL: https://www.gefma.de/fileadmin/user_upload/richtlinie/00_Gesamtverzeichnis_2024-01-19.pdf (Stand: 4.3.2024).
[29] Bayerische Architektenkammer, Nachhaltigkeit gestalten (2018), URL: https://www.byak.de/data/Nachhaltigkeit_gestalten/Nachhaltigkeit_gestalten_Download.pdf (Stand: 4.3.2024).
[30] Vgl. Ziff. 6.3 der DIN EN 15643 Nachhaltigkeit von Bauwerken – Allgemeine Rahmenbedingungen zur Bewertung von Gebäuden und Ingenieurbauwerken; Pfeiffer/Bethe/Pfeiffer, Nachhaltiges Bauen, 10 ff.
[31] Vgl. Ziff. 7.2 der DIN EN 16309 Nachhaltigkeit von Bauwerken – Bewertung der sozialen Qualität von Gebäuden – Berechnungsmethoden.
[32] Vgl. Ziff. 7.3 der DIN EN 16309 Nachhaltigkeit von Bauwerken – Bewertung der sozialen Qualität von Gebäuden – Berechnungsmethoden.

- wärmetechnische Merkmale;
- Merkmale der Qualität der Innenraumluft;
- akustische Merkmale;
- Merkmale der visuellen Behaglichkeit;
- Merkmale, die den verfügbaren Platz betreffen.[33]

Der Aspekt der „Auswirkungen auf benachbarte Bereiche" umfasst die Themenbereiche: **30**
- Lärm;
- Emissionen in Außenluft, Boden und Wasser;
- Blendungen/Verschattung;
- Stöße/Erschütterungen.[34]

Bei der Bewertung von Inspektionen/Wartung/Reinigung und Instandhaltbarkeit kön- **31**
nen folgende Aspekte berücksichtigt werden:
- Häufigkeit und Dauer von regelmäßiger Inspektion/Wartung/Reinigung, Instandsetzung, Austausch/Ersatz und/oder Verbesserung/Modernisierung;
die kurz-, mittel- und langfristigen Auswirkungen dieser auf:
  - Gesundheit und Wohlbefinden der Nutzer während der Instandhaltung;
  - Sicherheit der Nutzer während der Inspektion/Wartung/Reinigung/Instandsetzung;
  - Nutzbarkeit des Gebäudes, während die Inspektions-/Wartungs-/Reinigungs- und Instandsetzungsaufgaben ausgeführt werden.[35]

Schließlich umfasst der Aspekt „Sicherheit und Schutz" folgende Unteraspekte: **32**
- Widerstandsfähigkeit gegenüber den Auswirkungen klimatischer Veränderungen;
- Widerstandsfähigkeit gegenüber unplanmäßigen Einwirkungen;
- persönliche Sicherheit und Schutz vor Einbruch und Vandalismus;
- Bereitstellung für den Fall von Unterbrechungen der Versorgung.[36]

Durch eine derartige Konkretisierung der beiden Begrifflichkeiten der sozialen Nach- **33**
haltigkeit wird eine erhöhte Verbindlichkeit der Vereinbarung der Leistungsziele erreicht. Im Sinne der Bestimmtheit bzw. Bestimmbarkeit sollten sich die Regelungen allerdings nicht nur auf diese Aspekte beschränken. Auch hier ist zunächst der Gegenstand der Leistungszielvereinbarung möglichst präzise zu beschreiben. Darüber hinaus sind die einzelnen Aspekte der sozialen Nachhaltigkeit, soweit sie konkretisiert worden sind, technisch zu quantifizieren. Daneben sollte auch der maßgebliche Betrachtungszeitraum definiert werden. Der Standardwert für den Betrachtungszeitraum ist die geforderte Nutzungsdauer des Gebäudes; bei Sanierungen im Bestand handelt es sich um die verbleibende Restnutzungsdauer.[37] In der Vereinbarung kann im Einzelfall auch die zusätzliche Vereinbarung physikalischer und sozialer Rahmenbedingungen für die Bewertung der sozialen Nachhaltigkeit erforderlich und sinnvoll sein. Diese betreffen beispielsweise das Nutzungsmodell, die vorgesehene Nutzung, die vorgesehenen Behaglichkeitsstufen, Entwicklungstrends usw.

5. Einzelfragen

a) Zertifizierungen. Nachhaltigkeitszertifizierungen für Gebäude sind seit rund 15 Jahren **34**
auf dem deutschen Markt vertreten. In Anbetracht ihrer zunehmenden Bedeutung gerade in jüngster Vergangenheit, die nicht zuletzt auf ihre Relevanz im Zusammenhang mit

---

[33] Vgl. Ziff. 7.4 der DIN EN 16309 Nachhaltigkeit von Bauwerken – Bewertung der sozialen Qualität von Gebäuden – Berechnungsmethoden.
[34] Vgl. Ziff. 7.5 der DIN EN 16309 Nachhaltigkeit von Bauwerken – Bewertung der sozialen Qualität von Gebäuden – Berechnungsmethoden.
[35] Vgl. Ziff. 7.6 der DIN EN 16309 Nachhaltigkeit von Bauwerken – Bewertung der sozialen Qualität von Gebäuden – Berechnungsmethoden.
[36] Vgl. Ziff. 7.7 der DIN EN 16309 Nachhaltigkeit von Bauwerken – Bewertung der sozialen Qualität von Gebäuden – Berechnungsmethoden.
[37] Vgl. Ziff. 5.3 der DIN EN 16309 Nachhaltigkeit von Bauwerken – Bewertung der sozialen Qualität von Gebäuden – Berechnungsmethoden.

Förderungen (**Bundesförderung für effiziente Gebäude, BEG; QNG-Siegel**) zurückzuführen ist, spielen sie auch in der Vertragsgestaltung von Architekten- und Ingenieurverträgen eine zunehmende Rolle. Da für die Bauherren vielfach zumindest Teile ihrer Projektfinanzierungen mit der Erteilung eines entsprechenden Zertifikates verbunden sind, sind diese bestrebt, die Einhaltung der Vorgaben der jeweiligen Zertifizierungs-Systemgeber vertraglich sicher zu verankern. Dies ist erforderlich, da derartige **Zertifizierungen** ausschließlich zivilrechtlichen Charakter haben. Es handelt sich nicht um öffentlich-rechtliche Verwaltungsakte.[38] Durch die Vereinbarung eines entsprechenden Leistungsziels wird die Zertifizierung damit zu einer vereinbarten Beschaffenheit und zu einem von Architekten bzw. Ingenieuren geschuldeten Erfolg.

35 Die am Markt vorhandenen Zertifizierungssysteme für Gebäude sind vielfältig und unterscheiden sich im Detail (dazu → § 6 Rn. 1 ff.). Sie verbindet jedoch zumeist der Umstand, dass der Bauherr das jeweilige Projekt für die Zertifizierung anmelden muss. Der Systemanbieter definiert die Rahmenbedingungen, die zur Erreichung des jeweiligen Zertifikates einzuhalten sind. In vielen Fällen wird die Einbeziehung eines systemkundigen Dritten vorgesehen, der den Bauherrn bei der Einhaltung der Systemvorgaben unterstützt und berät und die erforderlichen Unterlagen zur Einreichung des Antrages zusammenstellt.[39] Auf dem deutschen Markt am weitesten verbreitet sind die Zertifizierungen der Deutschen Gesellschaft für nachhaltiges Bauen. Dort sind sog. Auditoren durch die Bauherrn zu beauftragen, die das Projekt im Sinne der DGNB begleiten und die Antragsunterlagen zusammenstellen und einreichen.

36 Auch im Hinblick auf angestrebte Zertifizierungen steht – insbesondere bei Sanierungsprojekten – häufig zum Zeitpunkt des Vertragsschlusses des Architekten- und Ingenieurvertrags die tatsächlich erreichbare Zertifizierungsstufe noch nicht fest. Insofern ist hier auf die obigen Ausführungen (dazu → Rn. 5, 12 f.) zu verweisen. In diesen Fällen kann beispielsweise eine zunächst stufenweise Beauftragung des Architekten bzw. Ingenieurs angezeigt sein, um eine vollumfängliche Bindung des Bauherrn zu einem derartig frühen Zeitpunkt zu vermeiden. Alternativ dazu bietet es sich allerdings an, einen sog. **Pre-Check** zu beauftragen. Dieser wird von vielen Systemanbietern vorgesehen, so auch von der Deutschen Gesellschaft für nachhaltiges Bauen. Hier können Auditoren bzw. auch unmittelbar die jeweiligen Planungsbüros, soweit sie über eine entsprechende Expertise verfügen, mit einer Vorprüfung beauftragt werden. Diese Vorprüfung umfasst die Potentiale des vertragsgegenständlichen Projektes im Hinblick auf die angestrebte Zertifizierung. Auf dieser Basis lässt sich die Vereinbarung eines Leistungsziels rechtssicherer treffen, da die Parteien davon ausgehen können, dass das Ziel auch mit realistischem Aufwand erreichbar ist.

37 Ist das Ziel auf diese Weise zwischen den Parteien abgestimmt, so erfolgt im nächsten Schritt die vertragliche Umsetzung, hier am Beispiel einer konkreten Leistungszielvereinbarung:

„Der AN hat seine Leistung derart zu erbringen, dass das vertragsgegenständliche Projekt eine Zertifizierung der Deutschen Gesellschaft für Nachhaltigkeit, DGNB, System-Kriterienkatalog Gebäude Neubau, Version 2023, der Stufe Gold erhält."
Alternativ:
„Der AN hat seine Leistung derart zu erbringen, dass das zu errichtende Gebäude eine Zertifizierung der Deutschen Gesellschaft für Nachhaltigkeit, DGNB, System-Kriterienkatalog Gebäude Neubau, Version 2023, der Stufe Gold erhält. Für die einzelnen Kriteriengruppen werden dabei folgende Mindestpunktzahlen vereinbart:
- *Wirkungen auf globale und lokale Umwelt: (…)*
- *Ressourceninanspruchnahme und Abfallaufkommen: (…)*
- *Lebenszykluskosten (…)*

---

[38] Schlemminger, Nachhaltigkeitszertifikate in Immobilienverträgen, NJW 2014, 3185; Dressel, Nachhaltiges Bauen – Herausforderungen in Planerverträgen, NZBau 2021, 224.
[39] Dazu auch unter → § 6 Rn. 16 ff.

- *Wertentwicklung (…)*
- *Gesundheit, Behaglichkeit und Nutzerzufriedenheit (…)*
- *Funktionalität (…)*
- *Qualität der technischen Ausführung (…)*
- *Qualität der Planung (…)*
- *Qualität der Bauausführung (…)*
- *Standortqualität (…)"*

Die Vereinbarung des Leistungsziels „Zertifizierung" kann grundlegend durch eine funktionale Beschreibung oder durch eine detaillierte Beschreibung erfolgen. Kombinationslösungen sind hier ebenfalls denkbar. 38

In dem ersten Beispiel wird das Leistungsziel der Erreichung der Zertifizierung einer bestimmten Stufe funktional beschrieben. Bei der funktionalen Beschreibung wird nur die Zielerreichung an sich definiert (zu der rechtsdogmatisch korrekten Beschreibung sogleich). Einzelne Zwischenschritte werden nicht näher beschrieben. In dem zweiten Beispiel wird das Ziel zunächst übergreifend, funktional beschrieben. Hieran knüpft jedoch eine Detaillierung an. Diese betrifft die Systematik der Zertifizierung der Deutschen Gesellschaft für nachhaltiges Bauen. Bei der weit überwiegenden Anzahl der Systemanbieter für Immobilienzertifizierungen ist im Zuge eines Punktesystems ein für ein entsprechendes Zertifikat entsprechender Mindestpunktestand zu erreichen. Auf welchem Wege diese Punkte angerechnet werden können, unterscheidet sich bei den jeweiligen Systemanbietern. Im Fall der Deutschen Gesellschaft für nachhaltiges Bauen werden im System für Gebäudeneubauten Themenfelder gebildet und diese Themenfelder in Kriteriengruppen aufgeteilt. Die Kriteriengruppen werden dann in einzelne Kriterien unterteilt, innerhalb derer die für die Gesamtpunktzahl notwendigen Einzelpunkte erfasst werden können. In dem zweiten Beispiel obliegt die Erreichung der Gesamtpunktzahl nicht allein der Entscheidung des Architekten bzw. Ingenieurs. Der werkvertraglich geschuldete Erfolg wird nicht allein durch die Gesamtleistungszielerreichung sichergestellt; tatsächlich werden zusätzliche Teilerfolge vereinbart, die die Aufteilung der Punkte im Einzelnen betreffen. 39

Welche Regelungstechnik (funktional oder detailliert) vorteilhaft ist, kann nur anhand des konkreten Einzelfalls beurteilt werden. In der Praxis dürfte vielfach die rein funktionale Beschreibung vorzugswürdig erscheinen, da sie dem zumeist frühen Entwicklungsstadium des Projekts an sich Rechnung trägt. Eine detaillierte Festlegung setzt voraus, dass sich die Vertragsparteien, jedenfalls aber der Besteller, bereits intensiver mit den Potentialen und Anforderungen des Projekts auseinandergesetzt haben und entsprechend konkrete Teilziele festlegen können und wollen. Zu den Folgen der funktionalen Vereinbarung im Hinblick auf die Dispositionsfreiheit des Auftragnehmers vor Abnahme siehe allerdings → Rn. 89. 40

In beiden Varianten stellt sich allerdings aus dogmatischer Sicht die Frage, worin der von dem Architekten bzw. Ingenieur geschuldete Erfolg konkret besteht. Denn entsprechend der vorherigen Ausführungen wird die Entscheidung über die Zertifizierung nicht durch den Architekten oder Ingenieur selbst getroffen, sondern durch den Systemgeber, in dem Formulierungsbeispiel die Deutsche Gesellschaft für nachhaltiges Bauen. Der Architekt bzw. Ingenieur hat demnach keinen unmittelbaren Einfluss auf die Erteilung des Zertifikats – dennoch ist er zur Erreichung dieses Leistungsziels im Sinne eines Erfolgs verpflichtet. Es stellt sich die Frage, ob die Abhängigkeit der Leistungserbringung von einem Dritten (hier dem Systemgeber) der Annahme eines werkvertraglichen Erfolgs entgegensteht. 41

Gerade in Planungsverträgen ergeben sich ähnliche Konstellationen, zB bei der an die Planung anknüpfenden Baugenehmigung. Auch diese wird durch die zuständige Behörde und nicht durch den Architekten selbst erteilt. Der Architekt schuldet hier nach ständiger Rechtsprechung keine Baugenehmigung an sich, sondern eine dauerhaft genehmigungsfähige Planung.[40] Vergleichbar ist die Konstellation bei der Beauftragung des Architekten 42

---

[40] BGH 10.2.2011 – VII ZR 8/10, NJW 2011, 1442; BGH 26.9.2002 – VII ZR 290/01, NJW 2003, 287.

mit der Objektüberwachung entsprechend der Leistungsphase 8 des Leistungsbilds Gebäude und Innenräume der HOAI. Hier hat er nach ständiger Rechtsprechung des BGH in bestimmten Grenzen für die Mangelfreiheit des Gebäudes einzustehen, ohne dass er dieses selbst errichten würde.[41] Bei der Überwachung der Ausführung Dritter schuldet der Architekt entsprechend eine Überwachungsleistung, die objektiv geeignet ist, ein mangelfreies Werk herbeizuführen.

43   Die Abhängigkeit des werkvertraglich vereinbarten Erfolgs von Dritten ist dem Planervertrag demnach nicht fremd. Sie steht weder der Einordnung als werkvertragsähnlicher Vertrag, noch dessen Durchführung entgegen. Für Zielvereinbarungen, die auf die Erreichung einer Zertifizierung gerichtet sind, gilt daher: Der Architekt schuldet nicht die Zertifizierung in der vereinbarten Stufe selbst. Er schuldet vielmehr eine zum Zeitpunkt der Abnahme zertifizierungsfähige Planung der vereinbarten Stufe. Darin liegt der üblicherweise von ihm zu erbringende Erfolg.

44   **b) Treibhausbilanz.** Die Vereinbarung von Leistungszielen betreffend die Einhaltung bestimmter Obergrenzen beispielsweise in Bezug auf Treibhausgase (THG) spielt in der Praxis eine zunehmende Rolle. Um eine möglichst präzise, technisch belastbare Vereinbarung zu ermöglichen, bedarf es einer sorgfältigen Abstimmung zwischen Juristen und Technikern. Je nach Einzelfall erfahren diese Vereinbarungen dann unterschiedliche Ausprägungen.

45   Beispiel Vertragsklausel: *„Das Treibhauspotential (GWP 100) für das vom Auftragnehmer zu planende Gebäude beträgt maximal [...]kg CO_2e in Bezug auf [Bezugsgröße, z. B. Quadratmeter, Netto-Raumfläche (NRF (R)) nach DIN 277 (2021-08].*
Das Treibhauspotential in kg CO_2e ist dabei für einen Betrachtungszeitraum von 50 Jahren zu berechnen. Zu berücksichtigen sind die Treibhausgasimmissionen der [Herstellungsphase/Errichtungsphase/Nutzungsphase/Entsorgungsphase etc.] gemäß DIN EN 15643 iVm DIN EN 15978-1 jeweils in der aktuellen Fassung.
Diese Angaben müssen auf Grundlage einer Ökobilanz gemäß der Bilanzierungsregeln [maßgebliche Bilanzierungsregeln einsetzen] berechnet werden. Hinsichtlich der heranzuziehenden Datengrundlage gilt [...]."

46   Bei der Abstimmung eines entsprechenden Leistungsziels ist bereits sorgfältig zu unterscheiden, auf welchen Betrachtungsgegenstand sich eine entsprechende Bilanzierung überhaupt beziehen soll. Die Ökobilanz ist eine systematische Analyse der Umweltwirkungen von Produkten, Verfahren oder Dienstleistungen entlang des gesamten Lebensweges (dazu → § 4 Rn. 80). Sie wird unter anderem in den Normen DIN EN ISO 14040 und DIN EN ISO 14044 beschrieben. Spezifische Grundregeln zur Erstellung von Ökobilanzen von Gebäuden und Bauprodukten sind normativ in DIN EN 15804 und DIN EN 15978 geregelt. Als Datengrundlage ist vor allem die frei zugängliche Onlinedatenbank „Ökobaudat" des BBSR zu nennen.[42] Soll in der Zielvereinbarung dagegen auf die eingesetzte graue Energie oder aber auf die grauen Emissionen abgestellt werden, so ist eine nähere Definition erforderlich. Diese Begriffe werden nicht immer einheitlich verwendet (dazu → § 4 Rn. 80).

47   Hinsichtlich der allgemeinen Anforderungen an eine belastbare Zielvereinbarung, wie beispielsweise zu einer THG-Obergrenze, kann auf die obigen Ausführungen zu ökologischen Nachhaltigkeitszielen (dazu → Rn. 14 ff.) verwiesen werden. Anlehnend an die DIN EN 15978 müssen der Zielvereinbarung Angaben zum Bewertungsgegenstand einschließlich der funktionalen Äquivalente und des Betrachtungszeitraums sowie zu den

---

[41] BGH 22.7.2010 – VII ZR 77/08, NJW-RR 2010, 1604; BGH 8.10.2020 – VII ARZ 1/20, NJW 2021, 53; Beck HOAI/Seifert/Fuchs § 34 HOAI Rn. 282a ff.; Motzke/Preussner/Kehrberg/Motzke Kapitel K Rn. 2 f.
[42] Bundesministerium für Wohnen, Stadtentwicklung und Bauwesen, ÖKOBAUDAT (o.J.), URL: https://www.oekobaudat.de/ (Stand: 4.3.2024).

Systemgrenzen und dem zugrundeliegenden Modell zu entnehmen sein. Darüber hinaus müssen Regelungen zur Quantifizierung des Gebäudes und seines Lebenszyklus aufgenommen werden. Auch sollten Regelungen zur Auswahl der Umweltdaten und Umweltindikatoren enthalten sein. Vielfach kann in diesem Zusammenhang schlicht auf die DIN EN 15978 verwiesen werden; das gilt jedenfalls, sofern die Einzelheiten der Betrachtungsparameter betroffen sind. Ein solcher Verweis kann jedoch nicht die Aufnahme projektspezifischer Daten ersetzen, die einzelfallbezogen zu ermitteln sind.

c) Vorgaben der Taxonomieverordnung

Beispiel Vertragsklausel: *„Die Parteien vereinbaren, dass das vertragsgegenständliche Projekt […] den Anforderungen der Verordnung (EU) 2022/825 des Europäischen Parlaments und des Rats vom 18.6.2020 über die Einrichtung eines Rahmens zur Erleichterung nachhaltiger Investitionen und zur Änderung der Verordnung (EU) 2019/2088 genügen soll. Gemäß Artikel 10 dieser Verordnung soll das Projekt einen wesentlichen Beitrag zum Klimaschutz leisten. Maßgeblich sind insofern die Vorgaben in Anhang 1 zu Artikel 1 der Delegiertenverordnung (EU) 2021/2139 der Kommission vom 4.6.2021 zur Ergänzung der Verordnung (EU) 2020/825 des Europäischen Parlaments und des Rats, dort Ziffer 7.2 (Neubau)."* **48**

Ist für den Bauherrn die Einhaltung der Vorgaben der sogenannten **Taxonomie-Verordnung** (EU) 2020/852 des Europäischen Parlaments und des Rats vom 18.6.2020 über die Einrichtung eines Rahmens zur Erleichterung nachhaltiger Investitionen und zur Änderung der Verordnung (EU) 2019/2088 maßgeblich, so ist eine entsprechende Zielvereinbarung mit dem Architekten bzw. Ingenieur empfehlenswert. Dabei ist zu berücksichtigen, dass die sog. Taxonomie-Verordnung an sich keine qualitativen Vorgaben für ein beispielsweise neu zu errichtendes Gebäude enthält. Der bloße Verweis auf dieselbe wäre nicht ausreichend, um von einem zumindest bestimmbaren Leistungsziel auszugehen. Zwischen den Parteien ist auch zu vereinbaren, zu welchem Umweltziel der Taxonomie-Verordnung ein wesentlicher Beitrag geleistet werden soll. Immerhin unterscheidet die Taxonomie-Verordnung zwischen sechs **Umweltzielen.** Entweder legt der Auftraggeber also in der Zielvereinbarung bereits fest, zu welchem Umweltziel ein wesentlicher Beitrag geleistet werden soll, oder ihm wird ein Leistungsbestimmungsrecht gemäß § 315 BGB eingeräumt. Letzteres kann dann sinnvoll sein, wenn zum Zeitpunkt der Vereinbarung des Leistungsziels noch nicht feststeht, welches der Umweltziele konkret im Fokus der Planung stehen soll. Im Sinne der Transparenz sollte in die Zielvereinbarung zudem der Verweis auf die Delegierte Verordnung (EU) 2021/2139 der Kommission vom 4.6.2021 zur Ergänzung der Verordnung (EU) 2020/852 des Europäischen Parlaments und des Rats aufgenommen werden. In der Anlage zu dieser Verordnung (vgl. dazu auch einleitend → § 2) finden sich technische Vorgaben, die den Gegenstand der Leistungszielvereinbarung zumindest bestimmbar machen. **49**

Die Delegierte Verordnung zur Taxonomie-Verordnung verweist ihrerseits auf nationale gesetzliche Regelungen. Dieser Verweis lässt sich unter Heranziehung der jeweiligen nationalen Gesetze dahingehend konkretisieren, dass der Vereinbarung technisch messbare Vorgaben zu entnehmen sind. Im Sinne maximaler Transparenz kann die entsprechende Subsumtionsleistung auch bereits zum Zeitpunkt des Vertragsschlusses erfolgen. Die (insbesondere technischen) Vorgaben sind dann den vertraglichen Vereinbarungen der Parteien unmittelbar zu entnehmen. Werden die technischen Vorgaben aber isoliert, also ohne Bezug zur Taxonomieverordnung vereinbart, ist auch nur deren Einhaltung geschuldet. Ergibt sich aus der Taxonomie-Verordnung bzw. aus dem Kontext eine weitergehend geschuldete Leistung, so dürfte diese jedenfalls ohne das Hinzutreten weiterer Aspekte vom Architekten bzw. Ingenieur nicht ohne Weiteres zu erbringen sein. **50**

Im Sinne einer bestimmten bzw. zumindest bestimmbaren und hinreichend transparenten Zielvereinbarung sollten die Parteien daher eine vertragliche Vereinbarung in Erwägung ziehen, die beide Aspekte verbindet. Übergreifend sollte zunächst festgehalten werden, dass **51** die Leistungen des Architekten bzw. Ingenieurs an den Vorgaben der Taxonomie-Verordnung und des delegierten Rechtsaktes gemessen werden. Die darin enthaltenen technischen Vorgaben sollten in einem zweiten Schritt konkret in das Vertragsverhältnis übernommen werden, um insofern eine hinreichende Transparenz herzustellen. Erfolgt dies, so ist der Architekt bzw. der Ingenieur verpflichtet, die technischen Vorgaben zu berücksichtigen und dabei aber auch das Leistungsziel „Einhaltung der Vorgaben der Taxonomie-Verordnung" in funktionaler Hinsicht zu berücksichtigen.

52 **d) Abweichungen von den allgemein anerkannten Regeln der Technik.** In Projekten mit einem Fokus auf die Nachhaltigkeit kommen vielfach auch technische **Innovationen** zum Einsatz. Darüber hinaus werden Verfahren oder Baustoffe im Sinne der Nachhaltigkeit angewandt, die im Einzelfall nicht mit den **allgemein anerkannten Regeln der Technik** übereinstimmen. Soweit den Vertragsparteien diese Umstände bereits zum Zeitpunkt des Vertragsschlusses bzw. der Leistungszielvereinbarung bewusst sind, gilt hinsichtlich einer entsprechenden Vereinbarung Folgendes:

Bei einer echten technischen Innovation (ob als Bauprodukt, mit dem ausgeführt wird, oder als bautechnisches Verfahren) fehlt vielfach der Referenzrahmen im Sinne der allgemein anerkannten Regeln der Technik. Aufgrund des Innovationscharakters wird es keine Regeln geben, die in der Praxis anerkannt sind und mit der Innovation kollidieren können. Insofern steht es den Vertragsparteien im Rahmen ihrer Parteidisposition frei, auch solche technischen Innovationen grundsätzlich als Leistungsziele zu vereinbaren. Dabei kann sowohl der Architekt den Einsatz von technischen innovativen Materialien planen, als auch der Unternehmer deren Einsatz anbieten.[43] Dabei muss der Architekt bzw. Ingenieur allerdings den Bauherrn über mögliche Konsequenzen aufklären (vgl. dazu im Einzelnen → Rn. 124).

53 Auch in den Fällen, in denen nicht unmittelbar technische Innovationen der Planung zugrunde gelegt werden sollen, sondern in denen erkennbar von den allgemein anerkannten Regeln der Technik abgewichen werden soll, sind entsprechende Leistungszielvereinbarungen möglich. Solche Vereinbarungen, nach denen die Bauausführung hinter den aktuellen oder künftigen allgemein anerkannten Regeln der Technik zurückbleibt, sind im Grundsatz wirksam.[44] Eine solche Vereinbarung ist auch nach Vertragsschluss noch möglich.[45] Sie kann – im Sinne der Transparenz nicht empfehlenswert – auch konkludent und stillschweigend abgeschlossen werden.[46] Zu berücksichtigen ist dabei allerdings, dass aufgrund der Bedeutung der allgemein anerkannten Regeln der Technik als Mindeststandards (dazu → Rn. 121, 125 f.) eine entsprechende Vereinbarung nicht ohne Weiteres erfolgen kann. Voraussetzung ist ein umfassender und fehlerfreier Hinweis des Auftragnehmers auf sämtliche Folgen.[47] Der Bauherr muss Bedeutung und Tragweite der Abweichung erkannt haben.[48] Konkret wird gefordert, dass der Architekt bzw. Ingenieur den Auftraggeber auf die Bedeutung der allgemein anerkannten Regeln der Technik und die mit der Nichteinhaltung verbundenen Konsequenzen und Risiken explizit hinweist. Eine Ausnahme soll nur dann gelten, wenn dem Auftraggeber diese bekannt sind oder sich ohne Weiteres aus den Umständen ergeben. Ohne eine entsprechende Kenntnis kommt eine rechtsgeschäftliche Zustimmung des Auftraggebers zu einer hinter den allgemein anerkannten Regeln der Technik zurückbleibenden Ausführung regelmäßig nicht in Betracht.[49]

54 Für die Vereinbarung verbindlicher Leistungsziele, die insbesondere auch den Architekten bzw. Ingenieur später vor einer Inanspruchnahme schützen, bedeutet dies:

---

[43] BGH 29.1.1970 – VII ZR 95/68, NJW 1970, 706; BGH 30.10.1975 – VII ZR 309/74, BauR 1976, 66; BGH 9.7.1987 – VII ZR 208/86, NJW-RR 1987, 1305.
[44] IbrOK BauVertrR/Jurgeleit § 633 BGB Rn. 50.
[45] BGH 14.11.2017 – VII ZR 65/14, NJW 2018, 391.
[46] BGH 16.7.1998 – VII ZR 350/96, NJW 1998, 3707.
[47] Nicklisch/Weick/Jansen/Seibel § 13 VOB/B Rn. 44 ff.
[48] BGH 9.5.1996 – VII ZR 181/93, NJW 1996, 2370.
[49] BGH 14.11.2017 – VII ZR 65/14, NJW 2018, 391.

Die **Abweichungen von den allgemein anerkannten Regeln der Technik** sind möglichst konkret zu benennen und auch als solche zu bezeichnen. In der Leistungszielvereinbarung sollte dokumentiert werden, dass der Auftraggeber die Folgen dieser Abweichung und insbesondere die mit der Nichteinhaltung verbundenen Konsequenzen und Risiken überblickt und übernimmt. Dies mag zum Zeitpunkt des Vertragsschlusses aufgrund der frühen Planungsphase kaum möglich sein – spätestens im Zusammenhang mit der Entwurfsplanung sollten die Abweichungen allerdings konkret identifizierbar sein. In den Fällen, in denen eine solche (dokumentierte) Aufklärung nicht gelingt, droht eine Haftung des Architekten bzw. Ingenieurs (vgl. dazu → Rn. 122 ff.). Dabei sind auch etwaige Auswirkungen hinsichtlich des öffentlichen Baurechts zu berücksichtigen, das ebenfalls den Begriff der allgemein anerkannten Regeln der Technik kennt und das nicht ohne Weiteres der Parteidisposition unterliegt.[50]

II. Vereinbarungen zur vertraglichen Verwendung im Sinne der Nachhaltigkeit

Neben der Vereinbarung von Leistungszielen und Leistungsumständen können sich die Parteien eines Architekten- bzw. Ingenieurvertrags auch hinsichtlich der Verwendung des Planungsgegenstands einigen. Eine solche Einigung über die vertragliche **Verwendung** kann ausdrücklich oder konkludent erfolgen.[51] Die Vereinbarung kann sich auf konkrete Merkmale oder eine abstrakte Funktion beziehen.[52] Bei konkludenten Vereinbarungen müssen die Parteien allerdings übereinstimmend die konkrete Nutzung unterstellt haben. Bei der Ermittlung derselben sind die Gesamtumstände des Vertragsschlusses zu berücksichtigen.[53]

55

Obwohl Vereinbarungen zur vertraglichen Verwendung in der Praxis selten sind und bei Auseinandersetzungen um Mängel vielfach hinter anderen Mangeltatbeständen zurücktreten, sind sie im Hinblick auf die Anforderungen des nachhaltigen Planens und Bauens nicht zu vernachlässigen. So kann die vereinbarte Verwendung beispielsweise darin bestehen, dass der zu planende Neubau an einen Finanzmarktteilnehmer veräußert wird. In der Folge können die Anforderungen der Verordnung (EU) 2020/852 des Europäischen Parlaments und des Rates vom 18.6.2020 über die Einrichtung eines Rahmens zur Erleichterung nachhaltiger Investitionen für den Leistungserfolg des Architekten bzw. Ingenieurs maßgeblich sein. Denn für einen Finanzmarktteilnehmer im Sinne der Offenlegungsverordnung ist entscheidend, wie der Neubau nach der Taxonomieverordnung zu beurteilen ist. Insofern spielen diese Vorgaben für die vorgesehene Verwendung (Veräußerung an einen Finanzmarktteilnehmer) eine besondere Rolle.

56

III. Gesetzgeberische Anforderungen

Auch ohne konkrete Vereinbarung muss das vom Architekten bzw. Ingenieur zu erstellende Werk den rechtlichen Vorgaben entsprechen. Hierunter sind vor allem die maßgeblichen öffentlich-rechtlichen Vorschriften zu verstehen. Als Werkerfolg schuldet der Architekt bzw. Ingenieur eine dauerhaft **genehmigungsfähige** Planung.[54] Wird dieses Ziel verfehlt, weil die Baubehörde die Genehmigung nicht selbst erteilt, zurücknimmt oder widerruft, ist der geschuldete Erfolg nicht eingetreten. Die Planung ist mangelhaft. Dabei muss allerdings nach den Leistungen des Planers differenziert werden. Bereits die Entwurfsplanung muss

57

---

[50] Baureis/Dressel/Friedrich, Allgemein anerkannte Regeln der Technik als Hemmnis für technische Innovationen im Sinne der Nachhaltigkeit?, NZBau 2023, 641 sowie Schönenbroicher/Kamp/Henkel/Gärditz § 3 BauO NRW Rn. 9 f.
[51] MüKoBGB/Busche § 633 Rn. 28.
[52] Messerschmidt/Voit/Moufang/Koos § 633 BGB Rn. 73.
[53] So für das Kaufrecht: BGH 20.3.2019 – VIII ZR 213/18, NJW 2019, 1937; BGH 26.4.2017 – VIII ZR 80/16, NJW 2017, 2817; BGH 6.12.2017 – VIII ZR 219/16, NJW-RR 2018, 822.
[54] BGH 10.2.2011– VII ZR 8/10, NJW 2011, 1442; OLG München 6.2.2018 – 13 U 4263/16 Bau, IBR 2019, 205.

genehmigungsfähig erstellt werden.[55] Im Rahmen der Grundlagenermittlung muss die Planung dagegen nicht zwingend genehmigungsfähig sein, denn hier werden ja gerade die Projektgrundlagen ermittelt und verschiedene Planungsvarianten betrachtet, die unter Umständen auch an die Grenze des genehmigungsrechtlich Zulässigen oder darüber hinausgehen können. Wichtig ist in diesem Zusammenhang allerdings, dass der Architekt bzw. Ingenieur zu der Genehmigungsfähigkeit vollständig und richtig berät.[56]

58 Damit werden auch sämtliche rechtlichen Vorgaben, die nachhaltige Ziele verfolgen, zum Gegenstand des vom Architekten bzw. Ingenieur geschuldeten Werkerfolgs. Hierunter fallen insbesondere die Vorgaben des öffentlichen (Bau-)Rechts. Ob sie sich aus den jeweils einschlägigen Bebauungsplänen ergeben oder aus für das vertragsgegenständliche Projekt relevanten öffentlich-rechtlichen Verträgen, bleibt dabei ohne Berücksichtigung. Soweit das öffentliche Baurecht also Vorgaben zur Nachhaltigkeit enthält (dazu → § 10), sind diese für den Architekten bzw. Ingenieur maßgeblich.

IV. Anforderungen der allgemein anerkannten Regeln der Technik

59 Die **allgemein anerkannten Regeln der Technik** sind diejenigen technischen Regeln für den Entwurf und die Ausführung baulicher Anlagen, die in der technischen Wissenschaft als theoretisch richtig anerkannt sind und feststehen sowie insbesondere in den Kreisen der für die Anwendung der betreffenden Regeln maßgeblichen, nach den neuesten Erkenntnisstand vorgebildeten Techniker durchweg bekannt und aufgrund fortlaufender praktischer Erfahrung als technisch geeignet, angemessen und notwendig anerkannt/bestätigt sind.[57] Die Beachtung der allgemein anerkannten Regeln der Technik sichert der Architekt bzw. Ingenieur üblicherweise stillschweigend bei Vertragsschluss zu. Entspricht die Werkleistung diesen nicht, liegt regelmäßig ein Mangel vor.[58] Allgemein anerkannte Regeln der Technik können ungeschriebenen, allein mündlich überlieferten Erfahrungsregeln folgen.[59] Üblicherweise handelt es sich aber um Regelwerke für gewerkspezifische Ausführungen, die schriftlich niedergelegt sind. Diese bergen die widerlegliche Vermutung, dass sie die allgemein anerkannten Regeln der Technik wiedergeben.[60] So können beispielsweise die einschlägigen DIN-Normen die allgemein anerkannten Regeln der Technik widerspiegeln. Dies ist allerdings keineswegs zwingend. Die allgemein anerkannten Regeln der Technik können über den Stand der DIN-Normen hinausgehen oder dahinter zurückbleiben.[61] Für die Mangelfreiheit des Werkes sind die zum Zeitpunkt der Abnahme einschlägigen allgemein anerkannten Regeln der Technik maßgeblich.

60 Enthalten die allgemein anerkannten Regeln der Technik Vorgaben im Sinne der Nachhaltigkeit, so gilt nichts anderes. Ergeben sich aus den allgemein anerkannten Regeln der Technik ökologische, ökonomische oder soziale nachhaltige Anforderungen, so sind diese von dem Architekten bzw. Ingenieur im Zuge des Planungsprozesses zu berücksichtigen. Im Hinblick auf die schnelle Entwicklung im Bereich der Nachhaltigkeit ist in dieser Hinsicht der Zeitpunkt der Beurteilung der Leistungsqualität von besonderer Bedeutung: Es kommt allein auf die Abnahme des Architektenwerkes an. Insofern ist der Architekt bzw. Ingenieur verpflichtet, auch die technische Entwicklung im Sinne der Nachhaltigkeit aktiv zu begleiten. Ergeben sich hier Änderungen, so hat dies eine Beratungspflicht des Architekten bzw. des Ingenieurs zur Folge. Gerade bei langen Planungsprozessen kann dies maß-

---

[55] Beck HOAI/Klein § 650q BGB Rn. 78.
[56] BGH 10.7.2014 – VII ZR 55/13, NJW 2014, 3511.
[57] OLG Bamberg 20.11.1998 – 6 U 19/98, NJW-RR 1999, 962; BeckOK BauVertrR/Popescu § 633 BGB Rn. 89; MüKoBGB/Busche § 633 Rn. 18; Nicklisch/Weick/Jansen/Seibel § 13 VOB/B Rn. 54 f.
[58] BGH 21.4.2011 – VII ZR 130/10, NZBau 2011, 415; OLG Frankfurt a. M. 10.12.2018 – 29 U 123/17, NZBau 2019, 307.
[59] BGH 21.11.2013 – VII ZR 275/12, NZBau 2014, 160.
[60] OLG Hamm 13.4.1994 – 12 U 171/93, NJW-RR 1995, 17.
[61] OLG Hamm 14.8.2019 – 12 U 73/18, ZfBR 2019, 783; OLG Düsseldorf 9.2.2023 – 5 U 227/21, ZfBR 2023, 457; Kniffka/Koeble/Jurgeleit/Sacher/Koeble Teil 10 Rn. 445.

geblich werden, da sich die Anforderungen zwischenzeitlich erheblich verändern können. Das Werk des Architekten bzw. Ingenieurs muss nach wie vor den allgemein anerkannten Regeln der Technik zum Zeitpunkt der Abnahme genügen.[62] Allerdings steht dem Architekten bzw. Ingenieur in diesen Fällen unter Umständen ein zusätzlicher Vergütungsanspruch zu.[63]

V. Vereinbarungen zum Leistungsumfang (Leistungspflichten)

1. Grundlagen

Gemäß § 650p Abs. 1 BGB muss der durch einen Architekten- oder Ingenieurvertrag verpflichtete Unternehmer diejenigen Leistungen erbringen, die nach dem jeweiligen Stand der Planung und Ausführung des Bauwerks oder der Außenanlage erforderlich sind, um die zwischen den Parteien vereinbarten **Planungs- und Überwachungsziele** zu erreichen. Die vom Architekten bzw. Ingenieur zu erbringende Leistung beschränkt sich damit spätestens mit der Einführung des § 650p Abs. 1 BGB nicht mehr allein auf die Erreichung des Werkerfolgs, also der vereinbarten Planungs- und Überwachungsziele. Vielmehr wird deutlich, dass der Unternehmer daneben bestimmte Einzelleistungen zu erbringen hat. Sie werden Teil der Hauptleistungspflicht und sind einklagbar. Werden Sie nicht erbracht, gilt die Leistung auch dann als mangelhaft, wenn die vereinbarten Planungs- und Überwachungsziele, also der Erfolg, erreicht werden.[64] Die Erbringung dieser Einzelleistungen ist im Regelfall als Teilleistung gemäß § 266 BGB anzusehen. Mit der Erbringung dieser Teilleistungen bei Fälligkeit werden die Teilerfüllung und ein Teillöschen des Schuldverhältnisses herbeigeführt.[65] Demgegenüber besteht die Pflicht des Bestellers zur Abnahme des Planungs- und Überwachungswerkes allerdings erst nach Fertigstellung der Gesamtleistung.[66]

Spätestens die Einführung des § 650p Abs. 1 BGB mit dem Verständnis der Einzelleistungen führte zu der Frage, wie der Bauherr im Hinblick auf dieselben vor der Abnahme **Mängelrechte** geltend machen kann. Nach den Entscheidungen des BGH aus 2017 bestehen vor Abnahme keine Mängelrechte.[67] Wendet man diese Rechtsprechung konsequent auf den Architekten- und Ingenieurvertrag an, so führt dies dazu, dass der Bauherr vor Abnahme beispielsweise die Vergütung wegen nicht erbrachter Teilleistungen nicht mindern kann. Demgegenüber wird vertreten, dass es sich beim Architekten- und Ingenieurvertrag lediglich um einen werkvertragsähnlichen Vertrag handele. Die typische Fokussierung des Werkvertrags auf die Abnahme als Zeitpunkt des punktuellen Leistungsaustausches könne hierauf nicht übertragen werden. Die Besonderheiten des Architekten- und Ingenieurvertrags rechtfertigten eine Anwendung der Mängelrechte auch vor Abnahme.[68] Diese bislang noch nicht obergerichtlich abschließend geklärte Frage betrifft nicht nur die dem Bauherrn zustehenden Mängelrechte, sondern auch die Thematik der Verjährung. Folgt man der letztgenannten Auffassung, so kommt vor Abnahme ein Verjährungsbeginn für Mängelansprüche aus § 634 BGB nicht in Betracht.[69] Gesteht man dem Bauherrn vor Abnahme allerdings lediglich Erfüllungsansprüche des allgemeinen Leistungs-

---

[62] BGH 14.11.2017 – VII ZR 65/14, NZBau 2018, 207.
[63] BGH 14.11.2017 – VII ZR 65/14, NZBau 2018, 207.
[64] Beck HOAI/Fuchs § 650p BGB Rn. 122.
[65] KG 26.4.2022 – 21 U 1030/20, NJW-Spezial 2022, 334; Steiner, Die Verjährung von Ansprüchen des Bauherrn wegen der Verletzung von Hauptleistungspflichten aus dem Architektenvertrag – Teil 1, BauR 2019, 553; Fuchs, Der Planervertrag als Vertrag mit Teilverschaffungsverpflichtung, BauR 2016, 345; Fuchs, Der Leistungsbegriff des Architektenvertrags, NZBau 2019, 25.
[66] Fuchs, Der Planervertrag als Vertrag mit Teilverschaffungsverpflichtung, BauR 2016, 345; Fuchs, Der Leistungsbegriff des Architektenvertrags, NZBau 2019, 25; OLG Düsseldorf 8.10.2021 – 22 U 66/21, NJW 2022, 479.
[67] BGH 19.1.2017 – VII ZR 301/13, NZBau 2017, 216.
[68] Beck HOAI/Fuchs § 650p BGB Rn. 124 ff.; Langen/Berger/Dauner-Lieb/Berger § 650q BGB Rn. 74.
[69] Beck HOAI/Fuchs § 650p BGB Rn. 124.

störungsrechtes zu, so findet hierauf die Regelverjährung Anwendung. Diese beträgt gemäß § 195 BGB drei Jahre und beginnt gemäß § 199 Abs. 1 BGB mit dem Schluss des Jahres, in dem der Anspruch entstanden ist und der Gläubiger von den den Anspruch begründenden Umständen und der Person des Schuldners Kenntnis erlangt oder ohne grobe Fahrlässigkeit Kenntnis erlangen müsste. Bei großvolumigen Bauvorhaben mit entsprechend langen Planungsphasen kann dies dazu führen, dass Ansprüche des Bauherrn bereits verjähren, bevor die eigentliche Planungsphase überhaupt abgeschlossen ist. Insofern gilt es hier, entsprechende verjährungshemmende Maßnahmen zu ergreifen.

63 Hinsichtlich der geschuldeten Einzelleistungen gibt es wiederum verschiedene Möglichkeiten, diese in das Vertragsverhältnis einzubeziehen. Sie können im Wege der ausdrücklichen Vereinbarung funktional oder detailliert beschrieben werden. Fehlt es an einer entsprechenden Vereinbarung, so hat der Architekt bzw. Ingenieur gleichwohl die erforderlichen und damit geschuldeten Einzelleistungen im Zweifel entsprechend als übliche Beschaffenheit eines Planungs- und Überwachungswerkes im Sinne von § 633 Abs. 2 S. 2 BGB zu erbringen.

64 Haben die Parteien des Vertrags die Erbringung von Einzelleistungen ausdrücklich vereinbart, so sind diese für die von dem Architekten bzw. Ingenieur geschuldeten Leistungen maßgeblich.[70] Selbst wenn diese Leistungen objektiv nicht erforderlich sind, schuldet sie der Architekt bzw. Ingenieur dennoch. Eine Auslegung des Vertrags dahingehend, dass nicht erforderliche Leistungen im Zweifel selbst dann nicht geschuldet sein sollen, wenn sie ausdrücklich vereinbart wurden, dürfte nur in Ausnahmefällen in Betracht kommen.[71] In den Fällen, in denen die Parteien keine Einzelleistungen, sondern nur Planungs- und Überwachungsziele konkret vereinbart haben, ist zunächst hervorzuheben, dass nicht auf die Grundleistungen und Besonderen Leistungen der HOAI zurückgegriffen werden kann. Welche Leistungen im konkreten Einzelfall geschuldet werden, ist nach dem jeweiligen Stand der Planung und Ausführung des Bauwerks oder der Außenanlage zu beurteilen. Diejenigen Leistungen, die aus objektiver Sicht erforderlich sind, um die zwischen den Parteien vereinbarten Planungs- und Überwachungsziele zu erreichen, werden auch entsprechend von der vertraglichen Leistungspflicht umfasst.[72] Die Regelung des § 650p Abs. 1 BGB führt damit zu einer dynamischen Betrachtung, in der sich die erforderlichen Einzelleistungen nach dem jeweiligen Stand der Planung und Ausführung richten. Was bei Vertragsschluss noch als erforderlich eingestuft werden mag, kann sich also im Laufe des Planungs- und Überwachungsvorgangs als nicht erforderlich erweisen.[73] Der Leistungsumfang passt sich damit kontinuierlich dem Projekt an.

65 Auf dogmatisch anderem Weg, allerdings mit gleichem Ergebnis, lassen sich in den Fällen, in denen die Einzelleistungen nicht konkret definiert sind, diese auch unter Heranziehung des Werkmangelbegriffs gemäß § 650q Abs. 1 BGB iVm § 633 BGB beschreiben.[74] Gemäß § 633 Abs. 1 S. 2 BGB ist das Werk frei von Sachmängeln, wenn es die vereinbarte Beschaffenheit hat. Hierzu gehören nach der Rechtsprechung des BGH alle Eigenschaften des Werkes, die nach der Vereinbarung der Parteien den vertraglich geschuldeten Erfolg herbeiführen sollen.[75] Die vereinbarte Beschaffenheit einschließlich der Funk-

---

[70] Kniffka/Retzlaff, Das neue Recht nach dem Gesetz zur Reform des Bauvertragsrechts, zur Änderung der kaufrechtlichen Mängelhaftung und zur Stärkung des zivilprozessualen Rechtsschutzes (BauVG), BauR 2017, 1747.
[71] So aber Kniffka/Retzlaff, Das neue Recht nach dem Gesetz zur Reform des Bauvertragsrechts, zur Änderung der kaufrechtlichen Mängelhaftung und zur Stärkung des zivilprozessualen Rechtsschutzes (BauVG), BauR 2017, 1747; Kniffka, Vergütung für nicht erbrachte Grundleistungen? – Teil 1, BauR 2015, 883; so wie hier: Beck HOAI/Fuchs § 650p BGB Rn. 126.
[72] Beck HOAI/Fuchs § 650p BGB Rn. 127; ibrOK BauVertrR/Zahn § 650p BGB Rn. 47, 74.
[73] Kniffka/Retzlaff, Das neue Recht nach dem Gesetz zur Reform des Bauvertragsrechts, zur Änderung der kaufrechtlichen Mängelhaftung und zur Stärkung des zivilprozessualen Rechtsschutzes (BauVG), BauR 2017, 1747; Rodemann/Schwenker, Zielfindungsphase und Architekten- und Ingenieurvertrag nach dem Bauvertragsgesetz, ZfBR 2017, 731.
[74] BGH 11.7.2019 – VII ZR 266/17, NJW 2019, 2997.
[75] BGH 8.11.2007 – VII ZR 183/05, NJW 2008, 511.

tionalität sind daher maßgeblich für die Beurteilung der Leistungspflicht des Planers.[76] Wird eine Beschaffenheit nicht vereinbart, muss sich das Werk für die nach dem Vertrag vorausgesetzte oder sonst gewöhnliche Verwendung eignen und eine Beschaffenheit aufweisen, die bei Werken der gleichen Art üblich ist und die der Besteller nach der Art des Werkes erwarten kann. Auch hieraus ergeben sich im Einzelfall Anforderungen an die Leistungspflichten, soweit diese im Vertrag nicht konkret vereinbart sind.

2. (Teil-)Funktionale Leistungsbeschreibung

Rechtlich zulässig und in der Praxis zumindest in bestimmten Anwendungsbereichen auch nicht unüblich sind Architekten- und Ingenieurverträge, die keine konkreten Regelungen zum Leistungsumfang enthalten. Ähnlich einer **funktionalen Leistungsbeschreibung** bei Bauverträgen, die allein das finale Bauwerk (funktional) in Textform erläutern und beschreiben, werden in dem Architekten- und Ingenieurvertrag lediglich Leistungsziele definiert. Welche Teilleistungen der Architekt bzw. Ingenieur zu erbringen hat, um diese Ziele zu erreichen, wird nicht näher vereinbart. Möglich sind in diesem Zusammenhang auch teilfunktionale Leistungsbeschreibungen, in denen neben den Vereinbarungen der Leistungsziele der Leistungsumfang nur seinen wesentlichen Inhalten nach definiert wird. So können entsprechende Vereinbarungen beispielsweise vorsehen, dass der Architekt bzw. Ingenieur eine Entwurfsplanung, eine Genehmigungsplanung und eine Ausführungsplanung zu erstellen hat. Welche Leistungen hierfür im Einzelnen erforderlich sind, wird dann nicht weiter ausgeführt. 66

Im Kontext der Nachhaltigkeit ist die Vereinbarung einer **Zertifizierung** ein typisches Beispiel für eine nur funktionale Leistungsbeschreibung. Gleiches gilt für Zielvereinbarungen, nach denen der Architekt eine bestimmte Aufenthaltsqualität zu gewährleisten hat oder eine Recyclingquote sicherstellen soll. In diesen und den weiteren denkbaren Zielvereinbarungen im Zusammenhang mit Nachhaltigkeitsanforderungen wird nicht definiert, welche konkreten Einzelleistungen von dem Architekten bzw. Ingenieur zu erbringen sind, um den geschuldeten Werkerfolg zu erreichen. Es fehlt schlicht an der Vereinbarung eines „Leistungsbildes Gebäude und Innenräume unter Berücksichtigung von Zertifizierungsvorgaben" oder an einer zumindest an den einzelnen Leistungsphasen orientierten Beschreibung, welche Leistungen der Architekt bzw. Ingenieur im Hinblick auf die Einhaltung einer bestimmten THG-Obergrenze zu erbringen hat. 67

In diesen Fällen ist durch Auslegung des Vertrages und der Umstände seines Zustandekommens zu klären, welche Einzelleistungen der Architekt bzw. Ingenieur zu erbringen hat.[77] Ein solcher Vertrag muss auf Grundlage eines an der Verkehrssitte (§ 157 BGB) orientierten Verständnisses von den zu erbringenden Teilleistungen ausgelegt werden. Eine schematisierende Betrachtung ist genauso wie eine abschließende Beschreibung, die für sämtliche Fälle Anwendung findet, nicht möglich. Auch können die Grundleistungen der HOAI nicht einfach herangezogen werden, um die Auslegungsfrage zu klären. Ungeachtet der Frage, welches Maß an Nachhaltigkeit die Grundleistungen enthalten (vgl. dazu → Rn. 73 ff.), widerspräche ein solches Vorgehen der Rechtsprechung des BGH.[78] Insofern ist stets zu berücksichtigen, dass es sich bei den Grundleistungen der HOAI zunächst um Anforderungen des Preisrechtes handelt. Hier ist strikt zwischen der Auslegung entsprechend der Vorgaben des BGB und den preisrechtlichen Bestimmungen zu unterscheiden.[79] Die HOAI gibt auch nicht den „Stand der Regeln der Technik" wieder, deren Einhaltung der Auftraggeber erwarten könnte.[80] Nichtsdestotrotz kommt der HOAI eine gewisse Indizwirkung zu (vgl. insofern § 3 Abs. 1 S. 2 HOAI). 68

---

[76] Beck HOAI/Fuchs § 650p BGB Rn. 131.
[77] BGH 19.12.1996 – VII ZR 233/95, NJW 1997, 2173; Kniffka, Vergütung für nicht erbrachte Grundleistungen? – Teil 1, BauR 2015, 883.
[78] Vgl. BGH 22.10.1998 – VII ZR 91/97, NJW 1999, 427; BGH 24.10.1996 – VII ZR 283/95, NJW 1997, 586.
[79] BGH 24.10.1996 – VII ZR 283/95, NJW 1997, 586.
[80] Beck HOAI/Fuchs § 650p BGB Rn. 138.

69 Bezogen auf die Anforderungen der Nachhaltigkeit dürfte – abhängig von den vereinbarten Leistungszielen im Einzelfall – die Bezugnahme auf die HOAI in den wesentlichen Fällen kaum weiterhelfen. Die HOAI mag Nachhaltigkeitskonzepte allgemein berücksichtigen (vgl. dazu → Rn. 73 ff.), eine umfassende Beschreibung von Teilleistungen im Hinblick auf Zertifizierungen, THG-Obergrenzen etc. enthält sie allerdings nicht.

70 Insofern kommt es wiederum auf die Frage an, welche Leistungen aus Sicht eines objektiven Dritten nach den örtlichen und sachlichen Gegebenheiten erforderlich sind, um die Leistungsziele zu erreichen. Dabei wird die Auslegung vielfach auch ergeben, dass der Architekt bzw. Ingenieur zu einer schrittweisen Leistungserbringung und Abstimmung mit dem Bauherrn verpflichtet ist.[81]

71 Leistungszielvereinbarungen im Hinblick auf Nachhaltigkeit betreffen zum Teil Fragestellungen, zu denen bereits auf Erfahrungswerte zurückgegriffen werden kann. Dies gilt beispielsweise für die Erreichung bestimmter Zertifizierungsstufen einer Gebäudezertifizierung. Daneben setzen sich am Markt allerdings auch zunehmend Vereinbarungen durch, die in der Planungs- und Baupraxis zumindest noch als unüblich angesehen werden können. Hierzu zählen beispielsweise konkrete Vorgaben hinsichtlich der THG-Emissionen oder aber einzelne Anforderungen aus den Bereichen der sozialen Nachhaltigkeit. Hier wird in jedem Fall eine einzelfallbezogene Betrachtung erforderlich sein, die sich nur schwerlich an allgemeinen Erfahrungswerten orientieren kann. Insofern ist wiederum eine möglichst präzise Beschreibung des Leistungsziels erforderlich, um im Wege der Auslegung einen Anhaltspunkt dafür zu erlangen, an welchen Kriterien der Werkerfolg gemessen wird. In der „Umwandlung" dieser Kriterien zu einzelnen vom Architekten bzw. Ingenieur zu erbringenden Teilleistungen liegt dann die eigentliche Auslegungsleistung. Insofern wird sicherlich zu berücksichtigen sein, dass der Bauherr schon in frühen Planungsphasen ein Interesse daran hat, die Erreichbarkeit des Leistungsziels in nachhaltiger Hinsicht zumindest in einer schätzweisen Betrachtung anhand der Planungsleistungen überprüfen zu können. Gerade mit Blick auf nachhaltige Vorgaben Dritter (beispielsweise Fördermittelgeber) kann auch eine (dem allgemeinen Leistungsstand entsprechende) Dokumentation der bisherigen Schritte verbunden mit einer entsprechenden Nachweisführung Teil der Leistungsverpflichtung des Architekten bzw. Ingenieurs sein. In Bezug auf THG-Obergrenzen kann es beispielsweise im Rahmen der Auslegung als Teilleistung anzusehen sein, nach Maßgabe der jeweiligen Leistungs- bzw. Planungsphasen (Entwurfsplanung, Genehmigungsplanung usw.) darzulegen, ob und inwieweit die THG-Emission in der Planung berücksichtigt und kalkuliert wurde. Weiter dürfte eine Auslegung dazu führen, dass der Architekt bzw. Ingenieur dazu verpflichtet ist, die Datengrundlagen seiner THG-Kalkulation zu begründen, um dem Bauherrn die Möglichkeit der Verifikation zu geben.

3. Detaillierte Leistungsbeschreibung

72 Gerade in Bezug auf Architekten- bzw. Ingenieurverträge mit der öffentlichen Hand, aber auch hinsichtlich großvolumiger Bauvorhaben sind detaillierte Beschreibungen des Leistungsumfangs des Architekten weit verbreitet. Die vertragliche Vereinbarung beschränkt sich in diesen Fällen nicht allein auf die Vorgabe von Leistungszielen, sondern definiert auch schrittweise die Einzelleistungen, die der Architekt bzw. Ingenieur zur Erreichung dieser Ziele zu erbringen hat. Der Auftraggeber hat regelmäßig ein Interesse daran, durch die Vereinbarung von kosten-, termin- oder technisch relevanten Teilleistungen den Planungsprozess aktiv zu begleiten. Dabei handelt es sich nicht nur um ein einseitiges Interesse des Auftraggebers – zur Bestimmung des geschuldeten Leistungsumfangs und zur Begründung von Nachtragsforderungen kann eine detaillierte Beschreibung der zu erbringenden Leistungen auch im Interesse des Architekten bzw. Ingenieurs liegen.

---

[81] Ebersbach, Die Honorierung von Mehrfachplanungen (nach alter und neuer HOAI), ZfBR 2009, 622; Beck HOAI/Fuchs § 650p BGB Rn. 140.

In der Praxis weit verbreitet ist dabei die Bezugnahme auf die **Leistungsbilder der** 73
HOAI. Ausweislich der vorstehenden Ausführungen sind die Leistungsbilder nicht unmittelbar verbindlicher Leistungsinhalt; sie stellen nicht die allgemein anerkannten Regeln der Technik dar und entsprechen auch nicht (automatisch) der Verkehrssitte oder der üblichen Beschaffenheit eines Planungswerkes. Unter Umständen können sie allerdings Hinweise auf die einzelnen Leistungen geben. Nach ständiger Rechtsprechung des BGH steht es den Vertragsparteien jedenfalls frei, durch eine Bezugnahme auf die Leistungsbilder bzw. die Grundleistungen und Besonderen Leistungen, diese zum Gegenstand der detaillierten Beschreibung des Leistungsumfangs zu machen.[82] Die Leistungsbilder werden so durch Vereinbarung der Beschaffenheit des Planungswerkes zum geschuldeten Leistungsumfang.[83] Die Bezugnahme kann dabei durch konkrete Benennung der einzelnen Leistungsbilder, Leistungsphasen, Grundleistungen und Besonderen Leistungen oder im Wege der Auslegung erfolgen.[84] Dabei ist die detaillierte Leistungsbeschreibung allerdings nicht auf die Bezugnahme auf die Grundleistungen und Besonderen Leistungen der HOAI begrenzt. Selbstverständlich steht es den Parteien frei, eigene Leistungskataloge zu entwickeln, die die Teilleistungen, die vom Architekten bzw. Ingenieur zur Erreichung der vereinbarten Leistungsziele zu erbringen sind, beschreiben. Dies kann auch durch Bezugnahme auf bereits veröffentlichte Leistungsbilder, die für beide Parteien zugänglich sind, erfolgen. Beispielhaft zählen hierzu die in der Reihe der AHO-Fachkommission veröffentlichten Leistungsbilder (vgl. dazu → Rn. 95) oder aber mit Blick auf die Anforderungen der Nachhaltigkeit gesondert entwickelte Konzepte, wie die sog. „Phase Nachhaltigkeit" (vgl. dazu → Rn. 94).

a) Nachhaltigkeitsbezogene Leistungen in der Planungsphase (LP 1 bis 5). Ver- 74
einbaren die Parteien im Rahmen der Bestimmung des geschuldeten Leistungsumfangs, dass die Grundleistungen des Leistungsbildes Gebäude und Innenräume der Leistungsphasen 1 bis 5, § 34 HOAI iVm Anlage 10), maßgeblich sind, so gilt hinsichtlich der nachhaltigkeitsbezogenen Leistungen das Nachfolgende. Die Erwägungen sind entsprechend auf die weiteren Leistungsbilder übertragbar.

Im Rahmen der Leistungsphase 1 „**Grundlagenermittlung**" hat der Architekt gemäß 75
der Grundleistung a) zunächst die Aufgabenstellung auf Grundlage der Vorgaben oder der Bedarfsplanung des Auftraggebers zu klären. Diese Klärung bildet das Fundament für die gesamte Planung bis zur Fertigstellung des Bauvorhabens. Hier geht es um die Festlegung der Leistungsziele.[85] Zu klären sind letztendlich die Wunschvorstellungen des Auftraggebers, welche die Leistungsziele betreffen. Dazu gehören die Vorgaben des Auftraggebers zu Rahmenbedingungen, funktionalen, gestalterischen, konstruktiven und haustechnischen Anforderungen sowie Kosten und Terminen. Teil der Leistung des Architekten bzw. Ingenieurs ist auch eine Priorisierung der jeweiligen Ziele.

Zu den Vorgaben des Auftraggebers können auch nachhaltige Anforderungen zählen, die 76
sich letztendlich technisch auf die funktionalen oder gestalterischen Anforderungen niederschlagen. Es liegt daher zunächst beim Bauherrn, diese Vorgaben zu formulieren – ob mit Hilfe einer Bedarfsplanung oder ohne eine solche, ist für die Verpflichtung des Architekten sekundär.

Da der Architekt gemäß der Grundleistungen c) der Leistungsphase 1 auch zum gesamten 77
Leistungs- und Untersuchungsbedarf zu beraten hat, umfasst diese Beratung auch die Vorgaben im Hinblick auf die Nachhaltigkeit. Die Grundleistung zielt dabei zunächst auf die notwendigen eigenen Grundleistungen der Leistungsphasen ab, dann auf besondere Leistungen, die vom Architekten oder vom Dritten erbracht werden können. Weiter umfasst sie auch einzubeziehende Behörden und Institutionen sowie Verfahrensabläufe und schließ-

---

[82] BGH 26.7.2007 – VII ZR 42/05, ZfBR 2007, 778; KG 17.7.2001 – 4 U 4252/96, NZBau 2002, 341.
[83] BGH 26.7.2007 – VII ZR 42/05, ZfBR 2007, 778.
[84] Beck HOAI/Fuchs § 650p BGB Rn. 145 mwN; ibrOK BauVertrR/Zahn § 650p BGB Rn. 78 ff.
[85] Beck HOAI/Seifert/Fuchs § 34 HOAI Rn. 28; BeckOK HOAI/Haack/Heinlein § 34 Rn. 12 ff.

lich sonstige Leistungen von Dritten.[86] Der Architekt oder Ingenieur berät also nicht nur zum Leistungs- und Untersuchungsbedarf, den er für sich selbst für erforderlich hält, sondern auch zu den erforderlichen Leistungen Dritter. Im Rahmen seiner Beratung zu den Vorgaben der Nachhaltigkeit muss der Architekt bzw. Ingenieur zwar keine vertiefte Kenntnis von den einzelnen Spezialthemen haben – er muss allerdings in der Lage sein, zu erkennen, wann Dritte hinzugezogen werden müssen. So muss er beispielsweise darauf hinweisen, wenn Dritte hinsichtlich der einzelnen Anforderungen der Bereiche der technischen Ausrüstung, der Fassadenplanung, der Barrierefreiplanung, der Bauphysik mit Wärmeschutz und Energieberatung, der Berechnungen nach GEG, der Bauakustik, des Immissionsschutzes, des Blower-Door-Tests und der Durchführung von Zertifizierungssystemen hinzuzuziehen sind. Er muss den Bauherrn beispielsweise darauf hinweisen, dass im Zuge einer angestrebten Zertifizierung die Beauftragung eines Dritten (Auditors) erforderlich ist. Sollte die Erstellung einer Klimarisikoanalyse erforderlich sein, so muss er den Bauherrn dazu beraten, dass hierfür ein sachverständiger Dritter hinzuziehen ist.

78 Die HOAI sieht in der Leistungsphase 1 dabei das „Zusammenstellen der Anforderungen aus **Zertifizierungssystemen**" als Besondere Leistung vor. In der Grundlagenermittlung geht es dabei allerdings nur um das „Zusammenstellen" der Anforderungen. Dies soll der Vorbereitung der Entscheidung des Auftraggebers dienen, ob er mit seinem Gebäude derartige Zertifizierungen anstrebt und wenn ja, welche. Die Umsetzung derselben ist dann Gegenstand Besonderer Leistungen der weiteren Leistungsphasen. Das Zusammenstellen der Anforderungen ist allerdings inhaltlich nicht zu unterschätzen. Denn die einzelnen Zertifizierungssysteme weichen mitunter erheblich voneinander ab. Insbesondere die Entscheidung, welches Zertifizierungssystem die besten Ergebnisse für das geplante Bauvorhaben bieten kann, setzt zumindest ein grundlegendes Verständnis der Gemeinsamkeiten und Unterschiede voraus.

79 In der Leistungsphase 2 „**Vorplanung**" geht es mit der Grundleistung c) als zentralem Inhalt dieser Leistungsphase um die planerische Umsetzung der ermittelten Grundlagen. Hier hat der Architekt bzw. Ingenieur die Vorplanung zu erarbeiten sowie Varianten nach gleichen Anforderungen zu untersuchen, darzustellen und zu bewerten. Bei dieser Leistung müssen auch die Vorgaben des Bauherrn im Hinblick auf die Nachhaltigkeit berücksichtigt werden. Das gilt insbesondere auch hinsichtlich der Variantenbetrachtungen, die sich gerade auch auf die Frage beziehen können, mit welchen Planungsvarianten welches Maß an Nachhaltigkeit (im Einzelnen zu definieren) erreicht werden kann. Die Leistungen der Grundleistung d) (Klären und Erläutern der wesentlichen Zusammenhänge, Vorgaben und Bedingungen) nehmen dann erstmals auch auf nachhaltige Aspekte konkret Bezug. Die Aufzählung im Klammerzusatz ist nicht abschließend, sie weist allerdings bereits in der aktuellen Fassung wesentliche Merkmale der Nachhaltigkeit auf. Denn konkret genannt werden wirtschaftliche, ökologische und soziale Zusammenhänge, Vorgaben und Bedingungen. Hierbei handelt es sich letztendlich um nichts anderes, als um die drei Dimensionen der Nachhaltigkeit. Die wirtschaftlichen Belange beschreiben vielfach zentrale Zielvorstellungen des Auftraggebers, die zu berücksichtigen und umzusetzen sind. Ökologische Belange betreffen insbesondere energetische Fragen und solche zur Nachhaltigkeit von Baustoffen. Dabei geht es auch um die Einbindung in die Landschaft. Soziale Belange wurden ebenfalls in den Beispielkatalog mit aufgenommen. Dabei handelt es sich zB um die Fragen einer barrierefreien und gendergerechten „Gestaltung".[87] Mit Blick auf die in der Grundlagenermittlung erarbeiteten Vorgaben des Bauherrn in nachhaltiger Hinsicht und deren erste Umsetzung in der Vorplanung geht es in dieser Grundleistung dann um die vertiefte Auseinandersetzung mit denselben und die Betrachtung ihrer Zusammenhänge.

---

[86] Beck HOAI/Seifert/Fuchs § 34 HOAI Rn. 36; BeckOK HOAI/Haack/Heinlein § 34 Rn. 23 ff.
[87] Beck HOAI/Seifert/Fuchs § 34 HOAI Rn. 117; Korbion/Mantscheff/Vygen/Korbion § 34 HOAI Rn. 99.

§ 8 Der Architekten- und Ingenieurvertrag für das nachhaltige Bauvorhaben **Kapitel 5**

Der Architekt erbringt seine Leistungen grundsätzlich im Zusammenspiel mit den Leistungen Dritter. Gemäß der Grundleistung e) der Leistungsphase 2 (Bereitstellen der Arbeitsergebnisse als Grundlage für die anderen an der Planung fachlich Beteiligten sowie Koordination und Integration von deren Leistungen) schuldet er insbesondere auch die Koordination der übrigen an der Planung fachlich Beteiligten. Zu koordinieren sind solche Leistungen, die für die Planung des Objektplaners von Bedeutung sind.[88] Das betrifft üblicherweise Themenbereiche wie das Baugrundgutachten, Entwurfsvermessungen usw. Im Hinblick auf die Themen der Nachhaltigkeit kann die Leistung darin bestehen, Hinweise des Auditors im Hinblick auf eine mögliche Zertifizierung in die eigene Planung zu integrieren oder aber sich mit fachlichen Begutachtungen wie beispielsweise Klimarisikoanalysen oder CRREM-Pfad-Betrachtungen auseinanderzusetzen. Eine inhaltliche Überprüfung ist aber allenfalls insofern geschuldet, als dass es um offenkundige, für den Architekten und Ingenieur im Rahmen seiner Fachkenntnis erkennbare Fehler geht. Eine detaillierte Untersuchung in fachlicher Hinsicht kann von ihm nicht gefordert werden.[89] 80

Konsequent geht die HOAI in der Vorplanungsphase davon aus, dass die Beachtung der Anforderungen des vereinbarten Zertifizierungssystems sowie die Durchführung desselben besondere Leistungen darstellen. Dem liegt der bereits im Hinblick auf die Leistungsphase 1 formulierte Gedanke zugrunde, dass die Leistungen im Zusammenhang mit der Zertifizierung nicht vom üblichen Leistungsumfang erfasst sind. Dies gilt allerdings nur insofern, als dass die Zertifizierung nicht schon zum Zeitpunkt des Vertragsschlusses als verbindliches Leistungsziel vorgesehen wurde. Dann sind die entsprechenden Leistungen vom Leistungsumfang des Architekten bzw. Ingenieurs umfasst (vgl. hierzu nachfolgend Querverweis). In dem Gutachten „Evaluierung HOAI" wurde darauf hingewiesen, dass es bezüglich eines Zertifizierungssystems auch in den Leistungsphasen 3 bis 9 gegebenenfalls weitere notwendige Beiträge geben kann, die dann wiederum als Besondere Leistungen anzusehen sind.[90] 81

In der Leistungsphase 3 „**Entwurfsplanung**" ist mit der Grundleistung a) (Erarbeiten der Entwurfsplanung unter weiterer Berücksichtigung der wesentlichen Zusammenhänge, Vorgaben und Bedingungen) die Ausarbeitung einer endgültigen Planungslösung, die zwar ausführungsfähig, aber nicht ausführungsreif sein muss, vom Architekten zu leisten.[91] Zu den hier zu erbringenden Stufen muss zunächst das Planungskonzept der Vorplanung durchgearbeitet werden. In einer weiteren Stufe müssen Zusammenhänge, Vorgaben und Bedingungen planerisch berücksichtigt werden. So müssen in einer dritten Stufe dann grundlegende Festlegungen herausgearbeitet werden, die letztendlich zu einer endgültigen zeichnerischen Darstellung des Gesamtentwurfes führen.[92] In der Grundleistung wird beispielhaft aufgezählt, welche Belange zu berücksichtigen sind. Hier handelt es sich wiederum um die konsequente Fortsetzung der in der Grundlagenermittlung herausgearbeiteten Vorgaben, die sich in der Vorplanung umgesetzt haben. Insofern müssen auch hier die nachhaltigen Anforderungen konsequent weiterverfolgt und planerisch bearbeitet werden. 82

Im Rahmen der Leistungsphase 4 „**Genehmigungsplanung**" werden dann die maßgeblichen Leistungen vereinbart, die für die Herbeiführung der erforderlichen ordnungsbehördlichen Genehmigungen notwendig sind. Selbstverständlich sind auch hier die in der Planung bereits enthaltenen nachhaltigen Aspekte zu berücksichtigen. Ohnehin hat der Architekt ja auch die genehmigungsrechtlichen Vorgaben, soweit sie die Nachhaltigkeit betreffen, in seiner Planung zu beachten. 83

Die Planungsphase endet schließlich mit der Leistungsphase 5 „**Ausführungsplanung**". In der Grundleistung a), Erarbeiten der Ausführungsplanung mit allen für die Ausführung notwendigen Einzelangaben auf Grundlage der Entwurfs- und Genehmigungsplanung bis 84

---

[88] Beck HOAI/Seifert/Fuchs § 34 HOAI Rn. 78; BeckOK HOAI/Haack/Heinlein § 34 Rn. 45 ff.
[89] Beck HOAI/Seifert/Fuchs § 34 HOAI Rn. 81.
[90] Bundesministerium für Verkehr, Bau und Stadtentwicklung, Abschlussbericht zur Evaluierung der HOAI (2011), 173.
[91] FS Köble/Schottke, 2010, 511.
[92] Beck HOAI/Seifert/Fuchs § 34 HOAI Rn. 114.

zur ausführungsreifen Lösung, muss der Architekt die bisherigen Planungsergebnisse durcharbeiten und die Ergebnisse der Entwurfsplanung berücksichtigen. Zudem muss er Auflagen und Festsetzungen der erteilten Baugenehmigung berücksichtigen und die Ausführungsplanung ausarbeiten.

85 Leistungsphasenübergreifend stellt sich die Frage, bis zu welchem Grad der Architekt in fachlich technischer Hinsicht mit den vielfachen Anforderungen, die unter den Obergriff „Nachhaltigkeit" fallen, vertraut sein muss. Dies ist eine Frage des Einzelfalls. Beispielsweise dürfte von dem Architekten bzw. Ingenieur im Rahmen seiner Fachkenntnis kaum zu erwarten sein, dass er im Sinne der **Resilienz** in der Lage ist, Wetterdaten eigenständig auszuwerten und auf dieser Basis zu beurteilen, inwiefern für das individuelle Projekt weitergehende Vorsorgemaßnahmen planerisch zu berücksichtigen sind, die das zu errichtende Gebäude beispielsweise gegen Wasser oder starke Hitzeeinwirkungen schützen. Hier wird einzelfallbezogen und unter Berücksichtigung der von einem durchschnittlichen Architekten zu erwartenden Fachkenntnisse zu beurteilen sein, welche technischen Anforderungen er kraft eigener Fachkenntnis erarbeiten kann und hinsichtlich welcher Informationen ein fachkundiger Dritter hinzuzuziehen ist. In diesen Fällen ist allerdings zu berücksichtigen, dass der Architekt entsprechend der Grundleistungen c) der Leistungsphase 1 auch die Beratung hinsichtlich der Hinzuziehung Dritter schuldet. In diesen Fällen wandelt sich demnach die eigene Leistungspflicht des Architekten zur Planung in eine Leistungspflicht zur Beratung des Bauherrn. Erkennt der Architekt die Notwendigkeit der Hinzuziehung eines Dritten bzw. müsste er diese erkennen, so hat er den Bauherrn darauf hinzuweisen. Die im Zusammenhang mit der Hinzuziehung von Baugrundgutachtern erarbeiteten Regeln der Rechtsprechung sind hier übertragbar.[93]

86 **b) Nachhaltigkeitsbezogene Leistungen in der Ausschreibungsphase (LP 6 und 7).** Die Grundleistungen der Leistungsphase 6 „Vorbereitung der **Vergabe**" umfassen insbesondere die Erstellung von Leistungsbeschreibungen sowie die Abstimmung und Koordinierung der an der Planung fachlich Beteiligten und die Termin- und Kostenkontrolle. Insofern ist Gegenstand dieser Leistungen die Ausarbeitung von Leistungsverzeichnissen, deren Inhalt die abgeschlossene Ausführungsplanung ist.[94]

87 Im Hinblick auf die nachhaltigen Anforderungen und Vorgaben, die in der Ausführungsplanung beschrieben sind, geht es darum, diese auch in die Leistungsbeschreibungen zu transferieren und insofern auch die Koordination der Schnittstellen zu übernehmen. Die Leistungsbeschreibungen müssen die nachhaltigen Vorgaben ausschreibungstechnisch erfassen und so ein Angebot ermöglichen, das deren Umsetzung sicherstellt.

88 Im Rahmen der Leistungsphase 7 „Mitwirkung bei der Vergabe" sind gemäß der Grundleistung c) die eingeholten Angebote schließlich zu prüfen und zu werten. Im Anschluss erfolgt gemäß Grundleistung e) (Erstellen der Vergabevorschläge, Dokumentation des Vergabeverfahrens) die Erarbeitung eines Vergabevorschlags. In die engere Wahl für den Zuschlag kommen nur solche Angebote, die unter Berücksichtigung rationeller Baubetriebs- und sparsamer Wirtschaftsführung eine einwandfreie Ausführung einschließlich Haftung für Mängelansprüche erwarten lassen.[95] Unter diesen Angeboten soll der Zuschlag auf das Angebot erteilt werden, das unter Berücksichtigung aller Gesichtspunkte, wie zB Qualität, Preis, technischer Wert, Ästhetik, Zweckmäßigkeit, Umwelteigenschaften, Betriebs- und Folgekosten, Rentabilität etc., als das wirtschaftlichste erscheint.[96] Ein besonderes Augenmerk ist dabei auch darauf zu richten, dass die Vorgaben hinsichtlich der nachhaltigen Leistungsziele eingehalten werden. Das gilt insbesondere dann, wenn diese Vorgaben auch explizit zur Zeit des Vergabeverfahrens selbst maßgeblich gewesen sind (vgl. zu den diesbezüglichen Möglichkeiten und Anforderungen im Einzelnen → § 7).

---

[93] Hierzu im Einzelnen: OLG Naumburg 29.1.2014 – 12 U 149/13, NZBau 2014, 364.
[94] Beck HOAI/Seifert/Fuchs § 34 HOAI Rn. 220.
[95] Beck HOAI/Seifert/Fuchs § 34 HOAI Rn. 261; BeckOK HOAI/Haack/Heinlein § 34 Rn. 173 f.
[96] Beck HOAI/Seifert/Fuchs § 34 HOAI Rn. 261; BeckOK HOAI/Haack/Heinlein § 34 Rn. 173 f.

Unter Umständen reicht es nicht aus, wenn der Architekt bzw. Ingenieur die Vorgaben 89
der Ausführungsplanung mangelfrei und vollständig in eine entsprechende Ausschreibungsunterlage überführt. Denn in der Praxis *ist eine in jeder Hinsicht* vollständige Leistungsbeschreibung bzw. Ausführungsplanung unrealistisch. Zu Recht werden dem Auftragnehmer (und sei es nur im Rahmen der Werk- und Montageplanung) letzte Detailentscheidungen überlassen, die ja auch Gegenstand der ihm obliegenden Dispositionsfreiheit bis zur Abnahme sind.[97] Insofern besteht bei lebensnaher Betrachtung das Risiko, dass der Auftragnehmer zwar alle technischen Vorgaben der Ausschreibungsunterlagen einhält, das angestrebte Nachhaltigkeitsziel aber dennoch gefährdet. So kann er im Rahmen der für ihn zulässigen Dispositionsfreiheit Entscheidungen treffen, die der Nachhaltigkeit entgegenstehen. Ob hier eine Pflichtverletzung anzunehmen ist, wird im Einzelfall anhand einer Auslegung des gesamten Vertragswerkes mit dem Ausführenden zu prüfen sein. Im Hinblick auf die Leistungspflichten des Architekten im Zuge der Ausschreibung gilt allerdings, dass dieser derartige Spielräume und Schnittstellen zumindest als potentiell riskant für die Einhaltung des von ihm selbst zugesagten Werkerfolgs erkennen muss. Jedenfalls sollte er die Thematik gegenüber dem Bauherrn zur Sprache bringen und unter Umständen die Hinzuziehung Dritter empfehlen, mit deren Hilfe in technischer (oder auch rechtlicher) Sicht sichergestellt werden kann, dass auch der Auftragnehmer (über die Detailfragen hinaus) zur Einhaltung eines Erfolgs in jeder Hinsicht verpflichtet wird.

c) Nachhaltigkeitsbezogene Leistungen in der Überwachungsphase (LP 8). Zen- 90
trale Grundleistung der Leistungsphase 8 „**Objektüberwachung**" – gerade auch hinsichtlich der Anforderungen der Nachhaltigkeit – ist die Grundleistung a): Überwachung der Ausführung des Objektes auf Übereinstimmung mit der öffentlich-rechtlichen Genehmigung oder Zustimmung, den Verträgen mit ausführenden Unternehmen, den Ausführungsunterlagen, den einschlägigen Vorschriften sowie mit den allgemein anerkannten Regeln der Technik. Gegenstand dieser Grundleistung ist vor allem das „Überwachen der Ausführung des Objektes". Während die Überwachung vom Wortlaut her zunächst eine beobachtende, überprüfende Tätigkeit beinhaltet, geht der von dem mit der Überwachung beauftragten Architekten geschuldete Erfolg darüber hinaus. Einzelheiten sind hierzu bislang nicht abschließend geklärt.[98] Der Architekt schuldet als Werkerfolg der Objektüberwachung eine Beratungs- und Überwachungsleistung, die – zunächst unabhängig von der konkreten Ausführungsleistung – objektiv geeignet ist, zu einem den Leistungszielen des Auftraggebers und damit der vereinbarten Beschaffenheit, im Übrigen der üblichen Beschaffenheit entsprechenden, funktionierenden Bauwerk zu führen.[99] Die Überwachung der Ausführung des Objektes beginnt im Allgemeinen nicht mit Baubeginn, sondern kann auch die Prüfung der vorherigen Werkstatt- und Montageplanung umfassen. Kernaufgabe der Ausführungsüberwachung betrifft allerdings Baustellenbesuche, bei denen sich der Architekt ein Bild vom Baufortschritt macht und stichprobenartig überprüft, ob die Umsetzung der planerischen Vorgaben auch erfolgt. An die Intensität der Ausführungsüberwachung sind hohe Anforderungen zu stellen.[100] Der Architekt muss seine Leistung so ausrichten, dass bereits die Mangelentstehung verhindert wird, soweit dies objektiv möglich ist. Eine ständige Anwesenheit ist nicht erforderlich; insbesondere bei schwierigen oder gefahrenträchtigen Arbeiten oder auch bei allen bekanntermaßen unzuverlässigen Auftragnehmern sind aber erhöhte Anforderungen an die Intensität zu stellen.

Diese allgemeinen Grundsätze gelten einschränkungslos auch für die Vorgaben der 91
Nachhaltigkeit und die Frage, welche Ausprägung sie im Einzelnen auch im konkreten

---

[97] Beck HOAI/Fuchs § 650p BGB Rn. 96, 222; Beck HOAI/Klein § 650q BGB Rn. 63.
[98] Beck HOAI/Seifert/Fuchs § 34 HOAI Rn. 282 ff.; Dressel, Die Reichweite der Haftung des bauüberwachenden Architekten, BauR 2019, 398; Putzier, Warum die Überwachung der handwerklichen Arbeit durch den Architekten nicht zur gesamtschuldnerischen Haftung für Ausführungsmängel führen kann, BauR 2012, 143.
[99] So jetzt auch BGH 8.10.2020 – VII ARZ 1/20, NJW 2021, 53.
[100] Hierzu im Detail: Beck HOAI/Seifert/Fuchs § 34 HOAI Rn. 288 ff.

Projekt erfahren. Von der Überwachungspflicht erfasst sind sämtliche technischen Vorgaben der Nachhaltigkeit, deren Ausführung der Auftragnehmer sicherstellen muss. Insofern handelt es sich um keine nachhaltigkeits-spezifische Bewertung – der Architekt bzw. Ingenieur hat hier lediglich die Einhaltung der hinter der Ausführungsplanung stehenden Nachhaltigkeitsvorgaben bzw. -konzepte dadurch zu überwachen, dass nicht von der Planung abgewichen wird.

92 Zu berücksichtigen ist darüber hinaus, dass sich die Überwachungspflicht hinsichtlich der nachhaltigen Leistungsziele nicht allein auf die Einhaltung der Vorgaben der Ausführungsplanung und Leistungsbeschreibung beschränkt. Es darf nicht außer Acht gelassen werden, dass der Architekt mit entsprechender Leistungszielvereinbarung zu einem eigenständigen Werkerfolg verpflichtet ist. Er muss daher auch dann den Bauherrn auf Defizite in der Ausführung hinweisen, wenn sich diese im Verhältnis zum Ausführenden gegebenenfalls nicht als Mangel darstellen.

Beispiel:
Die Ausführungsplanung sieht im Sinne der ökologischen Nachhaltigkeit den Einbau von Holzfenstern vor. Der Leistungsbeschreibung lassen sich allerdings keine Vorgaben hinsichtlich der Verfüllung des Fugenspalts zwischen Fensterrahmen und Gebäude entnehmen. Der Ausführende setzt hier Bauschaum ein, was den allgemeinen Anforderungen der Technik entspricht. Aufgrund der chemischen Eigenschaften des Bauschaums, etwaiger Auswirkungen auf die Innenraumluft und des Umstands, dass durch diesen Einsatz die Rückbaubarkeit gefährdet wird, ist das (im Architektenvertrag näher beschriebene) Leistungsziel der ökologischen Nachhaltigkeit beeinträchtigt. Unterstellt man, dass der Bauherr im Vertragsverhältnis zum Ausführenden keine Mängelrechte geltend machen kann, da dieser sich zu Recht darauf beruft, die geschuldeten Holzfenster eingebaut und im Übrigen entsprechend der allgemein anerkannten Regeln der Technik gearbeitet zu haben, führt dies nicht dazu, dass die Überwachungspflicht des Architekten bzw. Ingenieurs hier endete.

93 Der Architekt schuldet einen eigenständigen Werkerfolg, der durchaus von dem vom Auftragnehmer geschuldeten Werkerfolg divergieren kann. Lässt sich den Leistungszielvereinbarungen des Architekten entnehmen, dass dieser die ökologische Nachhaltigkeit im Sinne eines Werkerfolges schuldet, und folgt aus der entsprechenden Vereinbarung, dass der Einsatz von Bauschaum unzulässig ist, so ist der überwachende Architekt bzw. Ingenieur hier zur „Bedenkenanmeldung" gegenüber dem Bauherrn verpflichtet. Er muss möglichst vor Einsatz des Bauschaums, spätestens aber unmittelbar nach Erkennen den Bauherrn darauf hinweisen, dass hierdurch die ökologische Nachhaltigkeit gefährdet wird. Anderenfalls ist ihm eine Pflichtverletzung vorzuwerfen. Ob im Verhältnis zum Ausführenden die Abänderung von Bauschaum zu Steinwolle oder ähnlichem einen Nachtrag darstellt oder ob es sich bei dem Einsatz von Bauschaum von Anfang an um einen Mangel handelt, ist dafür sekundär.

94 **d) Individuelle Detailvereinbarungen zum Leistungsumfang.** Die Beschreibung der von dem Architekten bzw. Ingenieur im Einzelnen zu erbringenden Leistungen kann individuell erfolgen. Die Leistungsbilder der HOAI können ergänzt oder vollumfänglich durch „nachhaltigkeitsbezogene" Leistungsbilder ersetzt werden. Der konkrete Leistungsumfang ist dabei sowohl von den planerischen Anforderungen als auch von den vereinbarten Nachhaltigkeitszielen abhängig. Eine abstrakte, übergreifende Beschreibung ist daher kaum möglich. Vereinzelt gibt es aber bereits „Leistungsbilder", auf deren Grundlage eine entsprechende Vereinbarung des Leistungsumfangs erfolgen kann. Als Beispiel kann hier auf die „Deklaration Nachhaltigkeit Architektur" der Initiative **„Phase Nachhaltigkeit"**, einer gemeinsamen Initiative der Deutschen Gesellschaft für nachhaltiges Bauen und der Bundesarchitektenkammer, verwiesen werden. Es handelt sich hierbei strenggenommen nicht um eine ausformulierte Beschreibung eines vom Architekten bzw. Ingenieur zu erbringenden Leistungsumfangs im Hinblick auf die Themen der Nachhaltigkeit, sondern vielmehr um eine systematische Erfassung und Bewertung potentieller Nachhaltigkeitsziele. Deren gemeinsame Bearbeitung (durch Architekt und Bauherr) sollen die Nachhaltigkeits-

ziele transparent erfassen und im Verhältnis zueinander darstellen. Das betrifft beispielsweise die Themenbereiche Suffizienz, Klimaschutz und Klimaanpassung, Umwelt, zirkuläres Bauen, Fokus Mensch und Baukultur.[101] Eine solche Betrachtung kann Teil der Leistungsumfangsvereinbarung zwischen den Vertragsparteien werden. Es handelt sich dann um eine Leistung, mit deren Hilfe die Nachhaltigkeitsziele transparent erarbeitet, systematisiert und priorisiert werden können.

Der Leistungsumfang des Architekten bzw. Ingenieurs kann darüber hinaus zB durch die Vereinbarung des Leistungsbilds **„Leistungen für Nachhaltigkeitszertifizierungen" des AHO** beschrieben werden.[102] Unter Zuordnung zu den Leistungsphasen der HOAI sieht dieses Leistungsbild beispielsweise Grundleistungen wie die zertifizierungskonforme Bedarfsplanung oder die Vorbereitung einer Projektzielvereinbarung vor. Dazu gehören auch Potentialanalysen oder Darstellungen der Flexibilität und der Umnutzungsfähigkeit. Variantenvergleiche für LCA oder LCC können dem Architekten bzw. Ingenieur genauso übertragen werden wie das Aufstellen eines zertifizierungskonformen Bauteilkatalogs, die erforderliche Material- und Produktrecherche oder die Prozessdokumentation. Inwiefern diese und andere Leistungen erforderlich und abschließend beschrieben sind, wird im Einzelfall zu prüfen sein. Insbesondere gilt es dabei, aus Sicht des Auftraggebers die Schnittstellen zu den weiteren Planungs- und Baubeteiligten zu prüfen. Dies betrifft insbesondere die Frage, welche Leistungen der (von der Diktion der Deutschen Gesellschaft für nachhaltiges Bauen) Auditor bzw. bei anderen Systemanbietern der hinzuziehende Dritte übernimmt. Zur Bewertung potentieller Schnittstellen hat die Deutsche Gesellschaft für Nachhaltiges Bauen eine entsprechende tabellarische Darstellung veröffentlicht, aus der sich das dortige Verständnis der Zuordnung einzelner Leistungen in die Leistungsbereiche der Planungs- und Baubeteiligten ergibt.[103] Zu berücksichtigen ist allerdings, dass es sich hierbei nur um das Verständnis der Deutschen Gesellschaft für nachhaltiges Bauen handelt, nicht aber um eine absolute Bewertung. Insofern kommt dieser Bewertung und anderen Betrachtungen lediglich ein Indizcharakter zu.

4. Vermeintliche Widersprüche zwischen funktionaler und detaillierter Leistungsbeschreibung

In der Praxis üblich sind Vertragsgestaltungen, in denen Elemente der funktionalen Leistungsbeschreibung mit den Elementen der detaillierten Leistungsbeschreibung verbunden werden. So wird beispielsweise unter Bezugnahme auf bestimmte Leistungsbilder bzw. die dortigen Grundleistungen und Besonderen Leistungen der Leistungsumfang detailliert beschrieben. Gleichzeitig enthält die Vereinbarung auch die funktionale Beschreibung von Leistungszielen, die unter Umständen nicht unmittelbar mit dem Leistungsumfang korrespondieren. Bezogen auf die Nachhaltigkeit ist folgendes Beispiel denkbar:

Der Architekt wird mit sämtlichen Grundleistungen des Leistungsbildes Gebäude und Innenräume gemäß § 34 Abs. 3 HOAI iVm Anlage 10 beauftragt. Die Beauftragung umfasst sämtliche Leistungsphasen. Darüber hinaus vereinbaren die Parteien, dass das vertragsgegenständliche Bauvorhaben eine Zertifizierung der Deutschen Gesellschaft für nachhaltiges Bauen der Stufe Gold erhalten soll.

In diesen Fällen stellt sich die Frage, welche Leistungen der Architekt zu erbringen verpflichtet ist. Bezogen auf das vorherige Beispiel könnte der Architekt die Auffassung vertreten, der vertraglichen Beschreibung des Leistungsumfangs seien keine Hinweise auf

---

[101] Initiative „Phase Nachhaltigkeit", Deklaration Nachhaltigkeit Architektur (o.J.), URL: https://static.dgnb.de/fileadmin/phase-nachhaltigkeit/DGNB_Phase_Nachhaltigkeit_Deklaration_Architektur.pdf?m=1633433046& (Stand: 4.3.2024).
[102] AHO-Fachkommission „Nachhaltigkeitszertifizierung", Leistungen für Nachhaltigkeitszertifizierung, Beispielhafte Betrachtung für das Leistungsbild Objektplanung Gebäude und Innenräume (2016), Nr. 33; Beck HOAI/Seifert/Fuchs § 34 HOAI Rn. 60.
[103] Deutsche Gesellschaft für Nachhaltiges Bauen, Leistungsbild DGNB Auditor (2021), Tabelle 2/3/4, URL: https://static.dgnb.de/fileadmin/dgnb-system/de/zertifizierung/Leistungsbild-DGNB-Auditor.pdf (Stand: 4.3.2024).

die (zusätzlichen) Zertifizierungsleistungen zu entnehmen. Insofern sei die vertragliche Leistungsbeschreibung unvollständig bzw. widersprüchlich. Ein zusätzlicher Vergütungsanspruch wäre die Folge.

98 Ein solches Verständnis widerspräche jedoch der Verpflichtung des Architekten zur Erreichung des vereinbarten Werkerfolgs. Tatsächlich müssen die Beschreibung des geschuldeten Leistungsumfangs und der geschuldeten Leistungsziele inhaltlich nicht korrespondieren. Denn sie bilden kumulativ die von dem Architekten zu erbringenden Leistungen bzw. den von dem Architekten geschuldeten Erfolg ab. Der Leistungsumfang muss die in den Leistungszielen definierten Leistungen nicht widerspiegeln. Mit anderen Worten: Es ist für die Begründung einer Leistungspflicht des Architekten ausreichend, wenn in den Leistungszielen die Erreichung der Zertifizierung einer bestimmten Stufe vereinbart wird. Dann hat der Architekt die dafür erforderlichen einzelnen Leistungen zu erbringen – auch dann, wenn sie in der vertraglichen Vereinbarung des Leistungsumfangs nicht konkret benannt sind. Maßgeblich ist allein die Frage, ob der Architekt sich im Sinne eines Erfolges zur Erreichung der Leistungsziele verpflichtet hat – ob im Rahmen der Vereinbarung des Leistungsumfangs alle notwendigen Schritte auf dem Weg dorthin abschließend bestimmt wurden, ist für seine Leistungspflicht sekundär.

B. Leistungsänderungen

99 Für bis zum 1.1.2018 geschlossene Verträge über die Erbringung von Architekten- bzw. Ingenieurleistungen sah das Bürgerliche Gesetzbuch kein einseitiges Anordnungsrecht des Auftraggebers vor. Die rechtlich verbindliche Begründung von geänderten/zusätzlichen Leistungspflichten konnte nur in einem Änderungsvertrag erfolgen. Weigerte sich der Architekt bzw. Ingenieur, einer entsprechenden vertraglichen Vereinbarung zuzustimmen, so bestand nach bisherigem Recht keine einseitige Anordnungsmöglichkeit des Bestellers.[104]

100 Mit der Einführung der Regelung zum Bauvertrag für die ab dem 1.1.2018 geschlossenen Verträge hat sich dies geändert. Über § 650q Abs. 1 BGB findet § 650b BGB Anwendung. Voraussetzung für eine entsprechende **Anordnung** ist jedoch zunächst, dass es sich überhaupt um eine Änderung des vertraglichen Leistungssolls handelt. Insofern ist in einem ersten Schritt das durch den Architekten bzw. Ingenieur geschuldete Leistungssoll zu ermitteln. Diesbezüglich ist auf die obigen Ausführungen zur Vereinbarung von Leistungszielen und Leistungsumfang (dazu → Rn. 1 ff., Rn. 61 ff.) zu verweisen. Entspricht die Leistung des Architekten bzw. Ingenieurs dem vertraglich vereinbarten Leistungssoll, so ist im Vorhinein bereits nicht von einer Leistungsänderung auszugehen.

101 Nochmals abzugrenzen sind Änderungen von der **Konkretisierung der Leistungsziele**. Hinsichtlich des dynamischen Charakters der Leistungsziele ist wiederum auf die obigen Ausführungen zu verweisen (dazu → Rn. 12). Handelt es sich dabei allerdings nicht um eine Änderung, sondern lediglich um eine Konkretisierung, so dass sich die neuen Leistungsziele im Rahmen der früheren Leistungsziele bewegen, ist das Vorliegen einer Leistungsänderung im Einzelfall zu prüfen.[105] Dabei stellt sich vor allem die Frage, ob tatsächlich ein Änderungsbegehren im Sinne des § 650b Abs. 1 BGB vorliegt. In vielen Fällen kann eine Auslegung des Planervertrages auch ergeben, dass dem Bauherrn grundsätzlich ein Recht zur Konkretisierung eingeräumt wird. Dies ist jedenfalls dann der Fall, wenn konkludent ein Leistungsbestimmungsrecht begrenzt auf die Konkretisierung der vereinbarten Leistungsziele vereinbart wurde.[106] Insofern ist zu differenzieren zwischen der

---

[104] KG 19.3.2019 – 21 U 80/18, BeckRS 2019, 4473; a.A.: Werner/Pastor/Werner Rn. 954; Schmidt, Honorierung zusätzlicher und geänderter Planungsleistungen, NJW-Spezial 2015, 44; Rath/Voigt, Die Honorierung von Planungsänderungen, BauR 2009, 385.
[105] Beck HOAI/Fuchs § 650q BGB Rn. 720 ff.; BeckOK BauVertrR/Fuchs § 650q BGB Rn. 25, 39.
[106] KG 19.3.2019 – 21 U 80/18, BeckRS 2019, 4473; Beck HOAI/Fuchs § 650q BGB Rn. 721; BeckOK BauVertrR/Fuchs § 650q BGB Rn. 26.

Konkretisierung von Leistungszielen innerhalb der zuvor bereits vereinbarten Beschaffenheit des Bauwerkes im Sinne einer Verdichtung, die im Allgemeinen keine Leistungsänderung darstellt, und der Anordnung des Bestellers oder Vereinbarung zur Änderung außerhalb des Zielkorridors, die eine Änderung begründet.

Von einer Leistungsänderung ist darüber hinaus dann nicht auszugehen, wenn es sich **102** tatsächlich um eine Leistung der Mangelbeseitigung handelt. In diesen Fällen ist der Architekt bzw. Ingenieur zur kostenfreien Mangelbeseitigung verpflichtet und kann hierfür keine zusätzlichen Vergütungsansprüche geltend machen. Insofern ist jeweils im Einzelfall zu prüfen, welche Leistungen durch den Architekten bzw. Ingenieur zu erbringen waren und ob diese der vertraglich vereinbarten Qualität bzw. den allgemein anerkannten Regeln der Technik genügen.

Unbeschadet der vorgenannten Einschränkungen dürften Änderungsbegehren im Regelfall § 650b Abs. 1 S. 1 Nr. 1 BGB unterfallen und damit eine Änderung des Werkerfolgs darstellen. Vom Vorliegen der Alternative gemäß § 650b Abs. 1 S. 1 Nr. 2 BGB dürfte demgegenüber vielfach nur im Ausnahmefall auszugehen sein.[107] Hinsichtlich des Inhalts des Änderungsbegehrens ist wiederum zwischen Änderungen des Leistungsumfangs (dazu → Rn. 61 ff.) und der Leistungsziele (dazu → Rn. 1 ff.) zu unterscheiden. Mit Blick auf die nachhaltigen Anforderungen an die Leistung des Architekten bzw. Ingenieurs sind Änderungen in beiden Bereichen denkbar. Im Hinblick auf die vielfach in praktischer Hinsicht noch fehlenden Erfahrungen in Bezug auf eine Beschreibung des Leistungsumfangs unter Berücksichtigung nachhaltiger Merkmale stehen in vielen Verträgen Änderungen der Leistungsziele im Vordergrund. Solche können beispielsweise vorliegen, wenn nachhaltige Leistungsziele im Nachhinein ergänzt werden. Dies ist beispielsweise dann der Fall, wenn ein zunächst nicht zur Zertifizierung vorgesehenes Bauvorhaben nach Abschluss der Ausführungsplanung doch einer Zertifizierung zugeführt werden soll, so dass hier Änderungsleistungen erforderlich sind. Möglich sind aber auch Änderungen der bereits vereinbarten Leistungsziele, die beispielsweise darin bestehen können, dass die THG-Obergrenzen angepasst werden oder dass Regelungen zu Aufenthaltsqualitäten etc. verändert werden. Nicht vom Änderungsrecht gedeckt sind demgegenüber allerdings Änderungen der zeitlichen Vorgaben für die Planungs- und Überwachungsleistungen selbst.[108] Vergütungspflichtige Änderungen der Leistungsziele sind dabei im Grundsatz in jeder Leistungsphase möglich. Sowohl in der Grundlagenermittlung, als auch in der Entwurfsplanung kann ein Änderungsbegehren des Bestellers daher einen zusätzlichen Vergütungsanspruch auslösen. Die teilweise vertretene Auffassung, nach der gerade in den frühen Leistungsphasen aufgrund der Besonderheiten der dynamischen Entwicklung im Planervertrag keine Änderungen angenommen werden können, ist unzutreffend.[109] Im Einzelfall ist allerdings immer zu prüfen, inwiefern die vermeintliche Änderung nicht doch vom geschuldeten Leistungsumfang umfasst ist. So schuldet der Architekt beispielsweise im Rahmen der Vorplanung Varianten nach gleichen Anforderungen. Hier stellt nur die Änderung der Anforderungen (also der Leistungsziele) in der Folge eine vergütungspflichtige Mehrleistung dar. Dass der Architekt bzw. Ingenieur in der Vorplanung grundsätzlich verpflichtet ist, Varianten (nach gleichen Anforderungen) vorzulegen, führt an sich nicht zu einem zusätzlichen Vergütungsanspruch. Gleiches gilt für die Konkretisierung der Leistungsziele im Rahmen der Entwurfsplanung. Auch diese führen nicht zu einem zusätzlichen Vergütungsanspruch.[110]

Gerade die Konkretisierung der Leistungsziele wird im Falle nachhaltiger Anforderungen **104** an die Leistung des Architekten bzw. Ingenieurs sorgfältig zu prüfen sein. Aufgrund der in der praktischen Umsetzung vielfach noch bestehenden Herausforderungen hinsichtlich der

---

[107] Beck HOAI/Fuchs § 650q BGB Rn. 729; BeckOK BauVertrR/Fuchs § 650q BGB Rn. 25.
[108] Koeble, Nachträge von Architekten und Ingenieuren unter Berücksichtigung des § 650q II BGB, NZBau 2020, 131.
[109] Vgl. hierzu im Einzelnen: Beck HOAI/Fuchs § 650q BGB Rn. 735 ff.
[110] Beck HOAI/Fuchs § 650q BGB Rn. 738; BeckOK BauVertrR/Fuchs § 650q BGB Rn. 42 f.

frühzeitigen, detaillierten Beschreibung nachhaltiger Leistungsziele ist hier eine laufende Konkretisierung immanent.

105 Hinsichtlich der Fragen, wie der Architekt bzw. Ingenieur auf ein Änderungsbegehren des Bauherrn zu reagieren hat (Vorlage eines Angebots) und unter welchen Voraussetzungen dem Bauherrn ein Anordnungsrecht zusteht, kann auf die bereits bestehenden Kommentierungen verwiesen werden.[111] Insofern bestehen im Hinblick auf die Nachhaltigkeit keine Besonderheiten, die hier zu berücksichtigen sind. Gleiches gilt für die Vergütungsfolgen, die in § 650q Abs. 2 BGB für den Architekten- und Ingenieurvertrag gesondert geregelt sind. Auch diesbezüglich bestehen keine Besonderheiten für die Architekten- und Ingenieurverträge mit nachhaltigen Anforderungen. Auf die diesbezügliche Kommentierung wird wiederum Bezug genommen.[112]

C. Abnahme

106 Gemäß § 650q Abs. 1 BGB findet § 640 BGB auf den Architekten- bzw. Ingenieurvertrag Anwendung. Die Abnahme ist die körperliche Entgegennahme verbunden mit der Billigung des Werkes als in der Hauptsache vertragsgemäße Leistung.[113] Die **Abnahme** kann formfrei erfolgen, wenn zwischen den Parteien nichts anderes vereinbart ist. Fehlt es an der Vereinbarung einer entsprechenden Teilabnahme, so können – vorbehaltlich der Regelungen in § 650s BGB – die Planungsleistungen nur einheitlich abgenommen werden.[114]

107 Die Abnahme setzt gemäß § 640 Abs. 1 S. 2 BGB voraus, dass keine wesentlichen **Mängel** vorliegen. Die Abgrenzung zwischen wesentlichen und unwesentlichen Mängeln richtet sich letztendlich nach dem konkreten Einzelfall.[115] Maßgeblich sind hier wiederum die zwischen den Parteien getroffenen Vereinbarungen hinsichtlich der **Leistungsziele** (dazu → Rn. 1 ff.) und des **Leistungsumfangs** (dazu → Rn. 61 ff.). Auf die diesbezüglichen Ausführungen kann insofern verwiesen werden. Für die Beantwortung der Frage, ob ein Mangel vorliegt, muss demnach zunächst ermittelt werden, zu welchen Leistungen bzw. zur Erreichung welchen Erfolgs der Architekt bzw. Ingenieur vertraglich verpflichtet war. Dann wird im Einzelfall zu beurteilen sein, inwiefern eine etwaige Abweichung von diesen vertraglichen Vorgaben lediglich einen unwesentlichen Mangel darstellt.

108 Diese Regelungen finden, wie auch die Regelungen zur **Abnahmefiktion** gemäß § 640 Abs. 2 BGB, ohne Einschränkung Anwendung auf den Architekten- und Ingenieurvertrag mit nachhaltigen Leistungsvorgaben. Hervorzuheben ist hier – gerade auch im Hinblick auf die Dynamik der technischen und gesetzgeberischen Entwicklungen – der Umstand, dass das Werk des Architekten bzw. Ingenieurs zum Zeitpunkt der Abnahme frei von Mängeln sein muss. Insofern gilt beispielsweise hinsichtlich der Berücksichtigung der allgemein anerkannten Regeln der Technik, dass etwaige Änderungen in denselben während der Vertragsabwicklung nicht dazu führen, dass diese vom Architekten bzw. Ingenieur nicht zu berücksichtigen wären.[116] Für die Frage der Abnahmefähigkeit kommt es auf die Einhaltung der allgemein anerkannten Regeln der Technik zum Zeitpunkt der Abnahme an.[117] Etwaige Änderungen können den Architekten bzw. Ingenieur zu einem zusätzlichen Ver-

---

[111] MüKoBGB/Busche § 650b Rn. 2 ff.; Dauner-Lieb/Langen/Brunstamp § 650b BGB Rn. 12 ff.
[112] BeckOK BauVertrR/Fuchs § 650q BGB Rn. 65 ff.; BeckOK BGB/Voit § 650q Rn. 10 f.
[113] BGH 18.9.1967 – VII ZR 88/65, NJW 1967, 2259; BGH 24.11.1969 – VII ZR 177/67, NJW 1970, 421; BGH 15.11.1973 – VII ZR 110/71, NJW 1974, 95; BGH 30.6.1983 – VII ZR 185/81, BauR 1983, 573.
[114] Beck HOAI/Klein § 650q BGB Rn. 459.
[115] MüKoBGB/Busche § 640 Rn. 13.
[116] BGH 14.11.2017 – VII ZR 65/14, NZBau 2018, 207; Herchen, Die Änderung der anerkannten Regeln der Technik nach Vertragsschluss und ihre Folgen, NZBau 2007, 139.
[117] BGH 14.11.2017 – VII ZR 65/14, NZBau 2018, 207; Herchen, Die Änderung der anerkannten Regeln der Technik nach Vertragsschluss und ihre Folgen, NZBau 2007, 139.

D. Mängel

I. Grundlagen

Das Werk des Architekten bzw. Ingenieurs muss mangelfrei sein. Gerade auch im Hinblick 109
auf die nachhaltigen Anforderungen finden die allgemeinen gesetzlichen Anforderungen Anwendung. Auf die entsprechenden, umfangreichen Kommentierungen wird verwiesen.[119] Bevor auf nachhaltigkeitsbezogene Einzelfragen eingegangen wird, ergibt sich allerdings folgender Überblick:

In Bezug auf die **Mängelrechte** des Bauherrn im Architekten- bzw. Ingenieurvertrag ist zunächst der Zeitpunkt der Abnahme zu berücksichtigen. Entsprechend der Entscheidungen des BGH aus dem Jahr 2017 stehen dem Bauherrn im Werkvertrag vor Abnahme keine Mängelrechte gemäß § 634 BGB zu.[120] Nach den Entscheidungen greifen Mängelrechte vor Abnahme in das Erfüllungsrecht des Unternehmers ein. Dem Besteller stehen lediglich Ansprüche aus dem allgemeinen Leistungsstörungsrecht zu, er kann auf mangelfreie Erfüllung klagen, Schadensersatz geltend machen, kündigen oder zurücktreten.[121] Hinsichtlich des Architekten- und Ingenieurvertrags wird allerdings in der Literatur diskutiert, inwiefern diese Erwägungen auf den Vertragstypus Anwendung finden. Insofern wird darauf verwiesen, dass es sich nach der gesetzgeberischen Systematik zunächst nur um einen werkvertragsähnlichen Vertrag handelt. Die Vorschriften über den Werkvertrag finden daher auch nur entsprechende Anwendung (§ 650q Abs. 1 BGB). Unter Berücksichtigung des Langzeit- und des Prozesscharakters des Architektenvertrags soll eine Anwendung der Mängelrechte auf Teilleistungen (vor Abnahme) zulässig sein.[122] Die Anwendung der Mängelrechte setzt allerdings zumindest die Verschaffung der Teilleistungen voraus. Sind die Leistungen oder Teilleistungen verschafft, so soll § 634 BGB Anwendung finden.

Der BGH selbst sieht eine Anwendung der Mängelrechte gemäß § 634 BGB vor **Ab-** 110
nahme jedenfalls dann als zulässig an, wenn von einem sog. Abrechnungsverhältnis ausgegangen werden kann.[123] Ein solches Abrechnungsverhältnis liegt vor, wenn die verbleibenden Rechte des Bestellers bzw. die von ihm geltend gemachten Ansprüche ausschließlich auf Geld gerichtet sind. Ein Abrechnungsverhältnis scheidet also beispielsweise dann aus, wenn der Besteller weiterhin Erfüllung verlangt.

Geht man entgegen der vorstehend dargestellten Auffassung mit dem BGH auch für den 111
Architekten- bzw. Werkvertrag davon aus, dass vor Abnahme die Mängelrechte des § 634 BGB keine Anwendung finden, so bleibt dem Besteller lediglich die Möglichkeit, Ansprüche aus dem allgemeinen Leistungsstörungsrecht geltend zu machen. In diesen Fällen kann er gemäß §§ 650q, 631 BGB ab Fälligkeit der Leistung die mangelfreie Erfüllung einklagen. Gemäß § 281 Abs. 1 S. 1 BGB kann er nach einer entsprechenden Fristsetzung Schadensersatz statt der Leistung verlangen oder aber gemäß § 323 Abs. 1 BGB vom Vertrag zurücktreten. Gemäß § 323 Abs. 4 BGB ist der Rücktritt ausnahmsweise vor Fälligkeit

---
[118] BGH 14.11.2017 – VII ZR 65/14, NZBau 2018, 207; Mischok/Hirsch, Änderung der anerkannten Regeln der Technik im Planungsprozess – Zusatzhonorar für den Planer?, NZBau 2012, 480.
[119] MüKoBGB/Busche § 633 Rn. 4 ff., § 634 Rn. 1 ff.
[120] BGH 19.1.2017 – VII ZR 301/13, NJW 2017, 1604; BGH 19.1.2017 – VII ZR 235/15, NJW 2017, 1607; BGH 19.1.2017 – VII ZR 193/15, BauR 2017, 879.
[121] BGH 19.1.2017 – VII ZR 301/13, NJW 2017, 1604; BGH 19.1.2017 – VII ZR 235/15, NJW 2017, 1607; BGH 19.1.2017 – VII ZR 193/15, BauR 2017, 879.
[122] Fuchs, Der Leistungsbegriff des Architektenvertrags, NZBau 2019, 25; BeckOK BauVertrR/Fuchs § 650p BGB Rn. 135; Langen/Berger/Dauner-Lieb/Berger § 650q BGB Rn. 74; Beck HOAI/Klein § 650q BGB Rn. 153.
[123] BGH 19.1.2017 – VII ZR 301/13, NJW 2017, 1604; BGH 19.1.2017 – VII ZR 235/15, NJW 2017, 1607.

möglich, wenn offensichtlich ist, dass die Voraussetzungen des Rücktritts eintreten werden. Ebenso steht dem Besteller bei Verzögerungen ein Schadensersatzanspruch wegen Verzugs nach §§ 280 Abs. 2, 286 BGB zu. § 648a BGB eröffnet zugleich die Möglichkeit der Kündigung aus wichtigem Grund, wenn trotz Abmahnung nicht vertragsgemäß geleistet wird. Schließlich bestehen entsprechend des allgemeinen Leistungsstörungsrechts auch Schadensersatzansprüche neben der Leistung bzw. Leistungsverweigerungsrechte gemäß § 632a BGB.

112   Nach Abnahme der Architektenleistungen (bzw. mit der zuvor dargestellten Ansicht auch nach Verschaffung der Teilleistung) können folgende Rechte durch den Besteller wahrgenommen werden: Der Besteller kann zunächst gemäß § 635 BGB **Nacherfüllung** verlangen. Dem Architekten bzw. Ingenieur ist grundsätzlich das Recht zur zweiten Andienung einzuräumen. Insofern setzen die weitergehenden Rechte vielfach die Aufforderung des Architekten bzw. Ingenieurs zur Mangelbeseitigung voraus. Hier gelten die allgemeinen Anforderungen.

113   In Bezug auf die Architekten- bzw. Ingenieurleistungen sind allerdings zwei Besonderheiten zu berücksichtigen. Zum einen sind viele Architekten- und Ingenieurleistungen nicht sinnvoll nachholbar, weil sie vom Baufortschritt oder Fortschritt der Architekten- und Ingenieurleistung überholt werden. Diese Erkenntnis schlägt sich in einer gesetzlichen Definition des § 650p Abs. 1 BGB nieder.[124] Daher spielt beim Architekten- und Ingenieurvertrag § 636 BGB eine erhebliche Rolle, wonach es der Fristsetzung auch dann nicht bedarf, wenn die Nacherfüllung dem Besteller unzumutbar ist.[125] Maßgeblich für die Entbehrlichkeit der Fristsetzung ist dabei der Zeitpunkt der Geltendmachung der Mängelrechte, denn bis zur Abnahme ist es Sache des Architekten, seine Leistung mangelfrei zu erbringen. Das Nacherfüllungsrecht des Architekten bzw. Ingenieurs in Bezug auf Planungs- und Überwachungsleistungen scheidet jedoch dann aus, wenn sich der Mangel der Planung auch bereits im Bauwerk verkörpert hat.[126] Hier ist dann allerdings zu prüfen, inwiefern der Architekt verpflichtet ist, eine Planung zur Mangelbeseitigung vorzulegen.[127]

114   Nach gescheiterter Aufforderung zur Nacherfüllung bzw. in den Fällen, in denen eine solche nicht möglich ist, kann gemäß § 634 BGB die **Selbstvornahme** durch den Auftraggeber durchgeführt werden. Alternativ kann er vom Vertrag auch zurücktreten, wobei der Rücktritt in der Praxis zumeist keine wesentliche Rolle spielt.[128] Praxisrelevanter ist dagegen die **Minderung** gemäß § 638 BGB, die statt eines Rücktritts vorgenommen werden kann. Denn der Minderung kommt im Architekten- und Ingenieurvertrag dann eine besondere Bedeutung zu, wenn der Architekt bzw. Ingenieur Teilleistungen nicht oder mangelhaft erbringt, ohne dass hieran ein Schaden anknüpft. Über die Minderung erhält der Besteller die Möglichkeit, einen Teil der vereinbarten Vergütung einzubehalten.

115   Dabei ist im Einzelfall stets zu überprüfen, inwiefern es sich tatsächlich um eine geschuldete Teilleistung handelt. Insofern ist auf die obigen Ausführungen zu den Leistungszielen und zum geschuldeten Leistungsumfang (dazu → Rn. 1 ff., Rn. 61 ff.) zu verweisen. Immerhin ist die Architektenleistung nicht bereits deshalb mangelhaft, weil eine Grundleistung nach der HOAI nicht erbracht worden ist.[129] Ergibt sich aber jedenfalls nach einer Auslegung der vertraglichen Vereinbarung, dass der Architekt verpflichtet war, die jeweilige Teilleistung zu erbringen, so führt deren Fehlen bzw. ein Mangel in der Umsetzung zu einem Minderungsrecht. Dies gilt jedenfalls dann, wenn die allgemeinen Voraussetzungen

---

[124] Werner/Pastor/Manteufel Rn. 2232.
[125] Werner/Pastor/Manteufel Rn. 2232.
[126] BGH 9.4.1981 – VII ZR 263/79, BauR 1981, 395.
[127] Beck HOAI/Klein § 650q BGB Rn. 364; Miernik, Zur Nacherfüllung beim Architekten- und Ingenieurvertrag, BauR 2014, 155; Fuchs, Planungsfehler führt zu Baumangel: Planer kann durch mangelfreie Planung nacherfüllen!, IBR 2014, 128; anderer Auffassung aber: BGH 11.10.2007 – VII ZR 65/06, NZBau 2008, 187; BGH 30.10.1975 – VII ZR 309/74, BeckRS 1975, 31119219; zum Ganzen: Jötten, Die Planung der Nacherfüllung, BauR 2023, 148.
[128] Werner/Pastor/Manteufel Rn. 2235.
[129] BGH 24.6.2004 – VII ZR 259/02, NZBau 2004, 509.

der Mangelhaftung vorliegen.[130] Auch in diesen Fällen muss der Besteller also prüfen, inwiefern dem Architekten bzw. Ingenieur noch die Gelegenheit zur Nacherfüllung einzuräumen ist. Ausweislich der vorherigen Ausführungen kommt es auch hier wieder auf die Frage an, ob dem Besteller überhaupt eine Nacherfüllung zumutbar ist. Die Bewertung der finanziellen Auswirkungen der fehlenden bzw. mangelhaften Teilleistung ist nur im Einzelfall möglich. Die für die Grundleistungen der HOAI entwickelten Bewertungstabellen können Hilfsmittel darstellen, begegnen aber auch erheblichen Bedenken.[131]

116 Übertragen auf die Themenfelder der Nachhaltigkeit steht dem Besteller also dann ein Minderungsrecht zu, wenn der Architekt bzw. Ingenieur nachhaltige Anforderungen, die in den Leistungszielen bzw. im Leistungsumfang integriert sind, in seiner Leistungserbringung nicht berücksichtigt. Soweit die Nacherfüllung für den Besteller dann noch zumutbar ist, muss er dem Architekten bzw. Ingenieur eine entsprechende Gelegenheit zur Nacherfüllung einräumen. Dies gilt beispielsweise dann, wenn der Architekt bzw. Ingenieur nachhaltigkeitsbezogene Teilleistungen des Leistungsumfangs noch nicht erbracht hat, aber nach dem Projektablauf ohne Weiteres noch erbringen könnte. Dies gilt auch dann, wenn der Architekt bzw. Ingenieur ein Leistungsziel noch nicht erreicht hat, das beispielsweise in dem Nachweis der Einhaltung einer bestimmten THG-Obergrenze liegt. Hier sind jeweils der Projektablauf und die Umstände des Einzelfalls zu berücksichtigen.

117 Daneben kann der Besteller gegenüber dem Architekten bzw. Ingenieur **Schadensersatzansprüche** geltend machen.[132] Auch hier gilt wiederum, dass der Besteller von dem Architekt bzw. Ingenieur dann unmittelbar Schadensersatz verlangen kann, wenn sich der Mangel der Architektenleistung bereits im Bauwerk verkörpert hat. Anderenfalls muss dem Architekten bzw. Ingenieur die Gelegenheit zur Nacherfüllung eingeräumt werden, solange sie dem Besteller zumutbar ist. Im Übrigen gelten die allgemeinen Voraussetzungen der jeweiligen Anspruchsgrundlage, wobei hervorzuheben ist, dass der Besteller den Mangel nicht „fiktiv" berechnen kann.[133] Lässt der Besteller einen Mangel am Bauwerk nicht beseitigen, so kann er seinen Schaden nicht aufgrund der theoretisch erforderlichen Mangelbeseitigungskosten berechnen, sondern lediglich einen Betrag entsprechend der Differenz zwischen dem tatsächlichen Wert des Bauwerks und dem hypothetischen Wert des Bauwerks bei mangelfreier Architektenleistung oder in Form des konkreten Mindererlöses oder in Form der verursachten Störung des Äquivalenzverhältnisses des Bauvertrags verlangen. Lässt der Besteller den Mangel am Bauwerk beseitigen, so kann er einen Freistellungsanspruch bzw. einen Vorschussanspruch gemäß § 637 BGB geltend machen.

II. Nachhaltigkeitsbedingte Zielkonflikte

118 Die Anforderungen im Sinne der Nachhaltigkeit, die in den Architekten- bzw. Ingenieurvertrag im Rahmen einer Leistungszielvereinbarung implementiert werden, stellen in den seltensten Fällen die einzigen Anforderungen dar. Vielfach schuldet der Architekt bzw. Ingenieur die Einhaltung darüberhinausgehender Vorgaben, die beispielsweise die Qualitäten, Kosten oder Zeit betreffen. Diese jeweiligen Leistungsziele stehen im Grundsatz einander gleichrangig gegenüber. Sind sie allerdings objektiv nicht miteinander kompatibel, so ist von einem sog. Zielkonflikt auszugehen.[134] In Bezug auf die Nachhaltigkeit kann das beispielsweise bedeuten, dass durch eine Zertifizierung, die als Leistungsziel vereinbart wurde, eine ebenfalls verbindlich vereinbarte Baukostenobergrenze nicht eingehalten werden kann. Ebenso ist es möglich, dass die Zusage bestimmter Qualitäten, wie beispielsweise der Einsatz italienischen Marmors, mit den ebenfalls als Leistungszielen vereinbarten

---
[130] BGH 28.7.2011 – VII ZR 65/10, NZBau 2011, 622.
[131] Werner/Pastor/Manteufel Rn. 2238.
[132] Vgl. hierzu im Einzelnen: Beck HOAI/Klein § 650q BGB Rn. 177 ff.
[133] BGH 22.2.2018 – VII ZR 46/17, NJW 2018, 1463; BGH 21.11.2019 – VII ZR 278/17, NZBau 2020, 301.
[134] Beck HOAI/Fuchs § 650p BGB Rn. 112 ff.; Dauner-Lieb/Langen/Henrici § 650p BGB Rn. 159.

THG-Obergrenzen kollidiert. Auch kann der Einsatz bestimmter Materialien Vorgaben in Bezug auf die soziale Nachhaltigkeit entgegenstehen, wenn beispielsweise das Risiko besteht, dass diese im Wesentlichen mit Kinderarbeit hergestellt worden sind.

119 Liegt ein solcher Zielkonflikt tatsächlich vor, so ist die versprochene Leistung des Architekten bzw. Ingenieurs zunächst einmal gemäß § 275 BGB unmöglich. Hierbei ist hervorzuheben, dass tatsächlich eine objektive **Unmöglichkeit** vorliegen muss, d. h. nicht nur dem individuellen Architekten bzw. Ingenieur, sondern niemandem darf die Leistungserbringung möglich sein. Gleichzeitig müssen für einen echten Zielkonflikt sämtliche übrigen Spielräume in der Erreichung des Werkerfolgs maximal ausgeschöpft sein. Das bedeutet, bei einem drohenden Konflikt mit einer Baukostenobergrenze müssen die Qualitäten des zu planenden Bauwerks überall dort, wo dies zulässig ist, auf das absolute Minimum reduziert worden sein. Soweit in der Praxis häufig von einer „Unmöglichkeit" gesprochen wird, verbergen sich dahinter vielfach gestalterische Vorstellungen der Architekten und Ingenieure über die „Zulässigkeit" eines Mindeststandards, die jedoch in der rechtlichen Betrachtung außen vor bleiben müssen. Liegt aber eine objektive Unmöglichkeit gemäß § 275 BGB vor, so entfällt gemäß § 326 Abs. 2 BGB grundsätzlich der Anspruch des Architekten bzw. Ingenieurs auf Vergütung. Im Einzelnen sind die Folgen der Zielkonflikte noch nicht abschließend geklärt.[135] Die Rechtsprechung tendiert jedoch dazu, die Leistungspflicht des Planers aufrecht zu erhalten und im Wege der Auslegung so zu modifizieren, dass sie erfüllbar wird.[136] Letztendlich erfolgt eine Modifizierung der Sollbeschaffenheit mit dem Ziel, eine möglichst gleichwertige Art der Leistungserbringung zu ermitteln.[137] Jedenfalls muss das Bauwerk in seinen prägenden Grundzügen erhalten bleiben.[138] Lässt sich aufgrund der Gleichrangigkeit der Ziele auch im Wege der Auslegung keine angemessene Lösung finden, so ist der Besteller aus dem Gesichtspunkt der Kooperationspflicht zur Mitwirkung durch Entscheidung verpflichtet, soweit er vom Planer hinreichend über die Unvereinbarkeit und Alternativen aufgeklärt wurde.[139] Trifft der Besteller die notwendige Entscheidung nicht, so tritt letztendlich Unmöglichkeit mit den eingangs beschriebenen Folgen ein. Darüber hinaus ist zu berücksichtigen, dass der Architekt bzw. Ingenieur gemäß § 311a Abs. 2 BGB dann Schadensersatz schuldet, wenn die Zielkonflikte schon bei Vertragsschluss für ihn erkennbar waren. Insofern ist der Architekt bzw. Ingenieur zu einem entsprechenden Bedenkenhinweis verpflichtet.

III. Abweichungen von den allgemein anerkannten Regeln der Technik im Sinne der Nachhaltigkeit

120 Insbesondere die Anforderungen der ökologischen Nachhaltigkeit führen zu einer stetigen **Innovation** im Bereich der Entwicklung von Bauprodukten und Bautechniken. Ob Dachziegel, die gleichzeitig Solarzellen enthalten, oder CO_2-freundlicher Zementersatz – stetig werden Weiterentwicklungen angeboten. Dabei bestehen ökologisch nachhaltige Konzepte zum Teil aber auch darin, seit Jahrhunderten bekannte Bautechniken wiederzubeleben, wie beispielsweise das Bauen mit Stroh und Lehm.

121 Werden derartige Konzepte in der Planung verfolgt, so muss stets ein Abgleich mit den **allgemein anerkannten Regeln der Technik** erfolgen. Deren Einhaltung schuldet der Architekt bzw. Ingenieur (ohne anderslautende vertragliche Vereinbarung) in jedem Fall (dazu → Rn. 59 f.). Liegt eine Abweichung von den allgemein anerkannten

---

[135] BeckOK BauVertrR/Fuchs § 650p BGB Rn. 123 ff.
[136] Beck HOAI/Fuchs § 650p BGB Rn. 113.
[137] OLG München 24.1.2012 – 9 U 3012/11, NZBau 2012, 364; BGH 20.4.1989 – VII ZR 80/88, NJW-RR 1989, 849.
[138] BeckOK BGB/Voit § 631 Rn. 54.
[139] Beck HOAI/Fuchs § 650p BGB Rn. 113; BeckOK BauVertrR/Fuchs § 650p BGB Rn. 124.

§ 8 Der Architekten- und Ingenieurvertrag für das nachhaltige Bauvorhaben   **Kapitel 5**

Regeln der Technik vor, so ist der geschuldete Erfolg nicht eingetreten; das Werk ist mangelhaft.[140]

Dabei können die Vertragsparteien sich zur Vermeidung etwaiger Ansprüche auch auf eine Abweichung von den allgemein anerkannten Regeln der Technik verständigen[141]: **122**

Zunächst ist dabei zu unterscheiden, ob es sich um eine echte Innovation oder eine Abweichung von den anerkannten Regeln der Technik handelt. Voraussetzung für den Abgleich einer technischen Entwicklung mit den allgemein anerkannten Regeln der Technik ist, dass diese überhaupt bestehen und auch einschlägig sind. Das ist keineswegs überall der Fall. Allgemein anerkannte Regeln der Technik sind diejenigen Regeln für den Entwurf und die Ausführung baulicher Anlagen, die in der technischen Wissenschaft als theoretisch richtig anerkannt sind und feststehen.[142] Insbesondere in dem Kreis der für die Anwendung der betroffenen Regeln maßgeblichen und nach dem neuesten Erkenntnisstand vorgebildeten Techniker sind sie durchweg bekannt und aufgrund fortdauernder praktischer Erfahrungen als technisch geeignet, angemessen und notwendig anerkannt.

Nun ist also bei Innovationen zu überprüfen, ob diesbezüglich bereits allgemein anerkannte Regeln der Technik etabliert sind. Bei einer „echten" Innovation dürfte es aufgrund der Neuheit am Markt für gewöhnlich keine Regeln geben, die in der Praxis anerkannt sind. Eine Anerkennung auf der Grundlage fortdauernder praktischer Erfahrungen konnte noch gar nicht erfolgen. Im Sinne eines Abgleichs mit den allgemein anerkannten Regeln der Technik fehlt schlicht der erforderliche Referenzrahmen. **123**

Eine technische Innovation stellt allerdings nicht schon aus diesem Grund einen Mangel dar. Der BGH hat bereits in den 1970er-Jahren den Einsatz von technischen Innovationen ausdrücklich zugelassen.[143] Dabei kann sowohl der Architekt den Einsatz von technisch innovativen Materialien planen, als auch der Unternehmer deren Einsatz anbieten. Der BGH setzt aber voraus, dass die Architekten und die Unternehmer den Auftraggeber rechtzeitig und umfassend über alle Nachteile und Risiken, die mit dieser weitgehend unerprobten Neuheit verbunden sind, aufklären und entsprechend beraten. Diese Aufklärungspflicht soll insbesondere die Wirtschaftlichkeit der innovativen Technik umfassen. Fehlt es an einer solchen (dokumentierten) Aufklärung, so stellt der Einsatz von Innovationen einen Mangel dar. **124**

Handelt es sich allerdings nicht um eine technische Innovation in diesem Sinne, d. h. lässt sich ein „Referenzrahmen" zur Beurteilung der Abweichung bestimmen, so stellt sich die Frage, wie hier eine Unterschreitung ohne Mangelvorwurf vereinbart werden kann. Tatsächlich können Vereinbarungen, nach denen die Bauausführung hinter den aktuellen oder künftigen allgemein anerkannten Regeln der Technik zurückbleibt, wirksam sein.[144] Ein solches Unterschreiten der Mindeststandards kann allerdings nicht ohne Weiteres vereinbart werden. Voraussetzung dafür ist ein umfassender und fehlerfreier Hinweis des Auftragnehmers auf sämtliche Folgen.[145] Solche Vereinbarungen können sowohl vor Vertragsschluss als auch im Nachgang getroffen werden.[146] Sie können konkludent oder stillschweigend abgeschlossen werden.[147] **125**

Für einen qualifizierten (haftungsbefreienden) Hinweis bzw. eine entsprechende vertragliche Regelung reicht die Vereinbarung einer bestimmten Ausführungsart nicht aus. Viel- **126**

---
[140] BGH 14.5.1998 – VII ZR 184/97, NJW 1998, 2814; BGH 10.7.2014 – VII ZR 55/13, NJW 2014, 3511.
[141] Vgl hierzu: Baureis/Dressel/Friedrich, Allgemein anerkannte Regeln der Technik als Hemmnis für technische Innovation im Sinne der Nachhaltigkeit?, NZBau 2023, 641 ff.
[142] OLG Bamberg 20.11.1998 – 6 U 19/98, NJW-RR 1999, 962; OLG Hamm 17.8.1990 – 26 U 180/89, NJW-RR 1991, 731; ibrOK BauVertrR/Jurgeleit § 633 BGB Rn. 38 mwN.
[143] BGH 29.1.1970 – VII ZR 95/68, NJW 1970, 706; BGH 30.10.1975 – VII ZR 309/74, BeckRS 1975, 31119219.
[144] IbrOK BauVertrR/Jurgeleit § 633 BGB Rn. 50.
[145] Nicklisch/Weick/Jansen/Seibel § 13 VOB/B Rn. 44 ff.
[146] BGH 14.11.2017 – VII ZR 65/14, NZBau 2018, 207.
[147] BGH 16.7.1998 – VII ZR 350/96, NJW 1998, 3707.

mehr muss der Bauherr Bedeutung und Tragweite der **Abweichung** erkannt haben. Konkret wird gefordert, dass der Auftragnehmer den Auftraggeber auf die Bedeutung der allgemein anerkannten Regeln der Technik und die mit der Nichteinhaltung verbundenen Konsequenzen und Risiken explizit hinweist, außer diese sind dem Auftraggeber bekannt und ergeben sich ohne Weiteres aus den Umständen. Ohne eine entsprechende Kenntnis kommt eine rechtsgeschäftliche Zustimmung des Auftraggebers zu einer hinter den allgemein anerkannten Regeln der Technik zurückbleibenden Ausführung regelmäßig nicht in Betracht.[148]

127 Beispiele aus der Rechtsprechung zeigen, dass hohe Anforderungen an die Aufklärung zu stellen sind: So reicht es beispielsweise nicht, lediglich eine konkrete Schneelast für ein Dach zu vereinbaren, ohne darauf hinzuweisen, dass diese hinter den allgemein anerkannten Regeln der Technik zurückbleibt.[149] Weiter ist es auch nicht ausreichend, pauschal auf Schallschutzvorgaben der DIN 4109 zu verweisen, wenn die Ausführung tatsächlich hinter den allgemein anerkannten Regeln der Technik, die über der DIN 4109 liegen, zurückbleibt.[150] Schließlich ist auch der Hinweis, dass die Haustrennwände aus „Kalksandstein D = 30 cm einschalig" errichtet werden, nicht ausreichend, wenn die allgemein anerkannten Regeln der Technik zweischalige Trennwände vorsehen.[151]

128 Diese Beispiele zeigen, dass in den Fällen der Abweichungen von den allgemein anerkannten Regeln der Technik eine qualifizierte Aufklärung des Bestellers erforderlich ist. Der Architekt bzw. Ingenieur muss dafür in einem ersten Schritt die Abweichung erkennen. Dies umfasst unmittelbare Abweichungen (konkrete Ausführung entgegen der a. a. R. d. T.), aber auch mittelbare Abweichungen (Ausführung entsprechend der für das Gewerk maßgeblichen a. a. R. d. T. führt beispielsweise zu Defiziten im Schallschutz). Im zweiten Schritt muss er die Auswirkungen der Abweichungen abschätzen und den Besteller im dritten Schritt hierüber aufklären. Dabei kann gerade die Abschätzung der Auswirkungen mit Herausforderungen verbunden sein, da diese sich nicht unbedingt auf ein Gewerk beschränken müssen.

Beispiel:
Der Architekt plant für die Errichtung eines Wohnhauses den Einsatz eines Holz-Ständerwerks, dessen Ausfachungen mit Stroh und Lehm gefüllt werden sollen („Fachwerkhaus"). Für diese althergebrachte Bautechnik gibt es anerkannte Regeln der Technik, die nach der Planung auch eingehalten werden. Tatsächlich führt diese Bauweise allerdings zu einem – an den allgemein anerkannten Regeln der Technik gemessen – geminderten Schallschutz.
Der Architekt muss, um einen späteren Mangelvorwurf zu vermeiden, die Abweichung von den Vorgaben des Schallschutzes erkennen und den Bauherrn darüber (und über die Konsequenzen für die Nutzung) aufklären. Im Sinne der Dokumentation können die Parteien eine entsprechende Vereinbarung schließen bzw. der Besteller bestätigt schriftlich das Einverständnis nach entsprechender Aufklärung.

129 Die zivilrechtliche Betrachtung allein wird der Problematik der vereinbarten Abweichung von den allgemein anerkannten Regeln der Technik allerdings nicht gerecht. Denn auch das öffentliche Baurecht kennt das Institut der allgemein anerkannten Regeln der Technik. Es spielt sowohl für die Anforderungen an bauliche Anlagen als auch für die Zulassung und Genehmigung von Bauprodukten und Bauarten eine wichtige Rolle. Im bauordnungsrechtlichen Sinne maßgeblich sind zunächst die allgemein anerkannten Regeln der Technik, die Gegenstand der sog. **Technischen Baubestimmungen** sind. Wird von einer Technischen Baubestimmung abgewichen und liegt zugleich eine Abweichung von einer materiellen bauaufsichtsrechtlichen Vorschrift vor, ist deren Zulassung durch die Bauaufsichtsbehörde (§ 67 MBO) erforderlich. Insbesondere bei genau bestimmten Maßangaben, wie beispielsweise den lichten Maßen im Bereich der Barrierefreiheit, dürften die

---
[148] BGH 14.11.2017 – VII ZR 65/14, NZBau 2018, 207.
[149] BGH 14.11.2017 – VII ZR 65/14, NZBau 2018, 207.
[150] BGH 4.6.2009 – VII ZR 54/07, NZBau 2009, 648.
[151] BGH 20.12.2012 – VII ZR 209/11, NZBau 2013, 244.

Vorgaben aus den Technischen Baubestimmungen oft alternativlos sein. Dennoch stellt die Möglichkeit einer Abweichung eine Erleichterung dar, weil hiermit die Freiheit in der Wahl des Mittels für die Erreichung des Ziels gewährt wird. So können zB funktionale Lösungen aus anderen EU-Staaten „importiert" werden.[152] Da die Abweichungen aber nur selten im Zuge des Baugenehmigungsverfahrens erkannt und untersucht werden, liegt das Risiko einer späteren Nutzungsuntersagung o.ä. beim Besteller.

Neben den materiellen Anforderungen an die bauliche Anlage spielen die allgemein **130** anerkannten Regeln der Technik und die Technischen Baubestimmungen vor allem im **Bauprodukten- und Bauartenrecht** eine wichtige Rolle. Die Landesbauordnungen regeln das Zulassungs- und Genehmigungsverfahren für Bauprodukte und Bauarten (§§ 16a ff. MBO). Die Existenz von allgemein anerkannten Regeln der Technik wirkt sich verfahrenstechnisch darauf aus, ob und wie nachzuweisen ist, dass ein bestimmtes Bauprodukt oder eine bestimmte Bauart sicher ver- bzw. angewendet werden kann. Auch hier ist ein Verwendbarkeitsnachweis in Form einer allgemeinen bauaufsichtlichen Zulassung, eines allgemeinen bauaufsichtlichen Prüfzeugnisses oder einer Zustimmung im Einzelfall zu erbringen, wenn es keine Technische Baubestimmung und keine allgemein anerkannte Regel der Technik gibt (§ 17 I MBO).

In der Rechtsprechung noch nicht entschieden ist die Frage, ob die Aufklärungspflicht des **131** Architekten bzw. Ingenieurs sich auch auf die öffentlich-rechtlichen Auswirkungen erstrecken muss. Dabei liegt das jedenfalls bei dem auch mit der Genehmigungsplanung beauftragten Architekten bzw. Ingenieur nahe, der ja ohnehin den Erfolg einer genehmigungsfähigen Planung schuldet. Auch hinsichtlich allgemeiner genehmigungsrechtlicher Risiken hat der Architekt den Bauherrn ja zumindest auf die Möglichkeit der Bauvoranfrage hinzuweisen.[153] Insofern bedarf es auch hinsichtlich etwaiger Risiken in öffentlich-rechtlicher Hinsicht, die aus einer Abweichung von den allgemein anerkannten Regeln der Technik resultieren, einer entsprechenden Aufklärung durch den Architekten bzw. Ingenieur.

IV. Wiederwendung von Bauprodukten

Die Wiedereinbringung von Bauprodukten mit dem Ziel der Ressourcen-Schonung und **132** THG-Reduzierung spielt gerade im Hinblick auf die Aspekte der ökologischen Nachhaltigkeit eine besondere Rolle. Sie wird dabei in verschiedenen Kontexten diskutiert.

Die Wiedereinbringung dient der **Kreislaufwirtschaft** (Circular Economy). Das Ziel **133** der Kreislaufwirtschaft ist es, Materialien in kontinuierlichen und qualitativ gleichwertigen Kreisläufen zu halten. Dieses Ziel ist erreicht, wenn bei der Herstellung, Nutzung und Entsorgung kein Müll entsteht, sondern sich alle Materialiensorten rein trennen und weiter nutzbar sind.[154] Dem Gedanken der Kreislaufwirtschaft ähnelt das Konzept „**Cradle to Cradle (C2C)**". Hier wird bereits beim Design berücksichtigt, in welchem Nutzungsszenario das Material eingesetzt wird. Das Designkonzept berücksichtigt, anders als die Kreislaufwirtschaft, auch die Materialgesundheit und die Materialzusammensetzung.[155] Bei der Erfüllung tatsächlich geschlossener Kreisläufe geht es nicht nur um eine Verlängerung der Nutzungsdauer eines Produktes; es ist das Ziel, qualitativ hochwertige Materialien in Stoffströmen zu erhalten, ohne dass Müll oder Deponieabfall entsteht.[156]

Im Zusammenhang mit dem Designkonzept Cradle to Cradle fällt auch vielfach der **134** Begriff des „Urban Mining". Hierbei handelt es sich um die integrale Bewirtschaftung des anthropogenen Lagers mit dem Ziel, aus langlebigen Gütern Sekundär-Rohstoffe zu gewinnen. Dabei soll es keine Rolle spielen, ob die Güter noch aktiv genutzt oder erst in

---

[152] Vgl. hierzu ausführlich: Baureis/Dressel/Friedrich, Allgemein anerkannte Regeln der Technik als Hemmnis für technische Innovation im Sinne der Nachhaltigkeit?, NZBau 2023, 641 ff.
[153] Beck HOAI/Seifert/Fuchs § 34 HOAI Rn. 83.
[154] Baureis, Cortis u.a., Leitfaden Klimaschutz im Bauwesen (2022), 11.
[155] Baureis, Cortis u.a., Leitfaden Klimaschutz im Bauwesen (2022), 12.
[156] Baureis, Cortis u.a., Leitfaden Klimaschutz im Bauwesen (2022), 12.

absehbarer Zukunft freigesetzt werden oder ob sie bereits das Ende ihres Nutzungshorizonts erreicht haben.[157] Anders als der Name vermuten lässt, bezieht sich **Urban Mining** nicht allein auf die Nutzung innerstädtischer Lager, sondern befasst sich vielmehr mit dem gesamten Bestand an langlebigen Gütern.[158] Der Unterschied des Urban Mining zur Abfallwirtschaft besteht in den Betrachtungsgrenzen beider Ansätze. Während die Abfallwirtschaft sich mit dem Abfallaufkommen an sich beschäftigt, bezieht Urban Mining den Gesamtbestand an langlebigen Gütern mit ein, um möglichst früh künftige Stoffströme prognostizieren zu können. Das Prinzip „Urban Mining" findet also Anwendung, bevor die Materialien als Abfall anfallen.[159]

135 Schließlich werden Recycling-Quoten auch im Hinblick auf die Verordnung (EU) 2020/852 des Europäischen Parlaments und des Rates vom 18.6.2020 über die Einrichtung eines Rahmens zur Erleichterung nachhaltiger Investitionen relevant. In dem dazugehörigen delegierten Rechtsakt sind sind jedenfalls im Zusammenhang mit dem Ziel Übergang zur Kreislaufwirtschaft konkrete Vorgaben im Hinblick auf die Wiederverwertungsanteile enthalten.

136 Auf dem Markt gibt es bereits eine Vielzahl von Anbietern, die sich diesen Konzepten verschrieben haben. Dazu zählen zB Madaster[160] oder Concular[161]. Über Madaster lassen sich die für die Berechnung der Zirkularität und andere Aspekte notwendigen Daten erstellen. Konkret erstellt Madaster ein Kataster für Materialien, die in den Gebäuden verbaut sind.[162] Concular hingegen ist eine Plattform für Bauteile und Materialien, die schon einmal verwendet worden sind. Sie bezieht sich also hauptsächlich auf Bestandsgebäude.[163] Über diese Plattform veräußert werden beispielsweise Treppen, Türen, Fenster, Personenaufzüge, Heizkörper, Dusch-Trennwandsysteme, aber auch ganze Fassaden.

137 Vor diesem Hintergrund liegt es auch im Hinblick auf den Vertrag mit dem Architekten bzw. Ingenieur nahe, im Rahmen von Leistungszielvereinbarungen die vorgenannten Konzepte möglichst umfassend zu berücksichtigen. Anknüpfend an die obigen Ausführungen (dazu → Rn. 1 ff.) ist bei der Ausgestaltung im Einzelfall allerdings auf die Bestimmtheit bzw. zumindest die Bestimmbarkeit der **Leistungszielanforderungen** zu achten.

138 In der planerischen Umsetzung kann die Berücksichtigung dieser Leistungsziele aufgrund der damit verbundenen rechtlichen Herausforderungen allerdings haftungsträchtig sein, da hier eine Vielzahl unterschiedlicher rechtlicher Vorgaben ineinandergreifen, deren Zusammenspiel im Einzelnen noch nicht abschließend geklärt ist. Da der Architekt bzw. Ingenieur keine Rechtsberatungsleistungen schuldet[164], sollte er mit Blick auf die von ihm zu erbringenden Leistungen den Besteller von Anfang an darauf hinweisen, dass eine rechtliche Beratung erforderlich ist, um nachteilige Folgen in der Umsetzung zu vermeiden.

139 Maßgeblich für die Wiedereinbringung von **Bauprodukten** ist zunächst die Frage, ob diese (im Zuge des Ausbaus) als Abfall im Sinne des Gesetzes zur Förderung der Kreislaufwirtschaft und Sicherung der umweltverträglichen Bewirtschaftung von Abfällen (KrWG) anzusehen sind. Dann findet das abfallrechtliche Regelungsregime Anwendung mit der Folge, dass entsprechend des KrWG Grundpflichten zur Verwendung und Getrennthaltung von **Abfällen** zu berücksichtigen sind. Zudem können spezifische Regelungen wie beispielsweise die Verordnung über die Bewirtschaftung von gewerblichen Siedlungsabfällen

---

[157] Umweltbundesamt, Urban Mining (2022), URL: https://www.umweltbundesamt.de/themen/abfall-ressourcen/abfallwirtschaft/urban-mining#was-ist-urban-mining- (Stand: 4.3.2024).
[158] Umweltbundesamt, Urban Mining (2022), URL: https://www.umweltbundesamt.de/themen/abfall-ressourcen/abfallwirtschaft/urban-mining#was-ist-urban-mining- (Stand: 4.3.2024).
[159] Umweltbundesamt, Urban Mining (2022), URL: https://www.umweltbundesamt.de/themen/abfall-ressourcen/abfallwirtschaft/urban-mining#was-ist-urban-mining- (Stand: 4.3.2024).
[160] Madaster, Materialien Bauteile und Produkte (o.J.), URL: https://madaster.de/ (Stand: 4.3.2024).
[161] Concular, Zirkuläres Bauen für zukunftssichere Immobilien (o.J.), URL: https://concular.de/ (Stand: 4.3.2024).
[162] Baureis, Cortis u.a., Leitfaden Klimaschutz im Bauwesen (2022), 13.
[163] Baureis, Cortis u.a., Leitfaden Klimaschutz im Bauwesen (2022), 13.
[164] IbrOK BauVertrR/Zahn § 650p BGB Rn. 195 f.

und bestimmten Bau- und Abbruchabfällen Anwendung finden. Gemäß § 3 Abs. 1 KrWG sind Abfälle alle Stoffe oder Gegenstände, derer sich ihr Besitzer entledigt, entledigen will oder entledigen muss. Gemäß § 3 Abs. 2 KrWG ist eine Entledigung im Sinne des Absatzes 1 anzunehmen, wenn der Besitzer Stoffe oder Gegenstände einer Verwertung oder einer Beseitigung zuführt oder die tatsächliche Sachherrschaft über sie unter Wegfall jeder weiteren Zweckbestimmung aufgibt. Um die Einordnung als Abfall zu vermeiden, muss also im Vorhinein bereits sichergestellt werden, dass die Materialien einer weiteren Verwendung zugeführt werden. Der Verwendungszweck muss feststehen, bevor das Produkt ausgebaut wird, und möglichst bereits durch vertragliche Vereinbarung mit dem späteren Abnehmer festgelegt sein.[165]

Handelt es sich nicht um Abfall im Sinne des KrWG, so stellt sich hinsichtlich der Wiedereinbringung der Bauprodukte die Frage nach der baurechtlichen Zulässigkeit des **Wiedereinbaus.** So dürfen beispielsweise nach § 18 Abs. 1 der BauO für das Land NRW nur Bauprodukte verwendet werden, wenn bei ihrer Verwendung die baulichen Anlagen bei ordnungsgemäßer Instandhaltung während einer dem Zweck entsprechenden angemessenen Zeitdauer die Anforderungen dieses Gesetzes oder der aufgrund dieses Gesetzes erlassenen Vorschriften erfüllen und gebrauchstauglich sind. Dies muss für die einzelnen Bauprodukte geprüft und nachgewiesen werden. Hierzu finden entweder die Verordnung (EU) Nr. 305/2011 des Europäischen Parlaments und des Rates vom 9.3.2021 zur Festlegung harmonisierter Bedingungen für die Vermarktung von Bauprodukten oder aber nationale Verfahren (vgl. § 17 ff. MBO) Anwendung. 140

Der Begriff des Bauprodukts (im Sinne der Landesbauordnung) ist dabei wiederum sehr weit zu verstehen: Gemäß Artikel 2 der (insofern maßgeblichen) Bauproduktenverordnung bezeichnet „Bauprodukt" jedes Produkt oder jeden Bausatz, das bzw. der hergestellt und in Verkehr gebracht wird, um dauerhaft in Bauwerke oder Teile davon eingebaut zu werden, und dessen Leistung sich auf die Leistung des Bauwerks im Hinblick auf die Grundanforderungen an Bauwerke auswirkt. Ein **„Bausatz"** ist dabei ein Bauprodukt, das von einem einzigen Hersteller als Satz von mindestens zwei getrennten Komponenten, die zusammengefügt werden müssen, um ins Bauwerk eingefügt zu werden, in Verkehr gebracht wird. Der Anwendungsbereich der landesrechtlichen Vorschriften betreffend die Bauprodukte ist demnach sehr weit. 141

Die Bauproduktenverordnung gilt nur für neue Bauprodukte, so dass sie auf die Wiedereinbringung gebrauchter Bauprodukte grundsätzlich nicht anwendbar ist.[166] Bauprodukte, die nicht der Bauproduktenverordnung unterfallen, müssen über einen Verwendbarkeitsnachweis verfügen. Dies gilt gemäß § 17 MBO für Bauprodukte, wenn es für diese keine technischen Baubestimmungen und keine allgemein anerkannten Regeln der Technik gibt, das Bauprodukt von einer technischen Baubestimmung wesentlich abweicht oder eine Verordnung es vorsieht. 142

Für das jeweilige Bauprodukt, das wiederverwendet werden soll, muss also ein Verwendbarkeitsnachweis in Form einer allgemeinen bauaufsichtlichen Zulassung, eines allgemeinen bauaufsichtlichen Prüfzeugnisses oder der Zustimmung im Einzelfall beantragt werden.[167] Im Einzelnen gilt es hier zu prüfen, ob und inwiefern ein für das damals noch als Neuprodukt bereits erteilter Verwendbarkeitsnachweis fortgeführt werden kann. Regelmäßig sind diese ohnehin befristet. Daneben stellt sich die Frage, ob der ursprüngliche Verwendbarkeitsnachweis auf die Wiedereinbringung überhaupt Anwendung findet.[168] 143

---

[165] Campanella/Fehse, Rechtliche und praktische Herausforderungen bei der Wiedereinbringung von Bauprodukten, KlimR 2023, 365.
[166] Campanella/Fehse, Rechtliche und praktische Herausforderungen bei der Wiedereinbringung von Bauprodukten, KlimR 2023, 365.
[167] Campanella/Fehse, Rechtliche und praktische Herausforderungen bei der Wiedereinbringung von Bauprodukten, KlimR 2023, 365.
[168] Campanella/Fehse, Rechtliche und praktische Herausforderungen bei der Wiedereinbringung von Bauprodukten, KlimR 2023, 365.

144 Insofern stellt sich im Hinblick auf die durch den Architekten bzw. Ingenieur zu erbringende Planungsleistung die Frage, inwiefern die dort gegebenenfalls vorgesehene Wiedereinbringung von Bauprodukten zu erhöhten öffentlich-rechtlichen Anforderungen führt. Dies wird jeweils im Einzelfall zu beurteilen sein. Jedenfalls im Hinblick auf die Fragen der Anwendbarkeit der Bauproduktenverordnung bzw. der landesrechtlichen Anforderungen und auf die besonderen Anforderungen im Zusammenhang mit Verwendbarkeitsnachweisen muss der Architekt bzw. Ingenieur den Bauherrn hinsichtlich der Hinzuziehung fachkundiger Dritter, wie beispielsweise von Rechtsanwälten, beraten.[169]

145 Die rechtlichen Herausforderungen setzen sich dabei auch in Bezug auf die Leistungen des Architekten bzw. Ingenieurs im Zusammenhang mit der Ausschreibung fort. Hier gilt es, im Hinblick auf die Wiedereinbringung von Bauprodukten möglichst konkrete Regelungen zu vereinbaren. Vor dem Hintergrund, dass der Architekt bzw. Ingenieur zur Rechtsberatung weder verpflichtet noch berechtigt ist, muss er auch hier auf die Notwendigkeit der Hinzuziehung fachkundiger Dritter hinweisen. Die rechtliche Ausgestaltung ist nicht unproblematisch: Der durch den Architekten bzw. Ingenieur (bzw. analog den ausführenden Unternehmer) geschuldete Erfolg wird durch die Wiedereinbringung zunächst nicht beeinträchtigt. Nach der Rechtsprechung des BGH schulden sie jeweils ein funktionales Werk – selbst dann, wenn die Anforderungen des Vertrags im Einzelnen (hier die Wiedereinbringung gebrauchter Bauprodukte) umgesetzt werden.[170] Werden dementsprechend gebrauchte Bauprodukte geplant und eingesetzt und wird der Erfolg eines mangelfreien Gebäudes im Sinne der Funktionalität dennoch nicht erreicht, so stehen dem Bauherrn grundsätzlich Ansprüche gegenüber dem Architekten bzw. Ingenieur zu. In diesem Zusammenhang ist weiter zu berücksichtigen, dass mit der Rechtsprechung des BGH auch Einschränkungen der (im Einzelnen zu beurteilenden) Nutzungsdauer als Mangel anzusehen sind – dies jedenfalls dann, wenn die Ursache der reduzierten Nutzungsdauer wiederum in einer vertragswidrigen Ausführung liegt.[171] Insofern ist bei der vertraglichen Ausgestaltung auch zu berücksichtigen, wie sich die Wiedereinbringung der Bauprodukte auf die Dauerhaftigkeit des Bauwerks bzw. des jeweiligen Bauprodukts auswirken kann.

146 Der bloße Verweis auf die Regelungen der **VOB/B** dürfte im Rahmen der Ausschreibung nicht ausreichend sein, um den seitens des Architekten bzw. Ingenieurs geschuldeten Erfolg herbeizuführen. Über § 1 Abs. 1 VOB/B finden die Allgemeinen Technischen Vertragsbedingungen für Bauleistungen **(VOB/C)** Anwendung. Hierzu zählen auch die allgemeinen Regelungen für Bauarbeiten jeder Art (DIN 18299: 2010-04). Gemäß Ziffer 2.1.3 der DIN 18299 müssen Stoffe und Bauteile für den jeweiligen Verwendungszweck geeignet und aufeinander abgestimmt sein. Gemäß Ziffer 2.3.1 müssen Stoffe und Bauteile, die der Auftragnehmer zu liefern und einzubauen hat, die also in das Bauwerk eingehen, ungebraucht sein. Wiederaufbereitete (Recycling-)Stoffe gelten als ungebraucht, wenn sie Abschnitt 2.1.3 entsprechen. Die VOB/C lässt damit den Einsatz von wiederaufbereiteten Stoffen im Grundsatz zu, jedenfalls solange in den weiteren technischen Bestimmungen keine anderen Voraussetzungen formuliert werden. Dies gilt beispielsweise nach der ZTV-ING, dort Ziffer 3.2.2. Hiernach dürfen für die Herstellung von im Boden einbindenden Wänden nur ungebrauchte Spundbohlen verwendet werden.

147 Ohnehin ist die Formulierung der Ziffer 2.3.1 der DIN 18299 kritisch zu hinterfragen. Denn nur „wiederaufbereitete (Recycling-)Stoffe" gelten als ungebraucht, wenn sie Abschnitt 2.1.3 entsprechen. Alle anderen Stoffe gelten als gebraucht und sind gemäß Ziffer 2.3.1 DIN 18299 nicht zulässig. Überträgt man die Definition aus § 3 Abs. 25 KrWG zum Begriff des Recyclings auf die VOB/C, so stellt **Recycling** jedes Verwertungsverfahren dar, durch das Abfälle zu Erzeugnissen, Materialien oder Stoffen entweder für den ur-

---

[169] IbrOK BauVertrR/Zahn § 650p BGB Rn. 195.
[170] BGH 29.9.2011 – VII ZR 87/11, NJW 2011, 3780; BGH 8.11.2007 – VII ZR 183/05, NJW 2008, 511.
[171] BGH 10.11.2005 – VII ZR 137/04, ZfBR 2006, 229; BGH 9.1.2003 – VII ZR 181/00, NJW 2003, 1188.

sprünglichen Zweck oder für andere Zwecke aufbereitet werden. Vom Recycling abzugrenzen ist gemäß § 3 Abs. 24 KrWG die sogenannte **Vorbereitung zur Wiedereinbringung.** Dabei handelt es sich um jedes Verwertungsverfahren der Prüfung, Reinigung oder Reparatur, bei der Erzeugnisse oder Bestandteile von Erzeugnissen so vorbereitet werden, dass sie ohne weitere Vorbehandlung wieder für denselben Zweck verwendet werden können, für den sie ursprünglich bestimmt waren. Die Abgrenzung im Einzelfall ist schwierig. Der Unterschied zwischen einer Vorbereitung zur Wiedereinbringung und einem Recycling soll sich aus der Intensität der Einwirkung auf das jeweilige Material ergeben.[172] Maßnahmen zur Vorbereitung einer Wiedereinbringung erstrecken sich in erster Linie auf solche der Reinigung, des Aussortierens noch gebrauchsfähiger Erzeugnisse oder auch der einfachen Reparaturen ohne wesentlichen Substanzeingriff.[173] Gerade für die eingangs genannten Beispiele (Türen, Fenster, Treppen etc.) stellt sich also die Frage, ob diese im Sinne der DIN 18299 überhaupt als wiederaufbereitete (Recycling-)Stoffe anzusehen sind. Naheliegender dürfte es sein, von einer Vorbereitung einer Wiedereinbringung auszugehen, die jedenfalls nach der Systematik des KrWG nicht mit dem Recycling gleichzusetzen ist. In diesem Fall würde die DIN 18299 und damit die VOB/B gerade nicht den Wiedereinbau von gebrauchten Fenstern, Türen etc. zulassen. Die VOB/C böte damit keine geeignete Grundlage, um das von Architekten bzw. Ingenieuren geschuldete Leistungsziel der Wiedereinbringung von Bauprodukten rechtssicher umzusetzen.

V. Fehlende Berücksichtigung der Vorgaben aus der TaxonomieVO

Die Verordnung (EU) 2020/852 des Europäischen Parlaments und des Rates vom 18.6.2020 über die Einrichtung eines Rahmens zur Erleichterung nachhaltiger Investitionen enthält entsprechend Art. 1 Abs. 1 Kriterien zur Bestimmung, ob eine Wirtschaftstätigkeit als ökologisch nachhaltig einzustufen ist, um damit den Grad der ökologischen Nachhaltigkeit einer Investition ermitteln zu können. In der Debatte um das Thema Nachhaltigkeit auf dem Immobilienmarkt – ob unter dem Schlagwort „ESG" oder im Sinne des Begriffs der „Taxonomiekonformität" – wird diese Verordnung häufig als zentral für die gesetzgeberischen Anforderungen angesehen. Tatsächlich definiert sie (vgl. dazu → Rn. 48 ff., § 2) über einen delegierten Rechtsakt u.a., wann Wirtschaftstätigkeiten in Bezug auf Immobilien als ökologisch nachhaltig anzusehen sind. **148**

Dabei darf nicht übersehen werden, dass diese Verordnung keineswegs grundsätzlich und immer auf sämtliche Tätigkeiten am Immobilienmarkt Anwendung findet. Es handelt sich letztendlich um eine Verordnung, die kraft Verweises ihren Anwendungsbereich erfährt. Dies ist beispielsweise bei der sog. Offenlegungsverordnung der Fall.[174] Aufgrund der im Hinblick auf die Anforderungen der Nachhaltigkeit vielfach bestehenden Unsicherheiten stellt sich die Frage, ob die Beratung im Zusammenhang mit den Vorgaben der Taxomieverordnung zum Leistungsumfang der Architekten bzw. Ingenieure gehört. Dabei ist wie folgt zu differenzieren: **149**

Vom geschuldeten Werkerfolg erfasst ist die Einhaltung der Vorgaben der Taxomieverordnung (vgl. dazu im Einzelnen → Rn. 48 ff., § 2) durch den Architekten bzw. Ingenieur dann, wenn dies Inhalt einer entsprechend bestimmten Leistungszielvereinbarung ist. In diesem Fall gelten die obigen Ausführungen zur Mangelhaftigkeit, wenn die entsprechenden Vorgaben nicht berücksichtigt werden.

Ohne eine entsprechende Leistungszielvereinbarung können die Vorgaben der Taxomieverordnung für den Architekten bzw. Ingenieur allenfalls dann maßgeblich werden, wenn er im Zuge der Grundlagenermittlung gemeinsam mit dem Auftraggeber zu dem Ergebnis kommt, dass diese maßgeblich sind. Das kann entweder dadurch geschehen, dass **150**

---
[172] Landmann/Rohmer/Beckmann § 3 KrWG Rn. 197.
[173] Landmann/Rohmer/Beckmann § 3 KrWG Rn. 197.
[174] Glander/Lühmann/Jesch, Nachhaltigkeitsbezogene Offenlegungspflichten im Finanzdienstleistungssektor unter der Offenlegungsverordnung (Teil 1), BKR 2020, 485.

der Auftraggeber dem Architekten mitteilt, sich ungeachtet des rechtlichen Anwendungsbereiches der Taxonomieverordnung den entsprechenden Vorgaben unterwerfen zu wollen. Daneben kann sich eine entsprechende Verpflichtung auch aus der beabsichtigten Verwendung des beispielsweise zu errichtenden Neubaus ergeben. Handelt es sich bei dem Auftraggeber beispielsweise um einen Projektentwickler mit Fokus auf Immobilienfonds, so liegt eine (fiktive) Anwendung der Offenlegungsverordnung bzw. Taxonomieverordnung nahe, um die spätere Veräußerbarkeit des zu entwickelnden Projektes sicherzustellen. In Bezug auf die Klärung rechtlicher Fragestellungen hinsichtlich der Anforderungen im Einzelnen ist der Architekt verpflichtet, auf die Hinzuziehung fachkundiger Dritter zu verweisen.

151 Fehlt es an einer entsprechenden **Leistungszielvereinbarung** und ergibt sich aus der Grundlagenermittlung weder allgemein noch hinsichtlich der beabsichtigten Verwendung des zu errichtenden bzw. sanierenden Gebäudes die Notwendigkeit der Einhaltung der Vorgaben der Taxonomieverordnung, so ist diese für den von dem Architekten bzw. Ingenieur geschuldeten Erfolg auch nicht maßgeblich. Es handelt sich also nicht um eine „kraft Gesetzes" geschuldete Betrachtung, die der Architekt bzw. Ingenieur im Rahmen seiner Leistung berücksichtigen muss.

VI. Fehlende Berücksichtigung von förderrechtlichen Anforderungen (QNG-Siegel)

152 Eine Architekt bzw. Ingenieur hat bei seinen Leistungen auch wirtschaftlich-finanzielle Gesichtspunkte seines Auftraggebers zu beachten.[175] Dabei gibt es keine allgemeine Verpflichtung, in jeder Hinsicht dessen Vermögensinteressen wahrzunehmen und „so kostengünstig wie möglich" zu bauen.[176] Es kann aber Aufgabe des Architekten sein, auf in dem öffentlichen Bauwesen bestehende wirtschaftliche Vorgaben Rücksicht zu nehmen.[177] So kann ein Architekt bzw. Ingenieur im Rahmen seiner Tätigkeit – gegen ein besonderes Honorar oder ohne zusätzliche Vergütung – auch für den Bauherrn öffentliche Fördermittel beantragen.[178]

153 Im Hinblick auf die Vorgaben der Nachhaltigkeit spielt in der Baupraxis die Förderung verschiedener Bauvorhaben durch die Kreditanstalt für Wiederaufbau (KfW) eine wesentliche Rolle. Über diese werden Förderungen entsprechend der **Bundesförderung für effiziente Gebäude (BEG)** erteilt. Teil dieser Fördermittelprogramme sind auch solche, die mit Hilfe des **Qualitätssiegels nachhaltige Gebäude (QNG)** Bauvorhaben besonders fördern, bei denen die Nachhaltigkeit im Vordergrund steht. Das QNG-Siegel wird erreicht, indem die Voraussetzungen von Systemanbietern wie der Deutschen Gesellschaft für nachhaltiges Bauen (Zertifikate in einer bestimmten Stufe) oder anderen Systemanbietern eingehalten werden. Erfüllt das Bauvorhaben darüber hinaus zusätzliche Anforderungen, so wird ein QNG-Siegel verliehen und das Bauvorhaben ist förderfähig. Für die wirtschaftliche Betrachtung des Bauvorhabens spielen diese Fördermittel in der Regel eine bedeutsame Rolle, was im Umkehrschluss bedeutet, dass deren Entfall zu einem Schaden des Bauherrn führt.

154 Für die Leistungsverpflichtung des Architekten bzw. Ingenieurs können die Anforderungen von Fördermittelgebern in diesem Sinne in zweifacher Hinsicht relevant werden. Denkbar ist es zum einen, dass der Architekt bzw. Ingenieur kraft vertraglicher Vereinbarung zur Beratung und Berücksichtigung von Vorgaben der Fördermittelgeber (hier der KfW) explizit verpflichtet wird. Zum anderen ist es auch denkbar, dass die Fördermittel-

---

[175] BGH 12.6.1975 – VII ZR 168/73, NJW 1975, 1657; BGH 7.7.1988 – VII ZR 72/87, NJW-RR 1988, 1361.
[176] BGH 23.11.1972 – VII ZR 197/71, NJW 1973, 237.
[177] BGH 7.7.1988 – VII ZR 72/87, NJW-RR 1988, 1361.
[178] BGH 29.2.1996 – VII ZR 90/94, NJW 1996, 1889; OLG Bamberg 23.10.1997 – 1 U 57/97, BeckRS 1997, 30891444; OLG München 30.1.2001 – 13 U 4744/00, BauR 2001, 981.

beratung an sich nicht zum Leistungsumfang des Architekten bzw. Ingenieurs gehört. Allerdings kann ein Leistungsziel vereinbart werden, das auf die Erreichung einer Zertifizierung eines bestimmten Systemanbieters in einer bestimmten Stufe lautet. Mit dieser Vereinbarung bezweckt der jeweilige Auftraggeber dann (ohne dass dies im Vertrag mit dem Architekten bzw. Ingenieur besonders geregelt wäre) die Einhaltung förderrechtlicher Vorgaben, beispielsweise des QNG-Siegels.

Hat der Architekt bzw. Ingenieur solche Pflichten übernommen, so muss er sie ordnungsgemäß erfüllen. Verletzt er sie schuldhaft, zB durch eine verspätete Antragstellung oder durch Einreichung unvollständiger oder fehlerhafter Unterlagen, so besteht ein Schadensersatzanspruch nach § 280 BGB.[179] Erhält der Bauherr aus diesem Grunde keine oder weniger Fördermittel, als bei pflichtgemäßer Leistungserbringung des Architekten zugestanden worden wären, so bemisst sich hiernach der Schaden. Gleiches gilt in den Fällen, in denen der Architekt bzw. Ingenieur schuldhaft die Vorgaben des Systemanbieters der Zertifizierung nicht berücksichtigt, so dass das Zertifikat nicht erteilt wird. **155**

---

[179] OLG Bamberg 23.10.1997 – 1 U 57/97, BeckRS 1997, 30891444; BGH 29.2.1996 – VII ZR 90/94, NJW 1996, 1889; KG 7.2.1995 – 21 U 5589/94, IBR 1996, 425; OLG Naumburg 28.11.1996 – 7 U 14/93, BeckRS 1996, 31024731.

§ 9 Der Vertrag mit dem Projektsteuerer

Übersicht

	Rn.
A. Einleitung	1
B. Rechtliche Einordnung des Projektsteuerungsvertrags	5
C. Leistungsbild des Projektsteuerers	11
D. Bezug des Leistungsbildes zur Nachhaltigkeit	15
I. Grundleistungen	17
II. Besondere Leistungen	20
III. Zusätzliche Leistungen zur Erweiterung der AHO	24
E. Leistungen des Projektsteuerers in Bezug auf ESG	29
I. Weites Verständnis von ESG	31
II. ESG im Sinne der EU-Taxonomie	35
F. Vergütung des Projektsteuerers	41
G. Abnahme und Haftung	49
I. Dienstvertrag	51
II. Werkvertrag	53
H. Fortentwicklung der AHO	59

A. Einleitung

Nach der Definition in der Berufsordnung des deutschen Verbands der Projektsteuerer eV (DVP) ist die Projektsteuerung die neutrale und unabhängige Wahrnehmung von Bestellerfunktionen in technischer, wirtschaftlicher, organisatorischer und rechtlicher Hinsicht.[1] 1

In immer mehr Bauvorhaben werden Projektsteuerer eingesetzt und übernehmen für den Auftraggeber unterschiedliche Aufgaben. Insbesondere bei komplexen Bau- und Immobilienprojekten ist der Einsatz eines Projektsteuerers zur Realisierung der befristeten Projektaufgaben und der Koordination der unterschiedlichen Beteiligten häufig essenziell. Mittlerweile haben sich die Aufgaben des Projektsteuerers derart ausgeweitete, dass bereits von einer dritten, selbständigen Säule neben den planenden und errichtenden Tätigkeiten gesprochen wird.[2] 2

Dabei unterliegt die Rolle des Projektsteuerers regelmäßig Anpassungen und Änderungen. Es haben sich neue methodische Herangehensweisen ausgebildet, wie agile Methoden, Lean oder Building Information Modelling, daneben haben sich aber auch Vergütungs- und Vertragskonzepte ausdifferenziert und neue Leistungsbildkombinationen sind hinzugekommen.[3] Vor einer erneuten Anpassung und Änderung steht das Leistungsbild des Projektsteuerers, wenn es um Nachhaltigkeit in der Bau- und Immobilienbranche geht. 3

Erste Stimmen aus der Branche der Projektsteuerung selbst gehen davon aus, dass Themen rund um Nachhaltigkeit insbesondere in den Leistungen der Projektsteuerer verankert werden sollen. Vor dem Hintergrund, dass der Projektsteuerer häufig „der Erste" im Bauvorhaben ist und zumeist auch als genereller Ansprechpartner durch die Auftraggeber angesehen wird, scheinen wegweisende Themen hier richtig aufgehoben. Nachhaltigkeit in der Bau- und Immobilienbranche lässt sich zudem häufig nur am Anfang eines Bauvorhabens, gleich ob Neubau oder Umbau umsetzen. 4

---

[1] Messerschmidt/Voit/Cramer C. Rn. 97.
[2] Eschenbruch, Projektmanagement und Projektsteuerung für die Immobilien- und Bauwirtschaft, Rn. 3 mwN.
[3] Eschenbruch, Projektmanagement und Projektsteuerung für die Immobilien- und Bauwirtschaft, 5. Aufl. 2021, Rn. 7 mwN.

B. Rechtliche Einordnung des Projektsteuerungsvertrags

5   Kernziel des Projektsteuerungsvertrages ist es, dass der Projektsteuerer Aufgaben und Funktionen des Auftraggebers wahrnimmt, insbesondere im Hinblick auf Koordination, Überwachung und Fortschreibung von Zielen.

6   Bei dieser Kombination von Kontroll- und Organisationsleistungen einerseits und Führungs- und Leitungsaufgaben andererseits wird noch immer darauf hingewiesen, dass die rechtliche Einordnung des Projektsteuerungsvertrages vom Einzelfall abhängig ist.[4] Dies ist sicherlich korrekt. Jedoch hat sich in der Rechtsprechung[5] mittlerweile überwiegend durchgesetzt, dass bei Leistungen des Projektsteuerers, die auf die Errichtung oder den Umbau von Bauvorhaben gerichtet sind, der Charakter der **Planungs- und Überwachungsleistungen** so im Vordergrund steht, dass von einer werkvertraglichen Leistung im Sinne des § 631 BGB auszugehen ist.[6] Entsprechend ist die Leistung des Projektsteuerers erfolgsbezogen zu erbringen.

7   Selbst wenn sonstige Leistungen hinzutreten, die überwiegend tätigkeitsorientiert sind, ist nicht automatisch von einem **Dienstvertrag** nach §§ 611 ff. BGB oder dem Vorliegen von zwei getrennten Vertragstypen auszugehen. Vielmehr ist der **Schwerpunkt des Vertrages** für die Einordnung als **Dienstvertrag** nach §§ 611 ff.- oder **Werkvertrag** nach §§ 631 ff. BGB entscheidend. Denn auch Projektsteuerungsverträge sind einem einheitlichen schuldrechtlichen Vertragstyp zuzuordnen, der sich nach dem Schwerpunkt der vertraglichen Verpflichtung bestimmt – wobei überwiegend die **erfolgsorientierte Leistungszusage** im Mittelpunkt des Vertrages steht.

8   Hierfür spricht auch die Regelung des §§ 650p ff. BGB, die seit dem 1. Januar 2018 das Bauvertragsrecht ergänzt:

(1) Durch einen Architekten- oder Ingenieurvertrag wird der Unternehmer verpflichtet, die Leistungen zu erbringen, die nach dem jeweiligen Stand der Planung und Ausführung des Bauwerks oder der Außenanlage erforderlich sind, um die zwischen den Parteien vereinbarten Planungs- und Überwachungsziele zu erreichen.
(2) Soweit wesentliche Planungs- und Überwachungsziele noch nicht vereinbart sind, hat der Unternehmer zunächst eine Planungsgrundlage zur Ermittlung dieser Ziele zu erstellen. Er legt dem Besteller die Planungsgrundlage zusammen mit einer Kostenschätzung für das Vorhaben zur Zustimmung vor.

9   Zwar sprechen diese Regelungen Architekten- und Ingenieurverträge an, dieser Begriff ist aber nicht personen- sondern leistungsbezogen zu sehen. Einerseits hatte der BGH dies für die HOAI bereits 1997 entschieden[7], andererseits ist dieser Vertragstyp als eigener Untertitel des **Werkvertrages** verortet und zudem wird der Begriff „*Unternehmer*" verwendet, was auf die Leistungsbezogenheit hindeutet.[8] Die Regelung in § 650p BGB spricht von **Planungs- und Überwachungszielen,** worunter Leistungsziele verstanden werden.[9] Gerade diese Überwachungsziele stehen bei Projektsteuerern im Fokus, da ihre Leistung auf die Überwachung und Steuerung der übrigen Projektbeteiligten ausgerichtet ist.

10 Entsprechend ist nur in Ausnahmefällen vom Vorliegen eines **Dienstvertrages** nach §§ 611 ff. BGB auszugehen, wenn entweder eine finanzwirtschaftliche Betreuung im Sinne des **Projektcontrollings** im Vordergrund steht oder eine punktuelle Beratung zu Einzel-

---

[4] MüKoBGB/Busche § 631 Rn. 160.
[5] Insbesondere nach dem Urteil des BGH vom 10. Juni 1999, VII ZR 215/98 und weiteren oberlandesgerichtlichen Entscheidungen wie OLG Celle, Urteil vom 10. März 2020, AZ: 14 U 32/16 und OLG Dresden, Urteil vom 21. Juni 2001, AZ: 16 U 3229/98.
[6] Eschenbruch, Projektmanagement und Projektsteuerung für die Immobilien- und Bauwirtschaft, 5. Aufl. 2021, Rn. 7.
[7] BGH 22.5.1997 – VII ZR 290/95, BGHZ 136, 1.
[8] Eschenbruch, Projektmanagement und Projektsteuerung für die Immobilien- und Bauwirtschaft, 5. Aufl. 2021, Rn. 1267.
[9] Langen/Berger/Dauner-Lieb/Berger § 650p Rn. 34.

fragen technischer und/oder wirtschaftlicher Art bzw. eine (meist zeitlich beschränkte) Unterstützungsleistung durch zusätzliches Personal geschuldet wird.

C. Leistungsbild des Projektsteurers

Ein gesetzliches Leistungsbild für Projektsteuerer gibt es nicht. Marktstandard für die Projektsteuerung ist das **AHO-Leistungsbild,** das die wesentlichen Anforderungen bei der Realisierung von Bauprojekten für Auftraggeber abdeckt.[10] Es steht den Vertragsparteien aber frei, ob dieses AHO-Leistungsbild auch vertraglich vereinbart wird oder ob im Vertrag eine eigenständige Definition der Leistungen des Projektsteuerers vorgenommen wird. 11

Kern des Projektsteuerungsvertrages ist somit die Beschreibung der vereinbarten Leistungen im Vertrag oder durch Verweis auf eine vertragliche Anlage. Dies hatte auch das OLG Celle 2015 noch einmal bekräftigt: 12

„Es gibt kein allgemeingültiges Leistungsbild und keine Beschreibung, die verbindlich die Leistungspflichten regeln würde. Die Einzelheiten sind allein den konkreten vertraglichen Absprachen zu entnehmen."[11]

Gibt es somit im Nachgang Streitigkeiten über die Ausgestaltung der Leistungspflichten oder deren Reichweite, ist der konkrete Projektsteuerungsvertrag nach den gängigen Auslegungsmethoden des BGB zu bewerten. 13

Vertraglich werden die Leistungen des Projektsteuerers entweder tätigkeitsorientiert oder ergebnisorientiert beschrieben. Über die Jahre hat sich insbesondere auch anhand des **AHO-Leistungsbildes, Heft Nr. 9,** eine gewisse Terminologie herausgebildet, die hierbei verwandt wird. Auftraggeber sind dabei frei, auf welche Weise sie die Leistungen des zu beauftragenden Projektsteuerers beschreiben: abstrakte Handlungsbereiche und Aufgaben für das eher tätigkeitsorientierte Leistungsbild werden gelegentlich auch mit konkreten Anforderungen an Arbeitsergebnisse gemischt. Nicht unüblich ist es, dass der Auftraggeber sogar noch darüber hinausgeht und Leistungen funktional beschreibt, um konkrete Projektziele für den Projektsteuerer vorzugeben. 14

D. Bezug des Leistungsbildes zur Nachhaltigkeit

Neben den **Grundleistungen** und **Besonderen Leistungen** aus Heft Nr. 9 AHO, findet zunehmend eine Erweiterung der Leistungen z.B. aus Heft Nr. 19 AHO für die Projektsteuerung statt. Ansatzpunkte für Nachhaltigkeit in der Bau- und Immobilienbranche finden sich bereits in Heft Nr. 23 AHO – Wärmeschutz und Energiebilanzierung – und in Heft Nr. 33 AHO – Leistungen für Nachhaltigkeitszertifizierung, Beispielhafte Betrachtung für das Leistungsbild Objektplanung Gebäude und Innenräume. 15

In Bezug auf Nachhaltigkeit ist für Auftraggeber zu unterscheiden: einerseits stellt sich die Frage, welche Leistungen sie in dieser Hinsicht von Projektsteuerern bereits heute erwarten können, wenn die **Grundleistungen** bzw. die **Besonderen Leistungen** des Heftes Nr. 9 AHO vereinbart werden; andererseits ist für Auftraggeber häufig unklar, welche darüberhinausgehenden **Zusätzlichen Leistungen** sie sinnvollerweise beauftragen können. 16

---

[10] Eschenbruch, Projektmanagement und Projektsteuerung für die Immobilien- und Bauwirtschaft, 5. Aufl. 2021, Rn. 175.
[11] OLG Celle 27.8.2015 – 16 U 41/15, IBR 2018, 209.

I. Grundleistungen

17   Die AHO hatte für Heft 9 in der aktuellen 5. Auflage keine Nachhaltigkeitsthemen explizit im Blick. Betrachtet man daher die **Grundleistungen** aus Heft Nr. 9, AHO, findet sich nur unter Projektvorbereitung, C, Kosten und Finanzierung, Nr. 4 folgender Ansatzpunkt:

„Mitwirken bei der Ermittlung und Beantragung von Investitions- und Fördermitteln"

18   Die AHO hat hierbei nicht im Sinn, dass der Projektsteuerer auch als Fördermittelberater agieren muss. Dies wäre angesichts der ständig wechselnden Förderlandschaft und der vielfältigen Optionen auch nicht zielführend. Entsprechend erläutert die AHO, dass der Projektsteuerer bei der Ermittlung und Beantragung von Fördermitteln mitwirkt und somit verpflichtet ist:

„Ergebnisse anderer zusammenzutragen und in einen entscheidungsfähigen Prozess zu übertragen"

19   **Grundleistung** des Projektsteuerers ist somit, den Auftraggeber bei der Projektabwicklung im Rahmen der übernommenen technisch/wirtschaftlichen Aufgabenstellung so zu unterstützen, dass die Projektabwicklung förderverträglich verläuft, etwa Förderanforderungen im Kostenmanagement Berücksichtigung finden. Auch eine förderspezifische Aufgliederung von Kosten gehört grundsätzlich zu den Grundleistungen der Projektsteuerung. Der Projektsteuerer ist aber nicht verpflichtet, den Auftraggeber bei komplexeren Förderprogrammen zur Inanspruchnahme von Förderungen und zur Abstimmung mit Beteiligten des Förderprozesses zu vertreten – zudem werden Förderanträge typischerweise zwingend durch **Energie-Effizienz-Experten** gestellt. Die Bewältigung entsprechender Förderanforderungen stellt typischerweise erhebliche Anforderungen an Unterstützungsleistungen und führt zu einem erheblichen Mehraufwand. Dementsprechend ist schon im Leistungsbild des Projektsteuerungsvertrages genau herauszuarbeiten, welche Leistungen der Projektsteurer in dieser Hinsicht zu erbringen hat. Insbesondere die Anfertigung von Verwendungsnachweisen nimmt Zeit in Anspruch.

II. Besondere Leistungen

20   Für viele Auftraggeber dreht sich der Begriff Nachhaltigkeit um die mögliche Zertifizierung des Bauvorhabens. Auch wenn die Umsetzung der Zertifizierung durch speziell ausgebildete und zugelassene Auditoren bzw. Sachverständige erfolgt,[12] wird die Erlangung des Zertifikats häufig auch Vertragspflicht des Auditors. Insbesondere Auftraggeber, die erfolgsbezogene Tätigkeiten des Projektsteuerers als Leistung vorsehen oder Leistungen funktional beauftragen, neigen dazu, auch dieses Ziel aufzunehmen. Blickt man in Heft Nr. 9 AHO, erkennt man, dass Zertifizierungen als **Besondere Leistungen** vorgesehen werden können. Dabei nennt die AHO diese Begrifflichkeit nicht ausdrücklich, allerdings kann man die Zertifizierung z. B. unter

„Projektvorbereitung, C, Kosten und Finanzierung, Nr. 2: Mitwirken bei der Ermittlung und Beantragung von mehreren und/oder komplexen Förderprogrammen"

oder unter

„Projektvorbereitung, B, Qualitäten und Quantitäten, Nr. 1: Bedarfsplanung"

fassen.

21   Von umfassender Bedeutung ist das Bedürfnis des Auftraggebers, sich in Bezug auf Nachhaltigkeit ganzheitlich beraten zu lassen. Die ganzheitliche Beratung ist unter mehreren Gesichtspunkten relevant:

---

[12] → § 6 Rn. 16 ff.

- **Optimierung des Gesamtprozesses:** Eine ganzheitliche Beratung ermöglicht es, den gesamten Bauprozess im Hinblick auf Nachhaltigkeit zu optimieren. Dies betrifft neben Fragen der Gestaltung der Baustelle[13] auch den Einsatz von Materialien[14] oder die Frage, welche Zertifikate[15] angestrebt werden.
- **Risikomanagement:** Durch die ganzheitliche Betrachtung werden potenzielle Risiken und Herausforderungen in verschiedenen Phasen des Projekts identifiziert und proaktiv angegangen. Dies hilft, unnötige Kosten, Verzögerungen und Konflikte zu vermeiden und kann zu vergünstigten Konditionen in der Finanzierung[16], aber auch zur Versicherung[17] konkreter Risiken führen, die im Zusammenhang mit Nachhaltigkeit stehen.
- **Kostenkontrolle:** Ganzheitliche Beratung ermöglicht eine genauere Kostenprognose und -kontrolle über den gesamten **Lebenszyklus** des Projekts. Dies ist entscheidend, um sicherzustellen, dass das Budget eingehalten wird und unvorhergesehene Ausgaben minimiert werden. Insbesondere, da sich aktuell bei nachhaltigen Bauvorhaben häufig ein Konflikt zwischen Einhaltung der Kostenobergrenze und Umsetzung der Nachhaltigkeitsziele auftut.
- **Nachhaltigkeit** und **Umweltverträglichkeit:** Die Integration von Nachhaltigkeitsaspekten in die Beratung ermöglicht es, umweltfreundliche Praktiken und Materialien von Anfang an zu berücksichtigen. Dadurch können Ressourcen zB durch den Einsatz von Madaster oder Concular effizienter genutzt und ökologische Auswirkungen minimiert werden.
- **Stakeholder-Management:** Eine umfassende Beratung berücksichtigt die Interessen verschiedener Stakeholder, einschließlich Anwohner, potenzieller Investoren und Nutzer. Dies kann auch dazu führen, dass von Anfang an Anforderungen von Nutzern wie GRESB[18] berücksichtigt werden.
- **Qualitätssicherung:** Die ganzheitliche Betrachtung gewährleistet eine umfassende Qualitätskontrolle während des gesamten Bauprozesses. Dies hilft, die Anforderungen und Erwartungen des Auftraggebers zu erfüllen und die Qualität des Endprodukts sicherzustellen.
- **Langfristige Werterhaltung:** Durch die Berücksichtigung von Betriebs- und Wartungsaspekten wird sichergestellt, dass das Bauvorhaben langfristig funktionsfähig und kosteneffizient bleibt. Dies trägt dazu bei, den Wert der Investition über die Zeit zu erhalten.[19]

Die AHO sieht in Heft Nr. 9 vor, dass es an sich Sache des Auftraggebers ist, eine 22 Bedarfsplanung zu erstellen. Diese nach **DIN 18205:2016-11 („Bedarfsplanung im Bauwesen")** erstellte Bedarfsplanung mit konkreten Projektzielen sollte somit bei Einschaltung des Projektsteuerers vorliegen und das entsprechende Bedarfsprogramms mit Festlegung eines Funktions-, Raum- und Ausstattungsprogramms enthalten.[20] In den einzelnen Schritten
- „Projektkontext klären"
- „Projektziele festlegen"
- „Informationen erfassen und auswerten"
- „Bedarfsplan erstellen"

wird der Bedarf erarbeitet. Da hierfür an vielen Stellen auf die Aufgaben der Projektentwicklung zurückgegriffen werden muss, kann der Projektsteuerer davon ausgehen, dass diese Leistung als sogenannten *„Leistungsphase 0"* erbracht ist. Der Begriff der Leistungs-

---

[13] → § 12 Rn. 28.
[14] → § 12 Rn. 30.
[15] → § 6 Rn. 2 ff.
[16] → § 15 Rn. 42 ff.
[17] → § 14 Rn. 19 ff.
[18] → § 2 Rn. 114.
[19] → § 13 Rn. 17 ff.
[20] Eschenbruch, Projektmanagement und Projektsteuerung für die Immobilien- und Bauwirtschaft, 5. Aufl. 2021, Rn. 474.

phase 0 wird bereits seit mehr als 20 Jahren verwandt, ist aber nicht trennscharf definiert und wird sowohl für Projektsteuerer als Bedarfsplanung verstanden als auch als Phase 0 in der HOAI – vor der Grundlagenermittlung in Leistungsphase 1 HOAI. Korrekterweise muss jedoch unterschieden werden, was der Auftraggeber mit dieser Begrifflichkeit bezweckt. Denn die Ermittlung des Bedarfs ist nicht den HOAI-Leistungen zuzuordnen, sondern eine echte Auftraggeber-Aufgabe, der auch die Kosten (DIN 276/ KG 712) zu tragen hat.

23 Aufgabe des Projektsteuerers soll nach AHO nur sein, den Auftraggeber zu diesen definierten Projektzielen zu beraten bzw. maximal bei der Festlegung der Projektziele mitzuwirken. Aktuell ist es somit dem Auftraggeber überlassen, den Aspekt des nachhaltigen Bauens in das Bauvorhaben einzubringen und den Projektsteuerer aktiv auf diesen Bereich aufmerksam zu machen. Nach dem aktuell gültigen **AHO-Leistungsbild** kann ein Projektsteuerer bei Beauftragung somit von einer Bedarfsplanung mit zumindest grob definierten Projektzielen ausgehen, die somit auch ggf. Angaben zum nachhaltigen Bauen enthalten. Dies bedeutet, dass aktuell der Projektsteuerer nicht verpflichtet ist, den Auftraggeber aktiv im Hinblick auf nachhaltiges Bauen als Projektziel zu beraten. In der Realität wird der Auftraggeber gut beraten sein, die Bedarfsplanung als **Besondere Leistung** an den Projektsteuerer zu übertragen, um die erstmalige Erarbeitung eines eigenständigen Zielkatalogs für Nachhaltigkeit einzuholen.

III. Zusätzliche Leistungen zur Erweiterung der AHO

24 Die AHO geht in Heft Nr. 9 davon aus, dass der Projektsteuerer seine Leistungen auf Basis einer vollständigen Bedarfsplanung erbringt. Gleichwohl sieht die Realität zu Beginn der Beauftragung häufig anders aus:

„Ziele zur Funktionalität, zur technischen Qualität, zur Gestaltungsqualität und zur Sicherstellung von Gesundheit, Behaglichkeit und Zufriedenheit des Nutzers"[21]

werden oft erst in Zusammenarbeit mit den (meist noch zu beauftragenden) Planern definiert, zum Teil ist der Nutzer auch erst nach der Genehmigungsplanung bekannt. Insbesondere in der aktuellen Zeit steht auch nicht sicher fest, dass der Nutzer, den der Auftraggeber im Blick hatte, auch im Nachgang tatsächlich einzieht. Dies führt u. a. auch dazu, dass

„Ziele zum Gebäudelebenszyklus, z. B. geplante Nutzungsdauer, und den damit verknüpften Kosten und Terminen"[22]

an sich nicht zum Zeitpunkt der Bedarfsplanung benannt werden können.

25 Dies liegt nicht nur an terminlichen Abhängigkeiten (wie am Beispiel des noch nicht gefundenen Nutzers zu Projektstart), sondern auf Grund der Komplexität auch an fehlendem Fachwissen innerhalb der Auftraggeberschaft, wie zB der Begriff *„ESG"*[23] zeigt. Durch die **Offenlegungsverordnung**[24] und die **EU-Taxonomie**[25] begegnet man dem Begriff überall, es werden entsprechende Förderprogramme ins Leben gerufen, die Banken fordern ESG-konforme Investments und alles, ohne dass *„ESG"* abschließend definiert wurde. Und wenn das Thema selbst für Experten noch mehr Fragen als Antworten aufwirft, wie soll Auftraggebern dann anders gehen?

26 Ist der Auftraggeber somit nicht selbst im Bilde, welche Anforderungen er an Nachhaltigkeitsziele stellt und wie diese im Projekt umzusetzen sind, ist er entweder darauf angewiesen, einen Projektsteurer zu beauftragen, der ihn umfassend unterstützt oder durch Dritte

---

[21] DIN 18205:2016-11.
[22] DIN 18205:2016-11.
[23] Kurzform für Environmental (Umwelt), Social (Soziales), Governance (Unternehmensführung).
[24] → § 2 Rn. 5 ff.
[25] → § 2 Rn. 18 ff.

die Vertragsgestaltung übernehmen zu lassen. In den letzteren Fällen ist es unerlässlich, die **Grundleistungen** und **Besonderen Leistungen** der AHO Heft Nr. 9 zu erweitern. Diese „**Zusätzlichen Leistungen**" können nicht abschließend festgelegt und definiert werden, sondern sind dynamisch fortzuentwickeln. Als Beispiele können dienen:

- **Mitwirkung bei der Aufstellung einer projektbezogenen Nachhaltigkeitsstrategie:**
  Die Erstellung einer projektbezogenen Nachhaltigkeitsstrategie sollte üblicherweise am Beginn der Projektvorbereitung[26] stehen und sich in die übergeordnete Nachhaltigkeitsstrategie des Auftraggebers eingliedern. Neben den zwingenden gesetzlichen und rechtlichen Vorgaben ist die Berücksichtigung der Marktkompatibilität (Stakeholder, Zertifizierungen, Fördermittel, Bankenanforderungen) unerlässlich. In der eigentlichen Strategie selbst sind zudem Themen wie Energieeffizienz, Ressourceneffizienz und Flächeneffizienz zu berücksichtigen.

- **Mitwirkung bei der Klärung der AG-seitigen nachhaltigen Rahmenbedingungen des Bauvorhabens:**
  Viele Auftraggeber haben im Zusammenhang mit dem Lieferkettensorgfaltspflichtengesetz[27] oder den kommenden Berichtspflichten[28] bereits begonnen, unternehmensinterne Vorgaben wie einen Code of Conduct oder einen Leitfaden zu erstellen. Diese können u. a. die nachhaltigen Rahmenbedingungen bilden, die der Auftraggeber an das Bauvorhaben stellt. Erweitert werden diese ggf. durch unternehmensinterne Nachhaltigkeitsstrategien oder -ziele.

- **Vorschlagen, Abstimmen und Steuern der Einbindung der erforderlichen Nachhaltigkeitsexperten:**
  Abhängig von der projektbezogenen Nachhaltigkeitsstrategie und den Rahmenbedingungen des Bauvorhabens sind unterschiedliche Experten hinzuzuziehen, einzubinden und schlussendlich zu steuern. Zertifizierungsberater, Energieberater und Bauphysiker sind sinnvollerweise in der Projektvorbereitung[29] hinzuzuziehen. Sofern erforderlich sollten Schnittstellen zu digitalen Tools wie Building Information Modelling (BIM), Madaster oder Concular ausgebildet werden.

- **Mitwirken bei der Erstellung des Kostenrahmens und Nutzungskostenrahmens unter Zugrundelegung der projektspezifischen Nachhaltigkeitsstrategie:**
  Im Handlungsbereich C – Kosten und Finanzierung – der Projektvorbereitung ist für den Kostenrahmen essenziell, welche Nachhaltigkeitsstrategie vorliegen und welche Anforderungen auch in finanzieller Hinsicht an das Bauvorhaben gestellt werden. Der Einsatz nachhaltiger Materialien und Anlagen ist zu berücksichtigen und auch, welche Wirtschaftlichkeitsberechnungen über den gesamten Lebenszyklus angestellt werden müssen (zB auch Variantenberechnungen je nach Material und TGA-Konzept sowie deren Auswirkungen auf Kosten und Termine).

- **Mitwirkung bei der Auswahl und Beantragung nachhaltiger Investitions- und Fördermittel:**
  Sowohl die Möglichkeiten, günstigere Finanzierungen von Banken zu erhalten, als auch die zur Auswahl stehenden Fördermittel und deren Anforderungen, sind noch einem sich stetig fortentwickelnden Prozess unterworfen. Es fehlt an einheitlichen Vorgaben von Banken, ob zB ein Zertifikat oder die Berechnung einer **Ökobilanz** erforderlich ist, damit Zinsen sinken. Förderprogramme werden fortlaufend neu aufgelegt, ändern Kriterien und Auszahlungsvoraussetzungen. Wird kein Fördermittelberater beauftragt, kann diese **Zusätzliche Leistung** auch an den kundigen Projektentwickler weitergegeben

---

[26] AHO Heft Nr. 9, Projektstufe I: Projektvorbereitung (Handlungsbereich A – Organisation, Information, Koordination und Dokumentation).
[27] → § 2 Rn. 105 ff.
[28] CSRD-Richtlinie, RL (EU) 2022/2464, → § 2 Rn. 43 ff.
[29] AHO Heft Nr. 9, Projektstufe I: Projektvorbereitung (Handlungsbereich A – Organisation, Information, Koordination und Dokumentation).

werden. Angelehnt an des Leistungsbild „Fördermittelmanagement des DVP" können hier Leistungen wie
- „das Recherchieren der Förderprogramme und fördermitteltechnische Beratung",
- „die Erstellung von Entscheidungsvorlagen zur Auswahl des oder der Förderprogramme",
- „die Ermittlung bzw. Verbesserung der Zielkompatibilität in Bezug auf Förderprogramme",
- „Strukturierung des Fördergegenstands und das Vorbereiten der Fördermittelbeantragung" und
- „Mitwirken bei der Kosten- und Finanzierungsübersicht"

beauftragt werden. Dabei ist nach § 5 Abs. 2 Nr. 3 RDG zu beachten, dass der Projektsteuerer auch Rechtsdienstleistungen als erlaubte Nebenleistungen im Zusammenhang mit der Fördermittelberatung erbringen darf.

- **Integration der Maßnahmen aus der projektspezifischen Nachhaltigkeitsstrategie in den Terminrahmen:**
Die Auswirkungen der Nachhaltigkeitsstrategie auf den Terminrahmen ist insbesondere im Hinblick auf einzuhaltenden Fristen aus Förderprogrammen oder Zertifizierungssystemen von Belang. Die Besonderheiten der Fördermittelprogramme im Hinblick auf die noch abzuschließenden Verträge mit den Ausführenden sind im Terminrahmen zu beachten (Stichwort: **Fördermittelschädlichkeit**).

- **Erstellung und Abstimmung zugeschnittener Leistungsbilder für Planer und Nachhaltigkeitsexperten unter Berücksichtigung der projektspezifischen Nachhaltigkeitsstrategie:**
Nicht nur für den Projektsteuerer fehlt es an gesetzlichen und/oder vertraglichen Leistungsbildern in Bezug auf Nachhaltigkeit.[30] Auch für Planer und Nachhaltigkeitsexperten enthalten z. B. HOAI oder BGB keine ausreichenden Angaben. Umso wichtiger ist es, dass die Nachhaltigkeitsziele auch in den weiteren Verträgen des Auftraggebers so verankert werden, dass diese auch erfolgreich umgesetzt werden können. Gerade die Leistungsbilder des Planers sind auf die Umsetzung der projektspezifischen Nachhaltigkeitsstrategie zu untersuchen und anzupassen. An dieser Stelle verschwimmen häufig die Grenzen zwischen **Zusätzlicher Leistung** des Projektsteuerers und (un-)zulässiger) Rechtsberatung. Nach § 2 Abs. 1 RDG ist grundsätzlich jede Tätigkeit in konkreten fremden Angelegenheiten eine Rechtsdienstleistung, sobald sie eine rechtliche Prüfung des Einzelfalls erfordert. Diese können nach § 5 RDG auch durch Projektsteuerer in zulässiger Weise erbracht werden, wenn die Rechtsdienstleistung nur als Nebenleistung zur Haupttätigkeit erbracht wird oder eine Ausnahme nach § 5 Abs. 2 RDG vorliegt.

- **Analysieren und Bewerten der Koordinationsleistungen des Objektplaners bezogen auf die Nachhaltigkeitsziele, Sicherstellung der Einbindung der Nachhaltigkeitsexperten in die Ausführungsplanung sowie den Ausschreibungs- und Vergabeprozess:**
In der Projektstufe III – Ausführungsvorbereitung – ist im Handlungsbereich B, Qualitäten und Quantitäten, besonderes Augenmerk auf die Leistungen von Objektplaner und Nachhaltigkeitsexperten zu legen. Hierbei hat der Projektsteuerer auch sicherzustellen, dass die projektspezifische Nachhaltigkeitsstrategie zB über Ergänzung von Ausschreibungsunterlagen oder Leistungsverzeichnissen auch in der Ausführung sichergestellt werden. Neben Angaben zum nachhaltigen Betrieb einer Baustelle, können hier Angaben zur Materialität, deren Dokumentation oder zur Entsorgung und dem Entsorgungsmanagement untergebracht werden.
In diesem Zusammenhang sollte der Auftraggeber sich hinsichtlich der Koordination der unterschiedlichen Beteiligten überlegen, vergegenwärtigen, wer diese Koordination leitet,

---

[30] → § 8 Rn 74 ff.

für Abstimmungen der Beteiligten zuständig ist und auch sicherstellt, dass die Beteiligten die projektspezifische Nachhaltigkeitsstrategie auch umfassend auf allen Ebenen umsetzen.
- **Steuerung der Überprüfung der Angebote, ggf. Nebenangebote oder Sondervorschläge mit unmittelbaren und mittelbaren Auswirkungen auf die vorgegebenen Nachhaltigkeitsziele:**
Lässt der Auftraggeber sich Nebenangebote und Sondervorschläge unterbreiten, ist deren Auswertung ebenfalls als **Zusätzliche Leistung** vorzusehen; auch die Dokumentation der abschließenden Ergebnisse sollte als Leistung beauftragt werden. Insbesondere ist bei Nebenangeboten und Sondervorschlägen der Lebenszyklusansatz des Bauvorhabens in allen Teilen zu berücksichtigen.
Der **Lebenszyklusansatz** eines Produktes oder einer Immobilie besteht aus mehreren Phasen: Herstellungsphase der Materialien, Bau- bzw. Konstruktionsphase, Betriebs- bzw. Nutzungsphase und Abbruch. Man spricht von sogenannten Systemgrenzen, wenn einzelne oder mehrere dieser Phasen bei der Betrachtung der Emissionen ausgeschlossen oder miteinbezogen werden. Dabei gibt es drei unterschiedliche Betrachtungsweisen für den Lebenszyklus von Produkten oder Immobilien. Man unterscheidet:
- **Cradle to Gate:** hierbei werden die Umweltwirkungen für die Produktion des Baustoffs berücksichtigt: vom Abbau der Rohstoffe bis zur Bereitstellung der fertigen Produkte am Werkstor des Herstellers (darauffolgende Transporte zur Baustelle fallen bereits raus).
- **Cradle to Grave:** Betrachtung des Produkts/der Immobilie darüber hinaus bis zum Ende der Nutzungsdauer.
- **Cradle to Cradle:** neben dem eigentlichen Lebenszyklus des Produkts/der Immobilie und den hierin auftretenden Umwelteinwirkungen werden auch Gutschriften bzw. Belastungen für nachfolgende Produktlebenszyklen betrachtet (insbesondere bei recyclingfähigen Produkten relevant).
- **Analysieren und Bewerten der Erreichung der Nachhaltigkeitsziele unter Einbindung der Nachhaltigkeitsexperten:**
In der Projektstufe IV – Ausführung – ist im Handlungsbereich B, Qualitäten und Quantitäten, besonderes Augenmerk auf den Bereich Bewerten und Steuern der Leistungen der Planungsbeteiligten zu richten. Denn auch die Ausführung ist als wichtige Weichenstellung dahingehend zu sehen, ob die projektspezifische Nachhaltigkeitsstrategie auch im Bauvorhaben umgesetzt und verankert wird. Häufig wird der Projektsteuerer hierzu der Unterstützung der sonstigen Nachhaltigkeitsexperten im Projekt bedürfen – die Ergebnisse der Bewertung sind ebenfalls zu dokumentieren.

Die Aufzählung der **Zusätzlichen Leistungen** ist nur beispielhaft zu sehen und erhebt 27 keinen Anspruch auf Vollständigkeit. Vielmehr sollte der Auftraggeber zu Beginn des Projekts genau prüfen, welche weiteren Anforderungen er an die Beauftragung des Projektsteuerers stellt und welche Zusätzlichen Leistungen hierzu erbracht werden müssen.

Aus rechtlicher Sicht ist dringend zu empfehlen, die **Zusätzlichen Leistungen,** die der 28 Auftraggeber beauftragen will, im Vertrag oder seinen Anlagen möglichst klar und verständlich zu beschreiben. Hierbei ist auch Wert darauf zu legen, dass die **Zusätzlichen Leistungen** definiert bzw. im Detail beschrieben werden. Andernfalls sind die Parteien bei Streitigkeiten über Umfang und Reichweite der Leistungen auf die juristischen Auslegungsmethoden angewiesen.

E. Leistungen des Projektsteuerers in Bezug auf ESG

Gibt der Auftraggeber dem Projektsteuerer vor, dass das Bauvorhaben *„ESG-konform"* zu 29 errichten ist, ist es zunächst Aufgabe des Projektsteuerers, diese Leistungsanfrage richtig einzuordnen. Wie bereits dargestellt, ist aktuell nicht rechtssicher definiert, was „ESG" bedeutet.[31] Viele Auftraggeber verwenden diesen Begriff als Synonym für Nachhaltigkeit in allen Facetten, dabei ist aus rechtlicher Perspektive ESG im Sinne der **EU-Taxonomie** wesentlich kürzer gefasst. Hier ist zu beachten, dass bislang von der EU nur das „E" von ESG definiert ist.[32]

30 Gleichwohl ist der Projektsteuerer im Rahmen der Grundleistungen der Projektvorbereitung nach A Organisation, Information, Koordination und Dokumentation (handlungsbereichsübergreifend)

„Mitwirken bei der Klärung der projektspezifischen Rahmenbedingungen"

bereits gehalten, diese Aufgabenstellung des Auftraggebers zu klären. Nach dieser **Grundleistung** ist der Projektsteuerer gehalten, die projektspezifischen Festlegungen zu hinterfragen, weiter zu differenzieren und auch ergänzende Informationen einzuholen. Bei einer rechtlich unklaren Vorgabe wie *„ESG-Konformität"* ist der Projektsteuerer verpflichtet, hier bei seinem Auftraggeber detailliert nachzufragen.

I. Weites Verständnis von ESG

31 Stellt sich bereits im Rahmen der Projektvorbereitung heraus, dass der Auftraggeber ein weites Verständnis des Begriffs ESG hat, ist zu differenzieren, ob der Projektsteuerer dies im Rahmen der **Grundleistungen** umzusetzen hat.

32 Liegt dem Projektsteuerer die Aufgabenbeschreibung unter Einschluss von *„ESG-Konformität"* bei Abgabe seines Angebots vor, spricht einiges dafür, dass der Auftraggeber davon ausgehen konnte, dass die Leistungen des Projektsteuerers auch die Umsetzung dieser Rahmenbedingungen enthalten. Anders ist dies sicherlich zu bewerten, wenn das Erfordernis der *„ESG-Konformität"* erst nach Vertragsschluss vom Auftraggeber genannt wurde. Dann ist der Projektsteuerer im Rahmen der Grundleistungen nicht verpflichtet, diese Anforderungen umzusetzen. Entscheidet er sich dafür, diese Leistungen gleichwohl anzubieten, handelt es sich um **„Zusätzliche Leistungen"** gegen gesonderte Vergütung.

33 Inhaltlich hat der Bedarf bzw. das Verständnis des Auftraggebers dann Vorrang bei der Umsetzung dieser Leistungen. Gleichwohl kann man dem Projektsteuerer allgemein folgende Schritte an die Hand geben:

- **Definition von ESG-Konformität:** Das Verständnis der Begrifflichkeit ESG des Auftraggebers ist im Detail abzufragen und festzuhalten.
- **Analyse und Integration von ESG-Kriterien:** Der Projektsteuerer ist verantwortlich für die Analyse von ESG-Kriterien, die für das spezifische Bauprojekt relevant sind, und so wie der Auftraggeber diese Begrifflichkeiten definiert hat. Dies beinhaltet die Identifizierung von Umweltauswirkungen des Bauvorhabens, soziale Aspekte des Bauvorhabens samt Arbeitskräften einerseits und auch Auswirkungen des Bauvorhabens auf die Umgebung sowie Governance-Aspekte, die sich üblicherweise auf die Organisation des Auftraggebers intern und die Art und Weise der Zusammenarbeit mit dem am Bauvorhaben Beteiligten beziehen. Die gesammelten Erkenntnisse werden dann in die Planung und Umsetzung des Projekts integriert.
- **Entwicklung von ESG-Strategien:** Basierend auf der Analyse erarbeitet der Projektsteuerer ESG-Strategien, um sicherzustellen, dass das Bauprojekt den geforderten Standards in Bezug auf Umweltfreundlichkeit, soziale Verantwortung und guter Governance entspricht. Dies kann die Auswahl nachhaltiger Materialien, soziale Verträglichkeit der Baumaßnahmen und transparente Governance-Praktiken umfassen.
- **Kommunikation und Stakeholder-Management:** Der Projektsteuerer ist für die Kommunikation mit verschiedenen Stakeholdern verantwortlich, darunter Anwohner, Banken und Investoren aber auch spätere Nutzer des Gebäudes. Hierbei spielt die trans-

---

[31] → § 2 Rn. 67.
[32] → § 2 Rn. 68.

parente Kommunikation über die ESG-Maßnahmen und deren Auswirkungen eine zentrale Rolle.
- **Compliance mit ESG-Richtlinien und Standards:** Der Projektsteuerer stellt sicher, dass das Bauprojekt sämtlichen relevanten ESG-Richtlinien, nationalen und internationalen Standards entspricht. Dies kann die Einhaltung von Umweltauflagen, sozialen Standards und Governance-Praktiken umfassen.
- **Monitoring und Reporting:** Der Projektsteuerer überwacht kontinuierlich die Umsetzung der ESG-Maßnahmen im Verlauf des Bauprojekts. Dazu gehört das Erstellen von regelmäßigen Berichten über den Fortschritt, die Erfüllung von ESG-Zielen und die Identifizierung von möglichen Risiken oder Herausforderungen.
- **Risikomanagement:** Der Projektsteuerer identifiziert und bewertet potenzielle ESG-Risiken im Zusammenhang mit dem Bauprojekt und entwickelt Strategien zur Minimierung dieser Risiken. Dies kann Aspekte wie Umweltauswirkungen, soziale Konflikte oder Governance-Verstöße umfassen.

Zudem ist der Projektsteuerer gehalten, die „ESG-Konformität" durch die Projektphasen zu begleiten. Als Bestätigung der **Zielerreichung** kann auch eine **ESG-Verifikation** der DGNB eingeholt werden.[33]

II. ESG im Sinne der EU-Taxonomie

Sofern der Auftraggeber ESG im Sinne der **EU-Taxonomie**[34] versteht, liegt der Fokus des Projektsteuerers auf dem „E" von ESG – der Umsetzung der ökologischen Nachhaltigkeit und der Identifizierung eines Umweltziels, zu dem ein wesentlicher Beitrag zu leisten ist.[35]

Aktuell wird als Umweltziel der ökologischen Nachhaltigkeit häufig „Klimaschutz" aus der Delegierten Verordnung (EU-Verordnung EU 2021/2139) ausgewählt, was zur Folge hat, dass nach Ziffer 7 Baugewerbe und Immobilien, Ziffer 7.1 Neubau, u. a. folgendes einzuhalten ist:

„Der Primärenergiebedarf (PEB), mit dem die Gesamtenergieeffizienz des errichteten Gebäudes definiert wird, liegt mindestens 10 % unter dem Schwellenwert, der in den Anforderungen für Niedrigstenergiegebäude gemäß den nationalen Maßnahmen zur Umsetzung der Richtlinie 2010/31/EU des Europäischen Parlaments und des Rates festgelegt ist. Die Gesamtenergieeffizienz wird anhand eines Ausweises über die Gesamtenergieeffizienz (Energy Performance Certificate, EPC) zertifiziert."

Der Projektsteuerer hat diese Vorgabe dann als **Beschaffenheitsvereinbarung** in den Grundleistungen unter 1. Projektvorbereitung, A Organisation, Information, Koordination und Dokumentation (handlungsübergreifen) bei der

„Mitwirkung bei der Festlegung der Projektziele"

sicherzustellen.

Auch wenn „S" und „G" nicht definiert sind, ist hier doch nach Art. 18 der **EU-Taxonomie** ein Mindestschutz einzuhalten. Dieser wird wie folgt definiert:

„Bei dem in Artikel 3 Buchstabe c genannten Mindestschutz handelt es sich um Verfahren, die von einem eine Wirtschaftstätigkeit ausübenden Unternehmen durchgeführt werden, um sicherzustellen, dass die OECD-Leitsätze für multinationale Unternehmen und die Leitprinzipien der Vereinten Nationen für Wirtschaft und Menschenrechte, einschließlich der Grundprinzipien und Rechte aus den acht Kernübereinkommen, die in der Erklärung der Internationalen Arbeitsorganisation über grund-

---
[33] → § 2 Rn. 70.
[34] VO (EU) 2020/852.
[35] → § 2 Rn. 23.

legende Prinzipien und Rechte bei der Arbeit festgelegt sind, und aus der Internationalen Charta der Menschenrechte, befolgt werden."

39 Unter sozialer Nachhaltigkeit werden im Detail die Auswirkungen des Bauvorhabens auf die Gesellschaft, die Arbeitnehmer und betroffenen Gemeinschaften verstanden. Hierzu gehören Themen wie faire Arbeitsbedingungen, soziale Gerechtigkeit, Chancengleichheit, Menschenrechte und die Berücksichtigung der Interessen der betroffenen Gemeinschaften. Die ökonomische Nachhaltigkeit im Sinne von Governance-Kriterien bezieht sich auf die Art und Weise, wie Unternehmen und Organisationen geführt und kontrolliert werden. Dies schließt Aspekte wie Transparenz, ethische Geschäftspraktiken, unabhängige Aufsichtsorgane, die Zusammensetzung von Führungsgremien und die Achtung der Rechte der Aktionäre mit ein.

40 Diese Anforderungen sind ebenfalls in den **Grundleistungen** unter den Projektzielen zu verankern.

F. Vergütung des Projektsteuerers

41 Da bereits die Leistungen des Projektsteuerers mangels gesetzlichem Leistungsbild vertraglich vereinbart werden müssen, gilt dies ebenfalls für die Vergütung. Voraussetzung des Vergütungsanspruchs ist somit der rechtswirksame Vertragsschluss zwischen Auftraggeber und Projektsteuerers – andernfalls verbleiben nur Ansprüche aus ungerechtfertigter Bereicherung oder Geschäftsführung ohne Auftrag.

42 Fehlt es an Angaben zur Vergütungshöhe im Vertrag, gilt nach §§ 612 Abs. 1, 632 Abs. 1 BGB eine Vergütung als stillschweigend vereinbart, wenn die Leistung nur gegen Vergütung zu erwarten war. Der Nachweis, dass die Leistungen nur gegen Vergütung zu erwarten waren, obliegt somit dem Projektsteuerers. Hierbei gilt grundsätzlich, dass umso eher von einer Vergütung auszugehen ist, um so umfangreicher die Leistungen des Projektsteuerers waren. Die Grenze wird üblicherweise dort gezogen, wo der Projektsteuerer mit Willen des Auftraggebers wesentliche Aufgaben der Projektentwicklung klärt und in diese Klärung auch erheblichen Aufwand investiert.[36]

43 Für den Fall, dass der Projektsteuerer den Auftraggeber rund um Nachhaltigkeit im Bauvorhaben berät, ist davon auszugehen, dass diese Grenze schnell überschritten ist – eigentlich, sobald der Projektsteuerer beginnt, sich mit den Anforderungen des Auftraggebers und deren Umsetzungen im Projekt zu beschäftigen. Probleme können aber dann auftreten, wenn es sich um Großprojekte handelt, deren Realisierung insbesondere aus finanzieller Sicht noch nicht gesichert ist. Die für solche Projekte erforderlichen organisatorischen und kaufmännischen Vorleistungen muss auch der Projektsteuerer im Blick haben. Gerade im Hinblick auf nachhaltige Bauvorhaben und die sich stetig wandelnde Förderlandschaft, kann das ein oder andere Projekt von der Erteilung von Fördermitteln abhängig sein. Erlangt der Projektsteuerer Kenntnis davon, dass für das Bauvorhaben spezielle Zinskonditionen der finanzierenden Bank im Hinblick auf die Nachhaltigkeit in Anspruch genommen werden sollen, ist ebenfalls Vorsicht bei der Annahme des Vergütungsanspruchs geboten. Denn hier sind die Abgrenzungen zur Akquise des Projektsteuerers fließend. Scheitert die Realisierung des Projekts, kann – wenn es an der Entgegennahme von nennenswerten Leistungen durch den Auftraggeber fehlt – damit ein Vergütungsanspruch nicht bestehen und es ist von Akquisitionstätigkeiten auszugehen.

44 Ist die Grenze zur Akquise eindeutig überschritten, fehlt es aber gleichsam an vertraglichen Regelungen zur Vergütung, herrscht häufig Streit zwischen den Parteien, ob der Projektsteuerer mit einem *„Vollauftrag"* beauftragt worden ist oder nur mit **Teilleistungen.** Die Beweislast für den Projektsteuerer, der zum einen Werkvertrag nach § 631 BGB

---

[36] Eschenbruch, Projektmanagement und Projektsteuerung für die Immobilien- und Bauwirtschaft, Rn. 1435.

(im Unterschied zum jederzeit kündbaren Dienstvertrag) und zum anderen die Übertragung aller Handlungsbereiche und Stufen nachweisen muss, ist hoch. Auch hier besteht keine Vermutung für Vollaufträge.[37]

Für die Vergütung des Projektsteuerers haben sich, neben den gesetzlichen Regelungen je nach Vertragstyp, vier unterschiedliche Modelle herausgebildet, die alle am Markt üblich sind: 45

- **Zeithonorar**
- **Projektkostenabhängige Vergütung**
- **Pauschalvergütung**
- **Cost + Fee Vergütung**

Grundsätzlich ist es denkbar, auch für die **Besonderen Leistungen** und/oder auch für die **Zusätzlichen Leistungen,** auf alle Vergütungsmodelle zurückzugreifen. Dabei haben alle Vergütungsmodelle ihre Vor- und Nachteile. So ist die Vereinbarung eines **Zeithonorars** mit mehr Aufwand für den Projektsteuerer bei der Zeiterfassung verbunden und birgt die Gefahr des Streits über die Erforderlichkeit der benötigten Zeit. Hingegen kann eine **projektkostenabhängige Vergütung** mit einer relativen Honorarsicherheit zum Zeitpunkt der Beauftragung überzeugen, kann aber auch bei Kostensteigerungen zu einem Zuverdienst des Projektsteuerers ohne sachliche Rechtfertigung führen. Die verlässlichste Art der Honorarvereinbarung bietet eine **Pauschalvergütung,** allerdings ist hier die Leistung von der Vergütung auch am weitesten entkoppelt. **Cost + Fee** ist zuletzt ein sehr gerechter Ansatz der Vergütung, da die tatsächlich entstehenden Kosten des Projektsteuerers vom Auftraggeber übernommen werden. Allerdings ist vorab nicht kalkulierbar, welche Kosten tatsächlich entstehen werden; auch der Anreiz zur wirtschaftlichen Betriebsführung kann fehlen. 46

Werden **Zusätzliche Leistungen** an den Projektsteuerer beauftragt, ist es empfehlenswert, diese mit einer gesonderten Vergütung zu versehen. Möglich ist auch, für diese einen Anreiz im Sinne eines Bonus zu vereinbaren. Rechtlich ist die Vereinbarung eines solchen Bonus zulässig; im Vertrag stellt sich häufig die Schwierigkeit, diesen Bonus sicher zu vereinbaren, da häufig die vereinbarten Erfolgskriterien nicht messbar sind. In Bezug auf **Zusätzliche Leistungen** aus dem Bereich Nachhaltigkeit kommen folgende messbare Ziele in Betracht: 47

- **Zeit- und Kostenziel:** Einhaltung des Kostenrahmens bei gleichzeitiger Umsetzung der nachhaltigen Ziele aus der Bedarfsplanung
- **Performanceziele:** angeknüpft an das Konzept des Projektsteuerers zur Nachhaltigkeit, die so auch im Projekt umgesetzt werden konnte

Auch die Vereinbarung „weicher" Ziele kann incentiviert werden, z. B. im Hinblick auf Innovationsoffenheit und Innovationsvorschläge, die der Projektsteuerer im Hinblick auf Nachhaltigkeit in das Projekt einbringt. 48

G. Abnahme und Haftung

Ob eine Abnahme der Projektsteuerungsleistungen erforderlich ist, hängt vom Vertragstyp ab, nach dem sich auch die Haftung unterscheidet. Neben der vertraglichen Haftung, kommt grundsätzlich auch eine deliktische Haftung in Betracht. 49

Bei der Haftung des Projektsteuerers ist entscheidend, ob diesem ein **Verschulden** nach § 276 BGB zur Last gelegt werden kann – Vorsatz oder Fahrlässigkeit. Hierbei wird ein objektiver Sorgfaltsstandard angelegt – der Projektsteuerer hat somit die Sorgfalt anzuwenden, die von einem gewissenhaften, sorgfältigen Angehörigen seines Berufsstandes bei einem Projekt der betreffenden Art und der ihm übertragenen Aufgaben erwartet werden 50

---

[37] Eschenbruch, Projektmanagement und Projektsteuerung für die Immobilien- und Bauwirtschaft, 5. Aufl. 2021, Rn. 1437.

kann.³⁸ Hierbei wird es letztendlich auf die angesichts der übernommenen Projektaufgaben zu erwartenden Kenntnisse des Projektsteuerers ankommen. Dies ist insbesondere beim Thema der Nachhaltigkeit relevant – der Projektsteuerer, der hier Aufgaben in diesem Bereich übernimmt, haftet, wenn sich im Nachgang offenbart, dass seine Kenntnisse nicht dem entsprochen haben, was anhand der übernommenen Aufgaben im Bereich nachhaltiges Planen, Bauen und Betreiben zu erwarten war.

I. Dienstvertrag

51 Sofern der Vertrag mit dem Projektsteuerer ausnahmsweise einen dienstvertraglichen Charakter nach § 611 BGB aufweist, kommt es auf eine Abnahme nicht an.

52 Die Haftung des Projektsteuerers bestimmt sich somit danach, ob die Tätigkeit als solche „schlecht" erfüllt worden ist; nur dies kann Gegenstand einer möglichen Haftung sein. Ein Schadensersatzanspruch gegen den Projektsteuerer kann somit nur nach §§ 611, 280 Abs. 1 BGB geltend gemacht werden. Dies schließt jedoch nicht die – regelmäßig beliebte, aber rechtlich kaum durchsetzbare – Minderungsmöglichkeit der Vergütung ein. Auch bei einer mangelhaften oder pflichtwidrigen Tätigkeitserbringung des Projektsteuerers, steht dem Auftraggeber nicht die Möglichkeit zu, eine Minderung der Vergütung vorzunehmen.

II. Werkvertrag

53 Wie unter Kapitel 9.1 festgehalten wird der Projektsteuerer weit überwiegend einen Werkvertrag nach § 631 BGB geschlossen haben, so dass eine Abnahme nach § 640 BGB erforderlich wird. Nicht nur für die **Fälligkeit** nach § 641 BGB ist die Abnahme der Leistungen für den Projektsteuerer relevant, auch zur Herbeiführung des Verjährungsbeginns ist dies ein notwendiger Schritt..

54 Die Haftung des Projektsteuerers beurteilt sich nach § 633 BGB und setzt das Vorliegen eines Sachmangels, somit einer Abweichung der Ist- von der Soll-Beschaffenheit voraus. Für die Feststellung, ob ein Mangel vorliegt, kommt es darauf an, ob der Projektsteuerer die vertraglichen Vorgaben eingehalten hat. Diese Vorgaben resultieren aus den übernommenen Leistungspflichten und beziehen sich im Allgemeinen auf folgendes:
- Bestimmte Tätigkeiten
- Bestimmte Leistungsergebnisse und/oder
- Funktional definierte Projekterfolge.

55 Die Leistungspflichten des Projektsteuerers schließen auch die „**Zusätzliche Leistungen**" im Hinblick auf Nachhaltigkeit ein. Ganz grundsätzlich liegt eine mangelhafte Leistung vor, wenn die Projektsteuerungsleistung nicht der vereinbarten Beschaffenheit entspricht und somit die vereinbarten **Planungs- oder Überwachungsziele** nicht erreicht werden oder aber die zur **Zielerreichung** erforderlichen Leistungen nicht ordnungsgemäß erbracht werden.³⁹

56 Allein der Umstand, dass die vereinbarten nachhaltigen Projektziele nicht erreicht worden sind, bedeutet noch nicht, dass ein dem Projektsteuerer zurechenbarer Werkmangel im Sinne des § 633 BGB vorliegt. Hierfür bedarf es einer konkreten Pflichtverletzung des Projektsteuerers, die zur Abweichung von den Projektzielen geführt hat, um einen Zurechnungszusammenhang herzustellen.⁴⁰ Konkret bedeutet dies, dass der Auftraggeber beim Vorliegen von Mängeln differenzieren muss: konnte z.B. das anvisierte Nachhaltigkeitsziel einer Zertifizierung nicht erreicht werden, müsste zusätzlich nachgewiesen werden, dass

---

³⁸ Eschenbruch, Projektmanagement und Projektsteuerung für die Immobilien- und Bauwirtschaft, 5. Aufl. 2021, Rn. 2129.
³⁹ Eschenbruch, Projektmanagement und Projektsteuerung für die Immobilien- und Bauwirtschaft, 5. Aufl. 2021, Rn. 2179.
⁴⁰ Eschenbruch, Projektmanagement und Projektsteuerung für die Immobilien- und Bauwirtschaft, 5. Aufl. 2021, Rn. 2183.

dies auf Grund einer Pflichtverletzung des Projektsteuerers der Fall war. Dies dürfte im Einzelfall schwierig werden, da in diesem Fall auch der Auditor in die Haftung genommen werden müssten.[41]

57 Auch wenn feststeht, dass die Bedarfsplanung keine **Grundleistung** des Projektsteuerers nach Heft Nr. 9 AHO ist,[42] kann das Fehlen einer umfassenden Bedarfsplanung mit Nachhaltigkeitszielen im laufenden Projekt kaum noch geheilt werden. Denn eine fehlende Bedarfsplanung führt häufig zu

- ineffizientem Ressourceneinsatz
- unvorhergesehenen Kosten
- Zeitverzögerungen
- Qualitätsminderungen und/oder
- Fehlender Akzeptanz der Stakeholder.

58 Dies wirft die Frage auf, ob der Auftraggeber in Bezug auf Haftungsfehler erfolgreich den Projektsteuerer in Anspruch nehmen kann, wenn dieser nach Beauftragung feststellt, dass die vorliegende Bedarfsplanung das Thema Nachhaltigkeit nicht abdeckt. Anders gefragt: ist der Projektsteuerer aktuell verpflichtet, auf die Nichtberücksichtigung von Nachhaltigkeitszielen in der Bedarfsplanung hinzuweisen, wenn diese durch den Auftraggeber erbracht wurde. Dies dürfte noch zu verneinen sein, solange die AHO das Thema Nachhaltigkeit nicht als Grundleistung vorsieht.

H. Fortentwicklung der AHO

59 Neben der Anpassung der HOAI[43] laufen aktuell auch Bestrebungen Heft Nr. 9 der AHO anzupassen. Hierbei ist zu erwarten, dass „*Nachhaltigkeit*" für die Projektsteuerung eine Bedeutung erlangt; noch unklar ist, ob dies in den **Grundleistungen** oder den **Besonderen Leistungen** berücksichtigt wird.

60 Überlegungen innerhalb des Deutschen Verbands für Projektmanagement in der Bau- und Immobilienwirtschaft e. V. (DVP) zeigen, dass aus Sicht vieler Projektsteuerer Leistungen rund um Nachhaltigkeit am Bauvorhaben in die **Grundleistungen** nach AHO gehören.[44] Möglich ist aber auch, dass diese als **Besondere Leistung** aufgenommen werden.

61 Unabhängig von der Fortentwicklung der Regelung aus Heft Nr. 9 AHO zeigen sowohl Anforderungen der Bau- und Immobilienbranche als auch gesellschaftliche Erwartungen, dass Nachhaltigkeit eine stärkere Rolle in der Bau- und Immobilienbranche einnehmen wird. Der Projektsteuerer ist gut beraten, sich hierauf einzustellen und entsprechend fortzubilden.

---

[41] → § 6 Rn. 20/21.
[42] → Rn. 20.
[43] Entwurf der Novellierung der HOAI (HOAI 20XX) liegt vor (Stand Mai 2024).
[44] Baureis/Cortis et al., Leitfaden Klimaschutz im Bauwesen, 2022, (Kapitel 2.2.2).

§ 10 Nachhaltigkeit im öffentlichen Baurecht

Übersicht

	Rn.
A. Grundlagen	1
B. Bauordnungsrecht	12
I. Das nachhaltige Bauen nach aktueller Rechtslage	13
1. Verpflichtung zum nachhaltigen Bauen im Bauordnungsrecht	14
a) Solarpflicht	15
b) Verbot von Schottergärten	21
c) Barrierefreiheit	24
2. Erleichterungen zugunsten des nachhaltigen Bauens im Bauordnungsrecht	30
a) Privilegierungen für den Ausbau erneuerbarer Energien und für Maßnahmen zur Energieeinsparung	31
b) Bauen mit Holz	41
c) Fazit	43
3. Bauordnungsrechtliche Hemmnisse für das nachhaltige Bauen	44
a) Anpassungsverpflichtungen bei Umbauten	45
b) Technische Baubestimmungen	56
4. Fazit	61
II. Bestrebungen zur Änderung des Bauordnungsrechts	66
1. Umbauordnung	67
2. Gebäudetyp E	75
C. Bauplanungsrecht	80
I. Geförderter Wohnungsbau	84
1. Sektoraler Bebauungsplan zur Wohnraumversorgung	85
2. Kooperatives Baulandmodell	89
II. Klimaschutz und Klimaanpassung	94
1. Festsetzungen in Bebauungsplänen	95
a) Flächen für die Gewährleistung des natürlichen Klimaschutzes	97
b) Gebietsfestsetzung über Verwendungsverbote für bestimmte Stoffe	98
c) Gebietsfestsetzung über Maßnahmen für erneuerbare Energien oder Kraft-Wärme-Kopplung	99
d) Anpflanzungsgebot	101
e) Fazit	102
2. Energetisches Sanierungsgebiet	103
3. Privilegierung für Anlagen zur Erzeugung solarer Strahlungsenergie, Kraft-Wärme-Kopplungsanlagen und Windenergieanlagen	109
a) Regelungen zur Art der baulichen Nutzung	110
b) Regelungen zum Maß der baulichen Nutzung	112
c) Wirkung der Privilegierungen	114
4. Städtebauliche Verträge zu klimabezogener Infrastruktur und energetischer Qualität von Gebäuden, § 11 Abs. 1 S. 2 Nr. 5 BauGB	115
5. Befreiungsmöglichkeiten	118
III. Fazit	120

A. Grundlagen

Für das nachhaltige Bauen spielt das öffentliche Baurecht eine zentrale Rolle. Wahlweise 1 kann es als Treiber oder als Hemmschuh der Nachhaltigkeit wirken bzw. angesehen werden. Dabei ist es für das Verständnis dieser Materie wichtig, dass dem öffentlichen Baurecht der Grundsatz der Baufreiheit zugrunde liegt: Art. 14 Abs. 1 GG garantiert dem

Eigentümer das Recht, sein „Grundstück im Rahmen der Gesetze zu bebauen".[1] Anders ausgedrückt darf er sein Grundstück im Ausgangspunkt so bebauen, wie er möchte; was nicht verboten ist, ist erlaubt. Das öffentliche Baurecht bildet eben diesen Gesetzesrahmen, indem es Ge- und Verbote aufstellt. Seine Regelungen stellen Ausgestaltungen bzw. Einschränkungen der im Eigentum wurzelnden Nutzbarkeit dar.[2]

2 In Bezug auf das nachhaltige Bauen bedeutet dies, dass die Regelungen des öffentlichen Baurechts entweder Verpflichtungen in dieser Hinsicht enthalten oder aber die Freiheit einschränken können, Nachhaltigkeit nach dem eigenen Belieben umzusetzen. Dabei lässt sich das öffentliche Baurecht in die beiden großen Bereiche Bauordnungsrecht und Bauplanungsrecht unterteilen; beide Teilbereiche enthalten Normen, die entweder einen unmittelbaren Bezug zur Nachhaltigkeit haben oder aber mittelbar eine Rolle hierfür spielen.

3 Das Bauplanungsrecht regelt die bauliche Nutzbarkeit von Grund und Boden. Es legt also fest, ob, in welchem Ausmaß und unter welchen Voraussetzungen ein Grundstück bebaut werden darf. Es ist damit flächenbezogen und bezieht sich auf die Raumgestaltung innerhalb der Gemeinde nach städtebaulichen Gesichtspunkten. Wesentliche Rechtsquelle hierfür sind das Baugesetzbuch (BauGB) sowie die Baunutzungsverordnung (BauNVO). Das wichtigste Instrument des Bauplanungsrechts ist die Bauleitplanung, namentlich der Flächennutzungsplan als vorbereitender Bauleitplan für das Gesamtgebiet der Gemeinde und der Bebauungsplan als verbindlicher Bauleitplan für einen bestimmten Teilbereich.

4 Demgegenüber bezieht sich das Bauordnungsrecht auf das einzelne Bauvorhaben. Zentraler Gegenstand des Bauordnungsrechts sind die Anforderungen an das Grundstück und seine Bebauung und an die Beschaffenheit baulicher Anlagen. Als Gefahrenabwehrrecht handelt es sich um Landesrecht, das im Wesentlichen in den Landesbauordnungen geregelt ist, so dass sich von Bundesland zu Bundesland Unterschiede ergeben. Allerdings greifen alle Landesbauordnungen in unterschiedlichem Maße die von der Bauministerkonferenz (Arbeitsgemeinschaft der für Städtebau, Bau- und Wohnungswesen zuständigen Minister und Senatoren der 16 Länder der Bundesrepublik Deutschland) ausgearbeitete und regelmäßig überarbeitete Musterbauordnung auf. Diese hat zwar selber keinen Rechtsnorm-, sondern einen reinen Empfehlungscharakter; dennoch sorgt sie in einem recht hohen Maß für eine Vereinheitlichung der Rechtsvorschriften der Länder im Bereich des Wohnungswesens, des Bauwesens und des Städtebaus.

5 Beiden Teilbereichen des Baurechts sind die Ziele der Nachhaltigkeit inhärent. Nicht umsonst schreibt das BauGB für das Bauplanungsrecht an prominenter Stelle das Planungsziel der nachhaltigen städtebaulichen Entwicklung fest. § 1 Abs. 5 S. 1 BauGB normiert bereits seit 1998 das Nachhaltigkeitsprinzip[3]:

„Die Bauleitpläne sollen eine <u>nachhaltige</u> städtebauliche Entwicklung, die die sozialen, wirtschaftlichen und umweltschützenden Anforderungen auch in Verantwortung gegenüber künftigen Generationen miteinander in Einklang bringt, und eine dem Wohl der Allgemeinheit dienende sozialgerechte Bodennutzung unter Berücksichtigung der Wohnbedürfnisse der Bevölkerung gewährleisten."

6 Ergänzt wurde § 1 Abs. 5 BauGB zuletzt in seinem Satz 3 um die Aufgabe der Bauleitpläne, dazu beizutragen, zur Erfüllung der **Klimaschutz**ziele des Bundes-Klimaschutzgesetzes die Wärme- und Energieversorgung von Gebäuden treibhausgasneutral zu gestalten.[4] Die Ausgestaltung der Nachhaltigkeitsanforderungen in der Bauleitplanung ist damit – insbesondere was den Klimaschutz angeht – nach wie vor im Fluss.

---

1 BVerfG 19.6.1973 – 1 BvL 39/69, 1 BvL 14/72, BVerfGE 35, 263, 276.
2 Dürig/Herzog/Scholz/Papier/Shirvani, GG Art. 14 Rn. 164.
3 Ersetzung des Begriffs der „geordneten" städtebaulichen Entwicklung durch „nachhaltige" städtebauliche Entwicklung durch das Bau- und Raumordnungsgesetz 1998 vom 18.8.1997 (BGBl. I 2081).
4 Einfügung mit Wirkung vom 1.1.2024 durch Artikel 3 des Gesetzes für die Wärmeplanung und zur Dekarbonisierung der Wärmenetze vom 20.12.2023 (BGBl. 2023 I Nr. 394).

Konkretisiert wird die allgemeine Zielsetzung der Nachhaltigkeit über die in der Bauleitplanung zu berücksichtigenden Belange in § 1 Abs. 6 BauGB.[5] Diese bieten Anhaltspunkte dafür, wie die sozialen, wirtschaftlichen und umweltschützenden Anforderungen im Sinne des § 1 Abs. 5 BauGB in der Bauleitplanung umgesetzt werden können.[6] Zu nennen sind hier insbesondere die Wohnbedürfnisse der Bevölkerung (§ 1 Abs. 6 Nr. 2 BauGB) und der Umweltschutz (§ 1 Abs. 6 Nr. 7 BauGB), die deutlich erkennbar auf die soziale bzw. ökologische Dimension der Nachhaltigkeit abzielen. Zum Teil wird sogar angenommen, sämtliche Belange des § 1 Abs. 6 BauGB könnten einer der drei Säulen der Nachhaltigkeit zugeordnet werden.[7]

In den Landesbauordnungen wie auch in der Musterbauordnung und damit im Bauordnungsrecht findet der Nachhaltigkeitsgedanke nur implizit in konkreten Einzelvorschriften und in der jeweiligen sog. bauordnungsrechtlichen Generalklausel als materieller Grundnorm des Bauordnungsrechts[8] seinen Niederschlag. So lautet § 3 Abs. 1 der Musterbauordnung:

„Anlagen sind so anzuordnen, zu errichten, zu ändern und instand zu halten, dass die öffentliche Sicherheit und Ordnung, insbesondere Leben, Gesundheit und die natürlichen Lebensgrundlagen, nicht gefährdet werden."

Insbesondere der Hinweis auf die natürlichen Lebensgrundlagen, der sich in vergleichbarer Form seit Dezember 1997 in der Musterbauordnung findet, ist als Hinweis auf die ökologische Säule der Nachhaltigkeit zu verstehen. Vor allem aber regeln die meisten Landesbauordnungen, dass die Grundanforderungen an Bauwerke gemäß Anhang I der Verordnung (EU) Nr. 305/2011 (EU-Bauproduktenverordnung – BauPVO) zu berücksichtigen sind.[9] Hierzu zählt insbesondere die nachhaltige Nutzung der natürlichen Ressourcen; Nr. 7 des Anhangs gibt vor:

Das Bauwerk muss derart entworfen, errichtet und abgerissen werden, dass die natürlichen Ressourcen nachhaltig genutzt werden und insbesondere Folgendes gewährleistet ist:

a) Das Bauwerk, seine Baustoffe und Teile müssen nach dem Abriss wiederverwendet oder recycelt werden können;

b) das Bauwerk muss dauerhaft sein;

c) für das Bauwerk müssen umweltverträgliche Rohstoffe und Sekundärbaustoffe verwendet werden.

Allein in Berlin hat der Gesetzgeber 2018 den Begriff der Nachhaltigkeit selbst in § 3 der Landesbauordnung aufgenommen.[10] Darüber hinaus ergänzen einzelne Bauordnungen die Generalklausel um weitere ausdrücklich aufgeführte Aspekte der Nachhaltigkeit. So schreibt die Landesbauordnung Baden-Württemberg etwa vor, dass der besonderen Bedeutung von Energieeinsparung, -effizienz und erneuerbaren Energien sowie des Verteilnetzausbaus Rechnung zu tragen ist (§ 3 Abs. 2 LBO) und in die Planung von Gebäuden die Belange von Personen mit kleinen Kindern, Menschen mit Behinderung und alten Menschen nach Möglichkeit einzubeziehen sind (§ 3 Abs. 3 LBO). Verschiedene andere Landesbauordnungen enthalten vergleichbare Vorgaben zu beiden[11] oder dem zweiten[12] dieser

---

[5] Müller, Nachhaltigkeit im öffentlichen Baurecht, 181.
[6] Ernst/Zinkahn/Bielenberg/Krautzberger/Runkel/Edenharter, BauGB § 1 Rn. 103.
[7] Müller, Nachhaltigkeit im öffentlichen Baurecht, 185.
[8] Hornmann, HBO § 3 Rn. 3.
[9] § 3 Abs. 1 S. 1 Hs. 2 LBO BW, § 3 Abs. 1 S. 1 BauO NRW, § 3 S. 1 Hs. 2 BauO Bln, § 3 S. 2 BremLBO, § 3 S. 1 Hs. 2 BbgBO, § 3 S. 1 Hs. 2 HBauO, § 3 S. 2 HBO, § 3 S. 1 Hs. 2 LBauO M-V, § 3 S. 1 Hs. 2 LBauO RP, § 3 Abs. 1 Nr. 1 LBO Saarland, § 3 S. 1 Hs. 2 SächsBO, § 3 S. 1 Hs. 2 BauO LSA, § 3 Abs. 2 Hs. 2 LBO SH, § 3 S. 1 Hs. 2 ThürBO.
[10] Siehe § 3 S. 1 Nr. 2 BauO Bln („Anlagen sind so anzuordnen, zu errichten, zu ändern, in ihrer Nutzung zu ändern, instand zu halten und zu beseitigen, dass die natürlichen Ressourcen nachhaltig genutzt und der Schutz von Natur und Landschaft angemessen berücksichtigt werden").
[11] Niedersachsen: § 3 Abs. 2 S. 2 und 3 NBauO.
[12] Saarland: § 3 Abs. 1 Nr. 4 LBO; Schleswig-Holstein: § 3 Abs. 1 LBO.

Aspekte. Bauordnungsrechtlich stehen damit die ökologische und die soziale Dimension der Nachhaltigkeit im Fokus.[13]

11 Insgesamt ist einer positiven Berücksichtigung der Nachhaltigkeit damit sowohl im Bauplanungsrecht als auch im Bauordnungsrecht über die jeweiligen Grundnormen der Weg bereitet, wenn auch im Bauordnungsrecht ein Defizit im Fehlen einer expliziten Erwählung (mit Ausnahme der Bauordnung Berlin) gesehen werden kann. Inhaltlich handelt es sich nach den maßgeblichen gesetzlichen Regelwerken um eine Zielsetzung, die anerkannt ist und somit insbesondere immer dann, wenn es um öffentliche Belange geht, ein valides Argument darstellt.

B. Bauordnungsrecht

12 Das Bauordnungsrecht regelt, wie dargestellt (→ Rn. 4), die Anforderungen an das einzelne Bauvorhaben. Für das nachhaltige Bauen kommt ihm daher aus Sicht der am Bau Beteiligten die zentrale Rolle im öffentlichen Baurecht zu. Während das Bauplanungsrecht sich in Bezug auf die Nachhaltigkeit in erster Linie an die Gemeinden richtet (→ Rn. 80), gibt das Bauordnungsrecht den Bauherren, Planern und Bauausführenden unmittelbar vor, wo die Grenzen ihrer Baufreiheit liegen (→ Rn. 1 f.). Diese herausragende Bedeutung hat auch die Politik erkannt und dem durch diverse Gesetzesänderungen in jüngerer Zeit Rechnung getragen. Gleichwohl werden die aktuell geltenden Regelungen vielfach eher als Hemmnis denn als Förderung der Nachhaltigkeit empfunden, so dass es einige Bestrebungen gibt, das Bauordnungsrecht zu einem nachhaltigeren Regelwerk weiterzuentwickeln, möglicherweise sogar einen grundlegenden Systemwechsel zu vollziehen, der unter dem Stichwort „Umbauordnung" diskutiert wird (→ Rn. 67 ff.).

I. Das nachhaltige Bauen nach aktueller Rechtslage

13 Gerade in jüngerer Zeit haben die verschiedenen Landesgesetzgeber es sich immer stärker zur Aufgabe gemacht, die Mittel des Bauordnungsrechts zu nutzen, um Nachhaltigkeitsziele im Bereich des Bauens vorzugeben oder zumindest zu fördern. Ungeachtet dessen befindet sich die Nachhaltigkeit an verschiedene Stellen auch in einem Zielkonflikt mit anderen Grundsätzen des Bauordnungsrechts, insbesondere im Bereich des Schutzes von Leben und Gesundheit.

1. Verpflichtung zum nachhaltigen Bauen im Bauordnungsrecht

14 Das Bauordnungsrecht enthält – abhängig von den konkreten Regelungen der einzelnen Landesbauordnungen – Normen, die zu bestimmten Aspekten der Nachhaltigkeit verpflichten. Diese beziehen sich vor allem auf die ökologische Säule der Nachhaltigkeit, aber auch auf die soziale. Da an dieser Stelle nicht sämtliche Regelungen, insbesondere nicht aus allen Bundesländern, vorgestellt werden können, sollen nur einige Verpflichtungen, die exemplarisch für die Herangehensweise der Landesgesetzgeber stehen, vorgestellt werden.

15 **a) Solarpflicht.** Bezüglich der ökologischen Säule der Nachhaltigkeit ist zunächst die **Solarpflicht** zu nennen, also die Verpflichtung, auf Neubauten oder Bestandsbauten Photovoltaik oder Solarthermieanlagen zu installieren. Ziel ist es, die Solarpotenziale baulicher Anlagen nutzbar zu machen und so einen Betrag zur Erreichung der Klimaneutralität zu leisten.[14] Alle Bundesländer bis auf Sachsen haben mittlerweile derartige Pflichten normiert.

---

[13] Müller, Nachhaltigkeit im öffentlichen Baurecht, 245.
[14] Vgl. Koalitionsvertrag „Mehr Fortschritt wagen – Bündnis für Freiheit, Gerechtigkeit und Nachhaltigkeit zwischen SPD, Bündnis 90/Die Grünen, FDP, 44 (abrufbar unter https://www.spd.de/fileadmin/Dokumente/Koalitionsvertrag/Koalitionsvertrag_2021-2025.pdf).

Dabei sind zwei große Gruppen zu unterscheiden: Zum einen die Verpflichtung zur Installation von Photovoltaikanlagen auf Stellplatzflächen, zum anderen die Pflicht zur Installation auf den Dachflächen von Gebäuden. Eine gänzlich einheitliche Linie bezüglich der Solarpflichten gibt es in den Bundesländern nicht. Als grobe Leitlinien lässt sich aber Folgendes feststellen: **16**

Die Solarpflicht für offene Stellplatzanlagen betrifft zumeist nur Stellplätze für gewerbliche Nutzungen, nicht für Wohngebäude.[15] Die Verpflichtung greift nur ab einer bestimmten Mindestgröße der Stellplatzanlage, regelmäßig 35[16] oder 50 Stellplätze.[17] Auch der Umfang der Verpflichtung variiert und liegt bei bis zu 60 %[18] der zur Solarnutzung geeigneten Stellplatzflächen. **17**

Die Solarpflicht für die Dachflächen von Gebäuden ist regelmäßig zeitlich gestaffelt, zumeist in Abhängigkeit vom Zeitpunkt der Bauantragseinreichung. In vielen Bundesländern galt bzw. gilt die Pflicht zunächst nur für Nichtwohngebäude[19] und greift nur nach und nach auch für Wohngebäude[20]. Ebenso betrifft die Verpflichtung häufig erst einmal die Errichtung von Neubauten und wird erst zu einem späteren Zeitpunkt auf Bestandsgebäude ausgedehnt. Letzteres ist nicht mit einer aktiven Nachrüstpflicht ab einem bestimmten Zeitpunkt verbunden. Vielmehr greift die Verpflichtung erst dann ein, wenn der Bauherr von sich aus Umbauten vornimmt, nämlich die vollständige Erneuerung der Dachhaut.[21] Bezüglich des Umfangs der Verpflichtung gibt es ganz unterschiedliche Regelungen: Teilweise genügt eine Nutzung von einem Drittel der geeigneten Dachfläche,[22] teilweise wird eine Modulfläche von 60 % der geeigneten Dachfläche verlangt,[23] teilweise kann die prozentuale Betrachtungsweise auch durch eine bestimmte installierte Leistung ersetzt werden[24]. **18**

Gemein ist sowohl der Solarpflicht für Stellplatzflächen als auch für Gebäudedächer, dass sie entfällt, wenn ihre Erfüllung anderen öffentlich-rechtlichen Vorschriften widerspricht,[25] sie technisch unmöglich[26] oder wirtschaftlich unzumutbar[27] ist. **19**

Die Solarpflicht ist nur teilweise in den Landesbauordnungen geregelt. In vielen Fällen ergibt sie sich hingegen aus separaten Gesetzen zum Klimaschutz[28] oder sogar aus einem spezifischen Gesetz über Solaranlagen[29] bzw. erneuerbare Energiequellen[30]. Die unterschiedliche Verortung ist nicht nur formeller Natur, sondern führt auch ganz praktisch zu einer unterschiedlichen Behandlung im Baugenehmigungsverfahren je nach Ausgestaltung in der jeweiligen Landesbauordnung: So prüft die Bauaufsichtsbehörde nach der Musterbauordnung sowohl im vereinfachten als auch im normalen Baugenehmigungsverfahren andere öffentlich-rechtliche Anforderungen als diejenigen des Baugesetzbuchs und der Bauordnung nur, soweit wegen der Baugenehmigung eine Entscheidung nach anderen öffentlich-rechtlichen Vorschriften entfällt oder ersetzt wird. Eine Prüfung der Solarpflicht, **20**

---

[15] Vgl. § 32a Abs. 2 BbgBO, § 48 Abs. 1a S. 1 BauO NRW.
[16] § 48 Abs. 1a S. 1 BauO NRW, § 23 Abs. 1 S. 1 Nr. 2 KlimaG BW, § 32a Abs. 2 BbgBO.
[17] § 5 Abs. 1 LSolarG RP.
[18] § 6 Abs. 1 Nr. 3 Photovoltaik-Pflicht-Verordnung Baden-Württemberg.
[19] Vgl. § 42a Abs. 1 S. 1 Nr. 1 BauO NRW für Bauanträge ab dem 1.1.2024.
[20] Vgl. § 42a Abs. 1 S. 1 Nr. 2 BauO NRW für Bauanträge ab dem 1.1.2025.
[21] Siehe etwa § 42a Abs. 3 BauO NRW.
[22] Art. 44a Abs. 1 S. 2 BayBO.
[23] § 6 Abs. 1 Nr. 1 Photovoltaik-Pflicht-Verordnung Baden-Württemberg.
[24] § 4 Solargesetz Berlin: Zwischen zwei und sechs Kilowatt bei Wohngebäuden in Abhängigkeit von der Anzahl der Wohnungen.
[25] Vgl. § 23 Abs. 1 S. 2 KlimaG BW, § 5 Abs. 1 Nr. 1 Solargesetz Berlin.
[26] Vgl. § 5 Abs. 1 Nr. 2 Solargesetz Berlin.
[27] Vgl. etwa § 23 Abs. 3 KlimaG BW.
[28] Baden-Württemberg: Klimaschutz- und Klimawandelanpassungsgesetz Baden-Württemberg; Hamburg: Hamburgisches Klimaschutzgesetz; Schleswig-Holstein: Gesetz zur Energiewende und zum Klimaschutz in Schleswig-Holstein.
[29] Rheinland-Pfalz: Landesgesetz zur Installation von Solaranlagen; Berlin: Solargesetz; Bremen: Gesetz zur Beschleunigung des Ausbaus von Anlagen zur Stromerzeugung aus solarer Strahlungsenergie.
[30] Hessen: Hessisches Energiegesetz.

die in einem separaten Gesetz geregelt ist, erfolgt damit in den Bundesländern, die insofern die Regelung der Musterbauordnung übernommen haben, im Rahmen des Baugenehmigungsverfahrens nur, wenn dieses separate Gesetz dies selbst ausdrücklich bestimmt.[31] Beispielsweise in Berlin ist dies nicht der Fall. Hier regelt das Solargesetz vielmehr in seinem § 6 eine Nachweis- und Aufbewahrungspflicht, nach der die Eigentümerinnen und Eigentümer die Erfüllung der Solarpflicht gegenüber dem zuständigen Bauaufsichtsamt nur auf Verlangen nachzuweisen haben. Die Zuständigkeit liegt somit zwar beim Bauaufsichtsamt; mit der Nachweispflicht geht aber der Verzicht auf eine präventive Kontrolle einher. Die Solarpflicht besteht dort nur als materielle Verpflichtung, die repressiv überwacht wird. Aus diesem Grund sieht das Solargesetz Berlin in § 8 auch vor, dass die Bauaufsichtsämter jährlich Stichproben nehmen, um die Solarpflicht zu überprüfen. Aber auch in den Bundesländern, die die Solarpflicht in die Landesbauordnung aufgenommen haben, findet eine präventive Kontrolle im Baugenehmigungsverfahren nur im Normalverfahren, also bei Sonderbauten statt. Im vereinfachten Genehmigungsverfahren sind die Vorschriften zur Solarpflicht nicht im Prüfungsumfang enthalten.[32]

21 **b) Verbot von Schottergärten.** Kurz dargestellt, weil aktuell Gegenstand der politischen Diskussion, seien auch die Regelungen zu den sog Schottergärten. Die Musterbauordnung und mit ihr die einzelnen Landesbauordnungen enthalten für die nicht überbauten Flächen von bebauten Grundstück die Vorgabe, dass diese wasseraufnahmefähig zu belassen oder herzustellen und zu begrünen oder zu bepflanzen sind, soweit dem nicht die Erfordernisse einer anderen zulässigen Verwendung der Flächen entgegenstehen.[33] Dies bezweckt im Sinne der ökologischen Nachhaltigkeit den Schutz und die Schaffung von Lebensräumen für Insekten,[34] von Zufluchtsorten für Wildpflanzen, die durch die moderne Landwirtschaft aus der Feldflur vertrieben worden sind[35], die günstige Beeinflussung des Kleinklimas und des Wasserhaushalts[36] sowie die Verringerung der Versiegelung und damit verbunden die Verbesserung des Abflusses des Niederschlagswassers und damit den Schutz vor Schäden durch Starkregenereignissen.[37]

22 Grundsätzlich wird die generelle Verpflichtung zur Begrünung bereits dahingehend verstanden, dass die Regelung einer Gestaltung von Vorgärten überwiegend aus Steinflächen oder Schotter nur aus Gründen der Gestaltung oder der leichteren Pflege entgegensteht.[38] Dies schließt Stein- oder Schotterelemente nicht aus; sie müssen aber gegenüber der Grünfläche eine nur untergeordnete Bedeutung haben.[39] Dennoch sah sich etwa der nordrhein-westfälische Gesetzgeber, offenbar aufgrund der praktisch schwierigen Erfahrungen bei der Durchsetzung des Verbots, dazu bemüßigt, noch einmal explizit klarzustellen, dass Schotterungen zur Gestaltung von Grünflächen sowie Kunstrasen keine zulässige Verwendung unbebauter Flächen darstellen.[40] Vergleichbare Regelungen gibt es in anderen Bundesländern im Naturschutzgesetz.[41] Andere Landesbauordnungen begnügen sich damit, das Verbot von Schottergärten den Gestaltungssatzungen der Gemeinden zu überlassen.[42]

---

[31] Sog. aufgedrängtes öffentliches Recht; vgl. hierzu Hornmann HBO § 66 Rn. 21.
[32] Vgl. zB § 64 Abs. 1 BauO NRW, § 63 Abs. 1 S. 3 NBauO.
[33] § 8 Abs. 1 S. 1 MBO.
[34] Siehe LT-Drs. NRW 18/4593, 122; Broschüre „Insektenvielfalt in Niedersachsen – und was wir dafür tun können" des Niedersächsischen Landesbetriebes für Wasserwirtschaft, Küsten- und Naturschutz, 25.
[35] Große-Suchsdorf/Breyer, NBauO § 9 Rn. 11.
[36] LT-Drs. Nds. 7/50, 75.
[37] Schreiben des Bayerischen Staatsministeriums für Wohnen, Bau und Verkehr vom 27.7.2021 Az. 25–4611.113-1-61, 7.
[38] Große-Suchsdorf/Breyer, NBauO § 9 Rn. 12.
[39] OVG Lüneburg 17.1.2023 – 1 LA 20/22, NVwZ 2023, 274 (275) zu Schotterbeeten mit einem Umfang von 50 m².
[40] § 8 Abs. 1 S. 2 BauO NRW, eingeführt durch das Zweite Gesetz zur Änderung der Landesbauordnung 2018, in Kraft getreten am 1.1.2024.
[41] § 21a S. 2 NatSchG BW, seit dem 8.6.2023 auch § 35 Abs. 9 HeNatG in Hessen, jeweils mit explizitem Bezug auf die Regelung zu den unbebauten Flächen in der jeweiligen Landesbauordnung.
[42] § 87 Abs. 1 S. 1 Nr. 1 BbgBO.

Klar ist, dass diese neuen Regelungen auf Neubauten anwendbar sind. Inwiefern sie auch 23
auf zum Zeitpunkt des Inkrafttretens der jeweiligen Norm bereits existierende Schottergärten Anwendung finden sollen, ist nicht explizit geregelt. Auch die Gesetzesbegründung etwa in Nordrhein-Westfalen verhält sich hierzu nicht. Nach allgemeinen Grundsätzen ist für die bauordnungsrechtlichen Anforderungen an ein Gebäude die Rechtslage zum Zeitpunkt der Entscheidung der Bauaufsichtsbehörde über den Bauantrag maßgeblich.[43] Es spricht aber viel dafür, dass das explizite Verbot lediglich eine Klarstellung der bereits vorher normierten Begrünungsverpflichtung von nicht überbauten Flächen darstellt. Soweit ersichtlich, waren sich sowohl Rechtsprechung als auch Literatur bereits vor dem Inkrafttreten expliziter Verbote von Schotterungen einig, dass das Begrünungsgebot der Schotterung der nicht überbauten Flächen entgegensteht.[44] Insofern ist davon auszugehen, dass die Bauaufsichtsbehörden rechtmäßigerweise auch gegen schon vor der jeweiligen Neuregelung existierende Schottergärten vorgehen können, es sei denn, die Schotterung ist Bestandteil einer Baugenehmigung (etwa in einem Freiflächenplan), die insofern Bestandsschutz entfaltet.

c) Barrierefreiheit. Neben den beiden beschriebenen Verpflichtungen, die der ökologischen Dimension des nachhaltigen Bauens zuzuordnen sind, enthalten alle Landesbauordnungen zumindest einen Regelungskomplex, der zur soziokulturellen Dimension der Nachhaltigkeit zählt: Die Barrierefreiheit. Diese ist eine der wichtigsten Aspekte der Funktionalität als Schutzgut der soziokulturellen Qualität.[45] Barrierefrei sind bauliche Anlagen nach der Definition in § 4 des Behindertengleichstellungsgesetzes (BGG), wenn sie für Menschen mit Behinderungen in der allgemein üblichen Weise, ohne besondere Erschwernis und grundsätzlich ohne fremde Hilfe auffindbar, zugänglich und nutzbar sind. Die Musterbauordnung übernimmt in § 2 Abs. 9 diese Definition. Einige Bauordnungen verfolgen allerdings einen umfassenderen Ansatz, der nicht nur Menschen mit Behinderung, sondern auch Menschen ohne Behinderung, teilweise spezifiziert als ältere Menschen und Personen mit Kleinkindern, einbezieht.[46] Die Regelungen sind demnach auf die Auffindbarkeit, Zugänglichkeit und Nutzbarkeit für alle Menschen ausgerichtet[47] und wollen hierdurch die bauordnungsrechtlichen Voraussetzungen dafür schaffen, Personen mit Kleinkindern, Lebensältern und gegebenenfalls in ihrer Mobilität eingeschränkten Personen eine ungehinderte Teilnahme am gesellschaftlichen Leben zu ermöglichen.[48] Dieser weitergehende Ansatz, der nicht ausschließlich auf die Teilhabe von Menschen mit Behinderung abzielt, erscheint für das nachhaltige Bauen der passende Ansatz. Denn die Barrierefreiheit ist ein Teilaspekt der Funktionalität, die die Eigenschaft eines Gebäudes bezeichnet, bestimmte Funktionen in Abhängigkeit von Nutzungsanforderungen zu erfüllen.[49] Eine Verengung der Erfüllung der Nutzungsanforderungen ausschließlich von Menschen mit Behinderungen erscheint unter diesem Gesichtspunkt als zu eng.[50]

Unabhängig davon, ob die einzelnen Landesbauordnungen nun in ihren jeweiligen 25
Legaldefinitionen der Barrierefreiheit explizit nur Menschen mit Behinderung, alle Menschen, oder ältere Menschen und Personen mit Kleinkindern erwähnen, ist dieser weitere Ansatz dennoch über einen Umweg flächendeckend zumindest im Ansatz verankert: Die

---

[43] Aus verfahrensrechtlicher Sicht auf den Zeitpunkt der Antragstellung abstellend: § 87 Abs. 2 S. 1 MBO; Busse/Kraus/Decker, BayBO Art. 68 Rn. 97.
[44] OVG Lüneburg 17.1.2023 – 1 LA 20/22, NVwZ 2023, 274; VG Minden 27.7.2023 – 1 K 6952/21, NVwZ-RR 2024, 96, Große-Suchsdorf/Breyer, BauO § 9 Rn. 12.
[45] BMI, Leitfaden Nachhaltiges Bauen, 28.
[46] § 2 Abs. 10 BauO NRW: alle Menschen, insbesondere Menschen mit Behinderungen; § 2 Abs. 9 LBauO RP: Menschen mit Behinderungen, ältere Menschen und Personen mit Kleinkindern; § 3 Abs. 3 LBO BW: Belange von Personen mit kleinen Kindern, Menschen mit Behinderung und alten Menschen.
[47] Vgl. Neumann/Beckerhoff, BauR 2017, 824 (825).
[48] NRW LT-Drs. 17/2166, 147.
[49] BMI, Leitfaden Nachhaltiges Bauen, 41.
[50] Auch BMI, Leitfaden Nachhaltiges Bauen, 41, stellt ausdrücklich auf „alle Menschen, mit oder ohne Behinderung", ab.

beiden DIN-Normen zur Barrierefreiheit von öffentlich zugänglichen Gebäuden (DIN 18040-1:2010-10) und Wohnungen (DIN 18040-2:2011-09) verweisen zwar in ihrem jeweiligen Vorwort auf die Definition der Barrierefreiheit in § 4 BGG und beziehen sich dabei auf Menschen mit Behinderungen. Zugleich verweisen die Vorwörter aber auch darauf, dass einige Anforderungen dieser Normen auch für andere Personengruppen wie zB groß- oder kleinwüchsige Personen, Personen mit kognitiven Einschränkungen, ältere Menschen, Kinder sowie Personen mit Kinderwagen oder Gepäck zu einer Nutzungserleichterung führen. Zwar sind die genannten DIN-Normen im Ausgangspunkt nur private Regelwerke.[51] Jedoch sind sie in allen Bundesländern als Technische Baubestimmungen eingeführt[52] und hierdurch im Rahmen des Bauordnungsrechts verbindlich gemacht. Jeder Bauherr muss sie daher öffentlich-rechtlich beachten, soll sein Bau in Übereinstimmung mit dem öffentlichen Baurecht stehen.[53]

26 Auch im Hinblick auf die Barrierefreiheit variieren die bauordnungsrechtlichen Vorgaben in den einzelnen Bundesländern. Strukturell haben die Landesbauordnungen, in Anlehnung an die Musterbauordnung, aber alle gemein, dass eine Unterscheidung zwischen Gebäuden mit Wohnungen und baulichen Anlagen, die öffentlich zugänglich sind, stattfindet.[54] Dabei darf die öffentliche Zugänglichkeit nicht verwechselt werden mit von der öffentlichen Hand oder in ihrem Auftrag errichteten oder betriebenen Anlagen.[55] Vielmehr handelt es sich um sämtliche baulichen Anlagen, wenn und soweit sie nach ihrem Zweck im Zeitraum ihrer Nutzung von im Vorhinein nicht bestimmbaren Personen aufgesucht werden können.[56] Die nicht abschließende Liste der öffentlich zugänglichen Anlagen in § 50 Abs. 2 S. 2 MBO zeigt exemplarisch, was hiermit gemeint ist: U. a. Sport- und Freizeitstätten, Bürogebäude, Verkaufs-, Gast- und Beherbergungsstätten.

27 Die Vorgaben für Wohngebäude enthalten durchweg eine *de minimis*-Schwelle: Anforderungen an die Barrierefreiheit werden nur gestellt ab einer bestimmten Wohnungsanzahl (häufig zwei, wie in § 50 Abs. 1 MBO) oder für bestimmte Gebäudeklassen (Gebäudeklasse 3 bis 5[57]). Der Umfang variiert stark: Häufig müssen, wie in der Musterbauordnung (§ 50 Abs. 1 S. 1) die Wohnungen eines Geschosses barrierefrei erreichbar sein. Dabei ist zu betonen, dass sich dies zunächst nur auf die Erreichbarkeit, also die äußere und innere Erschließung bezieht. In welchem Umfang die Wohnung selber barrierefrei nutzbar sein muss, wird regelmäßig noch einmal separat festgelegt. So bestimmt § 50 Abs. 1 S. 2 MBO, dass die Aufenthaltsräume, eine Toilette, ein Bad, die Küche oder die Kochnische und, soweit vorhanden, ein Freisitz barrierefrei sein müssen. Die weitest gehenden Landesbauordnungen bestimmen hingegen schlicht, dass bei Eröffnung des Anwendungsbereichs, also bei Erreichen einer bestimmten Wohnungszahl oder Gebäudeklasse, schlicht alle Wohnungen barrierefrei sein müssen;[58] dies umfasst sowohl die Erreichbarkeit als auch die Nutzbarkeit.

28 Bei den öffentlich zugänglichen baulichen Anlagen ist der größte Unterschied bei den verschiedenen landesrechtlichen Regelungen, ob sich die Verpflichtung zur Barrierefreiheit nur auf die dem allgemeinen Besucher- und Benutzerverkehr dienenden Teile bezieht, wie es § 50 Abs. 2 S. 1 MBO vorsieht,[59] oder ohne Einschränkung auf die gesamte bauliche Anlage.[60]

29 Sowohl den Regelungen zu Wohn- als auch zu öffentlich zugänglichen Gebäuden ist gemein, dass sie aufgrund des durch die Baugenehmigung vermittelten Bestandsschutzes

---

[51] Vgl. Stelkens/Bonk/Sachs/Schmitz, VwVfG § 1 Rn. 214.
[52] DIBt, Muster-Verwaltungsvorschrift Technische Baubestimmungen (MVV TB) 2023/1, A 4.2.2.
[53] Waechter, NVwZ 2013, 1251 (1255).
[54] § 50 MBO.
[55] Friedrich/Kaerkes, BauR 2020, 1583 (1583); BeckOK BauordnungsR NRW/Henke, BauO NRW 2018 § 49 Rn. 22.
[56] Legaldefinition der öffentlichen Zugänglichkeit in § 49 Abs. 2 S. 2 BauO NRW.
[57] ZB § 49 Abs. 1 BauO NRW.
[58] § 49 Abs. 1 S. 1 NBauO, § 49 Abs. 1 S. 1 BauO NRW.
[59] So auch z. B. Art. 48 Abs. 2 S. 1 BayBO, § 50 Abs. 2 BauO Bln.
[60] So etwa § 49 Abs. 2 S. 1 BauO NRW, § 49 Abs. 2 S. 1 NBauO.

vor allem auf Neubauten anwendbar sind. Daneben greifen sie aber auch bei baulichen Änderungen und Nutzungsänderungen für den von der Änderung betroffenen Gebäudeteil.[61] Bei einem solchen Umbau im Bestand spielt die Möglichkeit, Abweichungen wegen unverhältnismäßigem Mehraufwand zuzulassen, die in § 50 Abs. 4 MBO sowie den entsprechenden landesrechtlichen Regelungen enthalten ist, eine wichtige Rolle. Die bayerische Bauordnung etwa regelt insofern ausdifferenzierter, dass nur bei öffentlich zugänglichen baulichen Anlagen und baulichen Anlagen, die überwiegend oder ausschließlich von Menschen mit Behinderung, alten Menschen und Personen mit Kleinkindern genutzt werden, verlangt werden soll, dass ein gleichwertiger Zustand hergestellt wird, wenn das technisch möglich und dem Eigentümer wirtschaftlich zumutbar ist.[62] Eindeutig ist zudem, dass ohne bauliche oder Nutzungsänderung keine Anpassung von rechtmäßig bestehenden Bestandsgebäuden im Hinblick auf die Barrierefreiheit verlangt werden kann, da die hierfür notwendige Gefahr für Leben und Gesundheit nicht gegeben ist.[63] In der Praxis als schwer vorhersehbar hat sich hingegen die Befugnis der Bauaufsichtsbehörden erwiesen, bei wesentlichen Änderungen auch die Anpassung nicht unmittelbar berührter Teile der Anlage zu fordern, unter der Voraussetzung eines konstruktiven Zusammenhangs mit den Änderungen sowie der Verneinung eines unverhältnismäßigen Mehraufwands[64] (ausführlich dazu → Rn. 55 ff.). Der nordrhein-westfälische Gesetzgeber sah insofern sogar Anlass dazu, ausdrücklich klarzustellen, dass in diesem Zusammenhang angemessene Regelungen zur Barrierefreiheit zu treffen sind (§ 59 Abs. 2 S. 2 BauO NRW). Hiermit soll zum Ausdruck gebracht werden, dass nicht zwingend eine vollständige Erfüllung der gültigen Rechtslage zu fordern ist.[65]

2. Erleichterungen zugunsten des nachhaltigen Bauens im Bauordnungsrecht

Während die im vorstehenden Abschnitt beispielhaft erläuterten Vorschriften das nachhaltige Bauen hoheitlich zwingend vorgeben, haben die Landesgesetzgeber an vielen Stellen auch Regelungen eingeführt, die dazu dienen sollen, dass die sonstigen bauordnungsrechtlichen Vorgaben nicht dazu führen, dass einem Bauherrn, der aus eigener Motivation nachhaltig bauen will, diese Möglichkeit, wenn nicht verwehrt, so jedenfalls erheblich erschwert wird. Denn wie eingangs bereits dargelegt (→ Rn. 4), ist das Bauordnungsrecht zuvorderst Gefahrenabwehrrecht; nicht umsonst nennt die bauordnungsrechtliche Grundnorm (§ 3 MBO) ausdrücklich die öffentliche Sicherheit und Ordnung als Schutzgut, nicht aber die Nachhaltigkeit. Vielfach merkt man den Regelungen an, dass sie historisch aus dem Verständnis entstanden sind, dem Schutz von Leben und Gesundheit zu dienen, der Schutz der natürlichen Lebensgrundlagen aber erst nachträglich eingeführt wurde. Es überrascht nicht, dass die Erreichung dieser verschiedenen Ziele nicht immer Hand in Hand geht, sondern auch Zielkonflikte bestehen. Es ist dabei Aufgabe des Gesetzgebers, hier einen tragfähigen Ausgleich zu schaffen. 30

a) Privilegierungen für den Ausbau erneuerbarer Energien und für Maßnahmen zur Energieeinsparung. Der geschilderte Zielkonflikt ist den Landesgesetzgebern durchaus bewusst. Daher gibt es in den Landesbauordnungen Vorschriften, die dem gerade im Bereich des Ausbaus erneuerbarer Energien und der Energieeinsparmaßnahmen an Bestandsgebäuden Rechnung tragen. Einige Bundesländer haben in der jüngeren Vergangenheit Novellierungen ihrer Bauordnungen durchgeführt, die diese Bemühungen noch ein- 31

---

[61] Friedrich/Kaerkes, BauR 2020, 1583 (1590); BeckOK BauordnungsR NRW/Henke, BauO NRW 2018 § 49 Rn. 22.
[62] Art. 48 Abs. 3 S. 2 BayBO.
[63] Vgl. § 81 Abs. 2 NBauO, § 59 Abs. 1 BauO NRW.
[64] § 81 Abs. 3 BauO Bln, § 76 Abs. 2 LBO BW § 59 Abs. 2 BauO NRW.
[65] Ministerium für Heimat, Kommunales, Bau und Gleichstellung des Landes Nordrhein-Westfalen, Handlungsempfehlung auf der Grundlage der Dienstbesprechungen mit den Bauaufsichtsbehörden im Oktober/November 2018, 42.

mal verstärken; auch die Musterbauordnung hat die Bauministerkonferenz teilweise angepasst.

32   **aa) Nachträglich angebrachte Wärmedämmung.** Bei der nachträglichen Wärmedämmung von Bestandsgebäuden stellt sich häufig das Problem, dass die auf die Fassade aufgebrachte Schicht dazu führt, dass die Außenwand eines Gebäudes näher an die Grundstücksgrenze heranrückt. Bei Gebäuden, die im Bestand nur den gesetzlichen Mindestabstand von zumeist 3 m[66] einhalten, was aufgrund der optimalen Grundstücksausnutzung häufig der Fall ist, führt dies dazu, dass diese Mindesttiefe der **Abstandsfläche** unterschritten wird und hierdurch eine baurechtswidrige bauliche Anlage entstehen würde. Denn auch wenn die Anbringung einer Wärmedämmung regelmäßig keiner Baugenehmigung bedarf,[67] so entbindet diese Genehmigungsfreiheit dennoch nicht von der Verpflichtung zur Einhaltung der materiellen baurechtlichen Anforderungen,[68] hier also des Abstandsflächenrechts.

33   Um zu verhindern, dass das Abstandsflächenerfordernis einer nachträglichen Wärmedämmung von Bestandsgebäuden entgegensteht, haben die Landesgesetzgeber durchgängig Regelungen geschaffen, nach denen Maßnahmen zur Zwecke der Energieeinsparung an bestehenden Gebäuden bei der Bemessung der Abstandsflächen außer Betracht bleiben.[69] Voraussetzung hierfür ist allerdings, dass ein bestimmter Mindestabstand von zumeist 2,50 m[70] zur Nachbargrenze eingehalten und eine Höchststärke der Dämmung – regelmäßig 25 oder 30 cm[71] nicht überschritten wird.

34   Hessen und Nordrhein-Westfalen haben in jüngerer Zeit ihre Bauordnungen geändert, um die abstandsflächenrechtliche Privilegierung der Wärmedämmung noch einmal zu verstärken.[72] Während Hessen hierzu die zulässig Dicke auf 40 cm hochgesetzt hat,[73] verzichtet der nordrhein-westfälische Gesetzgeber nunmehr ganz auf die Vorgabe einer Höchststärke.[74]

35   **bb) Wärmepumpen.** Auch die Errichtung von **Wärmepumpen** kann insbesondere bei kleinen Grundstücken zu **abstandsfläche**nrechtlichen Problemen führen. Denn nicht nur oberirdische Gebäude, sondern auch andere Anlagen mit gebäudegleicher Wirkung lösen Abstandsflächen aus.[75] Verschiedentlich wurde in der zivilgerichtlichen Rechtsprechung angenommen, dass von freistehenden Wärmepumpen, die nicht in einem Gebäude untergebracht sind, aufgrund ihrer Geräuschemissionen Wirkungen wie von Gebäuden ausgehen.[76] Folgt man dieser Rechtsprechung, so müssen auch Wärmepumpen eine Mindestabstandsfläche von regelmäßig 3 m einhalten.

36   Je nach Größe des betroffenen Grundstücks kann dies ein unüberwindbares Hindernis für die Errichtung einer Wärmepumpe sein. Denn die Qualifikation als Anlage mit gebäudegleicher Wirkung bedeutet nicht nur, dass die Wärmepumpe eine Abstandsfläche zur Grundstücksfläche einzuhalten hat, sondern auch, dass sie selber Abstandsflächen auslöst und sich diese Abstandsflächen nach dem allgemeinen Grundsatz des § 6 Abs. 3 Hs. 1 MBO nicht mit den Abstandsflächen des Hauptgebäudes überdecken dürfen. Ungeachtet

---

[66] Siehe zB § 6 Abs. 5 S. 1 MBO.
[67] § 61 Abs. 1 Nr. 11 lit. d) MBO.
[68] § 59 Abs. 2 MBO; siehe hierzu ausführlich Busse/Kraus/Lechner/Busse, BayBO Art. 57 Rn. 18 ff.
[69] § 6 Abs. 7 S. 1 MBO; siehe beispielsweise auch § 6 Abs. 7 SächsBO, § 5 Abs. 6 S. 2 LBO BW.
[70] § 6 Abs. 7 S. 1 Nr. 2 MBO, § 6 Abs. 7 S. 1 BauO NRW, § 6 Abs. 7 Nr. 2 SächsBO.
[71] § 6 Abs. 7 S. 1 Nr. 1 MBO, § 6 Abs. 7 Nr. 1 SächsBO, Art. 6 Abs. 7 S. 1 Nr. 4 lit. a) BayBO.
[72] Hessen: Gesetz zur Änderung des Hessischen Energiegesetzes und der Hessischen Bauordnung vom 22. November 2022, GVBl. 2022, 571; NRW: Zweites Gesetz zur Änderung der Landesbauordnung 2018 vom 31. Oktober 2023, GV. 2023, 1172.
[73] § 6 Abs. 6 S. 4 Nr. 2 HBO.
[74] § 6 Abs. 7 S. 1 BauO NRW, LT-Drs. NRW 18/4593, 129.
[75] § 6 Abs. 1 S. 2 MBO.
[76] OLG Nürnberg 30.1.2017 – 14 U 2612/15, IBRRS 2017, 0798; OLG Frankfurt 26.2.2013 – 25 U 162/12, NVwZ-RR 2013, 591 (592) = BeckRS 2013, 4768; aA OLG München 11.4.2018 – 3 U 3538/17, BeckRS 2018, 557.4.

der teilweise landesrechtlich normierten Möglichkeit der Gestattung geringerer Abstandsflächen zweier baulicher Anlagen auf demselben Grundstück[77] würde dies bedeuten, dass eine Freifläche von mindestens 9 m Tiefe (3 m Abstand vom Hauptgebäude, 3 m Abstand zwischen Abstandsfläche des Hauptgebäudes und Wärmepumpe, 3 m Abstand zur Grundstücksgrenze) erforderlich wäre. Um zu verhindern, dass das Abstandsflächenrecht somit zum Verhinderer des Ausbaus von Wärmepumpen wird, haben verschiedene Bundesländer Abhilfe geschaffen: In Hessen, Niedersachsen und Nordrhein-Westfalen haben die Gesetzgeber jeweils eine abstandsflächenrechtliche Privilegierung eingeführt, nach der Wärmepumpen und zugehörige Einhausungen mit gewissen größenmäßigen, zum Teil auch inhaltlichen Einschränkungen ohne eigene Abstandsfläche sowie in den Abstandsflächen eines Gebäudes zulässig sind.[78]

Nicht nur materiell-rechtlich, sondern auch verfahrenstechnisch haben sich einige Landesgesetzgeber dafür entschieden, die Errichtung von Wärmepumpen zu erleichtern. Diese sind in einigen, aber lange nicht allen Bundesländern verfahrensfrei,[79] bedürfen also weder einer Baugenehmigung noch muss ihre Errichtung der Bauaufsichtsbehörde angezeigt werden. Auch die Musterbauordnung sieht bislang (noch) keine Verfahrensfreiheit für Wärmepumpen vor. 37

cc) Solaranlagen. Dieselbe Problematik hinsichtlich der **Abstandsflächen** wie bei der Wärmedämmung (→ Rn. 32) kann sich auch bei Solaranlagen ergeben: So erhöht sich bei einer Montage von Solaranlagen bei geneigten Dächern der Schnittpunkt von Dach und Außenwand, bei flachen Dächern ggf. die Oberkante der Wand.[80] Hierdurch erhöht sich die für die Tiefe der Abstandsflächen maßgebliche Wandhöhe. Die Musterbauordnung[81] und mit ihr einige Landesbauordnungen[82] sehen daher unter denselben Voraussetzungen wie bei der Wärmedämmung vor, dass die Solaranlagen bei der Bemessung der Abstandsflächen außer Betracht bleiben. Nicht erfasst hiervon werden allerdings aufgeständerte Solaranlagen, weil sie nicht „an", sondern „auf" Wand- und Dachflächen montiert werden und erheblich stärkere, abstandsflächenrelevante Auswirkungen auf ihre Umgebung auslösen können.[83] 38

Darüber hinaus sind vielfach auch die brandschutzrechtlichen Vorgaben für Solaranlagen auf Dächern erleichtert worden. Während Solaranlagen noch bis vor wenigen Jahren stets einen Mindestabstand von 1,25 m zu Brandwänden einhalten mussten,[84] ist dies mittlerweile zum Teil einem ausdifferenzierten System von Abständen von 0 über 0,50 bis zu 1,25 m in Abhängigkeit von der Brennbarkeit und der Höhe gewichen.[85] In Nordrhein-Westfalen wird seit dem 1.1.2024 gar ganz auf einen Mindestabstand verzichtet.[86] 39

Neben diesen materiell-rechtlichen Privilegierungen sehen die Landesbauordnungen auch eine verfahrensrechtliche Erleichterung für Solaranlagen vor: Ihre Errichtung in, an und auf Dach- und Außenwandflächen ist mittlerweile in allen Bundesländern verfahrensfrei.[87] Ausnahmen von der Verfahrensfreiheit bestehen je nach landesrechtlicher Regelung 40

---

[77] Vgl. etwa § 6 Abs. 10 BauO NRW.
[78] § 6 Abs. 9 Nr. 4 HBO; § 6 Abs. 8 S. 4 Nr. 4 NBauO.
[79] § 50 Abs. 1 LBO BW (Anhang Nr. 3 lit. b), § 63 HBO (Anlage I 3.8), § 62 Abs. 1 Nr. 4 lit. d) BauO NRW, § 60 Abs. 1 NBauO (Anhange Nr. 2.2), § 62 Abs. 1 Nr. 2 lit. d) LBauO RP, § 61 Abs. 1 Abs. 1 Nr. 4 lit. c) LBO SH.
[80] Schönenbroicher/Kamp/Schmickler, BauO NRW 2018 § 6 Rn. 225.
[81] § 6 Abs. 7 S. 1 MBO.
[82] § 6 Abs. 7 SächsBO, § 6 Abs. 7 BauO NRW.
[83] LT-Drs. NRW 17/2166, 104; Schönenbroicher/Kamp/Schmickler, BauO NRW § 6 Rn. 231.
[84] Siehe etwa § 32 Abs. 5 S. 2 Nr. 2 MBO in der bis zum Beschluss der BMK vom 22./23.9.2022 geltenden Fassung.
[85] § 32 Abs. 5 S. 2 Nr. 1 lit. b), Nr. 2, Nr. 3 lit. c) MBO.
[86] LT-Drs. NRW 18/4593, 138.
[87] § 50 Abs. 1 LBO BW (Anhang Nr. 3 lit. c), Art. 57 Abs. 1 Nr. 3 lit. a) BayBO, § 61 Abs. 1 Nr. 3 lit. a) BauO Bln, § 61 Abs. 1 Nr. 3 lit. a) BgbBO, § 61 Abs. 1 Nr. 3 lit. a) BremLBO, § 69 HBauO (Anlage II 2 a.1), § 63 HBO (Anlage I 3.9.1), § 61 Abs. 1 Nr. 3 lit. a) LBO M-V, § 62 Abs. 1 Nr. 3 lit. a) BauO NRW, § 60 Abs. 1 NBauO (Anhang Nr. 2.3), § 62 Abs. 1 Nr. 2 lit. e) LBauO RP, § 61 Abs. 1 Nr. 3

im Einzelfall für Hochhäuser[88]. Auch gebäudeunabhängige Solaranlagen bedürfen in den meisten Bundesländern weder einer Baugenehmigung noch sind sie anzeigepflichtig, regelmäßig unter der Voraussetzung, dass sie eine Höhe von 3 m und eine Gesamtlänge bis zu 9 m nicht überschreiten[89] Die Verfahrensfreiheit führt sowohl zu einer Beschleunigung als auch zu Kostenersparnis im Hinblick auf Gebühren und Honorare für einen Bauantrag. Gleichzeitig haben die Bauherren hierdurch eigenverantwortlich dafür Sorge zu tragen, dass die materiell-rechtlichen Vorgaben insbesondere im Hinblick auf den Brandschutz eingehalten werden. Denn die Genehmigungsfreiheit entbindet nicht von der Verpflichtung zur Einhaltung der Anforderungen, die durch öffentlich-rechtliche Vorschriften an Anlagen gestellt werden, und lassen die bauaufsichtlichen Eingriffsbefugnisse unberührt (§ 59 Abs. 2 MBO). Im Übrigen bezieht sich die Verfahrensfreiheit nur auf das Baurecht; energiefachrechtliche Verpflichtungen wie etwa die Registrierungsverpflichtung im Marktstammdatenregister (→ § 11 Rn. 93) bleiben unberührt.

41 **b) Bauen mit Holz.** Holzbau besitzt ein großes Potenzial für die Dekarbonisierung des Bausektors[90]. Im Vergleich zu anderen Materialien ist Holz ein nachwachsender Rohstoff, der einen Beitrag zur ressourcenschonenden und nachhaltigen Entwicklung des Bauwesens leisten kann.[91] Problematisch kann die Verwendung des Baustoffs Holz immer dann sein, wenn die Bauordnung Anforderung an die Feuerwiderstandsfähigkeit stellt. Denn bei Holz handelt es sich bekanntlich um einen brennbaren Baustoff. So müssen etwa gemäß § 27 Abs. 1 S. 1 MBO tragende und aussteifende Wände und Stützen in Gebäuden der Gebäudeklasse 4 und 5 feuerbeständig bzw. hochfeuerhemmend sein, was eine Verwendung von Holz ohne Brandschutzbekleidung ausschließen würde.[92]

42 Um die Massivholzbauweise auch bei großen Gebäuden zu ermöglichen und so den Einsatzbereich von Holz als Baustoff zu erweitern, wird mittlerweile der Einsatz auch brennbarer Baustoffe als feuerbeständige und hochfeuerhemmende Bauteile ohne zusätzliche nichtbrennbare Brandschutzbekleidung zugelassen, wenn nachgewiesen ist, dass die erforderliche Feuerwiderstandsdauer gleichwertig erreicht wird.[93] Die Anforderungen an diesen Nachweis ergeben sich auch der Muster-Richtlinie über brandschutztechnische Anforderungen an Bauteile und Außenwandbekleidung in Holzbauweise – M-HolzBauRL:2020-10 – die durch die Muster-Verwaltungsvorschrift Technische Baubestimmungen (MVV TB) als Technische Baubestimmung eingeführt ist.

43 **c) Fazit.** Das Bedürfnis, von den allgemein gültigen bauordnungsrechtlichen Vorgaben abweichende Regeln im Sinne der Nachhaltigkeit zuzulassen, haben die Landesgesetzgeber an vielen Stellen erkannt und auch umgesetzt. Es handelt sich dabei um recht kleinteilige Regelungen, die einen genau definierten Anwendungsbereich haben. Das birgt die Gefahr, dass insbesondere innovative Ideen im Kontext des nachhaltigen Bauens die Voraussetzungen der Privilegierungen nicht erfüllen, weil der Gesetzgeber sie schlicht nicht vorsehen und berücksichtigen konnte. Ein plastisches Beispiel hierfür sind die Wärmepumpen, die sich

---

lit. a) LBO SL, § 61 Abs. 1 Nr. 3 lit. a) SächsBO, § 60 Abs. 1 Nr. 3 lit. a) BauO LSA, § 61 Abs. 1 Abs. 1 Nr. 3 lit. a) LBO SH, § 60 Abs. 1 Nr. 3 lit. a) ThürBO.

[88] § 62 Abs. 1 S. 3 lit. a) BauO NRW; § 62 Abs. 1 Nr. 2 lit. e) Hs. 1 LBauO RP, § 60 Abs. 1 NBauO (Anhang Nr. 2.3).

[89] Art. 57 Abs. 1 Nr. 3 lit. a) bb) BayBO, § 61 Abs. 1 Nr. 3 lit. b) BremLBO, § 62 Abs. 1 Nr. 2 lit. e) Hs. 2 LBauO RP, § 61 Abs. 1 Nr. 3 lit. b) BbgBO, § 50 Abs. 1 LBO BW (Anhang Nr. 3 lit. c), § 69 HBauO (Anlage II 2a.2), § 63 HBO (Anlage I 3.9.1: ohne der Beschränkung der Gesamtlänge); § 61 Abs. 1 Nr. 3 lit. b) LBO M-V, § 60 Abs. 1 NBauO (Anhang Nr. 2.3), § 62 Abs. 1 Nr. 2 lit. e) Hs. 2 LBauO RP, § 61 Abs. 1 Nr. 3 lit. b) LBO SL (mit einer Gesamtlänge bis zu 12 m), § 61 Abs. 1 Nr. 3 lit. b) SächsBO, § 60 Abs. 1 Nr. 3 lit. b) BauO LSA, § 61 Abs. 1 Abs. 1 Nr. 3 lit. b) LBO SH, § 60 Abs. 1 Nr. 3 lit. b) ThürBO.

[90] Positionspapier Holzbau der DGNB, 1.

[91] LT-Drs. NRW 17/2166, 93.

[92] § 26 Abs. 2 S. 3 iVm S. 2 Nr. 2 und 3 MBO.

[93] § 26 Abs. 2 S. 4 MBO; § 26 Abs. 3 BauO NRW.

aktuell großer Beliebtheit erfreuen, um die Anforderung des § 71 Abs. 1 GEG zu erfüllen, nach dem eine Heizungsanlage nur eingebaut oder aufgestellt werden darf, wenn sie mindestens 65 Prozent der mit der Anlage bereitgestellten Wärme mit erneuerbaren Energien oder unvermeidbarer Abwärme erzeugt. Die Gesetzgeber hatten im Hinblick auf die Abstandsflächen eine Privilegierung nur für Feuerstätten vorgesehen.[94] Eine Wärmepumpe ist aber keine Feuerstätte, weil sie nicht durch Verbrennung Wärme erzeugt.[95] So bleibt den Gesetzgebern nichts anderes, als dieses Problem zu erkennen und die bauordnungsrechtlichen Vorschriften entsprechend anzupassen, was in einigen, aber bei weitem nicht allen Bundesländern für die Frage der Abstandsflächen von Wärmepumpen geschehen ist (→ Rn. 35 ff.). Die Gesetzgeber hinken damit der aktuellen Entwicklung zwangsläufig immer hinterher. In der Zwischenzeit bis zur Umsetzung tragen die Bauherren das Risiko der Zulässigkeit ihres an sich nachhaltigen Vorhabens oder sind gar an der Umsetzung gehindert.

3. Bauordnungsrechtliche Hemmnisse für das nachhaltige Bauen

Während aus den bisherigen Betrachtungen zu den Verpflichtungen (→ Rn. 14 ff.) und Privilegierungen (→ Rn. 30 ff.) im Zusammenhang mit dem nachhaltigen Bauen hervorgeht, dass die ökologische Dimension der Nachhaltigkeit im Bauordnungsrecht immer stärker Berücksichtigung findet, wird das Bauordnungsrecht in anderem Zusammenhang insbesondere von Architektenseite stark kritisiert: Die Bauordnungen seien auf den Neubau ausgerichtet, der Umbau erhaltenswerten Bestandes werde durch die bauordnungsrechtlichen Anforderungen erschwert bis zu dem Punkt, dass ein Neubau wirtschaftlicher sei. Im Sinne der nachhaltigen Nutzung natürlicher und bestehender Ressourcen müsse aber der Bestandserhalt gefördert wird.[96] Zudem bestehe eine Überregulierung mit technischen Normen, die innovative und zugleich nachhaltige Lösungsansätze verhindere.[97]

a) Anpassungsverpflichtungen bei Umbauten. aa) Anforderungen an die geänderten Bauteile. Soll eine bestehende bauliche Anlage geändert werden, sei es in der Nutzung, sei es baulich, so unterliegt diese Änderung den zum Zeitpunkt der Änderung bzw. zum Zeitpunkt der Erteilung der Baugenehmigung für die Änderung geltenden materiellen bauaufsichtlichen Vorschriften.[98] Das führt häufig zu einer Überforderung des Bauherrn, da einige Anforderungen nur schwer oder sogar gar nicht nachträglich erfüllt werden können. Das betrifft insbesondere die Ausgestaltung des Brandschutzes und der Schalldämmung sowie der Barrierefreiheit. Denn Erste erfordern häufig eine Ertüchtigung eingebauter Bauteile. Gerade bei reinen Nutzungsänderungen, die mit keinen oder nur geringfügigen Umbauten verbunden sind, folgt hieraus die Notwendigkeit, in die Substanz der baulichen Anlagen einzugreifen, obwohl das für die geplante Änderung an sich nicht erforderlich wäre. Bei der Barrierefreiheit stellt sich die Problematik etwas anders dar: Die Umsetzung der Vorgaben ist häufig ohne einen zusätzlichen Platzverbrauch nicht möglich. Während bei einem Neubau dieser Platzbedarf in der Planung von Anfang an berücksichtigt werden kann, ist es im Bestand schwierig, zusätzlichen Raum zu schaffen. Aus diesen Gründen ist es technisch oftmals nicht möglich bzw. wirtschaftlich nicht vertretbar, das Bestandsgebäude an heutige Bauvorschriften anzugleichen.[99]

---

[94] § 6 Abs. 8 S. 1 Nr. 1 MBO.
[95] OLG München 11.4.2018 – 3 U 3538/17, BeckRS 2018, 5574 Rn. 24; vgl. die Begriffsbestimmung der Feuerstätte in § 2 Abs. 8 MBO.
[96] Siehe zum Ganzen zB https://www.dabonline.de/2023/05/24/mehr-umbaukultur-umbauordnung-bak-vorschlag-musterbauordnung/ (zuletzt besucht am 2.3.2024); https://bak.de/presse/pressemitteilungen/bak-legt-musterumbauordnung-vor-als-beitrag-zur-nachhaltigen-entwicklung-von-staedten-und-kommunen/ (zuletzt besucht am 2.3.2024).
[97] Leupertz, Bezahlbar Wohnen und nachhaltig Bauen (2023), https://www.gdw.de/media/2023/12/rechtsgutachten-bid_bezahlbar_wohnen_und_nachhaltig_bauen_leupertz.pdf (Stand: 20.3.2024) 20 ff.
[98] Busse/Kraus/Dirnberger, BayBO Art. 54 Rn. 198; Schönenbroicher/Kamp/Henkel, BauO NRW 2018 § 9 Rn. 16.
[99] Vgl. LT-Drs. NRW 17/14088, 11.

46 Neben den genannten Aspekten kann sich auch das **Abstandsflächen**recht als ein großes, wenn nicht gar unüberwindbares Hindernis für eine Änderung im Bestand erweisen. Dies gilt vor allem, wenn schon der Altbestand die nach dem derzeit gültigen Recht geltenden Anforderungen nicht einhält. Eine Änderung, die an sich keine abstandsflächenrelevanten Merkmale betrifft, also nicht zu einer Erhöhung der Wandhöhe oder einem Heranrücken an die Grundstücksgrenze führt, führt gleichwohl zu einer Neubewertung der Abstandsflächen, wenn sie die durch das Abstandsflächenrecht geschützten Belange (Belichtung, Belüftung, Wohn-/Nachbarfrieden, Brandschutz) im Vergleich zum bisherigen Zustand negativ beeinflussen kann.[100] Ist eine solche Neubewertung durchzuführen, so steht in der beschriebenen Konstellation fest, dass die Änderung die abstandsflächenrechtlichen Vorgaben nicht erfüllen kann, da die bauliche Anlage schon im Bestand zu nah an einer Grundstücksgrenze oder einem anderen Gebäude liegt. Dies kann nachträglich schlicht nicht mehr geändert werden.

47 Häufig bleibt damit bei Änderungen im Bestand nur die Möglichkeit, die Zulassung einer Abweichung zu beantragen.[101] Auch wenn in diesem Rahmen den durch Art. 14 Abs. 1 GG geschützten Belangen des Eigentümers des bestehenden Gebäudes Rechnung getragen werden mag,[102] so bleibt es im Grundsatz dennoch dabei, dass es sich bei der Zulassung von Abweichungen in ihrer Ausgestaltung als Kann-Vorschrift[103] um eine Ermessensnorm handelt. Der Bauherr hat daher – selbst wenn alle Voraussetzungen für eine Abweichungen vorliegen – keinen Anspruch auf Zulassung der Abweichung, sondern nur auf fehlerfreie Ermessensausübung.[104] Damit ist ein hohes Maß an Planungsunsicherheit verbunden, das ggf. durch eine Abstimmung mit den zuständigen Stellen im Vorfeld abgemildert werden kann. Einen formellen Weg, der dem Bauherrn die erforderliche Sicherheit gibt, um seine Investition schon vor der behördlichen Entscheidung zu planen, halten die Bauordnungen jedoch nicht bereit.

48 Die Intention hinter der Verpflichtung, bei Änderungen die aktuellen Anforderungen einzuhalten ist, nach derzeitigem Rechtsstand rechtswidrige Verhältnisse nicht zu perpetuieren. Es handelt sich um einen klassischen Zielkonflikt zwischen dem schonenden Umgang mit Ressourcen in Form des Schutzes erhaltenswerter Bausubstanz auf der einen und dem Schutz von Leben und Gesundheit (Brandschutz, Schallschutz) und Inklusion (Barrierefreiheit) auf der anderen Seite. Gerade das Beispiel der Barrierefreiheit zeigt, dass es auch zu internen Kollisionen zwischen den einzelnen Schutzzielen der Nachhaltigkeit kommen kann. Das gilt im Übrigen nicht nur für die Barrierefreiheit, sondern für alle seit der Errichtung eines Bestandsgebäudes in die jeweilige Bauordnung eingeführten Nachhaltigkeitsverpflichtungen, insbesondere im Bereich der Energieeffizienz eines Gebäudes. Insofern verhilft die Grundforderung einer Änderung entsprechend der aktuell geltenden Rechtslage gerade auch den neu eingeführten Nachhaltigkeitsvorgaben zur Geltung über den Neubaubereich hinaus.

49 Die Landesgesetzgeber haben die Thematik erkannt und teilweise gegengesteuert. Gerade im **Abstandsfläche**nrecht gibt es in einigen Bundesländern Privilegierungen für bestehende Gebäude; eine entsprechende Regelung in der Musterbauordnung existiert bislang nicht. Für ohne Einhaltung von Abstandsflächen oder mit geringeren Tiefen zulässig erklärt werden in diesen Vorschriften zB[105]:
1. Änderungen innerhalb des Gebäudes,
2. Nutzungsänderungen,
3. die Neuerrichtung oder der Ausbau von Dachräumen oder eines Dachgeschosses innerhalb der bisherigen Abmessungen

---

[100] OVG Münster 15.5.1997 – 11 A 7224/95, NVwZ-RR 1998, 614; Busse/Kraus/Kraus, BayBO Art. 6 Rn. 29.
[101] Busse/Kraus/Kraus, BayBO Art. 6 Rn. 30.
[102] Hierauf weist Busse/Kraus/Kraus, BayBO Art. 6 Rn. 30 hin.
[103] Vgl. § 67 Abs. 1 S. 1 MBO.
[104] Große-Suchsdorf/Stiel/Breyer, NBauO § 66 Rn. 44.
[105] § 6 Abs. 11 BauO NRW; § 5 Abs. 10 NBauO.

4. die nachträgliche Errichtung von Dachgeschossen, wenn die Unterschreitung des Abstandes nicht größer ist als die bisherige Unterschreitung

Der Vollständigkeit halber sei noch erwähnt, dass der nordrhein-westfälische und der bayerische Gesetzgeber sogar die Neuerrichtung als Ersatz eines nach Kubatur gleichartigen Gebäudes an gleicher Stelle zulassen,[106] wobei der bayerische Gesetzgeber dies lediglich im Wege einer Abweichung tut, die allerdings als Soll- und nicht nur als Kann-Vorschrift ausgestaltet ist. Ein Umbau liegt in dieser Konstellation allerdings nicht mehr vor; vielmehr handelt es sich um eine privilegierte Form der Neuerrichtung. 50

Auch im Bereich der Abweichungen gibt es mittlerweile in einigen Bauordnungen Regelungen, die den Umbau im Bestand erleichtern sollen. So formuliert die Bauordnung NRW in ihrem § 69 Abs. 1 S. 2 Nr. 1 und 3, Letzteres seit dem 1.1.2024, dass Abweichungen zur Modernisierung von Wohnungen und Wohngebäuden und bei Nutzungsänderungen nicht nur zugelassen werden können, sondern zuzulassen sind. Nach dem Runderlass des zuständigen Ministeriums handelt es sich bei dieser Norm um einen ermessensgebundenen Tatbestand; liegen die Voraussetzungen vor, sei die zuständige Bauaufsichtsbehörde in ihrer Entscheidung gebunden mit der Folge, dass sie die Abweichung zuzulassen habe.[107] Die bayerische Bauordnung sieht hingegen in ihrem Art. 63 Abs. 1 S. 2 Nr. 1 vor, dass Abweichungen zugelassen werden sollen für Vorhaben, die der Weiternutzung bestehender Gebäude dienen. Damit geht sie auf der Rechtsfolgenseite weniger weit als die nordrhein-westfälische Bauordnung, da Abweichungen nicht zuzulassen sind, sondern nur zugelassen werden sollen. Dafür sind die Tatbestandsvoraussetzungen deutlich weiter, da nicht nur Nutzungsänderungen, sondern auch bauliche Änderungen hierunter zu fassen sind.[108] Auch der sächsische Gesetzgeber hat eine Änderung der Sächsischen Bauordnung in Form einer Soll-Vorschrift für Vorhaben, die der Weiternutzung bestehender Gebäude dienen, beschlossen.[109] 51

Hinzu kommt, dass der scheinbare Unterschied zwischen Soll-Vorschrift und ermessensgebundenem Tatbestand dadurch verringert, wenn nicht sogar nivelliert sein dürfte, dass auch nach nordrhein-westfälischer Rechtslage weiterhin die Abwägungskriterien des § 69 Abs. 1 S. 1 BauO NRW maßgeblich zu berücksichtigen sind. Auch wenn sich dies nicht ausdrücklich aus dem Gesetz ergibt, ist auch in diesem Fall Voraussetzung für eine Abweichung, dass diese mit den Grundanforderungen des § 3 BauO NRW, also dem Schutz der öffentlichen Sicherheit und Ordnung, vereinbar ist: Die Zulassung von Abweichungen nach Satz 2 ohne die Heranziehung der Kriterien des Satzes 1 käme einer voraussetzungslosen Freistellung von einem Großteil des materiell-rechtlichen Prüfungskatalogs der Bauordnung gleich und die Bauordnung wäre anderenfalls für weite Bereiche letztlich außer Kraft gesetzt.[110] In der Praxis führt dies dazu, dass der Unterschied zu einer Soll-Vorschrift sich kaum oder gar nicht bemerkbar macht: Zwar ist das Ermessen auf der Rechtsfolgenseite durch die Regelungsweise eingeschränkt oder je nach Auslegung sogar ausgeschlossen. Die tatbestandlichen Voraussetzungen mit ihren unbestimmten Rechtsbegriffen werden aber so restriktiv gehandhabt, dass die vom Gesetzgeber an sich angestrebte Erleichterung, insbesondere im Bereich des Brandschutzes kaum eintritt. 52

bb) Anforderungen an von der Änderung nicht unmittelbar betroffene Bauteile. 53
Der Umbau von Bestandsgebäuden sieht sich in vielen Bundesländern zusätzlichen Hürden

---

[106] § 6 Abs. 11 Nr. 6 BauO NRW (seit dem 1.1.2024), Art. 63 Abs. 1 S. 2 Nr. 2 BayBO (seit dem 1.8.2023).
[107] Runderlass des Ministeriums für Heimat, Kommunales, Bau und Digitalisierung vom 5.12.2022 (Aktenzeichen 53.6.6.01-000005).
[108] Vgl. zum äußerst weiten Anwendungsbereich BeckOK BauordnungsR Bayern/Weinmann, BayBO Art. 63 Rn. 42l.
[109] LT-Drs. 7/15638, 4, Beschluss des Sächsischen Landtags vom 31.1.2024.
[110] OVG Münster 7.3.2024 – 10 A 2791/21, BeckRS 2024, 5078 Rn. 43 ff.; BeckOK BauordnungsR NRW/Hüwelmeier, BauO NRW 2018 § 69 Rn. 19 mwN; vgl. zur bayerischen Rechtslage LT-Drs. 18/28882, 16: „Eine Absenkung der gesetzlichen Anforderungen ist damit nicht verbunden.".

dadurch ausgesetzt, dass nicht nur die Teile, die Gegenstand der Änderung sind, den aktuellen rechtlichen Vorgaben entsprechen müssen, sondern die Bauaufsichtsbehörde darüber hinaus anordnen kann, dass auch die von der Änderung nicht berührten Teile der baulichen Anlage mit dem aktuellen Gesetz in Einklang zu bringen sind.[111] Allerdings gelten hierfür zusätzliche Voraussetzungen: Zuvorderst muss es sich um eine wesentliche Änderung handeln. Hierfür muss die Änderung die Substanz der baulichen Anlage, nicht nur ihre Nutzung betreffen. Sie muss darüber hinaus wesentlich in Bezug auf die technisch-konstruktiven Anforderungen an die bauliche Anlage sein.[112] Zudem müssen die anzupassenden Bauteile mit den Änderungen in einem konstruktiven Zusammenhang stehen. Überdies darf die Anpassung keinen unverhältnismäßigen Mehraufwand verursachen. Abgestellt wird hierbei objektiv auf das Verhältnis zwischen den ohnehin vom Bauherrn vorgesehenen Aufwendungen und dem Mehraufwand[113] sowie subjektiv darauf, ob die Mehrkosten für den Anpassungsverpflichteten wirtschaftlich tragbar sind.[114]

54 Zuletzt ergibt sich auch verfahrenstechnisch ein großer Unterschied zur Einhaltung der aktuellen Vorgaben durch die von der Änderung selber betroffenen Gebäudeteile: Während bei den zu ändernden Gebäudeteilen die Vorgaben von Gesetzes wegen einzuhalten sind, muss sich die Bauaufsichtsbehörde hinsichtlich der von der Änderung nicht betroffenen Bauteile positiv im Rahmen einer Ermessensentscheidung für ein Anpassungsverlangen entscheiden. Teilweise empfiehlt die Kommentarliteratur sogar, vor Erteilung der beantragten Baugenehmigung für die Änderung durch selbstständigen Verwaltungsakt die Anordnung zu erlassen, auch für die Altteile die notwendigen Vorkehrungen zu treffen und den dafür etwa erforderlichen Bauantrag zu stellen.[115] Diese Differenzierung wird allerdings in der Praxis nicht immer durchgehalten. Vielmehr kommt es durchaus vor, dass die Bauaufsichtsbehörden wie bei den von der Änderung selbst betroffenen Bauteilen davon ausgehen, dass die Anpassungsverpflichtung per Gesetz besteht und eine gesonderte Ermessensentscheidung hierzu unterbleibt; dies gilt insbesondere bei funktional – etwa im Sinne des Brandschutzes – mit den geänderten Bereichen zusammenhängenden Bauteilen. Durch diese Herangehensweise ist der Umbau im Bestand noch einmal mit deutlich höheren und schwerer vorhersehbaren Risiken verbunden.

55 Nach einigen Bauordnungen wird dieses Risiko dadurch verringert, dass bei Modernisierungsvorhaben, also Maßnahmen, durch die der Gebrauchswert erhöht wird,[116] von dem Anpassungsverlangen stets abgesehen werden soll, es sei denn es treten andernfalls Gefahren auf (§ 81 Abs. 4 BauO Bln), oder wenn sonst die Modernisierung erheblich erschwert würde (Art. 54 Abs. 6 BayBO). Hierunter dürften vor allem technische Schwierigkeiten fallen, da die wirtschaftlichen Belange bereits über die allgemeine Voraussetzung der wirtschaftlichen Zumutbarkeit abgedeckt sind.[117] Derartige Privilegierungen für Modernisierungen sind aber nicht durchgängig in den Landesbauordnungen enthalten, die ein Anpassungsverlangen für nicht von der Änderung betroffene Bauteile vorsehen.

56 **b) Technische Baubestimmungen.** Die technische Seite des Bauens wird in großem Umfang nicht in den Landesbauordnungen selber reguliert, sondern in den Technische Baubestimmungen (§ 85a MBO). Technische Normen und Regeln sind öffentlich-rechtlichen verbindlich, wenn sie als solche Technischen Baubestimmungen eingeführt sind. Dies erfolgt mittlerweile über eine Musterverwaltungsvorschrift des Deutschen Instituts für Bautechnik DIBt (MVV TB), die von den einzelnen Landesregierungen adaptiert und modifiziert wird. Dabei sollen nur diejenigen technischen Regeln als Technische Bau-

---

[111] Siehe zB Art. 54 Abs. 5 BayBO, § 76 Abs. 2 LBO BW, § 59 Abs. 2 BauO NRW, § 81 Abs. 3 BauO Bln.
[112] Boeddinghaus/Hahn/Schulte u.a./Hahn, BauO NRW, § 59 Rn. 17; Gädtke/Wenzel, BauO NRW, § 59 Rn. 21.
[113] Boeddinghaus/Hahn/Schulte u.a./Hahn, BauO NRW, § 59 Rn. 22.
[114] Gädtke/Wenzel, BauO NRW, § 59 Rn. 22.
[115] Busse/Kraus/Dirnberger, BayBO Art. 54 Rn. 207.
[116] Busse/Kraus/Dirnberger, BayBO Art. 54 Rn. 219.
[117] Busse/Kraus/Dirnberger, BayBO Art. 54 Rn. 220.

bestimmung eingeführt werden, die für die Einhaltung der grundlegenden Schutzziele des § 3 MBO unerlässlich sind.[118] Dennoch hat die MVV TB einen beachtlichen Umfang, so dass technische Regeln in erheblichem Maß öffentlich-rechtlich zu beachten sind.

Da nachhaltige Ansätze nicht selten technische Innovationen beinhalten (vgl. zur zivilrechtlichen Behandlung im Planungsvertrag → § 8 Rn. 52 ff.), kann dies dazu führen, dass Technische Baubestimmungen nicht eingehalten werden können. Grundsätzlich sind solche Abweichungen öffentlich-rechtlich nicht ausgeschlossen; sie führen allerdings zu einem erhöhten Aufwand und beinhalten ggf. ein gewisses Maß an Rechtsunsicherheit. Grundlegend sind zwei verschiedene Konstellationen zu unterscheiden: 57

Bedeutet die Abweichung von einer Technischen Baubestimmungen zugleich eine Abweichung von einer materiellen bauaufsichtsrechtlichen Vorschrift, ist deren Zulassung durch die Bauaufsichtsbehörde (§ 67 MBO) erforderlich.[119] Im Baugenehmigungsverfahren entsteht durch den zusätzlich zum Bauantrag zu stellenden Antrag auf Abweichung zwar ein erhöhter Aufwand. Jedoch ist es im Hinblick auf die Rechtssicherheit von erheblichem Vorteil, dass durch die ausdrückliche Billigung der Bauaufsichtsbehörde die bauordnungsrechtliche Zulässigkeit verbindlich und mit Bestandskraft versehen festgestellt wird. 58

Liegt in der Abweichung von der Technischen Baubestimmung nicht zugleich ein Verstoß gegen eine materielle bauaufsichtliche Rechtsvorschrift, so ist diese zulässig, wenn mit einer anderen Lösung in gleichem Maße die Anforderungen erfüllt werden (§ 85a Abs. 1 S. 3 MBO). Eine behördliche Entscheidung hierzu erfolgt nicht. Das Risiko der Beurteilung, ob die Anforderungen tatsächlich in gleichem Maße erfüllt werden, liegt somit allein beim Bauherrn. Dieser bzw. der von ihm beauftragte Entwurfsverfasser oder Fachplaner trägt die Beweislast für die Gleichwertigkeit.[120] 59

Das öffentliche Baurecht ist damit zwar offen für von den Technischen Baubestimmungen abweichende Lösungen, soweit diese dasselbe Schutzniveau erreichen. Dies ist aber regelmäßig durch die fehlende Präventivkontrolle mit dem Risiko verbunden, dass erst nachträglich die Unzulässigkeit festgestellt wird. Dabei führt die Gesetzessystematik dazu, dass faktisch stets erst einmal die Vermutung der Regelwidrigkeit ausgeräumt werden muss. Gegenüber einem Ansatz, der offen nur die Erreichung der Schutzziele fordert, stellt dies eine Art „Beweislastumkehr" dar.[121] 60

4. Fazit

Der exemplarische Überblick über die geltenden Regelungen im Bauordnungsrecht zeigt, dass die Landesgesetzgeber einen starken Fokus auf den ökologischen Aspekt der Nachhaltigkeit legen. Insbesondere die Förderung und Erleichterung der Nutzung erneuerbarer Energien (Stichwort Photovoltaik auf den Dachflächen) ist in den zuletzt verabschiedeten Novellierungen verschiedener Bauordnungen ein zentrales Anliegen. Der soziokulturelle und sogar in noch größerem Maß der ökonomische Aspekt der Nachhaltigkeit spielen hingegen eine weniger große Rolle im Rahmen der gesetzgeberischen Ziele. Dies mag auch dem Umstand geschuldet sein, dass die natürlichen Lebensgrundlagen in der bauordnungsrechtlichen Grundnorm (§ 3 MBO) explizit als Schutzgut benannt werden, die Nachhaltigkeit als solche aber eben nicht (siehe schon → Rn. 8 f.). 61

Gerade in jüngerer Zeit ist festzustellen, dass die Landesgesetzgeber aktiv durch Änderungen der Landesbauordnungen darauf hinzuwirken, dass zumindest der ökologische Teil der Nachhaltigkeit sowohl über Verpflichtungen als auch durch Privilegierungen stärker Berücksichtigung findet. Insbesondere im Hinblick auf die Privilegierungen bleibt aber der Eindruck, dass es sich bis zu einem gewissen Grad um Stückwerk handelt. Die Gesetzgeber 62

---

[118] Busse/Kraus/Hofer, 1BayBO Art. 81a Rn. 29; Vorb. Nr. 1 der Muster-Verwaltungsvorschrift Technische Baubestimmungen (MVV TB) Ausgabe 2023/1.
[119] Busse/Kraus/Hofer, BayBO Art. 81a Rn. 52 f.
[120] Vgl. Busse/Kraus/Hofer, BayBO Art. 81a Rn. 57; Gädtke/Kaiser, BauO NRW § 88 Rn. 23 f.
[121] Vgl. eingehend zum Ganzen Baureis/Dressel/Friedrich, NZBau 2023, 641 (643 ff.).

gestalten weniger proaktiv das normative Umfeld für ein nachhaltiges Bauen als dass sie auf in der Praxis im Einzelfall aufgekommene Probleme reagieren und versuchen, dieses ganz spezifisch für eine bestimmte Konstellation (zB Errichtung von Wärmepumpen oder Installation von Photovoltaikanlagen auf Dächern) zu lösen.

63 Diese Herangehensweise hat durchaus auch ihre Vorteile für das nachhaltige Bauen: Die Existenz ganz konkreter Regelungen, die einen bestimmten Sachverhalt abdecken, gibt deutlich mehr Rechtssicherheit als eine Generalklausel, die stets der Auslegung im Einzelfall bedarf. Die Verwendung unbestimmter Rechtsbegriffe, wie sie in Generalklauseln üblich ist, eröffnet zwar kein behördliches Ermessen, sondern unterliegt der vollen gerichtlichen Kontrolle.[122] Gleichwohl wird die Auslegung neuer unbestimmter Rechtsbegriffe erst dann zuverlässig vorhersehbar sein, wenn eine gewisse Praxiserfahrung und eine gleichförmige Rechtsprechung hierzu entstanden sind; dies nimmt einige Zeit in Anspruch. Konkrete Einzelfallregelungen, die an den relevanten Stellen im bestehenden System neu eingeführt werden, können hingegen zumeist aufgrund der Verwendung bereits eingeführter Begriffe ohne weiteres mit einem vergleichsweise hohen Grad an Sicherheit ausgelegt werden. Nachteil dieser Herangehensweise ist, dass sich hierbei erst ein Problem in der Praxis zeigen muss, auf das der Gesetzgeber dann punktuell reagiert, was aufgrund der Anforderungen eines Gesetzgebungsverfahrens einen erheblichen Zeitraum in Anspruch nimmt. Bauvorhaben, die in der Zwischenzeit genehmigt oder realisiert werden sollen, können hiervon also nicht profitieren.

64 Insgesamt ist festzuhalten, dass die Änderungen der Landesbauordnungen, die dem Ziel des nachhaltigen Bauens dienen soll, jedenfalls im Hinblick auf die Einführung neuer Verpflichtungen in hohem Maße auf zukünftige Bauvorhaben und weniger auf Bestandsgebäude ausgerichtet sind. Eine Anpassungsverpflichtung von bestehenden baulichen Anlagen gibt es, wie dargelegt (→ Rn. 45 ff.), nur im Fall der durch den Bauherrn initiierten Änderung. Dieser Befund dürfte aber auch nicht zu ändern sein: Der Eigentumsschutz nach Art. 14 Abs. 1 GG in Form des Bestandsschutzes schließt zwar nicht grundsätzlich Anpassungs- und Nachrüstpflichten aus, setzt dieser Möglichkeit jedoch Grenzen.[123] Daher scheint es folgerichtig, im Bereich der Bestandsbauten weniger auf das Instrument der hoheitlichen Verpflichtung als mehr auf die Inzentivierung zu setzen, wie es bezüglich der ökologischen Dimension der Nachhaltigkeit insbesondere durch die Bundesförderung für effiziente Gebäude (→ § 2 Rn. 101) geschieht.

65 In einem gewissen Widerspruch zu diesem Befund steht, dass die Anpassungsverpflichtungen, die anderen als Nachhaltigkeits-Schutzzielen dienen, eher als Hemmschuh für die Nachhaltigkeit wirken. Dies betrifft die ökonomische Dimension der Nachhaltigkeit, die den Erhalt von Gebäudewerten und die Anpassungsfähigkeit (Flexibilität und Umnutzungsfähigkeit) im Blick hat. Da die Erfüllung aktueller Anforderungen z. B. im Hinblick auf Brandschutz und Barrierefreiheit im Bestand aufgrund der technischen Herausforderungen häufig kostenintensiv ist, kommt es nicht selten zu der Situation, dass ein Abriss und Neubau wirtschaftlich sinnvoller ist als ein Umbau (→ Rn. 45 ff.). Diese Feststellung führt dazu, dass von einigen Akteuren ein grundlegender Systemwandel als erforderlich oder wünschenswert angesehen wird. Einem solchen möglichen Systemwandel und den bereits nach aktueller Rechtslage vorhandenen Ansätzen widmet sich der nächste Abschnitt.

II. Bestrebungen zur Änderung des Bauordnungsrechts

66 Insbesondere um eine ressourcenschonende und zirkuläre Bauweise im Sinne einer Reduktion der grauen Energie (→ § 1 Rn. 10) zu erleichtern, gibt es Bestrebungen für grundlegende Änderungen der Landesbauordnungen. Diese setzen zum einen bei den Schwierigkeiten an, die die bauordnungsrechtliche Regulierung der Modernisierung des Bestands

---

[122] Schoch/Schneider/Geis, VwVfG § 40 Rn. 132.
[123] Vgl. zum Bestandsschutz allgemein Dürig/Herzog/Scholz/Papier/Shirvani, GG Art. 14 Rn. 190.

bereitet, zum anderen bei der als solche empfundenen Überregulierung, die der Innovation möglicherweise im Wege steht.

1. Umbauordnung

Die Erleichterung der Modernisierung des Bestands wird unter dem Stichwort „Umbaukultur" oder **„Umbauordnung"** diskutiert. Die Bundesarchitektenkammer ist in diesem Feld äußerst aktiv und hat im Mai 2023 einen Vorschlag zur Änderung der Musterbauordnung (MBO-V) vorgelegt.[124] Durch die vorgeschlagenen Anpassungen soll der Bestandserhalt im Sinne der nachhaltigen Nutzung natürlicher Ressourcen gefördert werden.[125] Zentrale Forderungen sind hierbei[126] 67

– *Erleichterungen von Abweichungen sowohl für den Bestand als auch für den Neubau, um zum einen Abrisse von Bestand aufgrund nicht leistbarer Anforderungen zu vermeiden und um zum anderen innovative ressourcensparende Bauweisen auch im Neubau zu erleichtern (§ 67)*
– *Erleichterung bei Aufstockungen und Nutzungsänderung durch Beibehaltung von Anforderung der ursprünglichen Gebäudeklasse*
– *Einführung eines eigenen Paragraphen zum Bestand nach dem Vorbild der bayerischen Bauordnung, um auf dessen Besonderheiten einzugehen*
– *Regelung zur ganzheitlichen **Lebenszyklus**betrachtung beim Rückbau von Gebäudeabrissen aber auch grundsätzlich für Neubauten in einem bundeseinheitlichen Gebäuderessourcengesetz[127] (→ § 2 Rn. 128)*
– *Einführung des qualifizierten Freiflächenplans (QFP) zum gebündelten Nachweis von Regenwasserretention, Förderung der Artenvielfalt und der Vermeidung von Hitzeinseln auf beplanten Grundstücken*
– *Beibehaltung von bauzeitlichen Anforderungen bei Bestandsgebäuden, wenn dies nicht den Schutzzielen der Bauordnung entgegensteht*
– *Bessere personelle und digitale Ausstattung der Verwaltung und Aufstockung der Leistungsfähigkeit der unteren Bauaufsicht zum Beispiel zur Beurteilung von **Lebenszyklus**bilanzen und Rückbaukonzepten*

Grundlegend sieht der Vorschlag vor, dass in der bauordnungsrechtlichen Grundnorm des § 3 S. 1 MBO explizit die Nachhaltigkeit als Schutzgut aufgenommen wird: 68

Anlagen sind so anzuordnen, zu errichten, zu ändern und instand zu halten, dass keine Gefahr oder Gefährdung für die öffentliche Sicherheit und Ordnung, insbesondere Leben und Gesundheit entsteht und <u>besonders erhaltenswerte Bausubstanz</u> sowie die natürlichen Lebensgrundlagen, <u>auch im Sinne der Nachhaltigkeit</u> und in der Verantwortung für die künftigen Generationen, erhalten und geschützt werden.

Dabei handelt es sich zwar nicht um eine operative Vorschrift, aus der sich konkrete Rechte und Pflichten ergeben. Dennoch bereitet die Regelung in ihrer Eigenschaft als Grundnorm den Boden für das Verständnis und die Auslegung sämtlicher Regelungen in der Bauordnung, so dass davon auszugehen ist, dass die Aufnahme der Nachhaltigkeit auch in

---

[124] Abrufbar unter https://bak.de/presse/pressemitteilungen/bak-legt-musterumbauordnung-vor-als-beitrag-zur-nachhaltigen-entwicklung-von-staedten-und-kommunen/ (zuletzt abgerufen am 3.3.2024).
[125] BAK, Musterumbauordnung, 1.
[126] BAK, Musterumbauordnung, 2.
[127] Diese Zielsetzung, den Einsatz grauer Energie sowie die Lebenszykluskosten verstärkt betrachten zu können, enthält auch der aktuelle Koalitionsvertrag „Mehr Fortschritt wagen – Bündnis für Freiheit, Gerechtigkeit und Nachhaltigkeit zwischen SPD, Bündnis 90/Die Grünen, FDP, 71 (abrufbar unter https://www.spd.de/fileadmin/Dokumente/Koalitionsvertrag/Koalitionsvertrag_2021-2025.pdf). Vorgesehen ist dabei auch ein sog. Gebäuderessourcenpass (vgl. zur Methodik der Bilanzierung BBSR, Ökobilanzielle Bewertung im Ordnungsrecht, https://www.bbsr.bund.de/BBSR/DE/veroeffentlichungen/bbsr-online/2023/bbsr-online-44-2023-dl.pdf?__blob=publicationFile&v=2; der DGNB hat ein Dokumentationsformat für einen Gebäuderessourcenpass entwickelt: https://www.dgnb.de/de/nachhaltiges-bauen/zirkulaeres-bauen/gebaeuderessourcenpass).

der praktischen Anwendung der bauordnungsrechtlichen Vorschriften eine Wirkung zeigen wird.

69 Zentral für die Erleichterung des Umbaus im Bestand ist das „Einfrieren" der Anforderungen auf die Rechtslage bei erstmaliger Errichtung (§ 2 Abs. 3 S. 2 MBO-V). Hierdurch wird die Grundregel außer Kraft gesetzt, dass bei Änderungen von baulichen Anlagen jedenfalls für die geänderten Teile das aktuelle Recht Anwendung findet. Dieser weitergehende Bestandsschutz soll bei geringfügigen Veränderungen gelten, wobei die Geringfügigkeit recht weitgehend definiert ist als insbesondere Aufstockung um bis zu zwei Vollgeschosse oder einer Erhöhung der Bruttogrundfläche um nicht mehr als 25 % (§ 2 Abs. 3 S. 3 MBO-V). Der Anwendungsbereich wäre damit erheblich. Erweitert wird der Bestandsschutz zusätzlich dadurch, dass bei baulichen und Nutzungsänderungen und selbst bei Aufstockungen auch an die neuen Bauteile keine höheren Anforderungen gestellt werden sollen, als sie im Bestand vorhanden sind (§ 80a Abs. 2 MBO-V).

70 Auch im Hinblick auf die **Abstandsflächen** sollen rechtmäßig errichtete Bestandsgebäude privilegiert werden (§ 6 Abs. 9 MBO-V), indem bei verschiedenen Änderungen im Bestand wie beispielsweise
- Änderungen innerhalb des Gebäudes,
- Änderungen am Äußeren, wenn hierdurch Länge und Höhe der Außenwände unverändert bleiben und keine neuen oder größeren Öffnungen erhalten,
- sowie Nutzungsänderungen

die eigentlich erforderlichen Abstandsflächen nicht eingehalten werden müssen.

71 Hiervon unterscheidet sich strukturell die Stärkung der Abweichungsmöglichkeiten, durch die Abweichungen zur Modernisierung von Gebäuden zuzulassen sind, wenn den Abweichungen nicht öffentliche Belange entgegenstehen (§ 67 Abs. 2 Nr. 1 MBO-V). Zwar sieht der Vorschlag vor, dass Abweichungen zuzulassen sind, nicht zugelassen werden können oder sollen, so dass es sich entweder um eine echte gebundene oder zumindest eine ermessensgebundene Vorschrift handeln dürfte (zur Umsetzung im nordrhein-westfälischen Begriff → Rn. 51). Gleichwohl tritt die Erleichterung nicht von Gesetzes wegen ein, wie bei den Abstandsflächen, sondern bedarf einer positiven Entscheidung der Bauaufsichtsbehörde.

72 Ebenfalls im Bereich der Abweichungen siedelt der Vorschlag die sog. **Innovationsklausel** an, die Abweichungen zur praktischen Erprobung neuer Bau- und Wohnformen im Wohnungsbau ermöglichen soll (§ 67 Abs. 2 Nr. 4 MBO-V, ausführlich hierzu sogleich → Rn. 78).

73 Daneben sollen Innovationen dadurch erleichtert werden, dass Abweichungen von Technischen Baubestimmungen zwingend zuzulassen sind, nicht nur wenn die Anforderungen mit einer anderen Lösung in gleichem Maße erfüllt werden, sondern schon wenn die andere Lösung die Grundanforderungen des § 3 S. 1 MBO erfüllt (§ 85a Abs. 1 S. 3 MOB-V). Damit soll ein Wechsel von einer Kann-Vorschrift hin zu einer (ermessens-) gebundenen Entscheidung vollzogen werden.

74 Es fällt auf, dass einige der Vorschläge der Bundesarchitektenkammer in den zuletzt beschlossenen Änderungen von Landesbauordnungen bereits Widerhall gefunden haben, entweder, weil sie selber als Vorbild für die Musterumbauordnung gedient haben (so die bayerische Regelung zum Bestand), oder weil die Landesgesetzgeber offenbar auch schon vor Änderung der Musterbauordnung entsprechende Regelungen für sinnvoll oder notwendig gehalten haben. Dies zeigt sich insbesondere bei den Regelungen zu Abstandsflächen von Bestandsgebäuden (→ Rn. 32 ff.), den erleichterten Abweichungsmöglichkeiten (→ Rn. 51) sowie der sog. Innovationsklausel (→ sogleich Rn. 78).

2. Gebäudetyp E

75 Eine weitergehende gesetzliche Änderung zur Ermöglichung von nachhaltigen Innovationen als nur die Abweichungsmöglichkeit von Technischen Baubestimmungen (→ Rn. 56 ff.) soll

der sog. **Gebäudetyp E** (e wie „einfach" oder „experimentell")[128] darstellen. Beim Gebäudetyp E sollen die Planenden und die Bauenden von der zwingenden Anwendung von Normen und Vorschriften entbunden werden. Insbesondere die Schutzziele der Landesbauordnungen zur Gewährleistung von Sicherheit und Ordnung sollen jedoch weiter erreicht werden.[129] Damit soll das als überreguliert empfundene Baurecht[130] verschlankt und somit die Umsetzung innovativer Bauformen ermöglicht werden.

Dem grundsätzlichen Ziel, einen solchen Gebäudetyp E einzuführen, um das Bauen einfacher, schneller und günstiger zu machen, hat sich die Politik bereits angeschlossen. Er ist Bestandteil des sog. Bau-Turbo-Pakts (Pakt für Planungs-, Genehmigungs- und Umsetzungsbeschleunigung zwischen Bund und Ländern vom 6.11.2023) und hat Eingang gefunden in die „Maßnahmen der Bundesregierung für zusätzliche Investitionen in den Bau von bezahlbarem und klimagerechtem Wohnraum und zur wirtschaftlichen Stabilisierung der Bau und Immobilienwirtschaft".[131] Maßnahme 8 dieses Pakets beinhaltet, das Bauen im Sinne des Gebäudetyps E zu befördern, indem die Vertragspartner Spielräume für innovative Planung vereinbaren. Hierzu sollen Änderungen der Musterbauordnung und der Landesbauordnungen vorgenommen werden. Die Bundesregierung hatte angekündigt, bis Ende des Jahres 2023 eine „Leitlinie und Prozessempfehlung Gebäudetyp E" vorzulegen, was jedoch bislang nicht erfolgt ist. 76

Wie der Verweis auf die „Spielräume für Vertragspartner" zeigt, steht in diesem Kontext oft die Frage der zivilrechtlichen Bewertung der Abweichung von allgemein anerkannten Regeln der Technik (→ § 8 Rn. 52 ff.) im Fokus.[132] Doch gerade soweit DIN-Normen, die auch zivilrechtlich allgemein anerkannte Regeln der Technik darstellen, als Technische Baubestimmungen eingeführt sind, besteht auch öffentlich-rechtlich die Notwendigkeit einer Abweichungsmöglichkeit für die Genehmigungsfähigkeit innovativer Bauformen. 77

Diesem Ansinnen ist die Musterbauordnung bislang noch nicht nachgekommen. Diverse Landesbauordnungen enthalten hingegen bereits sog. **Innovations- oder Experimentierklauseln**,[133] die gerade diesem Zweck dienen, bzw. deren Einführung ist schon beschlossen[134] oder beabsichtigt.[135] Diese sind stets so strukturiert, dass im Rahmen der jeweiligen Abweichungsvorschrift eine Grundlage für die Zulassung von Abweichungen zur Erprobung neuer Bau- und Wohnformen geschaffen wurde. Ziel ist es, die Erprobung neuer Bau- und Wohnformen zu ermöglichen, die ansonsten wegen entgegenstehender zwingender baurechtlicher Vorschriften scheitern würde. Es muss die Möglichkeit eröffnet werden, im konkreten Einzelfall testen zu können, inwieweit Bau- und Wohnformen, die noch nicht allgemein gebräuchlich sind, sich in der Praxis bewähren,[136] und bei Bestandsmaßnahmen bautechnische Lösungen nach den Erfordernissen des Einzelfalls zu entwickeln.[137] Dieser Gedanke ist allen landesrechtlichen Regelungen gemein. Im Detail unterscheiden sie sich allerdings in erheblicher Weise: So ist die baden-württembergische Regelung 78

---

[128] https://bak.de/politik-und-praxis/stadt-land-wohnungsbau/einfach-bauen-gebaeudetyp-e/ (zuletzt abgerufen am 3.3.2024).
[129] Antwort des rheinland-pfälzischen Ministeriums der Finanzen auf eine Kleine Anfrage, LT-Drs. 18/8073, 1.
[130] Siehe etwa Leupertz, Bezahlbar Wohnen und nachhaltig Bauen (2023), https://www.gdw.de/media/2023/12/rechtsgutachten-bid_bezahlbar_wohnen_und_nachhaltig_bauen_leupertz.pdf (Stand: 20.3.2024) 20 f.
[131] https://www.bmwsb.bund.de/SharedDocs/topthemen/Webs/BMWSB/DE/Massnahmenpaket-bauen/massnahmenpaket-artikel.html (zuletzt abgerufen am 3.3.2024).
[132] Vgl. zu einer möglichen Klarstellung im BGB https://bak.de/bundesjustizminister-dr-marco-buschmann-sagt-unterstuetzung-zu/ (zuletzt abgerufen am 3.3.2024).
[133] Art. 63 Abs. 1 S. 2 Nr. 4 BayBO, § 69 Abs. 1 S. 3 Nr. 2 BauO NRW, § 56 Abs. 2 Nr. 4 LBO BW, § 67 Abs. 1 S. 2 Nr. 3 BauO Bln.
[134] § 67 Abs. 1 S. 2 Nr. 3 SächsBO, LT-Drs. 7/15638, 4, beschlossen am 31.1.2024.
[135] Entwurf der Novelle der Niedersächsischen Bauordnung vom 5.12.2023, https://www.mw.niedersachsen.de/startseite/ueber_uns/presse/presseinformationen/kabinett-gibt-entwurf-der-novelle-der-niedersachsischen-bauordnung-zur-verbandsbeteiligung-frei-bauen-soll-leichter-schneller-und-guenstiger-werden-227972.html (zuletzt abgerufen am 3.3.2024).
[136] Sauter, LBO BW § 56 Rn. 23.
[137] LT-Drs. Sachsen 7/15638, 11.

insofern am weitestgehenden als die Bewilligung der Abweichung nicht im Ermessen der Bauaufsichtsbehörde steht.[138] Dafür ist sie auf der Tatbestandsseite auf den Wohnungsbau beschränkt, wie dies auch in Niedersachsen zukünftig der Fall sein soll. In Sachsen, NRW, Berlin und Bayern ist der Anwendungsbereich hingegen für alle Bauvorhaben eröffnet; gleichzeitig handelt es sich nur um Soll- oder Kann-Vorschriften, so dass ein (intendiertes) Ermessen der Bauaufsichtsbehörden besteht.

79 Ob die Abweichungslösung den erhofften Schub für neuartige, nachhaltige Lösungen bringen kann, bleibt abzuwarten. Denn durch das Abstellen auf den Einzelfall und das in den meisten Fällen eröffnete Ermessen ist Planungssicherheit nur in enger Abstimmung mit den zuständigen Behörden zu erlangen. Zweifel sind insofern angebracht als die Landesbauordnung Baden-Württemberg bereits seit der Novelle 1983 in § 58 aF eine Experimentierklausel zu Versuchsbauten enthielt, nach der zur praktischen Erprobung neuer Bau- und Wohnformen im Wohnungsbau im Einzelfall Abweichungen von zwingenden Vorschriften der Bauordnung zugelassen werden konnten, soweit Gründe der öffentlichen Sicherheit oder Ordnung nicht entgegenstehen.[139] Völlig neu sind die aktuellen Ansätze daher nicht. Es bleibt zu befürchten, dass die generalklauselartige Formulierung ohne Konkretisierung ein Hemmnis für die Umsetzung sein kann.[140] Möglicherweise führt aber schlicht die politische Lage zu einer abweichenden Ausübung des Ermessens, so dass von den Innovationsklauseln in der Praxis in größerem Umfang Gebrauch gemacht werden kann. Ungeachtet der Bedenken gibt es in Bayern seit Jahresende 2023 19 Pilotprojekte zum Gebäudetyp E im Bereich Wohnungsbau, Schulbau und Verwaltungsgebäude.[141]

C. Bauplanungsrecht

80 Während sich die Regelungen der Landesbauordnungen unmittelbar an die Bauherren wenden und ihnen gegenüber ohne vermittelnden Vollzugsakt Bindung entfalten (sog. „self-executing" wirkendes Gesetz[142]), richten sich die bauplanungsrechtlichen Regelungen des Baugesetzbuches erst einmal an die Gemeinden als Träger der Planungshoheit. Damit dürfte das Bauordnungsrecht in der Planung eines Bauvorhabens im Hinblick auf die Nachhaltigkeit regelmäßig erst einmal primär im Fokus stehen. Doch spielt die Nachhaltigkeit auch im Bauplanungsrecht eine wichtige Rolle, was nicht zuletzt daran liegen dürfte, dass sie schon seit Jahrzehnten als eines der zentralen Schutzziele im Baugesetzbuch festgeschrieben ist (→ Rn. 5). Insofern sollte bei der Planung neben der Berücksichtigung der bauordnungsrechtlichen Vorgaben nicht aus den Augen verloren werden, welche Pflichten, aber auch Erleichterungen das Bauplanungsrecht im Hinblick auf die Nachhaltigkeit bereithält.

81 Die Wirkung des Bauplanungsrechts in Sachen Nachhaltigkeit kann sich über drei Wege gegenüber dem Bauherrn entfalten: Über die Festsetzungen in einem Bebauungsplan oder im Rahmen einer anderen städtebaulichen Satzung, über die Regelungen in städtebaulichen Verträgen gem. § 11 BauGB oder durch den Erlass eines Verwaltungsakts durch die Bauaufsichtsbehörde.

82 In der Praxis spielen die städtebaulichen Verträge eine ganz zentrale Rolle bei der Gestaltung nachhaltiger Schutzziele. Fast immer wird die Aufstellung von Bebauungsplänen, wenn sie durch einen Investor angestoßen wurde, durch einen städtebaulichen Vertrag begleitet, in dem der Investor verschiedene Verpflichtungen im Hinblick auf das Vorhaben insbesondere aus den Bereichen geförderter Wohnungsbau und Klimaschutz übernimmt.[143]

---

[138] Sauter, LBO BW § 56 Rn. 20.
[139] Vgl. hierzu eingehend Sauter, LBO BW § 56 Rn. 20.
[140] Kritisch insofern Leupertz, Bezahlbar Wohnen und nachhaltig Bauen (2023), https://www.gdw.de/media/2023/12/rechtsgutachten-bid_bezahlbar_wohnen_und_nachhaltig_bauen_leupertz.pdf (Stand: 20.3.2024) 22.
[141] https://www.stmb.bayern.de/med/aktuell/archiv/2023/231207gebaeudetyp-e/ (zuletzt abgerufen am 3.3.2024).
[142] Schmidt-Bleibtreu/Klein/Bethge/Bethge, BVerfGG § 90 Rn. 373.
[143] Vgl. zur Bedeutung derartiger städtebaulicher Verträge in der Praxis Schwermer, NVwZ 2022, 1166.

Häufig handelt es sich dabei um festsetzungsergänzende Vereinbarungen, durch die die Wahrung von in der Bauleitplanung beachtlichen Belangen sichergestellt werden soll.[144] Da die Nachhaltigkeit gem. § 1 Abs. 5 S. 1 BauGB ein solcher Belang ist (→ Rn. 5), sind vertragliche Regelungen, die diesem Ziel dienen, grundsätzlich möglich. In der konkreten Ausgestaltung sind derartige Vereinbarungen vielgestaltig, so dass lediglich einige typische Inhalte dargestellt werden sollen.

Der Gesetzgeber hat den Gemeinden aber auch eine ganze Reihe von Festsetzungs- 83 möglichkeiten an die Hand gegeben, die es ihnen ermöglichen, im Bebauungsplan verbindliche Vorgaben im Sinne der Nachhaltigkeit zu machen. Ohne diese Regelungen wäre eine Festschreibung von Nachhaltigkeitszielen im Bebauungsplan nicht möglich. Denn § 9 BauGB enthält einen abschließenden Katalog möglicher Festsetzungen; ein darüber hinausgehendes „Festsetzungserfindungsrecht" steht den Gemeinden nicht zu.[145] Mit anderen Worten: Eine Festsetzung, die in § 9 BauGB nicht genannt ist, darf die Gemeinde nicht treffen; sie wäre mangels Rechtsgrundlage unwirksam und zöge ggf. die Gesamtunwirksamkeit des Bebauungsplans nach sich.[146] Dies ist ein Grund dafür, warum einige Regelungen nur in einem städtebaulichen Vertrag getroffen werden können. Allerdings sind die Festsetzungsmöglichkeiten im Bereich der Nachhaltigkeit recht breit gefächert, so dass diese durchaus auskömmlich sein dürften. Sie betreffen verstärkt den geförderten Wohnungsbau als Teil der soziokulturellen Dimension und den Klimaschutz als einen Teilbereich der ökologischen Dimension der Nachhaltigkeit (→ § 1 Rn. 38).

I. Geförderter Wohnungsbau

Ein zentrales Ziel, wenn nicht sogar das zentrale Ziel von Gesetzesvorhaben im Bereich des 84 Bauplanungsrechts war in den letzten Jahren die Erleichterung des Wohnungsbaus und dabei insbesondere das bezahlbare Wohnen. Vor allem das Baulandmobilisierungsgesetz, das am 23.6.2021 in Kraft getreten ist, diente dazu, die Kommunen bei der Aktivierung von Bauland und der Sicherung bezahlbaren Wohnens zu unterstützen.[147]

1. Sektoraler Bebauungsplan zur Wohnraumversorgung

Durch das Baulandmobilisierungsgesetz hat der Gesetzgeber 2021 das Instrument des 85 sektoralen Bebauungsplans zur Wohnraumversorgung in § 9 Abs. 2d BauGB neu eingeführt. Dieser zielt auf die Schaffung von gefördertem oder bezahlbarem Wohnraum im unbeplanten Innenbereich (§ 34 BauGB) ab.[148] Der Begriff sektoral bedeutet hierbei, dass es sich nicht um einen umfassenden, qualifizierten Bebauungsplan handelt, der alle Aspekte der bauplanungsrechtlichen Zulässigkeit von Vorhaben regelt, sondern um einen einfachen Bebauungsplan, der sich auf Festsetzungen für ein Thema, hier den Wohnungsbau, beschränkt.[149] Hierfür dürfte sich ein reiner Textbebauungsplan, der also nur textliche Festsetzungen, aber keine Planzeichnung enthält, besonders eignen.[150]

Der sektorale Bebauungsplan für die Wohnraumversorgung beinhaltet drei Festsetzungs- 86 varianten:[151]

---

[144] Siehe zu diesem Begriff Ernst/Zinkahn/Bielenberg/Krautzberger/Krautzberger, BauGB § 11 Rn. 136.
[145] BVerwG 11.2.1993 – 4 C 18.9 = BVerwGE 92, 56 (62); Battis/Krautzberger/Löhr/Mitschang/Reidt, BauGB § 9 Rn. 2.
[146] Vgl. zur Gesamtunwirksamkeit allgemein Schoch/Schneider/Schoch, VwGO § 47 Rn. 181d.
[147] BT-Drs. 19/24838, 1.
[148] BT-Drs. 19/24838, 25; siehe zum Begriff eingehender Wienhues/Kühn, DVBl. 2023, 908 (909).
[149] BT-Drs. 19/24838, 25; „themenbezogener Bebauungsplan" Kröninger/Aschke/Jeromin, Baugesetzbuch, BauGB § 9 Rn. 43c.
[150] Kröninger/Aschke/Jeromin, Baugesetzbuch, BauGB § 9 Rn. 43c; so auch umgesetzt im bisher einzigen in Kraft getretenen sektoralen Bebauungsplan (Nr. 2172 der Landeshauptstadt München (→ Rn. 87)).
[151] Vgl. Difu, Neue Instrumente der Baulandmobilisierung, 13.

- Mit der ersten Variante (Nr. 1) kann die Zulässigkeit von Wohngebäuden im unbeplanten Innenbereich begründet werden, wo dies nach § 34 BauGB bislang nicht der Fall war.
- Die zweite Variante (Nr. 2) zielt auf die Wohnraumversorgung im Bereich des öffentlich geförderten Wohnungsbaus ab. Hierzu wird festgesetzt, dass die baulichen Voraussetzungen für eine Förderung mit Mitteln der sozialen Wohnraumförderung erfüllt werden müssen. Ob der Bauherr diese Förderung in Anspruch nimmt, bleibt aber ihm überlassen.
- Die dritte und letzte Variante (Nr. 3) zielt ebenfalls auf den öffentlich geförderten Wohnungsbau ab. Sie unterscheidet sich von der zweiten Variante dadurch, dass der Bauherr sich auch tatsächlich zur Realisierung geförderten Wohnungsbaus verpflichten muss, um eine Baugenehmigung zu erhalten. Die Verpflichtung kann über einen städtebaulichen Vertrag eingegangen werden, möglicherweise auch über eine einseitige Verpflichtungserklärung.[152]

87 Praktisch besteht – soweit ersichtlich – noch eine große Zurückhaltung bei der Anwendung dieses Instruments durch die Gemeinden. Viele Anwendungsbeispiele aus der Praxis finden sich nicht. Insbesondere die Landeshauptstadt München ist hier aber Vorreiter: Sie hatte bis März 2023 fünf Aufstellungsbeschlüsse für sektorale Bebauungsplanverfahren gefasst[153] und am 6.12.2023 den ersten sektoralen Bebauungsplan[154] beschlossen. Es handelt sich um die dritte Variante; konkret wird festgesetzt, dass nur Gebäude errichtet werden dürfen, bei denen sich der/die Vorhabenträger*in hinsichtlich eines Anteils von 40 % der Geschossfläche (Wohnen) aller Wohnungen dazu verpflichtet, die zum Zeitpunkt der Verpflichtung geltenden Förderbedingungen der sozialen Wohnraumförderung, insbesondere die Miet- und Belegungsbindung, einzuhalten und die Einhaltung dieser Verpflichtung in geeigneter Weise sicherzustellen.

88 Grund für die Zurückhaltung der übrigen Gemeinden dürfte sein, dass es eine ganze Reihe von offenen Auslegungsfragen gibt.[155] Hiermit verbunden ist die Sorge einer Fehlerhaftigkeit der Festsetzung und damit Unwirksamkeit des Bebauungsplans. Nachdem erst vor kurzem der erste Bebauungsplan dieser Art überhaupt in Kraft getreten ist, gibt es auch keine Rechtsprechung, an der sich die Gemeinden bei der Ausgestaltung orientieren könnten. Da das Instrument allerdings gemäß § 9 Abs. 2d S. 5 BauGB befristet ist und Aufstellungsbeschlüsse hierfür nur noch bis zum 31.12.2024 getroffen werden können, wenn nicht der Gesetzgeber eine Verlängerung beschließt, bleibt die Frage, ob zum Jahresende 2024 noch ein Schub folgen könnte, sozusagen vor Toresschluss. Insofern mag sich so mancher Bauherr in Zukunft noch mit den Restriktionen (§ 9 Abs. 2d S. 1 Nr. 2 und 3 BauGB) oder auch den Erweiterungen der zulässigen Nutzungen (§ 9 Abs. 2d S. 1 Nr. 1 BauGB) konfrontiert sehen.

2. Kooperatives Baulandmodell

89 Deutlich mehr Praxiserfahrung als mit dem sektoralen Bebauungsplan für die Wohnraumversorgung gibt es mit den sog. kooperativen Baulandmodellen. Diese sind nach und nach in vielen deutschen Großstädten im Wesentlichen seit Mitte der 2010er Jahre unter verschiedenen Namen eingeführt worden.[156] Hierbei schließen die Gemeinden städtebauliche

---

[152] Mustererlass der Fachkommission Städtebau vom 14./30. September 2021, zuletzt geändert am 24. März 2022; kritisch Mitschang UPR 2021, 206.
[153] RathausUmschau 47/2023, 11 (abrufbar unter https://ru.muenchen.de/pdf/2023/ru-2023-03-08.pdf).
[154] Bebauungsplan Nr. 2172 Clemensstraße (südlich), Fallmerayerstraße (westlich), Herzogstraße (nördlich), Erich-Kästner-Straße (östlich).
[155] Siehe hierzu im Detail Mitschang, UPR 2021, 206; Reidt, BauR 2020, 38; Reicherzer UPR 2021, 361; Reiling ZfBR 2021, 228; Wienhues/Kühn DVBl. 2023, 908; Bracher/Reidt/Schiller/Bracher, Bauplanungsrecht, Rn. 9.164 ff.; Brügelmann/Gierke, BauGB, § 9 Rn. 1436 ff.
[156] ZB 2014: Berliner Modell der kooperativen Baulandentwicklung und Kooperatives Baulandmodell der Stadt Köln; 2019: Kooperatives Baulandmodell der Landeshauptstadt Dresden; bereits 1994 führte die Landeshauptstadt München die Sozialgerechte Bodennutzung (SoBoN) ein.

Verträge mit Vorhabenträgern,[157] durch die diese die Verpflichtung übernehmen, bestimmte Maßnahmen entweder selber durchzuführen oder die Kosten ihrer Durchführung zu übernehmen. Anders als bei Festsetzungen im Bebauungsplan geht es also um ein vertragliches, nicht um ein hoheitliches Instrument, daher auch die Bezeichnung als kooperativ. Gleichwohl ist die Anwendung nicht freiwillig im eigentlichen Sinne; in aller Regel machen die Gemeinden, die derartige Modelle eingeführt haben, die Schaffung neuen Baurechts davon abhängig, dass ein derartiger Vertrag mit dem Vorhabenträger abgeschlossen wurde.[158] Die Modelle basieren auf einem Grundsatz- bzw. Richtlinienbeschluss der jeweiligen Städte, welcher konkrete Aussagen enthält, unter welchen Bedingungen eine bauliche Entwicklung mittels Bauleitplanung erfolgt.[159]

Typische Elemente des Baulandmodells sind: **90**
- Verpflichtung zur Errichtung öffentlich geförderter Wohnungen
- Übernahme der Kosten für die Planung
- Herstellung der Erschließungsanlagen auf eigene Kosten
- Herstellung von öffentlichen Grün- und Spielflächen
- Übernahme der Kosten von Ausgleichsmaßnahmen
- Herstellung oder Übernahme der Kosten für die Herstellung sozialer Infrastruktur (Kindertageseinrichtungen und Grundschulen)

Gleich mehrere dieser Verpflichtungen dienen also der Nachhaltigkeit, namentlich die Herstellung öffentlicher Grün- und Spielflächen sowie die Schaffung sozialer Infrastruktur. Im Fokus soll hier aber der Verpflichtung zur Errichtung öffentlich geförderter Wohnungen stehen, zumal diesem Element sowohl von kommunaler als auch von Vorhabenträgerseite regelmäßig eine besonders hohe Bedeutung zugemessen wird.

Während die kooperativen Baulandmodelle durchgängig eine Verpflichtung zur Errich- **91** tung öffentlich geförderter Wohnungen mit den entsprechenden Belegungs- und Mietpreisbindungen enthalten, ist der Umfang höchst unterschiedlich. So müssen sich die Vertragspartner in Dresden verpflichten, mindestens 15 Prozent der neuen Geschossfläche Wohnen im Plangebiet für Wohnzwecke im sozialen Wohnungsbau als geförderte mietpreis- und belegungsgebundene Wohnungen zu errichten.[160] In München hingegen müssen sie im Grundmodell 40 % der neugeschaffenen Wohnbaugeschossfläche für den geförderten Wohnungsbau binden, darüber hinaus 20 % für den preisgedämpften Mietwohnungsbau zu Gunsten von Haushalten, deren Einkommensgrenzen über der staatlichen und kommunalen Wohnungsbauförderprogrammen liegen.[161]

Unabhängig von den ganz konkreten Anforderungen haben städtebauliche Verträge, die **92** der Umsetzung kooperativer Baulandmodelle dienen, wie jeglicher anderer städtebaulicher Vertrag auch, den allgemeinen Vorgaben des § 11 BauGB für städtebauliche Verträge zu genügen. Im konkreten Zusammenhang bedeutet das vor allem, dass das Angemessenheitsgebot gewahrt sein muss. § 11 Abs. 2 Satz 1 BauGB bestimmt, dass die vereinbarten Leistungen den gesamten Umständen nach angemessen sein müssen. Diese Anforderung kann man so verstehen, dass die vertraglichen Bindungen die Wirtschaftlichkeit des Gesamtvorhabens eines privaten Investors nicht gefährden dürfen.[162] Vielfach wird für die Angemessenheitsprüfung ein Abgleich zwischen Wertsteigerung und Kosten vorgenommen.[163] Welche Verpflichtungen (noch) angemessen sind, hängt von vielen Faktoren ab – Umfang der Bindung, Bindungsdauer, Kosten der weiteren vertraglichen Verpflichtungen – so dass die Angemessenheit letztlich nur über eine Gesamtbetrachtung bewertet werden

---

[157] Siehe etwa Nr. 4 Abs. 1. der Richtlinie zur Anwendung des kooperativen Baulandmodells Köln 2017 plus; zur Steuerung über städtebauliche Verträge allgemein Köster KommJur 2016, 81.
[158] Vgl. etwa Nr. 5 Abs. 5 der Richtlinie zur Anwendung des kooperativen Baulandmodells Köln 2017 plus.
[159] Schwab, Städtebauliche Verträge, Rn. 187a.
[160] Ziffer 4.7.1 der Richtlinie zum Kooperativen Baulandmodell der Landeshauptstadt Dresden.
[161] Verfahrensgrundsätze zur Sozialgerechten Bodennutzung, Stand Dezember 2021, 4 f.
[162] Köster KommJur 2016, 81 (84).
[163] Schwab, Städtebauliche Verträge, Rn. 307.

kann.[164] Teilweise werden kleinere Vorhaben (zB bis zu 20 Wohneinheiten[165] oder Geschossfläche unter 1.800 m²) aus dem Anwendungsbereich von vorneherein ausgenommen, da bei ihnen eine hohe Wahrscheinlichkeit besteht, dass die Angemessenheit nicht gewahrt werden kann.

93 Die kooperativen Baulandmodelle mit ihren städtebaulichen Verträgen sind vor allem deshalb ein geeignetes Mittel, um bezahlbaren Wohnraum im Sinne der Nachhaltigkeit zu schaffen, weil Bebauungspläne mit ihren auf die gesetzlich normierten Festsetzungen begrenzten Möglichkeiten (→ Rn. 83) hierfür nicht die geeigneten Instrumente bieten. Zwar gibt es seit Kürzerem den sektoralen Bebauungsplan für die Wohnraumversorgung (→ Rn. 85 ff.); dieser ist aber für den Innenbereich ohne qualifizierten Bebauungsplan („„Für im Zusammenhang bebaute Ortsteile (§ 34)", § 9 Abs. 2d S. 1 BauGB) vorgesehen. Besteht das Bedürfnis nach einer qualifizierten verbindlichen Bauleitplanung, ist dieser demnach für die Aufgabe nicht geeignet. § 9 Abs. 1 Nr. 7 BauGB bildet zwar die Grundlage für die Festsetzung von Flächen, auf denen ganz oder teilweise nur Wohngebäude, die mit Mitteln der sozialen Wohnraumförderung gefördert werden könnten, errichtet werden dürfen. Wie beim sektoralen Bebauungsplan in der zweiten Variante (§ 9 Abs. 2d S. 1 Nr. 2 BauGB) auch, führt dies aber lediglich dazu, dass die baulichen Voraussetzungen für eine Förderung mit Mitteln der sozialen Wohnraumförderung erfüllt werden müssen. Eine Verpflichtung, auch tatsächlich die Förderung in Anspruch zu nehmen und sich hierdurch den entsprechenden Belegungs- und Mietpreisbindungen zu unterwerfen, folgt hieraus für den Bauherrn aber nicht. Im Übrigen folgt aus einer derartigen Festsetzung nicht einmal die Verpflichtung, überhaupt irgendein Vorhaben zu errichten, da Bebauungspläne – mit Ausnahme der vorhabenbezogenen Bebauungspläne nach § 12 BauGB – keine Bauverpflichtung enthalten. Dies kann in städtebaulichen Verträgen anders geregelt werden.[166] Insgesamt stellen sie daher ein probates Mittel für die Gemeinden dar, um bezüglich des Wohnungsbaus Nachhaltigkeitsziele zu implementieren.

II. Klimaschutz und Klimaanpassung

94 Neben der Förderung von bezahlbarem Wohnraum ist ein Aspekt der Nachhaltigkeit, der im Bauplanungsrecht eine große Rolle spielt, der **Klimaschutz** bzw. die Klimaanpassung. Hierzu enthält das Baugesetzbuch zahlreiche Normen unterschiedlicher Art und Wirkweise.

1. Festsetzungen in Bebauungsplänen

95 Das Baugesetzbuch enthält Rechtsgrundlagen für verschiedene Festsetzungsmöglichkeiten im Bebauungsplan. Aufgrund des *numerus clausus* der Festsetzungen (→ Rn. 83), wären entsprechende Festsetzungen ohne eine derartige Grundlage rechtswidrig und damit unwirksam. Der Gesetzgeber schafft somit die notwendige Basis, damit die Gemeinden die Belange des Klimaschutzes in der Bauleitplanung berücksichtigen können. Dies ist nur folgerichtig, hat er doch den Klimaschutz und die Klimaanpassung in § 1 Abs. 5 S. 2 BauGB als Ziel der Bauleitplanung vorgegeben.

96 Die einzelnen Festsetzungsmöglichkeiten für Bebauungspläne sind in § 9 BauGB aufgezählt. Hierbei handelt es sich zunächst um ein reines Instrumentarium, das den Gemeinden für die Bauleitplanung an die Hand gegeben wird. § 9 BauGB entfaltet keine Wirkung gegenüber den Bauherren, sondern muss erst über die Aufstellung von Bebauungsplänen als Vollzugsakt durch die Gemeinde umgesetzt werden (→ Rn. 80). Auch die Gemeinden sind nicht per se verpflichtet, von den Festsetzungsmöglichkeiten Gebrauch zu machen. Viel-

---

[164] So auch Schwab, Städtebauliche Verträge, Rn. 187a.
[165] Ziffer 4.7.1 der Richtlinie zum Kooperativen Baulandmodell der Landeshauptstadt Dresden; Nr. 2 Abs. 2 der Richtlinie zur Anwendung des kooperativen Baulandmodells Köln 2017 plus.
[166] So vorgesehen in Ziffer 6 der Richtlinie zum Kooperativen Baulandmodell der Landeshauptstadt Dresden.

mehr liegt dies in ihrer Planungshoheit. Die Grenzen dieser Planungshoheit sind nach oben hin erreicht, wenn keine städtebaulichen Gründe für die Festsetzungen vorliegen;[167] dies dürfte angesichts der expliziten Benennung der Nachhaltigkeit und des Klimaschutzes bzw. der Klimaanpassung als gemeindliche Aufgabe in § 1 Abs. 5 BauGB im Hinblick auf die hier in Rede stehenden Festsetzung wohl kaum einmal problematisch sein.[168] Nach unten hin kann eine Festsetzung zwingend erforderlich sein, wenn ohne sie die in der Abwägung zu berücksichtigenden Belange nicht ausreichend geschützt sind. In Bezug auf den Klimaschutz und die Klimaanpassung sollen einige Festsetzungsmöglichkeiten exemplarisch beschrieben werden.

a) Flächen für die Gewährleistung des natürlichen Klimaschutzes. Mit Wirkung 97 zum 1.1.2024 durch das Gesetz für die Wärmeplanung und zur Dekarbonisierung der Wärmenetze neu eingeführt wurden in § 9 Abs. 1 Nr. 15a BauGB die Flächen für die Gewährleistung des natürlichen Klimaschutzes. Die Gesetzesbegründung hierfür ist für die Auslegung nicht hilfreich. Der Gesetzesentwurf der Bundesregierung verhält sich hierzu nicht da die Regelung erst nachträglich auf Empfehlung des Ausschusses für Wohnen, Stadtentwicklung, Bauwesen und Kommunen Eingang in das Gesetz fand. In der Beschlussempfehlung wird lediglich der Wortlaut der Norm wiederholt und festgehalten, dass diese eingefügt werden soll.[169] Es ist daher nur zu mutmaßen, dass es sich um Flächen handeln dürfte, die von Bebauung frei gehalten werden sollen. Wieso hierfür neben den bisherigen Festsetzungsmöglichkeiten zB von Grünflächen (§ 9 Abs. 1 Nr. 15 BauGB) ein Bedürfnis bestehen soll, drängt sich ohne weitere Erklärung nicht auf. Es bleibt abzuwarten, ob die Festsetzungsmöglichkeit mehr als nur ein Bekenntnis zum Klimaschutz ist und in der Praxis Anklang findet.

b) Gebietsfestsetzung über Verwendungsverbote für bestimmte Stoffe. Gem. § 9 98 Abs. 1 Nr. 23 lit. a) BauGB können Gebiete festgesetzt werden, in denen zum Schutz vor schädlichen Umwelteinwirkungen im Sinne des Bundes-Immissionsschutzgesetzes bestimmte Luft verunreinigende Stoffe nicht oder nur beschränkt verwendet werden dürfen. Denkbar sind vor allem Verwendungsverbote für bestimmte Heizstoffe.[170] Die Festsetzungsmöglichkeit dient nicht nur der Gefahrenabwehr bei schon eingetretenen oder unmittelbar bevorstehenden Schäden, sondern erstreckt sich auch auf die Vorsorge; denn die Bauleitplanung ist nach der Aufgabenbestimmung in § 1 Abs. 5 BauGB im Hinblick auf den Nachhaltigkeitsgrundsatz, den Beitrag zum Schutz und zur Entwicklung der natürlichen Lebensgrundlagen, sowie den Klimaschutz und die Klimaanpassung ein Instrument des vorbeugenden Umweltschutzes.[171] Hieraus wird teilweise gefolgert, dass mit Festsetzungen nach § 9 Abs. 1 Nr. 23 lit. a) BauGB auch Klimaschutzziele verfolgt werden dürfen, wobei stets Voraussetzung ist, dass diese nicht ohne Bezug zur örtlichen Situation getroffen werden.[172] Andere sehen Festsetzungen aus Gründen eines großräumigen Umweltschutzes wie die grundsätzliche Energieeinsparung oder die Vermeidung der weltweiten CO_2-Belastung nicht als möglich an.[173] Letztlich liegt aber hierin kein Widerspruch, da nach allen Auffassungen jedenfalls Ziele des Klimaschutzes genereller Art, die über das Stadtgebiet hinausgehen,[174] für sich genommen die städtebauliche Erforderlichkeit nicht

---

[167] Ernst/Zinkahn/Bielenberg/Krautzberger/Söfker, BauGB § 9 Rn. 15.
[168] Siehe zur Bedeutung der Aufgabenbestimmung des § 1 Abs. 5 BauGB. Ernst/Zinkahn/Bielenberg/Krautzberger/Söfker, BauGB § 9 Rn. 15.
[169] BT-Drs 20/9344, 91.
[170] Ernst/Zinkahn/Bielenberg/Krautzberger/Söfker, BauGB § 9 Rn. 187.
[171] BVerwG 16.12.1988 – 4 NB 1/88 = NVwZ 1989, 664 (664); BerlKomm/Decker, BauGB, § 9 Rn. 58.
[172] BerlKomm/Decker, BauGB, § 9 Rn. 59.
[173] BeckOK BauGB/Spannowsky, BauGB § 9 Rn. 94.
[174] Eine planungsrechtliche Rechtfertigung für den Fall eines Konzepts, das mit der Festsetzung von Verbrennungsverboten bezweckt, nach und nach im gesamten Stadtgebiet die Gebäudeheizungen auf Fernwärme, Strom oder Gas umzustellen, bejahend BVerwG 16.12.1988 – 4 NB 1/88 = NVwZ 1989, 664 (665).

begründen können. Bei konkreten örtlichen Zielen der Vermeidung etwa von CO_2-Emissionen ist daher im Einzelfall Raum für Festsetzungen nach § 9 Abs. 1 Nr. 23 lit. a) BauGB.

99 **c) Gebietsfestsetzung über Maßnahmen für erneuerbare Energien oder Kraft-Wärme-Kopplung.** § 9 Abs. 1 Nr. 23 lit. b) BauGB enthält eine weitere Grundlage für eine ähnliche Gebietsfestsetzung, nämlich für Gebiete, in denen bei der Errichtung von Gebäuden oder bestimmten sonstigen baulichen Anlagen bestimmte bauliche und sonstige technische Maßnahmen für die Erzeugung, Nutzung oder Speicherung von Strom, Wärme oder Kälte aus erneuerbaren Energien oder Kraft-Wärme-Kopplung getroffen werden müssen. Damit dient eine solche Festsetzung nicht nur der Absicherung der Zulässigkeit entsprechender baulicher Anlagen, sondern verpflichten die Bauherren konkret zu Maßnahmen, die dem Einsatz erneuerbarer Energien oder der Kraft-Wärme-Kopplung dienen.[175] Beispiele sind etwa die Festsetzung der Dachform von Gebäuden für das Anbringen von Anlagen für die Nutzung solarer Strahlungsenergie, von Anschlüssen an gemeinsame Einrichtungen zur Erzeugung und Verteilung von Energie aus erneuerbaren Energien oder aus Nah- und Fernwärmeversorgungsanlagen oder Anlagen der Kraft-Wärme-Kopplung sowie die Festsetzung einer Lärmschutzwand, auf die als sonstige bauliche Anlage Photovoltaikanlagen angebracht werden.[176] Die Festsetzung verpflichtet grundsätzlich nur zu baulichen Maßnahmen für den Einsatz erneuerbarer Energien, eine rechtliche Nutzungspflicht geht damit nicht einher.[177] Der Unterschied dürfte allerdings in der Praxis kaum eine oder gar keine Rolle spielen, ist es doch fernliegend anzunehmen, dass bei einer verpflichtenden Errichtung einer Solaranlage keine Nutzung durch die Berechtigten erfolgt.[178]

100 Wenig überraschend stellen oder stellten sich hier dieselben Streitfragen wie bei den Festsetzungen nach Buchstabe a) (→ Rn. 98): Muss es sich bei den erforderlichen städtebaulichen Gründen um solche handeln, die sich auf eine besondere örtliche Situation oder auf das Erfordernis der Lösung eines besonderen örtlichen Problems zurückführen lassen?[179] Durch die Klimaschutz-Novelle des BauGB 2011[180] soll diese Frage durch die Aufnahme einer ausdrücklichen Verpflichtung zur Förderung des Klimaschutzes und der Klimaanpassung in § 1 Abs. 5 S. 2 BauGB sowie die Einführung der Klimaschutzklausel in § 1a Abs. 5 BauGB dergestalt entschieden sein, dass Festsetzungen nicht auf den örtlichen Klimaschutz beschränkt sein müssen.[181]

101 **d) Anpflanzungsgebot.** Zuletzt ermöglicht § 9 Abs. 1 Nr. 25 BauGB es, Dach- oder Fassadenbegrünungen zu erreichen: Nach dieser Vorschrift kann u. a. für Teile baulicher Anlagen das Anpflanzen von Bäumen, Sträuchern und sonstigen Bepflanzungen vorgegeben werden. Dadurch, dass nicht nur Flächen oder Bebauungsplangebiete als Objekt der Festsetzung genannt werden, sondern eben auch Teile baulicher Anlagen, können die Gemeinden als Ort für die Anpflanzung auch Dächer oder Fassaden auswählen.[182]

102 **e) Fazit.** Auch wenn die Gemeinden kein Festsetzungserfindungsrecht haben (→ Rn. 83), so bietet ihnen § 9 BauGB doch eine Reihe von Festsetzungsmöglichkeiten, um insbesondere dem Klimaschutz als Teilaspekt der ökologischen Nachhaltigkeit im Bebauungsplan

---

[175] Baars/Roscher, KommJur 2023, 8 (10); Ernst/Zinkahn/Bielenberg/Krautzberger/Söfker, BauGB § 9 Rn. 197a; BerlKomm/Decker, BauGB, § 9 Rn. 60b.
[176] Schäfer/Antoni/Paintner, ZUR 2022, 393 (399); Ernst/Zinkahn/Bielenberg/Krautzberger/Söfker, BauGB § 9 Rn. 197e; siehe speziell zur Lärmschutzwand BT-Drs. 17/6076, 9.
[177] Ernst/Zinkahn/Bielenberg/Krautzberger/Söfker, BauGB § 9 Rn. 197b.
[178] Schäfer/Antoni/Paintner ZUR 2022, 393 (399).
[179] BerlKomm/Decker, BauGB, § 9 Rn. 60a.
[180] Gesetz zur Förderung des Klimaschutzes bei der Entwicklung in den Städten und Gemeinden vom 22.7.2011, BGBl. I 150.
[181] BerlKomm/Decker, BauGB, § 9 Rn. 60b.
[182] Ernst/Zinkahn/Bielenberg/Krautzberger/Söfker, BauGB § 9 Rn. 220; BerlKomm/Decker, BauGB, § 9 Rn. 66.

zur Geltung zu verhelfen. Fragen können sich aber im Hinblick auf die Rechtssicherheit derartiger Festsetzungen auftun, wenn jeglicher örtliche Bezug fehlt und die Festsetzungen der allgemeinen kommunalen Klimapolitik dienen (→ Rn. 98, 100). Im Sinne der Rechtssicherheit mag es daher im Zweifelsfall ratsam sein, auf Verpflichtungen aufgrund von städtebaulichen Verträgen (→ Rn. 115 ff.) zurückzugreifen.[183]

2. Energetisches Sanierungsgebiet

Seit der Innenentwicklungs-Novelle 2013[184] ermöglicht das Baugesetzbuch den Gemeinden die Festsetzung eines sog. energetischen Sanierungsgebiets. Allgemein und unabhängig vom Klimaschutz können Gemeinden gem. § 136 BauGB städtebauliche Sanierungsmaßnahmen durchführen, um städtebauliche Missstände in Gebieten zu beheben. Ziel der Sanierung ist dabei die städtebauliche Verbesserung und Aufwertung der bereits bebauten Bereiche im Rahmen einer koordinierten Gesamtmaßnahme. Dabei schafft die Gemeinde lediglich die Rahmenbedingungen in Form von sog. Ordnungsmaßnahmen (§ 147 BauGB). Die eigentlichen Baumaßnahmen, etwa die Modernisierung und Instandsetzung bleibt den Eigentümern der Grundstücke im Sanierungsgebiet überlassen (§ 148 BauGB).[185] Das umfassende Sanierungsverfahren hat weitreichende Folgen für die Eigentümer. Zu nennen sind hier insbesondere folgende Aspekte: **103**

- Im Sanierungsgebiet hat die Gemeinde gem. § 24 Abs. 1 Nr. 3 BauGB ein allgemeines Vorkaufsrecht.
- Viele Vorgänge bedürfen einer sanierungsrechtlichen Genehmigung gem. § 144 BauGB Dazu gehören vor allem die Errichtung und Änderung baulicher Anlagen, der Abschluss und die Änderung befristeter Miet- und Pachtverträge sowie die Veräußerung des Grundstücks. Zur Absicherung wird im Grundbuch ein Sanierungsvermerk eingetragen (§ 143 Abs. 2 BauGB)
- Bei einer Veräußerung des Grundstücks ist der Kaufpreis nicht frei verhandelbar, sondern unterliegt der sanierungsrechtlichen Preisprüfung gem. § 153 BauGB. Es darf nur zum sanierungsunbeeinflussten Anfangswert veräußert werden.
- Zuletzt müssen die Eigentümer zur Finanzierung der städtebaulichen Sanierungsmaßnahme nach ihrem Abschluss einen Ausgleichsbetrag zahlen, der der Bodenwerterhöhung durch die Maßnahme entspricht (§ 154 BauGB).

Die Gemeinden können das vereinfachte Sanierungsverfahren nach § 142 Abs. 4 BauGB wählen, in dem die Preisprüfung und der Ausgleichsbetrag keine Anwendung finden, wenn die Durchführung des umfassenden Verfahrens nicht notwendig ist[186]. Hierbei kann und wird in der Praxis häufig zugleich die Genehmigungspflicht ausgeschlossen. Lediglich das kommunale Vorkaufsrecht greift in diesem Fall noch.

Wie vorstehend erläutert, bezieht sich die städtebauliche Sanierungsmaßnahme auf bereits bebaute Bereiche, also auf den Bestand. Dies macht sie für die Verbesserung des Klimaschutzes und die Klimaanpassung interessant. Denn die Festsetzungsmöglichkeiten der Gemeinden für den Klimaschutz und die Klimaanpassung in Bebauungspläne (→ Rn. 95 ff.) betreffen bauliche Anlagen, die nach Inkrafttreten des Bebauungsplans errichtet oder wesentlich geändert werden; die Bestandsgebäude genießen Bestandsschutz. Auch die bauordnungsrechtliche Solarpflicht (→ Rn. 15 ff.) greift nur für die Zukunft, nicht für den Bestand. Die städtebauliche Sanierungsmaßnahme unterscheidet sich hiervon grundlegend, da sie gerade schon bestehenden Missständen abhelfen soll. **104**

---

[183] Auf die weitergehenden Möglichkeiten im Rahmen eines städtebaulichen Vertrags weist Ernst/Zinkahn/Bielenberg/Krautzberger/Söfker, BauGB § 9 Rn. 187a hin.
[184] Gesetz zur Stärkung der Innenentwicklung in den Städten und Gemeinden und weiteren Fortentwicklung des Städtebaurechts, BGBl. I 1548.
[185] Baars/Roscher, KommJur 2023, 8 (11); Mitschang, ZfBR 2020, 613 (617).
[186] Eingefügt schon durch die Klimaschutznovelle 2011, Gesetz zur Förderung des Klimaschutzes bei der Entwicklung in den Städten und Gemeinden vom 22.7.2011 BGBl. I 1509.

105 Um dieses Potenzial für die energetische Sanierung zu nutzen, hat der Bundesgesetzgeber mit der Innenentwicklungs-Novelle einige Ergänzungen in § 136 BauGB vorgenommen. Städtebauliche Missstände liegen nunmehr nach Abs. 2 S. 2 Nr. 1 unter anderem vor, wenn das Gebiet den allgemeinen Anforderungen an gesunde Wohn- und Arbeitsverhältnisse auch unter Berücksichtigung der Belange des Klimaschutzes und der Klimaanpassung nicht entspricht. Bei der Beurteilung, ob städtebauliche Missstände vorliegen, sind insbesondere die energetische Beschaffenheit, die Gesamtenergieeffizienz der vorhandenen Bebauung und der Versorgungseinrichtungen des Gebiets unter Berücksichtigung der allgemeinen Anforderungen an den Klimaschutz und die Klimaanpassung zu berücksichtigen (Abs. 3 Nr. 1 lit. h)). Städtebauliche Sanierungsmaßnahmen sollen nach Abs. 4 S. 2 Nr. 1 dazu beitragen, dass die bauliche Struktur in allen Teilen des Bundesgebiets nach den allgemeinen Anforderungen an den Klimaschutz und die Klimaanpassung sowie nach den sozialen, hygienischen, wirtschaftlichen und kulturellen Erfordernissen entwickelt wird. Die Baumaßnahmen, die die Grundstückseigentümer durchführen sollen, umfassen auch die Errichtung oder Erweiterung von Anlagen und Einrichtungen zur dezentralen und zentralen Erzeugung, Verteilung, Nutzung oder Speicherung von Strom, Wärme oder Kälte aus erneuerbaren Energien oder Kraft-Wärme-Kopplung (§ 148 Abs. 2 S. 1 Nr. 5 BauGB).

106 Somit hat der Gesetzgeber der städtebaulichen Sanierungsmaßnahme in Form der energetischen Sanierung legislativ den Weg bereitet. Voraussetzung hierfür ist aber, dass ein städtebaulicher Missstand in dieser Hinsicht vorliegt. Es muss ein schlechter energetischer Ausgangszustand der Gebäude im Gebiet, sprich hohe CO_2-Emissionen und hoher Energieverbrauch vorliegen.[187] Ziel muss die Verbesserung des Klimaschutzes oder die Anpassung an den Klimawandel sein; dabei kommt der nachhaltigen Ausstattung der baulichen Anlagen mit erneuerbaren Energien, Kraft-Wärme-Kopplungsanlagen sowie Maßnahmen der Wärmedämmung eine besondere Bedeutung zu.[188] Jenseits dieser materiellen Anforderung ist zu berücksichtigen, dass städtebauliche Sanierungsmaßnahmen aufwendig geplant, vorbereitet und durchgeführt werden, sodass sie einen langen Durchführungszeitraum erfordern.[189] Sowohl die zwingend als ersten Schritt durchzuführende sog. vorbereitende Untersuchung gem. § 141 BauGB als auch die förmliche Festlegung per Satzung (§ 142 BauGB) nehmen schon im Vorfeld einige Zeit in Anspruch. Die Durchführung selbst dauert dann noch einmal mehrere Jahre. § 142 Abs. 3 S. 2 BauGB sieht vor, dass bei dem Beschluss über die Sanierungssatzung die Frist festzulegen ist, in der die Sanierung durchgeführt werden soll; die Frist soll 15 Jahre nicht überschreiten. Dies gibt ein realistisches Bild des Zeithorizontes. Das dürfte sich nur lohnen, wen die städtebauliche Maßnahme Teil eines umfassenden Konzepts zur energetischen Sanierung ist.

107 Für die betroffenen Grundstückseigentümer ist die Festsetzung als Sanierungsgebiet trotz der damit einhergehenden Rechtsfolgen, die selbst beim vereinfachten Verfahren jedenfalls das kommunale Vorkaufsrecht umfassen, auch mit Vorteilen verbunden. Denn die Festsetzung als Sanierungsgebiet ist Voraussetzung dafür, dass die Herstellungskosten für energetischen Modernisierungsmaßnahmen einkommensteuerrechtlich begünstigt werden. Hierdurch sind erhöhte Absetzungen sowohl bei Gebäuden, die der Erzielung von Einkünften dienen (§ 7h EStG), als auch bei eigengenutzten Gebäuden (§ 10f EStG) erlaubt.

108 Darüber hinaus konnten die kommunalen Gebietskörperschaften bis 2023 eine Förderung der KfW im Programm 432 „Energetische Stadtsanierung – Zuschuss Klimaschutz und Klimaanpassung im Quartier" beantragen. Der Bund hat jedoch beschlossen, 2024 keine weiteren Mittel für das Programm „Energetische Stadtsanierung" im Bundeshaushalt zur Verfügung zu stellen. Auch für die Folgejahre sind aktuell keine Mittel vor-

---

[187] Vgl. zum Klimaschutz und zur Klimaanpassung als Substanz- und Funktionsschwäche Mitschang ZfBR 2020, 613 (615 f.).
[188] Mitschang ZfBR 2020, 613 (616).
[189] Schäfer/Antoni/Paintner ZUR 2022, 393 (398).

gesehen.[190] Es bleibt abzuwarten, welchen Effekt diese Fördereinstellung auf die Bereitschaft der Gemeinden haben wird, energetische Sanierungsgebiete festzusetzen.

3. Privilegierung für Anlagen zur Erzeugung solarer Strahlungsenergie, Kraft-Wärme-Kopplungsanlagen und Windenergieanlagen

Ähnlich wie die Landesgesetzgeber im Bauordnungsrecht (→ Rn. 30 ff.) hat der Bundesgesetzgeber auch im Bauplanungsrecht in den hergebrachten Regelungen über die Festsetzungen in Bebauungsplänen Hindernisse für den Ausbau von Anlagen zur Nutzung solarer Strahlungsenergie und von Kraft-Wärme-Kopplungsanlagen erkannt, die er mittels Privilegierung aus dem Weg zu schaffen sucht. Dies betrifft namentlich die Art der baulichen Nutzung und das Maß der baulichen Nutzung. Der Inhalt der Festsetzungen im Bebauungsplan ergibt sich insofern aus der Baunutzungsverordnung (BauNVO); diese füllt die zeichnerischen und textlichen Festsetzungen im Bebauungsplan erst mit einer konkreten Bedeutung. **109**

a) Regelungen zur Art der baulichen Nutzung. Die einzelnen Baugebiete und damit die dort jeweils zulässigen Arten der baulichen Nutzungen sind in den §§ 2 bis 11 BauNVO geregelt. Daneben enthalten die §§ 12 bis 14 BauNVO Vorgaben nicht für bestimmte Baugebiete, sondern für die Zulässigkeit bestimmter Anlagen; hierzu zählen auch die Nebenanlagen gem. § 14 BauNVO. Nach § 14 Abs. 1 BauNVO sind in allen Baugebieten auch untergeordnete Nebenanlagen und Einrichtungen zulässig, die dem Nutzungszweck der in dem Baugebiet gelegenen Grundstücke oder des Baugebiets selbst dienen. Dazu können grundsätzlich auch Anlagen zur Nutzung solarer Strahlungsenergie und Kraft-Wärme-Kopplungsanlagen zählen; dies hat der Gesetzgeber durch Einfügung des Satzes 3 im Jahr 2023 klargestellt, nach dem zu den untergeordneten Nebenanlagen und Einrichtungen auch Anlagen zur Erzeugung von Strom oder Wärme aus erneuerbaren Energien gehören.[191] Voraussetzung ist aber weiterhin, dass die allgemeinen Voraussetzungen des § 14 BauNVO erfüllt sind.[192] Daher müssen auch diese Anlagen sowohl in ihrer Funktion als auch räumlich-gegenständlich dem primären Nutzungszweck der in dem Baugebiet liegenden Baugrundstücke oder des Baugebiets selbst sowie der diesem Nutzungszweck entsprechenden Bebauung dienend zu- und untergeordnet sein.[193] Die Anlagen müssen mit anderen Worten hinreichend klein im Verhältnis zu den baulichen Anlagen der Hauptnutzung sein und einen Funktionszusammenhang oder eine zubehörsähnliche Hilfsfunktion zu dem Nutzungszweck des Baugrundstücks oder dem Baugebiet haben.[194] Kraft-Wärme-Koppelungsanlagen innerhalb oder an Gebäuden fehlt es regelmäßig an der für eine Nebenanlage erforderlichen Selbstständigkeit. Sie werden dann als Bestandteil der Hauptanlage gesehen[195], was aber unschädlich für die bauplanungsrechtliche Zulässigkeit ist, wenn nur die Hauptanlage zulässig ist. **110**

Problematisch kann es hingegen sein, wenn es sich um eine selbstständige Anlage handelt, diese aber der überörtlichen Versorgung dient und nicht nur dem Baugrundstück oder Baugebiet, in dem sie errichtet werden soll. Dann fehlt es an dem eben beschriebenen notwendigen Funktionszusammenhang. Bei Anlagen zur Nutzung solarer Strahlungsenergie oder Kraft-Wärme-Kopplungsanlagen, deren Energie bzw. Wärme nicht auf dem Baugrundstück selber oder zumindest in demselben Baugebiet genutzt wird, besteht die Gefahr, dass diese als Teil eines baugebietsübergreifenden Infrastruktursystems qualifiziert werden **111**

---

[190] https://www.kfw.de/inlandsfoerderung/%C3%96ffentliche-Einrichtungen/Kommunen/Quartiersversorgung/F%C3%B6rderprodukte/Energetische-Stadtsanierung-Zuschuss-Kommunen-(432)/ (zuletzt abgerufen am 5.3.2024).
[191] Gesetz zur Stärkung der Digitalisierung im Bauleitplanverfahren und zur Änderung weiterer Vorschriften vom 3.7.2023 BGBl. 2023 I Nr. 176; zur Einordnung als reine Klarstellung BT-Drs. 20/7248, 36.
[192] So ausdrücklich BT-Drs. 20/7248, 36.
[193] St. Rspr., siehe BVerwG Urt. v. 14.12.2017 – 4 C 9.16, NVwZ 2018, 1231 Rn. 9.
[194] König/Roeser/Stock/Stock, BauNVO § 14 Rn. 15.
[195] König/Roeser/Stock/Stock, BauNVO § 14 Rn. 16.

und damit keine funktionale Zuordnung vorliegt. Sie sind dann nicht nach § 14 Abs. 1 BauNVO ihrer Art nach zulässig, sondern wären als eigenständige gewerbliche Anlagen zu sehen.[196] Insbesondere in reinen und allgemeinen Wohngebieten sowie Kleinsiedlungsgebieten, in denen Gewerbebetriebe nicht allgemein zulässig sind,[197] kann dies zu einer Behinderung der Errichtung derartiger Anlagen führen. Um dem entgegenzuwirken, hat der Gesetzgeber in § 14 Abs. 3 S. 1 BauNVO nunmehr geregelt, dass baulich untergeordnete Anlagen zur Nutzung solarer Strahlungsenergie in, an oder auf Dach- und Außenwandflächen oder Kraft-Wärme-Kopplungsanlagen innerhalb von Gebäuden auch dann als untergeordnete Nebenanlagen gelten, wenn die erzeugte Energie vollständig oder überwiegend in das öffentliche Netz eingespeist wird. Damit wird das Kriterium der funktionalen Zu- und Unterordnung für diese Anlagen aufgegeben. Die räumlich-gegenständliche Unterordnung reicht demnach unter der Voraussetzung, dass die Anlagen in oder an der Hauptanlage errichtet werden, allein aus. Diese Regelung erschöpft sich folglich nicht in einer Klarstellung, sondern erweitert die Zulässigkeit.[198] In Gewerbe-, Industrie- und sonstigen Sondergebieten ist darüber hinausgehend gem. § 14 Abs. 3 S. 2 BauNVO nicht einmal mehr die Errichtung in oder an der Hauptanlage erforderlich. Hier sind damit schlicht alle Anlagen zur Nutzung solarer Strahlungsenergie zulässig, solange sie nur baulich untergeordnet sein. Das umfasst aber nicht die Kraft-Wärme-Kopplungsanlagen.

112 **b) Regelungen zum Maß der baulichen Nutzung.** Die Regelungen zum Maß der baulichen Nutzung, namentlich zur Grundflächenzahl (GRZ) in § 19 BauNVO wurden ebenfalls in 2023 zugunsten der Anlagen zur Erzeugung von Strom und Wärme aus solarer Strahlungsenergie und Windenergie reformiert. Die Grundflächenzahl gibt an, wieviel Quadratmeter Grundfläche je Quadratmeter Grundstücksfläche zulässig sind (§ 19 Abs. 1 BauNVO). Anders ausgedrückt bestimmt die Gemeinde über die Festsetzung der GRZ, wieviel Prozent des Baugrundstücks über- und unterbaut werden darf. Hierbei sind auch die genannten Anlagen mitzurechnen, auch wenn sie – falls sie als Nebenanlage gem. § 14 BauNVO zu qualifizieren sind (dazu soeben → Rn. 110 f.) – durch § 19 Abs. 4 S. 2 BauNVO in gewissem Maße privilegiert sind. Denn Nebenanlagen dürfen die festgesetzte GRZ um bis zu 50 % überschreiten, allerdings gedeckelt bei einer GRZ von 0,8.

113 Bei stark versiegelten Grundstücken kann dies dazu führen, dass der Bauherr von der Errichtung von Anlagen zur Erzeugung von Strom und Wärme aus solarer Strahlungsenergie und Windenergie absieht, jedenfalls, wenn sie nicht auf den Dachflächen anderer Gebäude untergebracht werden können, so dass keine zusätzliche Überdeckung entsteht. Um dem entgegenzuwirken hat der Gesetzgeber einen neuen Absatz 5 eingeführt, nach dem die zulässige Grundfläche durch derartige Anlagen in Gewerbe-, Industrie und sonstigen Sondergebieten überschritten werden darf. Eine zahlenmäßige Einschränkung hierfür gibt es nicht. Die festgesetzte GRZ kann daher durch diese Anlagen bis zu einem Wert von 1,0 überschritten werden,[199] oder mit anderen Worten bis zu einer 100 % Überdeckung.

114 **c) Wirkung der Privilegierungen.** In beiden Fällen der Privilegierung ist zu bedenken, dass diese erst für zukünftige Bebauungspläne wirken können. Denn maßgeblich ist stets die zum Zeitpunkt des Inkrafttretens des Bebauungsplans gültige Fassung der BauNVO.[200] Die Zahl der Bebauungspläne, die diese Privilegierungen inkorporiert haben, dürfte daher nach aktuellem Stand noch überschaubar sein. Sollen vergleichbare Ergebnisse auch bei älteren Bebauungsplänen erzielt werden, so bleibt nur der Weg über eine Befreiung nach § 31 Abs. 2 BauGB (→ Rn. 118 f.).

---

[196] Vgl. König/Roeser/Stock/Stock, BauNVO § 14 Rn. 16.
[197] Siehe §§ 2 Abs. 2, 3 Abs. 2, 4 Abs. 2 BauNVO.
[198] So auch BT-Drs. 20/7248, 37.
[199] So ausdrücklich BT-Drs. 20/7248, 37.
[200] Ernst/Zinkahn/Bielenberg/Krautzberger, BauNVO vor § 1 Rn. 4.

4. Städtebauliche Verträge zu klimabezogener Infrastruktur und energetischer Qualität von Gebäuden, § 11 Abs. 1 S. 2 Nr. 5 BauGB

Da die Festsetzungsmöglichkeiten im Bebauungsplan durch den abschließenden Katalog in 115
§ 1 Abs. 9 BauGB beschränkt sind (→ Rn. 83), bietet der Bebauungsplan nur eine begrenzte Flexibilität für die Erreichung der Ziele des Klimaschutzes und der Klimaanpassung. Mehr Gestaltungsspielraum haben Gemeinden und Vorhabenträger hingegen, wenn diese Themen im Rahmen eines städtebaulichen Vertrags geregelt werden. Da es sich hierbei gem. § 1 Abs. 5 S. 2 BauGB um ein anerkanntes städtebauliches Ziel handelt, steht dem Grunde nach fest, dass die Thematik einer vertraglichen Regelung nach § 11 BauGB zugänglich ist. Der Gesetzgeber hat dies zusätzlich klargestellt, indem er in die nicht abschließende[201] Liste der möglichen Gegenstände städtebaulicher Verträge in § 11 Abs. 1 S. 2 BauGB sowohl die Errichtung und Nutzung von Anlagen und Einrichtungen zur dezentralen und zentralen Erzeugung, Verteilung, Nutzung oder Speicherung von Strom, Wärme oder Kälte aus erneuerbaren Energien oder Kraft-Wärme-Kopplung (Nr. 4) als auch die Anforderungen an die energetische Qualität von Gebäuden (Nr. 5) aufgenommen hat.[202]

Städtebauliche Verträge zu diesen beiden Komplexen können damit insbesondere dort 116
zum Einsatz kommen, wo die Grenzen der Festsetzungsmöglichkeiten erreicht sind. Dies gilt beispielsweise für eine Nutzungs- und nicht nur Errichtungspflicht (→ Rn. 99) von Anlagen zur Erzeugung, Nutzung oder Speicherung von Strom, Wärme oder Kälte aus erneuerbaren Energien oder Kraft-Wärme-Kopplung und kann in dieser Konstellation auch in Ergänzung zu einer Festsetzung nach § 9 Abs. 1 Nr. 23 lit. b) BauGB geschehen.[203] Bezüglich der Anforderungen an die energetische Qualität von Gebäuden besteht keine Grundlage für eine Festsetzung im Bebauungsplan, so dass der städtebauliche Vertrag die Möglichkeit nicht nur erweitert, sondern sogar erstmals erschafft. Hierdurch kann nicht nur über das Bauplanungsrecht, sondern auch über die Anforderungen des Energiefachrechts, insbesondere des GEG, hinausgegangen werden.[204] In der Praxis sind häufig Regelungen anzutreffen, in denen in Anlehnung an die verschiedene Effizienzgebäude-Stufen (häufig als KfW 40, 55 etc. bezeichnet) der Bundesförderung für effiziente Gebäude (→ § 2 Rn. 101) bestimmte Energieeffizienzstandards vereinbart werden.

Die Grenze des Einsatzbereichs des städtebaulichen Vertrags ist dort erreicht, wo kein 117
städtebaulicher Zusammenhang mehr besteht.[205] Hierfür ist es erforderlich aber auch ausreichend, dass solche Vereinbarungen den mit den städtebaulichen Planungen (zB Baugebietsausweisungen in Bebauungsplänen) und städtebaulichen Maßnahmen (z. B. städtebaulichen Sanierungs- und Entwicklungsmaßnahmen) verfolgten Zielen und Zwecken entsprechen.[206] Darüber hinaus greifen auch die sonstigen allgemeinen Grenzen für den rechtmäßigen Einsatz und Ausgestaltung von städtebaulichen Verträgen, insbesondere das Angemessenheitsgebot und das Koppelungsverbot (§ 11 Abs. 2 BauGB).[207]

5. Befreiungsmöglichkeiten

Mit Ausnahme der energetischen Sanierungsgebiete sind alle geschilderten Instrumente auf 118
die Zukunft ausgerichtet: Sie betreffen zukünftige Bebauungspläne, die wiederum zukünftige bauliche Anlagen oder allenfalls Bestandsanlagen, die wesentlich geändert werden,

---

[201] Schrödter, BauGB § 11 Rn. 59.
[202] Beide Vorschriften eingeführt durch die Klimaschutz-Novelle 2011, Gesetz zur Förderung des Klimaschutzes bei der Entwicklung in den Städten und Gemeinden vom 22.7.2011 BGBl. I 1509.
[203] Schrödter, BauGB § 11 Rn. 59.
[204] Mitschang, ZfBR 2020, 613 (614); Battis/Krautzberger/Löhr/Reidt, BauGB § 11 Rn. 62 mwN.
[205] Mitschang, ZfBR 2020, 613 (616); Schrödter, BauGB § 11 Rn. 59; Battis/Krautzberger/Löhr/Reidt, BauGB § 11 Rn. 62.
[206] BT-Drs. 17/6076, 9.
[207] Schäfer/Antoni/Paintner, ZUR 2022, 393 (398); Mitschang ZfBR 2020, 613 (614).

regeln. Soll der zügige Ausbau erneuerbarer Energien aber auch jenseits aktuell möglicher Festsetzungen oder Verträge zur Förderung ermöglicht werden, so kann dies ein Abweichen von den Inhalten des Bebauungsplans erfordern. Dies ist nur im Wege der Befreiung nach § 31 Abs. 2 BauGB möglich. Voraussetzung dieser Ermessensnorm ist auf der Tatbestandsseite, dass die Grundzüge der Planung nicht berührt werden und – in der Variante der Nummer 1 – Gründe des Wohls der Allgemeinheit dies erfordern. Errichtung und Betrieb von Anlagen für die Erzeugung von Strom aus erneuerbaren Energien stehen schon nach den Grundnormen des BauGB zu Klimaschutz und Klimaanpassung (§§ 1 Abs. 5 S. 2, 1a Abs. 5) unzweifelhaft im öffentlichen Interesse. § 2 EEG beinhaltet noch einmal darüber hinausgehend, dass Errichtung und Betrieb dieser Anlagen sogar im überragenden öffentlichen Interesse liegen.[208]

119   Um die Zulassungsbehörden zu ermutigen, im Rahmen der Befreiung ihre Spielräume zugunsten der erneuerbaren zu nutzen, hat der Gesetzgeber den Ausbau der erneuerbaren Energien 2023 ausdrücklich als einen zu berücksichtigenden Allgemeinwohlbelang in § 31 Abs. 2 Nr. 1 BauGB aufgenommen.[209] Hierzu führt er in der Gesetzesbegründung aus, dass die erneuerbaren Energien als vorrangiger Belang in die Schutzgüterabwägung eingebracht werden sollen. Öffentliche Interessen könnten den erneuerbaren Energien als wesentlicher Teil des **Klimaschutz**gebotes nur dann entgegenstehen, wenn sie mit einem dem Artikel 20a GG vergleichbaren verfassungsrechtlichen Rang gesetzlich verankert bzw. gesetzlich geschützt sind oder einen gleichwertigen Rang besitzen. Zudem führt er aus, dass bei der Erteilung der Befreiung zu prüfen sei, ob eine Berührung der Grundzüge der Planung infolge einer nur befristeten Errichtung bzw. der einfachen Rückbaubarkeit der Erneuerbare-Energien-Anlage ausgeschlossen werden kann.[210] Die Hoffnungen, die hiermit verbunden sind, scheinen somit groß zu sein. Indes ist festzuhalten, dass – anders als bei den Befreiungen für den Wohnungsbau nach dem Baulandmobilisierungsgesetz (§ 31 Abs. 3 BauGB)[211] – die Grundzüge der Planung nicht berührt sein dürfen, was in der Praxis häufig das K.O.-Kriterium für eine Befreiung ist. Dass die Hürde der Grundzüge der Planung erfolgreich genommen werden kann, ist insbesondere bei den Fragen vorstellbar, für die bereits eine explizite gesetzgeberische Wertung besteht: Die neu eingeführten Privilegierungen in der BauNVO zur Zulässigkeit derartiger Anlagen nach Art (§ 14 BauNVO; → Rn. 110 f.) und Maß der baulichen Nutzung (§ 19 BauNVO; → Rn. 112 f.). Die gesetzliche Änderung könnte als Hinweis darauf gedeutet werden, dass die Abweichung von den maßgeblichen Festsetzungen bei Erfüllung der aktuellen Tatbestandsvoraussetzung auch im Hinblick auf die Grundzüge der Planung zulässig ist oder sein sollte. Mag hierdurch noch nicht aufgezeigt sein, dass es sich nicht um einen Grundzug der Planung handelt, so könnte dies doch ein gewichtiges Argument dafür sein, dass dieser Grundzug zumindest nicht berührt ist.[212]

III. Fazit

120   Im Bauplanungsrecht steht zunächst nicht der Bauherr im Fokus, sondern die planenden Gemeinden. Ihre Aufgabe ist es nach der ausdrücklichen Aufgabenzuweisung in § 1 Abs. 5 S. 1 BauGB, eine nachhaltige städtebauliche Entwicklung zu gewährleisten. Zu diesem Zweck gibt ihr der Gesetzgeber im Baugesetzbuch und in der Baunutzungsverordnung zahlreiche Instrumente an die Hand, die eine Umsetzung dieses Ziels ermöglichen. Eine gewisse Restriktion in den Handlungsmöglichkeiten besteht durch die Bindung an den Festsetzungskatalog in Bebauungsplänen (→ Rn. 83). Diese wird aber insbesondere durch

---

[208] Siehe auch BT-Drs. 20/7248, 31.
[209] Gesetz zur Stärkung der Digitalisierung im Bauleitplanverfahren und zur Änderung weiterer Vorschriften vom 3.7.2023 BGBl. 2023 I Nr. 176.
[210] BT-Drs. 20/7248, 31.
[211] BT-Drs. 19/24838, 28.
[212] Vgl. zu dieser Unterscheidung Ernst/Zinkahn/Bielenberg/Krautzberger/Söfker, BauGB § 31 Rn. 36.

den Rückgriff auf städtebauliche Verträge abgemildert. Ohnehin darf nicht aus dem Blick verloren werden, dass Verpflichtungen zur Nachhaltigkeit einen Eingriff in das Eigentumsgrundrecht der betroffenen Grundstückseigentümer darstellen (→ Rn. 1 f.), so dass mit gutem Grund eine explizite Rechtsgrundlage hierfür erforderlich ist.

Bezogen auf die verschiedenen Säulen der Nachhaltigkeit liegt der Schwerpunkt des Bauplanungsrechts deutlich auf dem ökologischen Aspekt. Hierbei liegt der Fokus wiederum eindeutig auf dem Teilaspekt Klimaschutz und Klimaanpassung. In den letzten Jahren hat der soziale Aspekt, insbesondere in Form des öffentlich geförderten Wohnungsbaus, stark aufgeholt. **121**

§ 11 Nachhaltige Energieversorgung, v. a. Stromversorgung über Photovoltaikanlagen

Übersicht

	Rn.
A. Einleitung	1
B. Nachhaltige dezentrale Energieversorgung	7
I. Für welche Immobilien bietet sich eine nachhaltige dezentrale Energieversorgung an?	8
II. Grundformen nachhaltiger dezentraler Energieversorgung	9
1. Selbstversorgung aus eigenen Erzeugungsanlagen	13
2. Versorgung Dritter aus eigenen Erzeugungsanlagen	15
3. Wie findet man das optimale Modell für das eigene Objekt?	21
III. Fördermöglichkeiten	22
C. Schwerpunktthema: Photovoltaikanlagen	24
I. Einleitung	25
1. Wesentliche Vor- und Nachteile des Pachtmodells	28
2. Wesentliche Vor- und Nachteile des Modells Eigenregie	30
II. Pachtverträge	32
1. Hinweise zur vertraglichen Gestaltung	33
2. Steuerrechtliche Aspekte	38
III. Planung von Anlagen und grundsätzlicher Rechtsrahmen im EEG	39
1. Einspeisevorrang im EEG und Redispatch 2.0	43
2. Einspeisevergütung	45
3. Pflicht zur Direktvermarktung	53
4. Förderungsmöglichkeit: Geförderte Direktvermarktung	57
5. Förderung auf Basis Zuschlag in Ausschreibung	58
6. Sonderkonstellation: Förderung für Bürgerenergiegesellschaften	62
7. Sonderkonstellation: Mieterstrom	63
a) Voraussetzungen für den Mieterstromzuschlag nach § 21 Abs. 3 EEG 2023	66
b) Höhe des Mieterstromzuschlags	73
c) Pflicht zur Vollversorgung nach § 42a EnWG als Bedingung für den Mieterstromzuschlag	74
d) Zusammenspiel mit dem Mietvertrag	75
e) Zwingende Anforderungen an den Mieterstromliefervertrag	78
f) Messtechnische Umsetzung eines Mieterstrommodells	79
g) Gesetzlich vorgesehenes Sondermodell: Gemeinschaftliche Gebäudeversorgung	80
IV. Errichtung von Anlagen	82
1. Baurechtliche Anforderungen	83
2. Luftsicherheitsrechtliche Anforderungen	84
3. Elektrotechnische Anforderungen und Netzanschluss	85
4. Vergaberechtliche Anforderungen	87
5. Steuerrechtliche Rahmenbedingungen	88
V. Betrieb von Anlagen	89
1. Betriebsführungsvertrag mit einem Dienstleister	90
2. Betrieb durch Anlageneigentümer selbst	94
a) Registrierungspflichten	95
b) Wichtige steuerrechtliche Aspekte	97
VI. Eigenverbrauch und Veräußerung von Strom an Mieter oder Dritte	100
1. Eigenverbrauch	102
2. Belieferung von Mietern/benachbarten Immobilien	107
a) Steuern und Umlagen	108
b) Registrierungs- und Meldepflichten	116

	Rn.
c) Anforderungen an die Rechnungstellung	119
d) Energiewirtschaftsrechtliche Anforderungen	120
e) Öffentlich-rechtliche Anforderungen an die öffentliche Hand	121
3. Belieferung von Direktvermarktungsunternehmen und sonstigen Dritten	122
a) Verträge mit Direktvermarktungsunternehmen	123
b) Stromlieferverträge mit Dritten (PPAs)	124
c) Steuern und Umlagen	126
4. Versorgung von Ladesäulen	129
D. Fazit	134

A. Einleitung

1   Die Energiewende ist in vollem Gange. Sie geht jedoch einher mit einer Vielzahl gesetzlicher Regelungen, die in immer kürzeren Abständen novelliert werden. Dieses Regelungsdickicht stellt alle Marktbeteiligten vor immer neue Herausforderungen. Erst recht diejenigen, die damit bislang noch keine Berührung hatten. In den letzten Jahren ist Nachhaltigkeit in aller Munde. Bei Tageslicht betrachtet, versteht aber jeder etwas anderes darunter. Genauso ist die dezentrale und möglichst nachhaltige Energieversorgung von Immobilien ein Modethema. Auch da gilt aber: Jeder versteht etwas anderes darunter. Und dann gibt es auch noch die komplexen und sich ständig ändernden rechtlichen Rahmenbedingungen. Wie und wo soll man da bloß anfangen?

2   Dieser Beitrag soll einen ersten Zugang zur aktuellen Rechtslage bei der nachhaltigen Energieversorgung von Immobilien ermöglichen.

3   Bevor auf die Beschaffung von Energie zur Versorgung der Nutzer in einer Immobilie eingegangen werden soll, sei darauf hingewiesen, dass eine nachhaltige Energieversorgung bereits in der Planung eines Objekts oder einer Sanierungsmaßnahme beginnt. Dabei sollte sichergestellt werden, dass der Energiebedarf (idealerweise nicht nur in der Nutzungs- sondern auch schon in der Planungs- und Umsetzungsphase) möglichst gering ist und ein entsprechender Energieeffizienzstandard eingehalten wird (s. dazu Kapitel 5).

4   Der einfachste Weg eine Immobilie nachhaltig mit Energie zu versorgen, ist es, **Lieferverträge** über „grüne" (dhdhaus erneuerbaren Quellen erzeugte) Energie abzuschließen. Wird ein geeigneter Lieferant ermittelt, läuft die vertragliche Abwicklung wie bisher auch: Der Lieferant kümmert sich um die nachhaltige Energieerzeugung (weist diese ggf. nach), deren Lieferung zum Kunden und die Abrechnung. Der Kunde verbraucht die Energie und zahlt die Rechnungen. Kunde kann dabei der Eigentümer oder Verwalter des Objektes sein (in der Regel für Wärme und Allgemeinstrom der Fall) oder der einzelne Nutzer. Auch hier gibt es inzwischen aber besondere Modelle, die auf **„Prosuming"** abzielen, dh eine Anpassung des Verbrauchsverhaltens in Abhängigkeit von der Lastentwicklung im öffentlichen Netz (mehr verbrauchen oder lokal speichern, wenn viel Energie zur Verfügung steht, nichts oder weniger verbrauchen, wenn wenig zur Verfügung steht).

5   Maßnahmen, die darüber hinausgehen oder dezentraler Art sind, sind aber nicht immer wirtschaftlich oder technisch realisierbar. Da hilft nur eines: Sich einen Überblick über denkbare Optionen für das jeweilige Objekt verschaffen und diese auf wirtschaftliche und technische Machbarkeit prüfen.

6   Alternativ kommt eine **Versorgung aus dezentralen Erzeugungsanlagen** in Betracht. Diese kann beliebig komplex ausgestaltet sein. Von einer einfachen Auf-Dach-PV-Anlage, die ein Dienstleister betreibt, bis hin zu Pooling von Anlagen, die Strom aus verschiedenen erneuerbaren Energien erzeugen, und der konzerninternen Querlieferung in einer Art Blockchain-Modell ist Vieles möglich.

B. Nachhaltige dezentrale Energieversorgung

Dieses Kapitel befasst sich ausschließlich mit der nachhaltigen dezentralen Energieversorgung von Immobilien. Zunächst wird dargestellt, für welche Immobilien sich eine nachhaltige dezentrale Energieversorgung anbietet (dazu unter I.) und welche Grundformen der dezentralen Versorgung es gibt (dazu unter II.) bevor dann darauf eingegangen wird, welche Fördermöglichkeiten (III.) bestehen.

I. Für welche Immobilien bietet sich eine nachhaltige dezentrale Energieversorgung an?

Die erste Frage, die sich viele stellen, ist oft: Für welche Immobilien lässt sich eine nachhaltige dezentrale Energieversorgung überhaupt realisieren? Die einfache Antwort aus technischer Sicht ist: Grundsätzlich für jede! Vom Einfamilienhaus über eine Mehrparteien-WEG und Mehrfamilienmietshäuser bis hin zu ganzen Betriebsstätten von Industrieunternehmen oder Krankenhäusern und Industrieparks. Die Grenzen liegen meist eher in der Frage der Wirtschaftlichkeit verschiedener Optionen. In manchen Konstellationen ergibt sich dann, dass ein schrittweises Vorgehen gewählt werden muss oder nur in begrenztem Umfang eine nachhaltige dezentrale Energieversorgung möglich ist.

II. Grundformen nachhaltiger dezentraler Energieversorgung

Wenn es um Formen nachhaltiger dezentraler Energieversorgung geht, denken die meisten zunächst an Strom aus erneuerbaren Energiequellen, vor allem Windkraftanlagen, PV-Dachanlagen und PV-Freiflächenanlagen.

Genauso relevant und vor allem wirtschaftlich interessant, ist aber die Versorgung mit Wärme (und ggf. spiegelbildlich Kälte). Hier gibt es komplexe Konzepte, in denen die Abwärme von Produktionsprozessen oder Abwässern genutzt wird, aber auch simplere Kraft-Wärme-Kopplungsanlagen, die ganz oder zum Teil mit erneuerbarem Material (Biomasse, Biogas, Biomethan) oder Abfällen (Altholz, Papier- und andere Produktionsabfälle) betrieben werden sowie Geothermieanlagen (häufig vereinfachend als „Wärmepumpensystem" bezeichnet).

Schließlich kommen für Unternehmen mit entsprechend großem Gasbedarf auch Elektrolyseanlagen zur Herstellung grünen Wasserstoffs (der dann für die Wärmeerzeugung genutzt werden kann) in Betracht. An solchen Konzepten arbeiten derzeit beispielsweise viele Unternehmen der Stahlindustrie.

Unter C. wird in diesem Beitrag schwerpunktmäßig die Nutzung von Photovoltaikanlagen für die Stromversorgung behandelt, da dies aktuell das in der Praxis am häufigsten anzutreffende Themenfeld ist.

1. Selbstversorgung aus eigenen Erzeugungsanlagen

Wenn geeignete Flächen bzw. Räumlichkeiten dafür vorhanden sind, kommen eigene Erzeugungsanlagen und ggf. auch Kombinationen daraus in Betracht. Für solche Projekte gibt es oft auch öffentliche Förderung in Form von Zuschüssen zu den Investitionskosten. Neben Genehmigungserfordernissen für Errichtung und Betrieb ist auch daran zu denken, welche Umlagen und sonstigen Nebenkosten ggf. eingespart werden können. Wer noch keine Berührungspunkte hatte, könnte meinen, die Selbstversorgung gehe den Staat nichts an und könnte daher keinen Umlagen, Steuern und sonstigen Nebenkosten unterliegen. Aber weit gefehlt! Je nachdem, ob sich eine natürliche oder juristische Person nur selbst mit Energie versorgt oder auch Dritte, fallen alle oder einige der Umlagen, Steuern und sonstige Nebenkosten an oder können auf entsprechenden Antrag der Höhe nach begrenzt werden.

14 Unternehmen, die bereits von **Begrenzungsmöglichkeiten** für einzelne Umlagen Gebrauch machen, müssen dabei auch beachten, wie sich die Eigenerzeugung darauf auswirkt. Dadurch reduzieren sich im Falle der Stromerzeugung nämlich beispielsweise die verbrauchten Strommengen, die in der besonderen Ausgleichsregelung zugleich eine wichtige Größe sind, wenn die selbst verbrauchte Menge vollständig oder in Teilen nicht der Umlage unterliegt. Wer also die relevanten Schwellenwerte gerade so erreicht, sollte für sich prüfen, ob die Begrenzungsmöglichkeit auch bei in der Umlage bereits privilegierter Eigenerzeugung fortbesteht oder aber ihr Wegfall durch die Ersparnisse kompensiert wird.

2. Versorgung Dritter aus eigenen Erzeugungsanlagen

15 Komplexer und aufwendiger sind Konzepte, bei denen sich eine natürliche oder juristische Person nicht nur selbst versorgt, sondern auch noch Dritte. In diesen Fällen wird derjenige, der die Dritten beliefert, in der Regel selbst zum **Energieversorgungsunternehmen** und unterliegt den dementsprechenden energiewirtschaftsrechtlichen Pflichten, insbesondere Melde- und Zahlungspflichten. Wer als Stromlieferant gegenüber anderen Personen auftritt, bedarf zudem ggf. einer entsprechenden Erlaubnis oder muss sich jedenfalls als solcher registrieren. Schließlich bedarf es ggf. wegen der zu zahlenden Umlagen und Steuern in unterschiedlicher Höhe eines aufwendigen Mess- und Abgrenzungskonzepts.

16 Unternehmen in der reinen Immobilienverwaltung, die von der **erweiterten Kürzung in der Gewerbesteuer** Gebrauch machen, müssen überdies darauf achten, welche Auswirkungen einzelne Vorgehensweisen darauf haben. Je nach Umfang dessen, was das Unternehmen an Leistungen selbst erbringt, kann die Kürzungsmöglichkeit entfallen und die Gewerbesteuer muss in voller Höhe gezahlt werden.

17 Sind **kommunale Unternehmen** oder Kommunen beteiligt, muss das Vergaberecht und sich daraus ergebende Ausschreibungspflichten beachtet werden.

18 Die Komplexität des Vorhabens erhöht sich weiter, wenn Betriebsgelände, auf denen mehrere Unternehmen ansässig sind, oder ganze **Industrieparks** versorgt werden sollen:

- In diesen Fällen handelt es sich bei den Versorgungsleitungen vor Ort oft um Kundenanlagen im Sinne des § 3 Nr. 24a bzw. Nr. 24b EnWG oder um sog. Arealnetze im Sinne des § 110 EnWG, die den Vorteil haben weitestgehend nicht der Regulierung für Netze zu unterliegen. Diesen Sonderstatus kann man aber bei Aufnahme einer Belieferung Dritter leicht verlieren. Zum Beispiel dann, wenn man diesen nicht die freie Wahl des Energielieferanten lässt, sondern sie (zB um die hohen Investitionen sicherer amortisieren und dementsprechend finanzieren zu können) dazu verpflichtet, die betreffende Energie (vorrangig) aus den Erzeugungsanlagen vor Ort zu beziehen oder wenn sich dadurch die Anzahl der versorgten Nutzer oder die jeweils bezogenen Energiemengen ändern.
- Daneben ist es nicht leicht, theoretisch mögliche Synergien zu identifizieren und dann auch bestmöglich zu nutzen. Die Komplexität des Projektes steigt und auch die Anzahl unterschiedlicher Ausgangssituationen, Interessen und Vorstellungen, die berücksichtigt werden müssen. Wie werden zB etwaige Beiträge Einzelner zum Gesamtkonzept (also zB Abwärme) fair bewertet? Wie kann man die Versorgung absichern für den Fall, dass einzelne Stoffe, die in den Kreislauf eingehen sollen, vom jeweiligen Unternehmen nicht oder nicht mehr in ausreichender Menge bereitgestellt werden können?

19 Vor diesem Hintergrund sind auch **Quartierskonzepte,** von denen sich Experten für die Energiewende viel versprechen, bislang häufig als zu komplex oder wirtschaftlich unattraktiv verworfen worden.

20 Es ist also nicht damit getan eine Anlage zu bestellen und in Betrieb zu nehmen. Die rechtlichen Rahmenbedingungen sind komplex und müssen sorgfältig für den jeweiligen Einzelfall analysiert werden. Generalisierende Aussagen sind insoweit nicht möglich.

3. Wie findet man das optimale Modell für das eigene Objekt?

Die folgende, nicht abschließende Checkliste kann dazu dienen in ein Projekt einzusteigen: 21

Die Basis
Was ist das Ziel? Geht es uns zB im Wesentlichen darum, CO_2-Emissionen zu reduzieren oder Energiekosten einzusparen?
Wie weitreichend soll die Energieversorgung „nachhaltig" sein und was genau verstehen wir darunter? Gilt das zB auch für verwendete Baumaterialien, die Arbeitsbedingungen von Mitarbeitern etwaiger Dienstleister und Werkunternehmer, die in die Umsetzung eingebunden werden?
Welche Energiemenge wird zu welchen Zeiten im Tages- und Jahresverlauf benötigt?
Wollen wir uns nur selbst versorgen oder sollen noch andere mit versorgt werden (zB über Ladestationen oder als unmittelbare Nachbarn mit komplementärem Bedarf)?
Welche Flächen stehen für dezentrale Energieversorgungsanlagen zur Verfügung?
Welche Energiekosten haben wir aktuell?
In welchem Umfang sind wir bereit eigenes Personal vorzuhalten?
Optionen ausloten
Kommen eigene Energieerzeugungsanlagen in Betracht?
Gibt es erneuerbare Energieerzeugungsanlagen in räumlicher Nähe, die als Kooperationspartner in Betracht kommen?
Gibt es bereits begonnene Projekte, denen man sich noch anschließen kann?
Gibt es benachbarte Unternehmen, mit denen sich Synergien erzielen lassen könnten?
Planung, Errichtung, Betrieb – Was wollen wir selbst machen und was an Dienstleister auslagern? Lässt sich ein bereits angebotenes Modell eines Dienstleisters (ggf. mit kleineren Anpassungen) für uns nutzen und dadurch Kosten in erheblichem Umfang einsparen?
Welche Kosten und rechtliche Auswirkungen sind mit einzelnen Optionen oder Komponenten verbunden?
Welche Fördermöglichkeiten gibt es jeweils?
Wie langfristig wollen wir eigenes Vermögen binden? Wollen wir zusätzliche Vermögenswerte in der Bilanz oder lieber einen Partner, der das Investment übernimmt?

III. Fördermöglichkeiten

Die aktuelle Rechtslage bietet bereits vielfältige (Förderungs-)Möglichkeiten. Zugleich 22 werden noch nicht alle – in Anbetracht der zu erwartenden Herausforderungen – sinnvollen Konzepte gleichermaßen gefördert bzw. durch geeignete Rahmenbedingungen incentiviert. Auch die Förderlandschaft ist äußerst unübersichtlich und einem steten Wandel unterworfen.

Zwar gibt es bereits einige Plattformen, die zentral einen Überblick über verschiedene 23 Fördermöglichkeiten geben. Für den Bereich Energieeffizienz gibt es zB eine Webseite des Bundesministeriums für Wirtschaft und Klima (https://www.deutschland-machts-effizient.de/KAENEF/Navigation/DE/Foerderprogramme/foerderprogramme-energieeffizienz.html) sowie eine des BAFA (https://www.bafa.de/DE/Energie/Effiziente_Gebaeude/Foerderprogramm_im_Ueberblick/foerderprogramm_im_ueberblick_node.html). Daneben gibt es die Förderdatenbank (https://www.foerderdatenbank.de/FDB/DE/Home/home.html) und eigene Webseiten der meisten Bundesländer. Da jedes Förderprogramm aber wiederum eigene, zum Teil recht detaillierte Anforderungen an die Projekte und deren Umsetzung stellt, ist es dennoch aufwendig, das passende Programm zu identifizieren. Viele Immobilienbesitzer und -verwalter arbeiten daher insoweit mit Dienstleistern zusammen, die geeignete Förderprogramme identifizieren und bei der Antragstellung unterstützen oder diese sogar im Auftrag übernehmen.

C. Schwerpunktthema: Photovoltaikanlagen

24 In diesem Abschnitt werden wir die wesentlichen rechtlichen Rahmenbedingungen für Photovoltaikanlagen als Mittel der nachhaltigen Energieversorgung von Immobilien vorstellen. Der deutsche Gesetzgeber strebt einen massiven Ausbau der erneuerbaren Energien insgesamt, aber insbesondere auch der PV-Anlagen. 2023 sollten 9 GW an neuer PV-Anlagenleistung geschaffen werden, tatsächlich realisiert wurden sogar ca. 14 GW. Für 2024 sind 13 GW geplant, die in Anbetracht des Zubaus 2023 durchaus realistisch erscheinen. Ab 2026 sollen jährlich dann sogar neue Anlagen mit einer Leistung von insgesamt 22 GW errichtet werden. Rund die Hälfte des jeweiligen Planwertes entfällt auf Dachanlagen, die andere Hälfte auf Freiflächenanlagen.

I. Einleitung

25 Klassischer Weise werden Anlagen auf **Dachflächen** geplant. Möglich und im Einzelfall attraktiv bzw. in Teilen gesetzlich sogar zwingend ist aber auch Anlagen an Fassaden, auf Freiflächen oder auf bebauten oder bislang unbebauten Parkflächen anzubringen. Je nachdem, wo die Anlage errichtet werden soll, bestehen unterschiedliche Anforderungen in der Errichtungsphase. Dieser Beitrag fokussiert sich auf die derzeit noch weitaus verbreiteteren Dachanlagen. Mit Blick auf die **Parkflächen** sei aber darauf hingewiesen, dass es bereits in zahlreichen Bundesländern eine Verpflichtung gibt, bei neu geschaffenen Parkflächen PV-Anlagen zu errichten. § 8 Abs. 2 S. 1 LBauO NRW sieht beispielsweise vor: *„Beim Neubau eines für eine Solarnutzung geeigneten offenen Parkplatzes, welcher einem Nicht-Wohngebäude dient, mit mehr als 35 Stellplätzen für Kraftfahrzeuge ist über der für eine Solarnutzung geeigneten Stellplatzfläche eine Photovoltaikanlage zu installieren, wenn der Antrag auf Baugenehmigung ab dem 1. Januar 2022 bei der unteren Bauaufsichtsbehörde eingeht."* Bei Neubauvorhaben wie auch Sanierungsmaßnahmen im Bestand sollte daher immer geprüft werden, ob eine solche Verpflichtung im jeweiligen Bundesland besteht.

26 Im Folgenden werden verschiedene Modelle vorgestellt, nach denen grundsätzlich eine Errichtung und ein Betrieb von Photovoltaikanlagen umgesetzt werden können. Der Beitrag beschränkt sich auf die wesentlichen Vor- und Nachteile, um eine grobe Klassifizierung von Objekten (danach, welches Modell sich am besten für sie eignet) zu ermöglichen. Im Kern gibt es **zwei Grundmodelle,** die gewählt werden können:

- Erstens, ein reines Pachtmodell, in dem der Immobilieneigentümer sich darauf beschränkt, seine dafür geeigneten Flächen an einen Dritten zu verpachten, der sich dann um Errichtung und Betrieb der PV-Anlagen und den Absatz des erzeugten Stroms kümmert.
- Zweitens, das Modell Eigenregie, in dem der Immobilieneigentümer von der Planung und Errichtung, über den Betrieb der Anlagen bis hin zum Absatz des erzeugten Stroms alles selbst übernimmt.

27 Selbstverständlich sind Mischformen bzw. Mittelwege zwischen diesen beiden Grundmodellen möglich und in der Praxis auch häufig anzutreffen. Im Folgenden werden daher Komponenten vorgestellt, die gleich einem Baukasten zu dem gewünschten Modell für das

eigene Objekt zusammengesetzt werden können. Dabei unterscheidet der Beitrag zwischen den einzelnen Leistungsbereichen: Planung, Errichtung, Betrieb, Vermarktung des Stroms.

1. Wesentliche Vor- und Nachteile des Pachtmodells

Ein reines Pachtmodell hat für den Eigentümer folgende **Vorteile**: 28
- Kosten und Risiken, die mit der Errichtung und dem Betrieb solcher Anlagen verbunden sind, liegen vollständig bei einem externen Dritten und belasten nicht die Budgets und personellen Ressourcen des Eigentümers.
- Der Abschluss reiner Pachtverträge kann auch durch Immobilieneigentümer in öffentlicher Hand grundsätzlich ohne förmliches Ausschreibungsverfahren erfolgen. Das Vergaberecht findet mangels Beschaffung keine Anwendung. Beihilfen- und Haushaltsrecht sprechen aber für die Vereinbarung einer marktüblichen Pacht.
- Der Eigentümer kann sich im Pachtvertrag vorbehalten, den in den Anlagen erzeugten Strom vorrangig abnehmen zu dürfen und hierfür langfristig günstige Konditionen vereinbaren. In dem Fall weist der Pachtvertrag allerdings eine Beschaffungskomponente auf, die es ggf. erfordert, bei Immobilien in öffentlicher Hand das Vertragsverhältnis als öffentlichen Auftrag zu qualifizieren und diesen in einen transparenten Wettbewerb zu stellen.
- Die Anlagen stünden im Eigentum des Pächters. Dieser müsste die Anlagen im Anschluss zurückbauen (wobei der Immobilieneigentümer sich ein Übernahmerecht zu einem fairen Preis vorbehalten könnte).
- Der Immobilieneigentümer könnte nach Inbetriebnahme der Anlage gegenüber potenziellen Mietern auch mit der Grünstromversorgung werben, wenn der Pächter sich zu entsprechenden Verträgen bereit erklärt oder bereits im Pachtvertrag verpflichtet wird.

Als **Nachteil** wird in einem solchen Modell häufig empfunden: 29
- Der Eigentümer hätte nur sehr begrenzte Einflussmöglichkeiten auf die Geschwindigkeit, in der das Projekt realisiert wird.
- Der Eigentümer überlässt die Ertragschancen, die mit solchen Anlagen verbunden sind, einem Dritten.

2. Wesentliche Vor- und Nachteile des Modells Eigenregie

Das Modell Eigenregie ist typischerweise mit folgenden **Vorteilen** verbunden: 30
- Der Immobilieneigentümer kann frei entscheiden, wann, in welcher Reihenfolge und in welchem Umfang Anlagen errichtet werden.
- Die Anlagen stehen in seinem Eigentum.
- Der Eigentümer kann auch frei entscheiden, wen er in welchem Umfang mit den erzeugten Strommengen versorgen möchte.
- Ein weiterer Vorteil läge darin, dass keine Marge eines Dritten finanziert werden muss oder nur in dem Umfang, in dem das für die Zwecke der Errichtung der Anlage erforderlich ist. Umgekehrt könnte der Eigentümer selbst die wirtschaftlichen Chancen, die der Betrieb solcher Anlagen bietet, voll nutzen.
- Schließlich könnte er in diesem Modell gegenüber potenziellen Mietern auch mit der Grünstromversorgung werben.

Folgende denkbare **Nachteile** sind besonders bedenkenswert: 31
- Mit einer vollständigen Übernahme aller relevanten Leistungen geht zugleich auch ein erhebliches Risiko einher, für das in diesem Fall kaum ein Dritter haftbar gemacht werden kann. Üblicherweise würde man sich für die Planung und Errichtung der Anlagen einen externen Partner suchen, dh also nicht nur die Anlage als solche zukaufen, sondern auch die Planungs- und Montageleistungen, die zur Errichtung der Anlage erforderlich sind. Hier ist natürlich eine Übertragung von Risiken in erheblichem Umfang möglich. Entsprechende Verträge müssten durch die öffentliche Hand förmlich ausgeschrieben wer-

den, weil es sich um vergabepflichtige Leistungen handelt [CHECK an die Herausgeber: kann das im Vergaberecht mitbehandelt werden?]. Hier gelten die üblichen Hinweise zur Gestaltung baurechtlicher Verträge und den vergaberechtlichen Rahmenbedingungen.
- Die Anschaffungskosten für die Anlagen lägen ebenso wie das Kosten-, Bau- und Realisierungsrisiko beim Immobilieneigentümer.
- Das wirtschaftliche Betriebsrisiko (zB Marktrisiko, Unterhaltskosten etc.) läge beim Immobilieneigentümer.
- Nach Betriebsende wäre er auch für den Rückbau der Anlagen selbst verantwortlich.

II. Pachtverträge

32 Soll ein Pachtvertrag für die Nutzung der Dachflächen abgeschlossen werden, sind die folgenden wesentlichen rechtlichen Rahmenbedingungen zu beachten:

1. Hinweise zur vertraglichen Gestaltung

33 Damit der jeweilige Pächter die Anlagen auf den Dachflächen errichten kann, sollte mit ihm ein Dachnutzungsvertrag abgeschlossen werden, der die wesentlichen Pflichten und Rechte beider Seiten regelt. Üblicherweise würde der Immobilieneigentümer einen Dachnutzungsvertrag je Gebäude/Dachfläche abschließen. Dachflächen können aber ebenso gut auch im Paket überlassen werden, um zB auch für weniger attraktive Immobilien eine Nutzung zu ermöglichen. Durch diese Verträge wären die jeweiligen Pächter berechtigt, das jeweilige Dach für die Errichtung und den Betrieb der Anlagen zu nutzen.

34 **Wesentliche Regelungsinhalte** eines Nutzungsvertrags sind insbesondere:
- Recht zur Errichtung und zum Betrieb der Anlagen auf den Dächern und ggf. etwaiger Speicher im Gebäude
- Betretungsrecht (ggf. nach Anmeldung)
- Recht zur Mitnutzung etwaiger Hausanschlüsse und Verlegung von Leitungen im Gebäude zu diesem Zweck
- anerkannte Regeln der Technik und sonstige einschlägige Regelwerke sind durch den Pächter zu beachten; ggf. Ersatzvornahmerecht des Verpächters
- Pflicht der Stadt, etwaige Verschattungen der Dächer zu vermeiden
- Freistellung des Verpächters von Schäden am Gebäude, die durch die Anlagen verursacht werden, sowie zur Vermeidung von Störungen der Gebäudenutzer etc.
- Sachgerechte Regelungen für notwendige Reparaturen/Sanierungen/Umbaumaßnahmen an Gebäude und Dachfläche, die die Stadt während der Betriebsdauer der Anlagen vornimmt (Duldungspflicht des Pächters)
- Dingliche Sicherungsrechte zugunsten des Pächters (beschränkte persönliche Dienstbarkeit)
- Soweit der Pächter die Anlagen fremdfinanziert: Regelungen zur Finanzierung (Sicherheiten und Eintrittsrechte der Bank)
- Laufzeit: idR 20 Jahre zzgl. Verlängerungsoptionen
- Marktgerechtes Nutzungsentgelt; ggf. Beteiligung der Stadt an Mehrerträgen über EEG
- Rückbaupflicht des Pächters; ggf. Absicherung durch Rücklagen; ggf. Option zur Übernahme der Anlage anstelle des Rückbaus
- Sonderkündigungsrechte, bspw. falls PV-Anlage nicht binnen Zeitraum X errichtet wird oder länger als Zeitraum X außer Betrieb ist oder wenn wirtschaftlicher Betrieb der PV-Anlage nicht mehr gewährleistet ist.

35 Hinsichtlich der **Haftung und Verkehrssicherungspflichten** übernimmt der Pächter typischerweise alle mit der Anlage und ihrem Betrieb verbundenen Pflichten und Haftungsrisiken, insbesondere:

- Haftung des Pächters für bei Errichtung/Betrieb/Unterhaltung der PV-Anlage schuldhaft verursachte Schäden
- Freistellung des Verpächters von Ansprüchen Dritter bzgl. Ein- und Ausbau, Betrieb und Unterhaltung der PV-Anlage und daraus resultierender Schäden
- Regelungen zur Versicherung des Pächters/Nutzungsberechtigten wie Betriebshaftpflicht und Feuer- Sturm-, Hagelversicherung für von der PV-Anlage ausgehende Gefahren
- (indiv.) Regelung zum Haftungsausschluss des Verpächters für Gewinneinbußen des Pächters/Nutzungsberechtigten bei (unvermeidbaren) Anlagenbeeinträchtigungen.

Je nach Gestaltung der **Verträge mit Mietern oder Pächtern** des betroffenen Objekts, bedürfen diese einer Anpassung oder es ist ggf. eine schriftliche Bestätigung der Zustimmung desjenigen einzuholen. Dies sollte ggf. als Bedingung in den Dachnutzungsvertrag aufgenommen werden oder über entsprechende Rechte zur Vertragsbeendigung abgebildet werden. 36

Immobilieneigentümer in öffentlicher Hand sollten darauf achten, dass die Dachnutzungsverträge marktüblich und zugleich so gestaltet sind, dass die Überlassung der Dachflächen für die öffentliche Hand möglichst risikofrei ist. Je nach vertraglicher Ausgestaltung und Formulierung ist nicht ausgeschlossen, dass der grundsätzlich vergaberechtsfreie Pachtvertrag in einen Beschaffungsvorgang „umschlägt" und das Vergaberecht zu beachten ist (dazu ausführlich unter → § 7 Rn. 26 ff.). Je mehr Einflussmöglichkeiten die öffentliche Hand auf das Projekt selbst hat und je stärker der Eindruck entstehen kann, dass faktisch die Beschaffung der Anlage für die öffentliche Hand Gegenstand der Vereinbarungen ist (zB Realisierungspflicht; Ersatzvornahmerecht; Kaufoption am Ende der Laufzeit; Nutzungsüberlassung an die öffentliche Hand nach der Errichtung), umso eher ist das Vergaberecht anwendbar. 37

2. Steuerrechtliche Aspekte

Die steuerrechtlichen Rahmenbedingungen sind komplex und jeweils im Einzelfall zu betrachten. Gleichwohl seien hier bereits einige allgemeine Hinweise für den Verpächter gegeben: 38
- Umsätze aus Verpachtung sind nicht umsatzsteuerpflichtig.
- Ertragsteuerlich ist in der Verpachtung eigenen Grundbesitzes lediglich eine Vermögensverwaltung zu sehen. Eine solche Vermögensverwaltung hat keine negativen Auswirkungen auf gewerbe- und körperschaftsteuerliche Pflichten sowie auf eine etwaige Gemeinnützigkeit.

III. Planung von Anlagen und grundsätzlicher Rechtsrahmen im EEG

Der Immobilieneigentümer wird sich für die Planung und Errichtung der Anlagen in der Regel externer Dritter bedienen und mit diesen Planungs- und Errichtungsverträge schließen. Denkbar wäre auch, die Gesamtmaßnahme an einen Generalübernehmer zu vergeben. 39

Jedenfalls die folgenden **Fragestellungen** sollten in der Planungsphase geklärt werden: 40
- In welchem Umfang ist das betreffende Objekt statisch und aufgrund seiner Lage geeignet für die Errichtung von PV-Anlagen? Welche Maßnahmen müssen ggf. getroffen werden, um dies zu erreichen?
- Soll die verfügbare und nach einer entsprechenden Begutachtung auch wirtschaftlich hinreichend geeignet Fläche vollständig mit Anlagen bebaut werden oder soll die Größe der Anlage sich am Bedarf im Objekt und etwaigen geplanten Speicherkapazitäten orientieren?
- (In welchem Umfang) wird eine Speicherung nicht unmittelbar verbrauchten Stroms vorgesehen?

- Wird bei einer großen Fläche eine große Anlage oder mehrere kleine errichtet, die getrennt voneinander regelbar sind (zB um jeweils unterschiedliche Vermarktungsmodelle zu ermöglichen oder einen Teil der Fläche ganz an einen Dritten abzugeben, der für den Verbrauch vor Ort nicht benötigt wird.)?
- Soll die Anlage (auch) an Wärmeerzeugungsanlagen angeschlossen werden/diese vorrangig versorgen?
- Soll die Anlage (auch) Ladeinfrastruktur für E-Mobilität versorgen?
- Welches Mess- und Schaltkonzept passt zum gewünschten Vermarktungskonzept?
- Falls die Anlage (auch/mittelbar) an das öffentliche Netz angeschlossen ist: Welche Anforderungen stellt der Netzbetreiber aus technischer Sicht an die Anlage und das Mess- und Schaltkonzept?
- Soll für eine große Anlage ein Zuschlag in einer Ausschreibung angestrebt werden?
- Welche Genehmigungserfordernisse bestehen für die konkrete Anlage?
- Wessen Zustimmung muss, ggf. aus zivilrechtlichen Gründen eingeholt werden? Gibt es insbesondere möglicherweise einen Konflikt mit einer anderweitigen Nutzung des Dachs?
- Gibt es Wünsche etwaiger Mieter/Pächter?
- Sollen Vermarktungspartner gesucht werden, bevor die Planung abgeschlossen und die Errichtung der Anlage beauftragt wird?
- Passen Vermarktungskonzept und Anlagenkonzept unter den genannten Fragestellungen zueinander?

41 Wichtig ist zudem ein realistischer **Zeitplan:**
- Lieferzeiten der Anlagen und benötigter Wechselrichter, Trafos etc. sind zu berücksichtigen, die derzeit teils sechs bis zwölf Monate betragen
- Auch die Abstimmung mit dem lokalen Netzbetreiber sollte frühzeitig gesucht werden, weil sie erfahrungsgemäß ebenfalls mehrere Monate in Anspruch nimmt und sich die Ergebnisse ganz wesentlich auf das elektrotechnische Konzept auswirken können.
- Soll die Anlage an einer Ausschreibung für eine Förderung nach dem EEG teilnehmen, ist zu beachten, wann jeweils Ausschreibungstermine sind und, dass bei einem Zuschlag dann auch die Realisierungsfristen eingehalten werden müssen.
- Für ggf. vergaberechtlich erforderliche Ausschreibungen sollte ein Auftraggeber aus der öffentlichen Hand hinreichend Zeit einplanen.

42 Im Folgenden werden die wesentlichen Rahmenbedingungen vorgestellt, die sich aus dem EEG ergeben und ebenfalls berücksichtigt werden sollten.

1. Einspeisevorrang im EEG und Redispatch 2.0

43 Nach § 11 EEG 2023 ist jeder Netzbetreiber im Bundesgebiet verpflichtet, Strom aus Erneuerbaren-Energien-Anlagen vorrangig abzunehmen, zu übertragen und zu verteilen. Es besteht jedoch nicht für jede Anlage auch eine Verpflichtung den Strom auch zu vergüten. Das EEG stellt insoweit in Abhängigkeit von der Größe der Anlage Anforderungen an den Anlagenbetreiber, die er erfüllen muss (dazu jeweils unter 2. bis 7.). Wird also Strom eingespeist, ohne diese Voraussetzungen zu erfüllen, so bleibt es zwar bei der Pflicht des Netzbetreibers, der Anlagenbetreiber erhält für den eingespeisten Strom aber keine Vergütung.

44 Verteilnetzbetreiber sind dazu verpflichtet, sich an der Engpassbehebung der Netze zu beteiligen und damit einen wesentlichen Beitrag zur Systemstabilität zu leisten. Dazu benötigen sie die Unterstützung der Anlagenbetreiber, die insbesondere die erwarteten Einspeisemengen für den jeweiligen Folgetag elektronisch melden und auf entsprechende Anweisung des Verteilnetzbetreibers ihre Anlage ggf. abregeln müssen, so dass diese nicht oder nur in geringerem Umfang Mengen in das öffentliche Netz einspeist (**Redispatch 2.0,** vgl. §§ 13, 13a EnWG). Der Vorrang von Erneuerbare-Energien-Anlagen bei der

Stromeinspeisung ins öffentliche Netz wird insoweit eingeschränkt. Der Anlagenbetreiber erhält aber ggf. eine Vergütung für den nicht erzeugten Strom, der jedoch hätte erzeugt werden können (Vergütung für fiktive Strommengen). Diese bemisst sich nach den Vorgaben des § 13a EnWG in einem komplexen System je nachdem, welchem Bilanzierungs- und Abrechnungsverfahren die jeweilige Anlage für diese Zwecke unterliegt. Insoweit hat der Anlagenbetreiber ein Wahlrecht. Für nähere Informationen sei an dieser Stelle auf die Webseite der Bundesnetzagentur und die diversen Anwendungshilfen des BDEW zum Redispatch 2.0 verwiesen.[1]

2. Einspeisevergütung

45 Die einfachste Form der gesetzlichen Vergütung ist die Einspeisevergütung, bei der für die Einspeisung des erzeugten Stroms ins öffentliche Netz ein fixer Betrag je kWh gezahlt wird. Diese Option besteht allerdings seit 2017 nur noch für ausschreibungsfreie Anlagen, dh derzeit für Anlagen mit einer installierten Leistung von bis zu 100 kWp (§ 21 Abs. 1 EEG 2023).

46 Dabei ist zu beachten, dass der Anlagenbetreiber dem Netzbetreiber den gesamten in dieser Anlage erzeugten Strom zur Verfügung stellen muss, der nicht in unmittelbarer räumlicher Nähe zur Anlage verbraucht wird und durch ein Netz durchgeleitet wird, und mit dieser Anlage nicht am Regelenergiemarkt teilnehmen darf (§ 21 Abs. 2 EEG 2023).

47 Die Höhe der Vergütung unterliegt seit der Novelle 2023 nicht mehr einem sog. „atmenden Deckel" (monatliche Reduzierung der Vergütung je nach Leistungszubau), sondern einer klassischen **Degression,** dh der jeweilige anzulegende Wert verringert sich ab dem 1. Februar 2024 und sodann alle sechs Monate für die nach diesem Zeitpunkt in Betrieb genommenen Anlagen um 1 % gegenüber den in dem jeweils vorangegangenen Zeitraum geltenden anzulegenden Werten[2], und ist abhängig von Inbetriebnahmezeitpunkt und Größe der Anlage sowie davon, ob die Anlage voll einspeist oder (auch) der Versorgung vor Ort dient (vgl. §§ 48, 48a, 49 EEG 2023). Schließlich ist zu beachten, dass der anzulegende Wert nach § 53 Abs. 1 EEG noch zusätzlich um 0,4 Ct/kWh verringert wird.

48 Für die Frage der **Größe der Anlage** ist die Zusammenrechnungsregel des § 24 Abs. 1 EEG 2023 zu beachten. Danach werden mehrere Anlagen für den jeweils zuletzt in Betrieb genommenen Generator fiktiv als eine Anlage angesehen, wenn sie innerhalb von 12 aufeinanderfolgenden Monaten in räumlicher Nähe in Betrieb genommen werden. Das gilt auch dann, wenn sie jeweils unterschiedliche Anlagenbetreiber haben. Übersteigt also die erste installierte Anlage noch nicht die 100 kWp, wird aber eine weitere Anlage in der Nähe errichtet, deren installierte Leistung hinzugerechnet zu derjenigen der ersten Anlage dazu führt, dass insgesamt die Schwelle überschritten wird, dann gilt die zweite Anlage als größer 100 kWp (auch wenn sie das für sich genommen nicht ist) und kann keine Einspeisevergütung in Anspruch nehmen.

49 Anlagen mit **Volleinspeisung** erhalten einen höheren Vergütungssatz als Anlagen, die auch der (Eigen-)Versorgung vor Ort dienen. Für diese höhere Vergütung muss die Anlage vor Inbetriebnahme als Volleinspeise-Anlage dem zuständigen Netzbetreiber gemeldet werden. Um auch in den kommenden Jahren von den Volleinspeise-Vergütungssätzen zu profitieren, muss der Anlagenbetreiber das jeweils vor dem 1. Dezember des Vorjahres nochmals an den Netzbetreiber melden. Es ist auch möglich, parallel eine Eigenverbrauchs-

---

[1] S. hier: https://www.bundesnetzagentur.de/DE/Fachthemen/ElektrizitaetundGas/Versorgungssicherheit/Netzengpassmanagement/Engpassmanagement/Redispatch/start.html und beim BDEW insbes. die FAQ zum Redispatch 2.0, die sehr regelmäßig aktualisiert werden, abrufbar unter: https://www.bdew.de/media/documents/2024-02-06_FAQ_Redispatch_V1.4_Ver%C3%B6ffentlichung.pdf. Daneben gibt es detaillierte Anwendungshilfen zu einzelnen Fragestellungen, zB zur Ermittlung der Ausfallarbeit, die vergütet wird.
[2] Der jeweils aktuelle Wert wird von der Bundesnetzagentur auf ihrer Webseite veröffentlicht: https://www.bundesnetzagentur.de/DE/Fachthemen/ElektrizitaetundGas/ErneuerbareEnergien/EEG_Foerderung/Archiv_VergSaetze/start.html.

und eine Volleinspeise-Anlage auf demselben Gebäude zu betreiben. So kann eine Anlage auf einen hohen (oder sogar vollständigen) Eigenverbrauch ausgelegt werden und mit einer zweiten Anlage das restliche Potenzial der Dachfläche für eine Volleinspeisung (im Wege der dann höheren Einspeisevergütung) genutzt werden. Dafür müssen beide Anlagen elektrotechnisch getrennt sein (insbes. eigene Wechselrichter und getrennte Zähler), was mit zusätzlichem Aufwand verbunden ist, der in Relation zu den erwarteten Erlösen betrachtet werden sollte.

50 Der Anlagenbetreiber kann aber auch auf die Einspeisevergütung **verzichten** und freiwillig in die Direktvermarktung gehen. Für eine einzelne Anlage ist dies oft unwirtschaftlich. Kann man ein größeres Paket verschiedener Anlagen schnüren, stellt sich dies aber schon anders dar.

51 Der Anlagenbetreiber kann sogar monatlich die **Vermarktungsform** für eine Anlage **wechseln** (dh jeweils zum 1. eines Monats, vgl. § 21c EEG 2023). Wer also erst einmal in der Einspeisevergütung beginnt, kann zu einem späteren Zeitpunkt auch einmal die sonstige Direktvermarktung ausprobieren und ggf. auch jederzeit wieder ab einem Monatsersten in die Einspeisevergütung zurückkehren, wobei die vorgesehenen Mitteilungsfristen einzuhalten sind.

52 Für neue Anlagen, die nach dem 1. Januar 2023 in Betrieb gingen bzw. gehen, wurde auch die **technische Vorgabe** abgeschafft, dass nur höchstens 70 % der PV-Nennleistung in das öffentliche Netz eingespeist werden dürfen. Auch Bestandsanlagen bis 7 kWp müssen diese Regelung nicht mehr einhalten. Ältere Anlagen zwischen 7 und 25 kWp müssen dagegen auch zukünftig die entsprechende Programmierung so lange beibehalten, bis als Stromzähler ein intelligentes Messsystem eingebaut wird.

3. Pflicht zur Direktvermarktung

53 Ab einer installierten Leistung der Anlage von mehr als 100 kWp sieht das EEG die Direktvermarktung des erzeugten PV-Stroms vor. Es gibt zahlreiche Unternehmen, die sich auf die Direktvermarktung von erneuerbarem Strom spezialisiert haben. Das bedeutet, sie übernehmen den eingespeisten Strom und verkaufen ihn am Strommarkt für den Anlagenbetreiber. Die erzielten Erlöse werden geteilt, im Falle der geförderten Direktvermarktung in der Regel im Wege eines prozentualen Anteils am Erlös für den Direktvermarkter, in allen anderen Fällen gibt es unterschiedliche Vergütungsmodelle.

54 Für die Frage der **Größe der Anlage** ist zu beachten, dass nach § 24 Abs. 1 EEG 2023 auch die installierte Leistung anderer Solaranlagen des zweiten Segments (für den jeweils zuletzt in Betrieb gesetzten Generator) in räumlicher Nähe einzubeziehen ist, wenn sie sich auf demselben Grundstück, demselben Gebäude, demselben Betriebsgelände oder sonst in unmittelbarer räumlicher Nähe (also zB auf benachbarten Grundstücken) befinden, und sie innerhalb von 12 aufeinanderfolgenden Kalendermonaten in Betrieb genommen worden sind.

55 Jede Neuanlage mit einer Leistung ab 100 kWp muss mit der entsprechenden **Mess- und Übertragungstechnik** ausgerüstet werden (insbes. Fernsteuerbarkeit), um dem Direktvermarkter den Zugriff auf die PV-Anlage zu ermöglichen (§ 10b EEG 2023). Im Falle der Fernsteuerbarkeit ist zu beachten, dass ggf. die Steuerbefreiungen nach § 9 StromStG verloren gehen können. Insoweit gilt eine Fernsteuerbarkeit dann nicht als schädliche „zentrale Steuerung zum Zweck der Stromerzeugung", die die Befreiung entfallen lässt, wenn

- die Direktvermarktung des in das Versorgungsnetz eingespeisten Stroms durch einen Dritten erfolgt,
- die elektrische Nennleistung der Anlage des Betreibers 2 MW nicht überschreitet und
- der Strom innerhalb der Kundenanlage entnommen wird, in der er erzeugt worden ist.

56 In diesen Fällen soll der Anlagenbetreiber trotz der Zugriffsbefugnisse des Direktvermarktungsunternehmens noch die Sachherrschaft über die Anlage und den erzeugten Strom

behalten. Um allerdings eine Besserstellung ferngesteuerter Anlagen gegenüber Anlagen, deren Nennleistung direkt am Ort der Erzeugung zusammengerechnet wird, zu vermeiden, darf die Anlagenleistung der zusammengerechneten Anlagen auch hier nur maximal 2 MW betragen.

4. Förderungsmöglichkeit: Geförderte Direktvermarktung

Anlagen mit einer installierten Leistung ab 101 kWp bis 1000 kWp haben die Möglichkeit die geförderte Direktvermarktung in Anspruch zu nehmen (§§ 20, 23a EEG 2023). Bei der geförderten Direktvermarktung zahlt der Direktvermarkter die an der Strombörse erzielten Erlöse (Marktwert) abzüglich eines Dienstleistungsentgelts an den Anlagenbetreiber aus. Zusätzlich erhält der Anlagenbetreiber vom zuständigen Verteilnetzbetreiber die Marktprämie (dh eine Förderung nach dem EEG). Die Summe aus Marktwert und Marktprämie entspricht immer der fixen EEG-Einspeisevergütung, dh umgekehrt bemisst sich die Höhe einer etwaigen Marktprämie nach der Differenz zwischen Marktwert und Einspeisevergütung. In den letzten Jahren überstieg der Marktwert aber oft schon die Höhe der Einspeisevergütung, und machte das Direktvermarktungsmodell daher auch finanziell lukrativ für die Anlagenbetreiber. Sie haben eine Absicherung nach unten und können das Marktpotential nach oben für sich nutzen. 57

5. Förderung auf Basis Zuschlag in Ausschreibung

Seit 2021 sind im EEG gesonderte Ausschreibungen zur Ermittlung der finanziellen Förderung von Solaranlagen auf Gebäuden oder Lärmschutzwänden (Solarausschreibungen des zweiten Segments) ab einer bestimmten Größe vorgesehen. Damit können Anlagen, die den Schwellenwert überschreiten, nur dann eine Förderung nach dem EEG erhalten, wenn sie erfolgreich an einer solchen Ausschreibung teilgenommen haben. Eine Ausnahme davon gibt es nur für Anlagen, die von Bürgerenergiegesellschaften betrieben werden (s. dazu sogleich unter → Rn. 62 ff.). Aktuell liegt der relevante Schwellenwert bei einer (geplanten) installierten Leistung von mindestens 1.001 kWp. 58

In der Ausschreibung bieten die Anlagenbetreiber auf die Höhe der Förderung (dh den anzulegenden Wert) für die installierte Leistung ihrer Anlage. Ausgeschrieben wird eine maximale installierte Leistung, die insgesamt bezuschlagt wird. Bezuschlagt wird grundsätzlich beginnend mit dem geringsten Gebot aufsteigend, bis die ausgeschriebene installierte Gesamtleistung mit einem bezuschlagten Gebot erstmals überschritten wird. Die Idee ist also, dass diejenigen, die mit einer eher geringen Förderung zurechtkommen, belohnt werden sollen, indem ihnen diese gesetzlich garantiert wird. 59

Nach § 85a Absatz 1 und 2 EEG 2023 legt die Bundesnetzagentur jährlich den Höchstwert für die Ausschreibungen für die Gebotstermine im Folgejahr fest. Für das Jahr 2024 hat sie einen Wert von 10,50 Cent/kWh festgelegt.[3] 60

Die gesetzlichen Grundlagen für die Ausschreibungen sind vor allem in den §§ 28a, 29 bis 35a und 38c bis 38h EEG 2023 geregelt. Informationen zum Ablauf der Ausschreibungen und den nächsten Ausschreibungsterminen und -volumina finden sich auf der Webseite der Bundesnetzagentur.[4] Bei der Teilnahme ist insbesondere darauf zu achten, dass alle formalen Anforderungen der Bundesnetzagentur exakt eingehalten werden. Hier ist es in der Vergangenheit häufiger zu Fehler gekommen, die dann zum Ausschluss des jeweiligen Gebots geführt haben. 61

---

[3] Der jeweils aktuelle Wert findet sich unter https://www.bundesnetzagentur.de/DE/Fachthemen/ElektrizitaetundGas/Ausschreibungen/Solaranlagen2/start.html.
[4] Unter https://www.bundesnetzagentur.de/DE/Fachthemen/ElektrizitaetundGas/Ausschreibungen/start.html sowie https://www.bundesnetzagentur.de/DE/Fachthemen/ElektrizitaetundGas/Ausschreibungen/Solaranlagen2/start.html.

6. Sonderkonstellation: Förderung für Bürgerenergiegesellschaften

62 Bürgerenergiegesellschaften, die die Voraussetzungen des § 22b EEG 2023 erfüllen, können auch für große Anlagen eine Förderung ohne Teilnahme an einer Ausschreibung erhalten (§ 22 Abs. 3 S. 2 Nr 2 EEG 2023). Hierzu muss der Bundesnetzagentur mitgeteilt werden, dass die Solaranlagen von einer Bürgerenergiegesellschaft betrieben werden. Die Mitteilung muss innerhalb von drei Wochen nach Inbetriebnahme der Anlage unter Verwendung eines von der Bundesnetzagentur vorgegebenen Formulars abgegeben werden. § 22b EEG 2023 fordert für diese Ausnahmeregelung, dass die Bürgerenergiegesellschaft sowie ihre stimmberechtigten Mitglieder oder Anteilseigner, die juristische Personen des Privatrechts sind, und die mit diesen jeweils verbundenen Unternehmen nach Art. 3 Anhangs I der Verordnung (EU) Nr. 651/2014 der Kommission vom 17. Juni 2014 (ABl. L 187 vom 26.6.2014, S. 1) in den vorangegangenen drei Jahren keine weiteren Solaranlagen desselben Segments in Betrieb genommen haben. Daneben gilt die Regelung gem. § 22 Abs. 3 S. 2 Nr. 2 EEG 2023 nur für Anlagen mit einer installierten Leistung bis einschließlich 6 MWp.

7. Sonderkonstellation: Mieterstrom

63 Die Idee von Mieterstrommodellen ist es, lokal produzierten Strom auch lokal zu verbrauchen. Das hat zwei Vorteile: Zum einen wird das Stromnetz entlastet, zum anderen profitieren Mieterstromanbieter und Mieter direkt, da der selbst produzierte Strom günstiger ist als der Strom vom Energieversorger. Das folgende Schema der Bundesnetzagentur zeigt die wesentlichen Beziehungen zwischen den Beteiligten im Grundmodell (dh einer Belieferung durch den Anlagenbetreiber selbst):

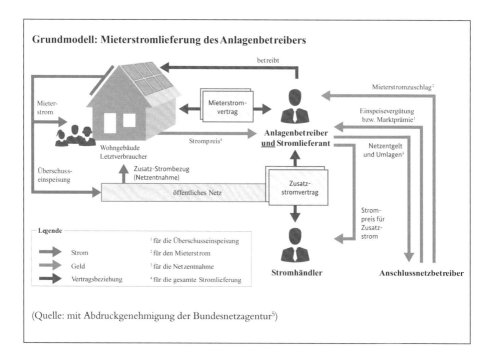

---

[5] Abrufbar unter: https://www.bundesnetzagentur.de/DE/Fachthemen/ElektrizitaetundGas/ErneuerbareEnergien/Solaranlagen/Solar_Mehrparteien/start.html, letzter Abruf: 20.3.2024.

Zum anderen kann meist auch der restliche Strom aus dem Netz günstiger bezogen werden, wenn der Bedarf, der aus den Anlagen nicht gedeckt werden kann, gebündelt wird, zB in dem der Anlagenbetreiber die Vollversorgung aller im Objekt übernimmt. In diesem Fall fällt zB die Grundgebühr des externen Lieferanten nur einmal an und kann unter den Mietern geteilt werden. **64**

Allerdings gehen mit einer Versorgung der Mieter auch zusätzliche Pflichten und Anforderungen einher. Neben dem gesetzlich mit dem Mieterstromzuschlag geförderten Modell und dessen Spielarten gibt es auch die Möglichkeit ein individuelles Modell zu erstellen, ohne die Förderung in Anspruch zu nehmen (und an das noch vergleichsweise enge gesetzliche Korsett gebunden zu sein). Das folgende Schema fasst die wesentlichen Aspekte der einzelnen Umsetzungsvarianten aus Sicht des Immobilieneigentümers zusammen: **65**

Mieterstrom
- Umsetzungsvarianten

Alles selbst
- keine Umlagen, ggf. auch keine Stromsteuer → Kostenvorteil
- Pr.: Pflicht zur Vollversorgung → Lieferant für Reststrommengen zu akzeptablen Konditionen?
- Regulatorische Pflichten als Anlagenbetreiber und Lieferant

Alles durch Dienstleister
- keine Umlagen, ggf. auch keine Stromsteuer → Kostenvorteil
- Sichere zusätzliche Pachteinnahmen
- Dienstleister übernimmt regulatorische Pflichten als Anlagenbetreiber und Lieferant und damit verbundene Risiken

Nur Anlagenbetrieb selbst
- keine Umlagen, ggf. auch keine Stromsteuer → Kostenvorteil
- Zusätzliche Einnahmen aus Stromlieferung an Dienstleister
- Regulatorische Pflichten als Anlagenbetreiber
- Dienstleister übernimmt Lieferantenpflichten und -risiken

Ohne EEG-Förderung
- keine Umlagen, ggf. auch keine Stromsteuer → Kostenvorteil
- Keine Pflicht zur Vollversorgung / formalen Anforderungen, aber Verlagerung des Reststromproblems an Mieter (ggf. über Grundversorgung abbildbar)
- Bedarf?

---

a) Voraussetzungen für den Mieterstromzuschlag nach § 21 Abs. 3 EEG 2023. Nach § 19 Abs. 1 Nr. 3 EEG 2023 hat der Anlagenbetreiber einen Anspruch auf die Zahlung des Mieterstromzuschlags. Dieser besteht aber gem. § 21 Abs. 3 EEG 2023 nur für Strom aus Solaranlagen, die auf, an oder in einem Gebäude installiert sind, soweit er von dem Anlagenbetreiber oder einem Dritten an einen Letztverbraucher geliefert und verbraucht worden ist **66**
- innerhalb dieses Gebäudes oder in Gebäuden oder Nebenanlagen in demselben Quartier, in dem auch dieses Gebäude liegt, und
- ohne Durchleitung durch ein Netz.

Mit dem Solarpaket I wurde im Mai 2024 ermöglicht, dass die Regelung nicht mehr nur für Wohngebäude gilt, sondern auch für andere Gebäude und Mietverhältnisse. Zugleich wurde aber festgelegt, dass bei einer Belieferung verbundener Unternehmen als Mieter kein Mieterstromzuschlag beansprucht werden kann.

Was unter einer **Nebenanlage** zu verstehen ist, hat die Clearingstelle EEG/KWKG in einem Hinweis (Hinweis der Clearingstelle EEG/KWKG –2017/46 v. 20.4.2018, Rn 8 ff.) ausführlich dargestellt, auf den insoweit Bezug genommen wird. Danach kommen als Nebenanlagen alle dem Wohngebäude dienenden baulichen und technischen Anlagen in Betracht, sofern in oder an dieser Strom verbraucht wird. Der Begriff der **67**

Nebenanlage sei nämlich nicht im engeren Sinne der BauNVO (§ 14 BauNVO) oder des BauGB (§ 9 Abs. 1 Nr. 4 BauGB) zu verstehen. In der Begründung zur Einführung des Begriffs heißt es, dass *„die Installation der PV-Anlage auch auf Nebenanlagen der Gebäude wie Parkplätzen mit Überdachung, Garagenanlagen und ähnliches möglich sein [soll]"* (BR-Drs. 347/1/17, 9). Neben Parkflächen und Garagenanlagen nennt die Clearingstelle auch noch: Carports, Fahrradstellplätze, Türen, Tore und Rampen, Ladesäulen, Innen- und Außenbeleuchtungen, auch in Gärten, an Wegen oder anderweitig außerhalb des Wohngebäudes, Einrichtungen zur Ver- und Entsorgung des Gebäudes mit Strom, Wärme, Gas und Wasser wie beispielsweise Heizungsanlagen, Wasser- oder Wärmepumpen und Warmwasserspeicher, Müllsammeleinrichtungen, Schuppen, (Haus-)Tierställe, (kleingärtnerisch genutzte) Gewächshäuser, Garten- und Baumhäuser, Bewässerungsanlagen und Grundwasserpumpen, Kinderspielplätze, Schwimmbäder und Saunen, heimhandwerklich genutzte Werkstätten, Funktionsräume der Hausmeisterei, Wäschetrockenplätze, Tennis- und andere kleinere Sportplätze.

68 Auch der Begriff **„Quartier"** ist im EEG nicht definiert, wird aber in der Gesetzesbegründung zumindest erläutert. Demnach handelt es sich dabei um einen zusammenhängenden Gebäudekomplex, der den Eindruck eines einheitlichen Ensembles erweckt. Gebäude des Quartiers können auf verschiedenen Grundstücken liegen oder durch Straßen getrennt sein; maßgeblich ist, dass der Eindruck eines einheitlichen Ensembles gegeben ist (BT-Drs. 19/25326, 12). Auch dies ist denkbar vage, lässt aber zumindest erkennen, welche grundsätzliche Vorstellung hinter der Ergänzung dieses Begriffs im Gesetz stand.

69 Da es nach wie vor Regelungen in § 42a EnWG gibt, die ausschließlich für Wohngebäude gelten, sei darauf hingewiesen, dass bei gemischt genutzten Objekten **mindestens 40 % der Fläche des Gebäudes** dem Wohnen dienen müssen. Ein detaillierter Nachweis darüber, dass 40 % der Fläche eines Gebäudes dem Wohnen dienen, ist nach Auffassung der Clearingstelle EEG/KWKG nur in Ausnahmefällen erforderlich. Ausreichend ist demnach in der Regel eine überschlägige Betrachtung anhand der Nutzungen der Geschosse: Wenn mindestens 40 % der Anzahl der Geschosse des Gebäudes dem Wohnen dienten, so spreche der Anscheinsbeweis dafür, dass auch mindestens 40 % der Fläche des Gebäudes dem Wohnen dienen (Hinweis der Clearingstelle EEG/KWKG – 2017/46 v. 20.4.2018, 2).

70 Im Fall der Nutzung eines **Stromspeichers** besteht der Anspruch auf den Mieterstromzuschlag nicht für Strom, der in den Speicher eingespeist wird (aber für Strom, der daraus ausgespeist wird).

71 Grundsätzlich ist die oben bereits dargestellte Regelung der fiktiven **Zusammenfassung mehrerer Anlagen** für den jeweils zuletzt in Betrieb gesetzten Generator in § 24 Abs. 1 EEG 2023 auch in Mieterstrommodellen anzuwenden. Allerdings hat der Gesetzgeber hier zuletzt schon nachgebessert und Ausnahmen davon vorgesehen:

72 Nach § 24 Absatz 1 S. 4 EEG 2023 werden nur Anlagen zusammengefasst, die an demselben Anschlusspunkt betrieben werden oder vom selben Anlagenbetreiber. In der Vergangenheit hatte die Anlagenzusammenfassung getrennter Mieterstromanlagen wegen deren häufiger Errichtung in Ballungsgebieten zu einer reduzierten Rentabilität der Projekte geführt, da die Vergütung für höhere Anlagenleistungen geringer ist.[6]

73 **b) Höhe des Mieterstromzuschlags.** Nach § 48a EEG 2023 legt die Bundesnetzagentur für den Mieterstromzuschlag eigene **Sätze für die anzulegenden Werte** fest, die die Wirtschaftlichkeit der Projekte verbessern sollen. Diese werden auf der Webseite der Bundesnetzagentur veröffentlicht.[7]

---

[6] BT-Drs. 19/23482, 107 f.; s. a. Lippert/BeckOK EEG, 14. Edition, § 21 Rn. 58.
[7] https://www.bundesnetzagentur.de/DE/Fachthemen/ElektrizitaetundGas/ErneuerbareEnergien/EEG_Foerderung/start.html.

c) Pflicht zur Vollversorgung nach § 42a EnWG als Bedingung für den Mieter- 74 stromzuschlag. Mit § 42a EnWG hat der Gesetzgeber sich vor diesem Hintergrund allerdings keinen Gefallen getan. Danach erhält den Mieterstromzuschlag u. a. nur, wer seinen Mietern eine Vollversorgung anbietet. Das bedeutet, es genügt nicht den Strom zu liefern, den die Anlage erzeugt, sondern es muss auch sichergestellt sein, dass der Bedarf des Mieters auch im Übrigen jederzeit gedeckt ist. Damit ist für den Lieferanten ein erheblicher Mehraufwand verbunden. Nicht nur, muss er einen Lieferanten finden, der die benötigten Restmengen bereit ist zu liefern, sondern mit der Vollversorgung gehen auch zahlreiche weitere Pflichten einher, die erfüllt werden müssen. Inzwischen haben sich aber einige Dienstleister am Markt darauf spezialisiert, dem Anlagenbetreiber diesen Teil abzunehmen. Wer das vermeiden, aber seine Mieter trotzdem mit Strom aus einer Anlage vor Ort versorgen möchte, sollte sich das Modell zur gemeinschaftlichen Gebäudeversorgung näher anschauen. Dieses sieht zwar keine gesetzliche Förderung vor, bietet aber eine interessante Alternative (näheres unter Rn. → 80).

d) Zusammenspiel mit dem Mietvertrag. Die Mieterstromlieferung darf nach § 42a 75 Abs. 2 S. 1 EnWG bei Wohnmietverhältnissen grundsätzlich **nicht im Mietvertrag** enthalten sein. Es ist also ein gesonderter Vertrag abzuschließen, wenn man den Mieterstromzuschlag in Anspruch nehmen möchte. Beachtet man dies nicht, ist der Mieterstromliefervertrag nichtig und es gelten besonders strenge und für den Lieferanten nachteilige Regelungen für die Rückabwicklung (§ 42a Abs. 2 S. 2 bis 4 EnWG).

Der Mieterstromvertrag darf nur dann Bestandteil eines Mietvertrags sein, wenn der 76 Wohnraum nur zum vorübergehenden Gebrauch gemietet wird oder als möblierte Untervermietung nur zum vorübergehenden Gebrauch gemietet wird oder sich in einem Alters-/Pflegeheim oder Studenten- bzw. Lehrlingsheim befindet (§ 42a Abs. 2 S. 5 EnWG). Mit dem Abschluss des Mietvertrags kommt in diesen speziellen Ausnahmefällen automatisch auch ein Mieterstromvertrag zustande. Für gewerbliche Mieter gelten diese strengen Maßstäbe nicht. Es empfiehlt sich aber aus den sogleich genannten Gründen gleichwohl zwei getrennte Verträge abzuschließen.

Nimmt man den Mieterstromzuschlag nicht in Anspruch, gilt § 42a EnWG nicht. 77 Gleichwohl ist es im Interesse des Vermieters die Stromlieferung nicht mit dem Mietvertrag zu verknüpfen. Der Vermieter muss nämlich sicherstellen und nachweisen können, dass der Mieter von seinem Recht zur freien Lieferantenwahl Gebrauch machen konnte. Das ist bei einer zwingenden Verknüpfung mit dem Mietvertrag nicht möglich. Stellt der Vermieter das nicht sicher, läuft er Gefahr, dass die Versorgungsleitungen im Mietobjekt nicht mehr als regulierungsfreie sog. Kundenanlage gem. § 3 Nr. 24a EnWG eingestuft werden, sondern als regulierungsbedürftiges Stromverteilnetz (dazu auch unter → Rn. 118). Die damit einhergehenden regulatorischen Anforderungen sind mit einem solchen Aufwand verbunden, dass dies für Vermieter schlicht nicht wirtschaftlich abbildbar ist.

e) Zwingende Anforderungen an den Mieterstromliefervertrag. § 42a EnWG stellt 78 zudem (in seinem Anwendungsbereich) weitere zwingend zu beachtende Anforderungen an den Mieterstromliefervertrag:
- Er darf mit Verbrauchern im Sinne des § 13 BGB nicht für länger als zwei Jahre abgeschlossen werden und sich nicht stillschweigend für fixe Zeiträume verlängern.
- Die Kündigungsfrist darf nicht länger als 1 Monat sein, auch während des laufenden Mietvertrages.
- Der Stromliefervertrag endet kraft Gesetzes mit dem Ende des Mietvertrags auch ohne Kündigung.
- Der zu zahlende **Preis** darf bei Wohnraummietern 90 Prozent des in dem jeweiligen Netzgebiet geltenden Grundversorgungstarifs, auf Basis des Grund- und Arbeitspreises, nicht übersteigen.

- Der Strom ist in der Rechnung als „Mieterstrom, gefördert nach dem EEG" zu kennzeichnen.

Diese Anforderungen waren bis Mai 2024 noch strikter, sind aber nach wie vor so gestaltet, dass das Modell für viele Vermieter unattraktiv ist: Insbesondere die jederzeitige Kündigungsmöglichkeit auch während des laufenden Mietvertrages ist für den Vermieter problematisch, weil er jederzeit damit rechnen muss, dass ein Mieter das Lieferverhältnis beendet und er sich kurzfristig um eine anderweitige Absatzmöglichkeit für den Strom bemühen muss.

79 **f) Messtechnische Umsetzung eines Mieterstrommodells.** Die Strommenge muss nach § 21 Abs. 3 S. 4 EEG 2023 so genau ermittelt werden, wie es die Messtechnik zulässt, die nach dem Messstellenbetriebsgesetz zu verwenden ist. Schwierigkeiten bereitet in der Praxis tatsächlich oft das **Messkonzept.** Das bedeutet, es muss ein geeignetes Messkonzept geplant und umgesetzt werden, dass insbesondere auch im Falle von Mieterwechseln die Flexibilität lässt, dass ggf. einzelne Mieter sich über einen eigenen Vertrag beliefern lassen und das Mieterstrommodell nicht in Anspruch nehmen. Zudem muss das Messkonzept mit dem Messstellenbetreiber und dem Anschlussnetzbetreiber abgestimmt werden. Die Stromzähler müssen natürlich vorrangig ermöglichen, dass der Stromverbrauch gegenüber jedem Mieter richtig abgerechnet werden kann.

80 **g) Gesetzlich vorgesehenes Sondermodell: Gemeinschaftliche Gebäudeversorgung.** Mit dem sog. Solarpaket I hat der Gesetzgeber im Mai 2024 die sog. gemeinschaftliche Gebäudeversorgung eingeführt. Diese bietet zwar keine gesetzliche Förderung aber im Vergleich zum geförderten Mieterstrommodell einige Erleichterungen (vgl. für Details § 42b EnWG):
- Es muss nicht zwingend eine Vollversorgung angeboten werden.
- Die Preise können frei gewählt werden.
- Die Lieferantenpflichten nach §§ 40 ff. EnWG werden weitgehend ausgesetzt.
- Auch die Anforderungen an die Rechnungsstellung und Vertragsgestaltung werden deutlich abgeschwächt (keine Transparenzpflichten, keine Stromkennzeichnungspflicht)

81 Allerdings ist zu beachten, dass hinsichtlich des Messkonzepts das (virtuelle oder physische) Summenzählermodell, das beim geförderten Mieterstrom zulässig ist, nicht zulässig sein soll, sondern eine viertelstundengenaue Messung erfolgen muss. Es muss auch sichergestellt sein, dass (1) ein einheitlicher Aufteilungsschlüssel mit allen teilnehmenden Letztverbrauchern vereinbart wird und (2) Erzeugungsmenge und Verbrauchsmenge der teilnehmenden Letztverbraucher viertelstundengenau abgeglichen werden und (3) jeder teilnehmende Letztverbraucher nach dem Aufteilungsschlüssel nicht mehr Menge zugewiesen erhält als er in der jeweiligen Viertelstunde selbst verbraucht hat.

IV. Errichtung von Anlagen

82 Da zeitliche Verzögerungen idR aus dieser Projektphase resultieren, empfiehlt es sich mit externen und entsprechend spezialisierten Partnern zusammenzuarbeiten. Denkbar wäre auch, die Gesamtmaßnahme an einen Generalübernehmer zu vergeben. Für vergaberechtlich erforderliche Ausschreibungen sollte hinreichend Zeit eingeplant werden.

1. Baurechtliche Anforderungen

83 PV-Dachanlagen sind inzwischen in den meisten Kommunen genehmigungsfrei, ggf. sind aber denkmalschutzrechtliche Anforderungen zu beachten. Für eine Anlage im Garten oder auch zB einen Carport mit PV-Modulen kann eine Baugenehmigung notwendig sein. Auch bei einer bestimmten Größe der einzelnen Module (> 2 qm) bedarf es in vielen

Bundesländern noch einer bauaufsichtlichen Zulassung (vgl. MVVTB, Muster-Verwaltungsvorschrift Technische Baubestimmungen). Hier sollte frühzeitig geklärt werden, wie die Rechtslage in der jeweiligen Kommune sich darstellt. Für Einzelheiten vgl. → § 10 Rn. 40.

2. Luftsicherheitsrechtliche Anforderungen

Zudem sei hier zumindest darauf hingewiesen, dass es zusätzlichen Aufwands bedarf, wenn sich die Anlage in räumlicher Nähe zu einem Flughafen oder innerhalb einer Flugschneise befindet. Insoweit sind v. a. besonders aufwendige **Blendgutachten** erforderlich, die idealerweise schon am Ende der Planungsphase in Auftrag gegeben werden müssen. 84

3. Elektrotechnische Anforderungen und Netzanschluss

Selbstverständlich bestehen auch umfassende elektrotechnische Anforderungen an PV-Anlagen, die eingehalten werden müssen. Diese ergeben sich vor allem aus verschiedenen VDE-Richtlinien. An dieser Stelle sei insoweit auch darauf hingewiesen, dass spätestens vor der Errichtung der Anlage die Verteilungsanlagen im Objekt auf ihre Eignung für den Betrieb einer PV-Anlage und das erforderliche Messkonzept technisch geprüft und ggf. angepasst werden müssen. 85

Des Weiteren bedarf es eines Antrags an den zuständigen Netzbetreiber auf Anschluss und jedenfalls einer Netzverträglichkeitsprüfung der zu errichtenden PV-Anlage. Dieser sollte frühzeitig gestellt werden, da die Netzbetreiber derzeit stark überlastet sind und bislang noch kein geeigneter Abwicklungsmodus in elektronischer Form etabliert ist. Auch das entwickelte Messkonzept sollte spätestens in dieser Phase mit dem Netzbetreiber und dem (grundzuständigen oder anderweitig gewählten) Messstellenbetreiber abgestimmt werden. 86

4. Vergaberechtliche Anforderungen

Die zur Errichtung eigener PV-Anlagen erforderlichen Planungs- und Bauleistungen sind nach den einschlägigen Vergabebestimmungen grundsätzlich auszuschreiben. Gleiches gilt für Verträge über die Instandhaltung bzw. den Betrieb der Anlagen. 87

5. Steuerrechtliche Rahmenbedingungen

Zu beachten ist, dass die Lieferung und Installation von Photovoltaikanlagen seit dem 1. Januar 2023 mit einem eigenen Umsatzsteuersatz von 0 % besteuert wird. Jedenfalls aus der Lieferung und Installation von Photovoltaikanlagen ist beim Erwerber somit kein Vorsteuerabzug mehr möglich. Das gilt nach dem Umsatzsteuer-Anwendungserlass auch für sog. Nebenleistungen. Lieferungen und sonstige Leistungen, die für den Leistungsempfänger keinen eigenen Zweck, sondern das Mittel darstellen, um die Lieferung der Photovoltaikanlage unter optimalen Bedingungen in Anspruch zu nehmen, teilen das Schicksal der Lieferung der Photovoltaikanlage und sind als Nebenleistungen zur Hauptleistung dementsprechend einheitlich mit dem Nullsteuersatz zu besteuern. Zu den Nebenleistungen der Lieferung der Photovoltaikanlage zählen u. a. die Übernahme der Anmeldung in das Marktstammdatenregister (MaStR), die Bereitstellung von Software zur Steuerung und Überwachung der Anlage, die Montage der Solarmodule, die Kabelinstallationen, die Lieferung und der Anschluss des Wechselrichters oder des Zweirichtungszählers, die Lieferung von Schrauben und Stromkabeln, die Herstellung des AC-Anschlusses, die Bereitstellung von Gerüsten oder auch die Lieferung von Befestigungsmaterial, die Erneuerung oder Ertüchtigung eines Zählerschranks, die Erneuerung oder Ertüchtigung der Unter- 88 konstruktion einer Photovoltaikanlage (zB durch eine Verbreiterung oder Aufdopplung von Sparren) oder auch die Lieferung eines Taubenschutzes.[8]

V. Betrieb von Anlagen

89 Im nächsten Schritt ist zu entscheiden, wer den kaufmännischen und/oder technischen Betrieb der errichteten Anlagen verantworten und übernehmen soll. Auch hier ist es denkbar, eigenes Personal dafür vorzuhalten. Genauso könnte aber auch eine Anlage für die Zwecke des Betriebs an einen Dritten verpachtet werden oder aber man beschränkt sich auf einen reinen Betriebsführungsvertrag.

1. Betriebsführungsvertrag mit einem Dienstleister

90 Für den Anlagenbetrieb gibt es verschiedene Möglichkeiten. Zunächst könnte der Anlageneigentümer sich darauf beschränken, die technische und/oder kaufmännische Betriebsführung der Anlage in die Hände eines Dritten zu legen. Dieser würde die Anlage für ihn und nach seinen Weisungen betreiben, wobei dies rein auf die technische Betriebsführung beschränkt sein oder auch den Vertrieb des erzeugten und die Abrechnung des Stroms (kaufmännische Betriebsführung) umfassen kann. Hier gibt es also viel Gestaltungsspielraum.

91 Ein Betriebsführungsvertrag hat den Vorteil, dass der Auftraggeber frei entscheiden kann, was mit den erzeugten Strommengen passieren soll und wann und an wen diese veräußert werden sollen. Das müsste dann aber auch geschehen und die dafür erforderlichen Absatzverträge geschlossen werden (s. dazu unter → Rn. 98 ff.).

92 Die Betriebsführung beinhaltet üblicherweise auch die Wartung und Instandhaltung der Anlagen. Auch insoweit sind unterschiedliche Modelle und Risiko- und Haftungsverteilungen vorstellbar. Das ist eine Frage der zivilrechtlichen Ausgestaltung des entsprechenden Vertrages.

93 Aus vergaberechtlicher Sicht ist ein Betriebsführungsvertrag grundsätzlich als öffentlicher Dienstleistungsvertrag zu qualifizieren, der nach den einschlägigen Vergabebestimmungen auszuschreiben ist.

2. Betrieb durch Anlageneigentümer selbst

94 Der Anlageneigentümer kann die technische und/oder kaufmännische Betriebsführung der Anlage auch selbst übernehmen, muss dann aber darauf achten, dass er alle damit einhergehenden Pflichten erfüllt.

95 **a) Registrierungspflichten.** Zunächst gibt es Registrierungspflichten für Anlagenbetreiber. Jeder Anlagenbetreiber ist gem. § 5 Marktstammdatenregisterverordnung (MaStRV) verpflichtet, sich im **Marktstammdatenregister** als solcher zu registrieren.[9] Registrierungspflichtig sind alle Anlagen, die unmittelbar oder mittelbar ans Stromnetz angeschlossen sind oder werden sollen. Nur Anlagen im Inselbetrieb sind daher nicht registrierungspflichtig. Anlagen im Netzparallelbetrieb sind dagegen meist registrierungspflichtig. Der Einbau technischer Einrichtungen, die zwar im Grundzustand zu einer Trennung vom Netz führen, die Verbindung aber erforderlichenfalls wiederherstellen können, reicht daher nicht aus, um eine Registrierungspflicht zu verneinen.[10] Verbindungen zum Netz

---

[8] S. konsolidierte Fassung vom 27.2.2024, Ziffer 12.18, abrufbar unter: https://www.bundesfinanzministerium.de/Web/DE/Themen/Steuern/Steuerarten/Umsatzsteuer/Umsatzsteuer_Anwendungserlass/umsatzsteuer_anwendungserlass.html.

[9] Die Registrierung erfolgt online über die folgende Webseite, auf der auch der Registrierungsprozess erklärt ist: https://www.marktstammdatenregister.de/MaStRHilfe/subpages/registrierungVerpflichtend.html.

[10] Auf den Webseiten des Markstammdatenregisters wird insoweit auf den Leitfaden zur Eigenversorgung der Bundesnetzagentur, Kapitel 7.2 – Inselanlagen Bezug genommen, der unter https://www.bundes-

am Ort der Inbetriebnahme der Einheit müssen also technisch und rechtlich dauerhaft gekappt sein, damit weder ein mittelbarer noch ein unmittelbarer Netzanschluss vorliegt. Es ist auch möglich die Anlage bereits in der Planungs- oder Errichtungsphase zu registrieren.

Daneben bedarf es ggf. einer stromsteuerrechtlichen (Eigen-)**Versorgungserlaubnis,** 96 die beim jeweils zuständigen Hauptzollamt vor Inbetriebnahme zu beantragen ist.

b) Wichtige steuerrechtliche Aspekte. Beim Betrieb von Anlagen sind verschiedene 97 steuerrechtliche Themen zu beachten, die stets vorab sorgfältig geprüft werden sollten. Auf einige besonders wichtige Aspekte soll hier bereits hingewiesen werden.

Umsätze, die ein Unternehmer (kein Kleinunternehmer) aus dem Betrieb einer Photo- 98 voltaikanlage erzielt, unterliegen der Umsatzsteuer. Im Gegensatz zur Vermietung und Verpachtung gilt hier keine Steuerbefreiung.

Ertragsteuerlich (Körperschaft- und Gewerbesteuer) kann durch den Betrieb – insbeson- 99 dere einer größeren Zahl – von Photovoltaikanlagen ein insoweit steuerpflichtiger Betrieb gewerblicher Art auch bei Betreibern in öffentlicher Hand oder reinen Immobilienverwaltungen entstehen:

- Zwar wurde zum 1. Januar 2023 eine Ertragsteuerbefreiung für Einnahmen aus Photovoltaikanlagen eingeführt, die auch für Körperschaften des öffentlichen Rechts gilt. Diese Befreiung erfasst aber lediglich kleinere Anlagen und gilt beim Vorhandensein mehrerer Anlagen in der Hand eines Betreibers nur, sofern die Gesamtleistung pro Steuerpflichtigem maximal 100 kWp beträgt. Diese Grenze können kommunale Liegenschaftsbetriebe leicht überschreiten. Es ist daher insoweit von einer Körperschaftsteuerpflicht und – sofern Gewinnerzielungsabsicht vorliegt – auch von einer Gewerbesteuerpflicht auszugehen. Eine solche Gewinnerzielungsabsicht dürfte jedenfalls dann zu bejahen sein, wenn Strom auch ins öffentliche Netz eingespeist wird. Viele Kommunen entscheiden sich daher dafür, diese Aufgaben an eine ohnehin bereits gewerblich tätige Tochtergesellschaft zu übertragen.
- Bei reinen Immobilienverwaltungsgesellschaften ist zu beachten, dass die sog. **erweiterte Kürzung** der Gewerbesteuer (auf einen effektiven Steuersatz von Null) nur bei reinen Verpachtungseinkünften gilt. Sie kann aber ausnahmsweise auch bei Betrieb von Solaranlagen erhalten werden, wenn Strom nur an die eigenen Mieter/Pächter geliefert wird und das Entgelt hierfür maximal 10% des Werts der Pachteinnahmen beträgt. Darauf sollte bereits bei der Auswahl des Anlagenbetreibers (im Unternehmensverbund) und auch der Vertriebswege und selbstverständlich in der Folge bei der vertraglichen Gestaltung geachtet werden. Auf diese Weise kann die erweiterte Kürzung ggf. erhalten werden, auch wenn, die genannten Voraussetzungen nicht (mehr) gegeben sind.

VI. Eigenverbrauch und Veräußerung von Strom an Mieter oder Dritte

Die wohl bedeutendste Frage bei der Wahl eines Modells, das kein reines Pachtmodell ist, 100 ist die Frage, an wen (und zu welchen Konditionen) der in der Anlage erzeugte Strom geliefert werden soll.

Als Betreiber der Anlage(n) könnte der Immobilieneigentümer den erzeugten Strom vor 101 Ort selbst nutzen (Eigenverbrauch) und den überschüssigen Strom entweder im Rahmen der EEG-Förderung einspeisen oder an einen Dritten, insbesondere an Mieter oder Direktvermarktungsunternehmen, aber auch räumlich weiter entferntere Dritte, verkaufen. Hierzu müsste er im ersten und dritten Fall einen Direktvermarktungsvertrag und im zweiten und viertel Fall mit dem Dritten einen Stromliefervertrag (auch: PPA) abschließen. Das folgende Schema fasst die wesentlichen Optionen überblicksartig zusammen.

netzagentur.de/SharedDocs/Downloads/DE/Sachgebiete/Energie/Unternehmen_Institutionen/ErneuerbareEnergien/Eigenversorgung/Finaler_Leitfaden.pdf?__blob=publicationFile&v=2 abrufbar ist.

> **1: Eigenverbrauch**
> - keine Umlagen, ggf. auch keine Stromsteuer → Kostenvorteil
>
> **2: On-Site Power Purchase Agreements (PPAs)**
> - langfristige Stromlieferverträge mit Drittabnehmern vor Ort (sog. lokale PPAs)
> - Wenn öffentliches Netz nicht genutzt wird: keine Umlagen, ggf. auch keine Stromsteuer → Kostenvorteil
> - In Kombination mit Einspeisevergütung nur möglich, wenn in unmittelbarer räumlicher Nähe und öffentliches Netz nicht genutzt.
> - In Kombination mit Direktvermarktung keine Einschränkung
>
> **3: Direktvermarktungsunternehmen (DVU)**
> - Strommengen werden (soweit kein Eigenverbrauch) an DVU verkauft
> - DVU verkauft Strom an der Strombörse
> - DVU bemüht sich um Optimierung der erzielten Erlöse und erhält dafür eine bestimmte Marge
>
> **4: Off-Site Power Purchase Agreements (PPAs)**
> - Langfristige Stromlieferverträge mit Drittabnehmern mit Stromlieferung über das öffentliche Netz
> - Keine Kombination mit Einspeisevergütung möglich
> - Kombination mit Direktvermarktung möglich

1. Eigenverbrauch

102 Grundsätzlich gilt, dass bei einer unmittelbaren Versorgung der Immobilie selbst (sei es als Eigen- oder Drittverbrauch), auf der sich die jeweilige Anlage befindet, davon auszugehen ist, dass diese nach § 12 Abs. 1 des EnFG **von jeglichen Umlagen befreit** ist. Die Vorschrift sieht vor, dass nur noch für die Entnahme von Strom aus dem öffentlichen Netz Umlagen erhoben werden.

103 Auch **stromsteuerrechtlich** kommt eine **Befreiung** nach § 9 StromStG in Betracht, wenn die Voraussetzungen dafür erfüllt sind:

- Die Befreiung gilt zum einen für Strom, der in Anlagen mit einer elektrischen Nennleistung von mehr als 2 MW erzeugt und vom Betreiber der Anlage am Ort der Erzeugung zum Selbstverbrauch entnommen wird.
- Zum anderen gilt sie für Strom, der in Anlagen mit einer elektrischen Nennleistung von bis zu 2 MW erzeugt wird und der vom Betreiber der Anlage als Eigenerzeuger im räumlichen Zusammenhang zu der Anlage zum Selbstverbrauch entnommen wird.

104 Nicht ausgeschlossen ist, dass auch Strom eingespeist wird. Nur der Strom zum Selbstverbrauch ist dann jedoch steuerbefreit. Die Erzeugung und der Verbrauch des Stroms müssen hierbei von einer Person erfolgen. Es bedarf einer strikten Personenidentität zwischen Anlagenbetreiber und Verbraucher des Stroms. Bei einer juristischen Person (auch einer solchen des öffentlichen Rechts) ist der Verbrauch durch alle Mitarbeiter, Angestellten und Personen, die für die juristische Person tätig sind, im Rahmen ihres Dienstverhältnisses erfasst. Als Betreiber wird nur diejenige Person angesehen, die den Realakt der Stromerzeugung als kleinste rechtlich selbstständige Einheit vornimmt, und das Nutzungsrecht bzw. die Verfügungsgewalt über die jeweilige Stromerzeugungsanlage innehat. Auf die Eigentumsverhältnisse oder ein eigenes wirtschaftliches Risiko kommt es insoweit nicht an. Ist eine Betriebsführungsgesellschaft weisungsgebunden, ist der Auftraggeber als Betreiber anzusehen. Das sollte bei der Ausgestaltung eines Betriebsführungsvertrages beachtet werden. Der Strom muss schließlich bei Anlagen > 2 MW am Ort der Erzeugung zum Selbstverbrauch entnommen werden. Hier wird darauf abgestellt, wo sich die Stromerzeugungsanlage befindet. Dies kann ein Gebäude, ein Grundstück oder ein Flurstück sein. Bei einem räumlich zusammengehörenden Gebiet können auch mehrere Gebäude oder Grundstücke sowie Betriebsgelände hiervon erfasst sein. Hat die Solaranlage eine Nennleistung von weniger als 2 MW, ist ein weniger enger räumlicher Bezug ausreichend. Eine Distanz von 4,5 km zwischen Stromerzeugungseinheit und Entnahmestelle ist für den räumlichen Zusammenhang nach der Stromsteuerverordnung noch unschädlich.

Schließlich fallen mangels Nutzung des öffentlichen Netzes **keine Netzentgelte** an. 105

Insgesamt ist damit ein kostengünstiger Strombezug des Immobilieneigentümers in der betroffenen Immobilie möglich. 106

2. Belieferung von Mietern/benachbarten Immobilien

Bei der Belieferung von Mietern oder benachbarten Immobilien stellt sich die Situation etwas anders dar. Hier sind weitere rechtliche Rahmenbedingungen zu beachten. 107

a) Steuern und Umlagen. Grundsätzlich gilt, dass bei einer unmittelbaren **Versorgung der Immobilie selbst** (auch im Fall des Drittverbrauchs), auf der sich die jeweilige Anlage befindet, davon auszugehen ist, dass diese nach § 12 Abs. 1 des EnFG **von jeglichen Umlagen befreit** ist. Die Vorschrift sieht vor, dass nur noch für die Entnahme von Strom aus dem öffentlichen Netz Umlagen erhoben werden. Auch Netzentgelte fallen mangels Nutzung des öffentlichen Netzes nicht an. 108

Je nach Lage der Objekte könnte auch erwogen werden, benachbarte Gebäude über eine Direktleitung mitzuversorgen.[11] Auch insoweit wäre der Vorteil, dass Umlagen und Netzentgelte eingespart werden könnten. 109

Auch **stromsteuerrechtlich** kommt eine **Befreiung** nach § 9 Abs. 1 Nr. 3b) StromStG in Betracht für Strom, der in Anlagen mit einer elektrischen Nennleistung von bis zu 2 MW erzeugt wird und der von demjenigen, der die Anlage betreibt oder betreiben lässt, an Letztverbraucher geleistet wird, die den Strom im räumlichen Zusammenhang zu der Anlage entnehmen. Insoweit gilt auch hier, dass der räumliche Zusammenhang vergleichsweise weit verstanden wird und eine Distanz von 4,5 km zwischen Stromerzeugungseinheit und Entnahmestelle nach der Stromsteuerverordnung noch unschädlich ist. Das öffentliche Netz darf aber nicht genutzt werden. Das gilt für im Objekt ansässige Mieter ebenso wie für den Immobilieneigentümer selbst, wenn er nicht Betreiber der Anlage ist. 110

Im Jahressteuergesetz 2022 ist ab 2023 eine komplette **Ertragssteuerbefreiung** für Solaranlagen bis zu einer Bruttonennleistung (lt. Marktstammdatenregister) von 30 kW auf Gewerbeimmobilien vorgesehen. Die Steuerbefreiung gilt für den Betrieb einer einzelnen Anlage oder mehrerer Anlagen bis maximal 100 kWp pro Steuerpflichtigem. Werden in einem Betrieb nur steuerfreie Einnahmen aus dem Betrieb von begünstigten Solaranlagen erzielt, muss hierfür kein Gewinn mehr ermittelt werden. Im Falle reiner Vermögensverwaltung soll der Betrieb von Photovoltaikanlagen, die die begünstigten Anlagengrößen nicht überschreiten, auch nicht zu einer gewerblichen Infektion der Vermietungseinkünfte führen. 111

Würde lediglich vom Vermieter als Anlagenbetreiber an Mieter geliefert, hätte dies sowohl strom- als auch ggf. gewerbesteuerliche Auswirkungen: 112

So wirkt sich die Belieferung von Mietern im Rahmen eines sog. **kleinen Mieterstrommodells** beispielsweise dahingehend aus, dass keine förmliche Versorgererlaubnis zu beantragen, sondern lediglich eine Anzeige gegenüber dem Hauptzollamt abzugeben ist. Der damit verbundene Aufwand ist also deutlich geringer. Entscheidend ist, dass Strom ausschließlich an Mieter/Pächter im räumlichen Zusammenhang zur Anlage geliefert wird. Etwaig erforderliche Zusatzmengen dürfen aber von einem Stromversorger bezogen werden und ggf. überschüssiger Strom darf an Versorger (dh auch Direktvermarktungsunternehmen), jedoch nicht an sonstige Letztverbraucher (außer Mieter/Pächter) geleistet werden.

---

[11] Insoweit sind allerdings besondere elektrotechnische Vorkehrungen zu treffen, so dass eine „wilde" Einspeisung über den Netzanschluss des benachbarten Objektes technisch ausgeschlossen ist.

113 Wird der erzeugte Strom an sonstige Dritte geliefert bzw. ins öffentliche Netz eingespeist, fällt Stromsteuer an und es sind zusätzliche Pflichten zu erfüllen und insbesondere in der Regel auch eine **Versorgererlaubnis** zu beantragen.

114 Die an sich nicht gewerbesteuerpflichtigen Verpachtungseinkünfte (da Vermögensverwaltung, s. o. → Rn. 111) werden grundsätzlich durch Stromlieferungen „infiziert", womit insgesamt eine **Gewerbesteuerpflicht** entstünde. Die bei Verpachtungseinkünften mögliche erweiterte Kürzung kann erhalten werden, wenn Strom nur an die eigenen Mieter/Pächter geliefert wird und das Entgelt hierfür maximal zehn Prozent des Werts der Pachteinnahmen beträgt. Darauf sollte bereits bei der Auswahl des Anlagenbetreibers im Unternehmensverbund und auch der Vertriebswege und selbstverständlich in der Folge bei der vertraglichen Gestaltung geachtet werden. Auf diese Weise kann die erweiterte Kürzung ggf. erhalten werden, auch wenn, die genannten Voraussetzungen nicht (mehr) gegeben sind.

115 Auch für die **öffentliche Hand** sind vergleichbare Überlegungen anzustellen. Es ist nämlich möglich, dass durch den Betrieb einer Photovoltaikanlage ein gewerbesteuerpflichtiger wirtschaftlicher Geschäftsbetrieb entsteht. Ein solcher kann auch ein Betrieb gewerblicher Art sein, sofern eine auf Gewinnerzielungsabsicht und Teilnahme am wirtschaftlichen Verkehr gerichtete Tätigkeit ausgeübt wird, die sich nicht nur auf hoheitliche Aufgaben (Wahrnehmung der im Rahmen der öffentlichen Gewalt übertragenen Aufgaben) beschränkt. Das ist vor allem dann denkbar, wenn die öffentliche Hand in erheblichem Umfang von diesem Modell Gebrauch macht.

116 **b) Registrierungs- und Meldepflichten.** Mit der Belieferung Dritter wird ein Unternehmen zum Stromlieferanten im Sinne verschiedener gesetzlicher Vorschriften, was Registrierungs- und laufende Meldepflichten nach sich zieht. Nach § 3 Nr. 31a EnWG ist ein Stromlieferant jede natürliche und juristische Person, deren Geschäftstätigkeit ganz oder teilweise auf den Vertrieb von Elektrizität zum Zwecke der Belieferung von Letztverbrauchern ausgerichtet ist. Stromlieferanten sind gem. § 3 Abs. 1 Nr. 8 MaStRV verpflichtet sich im **Marktstammdatenregister** (ggf. zusätzlich zur Anlagenbetreiberrolle als neue Rolle) zu registrieren, wenn sie ein Energieversorgungsnetz für die Lieferung nutzen.

117 Daneben bedarf es ggf. einer **stromsteuerrechtlichen Versorgererlaubnis.** Ob diese in vollem Umfang beantragt werden muss oder die Anzeige der Belieferung ausreicht, hängt von den Umständen des Einzelfalls, insbesondere auch von der Größe der Anlage, ab.

118 Mit den Registrierungspflichten gehen auch **laufende Meldepflichten** einher. Insbesondere ist der Lieferant nach § 49 EnFG verpflichtet, an den zuständigen Netzbetreiber die an Dritte veräußerten Strommengen zu melden, wenn diese umlagepflichtig sind. Für Strom, für den die Stromsteuer entstanden ist, hat der Steuerschuldner eine Steuererklärung nach amtlich vorgeschriebenem Vordruck beim zuständigen Hauptzollamt abzugeben und darin die Steuer selbst zu berechnen (Steueranmeldung), § 8 Abs. 1 Stromsteuergesetz (StromStG).[12] Damit ist nach unserer Erfahrung aber kein unzumutbarer Aufwand verbunden, wenn rechtssichere Konzepte für die Versorgung Dritter gewählt werden und geeignete Messkonzepte entworfen und entsprechend umgesetzt werden.

119 **c) Anforderungen an die Rechnungstellung.** Daneben machen die §§ 40 ff. EnWG detaillierte Vorschriften zur Rechnungslegung und Stromkennzeichnung sowie der Gestaltung der Lieferverträge, die bei der Belieferung Dritter zu beachten sind. So gibt es Sonderreglungen für dynamische Tarife (§ 41a EnWG) oder bei Belieferung von Haushaltskunden (§ 41b EnWG).

120 **d) Energiewirtschaftsrechtliche Anforderungen.** Aus energiewirtschaftlicher Sicht sei vor allem darauf hingewiesen, dass Vermieter, die ihre Mieter mit Strom (oder Gas) beliefern, darauf achten müssen, dass die Mieter die Wahl haben, ob sie vom Vermieter

---

[12] Nähere Informationen finden sich unter: https://www.zoll.de/DE/Fachthemen/Steuern/Verbrauchsteuern/Strom/Grundsaetz-der-Besteuerung/Anmeldung-der-Steuer/anmeldung-der-steuer.html.

oder einem Dritten beliefert werden. Dies sollte schriftlich dokumentiert werden, zB in der Präambel eines Liefervertrages und dadurch, dass zwei getrennte Verträge abgeschlossen werden. Anderenfalls verlieren die Versorgungsleitungen den Status als sog. Kundenanlage iSd § 3 Nr. 24a bzw. Nr. 24b EnWG, die regulierungsfrei ist, und unterliegen der vollen Netzregulierung, inkl. Genehmigungspflicht etc.)

e) Öffentlich-rechtliche Anforderungen an die öffentliche Hand. Schließlich müssen Kommunen beachten, ob sie die Rahmenbedingungen zur energiewirtschaftlichen Betätigung der Kommunen im jeweiligen Landesrecht (vgl. zB § 107a GO NRW) einhalten. 121

3. Belieferung von Direktvermarktungsunternehmen und sonstigen Dritten

Bei der Belieferung sonstiger Dritter gelten grundsätzlich die soeben unter → Rn. 107 ff. dargestellten Anforderungen ebenfalls. Zusätzlich müsste der Anlagenbetreiber einen eigenen Netzanschluss- und Anschlussnutzungsvertrag mit dem Netzbetreiber schließen, um den Strom in das öffentliche Netz einspeisen zu können. Schließlich gestaltet sich die Situation hinsichtlich der Steuern und Umlagen anders (dazu sogleich unter → Rn. 126 ff.). 122

a) Verträge mit Direktvermarktungsunternehmen. Inzwischen gibt es zahllose Direktvermarktungsunternehmen in Deutschland, zwischen denen Anlagenbetreiber einen geeigneten Partner für ihre Zwecke wählen können. Volleinspeiseverträge sind für die Direktvermarkter in der Regel interessanter als Überschusseinspeisungen und große Anlagen interessanter als kleine. Deshalb sollte im Falle einer beabsichtigten Überschusseinspeisung aus einer Anlage > 100 kWp frühzeitig ein entsprechender Partner gesucht werden, der diese Mengen abnimmt und vermarktet. Direktvermarktungsverträge sind inzwischen relativ standardisiert. Die Bemessungsweise und Höhe der Vergütung ist jedoch unterschiedlich. Zum Teil wird ein fixer Betrag vereinbart, zum Teil ein prozentualer Anteil am Erlös. In der Regel übernimmt das Direktvermarktungsunternehmen auch die Pflichten des Anlagenbetreibers im Rahmen des sog. Redispatch 2.0 (dazu → Rn. 44). 123

b) Stromlieferverträge mit Dritten (PPAs). Wenn Dritte über Lieferverträge (sog. PPAs, dh power purchase agreements) physisch über das öffentliche Netz beliefert werden, sind die Vertragsparteien weitestgehend frei in der Ausgestaltung der Lieferverträge. Ob physische Lieferung, Einschaltung eines Zwischenhändlers oder rein bilanzielles Absicherungsgeschäft (financial PPA/virtual PPA/synthetisches PPA): Alles ist möglich. Auch vergütungsseitig sind verschiedene Modelle je nach gewünschter Risikoverteilung marktüblich. Vom Fixpreis bis hin zu einer weitgehenden Kopplung an die Entwicklung der Börsenpreise. 124

Als Grundsatzentscheidung sollte bei einer klassischen physischen Lieferung zunächst geklärt werden, ob der gesamte Bedarf des Vertragspartners gedeckt werden soll (was voraussetzt, dass der Lieferant dann auch zusätzliche Strommengen beschafft, soweit der Bedarf des Kunden nicht aus den selbst erzeugten Mengen viertelstundengenau gedeckt werden kann) oder dieser lediglich versorgt wird, wenn die Anlage Strom erzeugt und seinen Restbedarf anderweitig selbst deckt. 125

c) Steuern und Umlagen. Wenn der Anlagenbetreiber den erzeugten Strom an Dritte liefern möchte, benötigt er hierfür eine stromsteuerrechtliche **Versorgererlaubnis** und wird **stromsteuerpflichtig.** Eine reine Vermarktung über die Einspeisung ins öffentliche Netz bzw. einen Direktvermarkter wäre dagegen insoweit mit keinem zusätzlichen Aufwand verbunden. Dies bedarf auf Seiten des Stromerzeugers keiner Versorgererlaubnis. 126

Bei Belieferung von Dritten, die sich nicht in räumlicher Nähe befinden oder über das öffentliche Netz versorgt werden, fallen alle Umlagen nach dem EnFG und auch die Stromsteuer in voller Höhe an. Wird über das öffentliche Netz geliefert, sind zudem Netzentgelte zu entrichten. 127

128 Die an sich nicht gewerbesteuerpflichtigen Verpachtungseinkünfte werden grundsätzlich durch Stromlieferungen „infiziert", womit insgesamt eine Gewerbesteuerpflicht entsteht. Die bei Verpachtungseinkünfte mögliche erweiterte Kürzung kann nicht erhalten werden, wenn Strom an andere Dritte als die eigenen Mieter/Pächter geliefert wird.

4. Versorgung von Ladesäulen

129 Der erzeugte Strom kann selbstverständlich auch für den Betrieb von Ladesäulen für Elektromobile verwendet werden. Insoweit ist danach zu unterscheiden, ob diese über eine Direktleitung aus der PV-Anlage versorgt werden können oder der Strom ins öffentliche Netz eingespeist und von dort wieder bezogen wird.

130 Im Falle einer Direktleitung handelt es sich um einen Fall der Belieferung von Nutzern vor Ort (s. dazu → Rn. 105 ff.). Im Falle der Versorgung über das öffentliche Netz ist die Konstellation so zu behandeln wie jede Belieferung eines Dritten (dazu unter → Rn. 124 ff.).

131 Steuerlich ergeben sich zunächst keine besonderen Abweichungen gegenüber den bisherigen Ausführungen, da Ladesäulen und Photovoltaikanlagen größtenteils gleichbehandelt werden. Wichtig wäre indes die Frage,
(1) wer die Ladesäulen betreibt und
(2) wer berechtigt sein soll, die Ladesäulen zu nutzen und ob hierfür ein Entgelt zu entrichten ist.

132 An Betreiber von Ladeinfrastruktur werden umfangreiche rechtliche Anforderungen gestellt, deren Darstellung den Umfang dieses Beitrags sprengen würde. Daher sehen wir davon hier ab.

133 Eine mögliche zusätzliche Einnahmequelle erschließt sich hier über die **THG-Minderungsquote.** Die Schaffung von Ladeinfrastruktur wird insoweit belohnt, als dass dafür Quoten zugeteilt werden, die dann an Unternehmen vermarktet werden können, die diese Quoten benötigen, um für sie jeweils geltende Minderungspflichten einzuhalten. Die Quoten werden allerdings nicht automatisch erteilt und sind auch nicht frei handelbar. Sie müssen beim Umweltbundesamt beantragt werden und der Betreiber der Ladesäule muss sich einen Vertragspartner suchen, der als sog. Bündler oder Subbündler registriert ist und die Abwicklung mit dem Umweltbundesamt übernimmt, die Quoten dann vermarktet und die Erlöse an den Betreiber ausschüttet.[13]

D. Fazit

134 Im Ergebnis gibt es bereits umfassende rechtliche Regelungen und auch Anreizstrukturen für die nachhaltige Energieversorgung von Immobilien. Das „Solarpaket I", das das EEG an einigen Stellen anpassen und vor allem bürokratische Hürden gerade auch für kleinere Solaranlagen abbauen soll, sollte ursprünglich noch vor Weihnachten 2023 beschlossen werden und zum 1. Januar 2024 in Kraft treten. Wegen der darin vorgesehenen neuen Förderung für Hersteller von Solaranlagen, über die sich die Regierungsmitglieder nicht einigen konnten, wurde die weitere Befassung des Bundestages damit jedoch immer wieder verschoben. Sollten die Änderungen beschlossen werden, sind sie für neue PV-Anlagen relevant, die in Betrieb gehen, nachdem das Gesetz in Kraft getreten ist.

135 Um die Energiewende voranzutreiben und im Interesse einer möglichst unabhängigen und dezentralen Energieversorgung, die die Netze möglichst wenig belastet, ist aus Praktikersicht aber noch eine deutlich weitergehende Reduktion der rechtlichen Komplexität erforderlich. Weitere Schritte müssen also folgen. Das beginnt bei Genehmigungserfordernissen für die Errichtung von Anlagen und setzt sich bis hin zur vollständigen Befreiung

---

[13] Für Details s. https://www.umweltbundesamt.de/themen/verkehr/kraftstoffe-antriebe/vollzug-38-bimschv-anrechnung-von-strom-fuer.

dezentral erzeugter Energie von jeglichen Umlagen, Steuern und sonstigen Nebenkosten und erleichterter Belieferung Dritter in räumlicher Nähe fort.

Sorgen, dass in Spitzenlastzeiten diejenigen, die sich überwiegend dezentral selbst versorgen zur Last für die Allgemeinheit werden, kann mit anderen, gezielteren Mitteln Rechnung getragen werden (zB mit einer Spitzenlastabgabe für solche Fälle, die an die betroffenen Netzbetreiber mit dem Netzentgelt zu zahlen ist). Dadurch ließe sich auch „Prosuming" fördern, also die Nutzung von Energie mit dem Ziel möglichst eine Balance zwischen Erzeugungs- und Bedarfsmengen zu jeder Zeit sicherzustellen und Energie dann zu verbrauchen, wenn besonders viel davon frei verfügbar ist und nicht oder so wenig wie möglich, wenn wenig verfügbar ist. **136**

Wünschenswert wäre auch, wenn der Kundenanlagenstatus durch Konzepte für Industrieparks, Betriebsgelände und Quartiere nicht gefährdet würde und die Regelungen für den Fall, dass Konzepte zur dezentralen Energieversorgung geschaffen werden, gelockert werden. Zum Beispiel könnte in solchen Fällen für den typischen Amortisationszeitraum eine Einschränkung der Wahlfreiheit des Lieferanten ermöglicht werden, um die Investitionen sicherer und schneller amortisieren zu können. **137**

Hilfreich wäre auch eine Vereinfachung der Förderlandschaft. **138**

Vor allem aber sollte die Regelungsdichte insgesamt verringert und mehr Raum für innovative und kreative Ideen der Akteure belassen werden. Dann kann die Energieversorgung auch effizient, kostengünstig und nachhaltig zugleich sein. **139**

Kapitel 6 Ausführungsphase

§ 12 Der Vertrag mit den Ausführenden

Übersicht

	Rn.
A. Einleitung	1
B. Vertragsschluss	4
I. Allgemeines	6
II. Generalunternehmer	9
III. Einzelgewerke	11
C. Leistungsziele und Leistungsumfang	14
I. Vereinbarungen zu nachhaltigen Leistungen	16
1. Grundlagen	17
2. Ökologische Nachhaltigkeit	24
a) Anforderungen an die Auftragnehmer	27
b) Gestaltung der Baustelle	28
c) Materialien/Recycling	30
d) Weitere Aspekte	34
3. Soziale Nachhaltigkeit	35
a) Anforderungen an die Auftragnehmer	38
b) Sonstige Anforderungen	39
4. Ökonomische Nachhaltigkeit	43
5. Einzelfragen	46
a) Zertifizierung	47
b) Ökobilanz, CO_2-Bilanz, Graue Energie, Treibhausgasemissionen	50
c) CO_2-Schattenpreis	55
d) EU-Taxonomie	63
e) Gebäuderessourcenpass	69
f) Qualitätssicherung	73
II. Vereinbarungen zur vertraglichen Verwendung im Sinne der Nachhaltigkeit	74
III. Gesetzgeberische Anforderungen	76
IV. Anforderungen der allgemein anerkannten Regeln der Technik	79
1. Grundlegendes zur Nachhaltigkeit	81
2. Abweichungen von allgemein anerkannten Regeln der Technik	84
3. Mindeststandard	89
4. Gebäudetyp E	92
V. Vereinbarung zum Leistungsumfang (Leistungspflichten)	97
1. Grundlagen	99
2. Funktionale Leistungsbeschreibung	101
3. Detaillierte Leistungsbeschreibung	105
4. Individuelle Vereinbarungen zum Leistungsumfang	107
5. Innovationen	110
6. Widersprüche zwischen funktionaler und detaillierter Leistungsbeschreibung	113
D. Leistungsänderungen	116
E. Abnahme	120
F. Haftung	126
I. Bedenkenanzeige	128
II. Haftungsausschluss	129
III. Innovationsklauseln	131

	Rn.
IV. Allgemein anerkannte Regeln der Technik	133
V. Fehlende Berücksichtigung von „ESG"	137
G. Wiederverwendung von Bauprodukten	140
I. Bauproduktenrecht/CE-Kennzeichnung	144
II. Besonderheiten des Abfallrechts	148
III. Wiedereinbringung von Baumaterialien	152
IV. Ersatzbaustoffverordnung (EBV)	158
V. Beispiele für Recycling-Materialien	162
VI. DIN SPEC 91484	164
VII. Überarbeitung EU-Bauprodukteverordnung	169

A. Einleitung

1 Die Realisierung von Bauvorhaben erfolgt durch ein – immer größer werdendes – Geflecht von unterschiedlichen am Bau beteiligten Akteuren.[1] Dies führt auch dazu, dass die wechselseitigen Kooperationsbeziehungen mit- und untereinander komplexer werden.[2] Gleichzeitig werden zunehmend mehr Koordinationspflichten auf den Bauherrn als Auftraggeber übertragen, der mit jedem der einzelnen Akteure einen eigenständigen Vertrag schließt.

2 Die Umsetzung von Regelungen zur Nachhaltigkeit steht dabei vor dem Dilemma, dass sowohl die einzelnen am Bau beteiligten Akteure als auch der Auftraggeber noch ein kaum vorhandenes Verständnis von Nachhaltigkeit haben, gleichzeitig durch Zunahme von Fördermöglichkeiten, vergünstigten Krediten und Anreizen durch Zertifikate das Thema aber deutlich Fahrt aufgenommen hat. Die Umsetzung entsprechender Pflichten der Vertragsparteien steckt noch in den Kinderschuhen; gerade in Bezug auf den ausführenden Unternehmer gibt es nur eine Handvoll **DIN-Normen,** über die, ggf. als anerkannte Regel der Technik, Nachhaltigkeit in den Vertrag gelangt.

3 Kriterien für Nachhaltigkeit werden überwiegend durch Projektsteuerer oder Planer in das Bauvorhaben eingebracht. Auch wenn es auf den ersten Blick so scheint, als ob für den ausführenden Unternehmer (im Folgenden Auftragnehmer) kaum Raum für die eigene Umsetzung von Nachhaltigkeit verbleibt, so täuscht dies. Der Auftragnehmer kann in vielerlei Hinsicht einen eigenen – wesentlichen – Beitrag zur Umsetzung der Nachhaltigkeit eines Bauvorhabens setzen.

B. Vertragsschluss

4 Der Vertrag mit dem Ausführenden ist ein Werkvertrag im Sinne der §§ 631 ff. BGB. Die werkvertraglichen Vorschriften gelten nicht nur für baubezogene, sondern für alle Verträge, die die Herstellung eines Werkes zum Gegenstand haben.[3] Seit Einführung des neuen Bauvertragsrechts zum 1. Januar 2018 finden sich nicht nur Regelungen zum Werkvertrag in § 631 BGB; vielmehr hat der Bauvertrag mit den §§ 650a ff. BGB eigenständige Regelungen erhalten. Dabei stellt die Einführung des neuen Bauvertragsrechts[4] eine tiefgreifende Änderung der Systematik des Werkvertragsrechts dar.[5] In diesem Zusammenhang ist nicht nur der Bauvertrag in §§ 650a ff. BGB neu geschaffen worden; auch eigenständige Regelungen zum Verbraucherbauvertrag §§ 650i ff. BGB, zum Architekten- und Inge-

---

[1] Messerschmidt/Voit/Ohler, D Rn. 2.
[2] BGH 23.10.2008 – VII ZR 64/07, BauR 2009, 237.
[3] Meyer, Handbuch Immobilienwirtschaftsrecht/Ludgen, Kapitel 6 Rn. 294.
[4] Gesetz zur Reform des Bauvertragsrechts, zur Änderung der kaufrechtlichen Mängelhaftung, zur Stärkung des zivilprozessualen Rechtsschutzes und zum maschinellen Siegel im Grundbuch und Schiffsregisterverfahren vom 28.4.2017, BGBl. 2017 I 969.
[5] MüKoBGB/Busche § 631 Rn. 8.

nieurvertrag §§ 650p ff. BGB und zum Bauträgervertrag nach §§ 650u ff. BGB sind in diesem Zusammenhang erstmals geregelt worden.

Relevant ist diese Änderung für Verträge, die nach dem 1. Januar 2018 abgeschlossen worden sind. 5

I. Allgemeines

Mit dem oder den Ausführenden eines Bauvorhabens wird typischerweise ein Werkvertrag 6 im Sinne eines Bauvertrags nach § 650a BGB geschlossen. In diesem sind Umfang der Leistungspflichten, Vergütung, Gewährleistung usw. geregelt. Ein Bauvertrag ist nach § 650a BGB wie folgt definiert:

„Ein Bauvertrag ist ein Vertrag über die Herstellung, die Wiederherstellung, die Beseitigung oder den Umbau eines Bauwerks, einer Außenanlage oder eines Teils davon. Für den Bauvertrag gelten ergänzend die folgenden Vorschriften dieses Kapitels."

Auch beim Bauvertrag nach § 650a BGB steht die Erfolgsbezogenheit des Werkvertrages 7 gemäß § 631 BGB im Vordergrund.

Abhängig vom konkreten Leistungsinhalt und der vertraglichen Zuordnung der zu 8 erfüllenden Aufgaben, haben sich in der Vergangenheit unterschiedliche Mischformen und Kombinationsmöglichkeiten der Vertragsgestaltung ergeben, die das Zusammenwirken der am Bau beteiligten Akteure untereinander regeln.[6] Bei der Entscheidung für eine Unternehmereinsatzform spielen unterschiedliche Aspekte eine Rolle. Neben Kostensicherheit und Vereinfachung von Vorgängen wie Steuerung und Gewährleistung, können diese sich auch aus der Komplexität der Leistung selbst ergeben. Welche Anforderungen im Sinne der Nachhaltigkeit an ein Bauvorhaben zu stellen sind, ist bei Abschluss des Bauvertrages zwar bereits durch das Zusammenwirken von Projektsteuerung, Planung und Auftraggeber entschieden, gleichwohl verbleiben über einzelne Bauleistungen hinweg bestehende **Nachhaltigkeitsziele** bestehen, die entweder nur durch einen Auftragnehmer erbracht werden können oder den Einsatz weiterer Koordinatoren erforderlich machen, sofern der Auftraggeber hier nicht weitere interne Leistungen erbringen möchte.

II. Generalunternehmer

Der Auftraggeber ist grundsätzlich frei in der Entscheidung, wie er seinen Bauvertrag 9 realisiert. Er kann hierbei auf einen **Generalunternehmer** zurückgreifen, der in der Regel sämtliche Bauleistungen für die Errichtung des Bauwerks erbringt – somit **„schlüsselfertig"** als Erfolg schuldet. Vorteil für den Auftraggeber ist, dass somit sämtliche Bauleistungen aus einer Hand erbracht werden, also keine weiteren Schnittstellen und kein weiterer Koordinierungsaufwand anfallen. Für den Auftraggeber ist es überwiegend nicht von Belang, ob der Generalunternehmer alle Leistungen im eigenen Betrieb abbilden kann oder hierfür (teilweise oder vollständig als Generalübernehmer) auf weitere Subunternehmer zurückgreift, die außerhalb seiner Organisation stehen.

Gerade für die Umsetzung **nachhaltiger Leistungsziele** ist es sinnvoll, auf einen 10 **Generalunternehmer** zurückzugreifen. Minimierung von Schnittstellen und Konkretisierung von übergreifenden **Nachhaltigkeitszielen** lassen sich einfacher in einem einheitlichen Bauvertrag unterbringen als in einer Vielzahl von Einzelgewerkverträgen. Gleichwohl kann es auch hier sinnvoll sein, auf „Besondere Vertragsbedingungen"[7] ergänzend zurückzugreifen, um allgemein gültige Grundstandards hinsichtlich der Anforderungen der Nachhaltigkeit zu vereinbaren.

---

[6] Ingenstau/Korbion/Korbion, 20. Aufl. 2017, Anhang 2 Rn. 1.
[7] → § 4 Rn. 28.

III. Einzelgewerke

11   Die Beauftragung einzelner spezialisierter Auftragnehmer mit Leistungen zu einem konkreten Gewerk wird üblicherweise als **Einzelgewerkvergabe** bezeichnet. Noch immer ist diese Form der Beauftragung an **Alleinunternehmer** der Regelfall der Unternehmereinsatzform im Bauwesen.[8] Hierzu beauftragt der Auftraggeber typischerweise den Auftragnehmer auf Basis eines (möglichst vollständigen) Leistungsverzeichnisses mit der Durchführung konkret beschriebener Leistungen. Der Auftragnehmer ist eigenverantwortlich zur Leistungserbringung mit den ihm zur Verfügung stehenden Betriebsmitteln und Fachkompetenzen verpflichtet.[9]

12   Die Sicherstellung der vertraglichen Grundlagen im Hinblick auf die Ziele der Nachhaltigkeit ist bei der **Einzelgewerkvergabe** vom Auftraggeber in jedem Vertragsverhältnis daher individuell zu vereinbaren. Regelungen zur Fortschreibung derselben etc. sind sinnvoll. Im Zusammenhang mit jedem Vertragsschluss, bzw. gegebenenfalls auch in der Vereinbarung von nachträglichen Ergänzungserklärungen, ist jeweils relevant, inwiefern die übergreifenden **Nachhaltigkeitsziele** für das konkrete Vertragsverhältnis und die konkrete Leistung von Bedeutung sind. Dies stellt an den Auftraggeber bzw. an den beauftragten Projektsteuerer oder Planer eine besondere Herausforderung. So muss nicht nur entschieden werden, welche nachhaltigen Leistungen im jeweiligen Gewerk der Einzelvergabe vereinbart werden muss, auch müssen die einzelnen Einzelgewerkverträge auf übergreifende Nachhaltigkeitsanforderungen koordiniert werden. Liegen solche übergreifenden Nachhaltigkeitsanforderungen vor, sollten sie in das jeweilige Vertragsverhältnis mit dem Einzelgewerk zumindest abstrakt (dh ohne konkreten Bezug zum Leistungsumfang) aufgenommen werden. Darüber hinaus müssen technische und rechtliche Schnittstellen vereinbart werden, die jeweils aufeinander abzustimmen sind.

13   Im Rahmen der **Einzelgewerkvergabe** bietet es sich für den Auftraggeber daher an, einen zusätzlichen Dritten mit der Koordinierung der Nachhaltigkeitsziele zu beauftragen. Die Aufgabe kann von einem qualifizierten Projektsteuerer oder Planer als Zusätzliche Leistung übernommen werden; alternativ sollte ein **Nachhaltigkeitskoordinator** eingesetzt werden.

C. Leistungsziele und Leistungsumfang

14   Im Rahmen der werkvertraglichen Leistungspflicht schuldet auch der Auftragnehmer dem Auftraggeber nach § 650a BGB die Herstellung des versprochenen Werks; dies kann im Bauvertrag auch die Wiederherstellung oder den Abbruch bzw. Umbau eines Bauwerks umfassen. Dabei steht es den Parteien frei, wie sie den Werkerfolg beschreiben.

15   Gleichwohl muss der Werkerfolg so genau beschrieben werden, dass er entweder unstreitig ist oder sich im Wege der Auslegung ermitteln lässt. Denn die Beschreibung des Werkerfolgs gehört zu den *essentialia negotii* – den wesentlichen Bestandteilen – eines Werkvertrages. Dies bedeutet, dass auch im Hinblick auf Nachhaltigkeit die hiermit verbundenen Ziele konkret im Vertrag niedergelegt werden müssen. Dies stellt die Vertragsparteien vielfach vor erhebliche Schwierigkeiten, zumeist, weil die nachhaltigen Ziele kaum abschließend gefasst und beschrieben werden können. Dabei ist es grundsätzlich ausreichend, wenn die nachhaltigen Ziele durch den Vertrag und seine Anlagen bestimmbar sind, zB durch weitere Auslegung ermittelt werden können.

---

[8]   Werner/Pastor/Werner, Rn. 1255.
[9]   Kleine-Möller/Merl/Glöckner/Rehbein, § 3 Rn. 3.

I. Vereinbarungen zu nachhaltigen Leistungen

Bei Abschluss des Werkvertrages liegt eine – im besten Fall – baubare Planung vor. Damit 16
sind auch die Anforderungen an die Nachhaltigkeit eines Bauvorhabens durch den Planer
bereits überwiegend festgelegt. Hartnäckig hält sich aufgrund dessen das Vorurteil, im
Werkvertrag verbliebe somit fast kein Raum mehr für eigene Regelungen zur Nachhaltigkeit. Dies ist aber ein Irrtum.

1. Grundlagen

Hinsichtlich der Intensität der Verpflichtungen des Auftragnehmers im Werkvertrag ist im 17
Hinblick auf den nachhaltigen Werkerfolg zu unterscheiden. Für den Auftraggeber stehen
letztendlich drei Stufen zur Verfügung, mit denen die Leistungspflicht des Auftragnehmers
bestimmt werden kann.

Aktuell noch überwiegend in Verträgen zu finden sind Formulierungen wie die Folgende: 18

„Die Parteien sind sich ihrer Verantwortung für die künftigen Generationen zum Schutz der natürlichen Lebensgrundlagen und des Klimas bewusst. Sie sind sich darüber einig, dass sie die Planung und Durchführung der Maßnahme sowie die spätere Nutzung des Objektes an möglichst nachhaltigen, ressourcenschonenden und ökologischen Kriterien ausrichten wollen."

Klauseln wie diese finden sich häufig in der Präambel von **Werkverträgen** oder als 19
Einleitung der Regelung zur Leistungsbeschreibung des Auftragnehmers. Nicht immer ist
den Parteien bewusst, dass solche **allgemeinen Programmklauseln** keinen rechtsverbindlichen Kern enthalten. Eine konkrete Leistungspflicht wird hierdurch für den Auftragnehmer nicht bestimmt. Allerdings kann bei Streitigkeiten um Leistungspflichten der Inhalt
im Rahmen der Auslegung herangezogen werden.

Gerade wenn ein im Vertrag nicht näher konkretisierter Punkt im Rahmen der ergän- 20
zenden Vertragsauslegung *„zu Ende gedacht"*[10] werden muss, können derartige Klauseln
hilfreich sein. Denn maßgeblich ist insofern der hypothetische Parteiwille.[11]

Von diesen Klauseln abzugrenzen, in der rechtlichen Verbindlichkeit gleichwohl auf der 21
gleichen Stufe anzusiedeln, sind sogenannte **Bemühensklauseln** oder **„Best Effort"
Klauseln,** in denen der Auftragnehmer ebenfalls keinen konkreten und bestimmbaren
Erfolg zusichert, aber bestätigt, sich zu bemühen Ziele einzuhalten. Die Rechtsfolge solcher
Bemühensklauseln ist umstritten und vom Einzelfall abhängig. Je konkreter, transparenter
und bestimmbarer die Ziele beschrieben sind, zu deren Einhaltung sich der Auftragnehmer
bemüht und umso wichtiger die Einhaltung der Bemühungen erkennbar für den Auftraggeber ist (zB Fördermittel), umso eher kann darüber diskutiert werden, ob dem Auftragnehmer ein rechtlich relevanter Vorwurf gemacht werden kann, wenn er dieses Bemühen
zumindest grob fahrlässig unterlässt. Von einem verschuldensunabhängigen Einstehen bei
Nichterreichen der bemühten Ziele kann nicht ausgegangen werden; auch beim Vorwurf
einfacher Fahrlässigkeit dürften sich für den Auftragnehmer noch keine nachteiligen Folgen
ergeben. Dies kann aber in Fällen der groben Fahrlässigkeit anders bewerten werden.
Häufig bleibt jedoch bereits unklar, welche Anforderungen sich hinter dem Begriff des
„Bemühens" konkret verbergen. Insofern werden gerade dann, wenn es sich bei den
jeweiligen Klauseln um Allgemeine Geschäftsbedingungen handelt, Wirksamkeitsbedenken
gemäß § 307 BGB erhoben.[12]

Eine echte Leistungspflicht des Auftragnehmers besteht, wenn der Eintritt eines kon- 22
kreten Erfolges in Bezug auf Nachhaltigkeit durch eine **Beschaffenheitsvereinbarung**
festgehalten wird. Hierfür ist es erforderlich, dass die nachhaltige Leistungspflicht des

---
[10] MüKo BGB, Busche, § 157 Rn. 26 ff.
[11] BGH 30.9.1952 – I ZR 31/52, NJW 1953, 339.
[12] Graf v. Westphalen, NZM 2022, 1.

Auftragnehmers so konkret im Vertrag vereinbart wird, dass der Eintritt des Erfolges messbar überprüft werden kann. Eine entsprechende Vereinbarung kann ausdrücklich oder konkludent erfolgen. Üblicherweise wird diese zum Vertragsschluss getroffen, aber auch nachlaufend sind entsprechende Vereinbarungen möglich. In letzterem Fall handelt es sich allerdings unter Umständen um Leistungsänderungen.[13]

23 Auf der obersten Stufe der Intensität findet sich die Vereinbarung einer nachhaltigen Leistungspflicht im Sinne einer verschuldensunabhängigen Haftung in Form der **Garantie.** Von der Vereinbarung einer solchen Leistungspflicht ist nur auszugehen, wenn das Wort Garantie ausdrücklich im Vertragstext auftaucht – dies dürfte nur in Ausnahmefällen vorliegen. In der praktischen Anwendung ist eine Garantie daher sehr selten. Sie bleibt häufig theoretisches Mittel zur Umsetzung von Leistungszielen in der Vertragsgestaltung.

2. Ökologische Nachhaltigkeit

24 Die einzelnen Leistungsziele im Hinblick auf ökologische Nachhaltigkeit im Bauvertrag lassen sich kaum abschließend beschreiben. Gleichwohl ist es für den Bauvertrag unabdingbar, die **Nachhaltigkeitsziele** in ökologischer Sicht konkreter zu fassen, wenn mehr als ein reines „Bemühen" des Auftragnehmers geschuldet sein soll. Einzelfallabhängig ist zu prüfen, welche – außerhalb der Planung – liegenden Leistungsziele hier mit dem Auftragnehmer vereinbart werden können. Hierfür gibt die **DIN EN 15643**[14] einen ersten Anhaltspunkt. Wesentliche Aspekte der ökologischen Nachhaltigkeit sind demnach

- Wasserverbrauch;
- Nutzung von Energieressourcen (einschließlich der vergegenständlichten **(„grauen")** **Energie,** erneuerbar und nicht erneuerbar);
- Nutzung von Materialien (einschließlich Primär- und Sekundärstoffen, erneuerbar und nicht erneuerbar);
- Abfallaufkommen;
- Emissionen in die Luft (einschließlich der Auswirkungen auf den Klimawandel);
- Belastungen von Böden;
- Belastungen von Gewässern;
- Strahlung;
- Folgen für die lokale Umwelt und Artenvielfalt (einschließlich Wärme, Lärm, Schwingungen, Blendung und Licht);
- Landnutzung, landschaftliche Veränderungen und Veränderungen in der Artenvielfalt.[15]

25 Die **DIN EN 15643** fasst nicht alle Aspekte ökologischer Nachhaltigkeit zusammen, sondern nur die aus ihrer Sicht – aktuell – wesentlichen Aspekte. Angesichts der fortlaufenden technischen Entwicklung im Bereich der ökologischen Nachhaltigkeit auf der einen Seite und unter Berücksichtigung der sich ständig ändernden gesetzlichen Anforderungen auf der anderen Seite obliegt es den Vertragsparteien, für den jeweiligen Bauvertrag aktuelle und individualisierte Regelungen zu treffen. Im Hinblick auf ökologische Nachhaltigkeit wird sich die Vertragsgestaltung üblicherweise auf wenige Punkte konzentrieren.

26 Umso relevanter ist es, diese Leistungspflichten bestimmt oder bestimmbar auszugestalten. Dies wird aktuell noch von Vielen unterschätzt und in Verträgen finden sich meist keine Konkretisierungen. Dabei kann es bereits einen erheblichen Unterschied machen, welchen Bereich die Vertragsparteien beschreiben wollen: die Gestaltung der Baustelle? die Ausführung der einzelnen Bauleistungen oder soll auch die Nutzungsphase im Blick sein? Je nachdem, ob es sich um einen Neubau (ggf. nach Abriss eines bestehenden Gebäudes)

---

[13] → Rn. 116.
[14] Nachhaltigkeit von Bauwerken – Allgemeine Rahmenbedingungen zur Bewertung von Gebäuden und Ingenieurbauwerken.
[15] DIN EN 15643, Ziffer 6.2: Nachhaltigkeit von Bauwerken – Allgemeine Rahmenbedingungen zur Bewertung von Gebäuden und Ingenieurbauwerken.

§ 12 Der Vertrag mit den Ausführenden **Kapitel 6**

oder um Arbeiten an einen Bestandsbau handelt, sind die Anforderungen ganz unterschiedlich. Zudem ist zu berücksichtigen, dass die **DIN EN 15643** grundsätzlich auf den gesamten **Lebenszyklus** von Gebäuden abstellt und diesen für die Betrachtung der Leistungsvielvereinbarung heranzieht. Dass der **Lebenszyklus** aber auch die Betrachtung der Nachnutzung von Bauvorhaben bzw. den Abriss umfassen kann, ist in den meisten Verträgen nicht angelegt.

a) Anforderungen an die Auftragnehmer. Kein Bestandteil des Bauvertrages, aber 27 wesentlicher Bestandteil der Entscheidung für einen bestimmten Auftragnehmer kann dessen **ökologische Eignung** für die Durchführung des Vorhabens sein. Der öffentliche Auftraggeber mag bei der Festlegung der Anforderungen an einen Auftragnehmer an Eignungskriterien nach §§ 44 ff. VgV gebunden sein, der private Auftraggeber ist hier jedoch frei. Mögliche Anforderungen an Auftragnehmer im Hinblick auf ökologische Nachhaltigkeit können

- Bestandteile des betrieblichen Umweltschutzes sein, zB durch Nachweis einer **Zertifizierung** auf Basis des Gemeinschaftssystems für das freiwillige Umweltmanagement und der Umweltbetriebsprüfung EMAS
- Regionalität bei der Auswahl der Auftragnehmer selbst
- Verwendung umweltfreundlicher Verkehrsmittel
- Vermeidung von langen Lieferketten und Verkehrsbelastung durch Einsatz regionaler Nachunternehmen/Lieferanten/Deponien

sein.

b) Gestaltung der Baustelle. Soll ökologische Nachhaltigkeit im Bauvertrag vereinbart 28 werden, wünscht sich der Auftraggeber überwiegend Regelungen zur Gestaltung der Baustelle. Dabei ist die Belieferung der Baustelle mit Ökostrom häufig nur der Anfang und weitere Vereinbarungen umfassen zB häufig Abfallkonzepte. In Summe kommen hier u. a. folgende Aspekte in ökologischer Nachhaltigkeit in Betracht:

- Lärmschutz
- Staubschutz
- Anforderungen an **Kreislaufwirtschaft:** zB **Cradle to Cradle**
  - Müllvermeidung (Verzicht auf Verpackungen, Vermeidung von unnötigen Reststücken)
  - Mülltrennung – Förderung der Wiederverwertbarkeit
  - Papiervermeidung
  - Verwendung von Mehrweg-Gegenständen (bspw.: Geschirr)
  - Verwendung ökologisch/ressourcenschonender Verbrauchsmaterialien (Umweltschutzpapier, natürliche Reinigungsmittel, wiederverwertbare Glasflaschen für Getränke, natürliche Sanitärprodukte)
  - Vermeidung von weiteren Ressourcen (bspw.: Wasser)
  - Vermeidung von fossilen Brennstoffen (vorausschauende Planung von Anlieferungen, um Stau und Wartezeiten, bei denen der Motor läuft, zu vermeiden)
  - Energievermeidung
  - Vermeidung von Heizmaßnahmen (bspw.: Schutz im Winterbau)
  - Regelmäßige und engmaschige Qualitätskontrolle, damit nicht zusätzliche Mängelbeseitigungsmaßnahmen anfallen, die auch wieder Ressourcen in Anspruch nehmen.

Sofern die Parteien eine „Vermeidung" im Vertrag regeln wollen (zB Wasser, Ener- 29 gie), sollte eine Referenzgröße angegeben werden. Diese kann sich aus anderen Baustellen ergeben, aber auch eine absolute Zahl darstellen – die reine Angabe „Vermeidung" ist hingegen zu unspezifisch und eignet sich als **Beschaffenheitsvereinbarung** nicht.

Baureis

30 **c) Materialien/Recycling.** Die Regelung

„Alle verwendeten Bauprodukte und -materialien müssen neu und ungebraucht sein."

fand sich lange Zeit in vielen Bauverträgen und geistert weiterhin durch eine Vielzahl von **Leistungsverzeichnissen.** Dabei mutet die Regelung, in einer Welt, in der **Zirkularität,** Wiederverwendung und Recycling gängige Begriffe geworden sind, etwas antiquarisch an. Auch auf der Baustelle spielt dies zunehmend eine Rolle. Daher nehmen Vereinbarungen zu nachhaltigen Materialien und Recycling von Baustoffen häufig einen Schwerpunkt bei der Vereinbarung von ökologischer Nachhaltigkeit ein. Regelungen betreffen sowohl den Einsatz von nachhaltig hergestellten Baumaterialien (zB Herstellung mit grünem Strom/Wasserstoff oder aus recycelten Materialien – Einsatz von Bauteilbörsen wie Madaster oder Concular) oder den Einsatz von wiederverwertbaren Baumaterialien.

31 Gerade durch die Anforderungen zum Umweltziel **Kreislaufwirtschaft** der **EU-Taxonomie**[16] hat dieser Bereich eine besondere Bedeutung erhalten, wenn es darum geht, ein Bauvorhaben auch taxonomiekonform herzustellen.

32 Daneben können sich konkrete Anforderungen an die Qualität von Bauprodukten zB auf folgende Punkte beziehen:
- Ressourcenschonung (zB Verwendung von Holz aus nachhaltiger Forstwirtschaft, Verwendung von Recyclingmaterial)
- Regionalität
- Primärenergiebedarf und Umweltwirkungen
- Schadstoffgehalt
- Bauphysikalische Produkteigenschaften

33 Im Bauvertrag ist auch hier konkret anzugeben, welche Anforderungen an die Beschaffenheit zu stellen sind.

34 **d) Weitere Aspekte.** In ökologischer Sicht können weitere Punkte mit dem Auftragnehmer sinnvoll im Bauvertrag vereinbart werden. Dies betrifft zB auch die Vorbereitung des kosteneffizienten Gebäudebetriebs. Betriebskostenrelevante Aspekte wie die Nutzungsdauer von Materialien und die Reinigungs- oder Wartungsfreundlichkeit können entscheidend dazu beitragen, Anforderungen zu erfüllen, wenn der Eigentümer nach Errichtung des Bauvorhabens auch im Nachgang einen „grünen" Mietvertrag schließen möchte.[17]

3. Soziale Nachhaltigkeit

35 Anforderungen an die soziale Nachhaltigkeit sind für viele am Bauvorhaben Beteiligte noch schwer zu fassen. Dies liegt u. a. daran, dass dieser Bereich überwiegend noch ausschließlich mit Nutzerfragen gleichgesetzt wird und diese bei Unterzeichnung des Bauvertrages nicht immer schon bekannt sind.

36 Anhaltspunkte für soziale Nachhaltigkeit, die aber durchaus über die Leistungspflichten des Auftragnehmers im Bauvertrag hinausgehen, finden sich in der **DIN EN 16309.** Die DIN EN 16309 betrachtet den Aspekt der sozialen Nachhaltigkeit für das Gebäude an sich – mit Fundament und Außenanlagen – innerhalb des Grundstücks für die geforderte Nutzungsdauer des Gebäudes. Die Systemgrenzen beziehen sich dabei auf den **Lebenszyklus** eines Gebäudes bzw. bei Bestandsgebäuden auf die verbliebene Nutzungsdauer. Dabei wird die soziale Nachhaltigkeit in unterschiedliche Aspekte heruntergebrochen, die zum Teil auch noch im Bauvertrag Berücksichtigung finden können.

---

[16] → § 5 Rn. 48.
[17] → § 13.

Tabelle 1: Bausubstanzbezogene sowie auf Nutzer- und Leittechnik bezogene Aspekte[18]

Lebenszyklus des Gebäudes – Nutzungsphase	
Gebäudebezogene Aspekte (Bausubstanz)	auf Nutzer und Leittechnik bezogene Merkmale für die Interaktion mit dem Gebäude
Zugänglichkeit, siehe 7.2 1) Zugänglichkeit für Menschen mit besonderen Bedürfnissen (siehe 7.2.2) 2) Zugang zu Gebäude-Dienstleistungen (siehe 7.2.3) **Anpassungsvermögen,** siehe 7.3 3) Einfacher Zugang zum Potenzial der Anpassung an eine andere Nutzung (siehe 7.3) **Gesundheit und Behaglichkeit,** siehe 7.4 4) wärmetechnische Merkmale, siehe 7.4.2 5) Qualitätsmerkmale der Innenraumluft, siehe 7.4.3 6) akustische Merkmale, siehe 7.4.4 7) Merkmale der visuellen Behaglichkeit, siehe 7.4.5 8) räumliche Merkmale, siehe 7.4.6 **Belastungen für die benachbarten Bereiche,** siehe 7.5 9) Lärm, siehe 7.5.2 10) Emissionen, siehe 7.5.3 11) Blendung/Verschattung, siehe 7.5.4 12) Stöße/Erschütterungen, siehe 7.5.5 **Inspektion/Wartung/Reinigung (Instandhaltung) und Instandhaltbarkeit,** siehe 7.6 13) Instandhaltungsabläufe, siehe 7.6 **Sicherheit und Schutz,** siehe 7.7 14) Beständigkeit gegen klimatische Veränderungen, siehe 7.7.2 15) Unplanmäßige Einwirkungen (Auswirkungen von Erdbeben, Explosionen, Feuer und Verkehr), siehe 7.7.3 16) persönliche Sicherheit und Schutz vor Einbruch und Vandalismus, siehe 7.7.4 17) Schutz vor Versorgungsunterbrechungen, siehe 7.7.5	**Gesundheit und Behaglichkeit** 18) wärmetechnische Behaglichkeit, siehe 7.4.2.2 19) Qualität der Innenraumluft, siehe 7.4.3.2 20) visueller Komfort, siehe 7.4.5.2 **Belastungen für die benachbarten Bereiche** 21) Emissionen, siehe 7.5.3 **Sicherheit und Schutz** 22) Schutz vor Einbruch und Vandalismus, siehe 7.7.4.3

Auch wenn die **DIN EN 16309** insbesondere die korrekte bauliche Umsetzung der Anforderungen der sozialen Nachhaltigkeit in den Vordergrund stellt, gibt es darüber hinaus weitere Leistungspflichten in sozialer Hinsicht, die in den Bauvertrag einfließen können. Gerade Punkte wie „Belastungen für die benachbarten Bereiche" können als

---

[18] In Anlehnung an DIN EN 16309, Kapitel 7.1.2.

besondere Anforderung an die Gestaltung der Baustelle in den Bauvertrag aufgenommen werden.

38 **a) Anforderungen an die Auftragnehmer.** Kein Bestandteil des Bauvertrages, aber wesentlicher Bestandteil der Entscheidung für einen bestimmten Auftragnehmer kann auch hier dessen soziale Eignung für die Durchführung des Vorhabens sein. Mögliche Anforderungen an Auftragnehmer im Hinblick auf soziale Nachhaltigkeit können
- Gleichberechtigung der Mitarbeiter
- Gute Arbeitsbedingungen – auch in Bezug auf den Einsatz von Nachunternehmern (sozialgesetzliche konforme Lohnzahlung, flexible Arbeitszeiten, Pausenbedingungen)
- Personalbetreuung (Angebote für Gesundheit, fachliche Weiterbildung)
- Vermeidung von langen Lieferketten und Verkehrsbelastung durch Einsatz regionaler Unternehmen/Lieferanten/Deponien

sein. Es gilt gleichermaßen, dass nur der private Auftraggeber bei der Auswahl der Eignungskriterien frei ist; der öffentliche Auftraggeber aber den Zwängen des Vergaberechts unterliegt.

39 **b) Sonstige Anforderungen.** Soziale Anforderungen können sich im Bauvertrag nicht nur an die Auswahl der Auftragnehmer richten, sondern viele weitere Bereiche betreffen.

40 Beispielsweise kann im Hinblick auf den Einsatz von Materialien und Bauprodukten bestimmt werden, dass diese sozialverträglich hergestellt sein müssen (zB bei Naturstein) oder das **Lieferkettensorgfaltspflichtengesetz (LkSG)** in der Wertschöpfungskette nachweislich eingehalten worden ist. Unter soziale Gesichtspunkte fallen Kommunikationspunkte mit Nachbarn aber auch Informationsveranstaltungen bei der Vergabe an Generalunternehmer, die die vor Ort ansässigen Unternehmen über offene Subunternehmerleistungen informieren. Anforderungen der Nutzer zB hinsichtlich der Zugänglichkeit bestimmter/aller Bereiche auch für Nutzer mit besonderen Bedürfnissen, Anpassungsfähigkeiten von Räumen an unterschiedliche und wechselnde Bedürfnisse des Nutzers werden überwiegend in der Planung festgelegt. Hier kann der Auftragnehmer im Rahmen seiner Leistungspflichten nur noch für die Umsetzung der Vorgaben sorgen.

41 Auch die „soziale" Gestaltung der Baustelle spielt eine relevante Rolle, wenn Leistungspflichten im Bauvertrag vereinbart werden. Lärm, Emissionen in Außenluft, Boden und Wasser, Blendung bzw. Verschattung sowie Stöße/Erschütterungen sind durchaus auch von sozialer Bedeutung beim Betrieb der Baustelle.

42 Zusätzlich kann die Verpflichtung des Auftragnehmers geregelt werden, ein Angebot zur Instandhaltung von Wartungsbereichen vorzulegen. Auch die Auswirkungen der Instandhaltungstätigkeiten auf Nutzer und benachbarte Bereiche, die notwendig sind, um ein Gebäude entweder in einem Zustand zu erhalten, in dem es seine geforderten Funktionen erfüllen kann oder um seine technische Qualität wiederherzustellen, wenn eine Störung auftritt, werden unter dem Punkt soziale Nachhaltigkeit verstanden.

4. Ökonomische Nachhaltigkeit

43 Der Begriff der ökonomischen Nachhaltigkeit wird gelegentlich auch mit dem „G"– Governance – von **ESG**[19] aus der **EU-Taxonomie**[20] gleichgesetzt. Vereinbarungen zur ökonomischen Nachhaltigkeit mit dem Auftragnehmer bedürfen einer besonderen Sorgfalt, da die Begrifflichkeiten hier besonders wage und kaum bestimmbar sind.

44 Auch hier sind die allgemeinen Anforderungen an die Aspekte der ökonomischen Nachhaltigkeit genau zu beschreiben, sofern der Auftraggeber im Bauvertrag hierfür überhaupt ein Bedürfnis sieht. Zwar kann grundsätzlich auch hier differenziert werden, ob es um

---

[19] → § 2 Rn. 67.
[20] → § 2 Rn. 18 ff.

Aspekte geht, die den Auftragnehmer als ausführendes Unternehmen betreffen – hier kommen Punkte wie
- Interne ethische Grundsätze wie Code of Conduct
- Hohe Standards bei Arbeitsbedingungen Health & Safety
- Nachweis der Einhaltung des LkSG

in Betracht – oder um die Gestaltung des Bauvorhabens selbst, allerdings gibt es hier noch wenig Erfahrungswerte. In rein wirtschaftlicher Hinsicht können allgemeine Klauseln mit dem Auftragnehmer in Betracht kommen, die ein kostenstabiles Bauen verwirklichen können. Dies ist häufig dann relevant, wenn der Auftraggeber Fördermittel für die Realisierung der Maßnahme in Anspruch nimmt und sonst keine weiteren Möglichkeiten der (Nach-)Finanzierung bestehen.

Die Anforderungen von Dritten wie Banken, Nutzern und möglichen Käufern als sonstigen Stakeholdern sind im Bereich der ökonomischen Nachhaltigkeit bereits in der Planungsphase in das Bauvorhaben eingeflossen. 45

5. Einzelfragen

Die Gestaltung der **Nachhaltigkeitsziele** im Bauvertrag ist vielschichtig; auf Grund der 46 sich ständig fortentwickelnden technischen Möglichkeiten und hinzukommender Ziele – man denke nur an den noch fehlenden Bezug der Umweltziele nachhaltige Nutzung und Schutz von Wasser- und Meeresressourcen, Vermeidung und Verminderung der Umweltverschmutzung und Schutz und Wiederherstellung der Biodiversität und der Ökosysteme auf die Baubranche[21] – ist eine vollständige Darstellung nicht möglich. Im Folgenden soll neben der Einteilung in ökologische, soziale und ökonomische Nachhaltigkeit daher auf die wesentlichen Einzelfragen eingegangen werden.

a) Zertifizierung. Nachhaltige Bauvorhaben werden häufig mit zertifizierten Bauvorhaben gleichgesetzt. Dies ist jedoch nicht zwingend der Fall. Seit rund 15 Jahren sind unterschiedliche **Nachhaltigkeitszertifizierungen** für Gebäude auf dem deutschen Markt vertreten. Sie verbindet zumeist der Umstand, dass der Auftraggeber das jeweilige Projekt für die Zertifizierung anmelden muss. Der Systemanbieter definiert die Rahmenbedingungen, die zur Erreichung des jeweiligen Zertifikates einzuhalten sind. In vielen Fällen wird die Einbeziehung eines systemkundigen Dritten vorgesehen, der den Auftraggeber bei der Einhaltung der Systemvorgaben unterstützt und berät und die erforderlichen Unterlagen zur Einreichung des Antrages zusammenstellt.[22] Auf dem deutschen Markt am weitesten verbreitet sind die Zertifizierungen der **Deutschen Gesellschaft für nachhaltiges Bauen (DGNB)**. Dort sind sog. Auditoren vom Auftraggeber zu beauftragen, die das Projekt im Sinne der DGNB begleiten und die Antragsunterlagen zusammenstellen und einreichen. Aber auch internationale Systeme wie **BREEAM** oder **LEED** sind häufig am Markt zu finden. Die am Markt vorhandenen Zertifizierungssysteme für Gebäude sind vielfältig und unterscheiden sich im Detail.[23] 47

Auch wenn die letztendliche Erlangung des Zertifikats durch einen sachkundigen Dritten 48 erfolgt, stellen die Zertifizierungsanbieter doch Anforderungen, die alle am nachhaltigen Bauvorhaben Beteiligten betreffen. Die unbedingte Einhaltung der Anforderungen des Zertifizierungssystems ist dabei kein reiner Selbstzweck; häufig haben Auftraggeber ihre Finanzierungen rund um das Zertifikat aufgebaut – mit günstigeren Krediten oder Fördermitteln. Wird das angestrebte Zertifikat nicht erlangt, liegt somit nicht nur ein **Mangel** vor, der auf die Nutzung des Gebäudes Auswirkungen haben kann, sondern häufig auch ein erheblicher wirtschaftlicher Schaden. Die jeweiligen Anforderungen des Zertifizierungssystems an den Auftragnehmer müssen somit zwangsläufig als Leistungspflicht im Vertrag

---

[21] → § 2 Rn. 28.
[22] → § 6 Rn. 16 ff.
[23] → § 6 Rn. 1 ff.

verankert werden. Das konkrete Zertifikat, das der Auftraggeber anstrebt, sowie dessen Stufe sind bereits festgelegt, bevor der Auftragnehmer beauftragt wird. Die vertragliche Umsetzung der angestrebten Zertifizierung, hier am Beispiel einer konkreten **Leistungszielvereinbarung,** kann dann wie folgt aussehen:

*"Dem AN ist bekannt, dass das Bauvorhaben nach [...] zertifiziert werden soll. Zum Leistungsumfang des AN gehört auch die Erstellung der Unterlagen und Einhaltung von Vorgaben gemäß [...], die für eine bauseits später beantragte [...] -Zertifizierung [...] erforderlich sein werden. Die konkreten Leistungspflichten des AN ergeben sich dabei aus der Anlage „Zertifizierung".
Dem AN ist bekannt, dass die [...] Zertifizierung eine ständige Abstimmung mit dem Auditor voraussetzt und dass den Anforderungen des Auditors im Hinblick auf die Zertifizierung Folge zu leisten ist.
Hierzu hat der AN alle Lieferscheine der verwendeten Materialien einschließlich der Etiketten, soweit diese für die [...] Zertifizierungen erforderlich sind, aufzubewahren, zusammenzustellen und 20 Werktage vor dem Fertigstellungstermin an den mit der Qualitätskontrolle beauftragten Planer des AG als Bauproduktendokumentation zu übergeben. Diese Dokumentationen sind für die abschließende Konformitätserklärung der staatlich anerkannten Sachverständigen für Standsicherheit-, Schall-, Wärme- und Brandschutz erforderlich. Die Erstellung bzw. der Einbau von Bauprodukten bzw. Bauarten ist unter Beachtung aller Bestimmungen der zugehörigen allgemeinen bauaufsichtlichen Prüfzeugnisse (ABP) oder allgemeinen bauaufsichtlichen Zulassungen (ABZ) bzw. der entsprechenden technischen Regeln und Normen fachgerecht, vollständig und ggf. betriebsbereit auszuführen. Die Ausführung ist durch eine entsprechende Übereinstimmungserklärung zu bescheinigen und dem Auftraggeber vorzulegen. Unterliegen die Bauprodukte und die Bauarten der europäischen Bauproduktenverordnung vom 09.März 2011, müssen diese das CE-Zeichen tragen. Die dazu gehörige Leistungserklärung mitsamt der Angabe der Leistungsstufen oder -klassen ist dem Auftraggeber unaufgefordert vorzulegen."*

49 In einer separaten Vertragsanlage können dann die konkreten Anforderungen zur Einhaltung des jeweiligen Zertifikats beigefügt werden.

50 **b) Ökobilanz, CO_2-Bilanz, Graue Energie, Treibhausgasemissionen.** Auch im Bauvertrag kann die Einhaltung bestimmter Obergrenzen zB von CO_2 eine Rolle spielen. Häufig bezieht sich die Einhaltung bestimmter Obergrenzen von CO_2 auf den CO_2-Ausstoß der Baustelle; aber auch die Einhaltung der planerischen Vorgaben im Hinblick auf CO_2-Obergrenzen ist relevant.

51 In der Vertragsgestaltung entstehen häufig Schwierigkeiten, wenn konkrete, technisch belastbare Vereinbarungen hierzu getroffen werden sollen. Die CO_2-Bilanzierung ist in der **DIN ISO 14064-1** und der Corporate Standard des **Greenhouse Gas Protocol (GHGP)** für die Bilanzierung der CO_2-Emissionen angelegt und gibt an, wie die direkten und indirekten **Treibhausgasemissionen (THG)** einer Aktivität (zB Aufstellung Baustellencontainer) oder eines Produkts (zB Baumaterialien) berechnet werden. Hiervon abzugrenzen ist die sogenannte **Ökobilanz,** die eine systematische Analyse der Umweltwirkungen von Produkten, Verfahren oder Dienstleistungen entlang des gesamten Lebenszyklus angibt. Die Begrifflichkeiten „Graue Energie" oder **„Graue Emission"** werden gelegentlich synonym verwandt und geben den Energieaufwand an, der über den gesamten Lebenszyklus der eingesetzten Materialien benötigt wird (also einschließlich Herstellung und Verwertung).

52 Die grundsätzlichen Daten sind in der Planung angelegt; im Bauvertrag bzw. für das Gebäude sind für den Auftraggeber weitere Punkte zu beachten:
- Der Auftragnehmer kann zB verpflichtet werden, seine Strategien und Maßnahmen zur Reduktion von Treibhausgasemissionen in der Wertschöpfungskette **(Scope 3)**[24] anzugeben und hierbei die Beschaffung von Bauprodukten und Baumaschinen sowie die Logistik der Baustelle einzubeziehen.[25]

---

[24] → § 5 Rn. 13.
[25] In Anlehnung an die Zertifizierung nach Stufe 4 und 5 der niederländische CO_2-Leistungsleiter der Stichting Klimaatvriendelijk Aanbesteden en Ondernemen (Stiftung für klimafreundliche Beschaffung und Wirtschaft, SKAO).

Dabei unterliegen dem unmittelbaren Einfluss der Auftragnehmer die Module A4 und A5 der **DIN EN 15978** (Nachhaltigkeit von Bauwerken – Bewertung der umweltbezogenen Qualität von Gebäuden – Berechnungsmethode). Die Module A4 und A5 umfassen dabei die Prozesse für die verschiedenen Bauprodukte[26] ab Werk bis zur tatsächlichen Fertigstellung des Bauwerks[27]. Bei der Reduktion von Treibhausgasemissionen während der Bauphase kann u. a. auf das Positionspapier „Wertungskriterium Technischer Wert" der Bundesfachabteilung Straßenbau des HDB[28] zurückgegriffen werden, das als Kriterium für Anreize zur Nachhaltigkeit u. a. empfiehlt:
- die Bauzeit zur Reduktion von Emissionen durch Staus,
- die Transportentfernung für Baustoffe und
- die Erhöhung des Anteils von Recycling-Baustoffen

Zu beachten ist, dass hier von einer „Reduktion" gesprochen wird, aber konkrete Referenzwerte fehlen – ohne die Angabe dieser Werte wäre eine vertragliche Leistungspflicht zu unbestimmt.

- Daneben ist der Auftraggeber gut beraten, zurückhaltend mit Begrifflichkeiten wie *„klimaneutral"* oder *„umweltneutral"* umzugehen, wenn er gegenüber Dritten (zB potenziellen Käufern oder Mietern) auf einen reduzierten CO_2 Ausstoß hinweisen möchte. Denn **Werbung** mit diesen Begriffen geht mit einer erhöhten Aufklärungspflicht des Auftraggebers einher;[29] zB durch Verweis auf eine Internetseite mit näheren Angaben. Dies ist insbesondere relevant, da für viele Stakeholder Begrifflichkeiten wie „klimaneutral" als „CO_2 *Ausstoß-kompensiert*" verstanden werden. Das LG Karlsruhe hatte aber zuletzt geurteilt, dass die Bezeichnung „klimaneutral" nichts darüber aussage, wie diese erreicht werden solle (durch Reduktion oder durch Kompensation). Ein Verbraucher könnte aber bei dieser Begrifflichkeit eine „*dauerhafte*" Maßnahme erwarten. Wenn es sich wie im entschiedenen Fall nur um eine Kompensation in ein Waldschutzprojekt handele, fehle es aber an dieser Dauerhaftigkeit. Die Entscheidung des LG Karlsruhe bezog sich nur auf eine Unterlassung wegen irreführender Werbung nach § 5 Abs. 1 S. 1, Abs. 2 Nr. 1 UWG. Gleichwohl lässt sich die Entscheidung mangels Konkretisierung der Begrifflichkeiten auf andere Arten der Werbung (zB in Exposés/Maklerbroschüren) übertragen.

Alternativ kann der Auftraggeber Konzepte vom Auftragnehmer zur Reduzierung von Treibhausgasemissionen verlangen oder einzelne Aspekte in den Vordergrund stellen. Möchte der Auftraggeber Konzepte zur Reduzierung von Treibhausgasemissionen abfragen, können organisatorische Maßnahmen oder technologische Entwicklungen oder Erzeugung und Nutzung von erneuerbarer Energie auf der Baustelle in den Vordergrund gestellt werden.[30] Bei allen Aspekten sind Freiheitsgrade für die Ausgestaltung des Ziels und der hierfür benötigten Maßnahmen des Auftragnehmers relevant, da der Auftragnehmer schlichtweg mehr Know-how hierzu hat. Einzelne Aspekte zur Reduzierung von Treibhausgasemissionen können sich zB aus alternativen Antriebssystemen für Baumaschinen ergeben (zB Bio-Fuel bei Baustellenfahrzeugen) oder aus der Bewertung von Transport-

53

---

[26] DIN EN 15978, Ziffer 7.4.3.2: Transport von Materialien und Produkten; Transport von Baugerät; kein Transport von Personen.
[27] DIN EN 15978, Ziffer 7.4.3.3: Erdarbeiten und Freiflächenplanung; Lagerung von Produkten; Transport von Materialien, Produkten, Abfall und Gerät innerhalb Baustelle; Behelfsarbeiten; Produktherstellung und -umwandlung vor Ort, Heizung, Kühlung, Belüftung, Luftfeuchteregelung während Bauphase; Einbau der Produkte in das Gebäude; Wasserverbrauch für Kühlung der Baumaschinen bzw. Reinigung; Abfallmanagementprozesse und Herstellung, Transport und Abfallmanagement von Produkten und Materialien, die während Einrichtungs- und Einbauphase verloren gehen.
[28] HDB, Position der BFA Straßenbau zum „Wertungskriterium Technischer Wert" (2021), www.bauindustrie.de/themen/artikel/wertungskriterium-technischer-wert (Stand: 19.3.2024), S. 8, 11 ff.
[29] LG Karlsruhe 26.7.2023 – 13 O 46/22, PharmR 2023, 540; Werthmüller ESGZ 1/2024, 7.
[30] Struktur angelehnt an die Darstellung in Bundesministerium Klimaschutz, Umwelt, Energie, Mobilität, Innovation und Technologie, Die CO_2 neutrale Baustelle – Ein Beitrag zum Klimaschutz der österreichischen Bauwirtschaft (2021), www.nachhaltigwirtschaften.at/resources/sdz_pdf/schriftenreihe-2021-37-co2-neutrale-baustelle.pdf (Stand: 19.3.2024).

emissionen (zB Aufbereitung mineralischer Abbruch vor Ort und Vermeidung von Materialab- und -antransporten).

54 Die Thematik Reduzierung/Verringerung von Treibhausgasemissionen wird in anderen europäischen Ländern bereits teilweise reguliert.
- Dänemark hat die dänische Verordnung für nachhaltiges Bauen („National strategi for bæredygtigt byggeri") eingeführt, die Obergrenzen für die Treibhausgasemissionen pro Quadratmeter für Wohn- und Nichtwohngebäude mit einer Grundfläche von mehr als 1000 m² vorschreibt. Die Verordnung sieht vor, dass die Obergrenze von 12 kg CO_{2e}/m^2/Jahr für die Emissionen während des **Lebenszyklus** von Gebäuden in Zukunft schrittweise gesenkt wird, sobald die Bauindustrie mehr Erfahrung mit nachhaltigen Bautechniken gesammelt hat. Zudem sind **Ökobilanzen** für alle neuen Gebäude ab 2023 vorgeschrieben, sowie für Renovierungsprojekte mit einer Grundfläche von weniger als 1000 m².
- Frankreich hat ein Gesetz (RE2020) mit Obergrenzen für die Lebenszyklus-Treibhausgasemissionen aller neuen Gebäude erlassen. Die Obergrenzen (640–740 kg CO_{2e}/m^2 über eine angenommene Lebenszeit von 50 Jahren; umgerechnet bedeutet dies 12.8 – 14.8 kg CO_{2e}/m^2/Jahr) hängen vom Gebäudetyp (Einfamilienhaus, Mehrfamilienhaus) und der Klimazone ab und werden schrittweise gesenkt. Die frei verfügbare INIES-Datenbank liefert die Umweltdaten zu Bauprodukten, die für die Durchführung von Ökobilanzen benötigt werden.
- Seit Januar 2022 sind Projektentwickler in Schweden gesetzlich verpflichtet, für jedes neue Gebäude eine „Klimadeklaration" vorzulegen, die auch Informationen über die Umweltauswirkungen des Gebäudes während seines gesamten Lebenszyklus beinhaltet. Aktuell erwägt die schwedische Regierung, ob es noch vor 2027 (Vorschlag: im Jahr 2025) Obergrenzen für Emissionen geben wird und wie die Klimadeklaration für Renovierungen und Erweiterungen eingeführt werden kann.[31]

55 **c) CO_2-Schattenpreis.** Eines der wesentlichen Instrumente zum Klimaschutz kann die Wertung der Klimafolgekosten mittels eines CO_2e-Schattenpreises sein. Die Berücksichtigung eines solchen Preises ist international als marktwirtschaftliches Instrument etabliert.[32] Den Leistungen des Auftragnehmers wird das Treibhaupotenzial zugewiesen, das der Auftraggeber hierfür auf Grundlage von Standarddaten in der Ökobilanz ermittelt hat. Die so ermittelte CO_2e-Menge wird mit einem Schattenpreis je Tonne CO_2e belegt. Dieser Schattenpreis wird nur für die Zwecke der Wertung auf den Angebotspreis aufgeschlagen.

56 In der Vergabe entsteht der Wettbewerb dadurch, dass Bieter die Möglichkeit erhalten, dass in der Ökobilanz kalkulierte Treibhauspotenzial zu reduzieren, beispielsweise durch den Einsatz CO_2e – optimierter Materialien, Konstruktionsweisen, Logistikprozesse oder Baumaschinen. Hierzu erhalten Bieter die Möglichkeit, in ihrem Angebot das von ihnen beeinflussbare Treibhauspotenzial ihrer Leistung abweichend von den Werten in der Ökobilanz des Auftraggebers in CO_2e auszuweisen. Hierdurch können sie die CO_2e Menge ihrer Leistung reduzieren, den CO_2e Schattenpreis reduzieren und durch ihren Beitrag zum Klimaschutz einen Wertungsvorteil erreichen.

57 Der CO_2-Schattenpreis ist bereits durch die Allgemeine Verwaltungsvorschrift zur Beschaffung klimafreundlicher Leistungen (AVV-Klima), die zum 1. Januar 2022 in Kraft getreten ist, für Beschaffungsvorgänge des Bundes eingeführt worden. Hierbei bestimmt § 2 Abs. 3 AVV-Klima:

„Der monetären Bewertung der gemäß Absatz 1 Satz 1 Nummer 2 prognostizierten Treibhausgasemissionen ist ein CO_2-Preis, mindestens der nach § 10 Absatz 2 Brennstoffemissionshandelsgesetz (BEHG) gültige Fest- oder Mindestpreis, zugrunde zu legen."

---

[31] Boverket, Förslag om gränsvärden för byggnaders klimatpåverkan på remiss av regeringen (2024), www.boverket.se/sv/klimatdeklaration/om-klimatdeklaration/nyheter/forslag-om-gransvarden-for-byggnaders-klimatpaverkan-pa-remiss-av-regeringen/ (Stand: 19.3.2024).
[32] Glock et al. DBV-Heft 50 Bd. 1 (2023), 26 (57).

Die Höhe des CO_2-Schattenpreis kann sich dabei nach dem Brennstoffemissionshandels- 58
gesetz (BEHG) mit EUR 45,00/Tonne[33] angeben lassen. Dieser Betrag stellt nur einen
Mindestbetrag dar; nach der Methodenkonvention des Umweltbundesamtes (UBA 2020),
ist der Betrag wesentlich höher und soll eher bei EUR 201,00/Tonne liegen mit steigender
Tendenz:[34]

UBA-Empfehlungen zu den Klimakosten

Klimakosten in Euro2022 pro Tonne Kohlendioxid	2020	2022	2030	2050
1% reine Zeitpräferenzrate (Höhergewichtung der Wohlfahrt der heutigen Generation gegenüber der Wohlfahrt künftiger Generationen)	228	237	241	286
0% reine Zeitpräferenzrate (Gleichgewichtung der Wohlfahrt der Generationen)	792	809	791	865

Quelle: Umweltbundesamt 2020, Methodenkonvention 3.1 zur Ermittlung von Umweltkosten – Kostensätze und eigene Berechnung

Dabei ist die konkrete Höhe des Schattenpreises nach den Angaben des UBA auch davon 59
abhängig, ob künftige Generationen den gleichen Lebensstand hinsichtlich Wohlfahrt
haben sollen, wie die heutige Generation. Setzt man dies als gleichgewichtet an, ergibt sich
eine erhebliche Steigerung der Kosten um mehr als das Dreifache.

Baden-Württemberg hat mit dem Klimaschutz- und Klimawandelanpassungsgesetz Ba- 60
den-Württemberg (KlimaG BW) geregelt, dass Treibhausgasemissionen zu reduzieren sind.
Hierzu ist die CO_2-Schattenpreis-Verordnung (CO_2-SP-VO) eingeführt worden, die bei
Bauvorhaben des Landes einen CO_2-Schattenpreis von EUR 237,00/Tonne vorsieht.

Auch für die Vertragsgestaltung eines privaten Bauvertrages kann auf einen – rechneri- 61
schen – CO_2-Schattenpreis zurückgegriffen werden. Mit Festlegung des CO_2e-Preises entscheidet der Auftraggeber, welche Bedeutung er dem Klimaschutz beimisst. Je höher der
CO_2e-Preis ist, desto höher ist die Bereitschaft des Auftraggebers, höhere Investitionen für
den Klimaschutz zu tätigen, desto deutlicher werden die Unterschiede zwischen den Preis-
unterschieden bei mehreren Auftragnehmern. Die nachfolgende Übersicht[35] machen deutlich, dass erst ein hoher CO_2e-Preis Mehrkosten für klimaverträgliche Innovationen und
Investitionen ausgleichen kann:

---

[33] § 10 Abs. 2 Nr. 4 BEHG.
[34] Abb. in Anlehnung an Umweltbundesamt, Methodenkonvention 3.1 zur Ermittlung von Umweltkosten (2020), www.umweltbundesamt.de/publikationen/methodenkonvention-umweltkosten (Stand:
19.3.2024).
[35] In Anlehnung an Hauptverband der deutschen Bauindustrie, Klimaverträglich bauen mit einem Schattenpreis für CO_2-Emissionen (2023), www.bauindustrie.de/fileadmin/bauindustrie.de/Media/Veroeffent
lichungen/2023_Impulspapier_Klimavertraeglich_Bauen_mit_einem_Schattenpreis_fuer_CO2_Emissio
nen.pdf (Stand: 19.3.2024).

	Einheit	Bürogebäude		Wohngebäude	
		Bieter 1	Bieter 2	Bieter 1	Bieter 2
Fläche	BGF [in m²]	6.000		6.000	
Zeitraum	[in Jahren]	50		50	
Treibhauspotenzial	[in kgCO$_2$e/m²/Jahr]	24	32	18	24
	[in tCO$_2$e/50 Jahre]	6.000	8.000	4.500	6.000
Kosten (KG 300 + 400)	[in EUR/m² BGF]	2.465		1.660	
	[Summe in EUR]	14.790.000		9.960.000	
Klimafolgekosten je t CO$_2$e	EUR 30 Summe	180.000	240.000	135.000	180.000
	% KG300/400	1,2%	1,6%	1,4%	1,8%
	EUR 237 Summe	1.422.000	1.896.000	1.066.500	1.422.000
	% KG300/400	9,6%	12,8%	10,7%	14,3%
	EUR 809 Summe	4.854.000	6.472.000	3.640.500	4.854.000
	% KG300/400	32,8%	43,8%	36,6%	48,7%

62 Dabei wird hinsichtlich der Werte auf die QNG-Anforderungswerte 2023/ DGNB 2023/ BKI 2023 abgestellt.

63 **d) EU-Taxonomie.** Vielfach streben Auftraggeber an, **taxonomiekonform** zu bauen. Wenn dieser Wunsch gegenüber Auftragnehmern geäußert wird, ist zunächst zu differenzieren:
- Plant der Auftraggeber die Einhaltung der Vorgaben der sogenannten **Taxonomie-Verordnung (EU) 2020/852** des Europäischen Parlaments und des Rats vom 18.6.2020 über die Einrichtung eines Rahmens zur Erleichterung nachhaltiger Investitionen und zur Änderung der Verordnung (EU) 2019/2088 bei der Errichtung des Bauvorhabens? Und wenn ja, zu welchem Umweltziel soll ein wesentlicher Beitrag geleistet werden?[36]
- Steht „taxomiekonform" für den Auftraggeber als ein Synonym für nachhaltiges Bauen; die Einhaltung der Vorgaben der Taxonomie-Verordnung ist aber nicht zwingend erforderlich?

64 Sollen die **Vorgaben der Taxonomie-Verordnung (EU) 2020/852** eingehalten werden, ist eine entsprechende Vereinbarung mit dem Auftragnehmer zu treffen, die die Einhaltung der Vorgaben verpflichtend vorsieht, die einen wesentlichen Beitrag zu dem gewählten Umweltziel leisten.

65 Die Vorgaben zur Erzielung eines wesentlichen Beitrages zu dem gewählten Umweltziel unterscheiden sich danach, ob es um ein Neubau- oder Bestandsgebäude geht; auch die Punkte Abriss (bei dem Umweltziel „Übergang zu einer **Kreislaufwirtschaft**") oder Erwerb von Eigentum an Gebäuden (bei dem Umweltziel „Klimaschutz" sowie „Anpassung an den Klimawandel") können eine Rolle spielen. Da die sog. **Taxonomie-Verordnung** keine qualitativen Vorgaben enthält, muss für die Details der Ausgestaltung der vertraglichen Leistungspflicht auf die sog. **Delegierten Verordnungen zB (EU) 2021/2139** der Kommission vom 4. Juni 2021 zur Ergänzung der Verordnung (EU) 2020/852 des Europäischen Parlaments und des Rats Bezug genommen werden. Zum Zeitpunkt des Abschlusses des Bauvertrages hat der Auftraggeber das **konkrete Umweltziel,** zu dem ein **wesentlicher Beitrag** zu leisten ist, üblicherweise bereits mit Projektsteuerung bzw. Planer festgelegt. Aus den Delegierten Verordnungen lassen sich nun noch die konkreten technischen Vorgaben zum jeweiligen Umweltziel entnehmen, die den Gegenstand der vertraglichen Leistungspflicht bestimmbar machen.[37]

66 Für die vertragliche Leistungspflicht ist zu beachten, dass die jeweilige **Delegierte Verordnung** zur Taxonomie-Verordnung ihrerseits auf nationale gesetzliche Regelungen verweist. Dies betrifft zB den Verweis auf die Anforderungen für **Niedrigstenergiegebäude**

---

[36] → § 2 Rn. 22.
[37] → § 2 Rn. 30 ff.

gemäß den nationalen Maßnahmen zur Umsetzung der Richtlinie 2010/31/EU des Europäischen Parlaments und des Rates.[38] Der wesentliche Beitrag zur Verwirklichung des Umweltziels ist nur erreicht, wenn das Gebäude mindestens 10 % unter diesem Schwellenwert liegt. Hierbei ist zu beachten, dass gerade dieser Verweis dynamisch sein kann. Es bietet sich somit an, für die Leistungspflicht nicht nur auf einen Schwellenwert zu verweisen, sondern auch in zeitlicher Hinsicht zu bestimmen, wann diese Anforderung erfüllt ist. Wenn sich die Anforderungen in nationaler Sicht ändern, muss im Vertrag eine Regelung zu finden sein, wann der Auftragnehmer seine Leistungspflicht erfüllt hat bzw. wie mit Änderungen umzugehen ist. Die nationalen Maßnahmen zur Umsetzung der genannten Richtlinie 2010/31/EU werden aktuell durch das **Gebäudeenergiegesetz (GEG)** abgebildet, dass in § 10 bestimmt:

„(1) Wer ein Gebäude errichtet, hat dieses als Niedrigstenergiegebäude nach Maßgabe von Absatz 2 zu errichten.
(2) Das Gebäude ist so zu errichten, dass
1. *der Gesamtenergiebedarf für Heizung, Warmwasserbereitung, Lüftung und Kühlung, bei Nichtwohngebäuden auch für eingebaute Beleuchtung, den jeweiligen Höchstwert nicht überschreitet, der sich nach § 15 oder § 18 ergibt,*
2. *Energieverluste beim Heizen und Kühlen durch baulichen Wärmeschutz nach Maßgabe von § 16 oder § 19 vermieden werden und*
3. *der Wärme- und Kälteenergiebedarf zumindest anteilig durch die Nutzung erneuerbarer Energien nach Maßgabe der §§ 34 bis 45 gedeckt wird."*

Ein Gebäude, das somit einen **„KfW-55-Standard"** einhält, ist ein **Niedrigstenergiegebäude** im Sinne von § 10 GEG. Liegt das Gebäude 10 % unter dieser Schwelle, liegt ein wesentlicher Beitrag zum Umweltziel Klimaschutz vor. Ändern sich die Anforderungen im GEG an ein Niedrigstenergiegebäude – bis zu Novellierung war eine Reduzierung auf Standard 40 im Gespräch – würden diese Anforderungen nur dann in den Bauvertrag und das zu errichtende Gebäude einfließen, wenn ein dynamischer Verweis auf den jeweiligen nationalen Gesetzesstand aufgenommen ist. 67

Im Sinne einer bestimmten bzw. zumindest bestimmbaren und hinreichend transparenten Vereinbarung einer vertraglichen Leistungspflicht sollten die Parteien daher eine vertragliche Vereinbarung in Erwägung ziehen, die beide Aspekte verbindet. Übergreifend sollte zunächst festgehalten werden, dass die Leistungen des Auftragnehmers an den Vorgaben der Taxonomie-Verordnung und des delegierten Rechtsaktes gemessen werden. Die darin enthaltenen technischen Vorgaben sollten in einem zweiten Schritt konkret in das Vertragsverhältnis übernommen werden, um insofern eine hinreichende Transparenz herzustellen. Erfolgt dies, so ist der Auftragnehmer verpflichtet, die technischen Vorgaben zu berücksichtigen und dabei aber auch das Leistungsziel „Einhaltung der Vorgaben der Taxonomie-Verordnung" in funktionaler Hinsicht zu berücksichtigen. 68

e) Gebäuderessourcenpass. Mit den Worten 69

„Wir werden die Grundlagen schaffen, den Einsatz grauer Energie sowie die Lebenszykluskosten verstärkt betrachten zu können. Dazu führen wir u. a. einen digitalen Gebäuderessourcenpass ein. So wollen wir auch im Gebäudebereich zu einer Kreislaufwirtschaft kommen. Außerdem werden wir eine nationale Holzbau-, Leichtbau- und Rohstoffsicherungsstrategie auflegen. Innovativen Materialien, Technologien und Start-ups wollen wir den Markteintritt und Zulassungen erleichtern."

ist im Koalitionsvertrag der Bundesregierung[39] beschrieben, dass ein digitaler **Gebäuderessourcenpass** eingeführt werden soll. Gesetzgeberisch ist dieser Stand heute[40] nicht

---
[38] Delegierte Verordnung (EU) 2021/2139, Teil 7.1, Wesentlicher Beitrag zum Klimaschutz, Nr. 1.
[39] SPD/Bündnis 90/Die Grünen/FDP, Koalitionsvertrag (2021), https://www.spd.de/fileadmin/Dokumente/Koalitionsvertrag/Koalitionsvertrag_2021-2025.pdf (Stand: 19.3.2024).
[40] Aktueller Stand: 19.3.2024.

eingeführt. Allerdings hat sich die Privatwirtschaft zwischenzeitlich selbst beholfen; so kann zB auf den Gebäuderessourcenpass der **Deutschen Gesellschaft für Nachhaltiges Bauen (DGNB)** zurückgegriffen werden. Dieser dokumentiert letztendlich über alle Phasen im **Lebenszyklus** eines Bauwerks, welche Materialien verbaut sind, welche Treibhausgasemissionen entstehen und wie die **Kreislauffähigkeit** der Baumaterialien beschaffen ist. So sollen alle notwendigen Informationen zur Verfügung gestellt werden, um den Aufbau von „Urbanen Minen", die Realisierung zirkulärer Sanierungen und Neubauten sowie kreislaufgerechten Abbruch bestmöglich zu unterstützen.[41]

70   Sinnvoll ist ein solcher Gebäuderessourcenpass insbesondere für Auftraggeber, die entweder für sich oder Käufer langfristig Aufschluss über die tatsächlich verbaute Materialität benötigen. So erhält man auch Informationen, welche werkstofflichen Potenziale und Werte im Gebäude vorhanden sind. Für den Auftragnehmer kann die Erstellung eines Gebäuderessourcenpasses nicht nur eine zusätzliche Leistungspflicht sein, sondern auch als Dokumentationstool dienen, um erbrachte Leistungen (zB im Hinblick auf Recyclingmaterial, Kreislaufgerechtigkeit, Ressourcenschonung etc.) nachzuweisen.

71   Verwendet man die Version des Gebäuderessourcenpasses der **DGNB** stehen unterschiedliche Varianten zur Wahl:
- Vollständige Fassung
- Reduzierte Fassung

72   Beide Fassungen können für Neubauten und Bestandsgebäude gleichermaßen verwandt werden; der Unterschied liegt lediglich darin, wie viele Informationen zum Gebäude zur Verfügung gestellt werden sollen. Der Auftraggeber, der einen Gebäuderessourcenpass benötigt und den Pass der **DGNB** wählt, wird somit die genaue Spezifizierung im Vertrag mit dem Auftragnehmer niederlegen müssen. Dabei sind die Fassungen kostenlos als Vorlage bei der DGNB abrufbar.[42]

72a   Inhaltlich umfasst der Gebäuderessourcenpass der DGNB sechs übergeordnete Bereiche mit insgesamt 25 Teilaspekten. Neben allgemeinen Informationen zum Gebäude und den verbauten Massen, geht es in einem zweiten Bereich um die Materialität des Bauwerks, die Herkunft der eingesetzten Materialien sowie die Bau- und Abbruchabfälle, die durch die Baumaßnahme anfallen. Es werden im dritten Teil Angaben zu den Treibhausgasemissionen über den Lebenszyklus sowie die Flexibilität der Gebäudestruktur erforderlich. Ein weiterer Bereich thematisiert die Demontagefähigkeit, das Materialverwertungspotenzial und eine **Zirkularitätsbewertung.** Hinzu kommen Angaben zur Form der bereits erfolgten und in Zukunft geplanten Dokumentation. Um diese Angaben vollständig tätigen zu können, werden Auftragnehmer und Auftraggeber regelmäßig auf die Mitarbeit des Planers angewiesen sein. Daher sollte der Auftraggeber die Beauftragung dieser Zusätzlichen Leistungen früh beim Planer platzieren.

73   **f) Qualitätssicherung.** Probates Mittel zur Überprüfung durch den Auftraggeber, ob die Leistungspflichten des Auftragnehmers eingehalten sind – auch im Hinblick auf Nachhaltigkeit-Messungen. Ihnen kommt auch im Hinblick auf die Einhaltung der vereinbarten **Nachhaltigkeitsziele** besondere Bedeutung zu. So werden hier zB Messungen zur
- Innenraumluftqualitätsmessung
- Luftdichtheitsmessung
- Thermografiemessung
- Schallschutzmessungen (Luft- und Trittschallschutz)

---

[41] DGNB, Gebäuderessourcenpass (o.J.), www.dgnb.de/de/nachhaltiges-bauen/zirkulaeres-bauen/gebaeuderessourcenpass (Stand: 20.3.2024).

[42] DGNB, Gebäuderessourcenpass – reduzierte Fassung (o.J.), www.dgnb.de/?eID=dumpFile&t=f&download=1&f=6966&token=71cfe35a47951a67613391e9a937956c95860953 (Stand: 20.3.2024); DGNB, Gebäuderessourcenpass – vollständige Fassung (o.J.), www.dgnb.de/?eID=dumpFile&t=f&download=1&f=6968&token=7a8d20be397a329f7413b6d03782e62ebba4ee0c (Stand: 20.3.2024).

relevant. Bei größeren Bauprojekten mit umfassenden Qualitätssicherungsmaßnahmen empfiehlt es sich, während des Planungsprozesses eine Auflistung aller vorgesehenen Messungen mit Angabe des jeweiligen Messzeitpunktes, der relevanten Gebäudebereiche und der zuständigen Institution zu erstellen. Die Messungen sind im Terminplan zu berücksichtigen. Sie werden in der Regel separat ausgeschrieben und gesondert beauftragt. Die geforderte Leistung muss sowohl die Durchführung der Messung als auch die Dokumentation der Ergebnisse und Empfehlungen zur Beseitigung von ggf. festgestellten Mängeln umfassen. Anforderungen an Funktions- und Leistungsprüfungen müssen in die Unterlagen integriert werden, die der Auftragnehmer zur Angebotserstellung erhält. Auf der Baustelle koordiniert die Bauleitung die Durchführung von Messungen, Funktion- und Leistungsprüfungen sowie die Beseitigung von festgestellten Mängeln. Der Bauleiter stimmt den exakten Zeitpunkt mit allen Beteiligten ab. Außerdem informiert er die am Bau Beteiligten über ggf. erforderliche Vorbereitungen (zB für Innenraumluftqualitätsmessungen) sowie Arbeiten, die während der Zeit nicht ausgeführt werden dürfen. Relevant ist im Vertrag, dass insbesondere die Funktionsprüfungen der technischen Anlagen wie Heizung, Lüftung, Raumklimatisierung, Kälte, Gebäudeautomation, Beleuchtung etc. für den Auftragnehmer als Leistungspflicht festgelegt werden.

II. Vereinbarungen zur vertraglichen Verwendung im Sinne der Nachhaltigkeit

Plant der Auftraggeber mit dem Bauvorhaben eine Realisierung zB für einen bestimmten Stakeholder, wie einen Finanzmarktteilnehmer, der u. a. Anforderungen der **Verordnung (EU) 2020/852** des Europäischen Parlaments und des Rates vom 18. Juni 2020 über die Einrichtung eines Rahmens zur Erleichterung nachhaltiger Investitionen einhalten muss, kann es sinnvoll sein, den Zweck des Gebäudes als **vertragliche Verwendung** zu vereinbaren. Für einen Finanzmarktteilnehmer im Sinne der Offenlegungsverordnung ist entscheidend, wie der Neubau nach der Taxonomie-Verordnung zu beurteilen ist. Insofern spielen diese Vorgaben für die vorgesehene Verwendung (Veräußerung an einen Finanzmarktteilnehmer) eine besondere Rolle. 74

Eine solche Einigung über die **vertragliche Verwendung** kann ausdrücklich oder konkludent erfolgen.[43] Die Vereinbarung kann sich auf konkrete Merkmale oder eine abstrakte Funktion beziehen.[44] Bei konkludenten Vereinbarungen müssen die Parteien allerdings übereinstimmend die konkrete Nutzung unterstellt haben. Bei der Ermittlung derselben sind die Gesamtumstände des Vertragsschlusses zu berücksichtigen.[45] Obwohl Vereinbarungen zur vertraglichen Verwendung in der Praxis selten sind und bei Auseinandersetzungen um Mängel vielfach hinter anderen **Mangeltatbeständen** zurücktreten, sind sie im Hinblick auf die Anforderungen des nachhaltigen Planens und Bauens nicht zu vernachlässigen. 75

III. Gesetzgeberische Anforderungen

Der Bauvertrag nach § 650a BGB stellt lediglich den Erfolg der Leistungspflicht in den Vordergrund. Welcher Erfolg vereinbart wird, bleibt den Vertragsparteien überlassen. Abhängig von der jeweiligen Unternehmereinsatzform kommt die Herstellung des versprochenen Einzelgewerks in Betracht oder die **„schlüsselfertige Kompletthersstellung"** des Bauvorhabens. Keine eigenen Regelungen trifft das BGB für Themen der Nachhaltigkeit; allerdings muss das Werk nach § 633 BGB frei von Sach- und Rechtsmängeln sein. Auch die **Mangelfreiheit** ist eine der Hauptpflichten des Auftragnehmers im Bauvertrag. 76

---

[43] MüKoBGB/Busche § 633 Rn. 28.
[44] Messerschmidt/Voit/Moufang/Koos § 633 BGB Rn. 73.
[45] So für das Kaufrecht: BGH 20.3.2019 – VIII ZR 213/18, NJW 2019, 1937; BGH 26.4.2017 – VIII ZR 80/16, NJW 2017, 2817; BGH 6.12.2017 – VIII ZR 219/16, NJW-RR 2018, 822.

77 Maßgebend für das Vorliegen eines **Sachmangels** ist, ob die „*Ist-Beschaffenheit*" des Werkes von dessen „*Soll-Beschaffenheit*" abweicht.[46] Haben die Parteien neben dem BGB die Regelungen der VOB/B zugrunde gelegt, ist zu beachten, dass nach § 13 Abs. 1 VOB/B ein erweiterter Mangelbegriff gilt.[47] Die Regelungen der VOB/B[48] spielen im Bauvertrag eine große Rolle. Diese haben keinen Gesetzescharakter und gelten daher nicht „automatisch", wenn die Parteien einen Vertrag über Bauleistungen schließen. Inhalt der VOB/B sind nur vorformulierte Vertragsbedingungen, deren Geltung Auftraggeber und Auftragnehmer vertraglich vereinbaren müssen, damit sie in das Vertragsverhältnis einbezogen werden. Dabei können die Regelungen der VOB/B die gesetzlichen Regelungen ergänzen und konkretisieren, aber auch verdrängen, wenn sie einen eigenständigen und spezielleren Regelungsgehalt aufweisen.[49] Die VOB/B stellt für die Einhaltung der Sachmängelfreiheit ergänzend auf die Einhaltung der anerkannten Regeln der Technik ab. Maßgebend sind insoweit die im Zeitpunkt der Abnahme geltenden anerkannten Regeln der Technik.[50]

78 Im Sinne der Nachhaltigkeit sind somit aus gesetzgeberischer Sicht Stand heute „nur" die anerkannten Regeln der Technik zu berücksichtigen, wenn es um die **Mangelfreiheit** der Leistung des Auftragnehmers geht.

IV. Anforderungen der allgemein anerkannten Regeln der Technik

79 Die allgemein anerkannten Regeln der Technik sind diejenigen technischen Regeln für den Entwurf und die Ausführung baulicher Anlagen, die in der technischen Wissenschaft als theoretisch richtig anerkannt sind und feststehen sowie insbesondere in den Kreisen der für die Anwendung der betreffenden Regeln maßgeblichen, nach den neuesten Erkenntnisstand vorgebildeten Techniker durchweg bekannt und aufgrund fortlaufender praktischer Erfahrung als technisch geeignet, angemessen und notwendig anerkannt/bestätigt sind.[51] Die Beachtung der allgemein anerkannten Regeln der Technik sichert der Auftragnehmer üblicherweise stillschweigend bei Vertragsschluss zu; gelegentlich ist die Einhaltung auch als Bestandteil des Bauvertrages gesondert aufgenommen. Entspricht die Werkleistung diesen nicht, liegt regelmäßig ein **Mangel** vor.[52]

80 Allgemein anerkannte Regeln der Technik können ungeschriebenen, allein mündlich überlieferten Erfahrungsregeln folgen.[53] Üblicherweise handelt es sich aber um Regelwerke für gewerkspezifische Ausführungen, die schriftlich niedergelegt sind. Diese bergen die widerlegliche Vermutung, dass sie die allgemein anerkannten Regeln der Technik wiedergeben.[54] So können beispielsweise die einschlägigen **DIN-Normen** die allgemein anerkannten Regeln der Technik widerspiegeln. Dies ist allerdings keineswegs zwingend. Die allgemein anerkannten Regeln der Technik können über den Stand der DIN-Normen hinausgehen oder dahinter zurückbleiben.[55] Für die **Mangelfreiheit** des Werkes sind die zum Zeitpunkt der Abnahme einschlägigen allgemein anerkannten Regeln der Technik maßgeblich.

---

[46] MüKoBGB/Busche § 633 Rn. 7.
[47] MüKoBGB/Busche § 633 Rn. 39.
[48] Vergabe- und Vertragsordnung für Bauleistungen Teil B: Allgemeine Vertragsbedingungen für die Ausführung von Bauleistungen.
[49] Kapellmann/Messerschmidt/v. Rintelen, 7. Aufl., Einleitung Rn. 50.
[50] BGH 14.11.2017 – VII ZR 65/14; NJW 2018, 391.
[51] OLG Bamberg 20.11.1998 – 6 U 19/98, NJW-RR 1999, 962; BeckOK BauVertrR/Popescu § 633 BGB Rn. 89; MüKoBGB/Busche § 633 Rn. 18; Nicklisch/Weick/Jansen/Seibel § 13 VOB/B Rn. 54 f.
[52] BGH 21.4.2011 – VII ZR 130/10, NZBau 2011, 415; OLG Frankfurt a. M. 10.12.2018 – 29 U 123/17, NZBau 2019, 307.
[53] BGH 21.11.2013 – VII ZR 275/12, NZBau 2014, 160.
[54] OLG Hamm 13.4.1994 – 12 U 171/93, NJW-RR 1995, 17.
[55] OLG Hamm 14.8.2019 – 12 U 73/18, ZfBR 2019, 783; OLG Düsseldorf 9.2.2023 – 5 U 227/21, ZfBR 2023, 457; Kniffka/Koeble/Jurgeleit/Sacher BauR Kompendium/Koeble Teil 10 Rn. 445.

1. Grundlegendes zur Nachhaltigkeit

Diese Anforderungen an die Einhaltung der allgemein anerkannten Regeln der Technik gelten auch bezüglich Nachhaltigkeit.

Ergeben sich aus den allgemein anerkannten Regeln der Technik ökologische, ökonomische oder soziale nachhaltige Anforderungen, so sind diese von dem Auftragnehmer im Zuge der Erstellung der Leistungen zu berücksichtigen. Im Hinblick auf die schnelle Entwicklung im Bereich der Nachhaltigkeit ist in dieser Hinsicht der Zeitpunkt der Beurteilung der Leistungsqualität von besonderer Bedeutung: Es kommt allein auf die Abnahme der Leistungen des Auftragnehmers an. Insofern ist der Auftragnehmer verpflichtet, auch die technische Entwicklung im Sinne der Nachhaltigkeit aktiv zu begleiten. Ergeben sich hier Änderungen, so hat dies eine **Hinweispflicht des Auftragnehmers** zur Folge. Dies wird insbesondere relevant, wenn zwischen der ursprünglichen Beauftragung des Auftragnehmers und der Fertigstellung der Leistungen zur Abnahme ein längerer Zeitraum liegt. Auf Grund der sich stetig entwickelnden Anforderungen im Bereich Nachhaltigkeit, ist es wahrscheinlich, dass sich während eines längeren Zeitraums auch die anerkannten Regeln der Technik ändern. Die Leistung des Auftragnehmers muss aber zum Zeitpunkt der Abnahme nach wie vor den allgemein anerkannten Regeln der Technik genügen.[56]

Nicht jede Änderung der **allgemein anerkannten Regeln der Technik** zwischen Vertragsschluss und Abnahme führt dazu, dass der Auftragnehmer eine zusätzliche Vergütung für die Anpassung seiner Leistungen an die bei Abnahme geltenden, geänderten allgemein anerkannten Regeln der Technik verlangen kann. Grundsätzlich gilt: ist zur Einhaltung der geänderten allgemein anerkannten Regel der Technik auch eine Änderung der Leistungen des Auftragnehmers notwendig, ist hierfür eine zusätzliche Vergütung zu zahlen.[57] War die Änderung der allgemein anerkannten Regeln der Technik zum Zeitpunkt des Vertragsschlusses mit hinreichender Sicherheit für eine oder beide Parteien absehbar, kann eine Vergütungspflicht jedoch entfallen – da es in diesem Fall an der notwendigen Änderung der Leistung des Auftragnehmers fehlt.[58]

2. Abweichungen von allgemein anerkannten Regeln der Technik

Üblicherweise sind die allgemein anerkannten Regeln der Technik unter Rahmenbedingungen erprobt worden, die nicht auf Nachhaltigkeit in der Bau- und Immobilienbranche ausgerichtet sind.[59] Dies liegt u. a. auch daran, dass die bautechnischen Regelungen meist jahrelange erfolgreich in der Praxis angewandt werden mussten, bevor sie als allgemein anerkannte Regeln der Technik gelten. Es kommt daher zu einem ganz natürlichen „Hinterherhinken" der **allgemein anerkannten Regeln der Technik** im Bereich Nachhaltigkeit.

Gerade bei Einsatz neuer Baustoffe/Baumaterialien, der Verwendung von Recycling-Materialien oder bei innovativen Maßnahmen stellt sich für beide Parteien die Frage, ob es somit überhaupt allgemein anerkannte Regeln der Technik gibt bzw. wenn ja, ob diese eingehalten werden – oder, wenn solche nicht vorliegen oder nicht eingehalten werden, welche Folgen hieraus erwachsen.

Sofern Auftraggeber und Auftragnehmer die mögliche Abweichung von den allgemein anerkannten Regeln der Technik aufgrund der spezifischen Leistungen für mehr Nachhaltigkeit im Bauvorhaben bekannt sind, ist dies bei Abschluss des Bauvertrags separat aufzunehmen. Dabei ist zu unterscheiden, welche Art von Abweichung vorliegt:

---

[56] BGH 14.11.2017 – VII ZR 65/14, NJW 2018, 391; BGH 14.5.1998 – VII ZR 184-97, NJW 1998, 2814.
[57] Kessen, beckOGK/Mundt, 1.1.2024, BGB § 650b, Rn. 98.
[58] Kessen, beckOGK/Mundt, 1.1.2024, BGB § 650b, Rn. 98.
[59] Leupertz, Bezahlbar Wohnen und nachhaltig Bauen (2023), https://www.gdw.de/media/2023/12/rechtsgutachten-bid_bezahlbar_wohnen_und_nachhaltig_bauen_leupertz.pdf (Stand: 20.3.2024), S. 19.

- Wird eine **echte technische Innovation** eingesetzt, zB als Bauprodukt (wie Recycling-Beton) oder ein innovatives bautechnisches Verfahren (wie die Ausweitung von modularen vorgefertigten Bauweisen zB Plug & Play-Module) fehlt vielfach der Referenzrahmen im Sinne der allgemein anerkannten Regeln der Technik. Aufgrund des Innovationscharakters wird es keine Regularien geben, die in der Praxis anerkannt sind und mit der die jeweilige Innovation kollidieren könnte. Insofern steht es den Vertragsparteien im Rahmen ihrer Parteidisposition frei, auch solche technischen Innovationen grundsätzlich als Leistungsziele zu vereinbaren. Dabei könnte die Innovation bereits vom Planer eingebracht worden sein oder durch den Auftragnehmer erst umgesetzt werden.[60] Für den Auftragnehmer ist zu beachten, dass er die Folgen und möglichen Konsequenzen der Innovation transparent dem Auftraggeber mitteilen muss und diesen aufklären muss.[61]
- Erfolgt nicht der Einsatz einer echten technischen Innovation, sondern „nur" eine **Abweichung von den allgemein anerkannten Regeln der Technik,** kann dies wirksam vertraglich vereinbart werden.[62] Denn

„Die Parteien können bei Vertragsschluss eine Vereinbarung treffen, nach der die Bauausführung hinter den aktuellen oder den künftigen allgemein anerkannten Regeln der Technik, soweit deren Einführung bereits absehbar ist, zurückbleibt."[63]

Auch wenn es theoretisch möglich ist, dass eine solche Vereinbarung mündlich geschlossen wird, ist es bereits auf Grund des Beweiszwecks nicht empfehlenswert. Denn gelingt es dem Auftragnehmer im Streitfall nicht, die Vereinbarung nachzuweisen, schuldet er deren Einhaltung – was zum Vorliegen eines **Mangels** führt. Damit ist eine konkrete Vereinbarung im Bauvertrag, von welcher allgemein anerkannten Regel der Technik abgewichen wird, unumgänglich. Eine solche Vereinbarung kann bereits zum Zeitpunkt des Vertragsschlusses getroffen werden oder zu einem späteren Zeitpunkt.[64]

An die Ausgestaltung dieser **Vereinbarung zur Abweichung von den allgemein anerkannten Regeln der Technik** werden seitens der Rechtsprechung hohe Anforderungen gestellt. Voraussetzung ist nicht weniger als ein umfassender und fehlerfreier Hinweis des Auftragnehmers auf sämtliche Folgen.[65]

„Dies erfordert, dass der Auftragnehmer den Auftraggeber auf die Bedeutung der allgemein anerkannten Regeln der Technik und die mit der Nichteinhaltung verbundenen Konsequenzen und Risiken hinweist, es sei denn, diese sind dem Auftraggeber bekannt oder ergeben sich ohne Weiteres aus den Umständen."[66]

Der Auftraggeber muss daher Bedeutung und Tragweite der Abweichung erkannt haben.[67] Konkret wird gefordert, dass der Auftragnehmer den Auftraggeber auf die Bedeutung der allgemein anerkannten Regeln der Technik und die mit der Nichteinhaltung verbundenen Konsequenzen und Risiken explizit hinweist. Eine Ausnahme soll nur dann gelten, wenn dem Auftraggeber diese bekannt sind oder sich ohne Weiteres aus den Umständen ergeben. Ohne eine entsprechende Kenntnis kommt eine rechtsgeschäftliche Zustimmung des Auftraggebers zu einer hinter den allgemein anerkannten Regeln der Technik zurückbleibenden Ausführung regelmäßig nicht in Betracht.[68]

---

[60] BGH 29.1.1970 – VII ZR 95/68, NJW 1970, 706; BGH 30.10.1975 – VII ZR 309/74, BauR 1976, 66; BGH 9.7.1987 – VII ZR 208/86, NJW-RR 1987, 1305.
[61] → Rn. 84.
[62] ibrOK BauVertrR/Jurgeleit § 633 BGB Rn. 50.
[63] ibrOK BauVertrR/Jurgeleit § 633 BGB Rn. 50.
[64] BGH 14.11.2017 – VII ZR 65/14, NJW 2018, 39.
[65] Nicklisch/Weick/Jansen/Seibel § 13 VOB/B Rn. 44 ff.
[66] ibrOK BauVertrR/Jurgeleit § 633 BGB Rn. 50.
[67] BGH 9.5.1996 – VII ZR 181/93, NJW 1996, 2370.
[68] BGH 14.11.2017 – VII ZR 65/14, NJW 2018, 391.

Für die Vereinbarung einer wirksamen verbindlichen Leistungspflicht des Auftragnehmers, die hinter den allgemein anerkannten Regeln der Technik zurückbleiben kann, bedeutet dies: 87

Sofern Abweichungen von allgemein anerkannten Regeln der Technik vorgenommen werden sollen, dann sind diese Abweichungen im Vertrag konkret zu benennen und auch als solche zu bezeichnen. In der Leistungszielvereinbarung sollte dokumentiert werden, dass der Auftraggeber die Folgen dieser Abweichung und insbesondere die mit der Nichteinhaltung verbundenen Konsequenzen und Risiken überblickt und übernimmt. Gegebenenfalls ergibt sich dies bereits aus dem Vertrag des Auftraggebers mit dem planenden Architekten – gleichwohl sollte der Auftragnehmer im Bauvertrag eine eigenständige Regelung mit dem Auftraggeber treffen, die diese Punkte berücksichtigt. Zum Zeitpunkt des Abschlusses des Bauvertrags sollten die Konsequenzen und Risiken der **Abweichung von den allgemein anerkannten Regeln der Technik** auch bereits erkennbar sein.

In den Fällen, in denen eine solche (dokumentierte) Aufklärung nicht gelingt, droht eine Haftung des Auftragnehmers.[69] Dabei sind auch etwaige Auswirkungen hinsichtlich des öffentlichen Baurechts zu berücksichtigen, das ebenfalls den Begriff der allgemein anerkannten Regeln der Technik kennt und das nicht ohne Weiteres der Parteidisposition unterliegt.[70] 88

3. Mindeststandard

Auch für sehr innovationsoffene Vertragsparteien sollten – im Interesse des Auftragnehmers – Grenzen bei der **Abweichung von den allgemein anerkannten Regeln der Technik** eingehalten werden. Diese Grenzen ergeben sich insbesondere beim Zusammenspiel mit der Aufrechterhaltung des Versicherungsschutzes. 89

Alle allgemein anerkannten Regeln der Technik, die gleichzeitig eine Sicherheitsvorschrift darstellen, sind einzuhalten. Denn das Einhalten dieser ist einer abweichenden zivilrechtlichen Vereinbarung entzogen, da § 319 Abs. 1 StGB bestimmt: 90

„Wer bei der Planung, Leitung oder Ausführung eines Baues oder des Abbruchs eines Bauwerks gegen die allgemein anerkannten Regeln der Technik verstößt und dadurch Leib oder Leben eines anderen Menschen gefährdet, wird mit Freiheitsstrafe bis zu fünf Jahren oder mit Geldstrafe bestraft."

Zudem ist im Zusammenspiel des Abweichens von allgemein anerkannten Regeln der Technik und Versicherungen zu beachten, dass viele Versicherungen einen **Haftungsausschluss** vorsehen, wenn der Nachweis der Vereinbarung zur Abweichung von den allgemein anerkannten Regeln der Technik mit dem Auftraggeber dem Auftragnehmer nicht gelingt. 91

4. Gebäudetyp E

Das E des **Gebäudetyps E** kann für einfach, experimentell oder energieeffizient stehen. Dahinter verbirgt sich eine Initiative der Bayrischen Architektenkammer[71], die diesen Gebäudetyp in der Bayrischen Bauordnung – und darüber hinaus zivilrechtlich im BGB – verankern will. Ziel soll es sein, dass Architekten fachkundigen Auftraggebern anbieten, die Einhaltung von allgemein anerkannten Regeln der Technik auf ein Minimum zu reduzieren – nämlich auf den Mindeststandard (nach Ziffer 3.4.3) von Standsicherheit, Brandschutz, gesunden Lebensverhältnisse und Umweltschutz. Am 15. Dezember 2023 war der Startschuss für 19 Pilotprojekte zum **Gebäudetyp E,** es handelt sich um Wohnbauprojekte, Schulen und ein Verwaltungsgebäude.[72] 92

---

[69] → Rn. 84.
[70] Baureis/Dressel/Friedrich NZBau 2023, 641.
[71] Bayerische Architektenkammer, Gebäudetyp-e (o.J.), www.byak.de/aktuelles/newsdetail/gebaeudetyp-e.html (Stand: 20.3.2024).
[72] Bayerische Architektenkammer, Einfach bauen (2023), www.byak.de/aktuelles/newsdetail/einfach-bauen-start-von-pilotprojekten-zum-gebaeudetyp-e.html (Stand: 20.3.2024).

93 Dabei ist der Hintergrund dieses Gebäudetyps die Überlegung, dass das Bauen in Deutschland überreguliert sei. Die Vielzahl von **DIN-Normen** und sonstigen technischen Regelungen sowie den bauordnungsrechtlichen Vorschriften schränke einerseits den Handlungsspielraum der Baubeteiligten erheblich ein, so dass bezahlbare und nachhaltige Bauprojekte nicht mehr realisiert werden können, andererseits könne nicht einmal mehr der Fachmann sämtliche Regularien im Blick haben.[73]

94 Der Auftragnehmer, der vom Auftraggeber mit der Realisierung eines solchen Gebäudetyps E beauftragt wird, ist gut beraten, eine detaillierte eigene Regelung zur Beschaffenheit der geschuldeten Leistung zu vereinbaren, die eine Qualität „nach unten" vorsieht und den Auftraggeber über die Folgen und Konsequenzen der gewünschten Ausführung aufzuklären. Hierbei kann sich der Auftragnehmer am Vorschlag der Überarbeitung des § 633 BGB orientieren:

„Regelungsvorschlag § 633 BGB (Unternehmer)

a) Die aRdT sind, sofern und soweit die Vertragsparteien es nicht ausdrücklich vereinbaren, kein vertraglich geschuldeter Mindeststandard; sie gehören nicht zu den vereinbarten Beschaffenheiten iSd § 633 Abs. 2 BGB.

b) Die Vertragspartner können, auch in AGB, frei vereinbaren, welcher bautechnische Standard maßgeblich sein soll. Als ein solcher Standard kommen insbesondere die aRdT, der Stand der Technik oder der Stand der Wissenschaft in Betracht. Wird keine solche Vereinbarung getroffen, ergibt sich das geschuldete Leistungssoll aus der nach den sonstigen Gesamtumständen vorzunehmenden Auslegung des Vertrages.

c) Haben die Vertragsparteien – nach ihrer Wahl bezogen auf die Gesamtleistung oder einzelne Teilleistungen – vereinbart, dass die Einhaltung eines bestimmten bautechnischen Standards (aRdT, Stand der Technik, Stand der Wissenschaft...) geschuldet sein soll, so ist der Besteller im Streitfall darlegungs- und beweispflichtig für seine Behauptung, dass die Nichteinhaltung

dieses Standards ursächlich zu einer Funktionsbeeinträchtigung des Werkes und/oder dazu führen kann, dass die vertraglich vorausgesetzte bzw. die übliche Verwendungseignung verfehlt werden wird."[74]

95 Bei der Vereinbarung kann dabei auf eine umfassende Abweichung von den allgemein anerkannten Regeln der Technik (bis auf die Mindeststandards) verwiesen werden oder alternativ konkret angegeben werden, von welchen allgemein anerkannten Regeln der Technik abgewichen wird. Die konkreten Folgen der Abweichung können eher im zweiten Fall angegeben werden.

96 Ungeklärt sind bei der Einführung des **Gebäudetyps E** dabei noch die Fragen, wie mit einem möglichen Weiterverkauf der Immobilie oder mit einer Vermietung der Immobilie umgegangen werden soll. Denn auch diese Stakeholder müssen transparent über die Folgen der Abweichung von den **allgemein anerkannten Regeln der Technik** eines solchen Gebäudes aufgeklärt werden.[75]

V. Vereinbarung zum Leistungsumfang (Leistungspflichten)

97 Die Festlegung des Leistungsumfangs des Auftragnehmers im Bauvertrag nach § 631 BGB ist der Dispositionsbefugnis der Parteien unterworfen. In den Grenzen der §§ 134, 138 BGB kann der vertraglich geschuldete Erfolg autonom festgelegt werden.[76]

---

[73] Leupertz, Bezahlbar Wohnen und nachhaltig Bauen (2023), https://www.gdw.de/media/2023/12/rechtsgutachten-bid_bezahlbar_wohnen_und_nachhaltig_bauen_leupertz.pdf (Stand: 20.3.2024), S. 18.
[74] Leupertz, Bezahlbar Wohnen und nachhaltig Bauen (2023), https://www.gdw.de/media/2023/12/rechtsgutachten-bid_bezahlbar_wohnen_und_nachhaltig_bauen_leupertz.pdf (Stand: 20.3.2024), S. 34.
[75] Aktuell hat am 11. Juli 2024 das Bundesjustizministerium einen Entwurf für das Gesetz zur zivilrechtlichen Erleichterung des Gebäudebaus (Gebäudetyp-E-Gesetz) vorgelegt. Nähere Informationen hierzu finden Sie unter Baureis/Dressel, IBR 2024, 2468.
[76] MüKoBGB/Busche § 631 Rn. 67.

Entsprechend steht es den Parteien auch frei, Vereinbarungen zum nachhaltigen Leistungsumfang zu treffen. 98

1. Grundlagen

Der Auftraggeber ist grundsätzlich frei darin, wie er die vom Auftragnehmer geschuldete 99
Beschaffenheit beschreibt. Strukturell kann hierbei auf detaillierte und funktionale Leistungsbeschreibungen zurückgegriffen werden.

Dabei wird der Begriff der Leistungsbeschreibung durchaus unterschiedliche verwendet; 100
er kann den „technischen" Teil des Vertrages bezeichnen oder die Gesamtheit der Leistungspflichten unter Eibeziehung der einschlägigen technischen Regelwerke.[77] Eine detaillierte Leistungsbeschreibung wird dabei von einem beauftragten Planer erstellt, der hierzu zumeist ein Leistungsverzeichnis erstellt. Das **Leistungsverzeichnis** hat überwiegend einen allgemeinen Teil, in dem allgemein die Anforderungen an die Leistung beschrieben werden und einen besonderen Teil, der die einzelnen Leistungspositionen ausweist – beim Einheitspreisvertrag mit benötigter Menge und Einheitspreis. Gelegentlich finden sich zudem rechtliche Ausführungen zu Nachträgen oder Abnahme, die an sich kein Bestandteil eines Leistungsverzeichnisses sein sollten. Abgegrenzt hiervon ist die **funktionale oder globale Leistungsbeschreibung** zu sehen. Hier gibt der Auftraggeber keine Leistungsdetails vor, sondern eine Bauaufgabe und die an sie gestellten technischen, wirtschaftlichen, gestalterischen und funktionsbedingten Anforderungen. Wie der Auftragnehmer diese umsetzt, ist ihm freigestellt.

2. Funktionale Leistungsbeschreibung

Unstreitig kann der Leistungsumfang des Auftragnehmers abstrakt beschrieben werden,[78] 101
ohne dass die einzelnen Leistungsschritte festgelegt sind oder der Erfolg konkret beschrieben wird.[79] Bei der sogenannten **funktionalen Leistungsbeschreibung** erfolgen nur allgemeine Angaben zu Art und Zweck der Leistung, indem Zieldefinitionen und Funktionsbeschreibungen aufgenommen werden.[80] Merkmal ist, dass die Angabe von Mengen und Massen fehlt.

Diese Pauschalierung des Leistungsumfangs findet sich auch bezüglich Nachhaltigkeit in 102
Bauverträgen. Hierdurch kann der Auftraggeber zudem die klimaverträglichste Lösung für die Bauaufgabe vom Auftragnehmer erhalten und das Know-how des Auftragnehmers im Hinblick auf Nachhaltigkeit bestmöglich nutzen.

Im Hinblick auf eine funktionale Leistungsbeschreibung wird gelegentlich auch im Bau- 103
vertrag zB auf die Erreichung einer Zertifizierung abgestellt oder im Sinne der EU-Taxonomie auf die Erreichung einer Recyclingquote. Bei der Angabe solcher funktional beschriebenen Leistungen ist im Bauvertrag zu unterscheiden:

- Ist die Leistung funktional so beschrieben, dass der Auftragnehmer sie eigenständig erreichen kann, wie zB der Einsatz nachhaltiger Baumaterialien, ist dem Auftragnehmer überlassen, welche nachhaltigen Baumaterialien er einsetzt – ob dies zB Holzbauweise, Recyclingmaterialien oder lokal verfügbare Baustoffe sind, um den Transportaufwand zu verringern, ist Entscheidung des Auftragnehmers.
- Wenn die Leistung funktional zwar beschrieben ist, der Auftragnehmer das Ziel aber nicht eigenständig erreichen kann (zB Erreichung einer **Zertifizierung**), fehlt es an einer konkreten Einzelleistung, die der Auftragnehmer zur Erreichung des Werkerfolgs erbringen kann. Hier sollte im Bauvertrag ausdrücklich ergänzend zur **funktionalen Leis-**

---

[77] Beck VOB/B/Kues § 1 VOB/B Rn. 21.
[78] BGH 23.1.1997 – VII ZR 65/96, NJW 1997, 1772.
[79] MüKoBGB/Busche § 631 Rn. 67.
[80] Messerschmidt/Voit/Richter PrivBauR D. Rn. 224.

tungsbeschreibung aufgenommen werden, worin die Teilleistung des Auftragnehmers liegt.

104 So vorteilhaft die Vereinbarung einer funktionalen Leistungsbeschreibung für den Auftraggeber einerseits auch sein kann, so bleiben doch andererseits häufig Fragen und Unklarheiten zurück. Denn fehlt es an einer konkreten Angabe, welche Nachhaltigkeitsanforderungen der Auftragnehmer schuldet, um den geforderten Werkvertrag zu erzielen, ist auf eine Auslegung des Vertrages nach §§ 133, 157 BGB zurückzugreifen. Ein solcher Bauvertrag mit unklaren Angaben zur Leistungsverpflichtung des Auftragnehmers muss auf Grundlage eines an der Verkehrssitte (§ 157 BGB) orientierten Verständnisses von den zu erbringenden Teilleistungen ausgelegt werden. Eine schematisierende Betrachtung ist genauso wie eine abschließende Beschreibung, die für sämtliche Fälle Anwendung findet, nicht möglich. Insofern kommt es wiederum auf die Frage an, welche Leistungen aus Sicht eines objektiven Dritten nach den örtlichen und sachlichen Gegebenheiten erforderlich sind, um die Leistungsziele zu erreichen.

3. Detaillierte Leistungsbeschreibung

105 Anforderung an die Leistungsbeschreibung ist, dass sie die geforderte Leistung so genau beschreiben soll, dass der Bieter den genauen Leistungsumfang, aber auch die mit der Ausführung verbundenen Schwierigkeiten und Risiken erkennen und bei seiner Kalkulation berücksichtigen kann.[81] Bei einer **detaillierten Leistungsbeschreibung** ist neben einer allgemeinen Darstellung der Bauaufgabe ein in Teilleistungen gegliedertes **Leistungsverzeichnis** beizufügen, aus dem sich die angeforderte Leistung ergibt. Die Leistung kann auch durch Zeichnungen beschrieben werden, die nach § 7b Abs. 2 VOB/A grundsätzlich die gleiche Bedeutung wie die wörtliche Beschreibung haben.

106 In Bezug auf die Nachhaltigkeit stellt sich hier die Herausforderung an den Auftraggeber bzw. den beauftragten Planer, im Hinblick auf die geforderte Leistung des Auftragnehmers diese überhaupt konkret beschreiben zu können. Der Planer hat die im Rahmen der Ausführungsplanung beschriebenen nachhaltigen Anforderungen und Vorgaben in Leistungsbeschreibungen zu transferieren und – je nachdem, ob ein Generalunternehmer eingesetzt wird oder Einzelgewerke beauftragt werden – Schnittstellen auszubilden. Dabei muss der Auftraggeber im Hinterkopf behalten, dass die Leistungsbeschreibung für den Auftragnehmer nie vollständig und abschließend die Leistung beschreiben kann; Detailentscheidungen werden durch die Werk- und Montageplanung des Auftragnehmers selbst getroffen. Daher sollte bei einer detaillierten Leistungsbeschreibung im Hinblick auf Nachhaltigkeit darauf geachtet werden, dass sich das übergeordnete Ziel, das der Auftraggeber im Sinne der Nachhaltigkeit verfolgt, aus der allgemeinen Leistungsbeschreibung für den Auftragnehmer ergibt.

4. Individuelle Vereinbarungen zum Leistungsumfang

107 Zur Umsetzung von Nachhaltigkeit im Bauvorhaben gehört aktuell zumeist, dass die Vertragsparteien die gesetzlichen Mindestanforderungen im Hinblick auf Nachhaltigkeit übererfüllen wollen. Die Einhaltung von gesetzlichen Mindeststandards wie dem Gebäudeenergiegesetz (GEG) hilft dem Auftraggeber, der zB ein bestimmtes Treibhausgaspotential nicht überschreiten will, nicht. Auch Zertifikate wie **DGNB, QNG oder BNB** betrachten das **Treibhausgaspotential** nur als einen von vielen möglichen Faktoren.[82]

108 Daher verlegen sich viele Auftraggeber darauf, eigene Mindeststandards zur Erreichung der Nachhaltigkeitsziele zu definieren und diese vertraglich als Leistungsumfang mit dem

---

[81] Beck VOB/B/Kues § 1 VOB/B Rn. 23.
[82] In einer eigenen Untersuchung kam die DGNB zu dem Ergebnis, dass 50 vom DGNB zertifizierte Gebäude die Energieeffizienzanforderungen (nach EnEV/GEG) zwischen 0 und 58 % unterschritten haben, DGNB, Benchmarks für die Treibhausgasemissionen der Gebäudekonstruktion (2021), static.dgnb.de/fileadmin/dgnb-ev/de/themen/Klimaschutz/Toolbox/102021_Studie-Benchmarks-fuer-die-Treibhausgasemissionen-der-Gebaeudekonstruktion.pdf (Stand: 20.3.2024).

Auftragnehmer zu vereinbaren. Dabei ist es empfehlenswert, sich an dem zu orientieren, was zB Markt und EU aktuell diskutieren (wie die Anforderungen des **CRREM-Pfades** für Bestandsgebäude oder die **Richtlinie über die Gesamtenergieeffizienz von Gebäuden**[83]). Bleibt man beim Beispiel der Reduzierung von Treibhausgasen, ist es erforderlich, im ersten Schritt die mit der Baustelle bzw. dem Bauprozess und dem Gebäude verbundenen CO_2e-Emissionen transparent und messbar zu machen und eine standardisierte Ökobilanz erstellen zu lassen. Für den Auftragnehmer verbleibt zumeist, dem Planer bei der Erstellung der **Ökobilanz** zuzuarbeiten und deren Anforderungen umzusetzen. Hierzu kann zB vereinbart werden:

„Der Auftragnehmer verpflichtet sich, alle relevanten Informationen und Daten innerhalb von xxx Werktagen bereitzustellen, die für die Erstellung der Ökobilanz erforderlich sind. Dazu gehören, soweit verfügbar, Informationen zu Baumaterialien, Energieverbrauch, Transportwegen und anderen relevanten Faktoren.
Der Auftragnehmer verpflichtet sich zur engen Zusammenarbeit mit dem Planer während des gesamten Prozesses der Ökobilanzerstellung. Dies beinhaltet die zeitnahe Bereitstellung von zusätzlichen Informationen, die auf Anfrage des Planers benötigt werden (grundsätzlich innerhalb von xxx Werktagen), sowie die Teilnahme an Abstimmungs- und Bewertungssitzungen.
Darüber hinaus gewährt der Auftragnehmer dem Planer Zugang zu relevanten Baustelleninformationen, um eine genaue Datenerfassung und -analyse zu ermöglichen."

Grundsätzlich erfordert eine individuelle Vereinbarung zum Leistungsumfang genau wie eine **detaillierte Leistungsbeschreibung** im Hinblick auf Nachhaltigkeit eine besondere Fachkunde von Auftraggeber bzw. den sonstigen, am Bauvorhaben Beteiligten. Dies kann entweder dadurch sichergestellt werden, dass die fachkundigen Planer bei der Erarbeitung der Leistungsbeschreibung an den Auftragnehmer besondere Sorgfalt walten lassen oder indem Auftragnehmer beauftragt werden, die bereits vergleichbare Aufgaben erfolgreich bearbeiten konnten. Gleichwohl kann es für den Auftraggeber lohnenswert sein, auch das Know-how des Auftraggebers abzufragen, zB über eine (teil-)funktionale Leistungsbeschreibung oder über Öffnungsklauseln im Hinblick auf Nebenangebote oder Innovationen des Auftragnehmers. 109

5. Innovationen

Für den Auftraggeber bzw. seinen Planer kann es Sinn machen, die Leistung des Auftragnehmers im Bauvertrag nicht abschließend zu beschreiben oder festzulegen, sondern in der Leistungsbeschreibung des Auftragnehmers aufzunehmen, dass die Einbringung von **Innovationen** während des Bauvorhabens gewünscht ist. Dies sollte, um von zusätzlichen und geänderten Leistungen nach §§ 1 Abs. 3 bzw. Abs. 4 VOB/B bzw. § 650b BGB abgegrenzt zu werden, in einer eigenständigen Regelung vereinbart werden und bietet sich insbesondere bei länger dauernden Bauvorhaben an. 110

Dabei kann es nicht im Interesse des Auftraggebers sein, dass ein Auftragnehmer eigenständig die Innovationen umsetzt, die ihm passend erscheinen. Vielmehr sollte die Regelung auf eine Vorschlagsmöglichkeit des Auftragnehmers abzielen. Ein Beispiel hierfür kann sein: 111

„Innovationsklausel
1.1 Der Auftragnehmer hat das Recht, innovative Technologien, Materialien oder Verfahren (im Folgenden als „Innovationen" bezeichnet) während der Vertragsdurchführung vorzuschlagen.
1.2 Vor Einleitung oder Umsetzung von Innovationen ist der Auftragnehmer verpflichtet, dem Auftraggeber schriftlich alle relevanten Informationen zu den vorgeschlagenen Innovationen zur Verfügung zu stellen, einschließlich einer detaillierten Beschreibung der Innovation, möglicher Auswirkungen auf den Zeitplan und das Budget, sowie eventuell erforderlicher Genehmigungen.

---

[83] RL 2010/31/EU.

1.3 Der Auftraggeber behält sich das Recht vor, Innovationen zu genehmigen oder abzulehnen. Die Genehmigung erfolgt schriftlich.
1.4 Sofern die Innovationen vom Auftraggeber genehmigt werden, ist der Auftragnehmer verpflichtet, alle notwendigen Schritte zu unternehmen, um sicherzustellen, dass die Innovationen ordnungsgemäß und gemäß den einschlägigen Bauvorschriften (sofern vorhanden) umgesetzt werden.
1.5 Jegliche Kosten, die durch die Implementierung von Innovationen entstehen, einschließlich zusätzlicher Materialien, Arbeitskosten und eventuell erforderlicher Genehmigungen, sind vorab mit dem Auftraggeber zu vereinbaren.
1.6 Die Parteien vereinbaren, dass der Auftragnehmer für eventuelle Verzögerungen oder Kostenüberschreitungen im Zusammenhang mit der Implementierung von Innovationen haftet, es sei denn, diese sind auf leichte Fahrlässigkeit des Auftraggebers zurückzuführen."

112   Hiervon abzugrenzen ist die Regelung nach § 103 GEG, die bis Ende des Jahres 2025 gilt. Demnach können Antragsteller von den Anforderungen des § 10 Abs. 2 GEG (Grundsatz- und Niedrigstenergiegebäude) bzw. § 50 Abs. 1 iVm § 48 GEG (Bestehende Gebäude) befreit werden, wenn die Ziele letztendlich auf alternativen Wegen erreicht werden. Die Zielerreichung ist nach § 103 Abs. 2 GEGE binnen eines Jahres nach Abschluss der Maßnahmen der nach Landesrecht zuständigen Behörde nachzuweisen.

6. Widersprüche zwischen funktionaler und detaillierter Leistungsbeschreibung

113   Immer wieder finden sich Versuche von Auftraggebern, dem Auftragnehmer einerseits eine **Komplettheitsklausel** in den Vertrag zu schreiben und andererseits die Leistungspflicht des Auftragnehmers auch detailliert zu beschreiben. Dabei sind **Komplettheitsklauseln,** also Klauseln, die den Auftragnehmer verpflichten, alle Leistungen zu erbringen, die zur vollständigen Erreichung des Leistungsziels notwendig sind, individualvertraglich zulässig.[84] Allerdings kommt es regelmäßig zur Frage der Wirksamkeit einer solchen Klausel, wenn gleichzeitig ein detailliertes Leistungsverzeichnis vorgelegt wird. Grundsätzlich können beide Komponenten nicht gemeinsam vereinbart werden: entscheidet sich der Auftraggeber für eine Komplettheitsklausel, ist er gut beraten, diese zum einen individuell zu vereinbaren und zum anderen auch die Leistung funktional zu beschreiben. Denn diese Art von Klauseln ist bei einer detaillierten Leistungsbeschreibung, auch wenn ein Pauschalpreis vereinbart wird, im Regelfall unwirksam.[85]

114   Für **Nachhaltigkeitsziele** bedeutet dies, dass der Auftraggeber Vorsicht walten lassen muss bei allgemeinen Nachhaltigkeitszielen, die er mit dem Auftragnehmer vereinbart, wie zB die Einhaltung von bestimmten Grenzwerten bei Treibhausgasen. Wird dies als Leistungspflicht vereinbart, ist dem Auftragnehmer grundsätzlich überlassen, wie er diese Ziele erreicht. Wenn jedoch der Auftraggeber gleichzeitig ein **detailliertes Leistungsverzeichnis** mit bestimmten Baustoffen vorlegt, so ändert der Auftraggeber damit unausgesprochen die Funktionszuweisung und nimmt dem Auftragnehmer Planungsmöglichkeiten weg. Wenn der Auftraggeber – wie bei detaillierten Leistungsbeschreibungen üblich – eigenständig plant (planen lässt) und die Planung in Detailbeschreibungen umsetzen lässt, muss er hierfür auch Verantwortung übernehmen und haften. Dann kann der Auftraggeber nicht gleichzeitig im Rahmen von „Vollständigkeitswünschen" die Einhaltung einer absoluten Treibhausgasgrenze verlangen.

115   Anders ist der Fall zu sehen, wenn die Beschreibung des geschuldeten Leistungsumfangs des Auftragnehmers und die Beschreibung der geschuldeten Leistungsziele inhaltlich nicht korrespondieren. Denn sie bilden kumulativ die von dem Auftragnehmer zu erbringenden Leistungen bzw. den geschuldeten Erfolg ab. Der Leistungsumfang muss die in den Leistungszielen definierten Leistungen nicht widerspiegeln. Mit anderen Worten: Es ist für die

---

[84] BGH, 9.4.1992 – VII ZR 129/ 91, BauR 1992, 759; OLG Düsseldorf 25.2.2003 – 21 U 44/02, BauR 2003, 1572.
[85] Kapellmann/Messerschmidt/Markus § 2 VOB/B Rn. 492.

Begründung einer Leistungspflicht des Auftragnehmers ausreichend, wenn in den Leistungszielen zB die Erreichung der Zertifizierung einer bestimmten Stufe vereinbart wird. Dann hat der Auftragnehmer die dafür erforderlichen einzelnen Leistungen zu erbringen – auch dann, wenn sie in der vertraglichen Vereinbarung des Leistungsumfangs nicht konkret benannt sind. Maßgeblich ist allein die Frage, ob der Auftragnehmer sich im Sinne eines Erfolges zur Erreichung der Leistungsziele verpflichtet hat – ob im Rahmen der Vereinbarung des Leistungsumfangs alle notwendigen Schritte auf dem Weg dorthin abschließend bestimmt wurden, ist für seine Leistungspflicht sekundär.

D. Leistungsänderungen

116 Das neue Bauvertragsrecht, das seit dem 1. Januar 2018 für Werkverträge gilt, brachte auch erstmals ein gesetzliche Leistungsänderungsrecht mit sich. Bis zu diesem Zeitpunkt fand sich die Möglichkeit, Änderungen der Leistung anzuordnen, nur in den Regelungen der VOB/B – in reinen BGB-Verträgen musste diese Möglichkeit vertraglich verankert werden. Angelehnt an die Möglichkeiten der VOB/B, den Bauentwurf nachträglich zu ändern (§ 1 Abs. 3 VOB/B) oder zu erweitern, in dem nicht vereinbarte Leistungen verlangt werden (§ 1 Abs. 4 VOB/B), ist in § 650b BGB ein Anordnungsrecht des Bestellers aufgenommen worden.

117 Im Hinblick auf Nachhaltigkeit ist abzugrenzen, ob der Auftraggeber nur eine Konkretisierung von **Nachhaltigkeitszielen** vom Auftragnehmer fordert oder eine Änderung bzw. Erweiterung des Bauentwurfs. Im ersten Fall ist der Auftraggeber nicht auf sein Anordnungsrecht angewiesen, sondern kann die Konkretisierung der Leistung im Rahmen der vertraglichen Regelungen und der Verdichtung der Leistungsbeschreibung verlangen. Voraussetzung ist, dass sich die Konkretisierung der Leistungsziele innerhalb der zuvor vereinbarten Beschaffenheit der Leistungspflicht des Auftragnehmers bewegt. Dies ist im Einzelfall bei Vereinbarung einer detaillierten Leistungsbeschreibung[86] mit mehr Aufwand verbunden als bei einer funktionalen Leistungsbeschreibung. Allerdings sollte den Parteien gerade beim Abschluss weit gefasster Nachhaltigkeitsvereinbarungen bewusst sein, dass durch die ständige Fortentwicklung von rechtlichen Anforderungen und Bewegungen im Markt hier häufig von einer Konkretisierung auszugehen sein wird. Dies ist zB der Fall, wenn an die Fortentwicklung der sozialen Nachhaltigkeit gedacht wird. Dieser Punkt ist im Rahmen der EU-Taxonomie angelegt,[87] gleichwohl aber noch nicht über die **Mindeststandards** nach Art. 18 Taxonomie-Verordnung (EU 2020/852) hinaus definiert.

118 Geht das Verlangen des Auftraggebers über eine Konkretisierung der Leistungspflichten bzw. des Bauentwurfs hinaus, dürfte regelmäßig der Fall einer nach § 650b Abs. 1 S. 1 Nr. 1 BGB geänderten oder nach § 650b Abs. 1 S. 1 Nr. 2 BGB zusätzlichen Leistung vorliegen. Auch im Hinblick auf die Nachhaltigkeit ergeben sich keine Besonderheiten an die Legung eines Angebots bzw. der zu berechnenden Mehrvergütung. Inhaltlich sind beide Arten der Leistungsänderung gegenüber dem Auftragnehmer denkbar. Aktuell fehlt es in vielen Bauverträgen noch an praktischer Erfahrung in Bezug auf eine Beschreibung des Leistungsumfangs des Auftragnehmers unter Berücksichtigung nachhaltiger Merkmale einerseits bzw. an der Festlegung solcher Merkmale. Daher stehen in vielen Fällen Änderungswünsche des Auftraggebers bezüglich der Leistungsziele im Vordergrund. Hierbei kann es um die Ergänzung von nachhaltigen Leistungen gehen, wie Zuarbeiten zu einer **Zertifizierung** oder Anforderungen an die Gestaltung der Baustelle. Häufig rücken auch erst nach Vertragsschluss durch geänderte Anforderungen bei Finanzierungen zusätzlich zu erbringende Leistungen des Auftragnehmers in den Mittelpunkt.

119 Im Vertrag sollten die Parteien darauf achten, auch zu vereinbaren, wer diese Leistungsänderung anordnen kann. Die Forderung einer geänderten oder zusätzlichen Leistung

---

[86] → Rn. 105.
[87] → § 2 Rn. 18 ff.

durch Dritte wie einen nicht bevollmächtigten Architekt/Ingenieur oder einen Mitarbeiter eines öffentlichen Auftraggebers ist für den Auftragnehmer grundsätzlich unbeachtlich und kann zudem im zweiten Schritt keine vertragliche Vergütungsfolgen begründen.[88] Nimmt der Auftragnehmer die Leistungsänderung gleichwohl vor, ist hinsichtlich der Vergütung ein Anspruch nur erschwert zB über Geschäftsführung ohne Auftrag oder § 812 BGB durchzusetzen.

E. Abnahme

120   Hat der Auftragnehmer die Leistung abnahmereif, also im Wesentlichen **mangelfrei,** hergestellt, kann er nach § 640 Abs. 1 BGB die Abnahme seiner Leistung verlangen. Der Auftraggeber seinerseits ist zur Abnahme verpflichtet, wenn keine wesentlichen Mängel vorliegen.[89] Ob ein **Mangel** wesentlich ist, kann nur unter Berücksichtigung aller Umstände des Einzelfalls beantwortet werden.[90] Betrachtet werden hierbei Art, Umfang und Auswirkungen des Mangels.

121   Maßgeblich für die Abnahmefähigkeit ist somit, ob der Auftragnehmer im Hinblick auf die vereinbarten Nachhaltigkeitsleistungen im Wesentlichen mangelfrei geleistet hat. Dies bedeutet, dass die nachhaltigen Leistungen des Auftragnehmers messbar im Vertrag beschrieben sind. Von Allgemeinplätzen wie *„Reduzierung von …"* sollte der Auftragnehmer daher absehen. Messbare und transparente Kriterien zur Bewertung der Leistungspflicht des Auftragnehmers sind daher unerlässlich.[91]

122   Fehler oder Unklarheiten in der Leistungsbeschreibung oder bei der Beschreibung der Beschaffenheit der Leistungen des Auftragnehmers führen so zwangsläufig zu Streitigkeiten über die Abnahmefähigkeit des Bauvorhabens.

123   Maßgeblicher Zeitpunkt für die Einhaltung der anerkannten Regeln der Technik ist ebenfalls der Moment der Abnahme nach § 640 Abs. 1 BGB. Dies ist insoweit für den Auftraggeber problematisch, da sich im Bereich Nachhaltigkeit anerkannte Regeln der Technik erst bilden müssen. Aufgrund des Umstandes, dass es sich hierbei um bautechnische Regelungen handelt, die üblicherweise erst jahrelang erprobt sein müssen, werden sich diese erst nach und nach ausbilden. Der Auftraggeber hat somit ein „Hinterherhinken" der anerkannten Regeln der Technik gegenüber seinen Anforderungen in Bezug auf Nachhaltigkeit zu befürchten. Da die anerkannten Regeln der Technik zugunsten des Auftraggebers vermutlich noch einige Zeit nicht für abnahmerelevante – somit wesentliche – Mängel herangezogen werden können, verdeutlicht dies ebenfalls die Notwendigkeit von bestimmbaren und konkreten Leistungspflichten, deren Einhaltung bei Abnahme überprüft werden kann.

124   Noch ungeklärt ist, inwieweit die Anforderungen der Taxonomie-Verordnung (EU) 2020/852 ebenfalls zum Zeitpunkt der Abnahme eingehalten sein müssen. Dies bezieht sich zB auf den wesentlichen Beitrag zum Umweltziel „Klimaschutz". Hierzu ist nach Ziffer 7.1 der Verordnung (EU) 2021/2139 folgendes einzuhalten:

„Der Primärenergiebedarf (PEB), mit dem die Gesamtenergieeffizienz des errichteten Gebäudes definiert wird, liegt mindestens 10 % unter dem Schwellenwert, der in den Anforderungen für Niedrigstenergiegebäude gemäß den nationalen Maßnahmen zur Umsetzung der Richtlinie 2010/31/EU des Europäischen Parlaments und des Rates festgelegt ist. Die Gesamtenergieeffizienz wird anhand eines Ausweises über die Gesamtenergieeffizienz (Energy Performance Certificate, EPC) zertifiziert."

---

[88] BGH 27.11.2003 – VII ZR 53/03, NZBau 2004, 146.
[89] Grüneberg/Retzlaff, 82. Auflage 2023, § 640 Rn. 3.
[90] BGH 26.2.1981 – VII ZR 287/79, NJW 1981, 1448.
[91] Siehe zB unter → Rn. 27 ff.

§ 12 Der Vertrag mit den Ausführenden

Die Regelung stellt somit auf die nationalen Regelungen ab; in Deutschland entspricht 125
aktuell[92] ein Energieeffizienzhaus 55 diesen Anforderungen. Bleibt also ein Gebäude 10%
unterhalb dieser Schwelle, leistet es einen wesentlichen Beitrag zum Umweltziel Klimaschutz. Die Einhaltung des Effizienzhausstandards wird grundsätzlich mit der Baugenehmigung überprüft. Zum Zeitpunkt des Erhalts der Baugenehmigung kann somit ein ESG-konformes Gebäude vorliegen – fraglich ist, was passiert, wenn sich die nationalen Anforderungen nach Erhalt der Baugenehmigung ändern und zum Zeitpunkt der Abnahme ein „strengerer" Standard national gilt[93] – das Gebäude somit nicht mehr einen wesentlichen Beitrag zum Umweltziel Klimaschutz leistet. Ob dann ein wesentlicher Mangel des Gebäudes vorliegt, der zur Abnahmeverweigerung berechtigt, ist (offensichtlich) noch ungeklärt. Gerade wenn die Parteien somit hinsichtlich der Nachhaltigkeit auf die Regelungen der EU-Taxonomie abstellen und ein „taxonomiekonformes" Gebäude vereinbaren, ist angesichts solcher Unsicherheiten und der hier stetigen Fortentwicklung vermehrt auf vertragliche Regelungen abzustellen.

F. Haftung

Der Auftragnehmer im Bauvertrag nach § 650a BGB schuldet eine zum Zeitpunkt der 126
Abnahme gemäß § 640 BGB im Wesentlichen mangelfreie und vollständige Herstellung des vereinbarten Werks. Liegen Mängel im Sinne des § 633 BGB vor, stehen dem Auftraggeber die in §§ 634 ff. BGB benannten Gewährleistungsansprüche zu.

Naturgemäß liegt es im Interesse von Auftragnehmern, die Haftung für Mängel zu 127
begrenzen. Insbesondere, wenn es sich um neue und häufig noch nicht abschließend erprobte Themenbereiche handelt, die gerade beim nachhaltigen Bauen regelmäßig auftreten. Sei es der Einsatz neuer Materialien oder die Verwendung von Recyclingbaustoffen oder die Abweichung von allgemein anerkannten Regeln der Technik: viele Auftragnehmer versuchen in diesen Fällen entweder einen Haftungsausschluss zu vereinbaren oder sich über Bedenkenanzeigen nach oder analog § 4 Abs. 3, § 13 Abs. 3 VOB/B von der Haftung für Mängel zu befreien.

I. Bedenkenanzeige

Gerade beim Einsatz neuer Baumaterialien bzw. Recyclingstoffe oder bei noch nicht 128
erprobten Bauweisen wird häufig der Fall auftreten, dass der Auftragnehmer **Bedenken** nach § 4 Abs. 3 VOB/B oder im BGB-Vertrag entsprechend analog geltend macht. Hält der Auftraggeber an seiner jeweiligen Anweisung fest und verwirklicht sich im Nachgang ein Mangel, der auf die Anweisung des Auftraggebers zurückzuführen ist, wird der Auftragnehmer von einer Haftung frei – wie § 13 Abs. 3 VOB/B ausdrücklich vorsieht. Die Parteien können im Vertrag nicht von dieser Haftungsverteilung abweichen; zumindest nicht in **Allgemeinen Geschäftsbedingungen.**[94]

II. Haftungsausschluss

Der Versuch, in **Allgemeinen Geschäftsbedingungen** einen **Haftungsausschluss** zu 129
vereinbaren, dürfte zumindest dann problematisch sein, wenn die entsprechende Klausel vom Auftragnehmer gestellt wird. Letztendlich wird der Auftragnehmer im Einzelfall

---

[92] Stand: Ende Februar 2024.
[93] In Deutschland war eine Verschärfung des GEG und auch des Effizienzhausstandards auf 40 ursprünglich für das Jahr 2025 im Koalitionsvertrag der Bundesregierung geplant. Bundesumweltminister Habeck hatte von einer Verschärfung des Effizienzhausstandards bei einer Stellungnahme im September 2023 anlässlich der Neuverabschiedung des GEG Abstand genommen.
[94] BGH 22.3.1984 – VII ZR 50/82; NJW 1984, 1676.

prüfen müssen, worauf seine werkvertragliche Verpflichtung gerichtet ist: handelt es sich zB um den Einbau von Recyclingmaterialien, schuldet der Auftragnehmer eine ordnungsgemäße Ausführung, die – soweit möglich – den allgemein anerkannten Regeln der Technik entspricht. Bleibt die Ausführung dahinter zurück, dürfte ein Mangel vorliegen – eine entsprechende Allgemeine Geschäftsbedingung, wonach der Auftragnehmer für eine mangelhafte Ausführung nicht haftet, dürfte unwirksam sein. Möglich dürfte hingegen eine Vereinbarung sein, wonach der Auftragnehmer nicht für ein mangelfreies Produkt selbst einzustehen hat. Denn beim Einsatz von Recyclingmaterialien hat der Auftraggeber (ggf. ausdrücklich) ein gebrauchtes Produkt und somit Gebrauchsspuren in Kauf genommen.

130 Schuldet der Auftragnehmer jedoch den Einbau einer zB vollständig überarbeiteten Sache, dürfte die Frage nach einem Haftungsausschluss in Allgemeinen Geschäftsbedingungen zu verneinen sein – was bereits ein Blick in § 309 Nr. 8b) BGB nahelegt. Dies ist aber durchaus problematisch, gerade, wenn es um die Erprobung neuer Methoden geht. Nimmt man beispielsweise die Fassaden- bzw. Glasindustrie, so gibt es bereits erste Projekte, bei denen gebrauchte Scheiben saniert und im Anschluss nach einer Überarbeitung wieder eingebaut werden. Je nach Umfang der Sanierung dürfte der Schwerpunkt des Vertrages auf dem Einbau einer „neuen" Sache liegen. In diesem Fall kann für die Sanierungsarbeiten an sich kein Haftungsausschluss vereinbart werden – diese müssen den allgemein anerkannten Regeln der Technik entsprechen.[95] Für die Montage der Gläser ist ein Haftungsausschluss nur individuell und nach ausführlicher Belehrung denkbar.[96]

III. Innovationsklauseln

131 Auch bei der Vereinbarung von **Innovationsklauseln** kommt die Frage nach einer Verteilung der Haftung auf. Um eine ausgewogene Regelung zur Haftung zu treffen, können die Parteien beispielsweise vereinbaren, dass der Auftragnehmer für die Art und Weise der Verarbeitung zB von innovativen Materialien einsteht und bei einem Verarbeitungsfehler hierfür haftet, nicht aber für Mängel des innovativen Materials selbst.

> „1. Die Vertragsparteien haben sich zur Verbesserung der Klimaverträglichkeit der Baumaßnahme darauf verständigt, auf zementreduzierten („grünen") Beton zurückzugreifen. Die Einzelheiten zu den Einsatzbereichen und die technischen Spezifikationen sind in der Leistungsbeschreibung beschrieben.
> 2. Der Einsatz dieses zementreduzierten Betons entspricht nach Kenntnis der Vertragsparteien dem aktuellen Stand der Technik, jedoch nicht den anerkannten Regeln der Technik, da es an langjährigen Erfahrungen damit fehlt. Die Vertragsparteien sind sich darüber einig, dass die Abweichung von den anerkannten Regeln der Technik für den zementreduzierten Beton keinen Sachmangel begründet.
> 3. Die Vertragsparteien sind sich bewusst, dass der Einsatz dieses zementreduzierten Betons einerseits eine besondere Verarbeitung erfordert, andererseits aber wegen der fehlenden Langzeiterfahrung auch bei sorgfältiger Einhaltung aller Verarbeitungsvorgaben nach dem aktuellen Stand der Technik nicht gänzlich ausgeschlossen werden kann, dass sich derzeit nicht bekannte Materialeigenschaften zeigen und zu Mängelerscheinungen führen. Vor diesem Hintergrund vereinbaren die Parteien, dass der Auftragnehmer zwar für die Herstellung und Verarbeitung des zementreduzierten Betons nach dem aktuellen Stand der Technik einsteht, nicht aber für Mängel, die trotz dessen eintreten.
> 4. Die Haftung des Auftragnehmers für Mängel des zementreduzierten Betons, die aus Herstellungs- und Verarbeitungsfehlern resultieren, ist der Höhe nach auf den Betrag der Vergütung für die betreffenden Leistungspositionen beschränkt. Dies gilt nicht bei vorsätzlichen oder grob fahrlässigen Pflichtverletzungen.

---

[95] Vergleiche OLG München 14.2.2022 – 28 U 2563/13; NJW 2013, 1074.
[96] Vergleiche BGH, 8.3.2007 – VII ZR 130/05; DNotZ 2007, 822.

§ 12 Der Vertrag mit den Ausführenden   Kapitel 6

5. Im Fall der Geltendmachung von Haftungsansprüchen durch Dritte stellen sich die Parteien nach Maßgabe der jeweils vorstehend im Innenverhältnis übernommenen Haftung gegenseitig frei."

Daneben erscheint es fair, die Haftung für Mängel des innovativen Materials selbst zwischen den Parteien aufzuteilen. **132**

IV. Allgemein anerkannte Regeln der Technik

Unter → Rn. 84 ist bereits die Frage behandelt worden, ob von allgemein anerkannten Regeln der Technik durch Vereinbarung abgewichen werden kann. Klar ist, weicht der Auftragnehmer von den allgemein anerkannten Regeln der Technik ab – ohne dass eine rechtlich zulässige Vereinbarung hierzu mit dem Auftraggeber getroffen wurde – liegt ein Mangel der Werkleistung im Sinne des § 633 BGB vor. **133**

Der Auftragnehmer muss daher besondere Sorgfalt darauf verwenden, eine Regelung im Vertrag aufzunehmen, die für den konkreten Fall der Abweichung von einer allgemein anerkannten Regel der Technik eine zulässige Haftungsbefreiung darstellt. Wie bereits ausgeführt, stellt die Rechtsprechung hohe Anforderungen an eine solche Klausel. Konkret muss der Auftragnehmer den Auftraggeber umfassend und vor allem fehlerfrei auf sämtliche Folgen hinweisen:[97] **134**

„Dies erfordert, dass der Auftragnehmer den Auftraggeber auf die Bedeutung der allgemein anerkannten Regeln der Technik und die mit der Nichteinhaltung verbundenen Konsequenzen und Risiken hinweist, es sei denn, diese sind dem Auftraggeber bekannt oder ergeben sich ohne Weiteres aus den Umständen."[98]

Nicht nur muss der Auftraggeber Bedeutung und Tragweite der Abweichung von der allgemein anerkannten Regel der Technik erkannt haben.[99] Darüber hinaus fordert die Rechtsprechung, dass der Auftragnehmer den Auftraggeber auf die Bedeutung der allgemein anerkannten Regeln der Technik und die mit der Nichteinhaltung verbundenen Konsequenzen und Risiken explizit hingewiesen hat.[100] Ohne eine entsprechende Kenntnis kommt eine rechtsgeschäftliche Zustimmung des Auftraggebers zu einer hinter den allgemein anerkannten Regeln der Technik zurückbleibenden Ausführung regelmäßig nicht in Betracht.[101] **135**

Diese Anforderungen zeigen, dass bei Vereinbarung einer Bauweise nach „Gebäudetyp E" aktuell – solange es hierzu keine gesetzliche Vorgabe gibt – nicht einfach von allen allgemein anerkannten Regeln der Technik abgewichen werden kann. Denn die Vereinbarung einer Bauweise, die praktisch von allen oder zumindest von vielen allgemein anerkannten Regeln der Technik (bis auf öffentlich-rechtlich zwingend einzuhaltende Anforderungen an zB Brandschutz und Standsicherheit) abweichen kann, wäre wegen Unbestimmtheit wohl unwirksam. Vielmehr wäre der Auftragnehmer gezwungen, konkret anzugeben, von welcher allgemein anerkannten Regel der Technik abgewichen wird und welche Folgen dies im Einzelfall hat. Dies dürfte im Vertrag kaum praktikabel sein und das Risiko, dass hier Fehler unterlaufen, dürfte besonders hoch sein. Bei Vereinbarung einer Bauweise nach „Gebäudetyp E" wäre daher auf eine Haftungsfreistellung durch den Auftraggeber oder auf einen individuell vereinbarten Haftungsausschluss abzustellen. **136**

---

[97] Nicklisch/Weick/Jansen/Seibel § 13 VOB/B Rn. 44 ff.
[98] ibrOK BauVertrR/Jurgeleit § 633 BGB Rn. 50.
[99] BGH 9.5.1996 – VII ZR 181/93, NJW 1996, 2370.
[100] → Rn. 84.
[101] BGH 14.11.2017 – VII ZR 65/14, NJW 2018, 391.

V. Fehlende Berücksichtigung von „ESG"

137 Stellt der Auftraggeber bei Abnahme fest, dass Anforderungen der Verordnung (EU) 2020/852 des Europäischen Parlaments und Rates vom 18. Juni 2020 über die Einrichtung eines Rahmens zur Erleichterung nachhaltiger Investitionen nicht eingehalten sind, ist fraglich, ob der Auftraggeber hieraus Mängelansprüche gegen den Auftragnehmer herleiten kann.

138 Diese sogenannte Taxonomie-Verordnung enthält nach Art. 1 Abs. 1 Kriterien zur Bestimmung, ob eine Wirtschaftstätigkeit als ökologisch nachhaltig einzustufen ist. Der Bezug auf die ökologische Nachhaltigkeit (dem E von ESG) ist neben dem Verweis auf den Mindestschutz in Art. 18 (der S und G von ESG abdeckt), vereinfacht gesagt das, was die EU zu ESG erlassen hat.[102] Die Einhaltung der Taxonomie-Verordnung ist grundsätzlich nur dann vom Auftragnehmer geschuldet, wenn diese in die Leistungsziele bzw. den Leistungsumfang einbezogen sind oder sich zumindest aus den Umständen für den Auftragnehmer klar ergeben muss, dass der Auftraggeber die Einhaltung der Taxonomie-Verordnung zB gegenüber dem späteren Käufer schuldet.

139 Ist die Taxonomie Bestandteil der Leistungsziele bzw. des Leistungsumfang des Bauvertrages geworden, ist der Auftragnehmer gut beraten, im Vertrag klar zu definieren, zu welchem Zeitpunkt die Einhaltung der Kriterien geschuldet ist: zum Vertragsschluss oder zur Abnahme. Ziel des Auftragnehmers wird es sein, die Einhaltung der Kriterien zu einem möglichst frühen Zeitpunkt zu schulden (Vertragsschluss, Baugenehmigung…). Denn die Fortentwicklung der Kriterien einerseits und die mögliche Ausgestaltung von S und G andererseits birgt erhebliche Risiken für den Auftragnehmer. Fehlt es an einer Regelung, zu welchem Zeitpunkt die Einhaltung der Taxonomie geschuldet ist, dürfte vom Zeitpunkt der Abnahme auszugehen sein – da dies der grundsätzlich relevante Zeitpunkt für die Einhaltung von Leistungszielen bzw. Leistungsumfang im Bauvertrag ist.

G. Wiederverwendung von Bauprodukten

140 Gerade im Bauvertrag liegt es nahe, als eines der ökologischen **Nachhaltigkeitsziele** die Wiederverwendung von Bauprodukten zu vereinbaren. Hierzu können Auftraggeber und Auftragnehmer schon auf **Bauteilbörsen** wie **Concular**[103] oder **Madaster**[104] zurückgreifen, um das benötigte Material überhaupt beschaffen zu können, wenn die Parteien nicht eine eigene **„Urban Mining"**[105] **Baustelle** zur Verfügung haben.

141 Hintergrund der Wiederverwendung von Bauprodukten ist dabei einerseits zwar Ressourcen-Schonung und Verringerung von CO_2-Bilanzen, aber andererseits haben erste Bauvorhaben gezeigt, dass der Einsatz von wiederverwendeten Baumaterialien auch zu einer deutlichen Reduzierung der Baukosten führen kann.

142 Ganz allgemein gesprochen dient die Wiederverwendung von Bauprodukten – häufig wird auch der Begriff des zirkulären Bauens verwendet – der **Kreislaufwirtschaft (Circular Economy)**. Letztendlich werden hierunter alle Ansätze verstanden, die darauf abzielen, den Verbrauch natürlicher Ressourcen zu minimieren und die Kreislauffähigkeit von Materialien zu fördern. Dabei steht am Ende das Ziel, Materialien möglichst nicht nur zu

---

[102] → § 2 Rn. 18 ff.
[103] Concular ist eine Plattform für Bauteile und Materialien, die schon einmal verwendet worden sind. Über diese Plattform veräußert werden beispielsweise Treppen, Türen, Fenster, Personenaufzüge, Heizkörper, Dusch-Trennwandsysteme, aber auch ganze Fassaden.
[104] Über Madaster lassen sich die für die Berechnung der Zirkularität und andere Aspekte notwendigen Daten erstellen. Konkret erstellt Madaster ein Kataster für Materialien, die in den Gebäuden verbaut sind.
[105] Hierbei handelt es sich um die integrale Bewirtschaftung des anthropogenen Lagers mit dem Ziel, aus langlebigen Gütern Sekundär-Rohstoffe zu gewinnen. Dabei soll es keine Rolle spielen, ob die Güter noch aktiv genutzt oder erst in absehbarer Zukunft freigesetzt werden oder ob sie bereits das Ende ihres Nutzungshorizonts erreicht haben.

recyclen – was üblicherweise mit einer Abwertung des Produkts verbunden ist (zB ausgebaute Baustoffe werden geschreddert und zum Straßenausbau verwendet oder thermisch verwertet) – sondern Materialien in qualitativ gleichwertigen Kreisläufen zu halten. Es soll somit bei Herstellung, Nutzung und Entsorgung kein Müll entstehen, sondern alle Materialsorten sollen sauber getrennt und weiter genutzt werden können. Die Entwicklung der Nutzung von Materialien lässt sich wie folgt darstellen.[106]

Das Ziel der **Zirkularität,** bei der also die Nutzung von Materialien im Stoffkreislauf gehalten wird, ähnelt dem Konzept des **Cradle-to-Cradle:** von der Wiege zur Wiege. Hier soll letztendlich schon beim Design von Produkten deren späteres Nutzungsszenario einkalkuliert werden. Somit spielt neben der Kreislauffähigkeit eines Produkts hier auch die Materialgesundheit bzw. die Materialzusammensetzung eine Rolle.[107] Im Idealfall bedeutet dies, dass Materialien in so guter Qualität eingebaut werden, dass sie beim Umbau oder auch beim Abriss und Neubau wiederverwendet werden können.[108]

143

I. Bauproduktenrecht/CE-Kennzeichnung

Regelungen zu Bauprodukten finden sich in der **EU-Bauproduktenverordnung (BauP-VO)** und dem **Bauproduktengesetz (BauPG)** für harmonisierte Produkte sowie im Übrigen in der Musterbauordnung (MBO) und den einzelnen Landesbauordnungen der Bundesländer. Die Landesbauordnungen schreiben vor, dass die von den obersten Bauaufsichtsbehörden der Länder durch öffentliche Bekanntmachung eingeführten technischen Regeln zu beachten sind. Das Deutsche Institut für Bautechnik (DIBt) hat dabei als gemeinsame von Bund und Ländern eingerichtete Anstalt des öffentlichen Rechts u. a. die Aufgabe, technische Regeln für die Planung, Bemessung und Ausführung von Bauwerken und für Bauprodukte aufzustellen. Diese Regelungen sind in der sogenannten Muster-Verwaltungsvorschrift Technische Baubestimmungen (MVV TB) enthalten.

144

---
[106] In Anlehnung an TRAS BINS OR NO BINS: Quelle: C2C NGO org – bearbeitet nach storyofstuff.org.
[107] Baureis/Cortis et al., Leitfaden Klimaschutz im Bauwesen, 2022, S. 12.
[108] Schmidt ESG 2022, 130.

145 Welche Produkte als Bauprodukte verwendet werden dürfen, ist abhängig von der Kennzeichnung.
- Grundsätzlich sind an erster Stelle die CE-gekennzeichneten harmonisierten Bauprodukte zu nennen, auf die auch nach § 16 MBO verwiesen wird. Harmonisiert ist ein Bauprodukt, wenn dafür auf Grundlage eines Mandats der EU-Kommission durch die europäischen Normungsinstitutionen (insb. CEN) Normen entwickelt, diese von der EU-Kommission angenommen und im Amtsblatt der EU veröffentlicht wurden, also für das Bauprodukt harmonisierte Normen vorliegen.
- Fehlt es an einer CE-Kennzeichnung, können Bauprodukte nach § 16b MBO verwendet werden, wenn bei ihrer Verwendung die baulichen Anlagen bei ordnungsgemäßer Instandhaltung, während einer dem Zweck entsprechenden angemessenen Zeitdauer, die Anforderungen dieses Gesetzes oder aufgrund dieses Gesetzes erfüllen und gebrauchstauglich sind. Darüber hinaus dürfen Bauprodukte nach § 16b Abs. 2 MBO auch dann verwendet werden, wenn sie den in Vorschriften anderer Vertragsstaaten des EWR genannten technischen Anforderungen entsprechen, sofern das geforderte Schutzniveau gemäß § 3 Satz 1 MBO gleichermaßen dauerhaft erreicht wird.

Zudem regelt § 17 MBO, ob nicht CE-gekennzeichnete Bauprodukte eines **Verwendbarkeitsnachweises** nach §§ 18 – 20 MBO bedürfen. Dies ist grundsätzlich nicht der Fall, wenn die Bauprodukte von untergeordneter Bedeutung für die Erfüllung der gesetzlichen Anforderung sind (§ 17 Abs. 2 Nr. 2 MBO) oder wenn es für die Bauprodukte allgemein anerkannte Regeln der Technik gibt (§ 17 Abs. 2 Nr. 1 MBO). Umgekehrt: alle Bauprodukte, die nicht CE-gekennzeichnet sind, bedürfen eines Verwendungsnachweises in Form einer allgemeinen bauaufsichtlichen Zulassung nach § 18 MBO oder einer Zustimmung im Einzelfall nach § 20 MBO, wenn
- es zum Bauprodukt keine anerkannte Regel der Technik gibt, § 17 Abs. 1 Nr. 1 MBO
- sie von technischen Baubestimmungen wesentlich abweichen, § 85a Abs. 2 Nr. 3 MBO, § 17 Abs. 1 Nr. 2 MBO oder
- eine Verordnung nach § 85 Abs. 4a MBO dies vorsieht, § 17 Abs. 1 Nr. 3 MBO

146 Die Frage nach der Verwendbarkeit von Bauprodukten wird insbesondere im Bereich Wiederverwendung relevant, wenn praktische Fragen anstehen: besteht eine CE-Kennzeichnung nach Ausbau eines Bauproduktes noch fort? Wie ist mit Bauprodukten umzugehen, die wiederverwendet werden sollen und für die beim erstmaligen Einbau keine CE-Kennzeichnung vorlag – nun aber schon. Wann erlischt eine CE-Kennzeichnung?

147 Die gesetzlichen Regelungen im Bauprodukten- und Baurecht unterscheiden Stand heute nicht zwischen neuen, gebrauchten, wiederverwendeten oder weitergenutzten Bauprodukten sowie Recycling-Baustoffen (RC-Baustoffe). Das bedeutet, dass Bauprodukte unabhängig von ihrer bisherigen Nutzung bei ihrer neuen Verwendung für Zwecke der Errichtung, Modernisierung oder Instandsetzung baulicher Anlagen die aktuellen gesetzlichen Anforderungen erfüllen müssen.[109] Denn grundsätzlich gilt die Bauproduktenverordnung nur für neue Bauprodukte, so dass sie auf die Wiedereinbringung gebrauchter Bauprodukte nicht anwendbar ist.[110] Für das jeweilige Bauprodukt, das wiederverwendet werden soll, muss also ein **Verwendbarkeitsnachweis** in Form einer allgemeinen bauaufsichtlichen Zulassung, eines allgemeinen bauaufsichtlichen Prüfzeugnisses oder der Zustimmung im Einzelfall beantragt werden.[111] Im Einzelnen gilt es hier zu prüfen, ob und inwiefern ein für das damals noch als Neubauprodukt bereits erteilter Verwendbarkeitsnachweis fortgeführt werden kann. Regelmäßig sind Verwendbarkeitsnachweise ohnehin befristet und dürften bei Wiedereinbringung ausgelaufen sein. Daneben stellt sich die Frage,

---

[109] Halstenberg/Franßen, Studie Regelwerke des Normungs- und technischen Zulassungswesens anhand des Themenkomplexes Recyclingverfahren und Weiter-/Wiederverwendung von Bauprodukten und Baustoffen (2022), www.bauindustrie.de/fileadmin/bauindustrie.de/Media/Veroeffentlichungen/Wiederverwendung_Bauprodukte_Roadmap_Studie.pdf (Stand 20.3.2024), S. 21.
[110] Campanella/Fehse KlimR 2023, 365.
[111] Campanella/Fehse KlimR 2023, 365.

ob der ursprüngliche Verwendbarkeitsnachweis auf die Wiedereinbringung überhaupt Anwendung findet.[112] Auch dies dürfte im Regelfall nicht zutreffen. In den Fokus rückt somit die Frage, ob es zum (wiederverwendeten) Bauprodukt allgemein anerkannte Regeln der Technik gibt – was oft noch nicht der Fall sein dürfte – oder ob sie von technischen Baubestimmungen wesentlich abweichen. Hier wird für die Vertragsparteien häufig die Frage relevant, ob ein Sachverständiger hinzugezogen werden muss, um die Frage der Wesentlichkeit zu beantworten.

II. Besonderheiten des Abfallrechts

Bei der Wiederverwendung von Bauprodukten und dem Fördern der **Kreislaufwirtschaft** liegt das Ziel u. a. darin, die **Abfalleigenschaft** von Bauprodukten zu verhindern. Denn nur, wenn verhindert wird, dass Bauprodukte als Abfall nach § 3 Abs. 1 KrWG (Gesetz zur Förderung der Kreislaufwirtschaft und Sicherung der umweltverträglichen Bewirtschaftung von Abfällen) angesehen werden, kann das Regime der Abfallhierarchie nach § 6 Abs. 1 Nr. 1 KrWG umgangen werden. **148**

Dabei muss der Eintritt der **Abfalleigenschaft** schon von Beginn an verhindert werden: also ab dem Zeitpunkt, in dem das gebrauchte Bauprodukt originär bzw. erstmals im Zuge von (Aus-) Baumaßnahmen anfällt. Entsprechend ist der Hauptzweck des gebrauchten Bauprodukts zu bestimmen – der mehr umfassen muss als mögliche Energieerzeugung oder den Ausschluss von Gefahrpotentialen für Mensch und Umwelt. Hauptzweck des gebrauchten Bauprodukts muss sein: **149**

- es unmittelbar wieder als Erzeugnis mit den gleichen Eigenschaften (wie sie für die vorangegangene Verwendung im Bauwerk funktionsbestimmende waren) und zum gleichen Zweck (zu dem es ursprünglich hergestellt und im Bauwerk verwendet wurde) zu verwenden oder
- es als stoffliche Ressourcenquelle für die Herstellung neuer materialgleicher Bauprodukte zu verwenden

Kurz zusammengefasst: planen die Parteien des Bauvertrags gebrauchte Baumaterialien zB von Urban Mining Baustellen wiederzuverwenden, muss bereits bei Ausbau der Zweck feststehen. Dies trifft auch zu, wenn gebrauchte Baumaterialien von Dritten gekauft werden, hier muss bereits bei der Veräußerung feststehen, welche Hauptzweck mit den Bauprodukten verfolgt werden soll. Fällt die Zweckbestimmung auch nur für eine „logische Sekunde" weg, verliert das Produkt gleichsam in dieser Sekunde seinen Produktstatus und wird zu Abfall im Sinne des KrWG.[113] **150**

Sofern das Bauprodukt zu Abfall im Sinne des KrWG wird, kann das Bauprodukt diese **Abfalleigenschaft** auch wieder verlieren, wenn es das „Abfallende" nach § 5 Abs. 1 KrWG erreicht. Dies ist der Fall, wenn ein Bauprodukt entweder ein Recycling oder ein anderes Verwertungsverfahren durchlaufen hat und so beschaffen ist, dass das Bauprodukt üblicherweise für bestimmte Zwecke verwandt wird; ein Markt für/Nachfrage nach dem Bauprodukt besteht/das Bauprodukt alle für die jeweilige Zweckbestimmung technischen Anforderungen/Rechtsvorschriften erfüllt und die Verwendung nicht zu schädlichen Auswirkungen auf Menschen oder Umwelt führt. Alternativ können Bauprodukte, die zu Abfall geworden sind, über das Recyclingverfahren nach § 3 Abs. 7b KrWG wieder so aufbereitet werden, dass sie als Rezyklat (wiederverwertete Kunststoffe aus Polyethylen, Polypropylen oder Polyethylenterephthalat) angesehen werden und somit zu einem sekun- **151**

---

[112] IbrOK BauVertrR/Zahn § 650p BGB Rn. 195.
[113] Halstenberg/Franßen, Studie Regelwerke des Normungs- und technischen Zulassungswesens anhand des Themenkomplexes Recyclingverfahren und Weiter-/Wiederverwendung von Bauprodukten und Baustoffen (2022), www.bauindustrie.de/fileadmin/bauindustrie.de/Media/Veroeffentlichungen/Wiederverwendung_Bauprodukte_Roadmap_Studie.pdf (Stand 20.3.2024), S. 15.

dären Rohstoff werden – auch hierüber ist das Abfallende nach § 5 Abs. 1 KrWG dann erreicht.

III. Wiedereinbringung von Baumaterialien

152 Legt man diese Anforderung an – der Hauptzweck des wiederverwendeten Bauprodukts darf keine Sekunde verloren gehen – unterscheidet die Praxis regelmäßig hierfür drei Schritte:
- In Abhängigkeit von der Frage, ob Auftraggeber oder Auftragnehmer den Rückbau der wiederzuverwendenden Bauprodukte selbst durchführen, ist auf eine saubere Trennung der Produkte (Arten und Typen) zu achten und diese sind frei von Fremdkörpern zu halten. Dies setzt einen sehr selektiven Rückbau voraus.
- Vor Beginn des selektiven Rückbaus hat eine ausführliche Bauwerkserkundung zu erfolgen, um einerseits mögliche Schadstoffe aufzufinden und andererseits festzulegen, welche Bauprodukte tatsächlich für welchen Zweck wiederverwendet werden können.
- Je nach Ergebnis der Bauwerkserkundung können Vertragsketten festgelegt werden, in denen der Weiterverwendungszweck festgelegt wird und innerhalb der die Bauprodukte nach Rückbau weitergenutzt werden können.

153 Die Bedeutung der Festlegung des Hauptzwecks zeigt sich, wenn man alternativ die Folgen betrachtet, die entstehen, wenn das gebrauchte Bauprodukt die **Abfalleigenschaft** nach § 3 KrWG aufweist. Denn beim Ausbau müssen dann einerseits die Anforderungen des KrWG beachtet werden, andererseits unter Umständen die Anforderungen der Getrenntbewirtschaftungspflichten nach GewAbfV. Hauptfolge ist u.a., dass Abfälle vorrangig zu verwerten und nachrangig nur zu beseitigen sind. Die ausgebauten Bauprodukte sollen somit der Verwertung zugeführt werden, damit theoretisch „neue Produkte" entstehen können.

154 Davon zu trennen ist die Frage, ob die Wiedereinbringung von Bauprodukten auch baurechtlich zulässig ist. Dies wird bauordnungsrechtlich zu klären sein. So dürfen beispielsweise nach § 18 Abs. 1 der BauO für das Land NRW nur Bauprodukte verwendet werden, wenn bei ihrer Verwendung die baulichen Anlagen bei ordnungsgemäßer Instandhaltung, während einer dem Zweck entsprechenden angemessenen Zeitdauer, die Anforderungen dieses Gesetzes oder der aufgrund dieses Gesetzes erlassenen Vorschriften erfüllen und gebrauchstauglich sind. Dies muss für die einzelnen Bauprodukte geprüft und nachgewiesen werden. Hierzu finden entweder die Verordnung (EU) Nr. 305/2011 des Europäischen Parlaments und des Rates vom 9. März 2021 zur Festlegung harmonisierter Bedingungen für die Vermarktung von Bauprodukten oder nationale Verfahren (vgl. §§ 17 ff. MBO) Anwendung.

155 Der Begriff des Bauprodukts (im Sinne der Landesbauordnung) ist dabei wiederum sehr weit zu verstehen: Gemäß Artikel 2 der (insofern maßgeblichen) Bauproduktenverordnung bezeichnet „Bauprodukt" jedes Produkt oder jeden Bausatz, das bzw. der hergestellt und in Verkehr gebracht wird, um dauerhaft in Bauwerke oder Teile davon eingebaut zu werden, und dessen Leistung sich auf die Leistung des Bauwerks im Hinblick auf die Grundanforderungen an Bauwerke auswirkt. Ein „Bausatz" ist dabei ein Bauprodukt, das von einem einzigen Hersteller als Satz von mindestens zwei getrennten Komponenten, die zusammengefügt werden müssen, um ins Bauwerk eingefügt zu werden, in Verkehr gebracht wird.

156 Daneben sind noch weitere gesetzlichen Regelungen zu beachten, wenn Bauprodukte wiederverwendet werden sollen. Wiederverwendete Bauprodukte können auch unter den Anwendungsbereich des LkSG fallen. Denn die Lieferkette nach § 2 Abs. 5 LkSG bezieht sich auf alle Produkte eines Unternehmens, die zur Herstellung der Produkte erforderlich sind; Abs. 6 fasst den Geschäftsbereich von Unternehmen sehr weit – somit auch Tätigkeiten, die zur Erstellung und Verwertung von Produkten führen. Konkret bedeutet das:

der Auftragnehmer, der Bauprodukte wiederverwendet, hat nach § 5 Abs. 1 LkSG eine angemessene Risikoanalyse im Hinblick auf die ursprüngliche Herstellung des Bauproduktes vorzunehmen.[114]

Nicht zu unterschätzen ist auch, dass die Frage, ob ein wiederverwendetes Bauprodukt für das vorliegende Bauvorhaben genutzt werden kann, den zivilrechtlichen Regelungen entsprechen muss. Hier ist vorrangig daran zu denken, dass der Auftragnehmer gut beraten ist zu prüfen, ob die anerkannten Regeln der Technik[115] den Einsatz eines „gebrauchten" Bauproduktes zulassen oder – sofern dies fraglich ist – ob in den vertraglichen Regelungen eine entsprechende Klausel nach Belehrung des Auftraggebers aufgenommen worden ist.[116] 157

IV. Ersatzbaustoffverordnung (EBV)

Unterfallen die gebrauchten Bauprodukte dem Abfallbegriff oder diskutieren die Parteien über Baumaterialien, die bestimmungsgemäß als Abfall im Sinne des § 3 Abs. 1 KrWG anfallen, sind automatisch weitere Regelungen zu beachten. Hierzu gehört u. a. die Ersatzbaustoffverordnung (EBV), die seit 2023 in Kraft ist. 158

Nach Auswertungen des Bundesministeriums für Umwelt, Naturschutz, nukleare Sicherheit und Verbraucherschutz (BMUV) fallen pro Jahr in Deutschland rund 250 Millionen Tonnen mineralische Abfälle wie Bauschutt, Bodenmaterial, Schlacken und Aschen an.[117] Schon aufgrund der schieren Menge zeigt sich das Potential, das Abfallaufkommen in Deutschland in diesem Bereich zu verbessern und diese Abfälle dem Recycling zuzuführen. Allerdings war der Umgang mit solchen Materialien bislang Ländersache. Die Verordnung zur Einführung einer Ersatzbaustoffverordnung, zur Neufassung der Bundes-Bodenschutz- und Altlastenverordnung und zur Änderung der Deponieverordnung und der Gewerbeabfallverordnung vom 9. Juli 2021, kurz Mantelverordnung (MantelV), nimmt sich diesem Thema an. Kernstück ist die am 1. August 2023 in Kraft getretene Ersatzbaustoffverordnung (EBV), die bundeseinheitlich den Umgang mit mineralischen Abfällen wie Bodenaushub oder Bauschutt regelt. Kern der Regelung ist die Frage, wie wiederaufbereitetes Baumaterial erneut zum Einsatz kommen darf. 159

Konkret gibt die EBV an, welche umweltfachlichen Anforderungen an die Verwendung sowie den Einbau mineralischer Ersatzbaustoffe in technische Bauwerke (§ 1 Abs. 1 Nr. 3 und 4 EBV) gestellt werden. Zudem sind ergänzend bei der Verwendung und dem Einbau mineralischer Ersatzbaustoffe in technische Bauwerke bautechnische Anforderungen wie FGSV[118]-Regelwerke zu beachten. Technische Bauwerke im Sinne der EBV sind mit dem Boden verbundene Anlagen oder Einrichtungen, die in einer der in den Anlagen 2 oder 3 dieser Verordnung aufgelisteten Einbauweisen errichtet werden (insbesondere Straßen, Parkplätze, Lager- und befestigte Flächen). 160

Bei der EBV wurde ein Thema nicht berücksichtigt, welches u. a. vom Zentralverband Deutsches Baugewerbe (ZDB) gefordert wurde, nämlich die Regelung des Endes der Abfalleigenschaft für güteüberwachte Ersatzbaustoffe. Hintergrund der Forderung war, dass ausgebaute Ersatzbaustoffe nicht mehr als Abfall behandelt werden sollten, sondern hierdurch Produktstatus erlangen könnten. Hierzu soll ein neuer Entwurf des BMUV vorgelegt 161

---

[114] Halstenberg/Franßen, Studie Regelwerke des Normungs- und technischen Zulassungswesens anhand des Themenkomplexes Recyclingverfahren und Weiter-/Wiederverwendung von Bauprodukten und Baustoffen (2022), www.bauindustrie.de/fileadmin/bauindustrie.de/Media/Veroeffentlichungen/Wiederverwendung_Bauprodukte_Roadmap_Studie.pdf (Stand 20.3.2024), S. 31.
[115] → Rn. 79.
[116] → Rn. 84.
[117] BMUV, Recycelte Baustoffe werden für Bauherren attraktiver (2023), https://www.bmuv.de/pressemitteilung/recycelte-baustoffe-werden-fuer-bauherren-attraktiver?cc=DE&safesearch=moderate&setlang=de&ssp=1&cHash=a5b06cd3180db4f7a0f91d89509eb9c8 (Stand: 20.3.2024).
[118] Forschungsgesellschaft für Straßen- und Verkehrswesen e. V.

werden,[119] denn auch im Koalitionsvertrag ist das Ziel enthalten, qualitätsgesicherte Abfallprodukte aus dem Abfallrecht zu entlassen.

V. Beispiele für Recycling-Materialien

162 Der Einsatz von Recycling-Materialien erhält somit rechtliche Grundlagen und wird zudem zunehmend nachgefragt. Für einzelne Materialien, wie Beton, liegen auch schon erste Normungswerke wie **DIN 10945/EN206-1** und **DIN 4226-100 EN/12610** vor. Diese Regelwerke schaffen erste bautechnische Grundlagen für einen verstärkten Rezyklateinsatz im Beton.

163 Darüber hinaus ist es noch Sache der Parteien, im Bauvertrag Regelungen zu schaffen, wie eine gewissen Güte für Recycling-Baustoffe vereinbart werden kann. Hierzu kann etwa mit Stichproben gearbeitet werden, bei denen zB ein Sachverständiger oder der Auftragnehmer selbst, das zur Verfügung gestellte Recycling-Material beprobt und hierüber eine Feststellung zur Qualität des Materials trifft. Die so ermittelte Beschaffenheit des Recycling-Materials sollte als Beschaffenheitsvereinbarung Einzug in das Vertragswerk und die Leistungspflicht des Auftragnehmers halten. Dabei sollte der Auftragnehmer darauf achten, dass eine eventuell geringere Qualität als üblich ausdrücklich im Bauvertrag festgehalten wird und er den Auftraggeber über die Bedeutung ausführlich belehrt hat.[120]

VI. DIN SPEC 91484

164 Laut Statistischem Bundesamt waren Bau- und Abbruchabfälle im Jahr 2020 für mehr als 55 % des bundesweiten Abfallaufkommens verantwortlich.[121] Dabei droht die Gefahr, dass diese Zahlen noch zunehmen. Denn in Summe soll in Deutschland ein anthropogenes – somit ein von Menschen geschaffenes – Materiallager mit einer Menge von rund 341 Mio. Tonnen Material bestehen, wovon auf den Bausektor rund 55 % der Lagermassen entfallen sollen.

---

[119] BMUV, Recycelte Baustoffe werden für Bauherren attraktiver (2023), https://www.bmuv.de/pressemitteilung/recycelte-baustoffe-werden-fuer-bauherren-attraktiver?cc=DE&safesearch=moderate&setlang=de&ssp=1&cHash=a5b06cd3180db4f7a0f91d89509eb9c8 (Stand: 20.3.2024).

[120] In Anlehnung an die Rechtsprechung des OLG Brandenburg 30.3.2011 – 13 U 16/10, NJOZ 2011, 1755.

[121] Statistisches Bundesamt, Abfallaufkommen in Deutschland im Jahr 2019 weiter auf hohem Niveau (2021), www.destatis.de/DE/Presse/Pressemitteilungen/2021/06/PD21_261_321.html (Stand: 20.3.2024).

Anthropogenes Materiallager nach Gütergruppen und Materialien in Deutschland [2010][122]

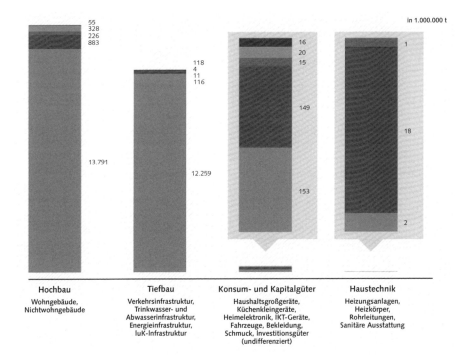

Damit die Baubranche einen konkreten Anhaltspunkt hat, wie sie verantwortungsvoll mit dem anthropogenen Lager umgehen und Kreislaufwirtschaft fördern kann, um Abfall zu vermeiden, ist u. a. die DIN SPEC 91484 entwickelt worden, die im September 2023 veröffentlicht wurde.[123] Die DIN SPEC (SPEC = Specification) ist dabei nicht Teil des Deutschen Normenwerks und regelt ein Thema, für das keine Norm vorliegt – es handelt sich lediglich um die Vorstufe einer DIN- Norm. Den Parteien des Bauvertrages steht es frei, die Geltung der DIN SPEC zu vereinbaren. **165**

Inhaltlich zielt die DIN SPEC 91484 darauf ab, als Leitfaden für die Erstellung sogenannter **Pre-Demolition-Audits** zu dienen; ein Verfahren zur Erfassung von Bauprodukten als Grundlage für Bewertungen des hochwertigen Anschlussnutzungspotentials vor Abbruch- und Renovierungsarbeiten. Dabei folgt der Begriff der „hochwertigen Anschlussnutzung" folgender Hierarchie: **166**

---

[122] In Anlehnung an Umweltbundesamt, Urban Mining (2017), www.umweltbundesamt.de/sites/default/files/medien/1968/publikationen/uba_broschuere_urbanmining_rz_screen_0.pdf (Stand 20.3.2024), S. 12.
[123] Beuth, DIN SPEC 91484:2023-09 (2023), www.beuth.de/de/technische-regel/din-spec-91484/371235753 (Stand 20.3.2024).

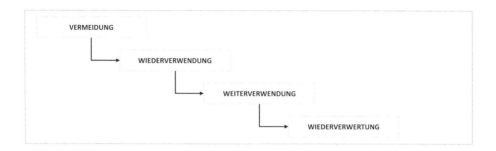

Hierarchie hochwertiger Anschlussnutzung[124]

167 Das Verfahren gliedert sich dabei in zwei Stufen: eine Vor- und eine Detailprüfung.
Die DIN SPEC 91484 definiert, welche Informationen über die Bauprodukte erfasst werden müssen, um ihr individuelles Potenzial für die Anschlussnutzung zu prüfen und zu bewerten: etwa Daten zum Standort des Bauwerks, zum Baujahr, zur Gebäudeklasse und zur Nutzungsart. Anhand dieser Basisinformationen können erste Entscheidungen dahingehend getroffen werden, ob sich Bauprodukte für eine Wiederverwendung eignen oder nicht. Danach folgt die Detailprüfung, für die Fachgutachten erstellt werden. Außerdem legt das Dokument fest, welche Akteure (wie zB Architekten, Statiker, Schadstoffgutachter, Abbruchunternehmer, Bauämter) dieses Verfahren durchführen. Die zu erstellende Ergebnis-Dokumentation dient als Bewertungsgrundlage für das Anschlussnutzungspotential.

168 Ergänzend hierzu ist die DIN SPEC 91446 anzusehen, die den weltweit ersten Standard für hochwertiges Kunststoffrecycling und Digitalisierung setzte. Die DIN SPEC 91446 findet bereits in der Verpackungs- und Bauindustrie Anwendung. Sie wurde Anfang 2023 vom Verband der Automobilindustrie e. V. (VDA) in die VDA-Empfehlung 284 übernommen. Im Bereich recycelte Kunststoffe, Rezyklate genannt, ist die Handelsplattform Cirplus[125] führend.

VII. Überarbeitung EU-Bauprodukteverordnung

169 Voraussichtlich im Sommer 2024 soll die neue EU-Bauproduktenverordnung veröffentlicht werden, auf die sich EU-Kommission, EU-Parlament und EU-Rat im Dezember 2023 einigen konnten. Dabei standen sowohl digitale als auch ökologische Themen im Mittelpunkt der Neuerungen. So soll zB ein digitaler Pass für Bauprodukte eingeführt werden und Befugnisse im Hinblick auf Verfahren zur umweltgerechten Vergabe öffentlicher Aufträge für Bauprodukte festgelegt werden.[126] Gerade im Hinblick auf die öffentlichen Ausschreibungen soll die EU-Kommission bevollmächtigt werden, durch delegierte Rechtsakte verbindliche Mindestanforderungen an die ökologische Nachhaltigkeit festzulegen. Auch das Thema **Kreislaufwirtschaft** wird ein zentrales Element der Neuerungen: Bauprodukte sollen zukünftig wiederverwendbar und recycelbar produziert werden.

---

[124] Abb. in Anlehnung an DIN SPEC 91484, Bild 1, Seite 9.
[125] Cirplus ist nach eigenen Angaben Europas größte B2B-Beschaffungsplattform für Rezyklate. Das Unternehmen verbindet Recycler und Kunststoff verarbeitende Unternehmen miteinander, indem es Angebot und Nachfrage bündelt und qualifiziert; das Unternehmen ist bereits in mehr als 100 Ländern verfügbar und mehr als 3.000 Unternehmen sind hier gelistet.
[126] Rat EU, Kreislauffähige Bauprodukte: Rat und Parlament erzielen vorläufige Einigung (2023), www.consilium.europa.eu/de/press/press-releases/2023/12/13/circular-construction-products-council-and-parliament-strike-provisional-deal/ (Stand: 20.3.2024).

Kapitel 7 Nutzungsphase

§ 13 Nachhaltigkeit in der Vermietung – Green Lease

Übersicht

	Rn.
A. Einführung und Begriff des „Green Lease"	1
I. Sinn und Zweck mietvertraglicher Regelungen zur Nachhaltigkeit	1
II. „Green Lease" nach ZIA	4
III. Nachhaltigkeitsregelungen und AGB-Kontrolle	9
1. Einbeziehung der Nachhaltigkeitsregelungen in den Mietvertrag	11
2. Risiko der Verwendung von „Bemühensklauseln"	14
B. Nachhaltige Bewirtschaftung der vermieteten Immobilie	17
I. Verbrauchsdaten	17
1. Pflicht zum Austausch von Daten	17
2. Smart Buildings und Datenschutz	18
II. Vereinbarung von Nachhaltigkeitsanforderungen	19
1. Geschuldeter Stand der Technik	19
2. Zertifizierung des Gebäudes	23
3. „Klimarisiko" – Wer haftet bei Rekordhitze?	25
III. Mehrkosten einer nachhaltigen Bewirtschaftung	32
1. Grundsatz der Wirtschaftlichkeit	32
2. Mietvertragliche Regelung zur Umlage der Mehrkosten einer nachhaltigen Bewirtschaftung	34
IV. Kosten der CO_2-Umlage	39
V. Energetische Modernisierung während der Mietlaufzeit	44
1. Modernisierung im Wohnraummietrecht	44
2. Modernisierung im Gewerberaummietrecht	52
VI. Anspruch des Mieters auf Gestattung der Installation von E-Ladestationen	56
1. Bedeutung der gesetzlichen Regelung	56
2. Reichweite des gesetzlichen Anspruchs	59
3. Notwendigkeit einer Interessenabwägung	62
4. Dokumentation des Abstimmungsergebnisses per Nachtrag	71
5. Anwendbarkeit auf elektrische Zweiräder (insb. E-Bikes und E-Roller)	72
6. Abweichende und konkretisierende mietvertragliche Regelungen	73
VII. Photovoltaik	74
1. Installation durch den Vermieter und Mitvermietung der Photovoltaikanlage	75
2. Installation und Betrieb durch den Mieter	76
3. Installation und Betrieb durch den Vermieter	79
4. Vermietung der Dachfläche an einen Dritten als Betreiber	84
VIII. Verpflichtung des Mieters zum Bezug nachhaltig erzeugter Energie	86
C. Nachhaltigkeitsaspekte außerhalb der Bewirtschaftung des Gebäudes	88
I. Art der Nutzung und Identität des Mieters	88
II. Nichtraucherschutz	91
III. Lieferketten-Compliance	94

A. Einführung und Begriff des „Green Lease"

I. Sinn und Zweck mietvertraglicher Regelungen zur Nachhaltigkeit

1 In Planung und Bau trifft der Grundstückseigentümer als Bauherr alle wesentlichen Entscheidungen selbst, die die Nachhaltigkeit eines Gebäudes prägen. Der Grundstückseigentümer wird sich in dieser Phase mit Baubehörden, Finanzieren und ggf. auch schon mit Mietern austauschen müssen. Im Großen und Ganzen bleibt er aber der verantwortliche Entscheidungsträger. Das ändert sich mit der Fertigstellung des Gebäudes und Übergabe an die Mieter. Ab dann muss sich der Eigentümer mit den Mietern im Gebäude auseinandersetzen, die andere Vorstellungen davon haben können wie sie das Gebäude nutzen, betreiben, beheizen, modernisieren oder umgestalten. Aus diesem Grund ist jeder an einer nachhaltigen Immobilie interessierte Vermieter gut beraten, sich früh Gedanken darüber zu machen, welche Nachhaltigkeitsaspekte in Bezug auf Nutzung und Betrieb des Gebäudes mit den Mietern vorab geklärt und verbindlich vereinbart werden sollen.

2 Die im Mietvertrag in Bezug auf den Aspekt des **Environments** getroffenen Regelungen werden unter dem Schlagwort **„Green Lease"** beschrieben (→ Rn. 4 ff. zum Begriff des „Green Lease"). Diese Regelungen betreffen überwiegend die Frage, wie nachhaltig die Immobilie bewirtschaftet wird (→ Rn. 17 ff. zu wesentlichen mietvertraglichen Aspekten der nachhaltigen Bewirtschaftung).

3 Die Frage der nachhaltigen Bewirtschaftung ist nicht die einzige Frage, die sich im Rahmen der Betrachtung einer Immobilie unter **ESG**-Gesichtspunkten stellt, auch wenn diese in der bisherigen Diskussion allgemein im Fokus steht. Es gibt aber auch Aspekte von **Social** und **Governance,** mit denen sich ein Vermieter vor Abschluss von Mietverträgen auseinandersetzen sollte (siehe insb. → Rn. 88 ff.).

II. „Green Lease" nach ZIA

4 In Deutschland wird der Begriff **Green Lease** wesentlich geprägt durch den Leitfaden „Green Lease – Der grüne Mietvertrag für Deutschland"[1], welcher im Jahre 2012 durch eine interdisziplinäre Projektgruppe herausgegeben worden ist. Auf dieser Basis hat der Zentrale Immobilien Ausschuss („ZIA") zuletzt am 7.3.2024 einen aktualisierten und fortgeschriebenen Leitfaden unter dem Titel „Green Lease 2.0 – Vom grünen Mietvertrag zum ESG Lease" herausgegeben (nachfolgend der **„ZIA-Leitfaden"**).[2]

5 Der ZIA-Leitfaden bezieht sich nur auf die Vermietung von Gewerberaum. Für die Vermietung von Wohnraum liegt kein Äquivalent vor. Es gibt zwar einzelne Initiativen, die aber der Bedeutung nach bisher nicht an den Stellenwert des ZIA-Leitfadens heranreichen.

6 Der ZIA-Leitfaden enthält eine Sammlung von Formulierungsvorschlägen, die als „Werkzeugkasten" für die Zusammenstellung der Nachhaltigkeitsregelungen eines Mietvertrags dienen kann. Welche Klauseln verwendet werden und inwieweit diese anzupassen sind, hängt vom jeweiligen Gebäude ab und ist sorgfältig abzuwägen.

7 Der ZIA-Leitfaden definiert auch **Mindestanforderungen,** die ein Mietvertrag erfüllen muss, damit er die Bezeichnung als „Basic Green Lease" verdient. Danach liegt ein „Basic Green Lease" vor, wenn aus den vier Bereichen *„Gegenseitiger Austausch von Verbrauchsdaten", „Förderung nachhaltiger Energiequellen bei der Energie- und Wärmeversorgung", „Einsparung von Ressourcen (Energie und Wasser) sowie Reduzierung von Abfall"* sowie *„Umwelt- und ressourcenschonende Durchführung von Bau- und Reparaturmaßnahmen"* jeweils eine der im ZIA-Leitfaden vorgeschlagenen Musterklauseln verwendet wird. Dabei soll auch die Ver-

---

[1] Abrufbar unter http://www.der-gruene-mietvertrag.de/downloads/greenLease_der-gruene-Mietvertrag.pdf, zuletzt abgerufen am 26.5.2024.
[2] Abrufbar unter https://zia-deutschland.de/wp-content/uploads/2024/02/zia_broschuere_green_lease_2024.pdf; zuletzt abgerufen am 26.5.2024.

wendung einer bloßen Bemühens-Verpflichtung reichen, um die Minimalanforderungen an ein „Basic Green Lease" zu erfüllen.[3] Dieser Ansatz einer Systematisierung der Anforderungen an die Nachhaltigkeitsregelungen eines Mietvertrags sollte aber nicht dazu verleiten, sich darauf zu verlassen, dass bereits eine sinnvolle Regelung vorliegt, wenn diese Minimalanforderungen erreicht sind. Bei Verkauf oder Finanzierung kann ein durch „Abhaken" der Minimalanforderungen erreichtes Etikett „Green Lease" oder „Basic Green Lease" zwar möglicherweise kurzfristig helfen. Zu einer CO_2-Ersparnis führt dies aber noch nicht. Daher ist davon auszugehen, dass sich die Minimalanforderungen an ein „Green Lease" weiter dynamisch entwickeln.[4] Will ein Vermieter zukunftsfähig aufgestellt sein, sollte er sich daher möglichst konkret fragen, wie er die Nachhaltigkeit seines Gebäudes während der laufenden Mietverhältnisse konkret gestalten will – und wer die Kosten hierfür tragen wird. Die Antworten auf diese Fragen sollten als Basis für die „Green Lease"-Klauseln für das Objekt dienen.

In jedem Fall ist bei der Verwendung von Klauseln aus dem ZIA-Leitfaden zu bedenken, dass teilweise erhebliche Bedenken in Bezug auf die AGB-rechtliche Wirksamkeit der enthaltenen Formulierungsvorschläge geäußert werden, insbesondere in Bezug auf die dort umfassend verwendeten *„Bemühensklauseln"* (hierzu → Rn. 14 ff.).

8

III. Nachhaltigkeitsregelungen und AGB-Kontrolle

In der Regel handelt es bei den Nachhaltigkeitsregelungen in Mietverträgen um vermieterseitig gestellte **AGB**. Da es noch keine gefestigte Rechtsprechung zu Nachhaltigkeitsklauseln in Gewerberaummietverträgen gibt, auf deren Basis sich allgemein als wirksam erachtete Standardlösungen herauskristallisieren konnten, sind „Green-Lease"-Klauseln bisher mit einem verhältnismäßig hohen Unwirksamkeitsrisiko belastet.[5]

9

Aus diesem Grund wird etwa im ZIA-Leitfaden zur Vermeidung von AGB-Risiken wiederholt die Empfehlung ausgesprochen, die zur Verfügung gestellten Musterklauseln zwischen den Parteien möglichst individuell auszuhandeln.[6] Dieser Empfehlung kann aber nur beschränkt gefolgt werden, da ein „im Einzelnen Aushandeln" im Sinne von § 305 Abs. 1 S. 3 BGB in der Regel eine Änderung der vom Vermieter gestellten Klauseln voraussetzt[7]. In einzelnen Klauseln können solche Anpassungen möglich und sinnvoll sein. Ein Vermieter von „Multi-Tenant"-Gebäuden kann sein Nachhaltigkeitskonzept für ein Gebäude aber nicht für jeden Mieter neu konzeptionieren und zur ernsthaften inhaltlichen Disposition stellen. Bei der Gestaltung von Nachhaltigkeitsregelungen ist daher sicherheitshalber immer zu unterstellen, dass diese der AGB-Kontrolle unterliegen. Dem Vermieter ist daher zu empfehlen, auf möglichst klare und ausgeglichene Regelungen zu achten, und gleichzeitig die Entwicklung der Rechtsprechung in diesem Gebiet gut im Auge zu behalten.

10

1. Einbeziehung der Nachhaltigkeitsregelungen in den Mietvertrag

Nachhaltigkeitsregelungen können zur **Einbeziehung in den Mietvertrag** entweder unmittelbar in den Mietvertragstext eingearbeitet oder in eine Anlage zum Mietvertrag ausgelagert werden. Beide Vorgehensweisen sind etabliert. In der Mietvertragsverhandlungspraxis tritt gelegentlich der Effekt auf, dass der Mietvertragstext durch die Parteien intensiver geprüft und verhandelt wird als die Anlagen des Mietvertrags. Das mag für den Vermieter zunächst als Vorteil erscheinen, erhöht aber auch die Wahrscheinlichkeit, dass

11

---

[3] Einleitung, Ziff. III. Nr. 1. letzter Absatz des ZIA-Leitfadens.
[4] Wie in dem aktuellen ZIA-Leitfaden gegenüber der Vorversion von 2018 bereits erfolgt; die Fassung von 2018 ist weiter abrufbar unter https://zia-deutschland.de/wp-content/uploads/2021/04/zia_broschuere_green_lease_weboptimiert1.pdf, zuletzt abgerufen am 26.5.2024.
[5] Siehe Fritz/Geldmacher/Leo, § 3, Rn. 273e; Lindner-Figura/Oprée/Stellmann, § 24, Rn. 20.
[6] Siehe etwa Einleitung, Ziff. V Nr. 1 des ZIA-Leitfadens.
[7] Graf von Westphalen, NZM 2022, 1 (2).

sich ein Mieter vom Inhalt der Nachhaltigkeitsregelungen in einer Anlage später „überrascht" fühlt und diese nachträglich auf Basis einer vertieften AGB-rechtlichen Prüfung angreift.

12 In jedem Fall ist sicherzustellen, dass die Regelungen nicht im Widerspruch zum Mietvertragstext im Übrigen stehen, um die Wahrscheinlichkeit zu verringern, dass der Inhalt als intransparent bzw. überraschend bewertet wird.[8] Das Risiko eines Widerspruchs besteht insbesondere, wenn Green Lease-Klauseln „en bloc" übernommen werden, ohne diese mit dem Mietvertrag im Übrigen abzugleichen und Mietvertrag und Green Lease-Klauseln aufeinander abzustimmen.

13 Die Nachhaltigkeitsregelungen sind ausschließlich im Rahmen des Mietvertrags und seiner Anlagen oder im Rahmen eines formellen Nachtrags abzustimmen und zu vereinbaren. Andernfalls droht – jedenfalls bei für die Parteien wesentlichen Vereinbarungen[9] – die Verletzung der gesetzlichen **Schriftform** und als Folge dessen nach §§ 550, 578 BGB die Möglichkeit beider Parteien, den Mietvertrag vor Ablauf der vorgesehenen Festlaufzeit ordentlich zu kündigen.

2. Risiko der Verwendung von „Bemühensklauseln"

14 In Green Lease-Klauseln werden oft sogenannte **„Bemühensklauseln"** verwendet (siehe zur Verbindlichkeit von Bemühensklauseln → § 4 Rn. 57 ff.). Solche Klauseln legen den Parteien dem Grunde nach bestimmte Verpflichtungen auf, schränken diese Pflichten aber durch verschiedene Formulierungen gleichzeitig wieder ein. Auch der ZIA-Leitfaden enthält entsprechende Formulierungen, etwa die folgende:

Regelungsempfehlung 2.2 des ZIA-Leitfadens:
Jede Partei hat, soweit sie für das Mietobjekt elektrische Energie bezieht und/oder soweit sie für die Wärmeversorgung des Mietobjekts zuständig ist, [sich zu bemühen,] durch die Wahl eines qualifizierten Ökostromanbieters (…), dafür zu sorgen, dass die von ihr bezogene Menge elektrischer Energie [soweit technisch möglich und wirtschaftlich zumutbar] (…) aus erneuerbaren Energiequellen erzeugt und in das Stromnetz eingespeist wird und der Wärmebedarf [soweit technisch möglich und wirtschaftlich zumutbar] (…) durch erneuerbare Energien gedeckt wird.[10] (…)

15 Die in dem dargestellten Textbaustein vorgesehenen optionalen Einschübe in eckigen Klammern dienen dem Ziel, den Inhalt der Regelung weniger verbindlich zu machen. Positiv formuliert ließe sich sagen, dass solche Klauseln die kollidierenden Interessen der Parteien vereinbar machen, einerseits eine nachhaltige Bewirtschaftung zusagen zu wollen und andererseits keine noch unkalkulierbaren Verpflichtungen übernehmen zu wollen. Negativ formuliert ließe sich auch sagen, dass die Klauseln den Wunsch erfüllen, dem Mietvertrag einen grünen Anschein zu geben, ohne hierfür Geld ausgeben zu müssen. Beide Betrachtungen haben eine gewisse Berechtigung. In der Praxis ist in Mietvertragsverhandlungen aber faktisch oft nur eine eingeschränkte Klausel durchsetzbar, die dann zumindest mit der Möglichkeit einhergeht, auch tatsächliche positive Auswirkungen auf die Nachhaltigkeit der Bewirtschaftung zu haben.

16 Bei der Verwendung solcher „Bemühensklauseln" ist allerdings Vorsicht geboten. Derartige Klausen sind (bewusst) mit einer gewissen Offenheit dahingehend verbunden, inwieweit sie unverbindlich bleiben oder echte Pflichten der Parteien begründen. Es wird vertreten, dass diese Unklarheit zu Lasten des Vermieters als AGB-Verwenders geht, der Mieter also nicht für die Einhaltung der geregelten Bemühensverpflichtung haftet – der Vermieter hingegen schon[11]. Selbst wenn einem Mieter im Rahmen der Vertragsverhand-

---

[8] So auch Lindner-Figura/Oprée/Stellmann, § 24, Rn. 18.
[9] Siehe etwa Guhling/Günter/Schweitzer, BGB § 550 Rn. 42.
[10] In diesem Zitat gekürzt sind die zusätzlich vorgesehenen, optionalen Möglichkeiten, ein bestimmtes Label für den Ökostromanbieter vorzugeben oder eine prozentuale Quote vorzunehmen, zu welcher Strom oder Wärme aus nachhaltigen Quellen zu beziehen sind.
[11] Graf von Westphalen, NZM 2022, 1 (6 ff.).

lung ein Wahlrecht zugestanden wird, ob er die Regelung mit oder ohne den Einschub in eckigen Klammern verwendet (siehe die oben zitierten Regelungsempfehlungen), macht dies die verwendete Regelung nicht zu einer von der AGB-Kontrolle befreiten Individualvereinbarung.[12] Folgt man dieser Auffassung, hat die oben zitierte Regelungsempfehlung 2.2 des ZIA-Leitfadens zur Folge, dass der Vermieter verpflichtet ist, den Bezug von Strom und Wärme aus nachhaltigen Energiequellen sicherzustellen – der Mieter für seinen individuellen Stromverbrauch und eine ggf. eigene Wärmeversorgung aber nicht.

B. Nachhaltige Bewirtschaftung der vermieteten Immobilie

I. Verbrauchsdaten

1. Pflicht zum Austausch von Daten

Grundlage jeder nachhaltigen Bewirtschaftung einer Immobilie ist die Auswertung der **Verbrauchsdaten.** Erst die Kenntnis der Verbrauchsdaten gibt die Möglichkeit, Fehlentwicklungen zu erkennen und ihnen sinnvolle technische Maßnahmen entgegenzusetzen. Diese Daten fallen teilweise beim Vermieter an (etwa die Verbrauchskosten einer Zentralheizung, Verbräuche der Gemeinschaftsanlagen und Gemeinschaftsflächen), teilweise beim Mieter (wie etwa Müllverursachung, Stromverbräuche des Mieters). Beide Parteien haben daher ein Interesse daran, dass ein regelmäßiger Austausch der Verbrauchsdaten stattfindet. Aus Vermietersicht ist zu empfehlen, den Mieter im Mietvertrag ausdrücklich zu verpflichten, seine Verbrauchsdaten mit dem Vermieter zu teilen. Dabei sollte nach Möglichkeit klar und verständlich beschrieben werden, welche Daten wie oft zur Verfügung gestellt werden müssen. Im Sinne einer ausgewogenen Regelung kann auch der Vermieter verpflichtet werden, dem Mieter Verbrauchsdaten zur Verfügung zu stellen; die relevanten Daten kann der Mieter aber in der Regel bereits überwiegend den Abrechnungsunterlagen zur Nebenkostenabrechnung entnehmen.

17

2. Smart Buildings und Datenschutz

Eine besondere Bedeutung kommt der Datenverarbeitung in **„Smart Buildings"** zu. In einem Smart Building werden zahlreiche Sensoren sowie die einzelnen Komponenten der Gebäudetechnik untereinander vernetzt und „smart" gesteuert. Durch die Verwendung von Smart Building-Technologie kann Energie gespart werden, indem zB Heizung, Belüftung, Kühlung oder Aufzugsanlagen dem individuellen Nutzerverhalten angepasst werden. Zudem lässt sich der Verbrauch eines Gebäudes auf Grundlage der Smart Building-Daten deutlich detaillierter analysieren, als bei einer bloßen Analyse der Verbrauchsdaten. Auch Komfort- und Sicherheitsaspekte können durch Smart Building-Technologie verbessert werden. Zentraler Baustein eines Smart Home-Konzeptes ist die Erfassung und Verarbeitung einer Vielzahl von Daten. Bei den erfassten Daten handelt es sich regelmäßig zumindest teilweise um personenbezogene Daten, die den datenschutzrechtlichen Bestimmungen unterliegen. Personenbezogene Daten liegen jedenfalls dann vor, wenn die anfallenden Daten eindeutig einer Person zugeordnet werden können.[13] Personenbezogene Daten liegen aber auch bereits dann vor, wenn aufgrund der Platzierung von Sensoren (beispielsweise in Einzelbüros) eine Zuordnung zu einer Person möglich ist.[14] Ein Lösungsansatz zur Vermeidung von Verstößen gegen datenschutzrechtliche Bestimmungen kann die Anonymisierung der erfassten Daten sein[15], diese wird aber nicht immer möglich sein, ohne die technische Funktionalität zu beeinträchtigen. Daher sollte bereits in der Konzeptionierung eines Smart Buildings abgestimmt werden, ob bzw. was für eine Rechts-

18

---

[12] Graf von Westphalen, NZM 2022, 1 (3).
[13] Störing/Simon-Weaver – ZfIR 2023, 362 (365).
[14] Störing/Simon-Weaver – ZfIR 2023, 362 (365).
[15] Störing/Simon-Weaver – ZfIR 2023, 362 (366).

grundlage für die jeweilige Datenverarbeitung besteht. Je nach Ergebnis kann eine Einwilligung des Mieters oder eine mietvertragliche Pflicht des Vermieters zur Bereitstellung der Smart Building-Funktionalitäten in den Mietvertrag aufgenommen werden.[16]

II. Vereinbarung von Nachhaltigkeitsanforderungen

1. Geschuldeter Stand der Technik

19 Gerade bei gewerblichen Mietern besteht auch auf Mieterseite oft ein erhebliches Interesse, den eigenen Energiebedarf zu erfassen und zu reduzieren. Die selbst genutzte Immobilie spielt hierbei eine erhebliche Rolle. Aus Mietersicht kann sich daher die Frage stellen, was für **Nachhaltigkeitsanforderungen** der Vermieter in Bezug auf den Mietgegenstand erfüllen muss. Haben die Parteien hierzu keine konkrete Vereinbarung getroffen, gilt im Zweifelsfall das sogenannte **Errichtungsprinzip.** Dieses besagt, dass der Mieter, soweit nicht anders vereinbart, grundsätzlich nur eine bautechnische Ausstattung des Mietgegenstands erwarten darf, die im Zeitpunkt der Errichtung üblich war.[17] Für das Wohnraummietrecht gilt die Ausnahme, dass der Mieter unabhängig vom Baujahr einen „Mindeststandard zeitgemäßen Wohnens" erwarten kann, der aber nach dem BGH gerade nicht auf die **Wärmedämmung,** insb. vorhandene Wärmebrücken, Anwendung findet, soweit diese dem Stand der Technik zum Zeitpunkt der Errichtung des Gebäudes entspricht.[18] Ob dies auch für den Fall einer nach Errichtung eingeführten öffentlich-rechtlichen **Nachrüstpflicht** gilt, ist umstritten.[19] Für das Gewerberaummietrecht findet das Errichtungsprinzip nach dem BGH ebenfalls Anwendung; in der Literatur wird diese Frage diskutiert.[20]

20 Vor diesem Hintergrund ist es für die Parteien von zentraler Bedeutung, die geschuldeten Nachhaltigkeitsanforderungen für den Mietgegenstand ausdrücklich zu formulieren und vertraglich zu regeln (etwa über eine dem Mietvertrag beigefügte Baubeschreibung).

21 Ist dem Mieter die Nachhaltigkeit des Gebäudes wichtig, um den eigen CO_2-Verbrauch und die Kosten des Energieverbrauchs zu minimieren, ist es sinnvoll, technische Anforderungen auszuformulieren, durch welche der **Energieverbrauch** des gemieteten Gebäudes reduziert werden kann (wie Heizungs-, Lüftungs- und Kühlungstechnik, Anforderungen an die Wärmedämmung). Hierzu sind auf Mieterseite nach Bedarf technische Berater heranzuziehen, die die vermieterseitige Planung nachvollziehen und ggf. auf diese Einfluss nehmen.

22 Ein Vermieter sollte bei einem Bestandsgebäude älteren Errichtungsdatums im Mietvertrag vorsorglich auf das Baujahr hinweisen und dort ausdrücklich regeln, dass kein höherer Standard als der bei Errichtung übliche geschuldet ist, soweit nicht zu Einzelaspekten eine abweichende Regelung getroffen wird.

2. Zertifizierung des Gebäudes

23 Manchmal wird jedoch eine eigene technische Bewertung durch den Mieter nicht möglich sein, etwa, weil die wirtschaftliche Bedeutung der Mietfläche eine eigene technische Bewertung des Mieters nicht rechtfertigt. Dann kann die Vereinbarung, dass der Vermieter für das Gebäude eine **Zertifizierung** einholen wird, zumindest einen gewissen Mindeststandard sicherstellen. Welche Zertifizierung genau als vertragsgemäß erachtet wird, sollte aufgrund der sehr unterschiedlichen Anforderungen festgelegt werden. Welche Rechtsfolge die Nichterfüllung einer vereinbarten Zertifizierung haben soll, sollten die Parteien eben-

---

[16] Störing/Simon-Weaver – ZfIR 2023, 362 (367, 368).
[17] Schmidt-Futterer/Lehmann-Richter, BGB § 535 Rn. 377.
[18] Schmidt-Futterer/Lehmann-Richter, BGB § 535 Rn. 380, 508; BGH, 5.12.2018 – VIII ZR 271/17, NJW 2019, 507.
[19] Siehe hierzu vertiefend Schmidt-Futterer/Lehmann-Richter, BGB § 535 Rn. 403 ff.
[20] BGH, 18.12.2013 – XII ZR 80/12, NZM 2014, 163; siehe zum Meinungsstand Guhling/Günter/Günter, BGB § 536 Rn. 99 ff.

falls mietvertraglich regeln. Ohne ausdrückliche Regelung kommt u. a. eine Mietminderung in Betracht. Zwar wird das Fehlen einer Zertifizierung für sich genommen nicht mit einer erheblichen Einschränkung der Gebrauchstauglichkeit des Mietgegenstands verbunden sein. Eine Mietminderung erfolgt aber auch ohne erhebliche Einschränkung der Gebrauchstauglichkeit, wenn die Parteien die Zertifizierung als zugesicherte Eigenschaft im Sinne von § 536 Abs. 2 BGB vereinbart haben. Ob dies gewollt ist, sollte der Klarheit halber ausdrücklich geregelt werden.

Soweit ein Vermieter die Einholung einer Zertifizierung zusagt, sollte auch der Zeitrahmen geregelt werden, innerhalb dessen der Vermieter die Zertifizierung vorzulegen hat. Je nach Zertifizierung wird diese bei Mietbeginn ggf. noch nicht vorliegen. Ohne abweichende Vereinbarung wäre die Zertifizierung jedoch bereits ab Mietbeginn geschuldet. 24

3. „Klimarisiko" – Wer haftet bei Rekordhitze?

Bei steigenden sommerlichen Temperaturen stellt sich den Parteien eines Mietvertrags die Frage, wann ein starkes Aufheizen des Mietgegenstands einen mietrechtlichen Mangel begründet. Gerade in älteren Bestandsgebäuden kann das Interesse, den Mietern bzw. deren Mitarbeitern und Kunden stets eine angenehme klimatische Umgebung zu gewährleisten, mit Nachhaltigkeitszielen kollidieren. Eine gute Wärmedämmung und Sonnenschutz sind zwar für beide Ziele förderlich. In manchen Bestandsgebäuden kann aber bei anhaltender Hitze eine Klimatisierung erforderlich werden, die derart dimensioniert ist, dass sie aufgrund der erhöhten Anschaffungs- und Betriebskosten weder wirtschaftlich noch nachhaltig ist. Gerade bei Mietverträgen mit langer Festlaufzeit ist diese Frage aufgrund des Risikos **klimatischer Veränderungen** für beide Mietparteien nicht zu unterschätzen. 25

Der vom Vermieter geschuldete Zustand bestimmt sich grundsätzlich danach, ob der Mietgegenstand sich in einem Zustand befindet, der für den vertraglich vereinbarten Betriebszweck uneingeschränkt geeignet ist.[21] Zur gewerblichen Nutzung vermietete Räume müssen daher auch ohne ausdrückliche Abrede so beschaffen sein, dass in den Mieträumen eine für den Vertragszweck erforderliche **Temperatur** erreicht werden kann.[22] 26

Es ist allerdings umstritten, inwieweit dies den Vermieter dazu verpflichtet, technische Maßnahmen zu ergreifen, die bei sommerlichen Außentemperaturen ein Aufheizen der Mietfläche verhindern bzw. diese zu kühlen und welche Bedeutung in diesem Zusammenhang den arbeitsschutzrechtlichen Vorschriften des ArbSchG, der **Arbeitsstättenverordnung** (ArbStättV) und der **Arbeitsstättenrichtlinien** (ASR) sowie der DIN 1946, Teil 2 „Raumlufttechnik" zukommen[23]. Ob auf diese Regelungen zur Auslegung des Mietvertrags zurückgegriffen werden kann, wird zwischen den OLG unterschiedlich beurteilt[24]. Eine Entscheidung des BGH steht aus. Die **Technischen Regeln für Arbeitsstätten** (Arbeitsstättenregeln – ASR), hier ASR A3.5, konkretisieren die Anforderungen an Raumtemperaturen in Arbeitsstätten. Aus ASR A3.5 ergibt sich unter anderem, dass 27

a) die **Lufttemperatur** in Arbeitsräumen 26 °C nicht überschreiten soll,
b) **Sonnenschutzsysteme** nachzurüsten sind, wenn die Sonneneinstrahlung durch Fenster, Oberlichter und Glaswände zu einer Erhöhung der **Raumtemperatur** über 26 °C führt,
c) beim Überschreiten einer Lufttemperatur im Raum von 26 °C der Arbeitgeber Maßnahmen zur Entlastung seiner Arbeitnehmer treffen soll (wie die Nutzung von Ventilatoren, die Lockerung von Bekleidungsregelungen oder die Anpassung von Arbeitszeiten), ab 30 °C müssen entsprechende Maßnahmen getroffen werden,

---
[21] Guhling/Günter/Günter, BGB § 536 Rn. 248.
[22] Guhling/Günter/Günter, BGB § 536 Rn. 248.
[23] Siehe zum Streitstand Guhling/Günter/Günter, BGB § 536 Rn. 249.
[24] Dafür OLG Hamm 18.10.1994 – 7 U 132/93. NJW-RR 1995, 143; OLG Köln 28.10.1991 – 2 U 185/90NJW-RR 1993, 466, aA OLG Frankfurt a. M. 19.1.2007 – 2 U 106/06, NZM 2007, 330; dagegen OLG Frankfurt a. M. 19.1.2007 – 2 U 106/06, NZM 2007, 330, OLG Karlsruhe 17.12.2009 – 9 U 42/09, NJOZ 2011, 15.

d) bei mehr als 36 °C ein Raum grds. nicht mehr als Arbeitsraum geeignet ist.

28 Hieraus hat das OLG Köln abgeleitet, dass jedenfalls bei anhaltender Überschreitung der Temperatur von 26 °C ein Mietmangel vorliegt, jedenfalls soweit der Mieter die Überhitzung nicht durch (auch finanziell) zumutbare Maßnahmen vermeiden kann.[25] Das OLG Hamm hat unter ergänzender Heranziehung der DIN 1946 entschieden, dass der Vermieter eines Ladenlokals ohne ausdrückliche mietvertragliche Regelung geeignete Maßnahmen zu treffen hat, durch die gewährleistet wird, dass bei Außentemperaturen bis zu 32 °C die Innentemperatur 26 °C nicht übersteigt und die Innentemperatur im Übrigen bei höheren Außentemperaturen mindestens 6 °C unter der Außentemperatur liegt.[26] Auf Basis der beiden vorgenannten Entscheidungen, hat das OLG Rostock allgemeiner gefasst eine Mietminderung für den Fall bejaht, dass nicht sichergestellt ist, dass in Arbeitsräumen bei Außentemperaturen bis zu 32 °C die Innentemperatur 26 °C nicht übersteigt und sie im Übrigen bei höheren Außentemperaturen mindestens 6 °C unter der Außentemperatur liegt.[27]

29 Nach Auffassung des OLG Frankfurt a.M.[28] sowie des OLG Karlsruhe[29] hingehen, können Arbeitsstättenverordnung, Arbeitsstättenrichtlinien sowie DIN 1946, Teil 2 nicht herangezogen werden, um zu beurteilen, ob eine Mietsache einen Mangel aufweist. Adressat der Arbeitsstättenverordnung sei der Arbeitgeber, nicht ein Vermieter von Gewerberäumen. Wolle der Arbeitgeber als Mieter die aus den öffentlich-rechtlichen Schutzvorschriften des Arbeitsrechts folgenden Verpflichtungen dem Vermieter auferlegen, bedürfe dies einer entsprechenden vertraglichen Vereinbarung. Die DIN 1946-2 enthalte von vornherein keine relevanten Angaben zu Innentemperaturen, die auf Grund der Witterungsbedingungen entstehen, sondern betreffe die Herstellung und Planung von Klimaanlagen (Raumlufttechnik). Zudem ziele sie nicht darauf, bestimmte Höchsttemperaturen in Gebäuden festzulegen, sondern umgekehrt darauf, dass die Differenz zwischen der Innentemperatur und der Außentemperatur ein bestimmtes Höchstmaß nicht überschreitet, mithin der maximal zulässigen Kühlung eines Gebäudes. Die Tatsache, dass auch in weit weniger gemäßigten Klimazonen Menschen ohne Klimaanlage und Dämmung leben und arbeiten können, spreche ebenso gegen eine Pflicht des Vermieters zur Klimatisierung, wie die mangelnde Verbreitung von Klimaanlagen in Wohn- und Bürogebäuden hierzulande.[30] Es sei auch nicht Aufgabe des Mietrechts, eine Änderung in den Gewohnheiten der Bevölkerung und im technischen Standard künstlich herbeizuführen, da klimatisierte und stark isolierte Gebäude auch gesundheitliche Nachteile haben können, ein flächendeckender Bedarf der Bevölkerung offenkundig bisher nicht bestand und durch falsch verstandene richterliche Fürsorge keinesfalls geschaffen werden sollte.[31]

30 Wie sich diese Rechtsprechung bei durch klimatische Änderungen steigenden Außentemperaturen entwickelt, ist abzuwarten. Bejaht man das Vorliegen eines Mangels bei Überhitzung des Mietgegenstands in dem oben beschriebenen Umfang, hat dies nicht nur ein Minderungsrecht zur Folge – der Vermieter müsste zur Mangelbeseitigung auch die notwendigen technischen Installationen nachrüsten.

31 Um spätere Streitigkeiten zu vermeiden, sollte bereits im Rahmen des Mietvertrags dokumentiert und geregelt werden, mit welcher Ausstattung der Mietgegenstand vor Wärme geschützt (wie **Wärmedämmung, Sonnenschutz**) und belüftet (durch die Fenster oder per **Lüftungsanlage**) sowie ggf. gekühlt (wie **Klimaanlage** oder sonstige **Kühltechnik**) wird. Soweit die Vertragsparteien konkrete Vereinbarung zum Raumklima, den einzuhaltenden Temperaturen oder zu einer entsprechenden Ausstattung des Mietobjekts

---

[25] OLG Köln 28.10.1991 – 2 U 185/90, NJW-RR 1993, 466 (467).
[26] OLG Hamm 18.10.1994 – 7 U 132/93, NJW-RR 1995, 143.
[27] OLG Rostock 29.12.2000 – 3 U 83/98; NZM 2001, 425.
[28] OLG Frankfurt a.M., 19.1.2007 – 2 U 106/06, NZM 2007, 330.
[29] OLG Karlsruhe 17.12.2009 – 9 U 42/09, NJOZ 2011, 15.
[30] OLG Frankfurt a. M. 19.1.2007 – 2 U 106/06, NZM 2007, 330.
[31] OLG Frankfurt a. M. 19.1.2007 – 2 U 106/06, NZM 2007, 330.

treffen, sind allein diese für die Beurteilung des Vorliegens eines Sachmangels maßgeblich, ohne dass es auf mögliche Gebrauchsbeeinträchtigungen ankommt.[32] Dabei ist die technische Spezifikation der Anlagen möglichst genau zu bezeichnen (etwa in einer Anlage zum Mietvertrag). Soweit in diesem Zusammenhang Zieltemperaturen angegeben werden, sollte auch aufgenommen werden, bei welchen Außentemperaturen diese Zieltemperaturen eingehalten werden können. Die entsprechende Abstimmung gibt dem Mieter Gelegenheit, die vorhandene (bzw. durch den Vermieter geplante) Ausstattung mit den Anforderungen seines Betriebs abzugleichen. Erachtet der Mieter die Ausstattung als unzureichend, kommt eine vertragliche Regelung zur Erweiterung der vorhandenen Ausstattung durch den Vermieter in Betracht (deren Kosten regelmäßig durch eine höhere Miete oder einen Baukostenzuschuss des Mieters zu kompensieren wären). Alternativ kann der Mieter sich auch bereits bei Abschluss des Mietvertrags das Recht einräumen lassen, die vorhandene Ausstattung zu erweitern. Vorsorglich sollte im Rahmen der Regelungen zur Nebenkostenumlage bereits geregelt werden, in welchem Umfang Kosten der Kühltechnik und/oder Klimatisierung auf den Mieter umgelegt werden können – auch wenn eine solche bei Abschluss des Mietvertrags (noch) nicht vorhanden ist.

III. Mehrkosten einer nachhaltigen Bewirtschaftung

1. Grundsatz der Wirtschaftlichkeit

Die nachhaltige Bewirtschaftung eines Gebäudes kann gegenüber einer „konventionellen" Bewirtschaftung mit höheren laufenden Kosten verbunden sein. Es stellt sich für beide Parteien eines Mietvertrags die Frage, ob diese **Mehrkosten** im Rahmen der Nebenkostenabrechnung auf den Mieter umgelegt werden können. Vorab ist klarzustellen, dass nur Kosten umgelegt werden können, deren Umlegbarkeit dem Grunde nach mietvertraglich vereinbart worden ist. Ist die Umlegbarkeit einer Kostenart vereinbart, stellt sich aber noch immer die Frage, ob der Mieter auch die insoweit anfallenden Mehrkosten zu tragen hat, die durch die nachhaltigere Art der Bewirtschaftung entstehen. Rechtlicher Anknüpfungspunkt für die Frage der Umlegbarkeit solcher Mehrkosten ist der **Grundsatz der Wirtschaftlichkeit.** Der Grundsatz der Wirtschaftlichkeit ist in dem nur für das Wohnraummietrecht geltenden § 556 Abs. 3 S. 1 BGB niedergelegt, findet aber auch auf die Gewerberaummiete Anwendung.[33]

32

Der Grundsatz der Wirtschaftlichkeit bezeichnet die vertragliche Nebenpflicht des Vermieters, bei Maßnahmen und Entscheidungen, die Einfluss auf die Höhe von vom Mieter zu tragenden Betriebskosten haben, auf ein angemessenes Kosten-Nutzen-Verhältnis Rücksicht zu nehmen.[34] Verletzt der Vermieter den Grundsatz der Wirtschaftlichkeit, stellt dies eine Nebenpflichtverletzung des Vermieters dar, die regelmäßig zur Folge hat, dass der Vermieter den Mieter von den pflichtwidrig verursachten Mehrkosten freizuhalten hat.[35] Es stellt sich daher die Frage, ob ein Vermieter gegen das Wirtschaftlichkeitsgebot verstößt, wenn er durch die nachhaltigere Art der Bewirtschaftung Mehrkosten auslöst. Zum Teil wird vertreten, dass der Vermieter Aspekte der Nachhaltigkeit bei seiner Auswahlentscheidung nicht berücksichtigen dürfe.[36] Dies wird im Wesentlichen damit begründet, dass das Mietverhältnis als privatrechtliches Rechtsverhältnis nicht die Wahrung der Belange der Allgemeinheit zum Inhalt habe, der Vermieter daher nicht „Umweltschutz auf Kosten des Mieters" betreiben dürfe. Nach anderer Auffassung soll der Vermieter bei der Auswahl von Bewirtschaftungsleistungen auch Aspekte der Nachhaltigkeit berücksichtigen dürfen.[37] Dieser Auffassung ist zuzustimmen. Es ist anerkannt, dass der Vermieter nicht stets gehalten

33

---

[32] Guhling/Günter/Günter, § 536 Rn. 24.
[33] BGH 10.9.2014 – XII ZR 56/11, NZM 2014, 830 Rn. 13.
[34] BGH 6.7.2011 – VIII ZR 340/10, NJW 2011, 3028.
[35] BGH 17.12.2014 – XII ZR 170/13, NJW 2015, 855.
[36] Guhling/Günter/Both, 3. BGB § 556 Rn. 146.
[37] Hinz, NZM 2022, 681 (691); Lindner-Figura/Oprée/Stellmann, § 24, Rn. 60.

ist, die billigste Lösung zu wählen, sondern im Rahmen seiner Auswahlentscheidung auch andere Kriterien berücksichtigen darf, solange die durch den Vermieter getroffene Entscheidung noch als aus kaufmännischer Sicht *vernünftig* angesehen werden kann.[38] Ein *ordentlicher Kaufmann* muss den Aspekte der Nachhaltigkeit seines Agierens aber nicht vollständig ausblenden, sondern kann diesen als einen von mehreren Aspekten jeweils ins Verhältnis zu den verursachten Mehrkosten setzen.

2. Mietvertragliche Regelung zur Umlage der Mehrkosten einer nachhaltigen Bewirtschaftung

34   Um die skizierte Diskussion bei der Nebenkostenabrechnung zu vermeiden wird für die Gewerberaummiete empfohlen, mietvertraglich ausdrücklich zu regeln, dass der Vermieter im Rahmen der Wirtschaftlichkeit auch die Aspekte der Nachhaltigkeit berücksichtigen darf.[39] Dabei wird aber zur Wahrung der Anforderungen an wirksame AGB empfohlen, die für den Mieter entstehenden Kosten der Höhe nach zu deckeln.

35   Die Regelungsempfehlung Nr. 3.2.1 des ZIA-Leitfadens sieht vor, die auf den Mieter umlegbaren Mehrkosten alternativ entweder (a) auf einen prozentualen Anteil der Miethöhe oder (b) auf einen zu beziffernden Euro-Betrag zu beschränken. Als mögliche Höhe für eine prozentuale Beschränkung werden 10 % angegeben[40]. Dabei wird (jedenfalls dem hiesigen Autor) aus der zitierten Fundstelle nicht ganz klar, ob diese 10 % sich auf die prozentualen Mehrkosten der **jeweiligen Leistung** gegenüber einer konventionellen Leistung beziehen, oder ob die 10 % so zu verstehen sind, dass insgesamt die Mehrkosten aller nachhaltigen Leistungen den Betrag von 10 % der insgesamt zu tragenden **Nebenkosten** nicht übersteigen dürfen. Davon ausgehend, dass die 10 % angelehnt an die für die Umlegbarkeit von Instandhaltungs- und Instandsetzungskosten bei Gemeinschaftsflächen etablierte 8–10 %-Schwelle[41] angesetzt wurden, könnte auch gemeint sein, dass die Mehrkosten der nachhaltigen Leistungen den Wert von 10 % der **Jahresnettomiete** nicht überschreiten sollen.

36   Zu regeln, dass die Kosten der jeweils nachhaltigen Ausführungsart die Kosten des günstigsten, nicht-nachhaltigen Angebots nicht um mehr als 10 % übersteigen dürfen, erscheint nicht empfehlenswert. Solange das günstigste Vergleichsangebot nicht um 10 % überstiegen wird, dürfte der Mieter ohnehin Schwierigkeiten haben darzulegen, dass der Grundsatz der Wirtschaftlichkeit verletzt ist. Ob 10 % der Nebenkosten insgesamt als Mehrkostengrenze auskömmlich erscheinen, oder ob 10 % der Jahresnettomiete in Bezug auf das konkrete Mietobjekt angemessen erscheinen, ist im Einzelfall im Rahmen der Klauselgestaltung zu prognostizieren. Ob und mit welchem Inhalt Rechtsprechung zu dieser Frage ergeht, ist abzuwarten. Jedenfalls sollte bei der mietvertraglichen Formulierung klargestellt werden, auf welche Bezugsgröße sich ein angegebener Prozentwert bezieht.

37   Wird für die Deckelung ein bezifferter Euro-Betrag eingesetzt, so sollte dieser bei Vereinbarung einer längeren Mietlaufzeit wertgesichert werden, um die beim Vermieter verbleibenden Mehrkosten nicht inflationsbedingt unverhältnismäßig ansteigen zu lassen. Gerade wenn bei einem Mietvertrag (mit fester Laufzeit von mindestens 10 Jahren einschließlich Verlängerungsoptionsrechten des Mieters, entsprechend den Anforderungen des Preisklauselgesetzes) eine Indexierung der Miete vereinbart wird, bietet es sich an, einen vereinbarten Fixbetrag ebenfalls zu indexieren.

38   Für die Wohnraummiete dürften die obigen Ausführungen entsprechend gelten. Nach der hier vertretenden Auffassung ist auch in der Wohnraummiete keine ausdrückliche Regelung zur Umlage der Mehrkosten einer nachhaltigen Bewirtschaftung erforderlich, da sich diese noch im Rahmen des Wirtschaftlichkeitsgebots bewegen können.[42] Sicherheits-

---

[38] So auch Hinz, NZM 2022, 681, (691) zum Bezug von Ökostrom.
[39] Regelungsempfehlung Nr. 3.2.1 des ZIA-Leitfadens; Lindner-Figura/Oprée/Stellmann, § 24. Rn. 61.
[40] Lindner-Figura/Oprée/Stellmann § 24. Rn. 61.
[41] Lindner-Figura/Oprée/Stellmann, § 13. Rn. 146.
[42] So für das Wohnraummietrecht auch Hinz, NZM 2022, 681 (691).

halber kommt aber auch hier eine Regelung in Betracht, die die Berücksichtigung von Nachhaltigkeitsaspekten im Rahmen des Wirtschaftlichkeitsgebots ausdrücklich festschreibt, die Mehrkosten aber deckelt (siehe oben). Auch insoweit ist natürlich die Entwicklung des Meinungsstands in Literatur und Rechtsprechung im Auge zu behalten.

IV. Kosten der CO_2-Umlage

Zum 1. Januar 2023 ist das Gesetz zur Aufteilung der Kohlendioxidkosten (CO_2KostAufG) in Kraft getreten. Das Gesetz soll ein Anreizsystem für die Parteien von Mietverhältnissen schaffen, die Treibhausgasemissionen für Wärme zu reduzieren. Dazu werden die Kohlendioxidkosten zwischen Vermieter und Mieter entsprechend ihren Verantwortungsbereichen und Einflussmöglichkeiten auf den Kohlendioxidausstoß eines Gebäudes aufgeteilt. Vor Inkrafttreten des Gesetzes zahlten Mieter die **CO_2-Abgabe** für das Heizen mit Erdgas und Öl allein im Rahmen der Heizkostenumlage. Die Kosten der CO_2-Abgabe betragen im Zeitraum vom 1. Januar 2024 bis zum 31. Dezember 2024 EUR 35,00 pro Tonne Kohlendioxid. Ab dem 1. Januar 2024 steigen die Kosten auf EUR 45,00 pro Tonne CO_2. Im Jahr 2026 soll der Preis zwischen EUR 55,00–65,00 liegen. Danach sollen die entsprechenden Emissionszertifikate frei gehandelt werden. 39

Für Wohngebäude erfolgt eine anteilige Aufteilung der **Kohlendioxidkosten** zwischen den Parteien. In welcher Höhe die Parteien die Kohlendioxidkosten zu tragen haben, hängt dabei jeweils davon ab, wie hoch der Kohlendioxidausstoß des vermieteten Gebäudes oder der Wohnung pro Quadratmeter Wohnfläche und Jahr ist. Die Berechnung des Kohlendioxidausstoßes pro Fläche und Jahr erfolgt im Regelfall durch den Vermieter im Zuge der jährlichen Heizkostenabrechnung (§ 5 Abs. 1 S. 1 CO_2KostAufG). Der Vermieter hat in der Heizkostenabrechnung den auf den Mieter entfallenden Anteil an den Kohlendioxidkosten, die Einstufung des Gebäudes/der Wohnung sowie die Berechnungsgrundlagen auszuweisen (§ 7 Abs. 3 CO_2KostAufG). Kommt der Vermieter dieser Pflicht nicht nach, hat der Mieter das Recht, den gemäß der Heizkostenabrechnung auf ihn entfallenden Anteil an den Heizkosten um 3 % zu kürzen (§ 7 Abs. 4 CO_2KostAufG). Versorgt sich der Mieter selbst mit Wärme oder Warmwasser, muss der Mieter den Kohlendioxidausstoß pro Fläche und Jahr selbst berechnen. 40

Die Aufteilungsquote ist in einer Anlage des CO_2KostAufG dargestellt. Je energieeffizienter das Gebäude ist, desto geringer ist der Kostenanteil, der auf den Vermieter entfällt. So soll ein Anreiz für den Vermieter geschaffen werden, in die Energieeffizienz des Gebäudes zu investieren. Das geht so weit, dass bei einem Kohlendioxidausstoß unter 12 kg $CO_2/m^2/a$ der Mieter die Kosten zu 100 % zu tragen hat. Bei Wohngebäuden mit höherem Kohlendioxidausstoß erhöht sich in 10 Stufen der auf den Vermieter entfallende Anteil, auf bis zu 95 % Kostentragung des Vermieters bei einem Kohlendioxidausstoß von mehr als 52 kg $CO_2/m^2/a$. 41

Rechenbeispiel
*Mit einem Kohlendioxidausstoß von 52 kg $CO_2/m^2/Jahr$ fällt ein Wohnhaus bereits in die schlechteste Kategorie, die die Anlage zum CO_2KostAufG vorsieht. Ein solches Wohnhaus verursacht bei einer Größe von rund 120 m^2 einen Kohlendioxidausstoß von 6,24 Tonnen CO_2. Dies entspricht für das Jahr 2024 bei dem hier geltenden Preis von EUR 35,00 pro Tonne Kohlendioxid Gesamtkosten in Höhe von **EUR 218,40**. Da das Wohnhaus mit einem Kohlendioxidausstoß von 52 kg $CO_2/m^2/Jahr$ in die schlechteste Kategorie fällt, hat der Vermieter diese Kosten zu 95 % zu tragen (siehe Anlage zum CO_2KostAufG), also zu EUR 207,48. Auf den Mieter entfallen nur die übrigen 5 % (EUR 10,92).*

Für die Gewerberaummiete[43] gibt es bislang <u>kein</u> entsprechendes Stufenmodel. Nach § 8 Abs. 4 CO_2KostAufG soll im Jahr 2025 ein solches Stufenmodel eingeführt werden. Ob 42

---

[43] Das CO_2KostAufG unterteilt in „Wohngebäude" und „Nichtwohngebäude". Die üblichen Gewerbeimmobilien fallen unter den Begriff des Nichtwohngebäudes. Siehe zur Abgrenzung der Begriffe Beck-OGK/Börstinghaus, CO_2KostAufG § 8 Rn. 5 ff.

dies erfolgt, ist abzuwarten. Bis dahin richtet sich die Aufteilung nach der vertraglichen Regelung, wobei der Mieter aber maximal mit 50% der Kohlendioxidkosten belastet werden darf (§ 8 Abs. 1 S. 1 CO₂KostAufG). Versorgt sich der Mieter selbst mit Wärme oder Warmwasser, so hat der Vermieter dem Mieter 50% der Kohlendioxidkosten zu erstatten (§ 8 Abs. 2, Hs. 1 CO₂KostAufG). Für den Vermieter von Gewerbeflächen besteht damit bisher kein entsprechender Anreiz zur Reduzierung des Kohlendioxidausstoßes (bzw. nur reduziert durch die geringeren Kohlendioxidkosten, die der Vermieter hälftig zu tragen hat).

43   Eine Besonderheit besteht für Gebäude, bei denen öffentlich-rechtliche Vorgaben einer energetischen Verbesserung entgegenstehen. Ist dem Vermieter öffentlich-rechtlich ohnehin keine energetische Verbesserung möglich, ergibt auch ein entsprechendes Anreizsystem keinen Sinn mehr. Daher sieht § 9 Abs. 1 CO₂KostAufG vor, dass wenn öffentlich-rechtliche Vorgaben entweder einer wesentlichen energetischen Verbesserung des Gebäudes entgegenstehen (zB aufgrund Denkmalschutzes) oder einer wesentlichen Verbesserung der Wärme- und Warmwasserversorgung des Gebäudes entgegenstehen (zB ein Anschluss- und Benutzungszwang), sich die Kostentragung des Vermieters auf die Hälfte reduziert. Weiter sieht § 9 Abs. 1 CO₂KostAufG vor, dass wenn öffentlich-rechtliche Vorgaben sowohl einer wesentlichen energetischen Verbesserung des Gebäudes entgegenstehen (zB aufgrund Denkmalschutzes) als auch einer wesentlichen Verbesserung der Wärme- und Warmwasserversorgung des Gebäudes entgegenstehen (zB ein Anschluss- und Benutzungszwang), der Vermieter sich nicht an den CO_2-Kosten beteiligen muss.

V. Energetische Modernisierung während der Mietlaufzeit

1. Modernisierung im Wohnraummietrecht

44   Im Wohnraummietrecht ergeben sich die **Duldungspflichten** des Mieters in Bezug auf eine **Modernisierung nach Mietbeginn** aus den gesetzlichen Regelungen der §§ 555b bis 555f BGB, die Möglichkeit einer Mietanpassung aus §§ 559 bis 561 BGB. Bei diesen Vorschriften handelt es sich insoweit um zwingendes Recht, als dass bei Abschluss des Mietvertrags nicht zum Nachteil des Mieters hiervon abgewichen werden kann (§§ 555c Abs. 3, 555d Abs. 7, 555e Abs. 3, 559 Abs. 6, 559a Abs. 5, 559b Abs. 3, 559e Abs. 5, 560 Abs. 6, 561 Abs. 2 BGB). Erst nach Abschluss des Mietvertrags können die Parteien – dann in Bezug auf eine konkret anstehende Maßnahme – eine Regelung zur zeitlichen und technischen Durchführung der Maßnahme, den Gewährleistungsrechten und Aufwendungsersatzansprüchen des Mieters sowie der künftigen Höhe der Miete treffen.

45   Trotz fehlender Gestaltungsmöglichkeit in Bezug auf die zwingenden gesetzlichen Regelungen ist es sinnvoll, sich vor Abschluss eines Wohnraummietvertrags Gedanken zu in absehbarer Zeit anstehenden Modernisierungsarbeiten zu machen. Zum einen mag rein praktisch ein noch vor Mietvertragsabschluss erfolgter Hinweis auf anstehende bauliche Maßnahmen an den Mieter oft spätere Streitigkeiten verhindern.

46   Zum anderen ist bei der Gestaltung der mietvertraglichen Regelung zur **Mietanpassung** eine etwaige anstehende Modernisierung zu bedenken. Die Vereinbarung einer Staffelmiete schließt nämlich nach § 557a Abs. 2 S. 2 BGB für die Dauer der Laufzeit der Staffelmiete Mieterhöhungen nach Modernisierungsmaßnahmen nach § 559 BGB aus. Die Vereinbarung einer Indexmiete schließt nach § 557b Abs. 2 S. BGB Mieterhöhungen nach Modernisierungsmaßnahmen nach § 559 BGB ebenfalls aus. Eine Rückausnahme für die die Mieterhöhung möglich bleibt, besteht nach § 557b Abs. 2 S. BGB „*soweit der Vermieter bauliche Maßnahmen aufgrund von Umständen durchgeführt hat, die er nicht zu vertreten hat*". Ein Vermieter hat sich also zu fragen, ob er lieber die Sicherheit einer von Anfang an geltenden Staffelmiete oder Indexmiete hat, oder ob er sich die Möglichkeit einer Mietanpassung nach Modernisierung vorbehalten möchte.

Nicht ausgeschlossen für die Dauer von Staffelmiete und Indexmiete ist die seit dem 1.1.2024 eingeführte Mieterhöhung nach Einbau oder Aufstellung einer Heizungsanlage nach § 559e BGB. 47

Auch soweit eine Mieterhöhung nach § 559 BGB durch die Vereinbarung einer Staffelmiete oder einer Indexmiete ausgeschlossen ist, bleibt die Pflicht des Mieters bestehen, Modernisierungsmaßnahmen nach Maßgabe von § 555d BGB zu dulden.[44] 48

Auch wenn bei Abschluss eines Mietvertrags schon Modernisierungsmaßnahmen absehbar sind, kann es daher sinnvoll sein, für die ersten Jahre nach Mietvertragsabschluss eine Staffelmiete zu vereinbaren, nach deren Ablauf dann eine Mieterhöhung nach § 559 BGB durchgeführt wird. Auch die Vereinbarung einer Indexmiete kann befristet werden.[45] Nach Erreichen der letzten Mietstaffel oder Auslaufen einer befristeten Indexmiete sind Mietanpassungen aufgrund von Modernisierungsmaßnahmen nach § 559 BGB wieder möglich. Dies gilt für die Staffelmiete ab dem Tag, ab dem die letzte Staffel gilt.[46] Bei der Indexmiete ist die Mietanpassung ab Ablauf der vereinbarten Befristung der Indexmiete wieder möglich.[47] Es kommt nicht auf die letzte Mieterhöhung auf Grund der Indexmiete an. 49

Dabei ist umstritten, ob nach Ablauf der Staffelmiete oder befristeten Indexmiete Mieterhöhungen aufgrund von Modernisierungsmaßnahmen noch nachgeholt werden können, die bereits während der Geltung der Staffelmiete oder Indexmiete durchgeführt worden sind. Hierzu wird vertreten, dass es für die Wirksamkeit einer Mieterhöhung nach § 559 BGB ausreichend sei, wenn die Erhöhungserklärung nach Ablauf der Staffelmiete oder befristeten Indexmiete erfolgt, auch wenn die zugrundeliegende Modernisierungsmaßnahme während der Laufzeit der Indexvereinbarung durchgeführt wurde.[48] Nach anderer Auffassung sind Erhöhungen gem § 559 BGB ausgeschlossen, soweit Modernisierungsmaßnahmen während der Laufzeit der Staffelmiet- bzw. Indexmietvereinbarungen durchgeführt worden sind.[49] Solange diese Frage nicht abschließend gerichtlich geklärt ist, ist aus Vermietersicht zu empfehlen, die Laufzeit der Staffelmiet- bzw. Indexmietvereinbarungen und die Durchführung umfassender Modernisierungsmaßnahmen im Zweifelsfall nicht gleichzeitig zu legen, um das Risiko eines Rechtsstreits zu reduzieren. 50

In Zeiten hoher Inflation und bei moderatem Modernisierungsaufwand kann es sinnvoll sein, zu Gunsten einer Mietindexierung von der Mieterhöhung nach § 559 BGB abzusehen, und eine Indexmiete mit langer Laufzeit oder ohne Befristung zu vereinbaren. Hierzu sind jeweils im Einzelfall Alternativberechnungen mit unterschiedlichen Annahmen zu Höhe der umlegbaren Modernisierungskosten und zur Entwicklung der Inflation anzustellen, um die Auswirkungen der mietvertraglichen Gestaltung auf die Mietentwicklung einordnen zu können. 51

2. Modernisierung im Gewerberaummietrecht

In der Gewerberaummiete finden die Regelungen der §§ 555b und 555d BGB zur Duldungspflicht des Mieters grundsätzlich Anwendung, sie sind aber abdingbar. § 578 Abs. 2 S. 1 BGB erklärt die Regelungen für auf die Gewerberaummiete anwendbar, verweist aber nicht auch auf die §§ 555c Abs. 5 und § 555d Abs. 7 BGB, nach denen Regelungen zum Nachteil des Mieters unzulässig sind. Anders als in der Wohnraummiete sind daher schon im Rahmen des Mietvertrags vertragliche Regelungen auch zu Lasten des Mieters möglich. 52

Eine solche Regelung ist insbesondere sinnvoll in Bezug auf bestimmte, durch den Vermieter bereits konkret beabsichtigte Maßnahmen. Zu solchen Maßnahmen kann zB zu regeln sein, 53

---
[44] BGH 12.3.2014 – VIII ZR 147/13, NZM 2014, 304 zur Indexmiete.
[45] Schmidt-Futterer/Börstinghaus, BGB § 557b Rn. 36.
[46] Schmidt-Futterer/Börstinghaus, BGB § 557a Rn. 52.
[47] Schmidt-Futterer/Börstinghaus, § 557b Rn. 36.
[48] Schmidt-Futterer/Börstinghaus, BGB § 557a Rn. 53.
[49] Bub/Treier MietR-HdB, Kapitel III. Rn. 1653.

a) wann die Maßnahme voraussichtlich erfolgt,
b) in welchem Umfang Beeinträchtigungen für den Mieter zu erwarten sind (wie Staub, Lärm, Erschütterungen, Stromunterbrechungen),
c) mit welchem Vorlauf und in welcher Form der Vermieter dem Mieter die Durchführung der Maßnahme anzukündigen hat,
d) in welchem Umfang der Mieter an der Maßnahme (ggf. gegen Kostenerstattung) mitzuwirken hat, zB durch Zugangsgewährung, (Teil-)Räumung eines betroffenen Bereichs der Mietfläche oder Anpassung seines Betriebsablaufs),
e) welche besonderen Rücksichtnahmepflichten der Vermieter einzuhalten hat (zB in Bezug auf besonders empfindlichen technischen Einrichtungen des Mieters, die vor Erschütterungen oder Stromausfällen besonders geschützt werden müssen) sowie
f) eine etwaige Kompensation des Mieters für die zu erwartenden Beeinträchtigungen (insb. durch Mietminderung) – oder deren Ausschluss.

54 Soweit es sich bei den getroffenen Regelungen um AGB des Vermieters handelt (wovon regelmäßig auszugehen ist), ist deren Wirksamkeit an § 307 Abs. 1 BGB zu messen. Eine unangemessene Benachteiligung wird im Zweifelsfall zu bejahen sein, wenn dem Mieter jede Geltendmachung einer unzumutbaren Härte durch die Durchführung der Modernisierungsmaßnahme abgeschnitten wird.[50]

55 Die im Wohnraummietrecht geltenden Regelungen zur Mietanpassung nach Modernisierung gelten in der Gewerberaummiete nicht, da § 578 BGB nicht auf die §§ 559 bis 561 BGB verweist. Der Mieter muss sich hier nur dann an den Kosten von Modernisierungsmaßnahmen beteiligen, wenn dies mietvertraglich vereinbart worden ist. Unproblematisch erscheint eine Regelung, mit der eine konkret beabsichtigte Maßnahme eine konkret bezifferte Kostenfolge nach sich zieht. Allgemein gehaltene Regelungen sollten sich im Zweifelsfall an §§ 559 ff. BGB orientieren, um das Risiko einer AGB-Unwirksamkeit aufgrund unangemessener Benachteiligung des Mieters zu reduzieren. Es wird insoweit allerdings vertreten, dass ein bloßer Verweis auf §§ 559 ff. BGB intransparent[51] und damit AGB-unwirksam wäre. Solange aus dem vertraglichen Kontext klar wird, dass es in den §§ 559 ff. BGB um Mietanpassungen nach Modernisierungsmaßnahmen geht, sollte zutreffender Weise aber eine hinreichende Transparenz bejaht werden. Die Regelungen der §§ 559 ff. BGB werden für den Mieter auch nicht leichter nachvollziehbar, wenn der Vermieter diese noch einmal mit eigenen Worten wiedergibt oder den Gesetzestext unmittelbar zum Vertragsgegenstand macht. Allerdings sollte bei einem Verweis auf die gesetzlichen Regelungen vorsorglich klargestellt werden, ob die zum Zeitpunkt des Vertragsabschlusses geltenden Regelungen gemeint sind, oder die jeweils zum Zeitpunkt des Anpassungsverlangens geltenden Regelungen.

VI. Anspruch des Mieters auf Gestattung der Installation von E-Ladestationen
1. Bedeutung der gesetzlichen Regelung

56 Bauliche Änderungen an der Mietsache darf ein Mieter grundsätzlich nur mit Zustimmung des Vermieters durchführen. Nach § 554 Abs. 1 S. 1 BGB steht Mietern allerdings ein Anspruch darauf zu, dass ihnen bauliche Veränderungen der Mietsache erlaubt werden, die dem Laden **elektrisch betriebener Fahrzeuge** dienen. Mit zunehmender Verbreitung von elektrisch betriebenen Fahrzeugen nimmt das Bedürfnis zu, Stellplätze mit der entsprechenden **Ladeinfrastruktur** auszustatten.

57 Es ist abzuwarten, ob mit fortschreitendem Ausbau der Ladeinfrastruktur die Bedeutung der Regelung perspektivisch auch wieder abnehmen wird. Der Ausbau der Ladeinfrastruktur wird dadurch beschleunigt, dass der Aufbau einer Ladeinfrastruktur gesetzlich sowohl

---

[50] Lindner-Figura/Oprée/Stellmann, § 13. Rn. 128.
[51] Fritz/Geldmacher/Leo, § 3 Rn. 465.

für Neuerrichtungen[52] als auch Sanierungen[53] von Wohngebäuden und Nichtwohngebäuden vorgeschrieben ist. Zudem sind Eigentümer von Nichtwohngebäuden mit mehr als 20 Stellplätzen verpflichtet, nach dem 1. Januar 2025 einen Ladepunkt zu errichten.[54] Eine klare Frist, bis wann der Ladepunkt errichtet sein worden muss, enthält die Regelung nicht, was einen Widerspruch zur Zielsetzung der RL 2010/31/EU in ihrer durch RL (EU) 2018/844 geänderten Fassung darstellen und zu einer Anpassung der Regelung führen könnte.[55]

Die Regelung des § 554 Abs. 1 S. 1 BGB findet nicht nur auf **E-Ladeinfrastruktur** Anwendung, sondern auch auf bauliche Veränderungen der Mietsache, die dem Gebrauch durch **Menschen mit Behinderungen** oder dem **Einbruchschutz** dienen. 58

2. Reichweite des gesetzlichen Anspruchs

Nach § 554 Abs. 1 S. 1 Var. 2 BGB hat ein Mieter einen Anspruch darauf, dass ihm der Vermieter bauliche Veränderungen der Mietsache erlaubt, die dem Laden elektrisch betriebener Fahrzeuge dient. § 554 BGB gilt nach § 578 Abs. 1, 2 BGB auch für die Gewerberaummiete. Der Anspruch des Mieters erstreckt sich dabei nicht nur auf die Ersteinrichtung einer Ladeinfrastruktur, sondern auch auf Maßnahmen zur Verbesserung oder Erhaltung einer bereits vorhandenen Ladeinfrastruktur.[56] 59

Dem Mieter steht aus § 554 BGB kein Anspruch auf eine räumliche Erweiterung des Gebrauchsrechts zu.[57] Der Mieter kann also nicht verlangen, dass ihm zusätzliche Außenflächen oder Stellplätze überlassen werden, um dort E-Ladestationen zu installieren. 60

Ein Anspruch des Mieters auf Zustimmung zur Durchführung der baulichen Veränderung ändert nichts daran, dass der Mieter wie bei anderen baulichen Veränderungen verpflichtet ist, zum Mietende den ursprünglichen Zustand wiederherzustellen.[58] Etwas anderes kann sich aus einer Abrede der Parteien ergeben. Im Einzelfall kann ein Rückbauverlangen des Vermieters auch treuwidrig sein, etwa bei weiter verwendbaren Elektroleitungen.[59] Für den Rückbauanspruch gilt die kurze Verjährung des § 548 BGB.[60] 61

3. Notwendigkeit einer Interessenabwägung

Der Anspruch des Mieters auf Zustimmung zu baulichen Veränderungen besteht nicht uneingeschränkt. Nach § 554 Abs. 1 S. 2 besteht der Anspruch nicht, wenn die bauliche Veränderung dem Vermieter unter Würdigung der Interessen des Mieters nicht zugemutet werden kann. Der Vermieter kann jeder Baumaßnahme stets sein grundsätzliches Interesse entgegenhalten, dass die Mietsache nicht baulich verändert wird.[61] Daher ist in jedem Fall eine Interessenabwägung vorzunehmen. Das Interesse des Vermieters am Erhalt des Status Quo ist umso gewichtiger, je umfangreicher der beabsichtigte Eingriff ist.[62] Die Interessen von weiteren Mietern des Gebäudes werden in § 554 Abs. 1 BGB nicht gesondert aufgeführt, sind aber im Rahmen des Interesses des Vermieters zu berücksichtigen.[63] 62

Der Vermieter hat grundsätzlich einen Anspruch auf Rückbau gegenüber dem Mieter (→ Rn. 61). Den Vermieter trifft dennoch das Risiko, dass ein Mieter den Rückbau nicht vornehmen kann oder will (etwa bei Zahlungsunfähigkeit). Dieses **Rückbaurisiko** ist im 63

---

[52] §§ 6, 7 des Gebäude-Elektromobilitätsinfrastruktur-Gesetzes (GEIG).
[53] §§ 8, 9 GEIG.
[54] § 10 Abs. 1 GEIG.
[55] Siehe HK-GEG/GEIG/Pfeifer, GEIG § 10 Rn. 5.
[56] Blank/Börstinghaus/Siegmund/Börstinghaus, BGB § 554 Rn. 18.
[57] BeckOGK/Schepers, 1.10.2023, BGB § 554 Rn. 39; Horst, NZM 2022, 313 (314, 315).
[58] Guhling/Günter/Guhling, BGB § 554 Rn. 30; BeckOGK/Schepers, BGB § 554 Rn. 16.
[59] Guhling/Günter/Guhling, BGB § 554 Rn. 30; Grüneberg/Weidenkaff § 554 Rn. 6.
[60] Guhling/Günter/Guhling, BGB § 554 Rn. 30; BeckOGK/Schepers, BGB § 554 Rn. 21.
[61] BT-Drs. 19/18791, 88.
[62] BT-Drs. 19/18791, 88.
[63] Schmidt-Futterer/Flatow, BGB § 554 Rn. 13.

Rahmen der Interessenabwägung zu Gunsten des Vermieters zu berücksichtigen, wobei das Gewicht dieses Grundes von der Intensität der baulichen Maßnahme abhängt. Der Mieter kann sich nach § 554 Abs. 1 S. 3 BGB zur Leistung einer besonderen Sicherheit verpflichten. Der Mieter kann also dem Vermieter freiwillig die Leistung einer Rückbausicherheit anbieten, um so das Rückbaurisiko des Vermieters abzumildern und so die eigene Position in der Interessenabwägung zu verbessern. Der Mieter ist aber nicht verpflichtet, dem Vermieter eine solche Sicherheit anzubieten.[64] Dem Wortlaut von § 554 Abs. 1 S. 3 BGB ist zu entnehmen, dass eine Rückbausicherheit nicht stets Voraussetzung der Zustimmungserteilung des Vermieters ist. Es sind also Fälle denkbar, in denen die Interessen des Mieters im Rahmen der Interessenabwägung gegenüber dem Rückbaurisiko des Vermieters obsiegen, auch ohne, dass der Mieter eine zusätzliche Mietsicherheit geleistet hat. Es ist abzuwarten, ob sich in der Rechtsprechung Fallgruppen dazu herausbilden, wann einem Vermieter das Rückbaurisiko auch ohne zusätzliche Sicherheitsleistung zuzumuten ist.

64 Wenn durch die vom Mieter beabsichtige Einrichtung Sicherheitsbelange tangiert werden (was in Bezug auf die Elektrik der E-Ladeinfrastruktur immer der Fall sein wird), kann der Vermieter verlangen, dass die Arbeiten von einem **Fachunternehmen** ausgeführt werden.[65] Die Auswahl des konkreten Unternehmens ist aber dem Mieter überlassen.[66]

65 Stellt der Mieter dem Vermieter **unzureichende Informationen** zu den Einzelheiten der beabsichtigten Maßnahmen zur Verfügung, stellt dies einen Grund für den Vermieter dar, die Zustimmung zu verweigern.[67]

66 Etwaige **grundsätzliche Vorbehalte** des Vermieters gegenüber der Nutzung von **Elektromobilität** sind unbeachtlich.[68] Der Vermieter kann sich auch nicht pauschal auf eine erhöhte **Brandgefahr von Elektrofahrzeugen** berufen.[69] Es kann aber natürlich dennoch im Einzelfall notwendig und sinnvoll sein, etwaige Implikationen der E-Ladeinfrastruktur für das Brandschutzkonzept des Gebäudes zu prüfen (insbesondere bei einem Umgang mit Gefahrstoffen in Industrie- oder Logistikimmobilien).

67 Zu Gunsten des Mieters spricht zunächst sein **grundsätzliches Interesse,** dass er mit der Installation einer E-Ladeinfrastruktur ein in § 554 Abs. 1 S. 1 BGB genanntes Ziel verfolgt. Der Vermieter kann das Veränderungsinteresse des Mieters aus der Interessenabwägung entfallen lassen, indem er selbst eine entsprechende E-Ladeinfrastruktur herstellt oder dies dem Mieter zumindest anbietet.[70] Ein solches Vorgehen seitens des Vermieters kann sinnvoll sein, um für durch mehrere Mieter genutzte „Multi-Tenant"-Mietobjekte eine einheitliche Infrastruktur für alle Mieter herzustellen, die direkt auch ein geeignetes Lastenmanagement beinhaltet. Anders als im Wohnraummietrecht, steht dem Vermieter im Rahmen eines Gewerberaummietvertrags ein Anspruch auf Kostenbeteiligung aber nur bei Bestehen einer entsprechenden mietvertraglichen Regelung zu.[71] Es erscheint aber angemessen, dass wenn der Vermieter dem Mieter anbietet, eine eigene E-Ladeinfrastruktur gegen Kostenbeteiligung des Mieters zu errichten, dies bei der Interessenabwägung zu Gunsten des Vermieters zu berücksichtigen.

68 In die Interessenabwägung fließen zugunsten des Mieters auch durch eine eigene E-Ladeinfrastruktur geschaffene **Wettbewerbsvorteile** ein.[72]

69 Es ist jedoch strittig, ob im Rahmen der Interessenabwägung zugunsten des Mieters auch das **öffentlichen Interesse an Energieeinsparung sowie Klima- und Umweltschutz**

---

[64] Guhling/Günter/Guhling, BGB § 554 Rn. 32.
[65] Blank/Börstinghaus/Siegmund/Börstinghaus, BGB § 554 Rn. 23; LG München I; 25.5.2022 – 14 S 16374/21, BeckRS 2022, 24122 Rn. 13.
[66] LG München I 25.5.2022 – 14 S 16374/21, BeckRS 2022, 24122 Rn. 13.
[67] Guhling/Günter/Guhling, BGB § 554 Rn. 15; BT-Drs. 19/18791, 88.
[68] LG München I 25.5.2022 – 14 S 16374/21, BeckRS 2022, 24122 Rn. 52, 53.
[69] LG München I 25.5.2022 – 14 S 16374/21, BeckRS 2022, 24122 Rn. 49.
[70] Guhling/Günter/Guhling, BGB § 554 Rn. 22; Grüneberg/Weidenkaff § 554 Rn. 4.
[71] Horst NZM 2022, 313 (319).
[72] Schmidt-Futterer/Flatow, BGB § 554 Rn. 15; Guhling/Günter/Guhling, BGB § 554 Rn. 22.

streitet. Dies wird teilweise mit der Begründung abgelehnt, dass die Formulierung in § 554 Abs. 1 Satz 2 nur auf die „Interessen des Mieters" abstelle[73]. Dieses werde bestätigt durch einen Vergleich etwa mit § 555d Abs. 2 S. 1 BGB, welcher im Rahmen der dort vorgesehenen Interessenabwägung ausdrücklich auch die die Belange *„der Energieeinsparung und des Klimaschutzes"* als zu berücksichtigen aufführt. Nach anderer Auffassung sind die Belange von Klima- und Umweltschutz zugunsten des Mieters zu berücksichtigen.[74]

Sinn und Zweck der Regelung des § 554 BGB sprechen aber in der Tat dafür, die Belange von Klima- und Umweltschutz zu Gunsten des Mieters zu berücksichtigen. In der Gesetzesbegründung heißt es ausdrücklich: *„Geht es um die Nachrüstung mit einer Lademöglichkeit, sind beim Veränderungsinteresse auch die Belange des Klima- und Umweltschutzes angemessen zu berücksichtigen, etwa die Reduzierung von Treibhausgasen sowie der Schutz vor Luftschadstoffen und verkehrsbedingtem Lärm".* **70**

4. Dokumentation des Abstimmungsergebnisses per Nachtrag

Die notwendige Interessenabwägung wird regelmäßig einen Austausch der Parteien erforderlich machen. Im Rahmen dieses Austauschs werden neben den Details der technischen Ausgestaltung auch weitere kommerzielle und rechtliche Punkte (wie der Umfang der Rückbaupflicht und eine etwaige dahingehende Absicherung oder dem Umgang mit einem ggf. vermieterseitig nachträglich installierten Lastenmanagement) abzustimmen sein. Das Ergebnis dieser Abstimmung sollte jedenfalls bei Mietverträgen mit einer Festlaufzeit von mehr als einem Jahr in einem schriftformkonformen Nachtrag nach §§ 550, 578 BGB gefasst und vereinbart werden, um die Festlaufzeit des Mietvertrags nicht zu gefährden. **71**

5. Anwendbarkeit auf elektrische Zweiräder (insb. E-Bikes und E-Roller)

Zu den elektrisch betriebenen Fahrzeugen im Sinne von § 554 Abs. 1 S. 1 BGB gehören neben Batterieelektrofahrzeugen und aufladbaren Hybridelektrofahrzeugen auch elektrisch betriebene Zweiräder und spezielle Elektromobile für Gehbehinderte, also auch E-Bikes, Pedelecs, E-Scooter und Elektrorollstühle.[75] Die Gesetzesbegründung[76] bestätigt eine Anwendbarkeit auf elektrisch betriebene Zweiräder. Die Anwendbarkeit auf elektrisch betriebene Zweiräder wird dennoch aufgrund des Regelungszwecks teilweise mit dem Argument in Zweifel gezogen, dass der Umstieg von einem bisher durch Körperkraft fortbewegten Fahrrad auf ein solches mit E-Motor keinen Beitrag zur Klimaverbesserung leiste.[77] Das ist zwar natürlich zutreffend. Es gibt aber auch Pendler, die zB vom Pkw auf ein Fahrrad mit E-Motor umsteigen. Ein positiver Effekt auf den CO_2-Ausstoß ist damit zumindest nicht von vorneherein auszuschließen. Daher ist eine einschränkende Auslegung im Widerspruch zu der Gesetzesbegründung abzulehnen. **72**

6. Abweichende und konkretisierende mietvertragliche Regelungen

Nach § 554 Abs. 2 BGB ist der Anspruch des Mieters auf Zustimmungserteilung nicht abdingbar. Auch in der Gewerberaummiete ist dieser Anspruch nicht abdingbar, da § 578 Abs. 1, 2 BGB vollständig auf § 554 BGB verweist. **73**

VII. Photovoltaik

Der Einsatz von Photovoltaikanlagen auf Gebäudedächern ist ein zentraler Baustein zur Reduzierung der CO_2-Emissionen der Gebäudewirtschaft (siehe hierzu im Überblick **74**

---

[73] Schmidt-Futterer/Flatow, BGB § 554 Rn. 15.
[74] Guhling/Günter/Guhling, BGB § 554 Rn. 21; Blank/Börstinghaus/Siegmund/Börstinghaus, BGB § 554 Rn. 27); Horst, NZM 2022, 313.
[75] Guhling/Günter/Guhling, BGB § 554 Rn. 12.
[76] BT-Drs. 19/18791, 87.
[77] MüKoBGB/Bieber, BGB § 554 Rn. 17.

auch→ § 11). Bei Abschluss eines Mietvertrags stellen sich in Bezug auf eine geplante Photovoltaikanlage die Fragen, wer die Photovoltaik-Anlage installiert und betreibt, wie der Strom genutzt und wie er vergütet wird. Dabei sind die nachfolgend aufgeführten Varianten zu unterscheiden.

1. Installation durch den Vermieter und Mitvermietung der Photovoltaikanlage

75 Grundsätzlich ist es möglich, dass ein Vermieter die **Photovoltaikanlage** selbst installiert und an den Mieter mitvermietet. Eine solche Gestaltung ist für den Vermieter aber regelmäßig unattraktiv, die dies für Immobilienunternehmen die Gewerbesteuerkürzung für Grundbesitz nach § 9 Nr. 1 GewStG gefährden kann. Selbst wenn der Vermieter selbst gewerblich tätig ist und ohnehin nicht von § 9 Nr. 1 GewStG profitiert (etwa da er als Projektentwickler beabsichtigt, den Grundbesitz kurz nach der Bebauung zu veräußern[78]) wird der Vermieter eine solche Struktur vermeiden wollen, da diese für potentielle Grundstückserwerber nachteilig ist und so einen Verkauf des Grundstücks erschwert.

2. Installation und Betrieb durch den Mieter

76 Will ein Mieter lokal erzeugten, nachhaltigen Strom nutzen, kommt in Betracht, dass er eine Photovoltaikanlage selbst installiert und betreibt. Hierfür kann der Vermieter eine geeignete Dach- oder Außenfläche explizit für Installation und Betrieb einer Photovoltaik-Anlage an den Mieter vermieten. In diesem Fall trägt der Mieter die Kosten der Installation der Photovoltaik-Anlage selbst. Dementsprechend wird sich der Mieter auf dieses Modell nur bei hinreichend langer Laufzeit des Mietvertrags einlassen. Im Rahmen des Mietvertrags sollte eine ausdrückliche Regelung dazu aufgenommen werden, was zum Mietende mit der Photovoltaikanlage passiert, ggf. ergänzt um eine Reglung zur Behandlung als Scheinbestandteil nach § 95 Abs. 1 Satz 1 oder 2 BGB. Aus Mietersicht empfiehlt sich zudem, je nach Volumen seiner Investition, die Absicherung des Nutzungsrechts durch eine persönliche beschränkte Dienstbarkeit.

77 Es ist sinnvoll, vor Installation der Photovoltaik-Anlage eine sachverständige Begehung des Daches durchführen zu lassen, um etwaige nach der Installation auftretenden Schäden dem Mieter (und dessen ausführenden Unternehmen) zuordnen zu können.

78 Oft muss die vorhandene Blitzschutztechnik eines Gebäudes aufgrund der Installation der PV-Anlage angepasst werden. Ob eine Anpassung nötig ist, sollte bei Konzeptionierung der PV-Anlage geprüft werden. Im Mietvertrag zu regeln ist, welche Partei die Prüfung und ggf. erforderliche Anpassung der der Blitzschutztechnik übernimmt und wer die hierfür anfallenden Kosten trägt. Zu weiteren wesentlichen Regelungsinhalten siehe → § 11 Rn. 34.

3. Installation und Betrieb durch den Vermieter

79 Der Vermieter kann den erzeugten Strom dafür verwenden, um (zumindest teilweise) den Allgemeinstromverbrauch des Gebäudes (etwa Beleuchtung von Gemeinschaftsflächen) oder einer Wärmepumpe zu decken. Die für diesen Stromverbrauch anfallenden Kosten wären (eine entsprechende mietvertragliche Vereinbarung vorausgesetzt) als Nebenkosten auf den Mieter umlegbar, wenn der Vermieter diesen Strom regulär beim Versorger einkauft. Da die eigene Stromerzeugung nach Installation der Photovoltaikanlage keine laufenden Kosten für den Vermieter verursachen, wird allerdings bezweifelt, dass bei Verwendung des selbst erzeugten Stroms hierfür „fiktive" Kosten auf den Mieter umgelegt werden können.[79] Ob diese Sorge im Wohnraummietrecht durch die ausdrückliche Vereinbarung einer entsprechenden Sonstigen Kostenart nach § 2 Nr. 17 BetrkVO umgangen werden kann[80], ist offen. Solange diese Frage nicht geklärt ist, wird ein Vermieter wohl in

---

[78] Guhling/Günter/Hemme, GewStG § 9 Rn. 22.
[79] Ausführlich hierzu: Ahlers/Schmidt, IR 2023, 146 (148).
[80] Ahlers/Schmidt, IR 2023, 146 (148).

der Regel den lokal erzeugten Strom nicht für den Allgemeinstromverbrauch oder eine Wärmepumpe verwenden, sondern hierfür Strom extern einkaufen und den selbst erzeugten Strom anderweitig verwenden. Da dies weder für Mieter noch Vermieter vorteilhaft ist, wäre eine Klarstellung durch den Gesetzgeber wünschenswert[81]. Jedenfalls im Geweberaummietrecht wäre eine abweichende Gestaltung möglich, durch die der Mieter auch keinen wirtschaftlichen Nachteil gegenüber einem Einkauf vom Versorger hätte.

Es kann im Interesse beider Mietparteien sein, den vor Ort erzeugten Solarstrom direkt durch den Mieter verbrauchen zu lassen. Der Mieter hat den Vorteil, verhältnismäßig kostengünstig an nachhaltig erzeugten Strom zu gelangen. Ggf. besteht ein Anspruch gegen den Netzbetreiber auf Zahlung eines Mieterstromzuschlags gem. §§ 19 Abs. 1 Nr. 3, 21 Abs. 3 EEG[82]. 80

In der Wohnraummiete darf ein Vertrag über die Belieferung von Letztverbrauchern mit Mieterstrom (Mieterstromvertrag) nach § 42a Abs. 2 S. 1 EnWG allerdings (vorbehaltlich der Ausnahmen in § 42a Abs. 2 S. 5 EnWG, insb. für Alters- und Pflegeheime, Studenten- und Lehrlingsheime) nicht Bestandteil des Mietvertrags sein, sonst ist der Mieterstromvertrag nichtig. Hierzu ist also eine gesonderte Vereinbarung erforderlich. 81

Der Mieter kann zudem nach § 42a Abs. 3 S. 1, 3 EnWG nicht für länger als ein Jahr verpflichtet werden, den vor Ort erzeugten Solarstrom zu beziehen. Diese Laufzeitbegrenzung gilt nicht nur für Wohnraum, sondern auch für Gewerberaummietverträge.[83] Die Laufzeitbegrenzung gilt zudem nicht nur im Rahmen von AGB, sondern auch für eine zwischen den Parteien ausgehandelte Individualvereinbarung.[84] Diese Rechtslage führt dazu, dass ein Vermieter nicht in Vertrauen auf die Stromabnahme durch den Mieter während der gesamten Mietlaufzeit in eine Photovoltaikanlage investieren kann, auch wenn dies durch den Mieter zu Mietbeginn ausdrücklich gewünscht ist. Der Vermieter kann sich in einem solchen Szenario daher nur dann auf einen solchen Mieterwunsch einlassen, wenn sich die Investitionskosten für die Herstellung der Photovoltaikanlage auch bei einer Netzeinspeisung durch den Vermieter amortisieren. Ist dies zweifelhaft, möchte der Mieter aber dennoch die Herstellung einer PV-Anlage durch den Vermieter wirtschaftlich ermöglichen, kommt eine Kostenbeteiligung des Mieters an den Herstellungskosten der PV-Anlage in Frage (die ggf. auch zeitanteilig über die Mietdauer geleistet werden könnte). Solange der Vermieter einen Strompreis anbieten kann, der unter dem Preis liegt, den der Mieter bei einem Strombezug vom Versorger zu zahlen hätte, ist dieses Problem natürlich theoretischer Natur, da der Mieter aus wirtschaftlichem Eigeninteresse dem Vermieter den erzeugten Strom jedenfalls im Rahmen seines Bedarfs abnehmen wird. 82

In Bezug auf die erweiterte Kürzung nach § 9 Ziff. 1 GewStG ist die Lieferung von Strom sowie die Produktion von Solarstrom und dessen entgeltliche Einspeisung in das Netz unschädlich, wenn die Grenzen des § 9 Nr. 1 Satz 3 Buchst. b) oder c) GewStG eingehalten werden.[85] 83

4. Vermietung der Dachfläche an einen Dritten als Betreiber

Eine für den Vermieter mit weniger Aufwand verbundene Variante ist es, die Dachfläche an einen Dritten als Betreiber zu vermieten[86], der dann eigenverantwortlich eine Photovoltaik-Anlage installiert und betreibt. Kauft der Vermieter von dem Betreiber Allgemeinstrom ein, kann er die anfallenden Kosten – unter Beachtung des Wirtschaftlichkeitsprinzips und im Rahmen der mietvertraglichen Vereinbarungen – auf seine Mieter umlegen. Ob der Betreiber den erzeugten Strom ins Netz einspeist oder den Mieter vor Ort anbietet, ist 84

---

[81] So auch Ahlers/Schmidt, IR 2023, 146 (149).
[82] Ahlers/Schmidt, IR 2023, 146 (147).
[83] BeckOK EnWG/Schnurre, EnWG § 42a Rn. 29.
[84] BeckOK EnWG/Schnurre, 8. Ed. 1.9.2023, EnWG § 42a Rn. 28.
[85] Guhling/Günter/Hemme, GewStG § 9 Rn. 22.
[86] Entgegen verbreiteter Auffassung handelt es sich um eine Vermietung und nicht um eine Verpachtung, siehe BGH 7.3.2018 – XII ZR 129/16, NJW 2018, 1540.

Sache des Betreibers. Wirtschaftlich profitiert der Vermieter in diesem Fall allerdings nur über die Mieteinnahmen aus der Vermietung der Dachfläche.

85 Auch bei der Vermietung einer Dachfläche an einen Betreiber kann es sinnvoll sein, vor Installation der Photovoltaikanlage eine sachverständige Begehung des Daches durchführen zu lassen, um etwaige nach der Installation auftretenden Schäden dem Mieter und dessen ausführenden Unternehmen zuordnen zu können und zu prüfen, ob die vorhandene Blitzschutztechnik des Gebäudes aufgrund der Installation der PV-Anlage angepasst werden muss (siehe → Rn. 78). Zudem empfiehlt sich auch hier eine mietvertragliche Regelung dazu, was zum Mietende mit der Photovoltaikanlage passiert, ggf. ergänzt um eine Reglung zur Behandlung als Scheinbestandteil nach § 95 Abs. 1 Satz 1 oder 2 BGB. Der Betreiber wird zur Absicherung seiner Investition ggf. auf eine Absicherung seines Nutzungsrechts durch eine persönliche beschränkte Dienstbarkeit bestehen. Zu weiteren wesentlichen Regelungsinhalten siehe auch insoweit → § 11 Rn. 34.

VIII. Verpflichtung des Mieters zum Bezug nachhaltig erzeugter Energie

86 Der Vermieter kann ein Interesse daran haben, dem Mieter die Pflicht aufzuerlegen, im Mietgegenstand nur **nachhaltig erzeugten Strom** zu verwenden und nur **nachhaltig erzeugte Wärme** zu verbrauchen. Dies hat für den Vermieter den Vorteil, dass sich die Nachhaltigkeit seiner Immobilie verbessert, ggf. eine bessere Zertifizierung erzielt werden kann, ohne dass dies mit Kosten für den Vermieter verbunden ist. Dem Grunde nach wird es für zulässig erachtet, dem Mieter die **Pflicht zur Nutzung nachhaltig erzeugter Energie** auch in Rahmen von AGB aufzuerlegen.[87] Allerdings wird es für erforderlich gehalten, das durch die entsprechende Verpflichtung für den Mieter entstehende Risiko von Mehrkosten zu beschränken, insbesondere für den Fall exorbitanter Preissteigerungen.[88]

87 Nach hier vertretener Auffassung werden die Anforderungen an eine wirksame AGB-Regelung durch das Erfordernis einer Öffnungsklausel in Bezug auf Kostensteigerungen allerdings überstrapaziert. Vor exorbitanten Preissteigerungen ist der Mieter durch das Institut der Störung der Geschäftsordnung nach § 313 BGB hinreichend geschützt, ohne dass dies ausdrücklich geregelt werden muss. Da unvorhergesehene Preissteigerungen in jedem Bereich denkbar sind, nicht nur im Bereich nachhaltig erzeugter Energie, müsste sonst jede in AGB einem Vertragspartner auferlegte Pflicht immer mit einer Öffnungsklausel versehen werden. Im Zweifelsfall sind die bestehenden AGB-rechtlichen Bedenken aber dennoch bei der Vertragsgestaltung zu berücksichtigen. Für eine mögliche Gestaltung kann auf die Ausführungen zur Umlage von Mehrkosten einer nachhaltigen Bewirtschaftung unter → Rn. 30 f. verwiesen werden.

C. Nachhaltigkeitsaspekte außerhalb der Bewirtschaftung des Gebäudes

I. Art der Nutzung und Identität des Mieters

88 Nicht jede **Art der Nutzung** ist mit Nachhaltigkeitsanforderungen vereinbar. Bestimmte Arten der Nutzung sind mit erhöhtem CO^2-Ausstoß oder sonstigen Emissionen verbunden (insb. bei industrieller Nutzung). Die Betrachtung einer Immobilie unter ESG-Gesichtspunkten geht aber über die unmittelbaren Auswirkungen der Nutzung vor Ort auf Belange des Umweltschutzes hinaus. Bestimmte Nutzungen können als mit der sozialen Verantwortung eines Investors unvereinbar erscheinen. Inwieweit es Aufgabe eines Vermieters sein sollte, auf gesellschaftliche Fragestellungen einzuwirken, die nicht unmittelbar seine Immobilie betreffen, kann ausführlich diskutiert werden. Aus Vermietersicht ist aber in

---

[87] Vogel, Implementierung von Green Lease-Vertragsklauseln in Gewerberaummietverträgen, ESG 2022, 295 (297); Lindner-Figura/Oprée/Stellmann, § 24. Rn. 66.
[88] Vogel, ESG 2022, 295 (297); Lindner-Figura/Oprée/Stellmann, § 24. Rn. 66; Fritz/Geldmacher/Leo § 3 Rn. 273e.

jedem Fall zur Kenntnis zu nehmen, dass Nutzung und Identität des Mieters die Vermarktbarkeit seiner Immobilie – und damit deren Wert – negativ beeinflussen können. Die Nutzung des Mietgegenstands als **Spielothek** oder **Bordell** etwa wird für viele Investoren ein „No-Go" sein und so mittelbar den Wert einer Immobilie nachteilig beeinflussen. Aber auch wenn die Nutzung des Mietgegenstands selbst unkritisch erscheint (etwa bei einer Büronutzung), kann die Identität des Mieters zum Problem werden, wenn ein Mieter in einer als problematisch wahrgenommen Branche wie **Glücksspiel** oder **Tabak** tätig ist. Auch eine solche Immobilie wird nicht für alle Investoren als Anlageobjekt in Frage kommen.

Um eine mit Nachhaltigkeitszielen vereinbare Nutzung des Mietgegenstands sicherzustellen, ist es daher erforderlich, die zulässige Nutzung des Mietgegenstands klar zu regeln. Dabei ist eine allgemeine Beschreibung der zulässigen Nutzungsart wie „Büronutzung", „Werkstatt" oder „Einzelhandel" unzureichend und (auch aus anderen Gründen) nicht zu empfehlen. Vielmehr sollte – auch bei einer Büronutzung – die durch den Mieter beabsichtigte Art der Nutzung möglichst konkret beschrieben werden. Dabei ist aber zu beachten, dass auch bei einem konkret vereinbarten Mietzweck dem Mieter ein Anspruch auf Zustimmung des Vermieters zu einer abweichenden Nutzung zustehen kann. Über entsprechende Anfragen muss der Vermieter unter Würdigung aller Umstände des Einzelfalls nach den Grundsätzen von Treu und Glauben entschieden.[89] Ob eine beabsichtigte Änderung der Nutzung verweigert werden darf, muss somit trotz konkret vereinbarter Nutzungsart jeweils im Einzelfall geprüft werden. Dies gilt insbesondere im Rahmen der Anfrage eines Mieters nach Zustimmung zu einer Untervermietung, da eine unberechtigte Ablehnung ein Kündigungsrecht des Mieters auslöst (§ 540 Abs. 1 S. 2 BGB).

89

Bei der Formulierung des Mietzwecks ist zu bedenken, dass nach der Rechtsprechung des BGH die Kombination aus enger Sortimentsbindung, Betriebspflicht des Mieters und Ausschluss von Konkurrenzschutz in AGB unwirksam ist.[90] Außerhalb von Einzelhandel und Gastronomie ist dies in der Regel unproblematisch, da der Vermieter dort für gewöhnlich kein Interesse an der Vereinbarung einer Betriebspflicht hat. Bei Gewerbeflächen, für die der Vermieter nicht auf eine Betriebspflicht verzichten will, bietet es sich an, entweder eine klar definierte Form des Konkurrenzschutzes zu gewähren, oder den Mietzweck soweit erforderlich zu öffnen, um keine AGB-Unwirksamkeit zu riskieren. Der BGH versteht den Begriff der *engen Sortimentsbindung* in diesem Rahmen allerdings auch streng, so wurde insbesondere für den Fall eines *„hochwertigen ′Fan World′-Einzelhandelsgeschäfts für den Verkauf von Fan-, Lizenz- und Geschenkartikeln und Assessoires"* eine enge Sortimentsbindung abgelehnt, hier war die Vereinbarung gemeinsam mit Betriebspflicht und Ausschluss von Konkurrenzschutz also wirksam.[91]

90

II. Nichtraucherschutz

Der Vermieter kann ein Interesse daran haben, das **Rauchen** in seinem Gebäude zu verbieten. Zigarettenrauch wird von den nichtrauchenden Nutzern eines Gebäudes regelmäßig als unangenehm und störend wahrgenommen. Darüber hinaus kommen Gesundheitsschädigungen in Betracht. Zudem erhöht sich durch Rauchablagerungen der Renovierungsaufwand (was aber je nach mietvertraglicher Gestaltung vorrangig den Mieter betrifft). Das Vermieterinteresse beschränkt sich nicht nur auf die innenliegenden Mietflächen. Gerade bei hochwertigen Immobilien will der Vermieter auch den negativen Ersteindruck vermieden, der für einen Gebäudebesucher damit verbunden ist, wenn z.B. die rauchende Belegschaft den Außenbereich unmittelbar vor dem Haupteingang nutzt, um sich dort zum Rauchen zu versammeln. Auch im Rahmen von Gebäudezertifizierun-

91

---

[89] Siehe Lindner-Figura/Oprée/Stellmann, § 14. Rn. 39.
[90] BGH, 26.2.2020 – XII ZR 51/19, NJW 2020, 1507.
[91] BGH, 6.10.2021 – XII ZR 11/20, NJW-RR 2022, 161 Rn. 21.

gen wird als relevantes Bewertungskriterium herangezogen, ob das Rauchen im Gebäude selbst (und in der näheren Umgebung des Gebäudes) verboten ist (ob statt Verbot auch andere Maßnahmen zur Sicherstellung des Nichtraucherschutzes für die Zertifizierung ausreihen, ist im Einzelfall und je nach Zertifizierung zu prüfen).

92 Jedenfalls bei der Vermietung von Wohnraum kann der Vermieter das Rauchen aber nicht ohne weiteres ausschließen. Nach gefestigter BGH-Rechtsprechung gehört das Rauchen zum vertragsgemäßen Gebrauch innerhalb der Wohnung, solange das Rauchen nicht so exzessiv ist, dass Schäden am Mietgegenstand entstehen, die über Schönheitsreparaturen hinausgehen.[92] Formularmäßige (uneingeschränkte) Rauchverbote in Wohnraummietverträgen sind nach einhelliger Literaturauffassung nach § 307 Abs. 1, 2 Nr. 1 BGB unangemessen benachteiligend und damit unwirksam.[93]

93 Im Gewerberaum ist die Zulässigkeit des Rauchens in der Regel bereits aufgrund von § 5 Arbeitsstättenverordnung beschränkt. Danach hat ein Arbeitgeber die erforderlichen Maßnahmen zu treffen, um nicht rauchende Beschäftigte vor den Gesundheitsgefahren durch Tabakrauch zu schützen. Dies geht in der Regel damit einher, dass in den meisten Bereichen das Rauchen verboten ist. Dennoch wird ein Vermieter, dem das Nichtrauchen im Gebäude ein Anliegen ist, auch in den Mietvertrag ein ausdrückliches Rauchverbot aufnehmen, schon da der Vermieter selbst aus § 5 Arbeitsstättenverordnung keine eigenen Rechte ableiten kann. Die Zulässigkeit eines pauschalen Rauchverbots durch entsprechende AGB wird im Gewerberaum teilweise mit dem Argument bestritten, dass der Mieter unangemessen benachteiligt würde, da hierdurch ein bestimmter Mitarbeiter- und/oder Kundenkreis von vornherein ausgeschlossen wäre.[94] Diese Auffassung erscheint aber als überholt. Aufgrund der Anforderungen des Arbeitsschutzes ergibt sich, dass Arbeitende in der Regel ohnehin den Arbeitsplatz verlassen müssen, um zu rauchen. Eine dahingehende Einschränkung des Mieters entspricht somit den ohnehin überwiegend anzutreffenden Gewohnheiten und stellt somit auch mietrechtlich keine unangemessene Benachteiligung im Sinne von § 307 Abs. 1 S. 1 BGB mehr dar.

III. Lieferketten-Compliance

94 Unter **Compliance** wird im rechtlichen Kontext üblicherweise die Gesamtheit aller Maßnahmen verstanden, die erforderlich sind, um ein rechtmäßiges Verhalten eines Unternehmens, seiner Organmitglieder und Mitarbeiter im Hinblick auf alle gesetzlichen Vorschriften zu gewährleisten.[95] Auf Mietvertragsebene schlagen sich allgemeine Compliance-Anforderungen gelegentlich darin nieder, dass sich die Parteien gegenseitig versichern, im Zusammenhang mit Abschluss und Umsetzung des Mietvertrags Korruption oder anderen wirtschaftskriminellen Aktivitäten entgegenzuwirken. Unter Nachhaltigkeitserwägungen relevant ist vor allem die im **Lieferkettensorgfaltsgesetz** (LkSG) geregelte **Lieferketten-Compliance,** welcher Risiken in Bezug auf Menschenrechte und Umweltschutz zum Inhalt hat.

95 Ein Unternehmen mit Sitz in Deutschland, das in der Regel mindestens 1.000 Arbeitnehmer beschäftigt, unterliegt nach § 1 Abs. 1 S. 1, 3 LkSG der Anwendung des Lieferkettensorgfaltsgesetzes. Ein solches Unternehmen muss nach § 6 Abs. 4 Nr. 2 LkSG bei seinen unmittelbaren Zulieferern vertragliche Zusicherungen des Inhalts einholen, dass diese menschenrechtlichen und umweltbezogenen Risiken vorbeugen und minimieren und entlang der Lieferkette angemessen adressieren.[96]

---

[92] BGH NZM 2015, 302 Rn. 15; NJW 2008, 318 Rn. 21 ff.
[93] Artz/Börstinghaus, D Rn. 324; Artz, PiG 85 (2009), 229 (236 f.); Paschke, NZM 2008, 265 (268); Riecke ZMR 2015, 361; Wietz, WuM 2014, 518 (530); Schmidt-Futterer/Lehmann-Richter, Mietrecht, § 535 Rn. 613; BeckOGK-BGB/Schmidt, 1.1.2024, § 538 Rn. 23.
[94] Paschke NZM 2008, 265 (269); eher ablehnend: Hannemann/Wiegner/Lehr, § 54 Rn. 145.
[95] BeckRA-HdB, § 49. Compliance Rn. 1.
[96] Berg/Kramme/Kramme/Ponholzer, LkSG § 6 Rn. 39.

Soweit der Vermieter diese Voraussetzungen erfüllt, unterliegt er der Anwendung des **96** Lieferkettensorgfaltsgesetzes. Die hieraus resultierenden Anforderungen sind in aller Regel nicht auf Mietvertragsebene zu adressieren. Anders ist der Fall, wenn ein Mieter der Anwendung des Lieferkettensorgfaltsgesetzes unterliegt. In dem Fall erbringt der Vermieter durch Überlassung von Mieträumen eine Leistung, die der Mieter als Unternehmen zur Herstellung seiner Produkte oder zur Erbringung seiner eigenen Dienstleistungen benötigt, weshalb der Vermieter nach § 2 Abs. 7 LkSG als „Unmittelbarer Zulieferer" im Sinne des Lieferkettengesetzes angesehen wird.[97] Das Unternehmen kann als Mieter deshalb darauf drängen, dass in den Mietvertrag eine Regelung aufgenommen wird, mit der sich der Vermieter zur Einhaltung von Lieferkettenstandards verpflichtet.[98] Sinnvollerweise wird dabei nicht bloß allgemein auf das Gesetz verwiesen, sondern die Pflichten dem Einzelfall entsprechend weiter konkretisiert. „State of the art" ist insoweit die Verwendung von Lieferanten-Code-of-Conducts, in denen alle einzelnen Pflichten aufgeführt und erläutert werden. Ein Vermieter, der einer solchen Regelung zustimmt, hat seinerseits hinreichende Strukturen zu etablieren, um die Verletzung menschenrechts- oder umweltbezogenen Pflichten zu verhindern, andernfalls wird er vertragsbrüchig und hat nach erfolgter Abmahnung unter Umständen sogar eine außerordentliche fristlose Kündigung des Mietvertrags durch den Mieter mit entsprechender Schadensersatzfolge zu befürchten.[99] Daher sollten mieterseitig gestellten Klauseln zur Lieferketten-Compliance keineswegs ungeprüft übernommen werden. Entsprechende Klauseln sind vielmehr darauf zu untersuchen, welche konkreten Pflichten für den Vermieter hieraus erwachsen. Wie diese Pflichten umgesetzt werden, ist zu erarbeiten und zu dokumentieren, um die ergriffenen Maßnahmen im Streitfall darlegen und beweisen zu können. Soweit der Vermieter in den durch die Pflichten berührten Tätigkeiten Dienstleister einsetzt, sind diesen Dienstleistern die vom Vermieter übernommenen Pflichten möglichst konkret aufzuerlegen.

---

[97] So Herrlein/Kappus NZM 2023, 265 (269).
[98] Siehe Herrlein/Kappus NZM 2023, 265 (269); dort findet sich auch ein Formulierungsvorschlag zur Einbindung des Vermieters.
[99] Herrlein/Kappus NZM 2023, 265 (270).

Kapitel 8 Versicherung

§ 14 Versicherungsrechtliche Betrachtung

Übersicht

	Rn.
A. Umsetzung von Nachhaltigkeitszielen in der Versicherungswirtschaft	1
I. Einleitung	1
II. Nachhaltigkeitsziele, Versicherungsaufsicht und Regulatorik auf europäischer Ebene	8
III. Taxonomie-Verordnung	12
IV. Umsetzung der Nachhaltigkeitsziele durch die deutsche Versicherungswirtschaft	15
B. Nachhaltigkeit und Versicherung von Risiken in der Planungs- und Bauphase	19
I. Einleitung	19
II. Berufshaftpflichtversicherung für Architekten/Bauingenieure/Fachplaner des Bauingenieurwesens	24
1. Grundzüge der Berufshaftpflichtversicherung	26
2. Berufsbild und Nachhaltigkeitsziele	29
3. Mitversicherung der Tätigkeit als Nachhaltigkeitsberatende/zB Nachhaltigkeits-Auditoren/-Koordinatoren	33
4. Nachhaltigkeitszertifizierungen und vertragliche Zusagen/Garantien/Erfüllungsausschlüsse	38
a) Garantien/über den Umfang der gesetzlichen Haftpflicht hinausgehende Vereinbarungen	38
b) Erfüllungsklausel/Ausschluss wegen des Ausbleibens des mit der Vertragsleistung geschuldeten Erfolges	42
5. Nachhaltigkeitszertifizierungen und Fördermittel/Qualitätssiegel Nachhaltiges Bauen (QNG)	52
6. Nachhaltigkeit und Ausschlussgrund der wissentlichen Pflichtverletzung	57
III. Bauleistungsversicherung	68
1. Versicherte Gefahren und Schäden	70
2. Vom Versicherungsschutz ausgeschlossene Gefahren und Schäden	72
C. Versicherungsschutz gegen Naturschadenereignisse in der Nutzungsphase	76
I. Sachversicherungen Wohngebäude- Gewerbegebäudeversicherung	76
1. Versicherte Gefahren Feuer, Hagel, Sturm	79
2. Absicherung gegen Elementarschäden	80
II. Klimawandel und Klimafolgenanpassung	85

A. Umsetzung von Nachhaltigkeitszielen in der Versicherungswirtschaft

I. Einleitung

Aufgrund Ihrer eminenten Stellung im Wirtschaftssystem kommt Versicherungsgesellschaften eine zentrale Rolle bei der Verwirklichung von Nachhaltigkeitszielen zu. Dabei betrifft das Thema der Nachhaltigkeit die Versicherungswirtschaft auf vielfältigen Ebenen, beispielsweise in der Organisation ihrer eigenen Geschäftsprozesse, in ihrer Funktion als institutionelle Anleger, als Produktgeber von Versicherungsprodukten und im Zusammenhang mit der Regulierung von Versicherungsschäden. **1**

2 Als institutionelle Anleger verwalten Versicherer erhebliche Vermögenswerte und beeinflussen durch ihre Investitionsentscheidungen die Finanzströme auf den Kapitalmärkten und in der Realwirtschaft[1]. Als Produktgeber steuern sie Risiken, zB über die Ausgestaltung von Versicherungsprodukten oder die Prämienkalkulation, entscheiden über deren Versicherbarkeit und schlussendlich über die Realisierung von Projekten.

3 Dieses Kapitel befasst sich mit der Implementierung von Nachhaltigkeitskriterien und deren Auswirkung bezüglich der Versicherungsprodukte, die der Absicherung von immobilienbezogenen Risiken über den gesamten Lebenszyklus einer Immobilie dienen. Eine umfassende versicherungsrechtliche Betrachtung des Themas Nachhaltigkeit würde an dieser Stelle den Rahmen sprengen.

4 Zunächst erfolgt in Abschnitt A eine Darstellung der für Versicherungsgesellschaften wichtigsten europarechtlichen Regelungen zur Umsetzung von Nachhaltigkeitszielen sowie ein Überblick über den Stand der Umsetzung auf nationaler Ebene.

5 Abschnitt B befasst sich mit dem Thema Nachhaltigkeit in Bezug auf die relevanten Versicherungsprodukte in der Bau- und Planungsphase einer Immobilie. Das Thema Nachhaltigkeit wird im Kontext des nachhaltigen Planens und Bauens und des Klimawandels exemplarisch anhand der Berufshaftpflichtversicherung von Architekten/Bauingenieuren und der Bauleistungsversicherung dargestellt und bestehende Problemfelder untersucht. Das Hauptaugenmerk gilt dabei der Berufshaftpflichtversicherung von Architekten/Bauingenieuren, der eine wesentliche Bedeutung für die Absicherung von Haftpflichtrisiken in der Planungs- und Bauphase zukommt.

6 In Abschnitt C wird das Thema Nachhaltigkeit im Kontext der Klimafolgenanpassung in Bezug auf die in der Nutzungsphase einer Immobilie relevanten Versicherungsprodukte betrachtet. Dabei wird exemplarisch anhand der (Wohn-)Gebäudeversicherung untersucht, welche Auswirkungen der Klimawandel hinsichtlich der Versicherbarkeit von Naturgefahren haben dürfte.

7 Die Umsetzung von Nachhaltigkeitsaspekten im Zusammenhang mit den eigenen Geschäftsprozessen von Versicherern, der Kapitalanlage sowie von Kapitalanlageprodukten sind nicht Gegenstand dieses Kapitels.

II. Nachhaltigkeitsziele, Versicherungsaufsicht und Regulatorik auf europäischer Ebene

8 Auf europäischer Ebene wurde im Zusammenhang mit dem Aktionsplan „Finanzierung nachhaltigen Wachstums" und dem europäischen Grünen Deal die Berücksichtigung von Nachhaltigkeitsaspekten über den Hebel der Versicherungsaufsicht und Regulatorik vorangetrieben[2]. Nach Ansicht der Europäischen Kommission komme dem Versicherungssektor eine Schlüsselrolle bei der Verwirklichung der Ziele des europäischen Grünen Deals zu, der insbesondere zur „Neuausrichtung" im Unternehmenssektor und Finanzierung des Übergangs zur Nachhaltigkeit beitragen soll[3].

9 Ein Element der Versicherungsregulatorik ist die Solvency-II-Richtline[4] und die DELEGIERTE VERORDNUNG (EU) VO 2015/35 vom 10. Oktober 2014. Letztere wurde durch die DELEGIERTE VERORDNUNG (EU) VO 2021/1256 vom 21.4.2021 in Bezug auf die Einbeziehung von Nachhaltigkeitsrisiken in die Governance von Versicherungs- und Rückversicherungsunternehmen geändert. Danach sollen Nachhaltigkeitsrisiken bei der Umsetzung des Grundsatzes der unternehmerischen Vorsicht berücksichtigt werden, um sicherzustellen, dass Klima- und Umweltrisiken von den Versicherungs- und Rückversicherungsunternehmen wirksam gemanagt werden. So wurden Versicherer verpflichtet, bei der Risikoübernahme und Rückstellungsbildung Maßnahmen zur Bewertung

---

[1] Böffel VersR 2023, 691 (693).
[2] DELEGIERTE VERORDNUNG (EU) 2021/1256 vom 21. April 2021.
[3] Europäische Kommission, COM(2021) 581 final – 2021/0295 (COD) vom 22.9.2021, 1.
[4] Richtlinie 2009/138/EG des Europäischen Parlaments und des Rates vom 25. November 2009.

und Handhabung des Risikos eines Verlustes oder einer nachteiligen Veränderung des Wertes von Versicherungsverbindlichkeiten zu erfassen, das sich aus unangemessenen Annahmen in Bezug auf Bepreisung und Rückstellungsbildung aufgrund von internen oder externen Faktoren, einschließlich Nachhaltigkeitsrisiken, ergibt[5].

Die Anforderungen der Nachhaltigkeitsregulierung haben Versicherungsunternehmen über die Unternehmens-Compliance zu installieren und zu überwachen[6]. 10

Ein weiteres Instrument zur Förderung von Nachhaltigkeitskriterien ist die Schaffung von Transparenz durch produktbezogene Offenlegungspflichten, die in der EU-Transparenz-Verordnung geregelt sind[7]. 11

III. Taxonomie-Verordnung

Aus der EU-Taxonomieverordnung[8] und der DELEGIERTE VERORDNUNG (EU) 2021/2139 DER KOMMISSION vom 4. Juni 2021 ergeben sich weitere Verpflichtungen für Versicherer, Nachhaltigkeitskriterien bei Anlageprodukten und der Produktgestaltung zu berücksichtigen. 12

Nach Auffassung der Europäischen Kommission leiste die Versicherungsbranche einen wesentlichen Beitrag zum Klimaschutz, insbesondere durch ihre Führungsrolle bei der Modellierung und Bepreisung von Klimarisiken. Versicherer können durch Preisgestaltung oder Ausgestaltung des Versicherungsschutzes Anreizmodelle für Versicherungsnehmer zur Risikominderung setzen. Ebenfalls bestehen bei der Produktgestaltung von Versicherungsprodukten Möglichkeiten, das Risikoverhalten von Versicherungsnehmern zu steuern und zB über Anreizsysteme (risikobasierte Boni) oder andere Maßnahmen (Information und Beratung) Investitionen der Versicherungsnehmer in Präventivmaßnahmen zu fördern[9]. 13

Im Anhang II der DELEGIERTE VERORDNUNG (EU) 2021/2139 werden technische Bewertungskriterien für die Versicherungsbranche und das Bau- und Immobiliengewerbe definiert, die u. a. bestimmen, unter welchen Bedingungen die Wirtschaftstätigkeit einen wesentlichen Beitrag zum Klimaschutz und zur Anpassung an den Klimawandel leistet[10]. 14

IV. Umsetzung der Nachhaltigkeitsziele durch die deutsche Versicherungswirtschaft

Auf nationaler Ebene hat sich die deutsche Versicherungswirtschaft, vertreten durch den Gesamtverband der Deutschen Versicherungswirtschaft e. V. (GDV), in ihrer Nachhaltigkeitspositionierung klar zu den Sustainable Development Goals der Vereinten Nationen (SDGs) und den Zielen des Pariser Klimaschutzabkommens bekannt[11]. 15

Durch das Bekenntnis zur Nachhaltigkeit und Klimafreundlichkeit haben die Versicherer sich verpflichtet, ihre Geschäftsbereiche zu überprüfen und diesen Zielen anzupassen. Zu den betroffenen Geschäftsbereichen zählen die eigenen Geschäftsprozesse der Versicherer, der Kapitalanlagenbereich, die Versicherung von Risiken sowie die Produktgestaltung und Schadenregulierung. 16

Im Geschäftsbereich der nachhaltigen und klimafreundlichen Versicherung von Risiken verdeutlicht die Nachhaltigkeitspositionierung des GDV, wie wichtig die Erreichung der Ziele des Pariser Klimaschutzabkommens insbesondere mit Blick auf eine langfristig finanzierbare Absicherung von Naturgefahren ist. In diesem Zusammenhang sehen sich die 17

---

[5] DELEGIERTE VERORDNUNG (EU) 2021/1256 vom 21. April 2021, 1, 2.
[6] Bürkle VersR 2020, 1155 (1159).
[7] Kritisch dazu Rudkowski/Chrzan/Pott, VersR 2022, 601 (606).
[8] VERORDNUNG (EU) 2020/852 vom 18. Juni 2020.
[9] DELEGIERTE VERORDNUNG (EU) 2021/2139 vom 4. Juni 2021, Anhang II, Ziffer 10.
[10] DELEGIERTE VERORDNUNG (EU) 2021/2139 vom 4. Juni 2021, Anhang II, Ziffern 7, 10.
[11] GDV Update Nachhaltigkeitspositionierung vom 19.1.2023, 1.

Versicherer in der Verantwortung, das Risikobewusstsein für die Folgen des Klimawandels und des Verlusts der natürlichen Lebensgrundlagen u. a. durch Wissenstransfer bei der Kundenberatung und Öffentlichkeitsarbeit zu stärken und die Kunden bei der Umsetzung klimafreundlicher Lösungen und Maßnahmen zu unterstützen[12]. Im Geschäftsbereich der Produktgestaltung streben die Versicherer den Ausbau nachhaltiger Versicherungsprodukte einschließlich einer nachhaltigeren Schadensregulierungspraxis an, zB durch Reparaturen und Recycling von Produkten oder den Ausbau von „build back better" Maßnahmen[13]. Im Bereich der Absicherung immobilienbezogener Risiken wird der Prämiengestaltung, aber auch der Umsetzung von Präventions- und Anpassungsmaßnahmen eine große Bedeutung zur Verwirklichung der Nachhaltigkeitskriterien zukommen.

18   Seit 2021 dokumentiert der GDV die Entwicklung und Fortschritte der Versicherungswirtschaft bei der Umsetzung der Nachhaltigkeitsziele in den vorgenannten Geschäftsbereichen in einem jährlich veröffentlichten Nachhaltigkeitsbericht.

B. Nachhaltigkeit und Versicherung von Risiken in der Planungs- und Bauphase

I. Einleitung

19   Der Abschnitt B befasst sich mit den Auswirkungen des Themas Nachhaltigkeit auf die Absicherung von Risiken in der Planungs- und Bauphase eines Bauvorhabens. Das Thema Nachhaltigkeit wird dabei zum einen im Kontext des nachhaltigen Planens und Bauens und zum anderen im Kontext des Klimawandels und der Klimafolgenanpassung beleuchtet.

20   Vor dem Hintergrund des nachhaltigen Planens und Bauens werden am Beispiel der Berufshaftpflichtversicherung von Architekten/Bauingenieuren mögliche Problemfelder untersucht, die im Zusammenhang mit den gängigen Versicherungsprodukten entstehen können. Hierbei liegt der Fokus auf den Fragen, in welchem Umfang Versicherungsschutz besteht, wo versicherungsrechtliche Risiken liegen und welche Risiken zusätzlich abgesichert werden müssen.

21   Zu Vereinfachungszwecken erfolgt die Untersuchung auf Grundlage der Allgemeinen Versicherungsbedingungen für die Haftpflichtversicherung (AHB), die als Musterbedingungen vom GDV veröffentlicht werden. Nicht alle Versicherer orientieren sich an den Musterbedingungen oder haben diese in vollem Umfang inhaltsgleich umgesetzt, sodass einzelne Klauseln in den marktgängigen Berufshaftpflichtversicherungsprodukten durchaus eine andere Ausgestaltung erfahren können. Die im Folgenden behandelten Themen sind für alle Berufshaftpflichtversicherungsprodukte relevant. Gleichwohl werden einzelne Versicherer in ihren Versicherungsprodukten Abweichungen vorgesehen haben, die in diesem Abschnitt jedoch nicht umfassend dargestellt werden können.

22   Weitere zur Absicherung der Risiken in der Planungs- und Bauphase relevante Haftpflichtprodukte, wie zB die Betriebshaftpflichtversicherung von Unternehmen, die Bauherrenhaftpflicht, oder Kombinationsprodukte (Multi-Risk) sind nicht Gegenstand dieser Darstellung. Dennoch lassen sich die für die Berufshaftpflichtversicherung getroffenen Aussagen oftmals auf die anderen Haftpflichtprodukte sinngemäß anwenden.

23   Im Kontext des Klimawandels und der Klimafolgenanpassung erfolgt eine Darstellung der Auswirkungen von zunehmenden Extremwetterereignissen auf den Versicherungsschutz in der Bauleistungsversicherung.

---

[12] GDV Update Nachhaltigkeitspositionierung vom 19.1.2023, 4 ff.
[13] GDV Nachhaltigkeitsbericht 2023, 48 ff.

II. Berufshaftpflichtversicherung für Architekten/Bauingenieure/Fachplaner des Bauingenieurwesens

Die Berufshaftpflichtversicherung von Architekten/Bauingenieuren sichert die Haftpflichtrisiken ab, die aus Berufsausübungsfehlern der Berufsträger, in der Regel Planungs-, Bauüberwachungs-, oder Beratungsfehler, in der Planungs- und Bauphase eines Bauvorhabens entstehen können. 24

Sie zählt damit zu den wichtigsten Versicherungsprodukten zur Absicherung von Haftpflichtgefahren für ein Bauvorhaben. 25

1. Grundzüge der Berufshaftpflichtversicherung

Die Berufshaftpflichtversicherung ist in der Regel eine Pflichtversicherung im Sinne der §§ 113 Abs. 1 VVG mit der besonderen drittschützenden Ausprägung des Pflichtversicherungsrechts, weil Architekten und Ingenieure, die Mitglied einer Architekten- oder Ingenieurkammer sind, nach den Architekten-/Ingenieur- oder Baukammergesetzen und Kammerstatuten der Versicherungspflicht unterliegen[14]. 26

Die Berufshaftpflichtversicherung gewährt im Rahmen der vereinbarten Versicherungsbedingungen Deckung für Personen-, Sach- und Vermögensschäden, die durch Berufsausübungsfehler der Versicherungsnehmer verursacht werden. Versichert ist die gesetzliche Haftpflicht der Versicherungsnehmer für die Inanspruchnahme durch Dritte auf Schadensersatz aufgrund privatrechtlicher Haftpflichtbestimmungen für die Folgen von Verstößen bei der Ausübung der im Versicherungsschein beschriebenen freiberuflichen Tätigkeit und des Berufsbildes[15]. 27

Allen Berufshaftpflichtversicherungen ist gemein, dass Sie die sich aus dem Berufsbild ergebenden Haftpflichtgefahren absichern. Berufsbildfremde Leistungen sind vom Versicherungsschutz ausgeschlossen, sofern sie nicht ausdrücklich in den Versicherungsumfang aufgenommen wurden. 28

2. Berufsbild und Nachhaltigkeitsziele

Die Planung von nachhaltigen Bauvorhaben/-projekten ist unproblematisch vom versicherten Berufsbild erfasst, sofern Versicherungsschutz für die freiberufliche Tätigkeit eines Architekten/Fachplaners des Bauingenieurwesens vereinbart wurde. 29

Die Umsetzung von Nachhaltigkeitszielen gehört zu den Berufsaufgaben und zum Selbstverständnis der Berufsgruppe der Architekten und Bauingenieure. Nach sämtlichen Architekten,- Ingenieurgesetzen bzw. Baukammergesetzen der Bundesländer zählen u. a. die umweltgerechte und soziale Planung von Bauwerken, die Berücksichtigung baukultureller und ökologischer Belange sowie der Bedürfnisse des Gemeinwesens und die Achtung der natürlichen Lebensgrundlagen zu den Berufsaufgaben der Berufsträger[16]. Diese Berufsaufgabenbeschreibung ist berufsbildprägend und beinhaltet einen Teil der Unterkriterien der drei Nachhaltigkeitssäulen (→ § 1 Rn. 38). 30

Folglich kann konstatiert werden, dass nachhaltiges Planen und Bauen grundsätzlich vom Versicherungsschutz der Berufshaftpflichtversicherung erfasst ist. 31

Eine differenzierte Betrachtung ist aber erforderlich, wenn das Objekt mit einer Nachhaltigkeitszertifizierung testiert werden soll bzw. die Fördermittelgewährung von Nachhaltigkeitszertifizierungen abhängt oder Versicherungsnehmer weitere (Berater-) Tätigkeiten übernehmen, die ggf. über das versicherte Berufsbild hinausgehen können. 32

---

[14] Schwirtz/Imdahl in Wellner/Scholz, Architekturpraxis Bauökonomie, 398, Rn. 21.1.8.
[15] Schwirtz/Imdahl in Wellner/Scholz, Architekturpraxis Bauökonomie, 398, Rn. 21.1.8.
[16] Siehe stellvertretend für viele § 16, § 22 Baukammerngesetz NRW.

3. Mitversicherung der Tätigkeit als Nachhaltigkeitsberatende/zB Nachhaltigkeits-Auditoren/-Koordinatoren

33 Im Bereich der Nachhaltigkeitszertifizierung haben sich in jüngerer Zeit neue Tätigkeitsfelder und Spezialisierungsmöglichkeiten für Versicherungsnehmer ergeben, die über das klassische Berufsbild eines Architekten oder Fachplaners des Bauingenieurwesens hinausgehen können.

34 Nachhaltigkeitszertifizierungen werden durch Zertifizierungsstellen vergeben, die eigene Zertifizierungssysteme- und verfahren etabliert haben (→ § 6 Rn. 1 ff.). Für das Zertifizierungsverfahrens fordern einige Zertifizierungsstellen die Hinzuziehung von eigens zu diesem Zweck qualifizierten Nachhaltigkeitsberatenden, zB Auditoren, Consultants, Koordinatoren, etc. (→ § 6 Rn. 16). Nur von diesen dürfen beispielsweise Zertifizierungsanträge eingereicht oder die Umsetzung der Nachhaltigkeitskriterien testiert werden. Nach Abschluss der Qualifizierungsmaßnahmen sind die Nachhaltigkeitsberatenden in der Regel über Lizenzvereinbarungen an die Zertifizierungsstelle gebunden.

35 Ob diese neuen Tätigkeitsfelder a priori zum Berufsbild von Architekten/Fachplanern im Bauingenieurwesen gehören oder aber zusätzlich versichert werden müssen, ist bislang nicht abschließend geklärt. Zwar ist der Berufsbildbegriff in seiner Reichweite nicht starr, sondern unterliegt dem berufspolitischen Wandel und der Fortentwicklung der Berufsaufgaben und Tätigkeitsfelder der Berufsträger. Sicherlich ist aber mit der Übernahme einer Tätigkeit als Nachhaltigkeitsberatende eine Risikoerweiterung verbunden, zumal damit ein weiterreichender Pflichtenkreis einhergeht, zB Prüf-, Dokumentationspflichten oder die Einhaltung und Kontrolle der zur Zertifizierung notwendigen Fristen.

36 In Bezug auf die Mitversicherung von Tätigkeiten als Nachhaltigkeitsberatende agieren viele Versicherer aktuell noch vorsichtig und bieten standardmäßig Versicherungsschutz nur für die Tätigkeit von Architekten als zertifizierte DGNB-Auditoren an. Auditorentätigkeiten nach anderen Verfahren oder andere Beratertätigkeiten müssen explizit durch gesonderte Vereinbarung in den Versicherungsschutz aufgenommen werden. Gelegentlich ist die Auditorentätigkeit auch nur versichert, wenn der Auditor nicht gleichzeig Architekten- und/oder (Fach-)Ingenieurleistungen am selben Objekt erbringt.

37 In der Folge kann es schnell zu Deckungslücken kommen, wenn Versicherungsnehmer ohne vorherige Vereinbarung mit dem Versicherer eine Tätigkeit als Nachhaltigkeitsberatende für ein nicht in den Versicherungsbedingungen genanntes Zertifizierungsverfahren erbringen. Solange es keine gefestigte Rechtsprechung zur Berufsbildfrage gibt, sollten Versicherungsnehmer bei Unklarheiten in den Versicherungsbedingungen sicher gehen und die konkrete Tätigkeit als Nachhaltigkeitsberatende ausdrücklich in den Versicherungsschutz aufnehmen.

4. Nachhaltigkeitszertifizierungen und vertragliche Zusagen/Garantien/Erfüllungsausschlüsse

38 **a) Garantien/über den Umfang der gesetzlichen Haftpflicht hinausgehende Vereinbarungen.** In der Berufshaftpflichtversicherung besteht Versicherungsschutz für die gesetzliche Haftpflicht privatrechtlichen Inhalts. Ansprüche, die aufgrund einer vertraglichen Vereinbarung oder Zusage über den Umfang der gesetzlichen Haftpflicht des Versicherungsnehmers hinausgehen, sind regelmäßig vom Versicherungsschutz ausgeschlossen. Das gilt insbesondere für Garantiezusagen des Versicherungsnehmers, also rechtsverbindliche Erklärungen des Versicherungsnehmers, verschuldensunabhängig für den Erfolg einstehen zu wollen[17].

39 Die im Bau- und Immobiliensektor entwickelten Nachhaltigkeitszertifizierungssysteme dienen der Messbarkeit und Nachprüfbarkeit nachhaltigen Planens und Bauens. Die ver-

---

[17] Beck OK Prölss/Martin/Lücke VVG, 200 AHB Abs. 7 Ziff. 7 Ausschlüsse, Rn. 18; VersR-Hdb/v. Rintelen, § 26 Rn. 207.

tragliche Vereinbarung zwischen Bauherren und Architekten/Fachplanern, dass ein Objekt mit einem Nachhaltigkeitszertifikat ausgezeichnet werden soll, ist eine Beschaffenheitsvereinbarung (→ § 8 Rn. 34) und definiert auf Haftpflichtebene das zwischen den Parteien vereinbarte Bausoll. In der Regel werden mit der Wahl des Zertifizierungssystems Qualitäten, Funktionalitäten, technische Ausstattungsmerkmale usw. des Objekts bereits bei Vertragsschluss konkret festgelegt oder als umzusetzende Planungsziele vorgegeben.

Die Vereinbarung einer Nachhaltigkeitszertifizierung ist vergleichbar mit der Vereinbarung einer bestimmten Energieeffizienzklasse des Objekts oder über die Förderfähigkeit des Objekts nach einem konkreten KFW-Förderprogramm. Derartige Beschaffenheitsvereinbarungen sind versicherungsrechtlich unproblematisch, sofern sie keine über die gesetzliche Haftpflicht hinausgehenden vertraglichen Vereinbarungen, wie zB eine Umkehr der Beweislast oder eine Verlängerung der gesetzlichen Verjährungsfrist, enthalten. 40

Sofern der Vereinbarung über die Nachhaltigkeitszertifizierung aber die Qualität einer Garantiezusage beikommt, besteht für daraus resultierenden Schadensersatzansprüche kein Versicherungsschutz. 41

b) Erfüllungsklausel/Ausschluss wegen des Ausbleibens des mit der Vertragsleistung geschuldeten Erfolges. In der Berufshaftpflichtversicherung sind Erfüllungsansprüche und Erfüllungssurrogate nicht vom Versicherungsschutz erfasst und werden in den AHB über eine sog. Erfüllungsklausel ausgeschlossen[18]. In den seit 2002 geltenden AHB wurde die Erfüllungsklausel sprachlich neugefasst und um einige Fallgruppen erweitert. Nach der Neufassung sind u. a. folgende Ansprüche vom Versicherungsschutz ausgeschlossen: 42

– wegen des Ausfalls der Nutzung des Vertragsgegenstandes oder wegen des Ausbleibens des mit der Vertragsleistung geschuldeten Erfolges;
– auf Ersatz vergeblicher Aufwendungen im Vertrauen auf ordnungsgemäße Vertragserfüllung;
– auf Ersatz von Vermögensschäden wegen Verzögerung der Leistung.

Im Schrifttum ist strittig, ob der Neufassung der Erfüllungsklausel weitgehend deklaratorischer oder konstitutiver Charakter zukommt[19]. Inzwischen verwenden die meisten Versicherer diese erweiterte Erfüllungsklausel in ihren Versicherungsbedingungen. 43

Die Ausschlüsse sind nicht unproblematisch. Insbesondere der Ausschluss „wegen des Ausfalls der Nutzung des Vertragsgegenstandes oder wegen des Ausbleibens des mit der Vertragsleistung geschuldeten Erfolges" lädt zu einer weiten Auslegung des Erfüllungsbereichs und damit einhergehend einer empfindlichen Einschränkung des Versicherungsschutzes ein. Aus diesem Grund ist insbesondere im Planervertrag eine sorgfältige Subsumtion unter die Erfüllungsausschlussklausel notwendig. 44

Problematisch ist darüber hinaus, dass vereinzelt durch eine eigenständige Klausel Ansprüche „aus dem Ausbleiben oder Nichterreichen eines wirtschaftlichen Erfolgs" vom Versicherungsschutz ausgeschlossen werden. Diese steht systematisch nicht im Zusammenhang mit der Erfüllungsausschlussklausel, sodass ihr eine größere Reichweite zukommt. 45

Soweit zwischen Bauherren und Architekten/Fachplanern das Erreichen einer Nachhaltigkeitszertifizierung als Werkerfolg vereinbart wurde, stellt sich die Frage, ob Schadensersatzansprüche wegen des Nichterreichens der mit der Vertragsleistung geschuldeten Zertifizierung dem erweiterten Erfüllungsausschluss unterfallen. 46

Ein unter die Erfüllungsklausel fallender Anspruch liegt vor, wenn der Vertragspartner des Versicherungsnehmers sein unmittelbares Interesse am eigentlichen vertraglich geschuldeten Leistungsgegenstand geltend macht[20]. In Bezug auf den Versicherungsschutz in der 47

---

[18] Siehe ausführlich zur Historie und zum Meinungsstand Beck OK v. Rintelen in Späte/Schimikowski, Haftpflichtversicherung, AHB Ziffer 1.2 Rn. 394 ff.
[19] Beck OK Prölss/Martin/Lücke VVG, 200 AHB, Ziff. 1, Rn. 47; aA Beck OK v. Rintelen in Späte/Schimikowski, Haftpflichtversicherung, Rn. 440.
[20] BGH 19.11.2008 – VI ZR 277/05; Beck OK Prölss/Martin/Lücke VVG, 200 AHB, Ziff. 1, Rn. 48, 51.

Berufshaftpflichtversicherung des Architekten wird richtigerweise darauf abgestellt, dass der Architekt eine Planung als geistiges Werk schuldet. Immer dann, wenn Planungs- oder Überwachungsfehler sich in einem Schaden am Bauwerk oder im Vermögen des Bestellers realisiert haben, ist der Erfüllungsbereich nicht mehr betroffen[21].

48 So verhält es sich bezüglich der Ansprüche wegen Nichterreichen einer Nachhaltigkeitszertifizierung, die ihre Ursache in einem Planungs-, Beratungs- oder Bauüberwachungsfehler des Versicherungsnehmers haben. Entscheidend ist dabei, dass der Architekt/Bauingenieur als eigene Erfüllungsleistung nicht selbst die Zertifizierung schuldet, sondern eine mangelfreie Planung und Überwachung des Objekts, mit der eine Nachhaltigkeitszertifizierung erreicht werden kann[22]. Ist die Zertifizierung aufgrund einer Pflichtverletzung des Versicherungsnehmers nicht mehr möglich, liegt ein Vermögensschaden außerhalb des Erfüllungsbereichs vor.

49 Dieses Ergebnis gilt auch in den Fällen, in denen der Versicherungsnehmer neben Architektenleistungen vertraglich ebenso die Leistungen eines Nachhaltigkeitsberatenden (→ Rn. 33–37) übernommen hat und eine Pflichtverletzung in Ausübung der Beratertätigkeit erfolgt. Unabhängig von der Einordnung der Leistungen eines Nachhaltigkeitsberatenden als Werk- oder Dienstleistung ist darauf abzustellen, dass der Nachhaltigkeitsberatende nicht selbst die Zertifizierung schuldet.

50 Besonders problematisch bleibt jedoch die Verwendung der Klausel „aus dem Ausbleiben oder Nichterreichen eines wirtschaftlichen Erfolgs" als eigenständige Ausschlussklausel, die nicht im Zusammenhang mit der Erfüllungsklausel steht. Ansprüche aus dem Nichterreichen einer Nachhaltigkeitszertifizierung lassen sich unproblematisch unter diese eigenständige Ausschlussklausel fassen. Sofern diese Klausel nicht eng und im Sinne eines Erfüllungsausschlusses ausgelegt wird, führt dies im Ergebnis dazu, dass Versicherungsnehmer bei Vereinbarungen von Nachhaltigkeitszertifizierungen keinen Versicherungsschutz hätten, wenn sie für die wirtschaftlichen Schäden infolge des Ausbleibens oder Nichterreichens einer Zertifizierung in Anspruch genommen werden. Das kann insbesondere aufgrund der in Ziffer 5. dargestellten Fördermittelthematik drastische finanzielle Konsequenzen haben.

51 In den hier behandelten Konstellationen besteht in der versicherungsrechtlichen Praxis noch keine einheitliche Linie. Aus diesem Grund ist jedem Versicherungsnehmer dringend anzuraten, seinen Versicherungsschutz im Zusammenhang mit der Vereinbarung von Nachhaltigkeitszertifizierungen gründlich prüfen zu lassen und mit dem Versicherer im Vorfeld zu klären, wie weit der Versicherungsschutz tatsächlich reicht und ob Schadensersatzansprüche wegen des Ausbleibens oder Nichterreichens einer Zertifizierung versichert sind.

5. Nachhaltigkeitszertifizierungen und Fördermittel/Qualitätssiegel Nachhaltiges Bauen (QNG)

52 Mit Einführung des Qualitätssiegels Nachhaltiges Bauen (QNG) hat der Gesetzgeber das Ziel verfolgt, durch das politische Lenkungsinstrument des Fördermittelrechts die Planung und Realisierung nachhaltiger Bauprojekte sowie die Nachhaltigkeitszertifizierung als Instrument der Qualitätssicherung in der Baubranche stärker zu fördern.

53 Durch das QNG wird die Gewährung von Fördermitteln an die Erreichung konkreter Nachhaltigkeitszertifizierungen geknüpft. Voraussetzung für die Vergabe des QNG sind die Durchführung einer Nachhaltigkeitsbewertung auf der Grundlage eines bei der Deutschen Akkreditierungsstelle (DAkkS) registrierten Nachhaltigkeitsbewertungssystems. Die Überprüfung der erreichten Qualitäten erfolgte durch eine akkreditierte Zertifizierungsstelle.

54 Mit der Verknüpfung von Nachhaltigkeitskriterien an die Fördermittelvergabe hat die Nachhaltigkeitszertifizierung haftungsrechtlich eine neue Qualität erlangt.

---

[21] Beck OK v. Rintelen in Späte/Schimikowski, Haftpflichtversicherung, Rn. 470; Schmalzl/Krause-Allenstein Berufshaftpflichtversicherung des Architekten/Bauunternehmers, S. 224 ff., Rn. 513 ff.
[22] Siehe auch → § 8, Rn 42.

§ 14 Versicherungsrechtliche Betrachtung

Schadensersatzansprüche aufgrund von Fördermittelverlusten haben in der versicherungs- 55
rechtlichen Praxis eine hohe Relevanz und sind äußerst haftungsträchtig. Dies gilt umso
mehr, je stärker die Kreditzinsen im Rahmen des Fördermittelprogramms von den marktüblichen Zinskonditionen abweichen. Es ist davon auszugehen, dass die Versicherer die
Schadenentwicklung genau beobachten werden und ggf. durch Prämienerhöhungen reagieren müssen.

Aus den in Ziffer 4. dargestellten Gründen und aufgrund der Unterschiede in den 56
Versicherungsbedingungen ist den Versicherungsnehmern auch hier anzuraten, im Vorfeld
mit ihrem jeweiligen Versicherer zu klären, ob Schadensersatzansprüche aufgrund eines
Fördermittelverlustes wegen des Ausbleibens oder Nichterreichens einer Nachhaltigkeitszertifizierung vom Versicherungsschutz erfasst sind.

6. Nachhaltigkeit und Ausschlussgrund der wissentlichen Pflichtverletzung

In der Berufshaftpflichtversicherung sind Ansprüche vom Versicherungsschutz ausgeschlos- 57
sen, die der Versicherungsnehmer vorsätzlich oder durch ein bewusst gesetz-, vorschrift-
oder sonst pflichtwidriges Verhalten (Tun oder Unterlassen) verursacht hat.

Ein vorsätzlicher Pflichtenverstoß kommt in der Praxis selten vor. 58

Weitaus relevanter ist der Ausschlussgrund der bewussten Pflichtwidrigkeit bzw. wissent- 59
lichen Pflichtverletzung. Der Verstoß gegen elementare berufliche Pflichten der Berufsträger indiziert regelmäßig den Ausschlussgrund der bewussten Pflichtwidrigkeit (wissentlichen Pflichtverletzung)[23]. Als Vorschriften im Sinne der Ausschlussklausel gelten ebenfalls
die anerkannten Regeln der Technik[24].

Der Ausschlussgrund setzt voraus, dass der Versicherungsnehmer wissentlich gegen die 60
Pflichten verstoßen hat, also die Pflicht/Norm positiv kannte und ihm bewusst war, wie er
sich pflichtgemäß hätte verhalten müssen. Im Gegensatz zum Vorsatz erfordert der Ausschlussgrund der wissentlichen Pflichtverletzung weder bedingten Vorsatz noch Kenntnis in
Bezug auf einen Schadeneintritt oder die Schadenfolgen[25]. Der Ausschlussgrund ist höchst-
richterlich anerkannt und dient dazu, den Versicherer davor zu schützen, dass Versicherungsnehmer auf seine Kosten planerisch experimentieren oder sich bewusst über bautechnisch gesicherte Erkenntnisse hinwegsetzen[26]. Das OLG Saarbrücken hat einen bewussten
Pflichtenverstoß bejaht, wenn für die geplante Art der Ausführung weder DIN-Normen
noch technische Regeln noch Literatur existieren, und der Versicherungsnehmer den
Bauherrn nicht aufgeklärt hat, dass er außerhalb bautechnisch gesicherter Erkenntnisse
plant[27].

Beim nachhaltigen Planen und Bauen können im Einzelfall technische Bauverfahren, 61
Bauprodukte oder Bauarten geplant werden oder zur Ausführung gelangen, die nicht als
anerkannte Regeln der Technik gelten, weil es damit zB noch nicht ausreichende praktische Erfahrungen gibt oder weil recycelte oder gebrauchte Bauprodukte über keine bauaufsichtlichen Verwendbarkeitsnachweise verfügen oder eine ursprünglich bestehende bauaufsichtliche Zulassung verloren haben.

In all diesen Fällen kann der Ausschlussgrund der wissentlichen Pflichtverletzung relevant 62
werden. Besonders kritisch und problematisch in Bezug auf den Versicherungsschutz kann
der Einsatz unerprobter oder experimenteller Bauverfahren, Bauprodukte oder Bauarten
sein. Klarstellungshalber sei erwähnt, dass dies aber nicht ein exklusives Problem des nachhaltigen Planens und Bauens ist.

---

[23] BGH 17.12.2014 – IV ZR 90/13.
[24] Schmalzl/Krause-Allenstein Berufshaftpflichtversicherung des Architekten/Bauunternehmers, 267, Rn. 595; Beck OK Prölss/Martin/Lücke VVG, BBR Arch Abs. A4 A. Ziff. 4 Ausschlüsse Rn. 13.
[25] Schmalzl/Krause-Allenstein Berufshaftpflichtversicherung des Architekten/Bauunternehmers, 265, Rn. 593.
[26] BGH VersR 1959, 691; Schmalzl/Krause-Allenstein Berufshaftpflichtversicherung des Architekten/Bau-unternehmers, 264, Rn. 591.
[27] OLG Saarbrücken NJW-RR, 1998, 93 ff.

63 Insoweit bestehen aufgrund unzureichender gesetzlicher Regelungen hohe Unsicherheiten in Bezug auf die Haftung und den Versicherungsschutz.

64 Einerseits werden nachhaltiges Planen und Bauen und der Übergang zur Kreislaufwirtschaft politisch gefordert und als wesentlicher Beitrag zum Klimaschutz für die Bau- und Immobilienwirtschaft eingestuft[28]. Andererseits fehlt es de lege lata vielfach an rechtssicheren Rahmenbedingungen und Gestaltungsmöglichkeiten für die Parteien. Die Abweichung von anerkannten Regeln der Technik ist in zivilrechtlicher und öffentlich-rechtlicher Hinsicht für alle Vertragsparteien mit hohen rechtlichen Hürden und Risiken verbunden[29]. Diese rechtlichen Unsicherheiten können nicht einseitig zu Lasten der Versichertengemeinschaft aufgelöst werden.

65 Architekten und Fachplaner müssen auch beim nachhaltigen Planen und Bauen in besonderem Maße darauf achten, dass sie Bauverfahren, Bauprodukte und Bauarten planen, ausschreiben und verbauen lassen, die den anerkannten Regeln der Technik entsprechen, und sollen sich nicht auf bautechnisch unsicheres Terrain geben.

66 Bei Abweichungen von anerkannten Regeln der Technik ist Versicherungsnehmern dringend anzuraten, rechtzeitig im Vorfeld den Versicherungsschutz mit ihrem Versicherer zu klären und sich diesen bestätigen zu lassen. Gegebenenfalls stuft der Versicherer den konkreten Fall als unbedenklich ein oder der Versicherungsschutz kann durch Einzelfalllösungen sichergestellt werden. Vielfach sehen die marktüblichen Versicherungsprodukte schon jetzt vor, dass der Ausschlussgrund der wissentlichen Pflichtverletzung nicht gilt, wenn der Versicherungsnehmer den Bauherrn nachweislich über die Abweichung von anerkannten Regeln der Technik und die Folgen aufgeklärt hat. Dies kann ebenfalls ein tauglicher Lösungsansatz sein, um den Versicherungsschutz nicht zu gefährden.

67 Jedenfalls sollte der Versicherer über das Risiko so früh wie möglich informiert werden, damit – falls erforderlich – rechtzeitig eine zusätzliche Vereinbarung zur Aufrechterhaltung des Versicherungsschutzes getroffen werden kann. Vielfach gestaltet es sich schon schwierig, nach Baubeginn rückwirkend Versicherungsschutz für bereits erbrachte Planungsleistungen zu erlangen, sodass die Versicherungsnehmer im eigenen Interesse eine frühzeitige Klärung herbeiführen sollten.

III. Bauleistungsversicherung

68 Die Bauleistungsversicherung ist eine weitere wichtige Versicherung, die während der Bauphase, bestimmte Risiken und Gefahren für das Bauvorhaben absichert. Die folgende Darstellung erfolgt auf Grundlage der Allgemeine Bedingungen für die Bauleistungsversicherung durch Auftraggeber ABN 2011 und der Allgemeine Bedingungen für die Bauleistungsversicherung von Unternehmerleistungen ABU 2011, die vom GDV als Musterbedingungen veröffentlicht wurden. Auch hier kann es bei den marktgängigen Versicherungsprodukten Abweichungen zu einzelnen Klauseln der GDV-Musterbedingungen geben.

69 Für die Nachhaltigkeitsbetrachtung im Kontext des Klimawandels und der Klimafolgenanpassung erfolgt hier eine Darstellung der Auswirkungen von zunehmenden Extremwetterereignissen auf den Versicherungsschutz in der Bauleistungsversicherung.

1. Versicherte Gefahren und Schäden

70 Die Bauleistungsversicherung ist eine Schadensversicherung und eine Sachversicherung. Versichert sind nach den ABN alle Lieferungen und Leistungen für das im Versicherungsvertrag bezeichnete Bauvorhaben[30]. Die versicherten Gefahren sind unvorhergesehen eintretende Beschädigungen oder Zerstörungen der versicherten Sachen, wobei der Schaden-

---

[28] DELEGIERTE VERORDNUNG (EU) 2021/2139 DER KOMMISSION vom 4. Juni 2021, Anhang II, Ziffer 7.
[29] Baureis/Dressel/Friedrich NZBau 2023, 641 (646).
[30] Beck OK Prölss/Martin/Voit, Versicherungsvertragsgesetz, ABN 2011 § A.1 Abs. 1 Rn. 5.

eintritt relevant ist und nicht die Schadenursache (sog. Allgefahrendeckung)[31]. Ein zentrales Element des Versicherungsprodukts ist die Absicherung des Objekts gegen unvorhersehbare Schäden durch Wetterereignisse, wie zB Sturmschäden, Hagel und Starkregenereignisse.

Nach den ABN sind zusätzlich versicherbar Schäden durch Brand, Blitzschlag, Schäden durch Gewässer und/oder durch Grundwasser, das durch Gewässer beeinflusst wird, infolge von ungewöhnlichem oder außergewöhnlichem Hochwasser. Diese Gefahren sind nicht standardmäßig erfasst, sondern müssen nach Bedarf ausdrücklich in den Versicherungsschutz aufgenommen werden. 71

2. Vom Versicherungsschutz ausgeschlossene Gefahren und Schäden

In der Bauleistungsversicherung sind u. a. Schäden 72
– durch normale Witterungseinflüsse, mit denen wegen der Jahreszeit und der örtlichen Verhältnisse gerechnet werden muss;
– durch normale Wasserführung oder normale Wasserstände von Gewässern.
vom Versicherungsschutz ausgeschlossen.

Nach der in der Rechtsprechung entwickelten Definition werden Wetterereignisse als normale Witterungseinflüsse betrachtet, wenn sie sich im Rahmen der Normalwerte der letzten zehn Jahre bewegen. Dabei wird nicht auf die Durchschnittswerte, sondern auf die in der jeweiligen Jahreszeit üblichen Höchstwerte abgestellt[32]. Sturmschäden sind ab einer Windstärke 8 versichert. 73

Bedingt durch den Klimawandel ist mit einer Zunahme an Anzahl und Intensität von Extremwetterereignissen zu rechnen. Demzufolge wird der in der Bauleistungsversicherung verwendete Ausschluss „durch normale Witterungseinflüsse" definitionsgemäß mittel- bis langfristig dazu führen, dass immer mehr Schadenereignisse aus dem Versicherungsschutz herausfallen, die heute oder noch vor einigen Jahren vom Versicherungsschutz der Bauleistungsversicherung erfasst gewesen wären. Das gilt insbesondere für die vermehrt auftretenden Extremregenereignisse. Örtlich auftretende Regenmengen, die derzeit als versicherte Starkregenereignisse einzustufen wären, werden zukünftig möglicherweise nur noch als normale Witterungseinflüsse betrachtet werden können, weil sie sich innerhalb der in der jeweiligen Jahreszeit üblichen Höchstwerte bewegen. An diesem Beispiel zeigen sich deutlich die Auswirkungen des Klimawandels auf den Versicherungsschutz in der Bauleistungsversicherung. 74

Mit Blick auf die Klimafolgenanpassung werden Planer und ausführende Unternehmen zukünftig noch stärker Schutzvorkehrungen für die Baumaßnahme gegen Extremwetterereignisse vorsehen müssen, um selbst nicht wegen unzureichender Schutzmaßnahmen in die Haftung zu geraten. 75

C. Versicherungsschutz gegen Naturschadenereignisse in der Nutzungsphase

I. Sachversicherungen Wohngebäude- Gewerbegebäudeversicherung

In der Nutzungsphase einer Immobilie werden Risiken für das Objekt durch Sachversicherungen abgesichert. Hierzu zählen Wohn- bzw. Gewerbegebäudeversicherungen, Industrieversicherungen, Hausratversicherungen etc. Der Umfang der Risikoabsicherung wird individuell in der Versicherungspolice festgelegt. 76

Die Sachversicherungen beinhalten standardmäßig und optional Absicherungen gegen bestimmte Naturgefahren und Elementarschadenereignisse. Die Frage, ob eine Immobilie gegen Natur- und Elementarschadenereignisse versichert werden kann, stellt einen wert- 77

---

[31] Beck OK Prölss/Martin/Voit, Versicherungsvertragsgesetz, ABU 2011, Vorbemerkungen zu A. § 1, Rn. 5.
[32] BECK-ONLINE Prölss/Martin/Voit, Versicherungsvertragsgesetz, ABU 2011, § A.2 Abs. 4 Rn. 2, 3.

bildenden Faktor für die Immobilie dar und kann daher für die Haftung von professionellen Immobilien- oder Vermögensverwaltern relevant werden.

78 Die Zunahme klimabedingter Naturschadenereignisse wirkt sich im Sachversicherungsbereich erheblich aus, sodass schon seit einigen Jahren intensiv diskutiert wird, wie mittel- bis langfristig die Versicherbarkeit von Naturschadenereignissen gewährleistet werden kann und welche Maßnahmen zur Klimafolgeanpassung als notwendig erachtet werden müssen.

1. Versicherte Gefahren Feuer, Hagel, Sturm

79 In den oben genannten Sachversicherungen typischerweise versicherte Gefahren sind u. a. Feuer, Hagel, Sturm. Im Sachversicherungsbereich machen Sturm- und Hagelschäden in der Durchschnittsbetrachtung der letzten Jahrzehnte den größten Anteil an den Schadenfällen aus[33]. Infolge des Klimawandels ist zu erwarten, dass die Anzahl und Intensität derartiger Ereignisse zunehmen wird[34]. Die Zunahme von Brand- und Feuerschäden in heißen Dürreperioden dürfte ebenfalls nicht auszuschließen sein.

2. Absicherung gegen Elementarschäden

80 Für die hier interessierende Nachhaltigkeitsbetrachtung im Kontext des Klimawandels und der Klimafolgenanpassung ist zudem die Absicherung gegen Elementarschäden relevant. Die Absicherung von Elementarschäden ist im Versicherungsschutz der o. g. Versicherungsprodukte nicht automatisch enthalten, sondern muss als ein zusätzlicher Baustein in Form einer sog. Elementarschadenversicherung in den Versicherungsschutz ausdrücklich mitaufgenommen werden.

81 Typischerweise werden in der Elementarschadenversicherung Schäden durch Hochwasser, Starkregen, Rückstau, Schneedruck, Lawinen, Erdrutsch, Erdsenkung und Erdbeben versichert. Allerdings richtet sich der Umfang der Elementarschadendeckung nach dem konkreten Versicherungsprodukt und der im Versicherungsvertrag getroffenen Vereinbarung, sodass Versicherungsnehmer sorgfältig prüfen müssen, ob die Absicherung gegen Elementarschäden im gewünschten Umfang durch das Versicherungsprodukt gewährleistet ist.

82 Zur Unterstützung der Versicherer bei der Risikobewertung und Prämienkalkulation für die Elementarschadenversicherung hat der GDV ein Zonierungssystem für Überschwemmungen, Rückstau und Starkregen (ZÜRS GEO) entwickelt, mit dessen Hilfe jedes Gebäude/Objekt in Deutschland einer Risikogefährdungsklasse zugeordnet werden kann. Das System operiert mit unterschiedlichen Gefährdungsklassen.

83 Das Überschwemmungsrisiko wird in vier Gefährdungsklassen ermittelt: Die Gefährdungsklasse GK 1 steht dafür, dass das Objekt nach gegenwärtiger Datenlage nicht vom Hochwasser größerer Gewässer betroffen ist. Dahingegen bedeutet die Gefährdungsklasse GK 4, dass in Lage des Objekts ein Hochwasser statistisch einmal in 10 Jahren auftritt.

84 Das Risiko von Starkregenschäden wird in drei Starkregengefährdungsklassen (SGK) angegeben: Die SGK 1 steht für eine geringere Gefährdung des Objekts, während die SGK 3 eine hohe Gefährdung ausweist und alle Gebäude umfasst, die im Tal oder in der Nähe eines Bachs liegen.

II. Klimawandel und Klimafolgenanpassung

85 Im Bereich der Absicherung von Naturschadenereignissen wird deutlich, wie sehr sich der Klimawandel aktuell bereits auf die Versicherbarkeit von Risiken auswirkt.

86 Schon zum gegenwärtigen Zeitpunkt ist eine Elementarschadenabsicherung von Objekten, die in der Überschwemmungsklasse GK4 oder der Starkregenklasse SKG 3 liegen,

---

[33] GDV Datenservice zum Naturgefahrenreport 2023, 6 f.
[34] GDV Naturgefahrenreport 2023, 32 f.

nicht oder nur gegen erhebliche Prämienaufschläge möglich. Bis 2050 werden sich die Schäden infolge des Klimawandels voraussichtlich mindestens verdoppeln. Dies prognostiziert der GDV in seinem Naturgefahrenreport 2023 unter Verweis auf Studien diverserer Versicherer[35]. Bedingt durch den Klimawandel ist eine Zunahme der Anzahl und Intensität von Naturschadenereignissen zu erwarten, was zu erheblichen Auswirkungen auf die Versicherbarkeit dieser Risiken führen wird.

Die Europäische Aufsichtsbehörde für das Versicherungswesen und die betriebliche **87** Altersversorgung (EIOPA) sieht zunehmende Probleme bei der Erschwinglichkeit und Versicherbarkeit von Risiken in Bezug auf die Abdeckung extremer Wetterbedingungen und klimabedingter Risiken. Die Aufsichtsbehörde befürchtet, dass eingetretene Verlustspitzen und notwendige risikobasierte regulatorische Anpassungen dazu führen werden, dass die Versicherer mit höheren Prämien oder restriktiveren Versicherungsbedingungen reagieren müssen. Die Konsequenz könnte sein, dass Versicherer bei der Risikoqualität selektiver vorgehen und erwägen müssen, bestimmte Risiken nicht zu zeichnen[36].

Für die Wohngebäudeversicherungen gelangt der GDV im Nachhaltigkeitsbericht 2023 **88** mit Blick auf die Klimafolgenanpassung und Absicherung gegen Naturgefahren zu der Einschätzung, dass die Prämien sich in den kommenden zehn Jahren verdoppeln könnten, wenn keine Präventions- und Anpassungsmaßnahmen an den Klimawandel vorgenommen werden. Für den Immobiliensektor formuliert der GDV konkret vier zeitnah umzusetzende notwendige Maßnahmen, namentlich ein klimaangepasstes Planen, Bauen und Sanieren, einen Baustopp in Überschwemmungsgebieten, einen Stopp der Flächenversiegelung und ein bundesweites Naturgefahrenportal. Diese Präventionsmaßnahmen müssen fest im Bauplanungs- und Bauordnungsrecht verankert werden[37].

Im Gegensatz könnten Gebäude, die Nachhaltigkeitsstandards und die geforderten Prä- **89** ventionskriterien erfüllen, ggf. von günstigeren Prämien profitieren.

In der Bandbreite ist aber davon auszugehen, dass die Versicherbarkeit von Naturschäden **90** bedingungsgemäß eingeschränkt wird oder eine Absicherung nur gegen hohe Prämien erlangt werden kann, zumal auch befürchtet wird, dass immer weniger Versicherer bereit sein werden, Risiken zur Absicherung von Naturschäden zu zeichnen. Das führt wiederum zu einer Verringerung des Markangebots an bezahlbaren Policen.

Nach der Ahrtalkatastrophe ist zudem die Einführung einer singulären verpflichtenden **91** Elementarschadenabsicherung in die politische Diskussion gerückt, blieb aber bislang ergebnislos. Von einigen Vertretern der Versicherungswirtschaft wird zudem gefordert, dass bei der Absicherung gegen Naturrisiken über die Einführung von Partnerschaften zwischen der privaten Versicherungswirtschaft und dem Staat nach dem Vorbild der in den USA verbreiteten Public-Private Partnerships nachgedacht werden müsse.

---

[35] GDV Naturgefahrenreport 2023, 26.
[36] EIOPA, Discussion Paper Natural Catastrophes, 19/485, 2019, Ziff. 7–9.
[37] GDV Nachhaltigkeitsreport 2023, 47.

Kapitel 9 Finanzierung

§ 15 Anforderungen an die Nachhaltigkeit bei der Immobilienfinanzierung

Übersicht

	Rn.
A. Grundlegende Prinzipien der Immobilienfinanzierung	1
I. Risiko und Rolle der Bank	3
II. Arten der Immobilienfinanzierung	7
III. Der Kreditvertrag	11
IV. Fördermittel	14
V. Die Rolle der BaFin	16
B. Nachhaltigkeit und Finanzierung	18
I. Die Rolle der Finanzierung bei der Umsetzung des Green Deals	19
II. Nachhaltigkeit als Teil des Risikomanagements	21
1. Physische Risiken	23
2. Transitorische Risiken	25
3. Aktueller und zukünftiger Umgang mit Nachhaltigkeit und -risiken bei der Finanzierung	28
III. Nachhaltigkeit im Kreditvertrag	35
C. Die Immobilie als Kapitalanlage	39
D. Problemstellung und Ausblick	44
E. Der Darlehensvertrag nach BGB	53
I. Zinsen	54
II. Sonstige Finanzierungskosten	59
III. Nichtabnahme und vorzeitige Rückzahlung des Darlehens	63
IV. Auszahlungsvoraussetzungen	65
V. Finanzkennzahlen	66
VI. Sonstige anfängliche und laufende Nebenpflichten	69
VII. Kündigungsrechte des Darlehensgebers	73

A. Grundlegende Prinzipien der Immobilienfinanzierung

Der Anteil der Investitionssumme, der bei der Immobilienfinanzierung durch **Fremd-** **1** **kapital** erfolgt, betrug 2023 in Deutschland über 80 %.[1] Laut Deutscher Bundesbank sind außerdem 52,6 % aller erfassten und laufenden Bankkredite (insg. etwa 3,4 Bio. Euro, Stand Juni 2023) für die Finanzierung für Bau oder Erhalt von Wohnungen vergeben worden.[2] Auch wenn sich dieses Bild seit Erhöhung des **Leitzinses** sicher etwas geändert hat; Bankinstitute übernehmen eine bedeutende Rolle, nicht nur als Vermittler zwischen Investoren und Anlegern. Nicht selten entscheidet die Bank darüber, ob ein Immobilienprojekt realisiert werden kann oder nicht.

Diese besondere Stellung bei Immobilienprojekten gibt Veranlassung dazu, das System **2** und Entscheidungskriterien der Banken, die Gestaltung von Darlehensverträgen sowie die heutige und zukünftige Schnittmenge mit dem Thema Nachhaltigkeit zu untersuchen. Im Folgenden wird dabei insbesondere die Sicht des Bauherrn bzw. Projektentwicklers priorisiert; die Immobilie als Kapitalanlage wird nachgelagert betrachtet.

---
[1] Vgl. AK OGA, Immobilienmarktbericht Deutschland 2023, 2023, 248.
[2] Vgl. AK OGA, Immobilienmarktbericht Deutschland 2023, 2023, 9.

I. Risiko und Rolle der Bank

3 Grundsätzlich erfüllen Banken die „volkswirtschaftlich wichtigen Funktionen einer indirekten Finanzierung"[3]. Das bedeutet, dass sie als Vermittlerin zwischen Investitionsbedarf und Finanzierungsbedarf fungieren, wobei sie in der Regel kleine und Kleinst-Beträge privater Einleger in große Kreditsummen sowie kurzfristige Einlagen oder Kapitalmarktangebote zu langfristigen Krediten transformieren. Dabei übernehmen sie eine Vielzahl von Risiken. Im Falle einer Bauträgerinsolvenz beispielsweise ist es Aufgabe der Bank, die Anleger vor dem Kreditausfall zu schützen, indem sie mit ihrem **Eigenkapital** haftet. Mithilfe der sog. **Risikotransformation** versucht sie den latenten Ausfallrisiken entgegenzuwirken: die Kumulation und Diversifikation der voneinander unabhängigen Einzelkredite und deren Risiken führt zu einer statistischen Risikoverteilung, die durch verschiedene Risikotöpfe im Regelfall beherrschbar ist.[4]

4 Da volkswirtschaftlich betrachtet eine funktionierende Kreditwirtschaft Voraussetzung für einen funktionierenden Geld- und Güterkreislauf ist, aufgrund von Vertrauensdefiziten (und damit einhergehendem flächendeckenden Geldabzug) dieser Kreislauf gefährdet sein könnte und im schlimmsten Risikoszenario der Staat Verluste sichern müsste, wird das unternehmerische Risiko jedoch nicht den Kreditinstituten selbst überlassen. Folglich haben sich entsprechende Spezialgesetze, -vorschriften, Regulierungen und Beaufsichtigungen entwickelt, die in das Bankengeschäft eingreifen. Die wichtigste nationale Vorschrift stellt neben den Vorschriften des §§ 488 ff. BGB das **Kreditwesengesetz** (KWG) dar, international die sog. **Basel[5]-Regelwerke**. Bezüglich. der Immobilienwirtschaft regelt das KWG, wie Immobilienkredite vergeben werden dürfen. § 13 KWG[6] besagt beispielsweise, dass Darlehen nicht beliebig bereitgestellt werden dürfen, sondern sich die Höhe immer in einem gewissen Verhältnis zum Eigenkapital der Bank befinden muss. Sollten dennoch Kredite in Millionenhöhe vergeben werden, so regelt § 14 KWG[7], dass diese regelmäßig der Deutschen Bundesbank zu melden sind, damit diese wiederum einen Überblick über die Kreditnehmer behält.[8]

5 Aufgrund der immer größer werdenden Verflechtung mit dem internationalen Finanzmarkt, wächst auch die Bedeutung von internationalen Vorschriften in Deutschland, wie die Basel-Regelwerke. Hier geht es ua um die Eigenkapitalausstattung der Kreditnehmer, welche von der jeweiligen Risikogewichtung abhängt. Bzgl. Immobilienkrediten unterscheidet das aktuell gültige Basel III zwischen klassischen und Projekt-Krediten, wobei beiden Kreditarten mehrere Ansätze zur Risikoermittlung zugrunde liegen.[9]

6 Sehr vereinfacht dargestellt und nicht auf eine bestimmte Regulierung oder einen bestimmten Ansatz zur Risikoermittlung abzielend, handelt es sich in der Regel um folgende Kredit(ausfall)risiken:[10]

1. **Liquiditätsrisiko**
Wenn der Darlehensnehmer nicht mehr in der Lage ist, Zins und Tilgung aufgrund von Liquiditätsengpässen zu bezahlen, besteht eine Verlustgefahr für den Darlehensgeber.

2. **Zinsänderungsrisiko**
Sollte die Zinsbindung des Kredites auslaufen, oder es sich um ein Darlehen mit variablem Zins handeln, besteht das Risiko einer Zinserhöhung, was ebenfalls zu Liquiditätsengpässen führen kann.

---

3 Lassen, Immobilienfinanzierung und -investition, 2024, 94.
4 Vgl. Lassen, Immobilienfinanzierung und -investition, 2024, 94 ff.
5 Basel steht für den int. Baseler Ausschuss für Bankenaufsicht (Basel Committee on Banking Supervision der BIS) und deren Regelwerke.
6 § 13 Großkredite; Verordnungsermächtigung.
7 § 14 Millionenkredite.
8 Vgl. Lassen, Immobilienfinanzierung und -investition, 2024, 96 ff.
9 Vgl. Lassen, Immobilienfinanzierung und -investition, 2024, 101 ff.
10 Vgl. Trübestein/Pruegel, Kompakt Edition: Immobilienfinanzierung, 2012, 25 f.

3. **Währungsrisiko**
Bei Krediten in Fremdwährung kann eine Veränderung des Wechselkurses den Kredit verteuern.
4. **Objektrisiko**
Wenn eine Immobilie als Sicherheit hinterlegt wurde, bedeutet eine negative Wertveränderung dieser (zB durch Schäden oder geänderte Nutzungsanforderungen) ein Risiko für den Darlehensgeber. Fällt der Kreditnehmer aus und die Immobilie muss verwertet werden, kann es sehr wahrscheinlich zu Verlusten kommen.
5. **Sekundärrisiko**
Immobilienkredite sind meist so angelegt, dass Zins und ggf. Tilgung durch laufende Mieteinnahmen gedeckt werden. Mietausfälle haben somit direkten Einfluss auf die Liquidität des Darlehensnehmers.
6. **Klumpenrisiko**
Finden, wie oben erwähnt, weder Kumulation noch Diversifikation einzelner (Groß-)kredite statt, entsteht ein Klumpenrisiko für den Kreditgeber.
7. **Operationales Risiko**
Wenn Verluste durch Betrug, interne Systeme oder durch eigene Mitarbeitende des Kreditgebers entstehen, spricht man von operationalen Risiken.

II. Arten der Immobilienfinanzierung

Es gibt unterschiedliche Arten eines Immobilienkredites. Genauer gesagt sind es drei Stellschrauben, die bestimmen, um was für eine Finanzierung es sich handelt: Die Gesamtlaufzeit des Darlehens, die Wahl zwischen Zinsbindung und variablem Zins sowie die Art der Rückzahlung bzw. Tilgung des Darlehens.

Die sog. Leistungsrate oder auch Kapitaldienstrate beschreibt die Summe des Zins- und des Tilgungsanteiles. Die Fälligkeit dieser Leistungen können im Rahmen des Kreditvertrages frei verhandelt werden (siehe hierzu nachfolgen → Rn. 35). Die Struktur und Höhe der Leistungsrate hängt wiederum von der vereinbarten Verzinsung ab: Ist diese variabel, kann sie zB monatlich, alle 3 oder 6 Monate angepasst werden; eine feste Zinsbindung legt die Zinshöhe über mehrere Jahre fest, unabhängig von der Gesamtlaufzeit des Darlehens.[11]

Marktüblich sind folgende Immobilienfinanzierungen:[12]

1. **Annuitätendarlehen**
Bei diesem Darlehen bleibt die jährliche Kapitaldienstrate konstant, wobei sich die Zusammensetzung von Zins und Tilgung ändern; über die Dauer hinweg wird der Zinsanteil immer geringer und der Tilgungsanteil größer. Die Liquiditätsbelastung bleibt also konstant.
2. **Tilgungsdarlehen**
Das Tilgungsdarlehen hingegen bietet konstante Tilgungsraten, wobei der Zinsanteil immer geringer wird. Die Liquiditätsbelastung sinkt über die Jahre hinweg ab.
3. **Endfälliges Darlehen**
Während der Laufzeit werden beim endfälligen Darlehen lediglich die Zinsen bezahlt, die Tilgung erfolgt einmalig am Ende.

---

[11] Vgl. Lassen, Immobilienfinanzierung und -investition, 2024, 133 f.
[12] Vgl. Werner/Kobabe, Unternehmensfinanzierung, 2005, 93.

Kapitel 9

Finanzierung

Annuitäten bei Tilgungsverlauf Anniutätenkredit (Tilgung mit ersparten Zinsen)[13]

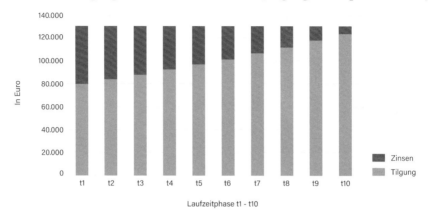

Annuitäten bei Tilgungsverlauf Ratenkredit ratierliche lineare Tilgung

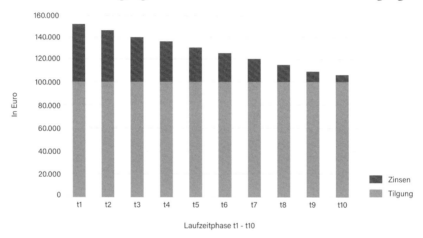

Annuitäten bei Tilgungsverlauf Festkredit endfällige Tilgung

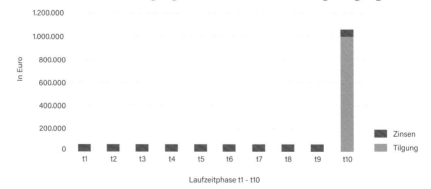

---

[13] Gegenüberstellung Annuitätendarlehen, Tilgungsdarlehen und endfälliges Darlehen (Abb. in Anlehnung an Lassen, Immobilienfinanzierung und -investition, 2024, 140/139/137).

Was all diese Arten der Immobilienfinanzierung gemein haben, ist, dass es sich um fest 10
definierte Ansprüche eines Fremdkapitalgebers handelt, die unabhängig vom Immobilienprojektverlauf bestehen bleiben. Sollte nach Befriedigung der Gläubiger eine Restgröße, also ein Gewinn bestehen bleiben, so haben lediglich Eigenkapitalgeber Anspruch darauf.[14]

III. Der Kreditvertrag

Grundsätzlich handelt es sich bei einem Finanzierungs- oder Kreditvertrag um einen 11
Darlehensvertrag nach § 488 BGB[15]. Letzterer regelt, dass

1. der Darlehensgeber dem Darlehensnehmer einen Geldbetrag in der vereinbarten Höhe zur Verfügung stellt und ihm dafür vom Darlehensnehmer sowohl die vereinbarten Zinsen als auch das Darlehen zur definierten Fälligkeit zurückgezahlt wird,
2. die Zinsen jährlich bzw. nach Rückzahlung des Darlehens zurückzuzahlen sind, wenn nichts anderes vereinbart wurde,
3. die Fälligkeit des Darlehens von einer Kündigung abhängt, wenn die Darlehensdauer nicht definiert wurde.

Folglich sind die Konditionen eines Kreditvertrages in oben beschriebenen Rahmen frei 12
zu verhandeln. Bei dem Darlehensnehmer kann es sich ferner sowohl um eine natürliche als auch um eine juristische Person des privaten oder öffentlichen Rechts handeln.[16]

Im Detail handelt es sich um folgende Hauptkonditionen, die es zu verhandeln gilt: Die 13
Kreditverwendung, der Kreditbetrag, die Kreditlaufzeit, der Kreditzins, die Kreditbesicherung, die Kredittilgung und weitere Bedingungen, sog. **Covenants.**[17] Im Folgenden werden die einzelnen Bestandteile näher erläutert.

1. Kreditverwendung
   Grundsätzlich können sowohl Konsumausgaben als auch Investitionen Verwendungszweck eines Kredites sein, was sich wiederum auf die Art des Kredites auswirkt (variable Dispositionskredite, Investitionskredite, Projektfinanzierungen, etc.).[18] Bei einer Immobilienfinanzierung handelt es sich hier beispielsweise um die (Mit-)Finanzierung eines Entwicklungsvorhabens, meist unter der Bezugnahme auf Bauunterlagen, das Grundstück oder Bauverträge, oder um den Erwerb oder die Errichtung eines bestimmten Objektes bzw. Projektes.[19]
2. Kreditbetrag
   Bei dem Kreditbetrag handelt es sich um die vereinbarte Darlehenssumme, die es zurückzuzahlen und zu verzinsen gilt.[20]
3. Kreditlaufzeit
   Die Laufzeit eines Kredites beschreibt die Zeitspanne, in welcher das Darlehen vollständig zurückzuzahlen ist. Je nach Anzahl der Jahre handelt es sich um einen kurzfristigen (Laufzeit bis zu ein Jahr), einen mittelfristigen (Laufzeit zwischen einem und vier Jahren) oder einen langfristigen Kredit (Laufzeit länger als vier Jahre).[21]
4. Kreditzins
   Der Zins stellt den Preis für den Kredit (meist pro Jahr) dar[22] und ist somit das Resultat aus Angebot und Nachfrage[23]. Er setzt sich zusammen aus dem bei Vertragsabschluss

---

14 Vgl. Lassen, Immobilienfinanzierung und -investition, 2024, 26.
15 Nähere rechtliche Ausführungen zum Darlehensvertrag nach § 488 BGB finden Sie unter E.
16 Vgl. Trübestein/Pruegel, Kompakt Edition: Immobilienfinanzierung, 2012, 17.
17 Vgl. Trübestein/Pruegel, Kompakt Edition: Immobilienfinanzierung, 2012, 19.
18 Vgl. Trübestein/Pruegel, Kompakt Edition: Immobilienfinanzierung, 2012, 19.
19 Vgl. Lassen, Immobilienfinanzierung und -investition, 2024, 177.
20 Vgl. Trübestein/Pruegel, Kompakt Edition: Immobilienfinanzierung, 2012, 19.
21 Vgl. Trübestein/Pruegel, Kompakt Edition: Immobilienfinanzierung, 2012, 19.
22 Vgl. Trübestein/Pruegel, Kompakt Edition: Immobilienfinanzierung, 2012, 19.
23 Vgl. Lassen, Immobilienfinanzierung und -investition, 2024, 49.

geltenden Zinsniveau, einer Einschätzung der Kreditwürdigkeit des Darlehensnehmers (mittels eines sog. Ratings)[24] sowie einer Bewertung des Beleihungswertes des Immobilienprojektes. Ferner sind natürlich die Darlehenskonditionen maßgeblich (dh Laufzeit, Art der Tilgung und der Verzinsung, siehe Pkt. II).[25] Die Zusammenstellung des Zinses ist dabei keinesfalls festgelegt, sondern hängt maßgeblich von der (Risiko-)Einschätzung sowie der enthaltenen Marge der Kreditinstitute ab.

5. Kreditbesicherung
Zusätzliche Sicherheitsvereinbarungen sollen den Kredit absichern.[26] Bei Immobilienfinanzierungen wird hier meist das vorhandene (Bau-)Grundstück anhand der Eintragung einer Grundschuld im Grundbuch besichert.[27]

6. Kredittilgung
Je nach Vereinbarung kann die Rückzahlung des Darlehens durch eine vollständige Tilgung am Laufzeitende oder in Teilbeträgen (Raten) zu definierten Terminen erfolgen.[28] In einem entsprechenden Tilgungsplan wird dies üblicherweise festgelegt.[29] Ebenso können „freie Leistungen" wie Sondertilgungen vereinbart werden.[30] Bei einer Immobilienprojektentwicklung wird mit der Tilgung oft erst dann begonnen, wenn mit Einnahmen zu rechnen ist, also ab Fertigstellung oder Verkauf.

7. Weitere Bedingungen/Covenants
Frei zu verhandeln sind ferner weitere Bedingungen, die neben den „grundlegenden" Konditionen gelten.[31] Sie dienen der zusätzlichen Risikoabsicherung des Darlehensgebers im Falle einer Verschlechterung der wirtschaftlichen oder juristischen Situation des Darlehensnehmers oder des Beleihungsobjektes.[32] Sollte gegen Covenants verstoßen werden, berechtigt dies die Bank zu vereinbarten Maßnahmen, wie z.B. der Margenerhöhung oder Kündigung.[33]

Man unterscheidet zwischen Financial Covenants und Non-Financial Covenants. Bei ersteren sind finanzielle Kennzahlen des Darlehensnehmers oder des Beleihungsobjektes zum Zeitpunkt der Darlehensvergabe ausschlaggebend; diese sind fortwährend einzuhalten. Häufig verwendet sind hier die **Loan-To-Value** (LTV) Kennzahlen, die die „Verschuldung in Bezug zum Wert des Beleihungsobjektes"[34] wiederspiegeln, die **Loan-To-Cost** (LTC) Kennzahlen, welche die „Verschuldung in Bezug auf die Kosten des Beleihungsobjektes"[35] angeben oder auch der sog. DSCR **(Debt-Service-Cover-Ratio),** der den Grad der Deckung des Kapitaldienstes darstellt[36]. Sollte aufgrund von Marktentwicklungen demnach beispielsweise ein beliehenes Grundstück weniger wert sein oder eine beliehene Immobilie höhere Kosten aufweisen, kann das Kreditinstitut eine Erhöhung des eingelegten Eigenkapitals fordern, falls dies so vereinbart wurde.

Die Non-Financial Covenants hingegen beinhalten meist Verpflichtungen, die verhindern, dass der Darlehensgeber schlechter gestellt werden darf als andere oder ein bestimmtes Berichtswesen vorgeben. Grundsätzlich werden Covenants im Rahmen des Risikomanagements meist monatlich oder vierteljährlich überwacht.[37]

---

[24] Vgl. Trübestein/Pruegel, Kompakt Edition: Immobilienfinanzierung, 2012, 14.
[25] Vgl. BaFin, Immobilienkredit (o. J.), URL: https://www.bafin.de/ref/19643598 (Stand: 29.2.2024).
[26] Vgl. Trübestein/Pruegel, Kompakt Edition: Immobilienfinanzierung, 2012, 19.
[27] Vgl. Trübestein/Pruegel, Kompakt Edition: Immobilienfinanzierung, 2012, 35.
[28] Vgl. Trübestein/Pruegel, Kompakt Edition: Immobilienfinanzierung, 2012, 19.
[29] Vgl. Trübestein/Pruegel, Kompakt Edition: Immobilienfinanzierung, 2012, 23.
[30] Vgl. Lassen, Immobilienfinanzierung und -investition, 2024, 133.
[31] Vgl. Trübestein/Pruegel, Kompakt Edition: Immobilienfinanzierung, 2012, 19.
[32] Vgl. Trübestein/Pruegel, Kompakt Edition: Immobilienfinanzierung, 2012, 24.
[33] Vgl. Lassen, Immobilienfinanzierung und -investition, 2024, 181.
[34] Trübestein/Pruegel, Kompakt Edition: Immobilienfinanzierung, 2012, 24.
[35] Trübestein/Pruegel, Kompakt Edition: Immobilienfinanzierung, 2012, 24.
[36] Vgl. Lassen, Immobilienfinanzierung und -investition, 2024, 182.
[37] Vgl. Trübestein/Pruegel, Kompakt Edition: Immobilienfinanzierung, 2012, 24.

8. Sonstiges
Zusätzlich zu den oben genannten Hauptbestandteilen kann ein Kreditvertrag noch Regelungen wie Fälligkeiten einer Bearbeitungsgebühr, Bereitstellungszinsen und ähnlichem enthalten.

IV. Fördermittel

Eine neben der Vergabe von Krediten ebenfalls wichtige Aufgabe der Bank bei Immobilienprojekten ist es, als Vermittlerin von **Fördermitteln** zu fungieren.[38] Man unterscheidet hierbei zwischen Zuschuss- und Kreditprogrammen, wobei letztere – insbesondere im Neubaubereich – eher die Regel darstellen.

Bei einer Förderung mittels Investitionszuschusses kann dieser nach Ausschüttung direkt auf das durch den Kreditnehmer nachzuweisende Eigenkapital angerechnet werden, was zu einer geringeren Eigenkapitalquote führt (idR muss dieser Förderbetrag allerdings vorfinanziert werden). Bei einem Kreditprogramm hingegen kann es unterschiedliche Förderinstrumente geben:
- Es werden Zins- und Tilgungsleistungen subventioniert, um den Cash-Flow des Unternehmens zu entlasten, und/oder
- es werden Finanzierungsrisiken durch Haftungsfreistellungen übernommen, wodurch Banken teilweise von der Rückzahlungshaftung bei Zahlungsunfähigkeit des Kreditnehmers befreit werden, und/oder
- Banken profitieren von günstiges Refinanzierungsprogrammen, und/oder
- das Unternehmen (als Kreditnehmer) erhält unmittelbar zinsgünstige Kredite.[39]

V. Die Rolle der BaFin

Die Bundesanstalt für Finanzdienstleistungsaufsicht **(BaFin)** fungiert als zentrale Aufsicht über Banken, Finanzdienstleister, Versicherer und Wertpapierhandel. Sie gilt als „selbstständige Anstalt des öffentlichen Rechts" und ist dem Bundesministerium der Finanzen untergeordnet. Finanziert wird sie aus Gebühren und Umlagen der Institute und Unternehmen, die sie beaufsichtigt.[40]

Die zentrale Aufgabe der BaFin ist es, „ein funktionsfähiges, stabiles und integres deutsches Finanzsystem zu gewährleisten"[41] und sicherzustellen, dass Kreditinstitute die Vorschriften einhalten, die mit der Erlaubnis ihres Geschäftsbetriebes einhergehen, wie beispielsweise die Einhaltung des KWGs.[42] Sie entscheidet ua über die Eignung der Geschäftsleiter einer Bank[43] und definiert die Mindestanforderungen an das Risikomanagement (MaRisk).[44]

B. Nachhaltigkeit und Finanzierung

Nachdem nun die grundlegenden Prinzipien der Immobilienfinanzierung beleuchtet wurden, beschäftigt sich der folgende Abschnitt mit der Frage, inwiefern Nachhaltigkeit aktuell und zukünftig bei der Finanzierung Berücksichtigung findet. Auf die entsprechende Ant-

---
[38] Vgl. Werner/Kobabe, Unternehmensfinanzierung, 2005, 32.
[39] Vgl. Werner/Kobabe, Unternehmensfinanzierung, 2005, 80.
[40] Vgl. BaFin, Die BaFin (o. J.), URL: https://www.bafin.de/ref/19641794 (Stand 29.2.2024).
[41] Vgl. BaFin, Aufgaben & Geschichte (2022), URL: https://www.bafin.de/ref/19641780 (Stand 29.2.2024).
[42] Vgl. Trübestein/Pruegel, Kompakt Edition: Immobilienfinanzierung, 2012, 9.
[43] Vgl. Lassen, Immobilienfinanzierung und -investition, 2024, 101.
[44] Vgl. Lassen, Immobilienfinanzierung und -investition, 2024, 180.

wort aufbauend wird anschließend untersucht, was bei der Gestaltung eines Kreditvertrages berücksichtigt werden sollte.

I. Die Rolle der Finanzierung bei der Umsetzung des Green Deals

19 Bei der Umsetzung des europäischen **„Green Deals"**, der Europa bis 2050 zu einer klimaneutralen, ressourcenschonenden und wettbewerbsfähigen Wirtschaft transformieren soll (siehe hierzu auch → § 2 Rn. 2, „Nachhaltigkeit auf EU-Ebene"), werden Versicherungen, Banken und Sparkassen eine Schlüsselrolle zugeschrieben. Zum einen benötigt eine derartige Transformation ein stabiles Finanzsystem als Grundlage, welches dafür sorgt, dass ausreichend Liquidität für erforderliche Investitionen, für Klimaschutz und klimabedingte Schadensfälle zur Verfügung gestellt werden kann. (Um derartig wirtschaftlich resilient und klimaresilient zu sein, ist ein entsprechendes Risikomanagement unabdingbar.)[45] Zum anderen wird die Finanzwirtschaft durch die im „Green Deal" enthaltene Offenlegungsverordnung (**Sustainable Finance Disclosure Regulation**, „SFDR")[46] zum Lenkungsorgan für nachhaltige Investitionen gemacht. Das bedeutet, man versucht Investoren und Anleger zur Investition in nachhaltige Produkte zu motivieren, um den immens hohen Kapitalbedarf[47], welcher die „Green Deal"-Transformation mit sich bringt, auch durch die Privatwirtschaft decken zu können. Man erhofft sich, dass hierdurch Unternehmen wiederum vermehrt nachhaltige (Finanz-)Produkte anbieten, da der Anleger oder Investor nun entscheiden kann, ob er lieber in ein nachhaltiges Produkt investiert oder nicht.

20 Neben der Offenlegungsverordnung betreffen noch weitere neue EU-Regularien die Finanzwirtschaft: Die Taxonomie-Verordnung, welche eng mit der SFDR verwoben ist und regelt, was unter einem nachhaltigen Produkt zu verstehen ist (hierzu bereits → § 2 Rn. 18 ff., „EU-Taxonomie-Verordnung"); die Corporate Sustainability Reporting Directive (CSDR), welche die Nachhaltigkeitsberichterstattung ausweitet (hierzu bereits → § 2 Rn. 43 ff., „CSRD-Richtlinie"), die Referenzwerte Verordnung sowie die Kapitaladäquanzverordnung und -richtlinie. Weitere Regularien treten kurzfristig in Kraft oder sind geplant. Die BaFin bemängelt, dass das Thema Nachhaltigkeit fragmentiert, zu komplex und nicht immer konsistent reguliert sei und somit die Gefahr bestehe, dass Finanzakteure diese nicht oder nicht vollständig umsetzen.[48]

II. Nachhaltigkeit als Teil des Risikomanagements

21 Wie oben dargestellt, ist das Risikomanagement ein wichtiger Bestandteil des Finanzierungs- und Bankengeschäfts; die grundsätzliche Risikotransformation eines Bankinstituts sowie die größten (Kredit-)Ausfallrisiken wurden aufgezeigt. Spätestens seit Inkrafttreten des „Green Deals" steht jedoch fest, dass entsprechende zusätzliche Risiken in diese Betrachtung miteinbezogen werden müssen, um wirtschaftliche und klimatische Resilienz des Finanzsektors sicherstellen zu können.

22 Das heute in der Branche etablierte Risikomanagement im Bereich Nachhaltigkeit konzentriert sich größtenteils auf Klima- und Umweltrisiken, dh auf die ökologische Säule; hierbei werden sowohl physische als auch transitorischen Risiken betrachtet.[49] Zwar weist die BaFin explizit daraufhin, dass auch in den Bereichen Soziales und Unternehmensführung nicht zu unterschätzende Nachhaltigkeitsrisiken, wie insbesondere der Reputati-

---

[45] Vgl. Umweltbundesamt, Monitoringbericht 2023, 2023, 288.
[46] EU 2019/2088 § 2.1.1.
[47] Gemäß einer McKinsey-Studie aus dem Jahr 2020 handelt es sich um eine Summe von 28 Billionen Euro bis 2050, also einer jährlichen Investitionssumme von 980 Milliarden Euro (vgl. McKinsey, Net-Zero Europe, 2020, 30 f).
[48] Vgl. BaFin, Risiken im Fokus, 2024, 41.
[49] Vgl. TCFD, Recommendations of the Task Force on Climate-related Financial Disclosures, 2017, 16.

onsverlust von Unternehmen, bestehen, allerdings nehmen diese einen weit kleineren Teil des Risikomanagements ein.[50] Im Folgenden werden physische sowie transitorische Risiken näher erläutert.

1. Physische Risiken

Wie bereits in § 1 dargelegt, nehmen Extremwetterereignisse durch den Klimawandel deutlich zu. Schon heute treten beispielsweise sog. 10-Jahresereignisse[51] bzgl. Hitze 2,8-mal häufiger ein, 50-Jahresereignisse sogar schon 4,8 mal.[52] Durch derartige extreme Witterungsereignisse, aber auch durch schleichende Umweltveränderungen, entstehen **physische Risiken**. Hierbei kann es sich um materielle Schäden an Immobilien oder Infrastruktur handeln, Produktivitätseinbußen aufgrund von Arbeitnehmerausfällen, Ernteausfällen, Störungen von Lieferketten oder Umsatzeinbußen aufgrund von Nachfragerückgang, oder auch um immaterielle Schäden wie gesundheitliche Beeinträchtigungen oder dem Verlust der heimischen Artenvielfalt.[53] Insbesondere die materiellen Auswirkungen stehen dabei oft in direktem oder indirektem Zusammenhang mit der Geschäftstätigkeit (und somit der Bonität) von Unternehmen.

Auch auf Immobilienebene werden physische Risiken analysiert. Die **Klimarisiken** am Standort sowie die Vulnerabilität des Gebäudes werden beispielsweise im Rahmen der Taxonomie-Konformitäts-Prüfung abgefragt (siehe hierzu → § 5 Rn. 53 ff., „Klimarisiko- und Vulnerabilitätsanalyse").

2. Transitorische Risiken

Die durch die IPPC identifizierte „Umsetzungslücke" zeigt auf, dass die heute implementierten politischen Maßnahmen nicht ausreichen, um die Pariser Klimaziele zu erreichen (dazu bereits → § 1 Rn. 1 ff., „Klimawandel"). Das bedeutet, dass kurz- und mittelfristig mit deutlichen Anpassungen in der Regulatorik und Gesetzgebung zu rechnen ist bzw. die Anpassungen umso umfassender sein müssten, je länger mit der Implementierung gewartet wird. Die hierdurch veränderten Rahmenbedingungen für Unternehmen, die zusätzlich durch entsprechende technologische Entwicklungen oder dem veränderten Verhalten von VerbraucherInnen beeinflusst werden können, führen zu **transitorischen Risiken** oder auch **Übergangsrisiken**. Wenn Unternehmen also nicht flexibel genug sind, um an dem Übergang zu einer nachhaltigen Wirtschaft mitzuwirken, kann dies extreme Umsatzeinbußen zur Folge haben.[54]

Als Analyse der transitorischen Risiken auf Gebäudeebene hat sich die sog. **Stranding-Risk-Analyse** implementiert (siehe hierzu → § 5 Rn. 29 ff., „THG-Bilanzierung und Dekarbonisierungspfad nach CRREM"). Bei dieser werden die Betriebs-Emissionen einer Liegenschaft einer Dekarbonisationsvorgabe gegenübergestellt. Letztere bildet die theoretische Reduktionskurve der jeweiligen Assetklasse bis zum klimaneutralen Gebäudebestand im Jahr 2050 ab. Befindet sich die zu betrachtende Immobilie oberhalb der Kurve bzw. schneidet sie, ist das Gebäude „gestrandet", dh es entspricht nicht mehr den „Vorgaben". Welche Konsequenzen dies zum Zeitpunkt des Strandens mit sich führt, ist allerdings heute nicht bezifferbar; es kann sich lediglich um erhöhte CO_2-Preise handeln, bis hin zum Entzug der Betriebserlaubnis.

Physische und transitorische Risiken hängen unmittelbar miteinander zusammen. Je nachdem, wie politische und rechtliche Maßnahmen implementiert und von der Gesellschaft angenommen und umgesetzt werden, kann es aber zu unterschiedlichen Szenarien

---

[50] Vgl. BaFin, Merkblatt, 2020, 15, und BaFin, Risiken im Fokus, 2024, 40.
[51] „Häufigkeit und Intensitätszunahme eines Temperaturextrems, das in einem Klima ohne Einfluss des Menschen im Schnitt einmal in 10 Jahren auftrat", Vgl. IPCC, Climate Change 2021, 2021, 18.
[52] Vgl. IPCC, Climate Change 2021, 2021, 18.
[53] Vgl. Hirschfeld et al., 2021, zitiert nach BMWK, Was uns die Folgen des Klimawandels kosten, 2023, 2.
[54] Vgl. Umweltbundesamt, Monitoringbericht 2023, 2023, 266.

kommen: Geschieht dies rechtzeitig, wiegen transitorische Risiken schwerer, da die Wahrscheinlichkeit größer ist, vom sich gewandelten Markt abgehängt zu werden. Werden jedoch die notwendigen Maßnahmen nicht rechtzeitig umgesetzt und die physischen Risiken nehmen aufgrund der fortschreitenden Erderwärmung zu, ist eine abrupte Umstellung der Wirtschaft erforderlich. Dies würde dann zwar zu späteren, jedoch zu weit höheren Transitionsrisiken führen.[55]

3. Aktueller und zukünftiger Umgang mit Nachhaltigkeit und -risiken bei der Finanzierung

28 Um den Jahreswechsel 2019/2020 veröffentlichte die BaFin erstmals ein „Merkblatt zum Umgang mit Nachhaltigkeitsrisiken"[56]. Dieses sollte „sinnvolle, aber unverbindliche Verfahrensweisen (Good-Practice-Ansätze)"[57] aufzeigen, an welchen sich die Kreditinstitute, Versicherungsunternehmen, etc., bei ihrer individuellen Risikobetrachtung orientieren konnten. Dabei wurde die klare Erwartungshaltung formuliert, dass sich die beaufsichtigten Unternehmen mit den aufgezeigten Risiken auseinandersetzen würden. Ein, dem jeweiligen Risikoprofil und Geschäftsmodell angemessener Ansatz sei zu entwickeln.[58]

29 Es ist besonders hervorzuheben, dass die BaFin Nachhaltigkeitsrisiken und bekannte Risikoarten nicht differenziert. Viel mehr noch, eine solche Differenzierung wird klar abgelehnt, da Nachhaltigkeitsrisiken alle Risikoarten erheblich beeinflussen bzw. vergrößern können. Folgende Beispiele werden ua genannt:[59]

– Das Geschäftsmodell eines Unternehmens wird durch ESG-bedingte politische Änderungen wesentlich beeinträchtigt (wie zB durch eine CO_2-Bepreisung), der Kredit kann nicht zurückgezahlt werden.
– Durch eine plötzlich geänderte Marktstimmung werden Unternehmen abgewertet, in die ein Fond investiert ist.
– Aufgrund eines Extremwetterereignisses zieht ein Großteil der Kundschaft Geld von ihrem Konto ab, um die entstandenen Schäden zu beseitigen. Aktiva müssen durch das Kreditinstitut veräußert werden.
– Dasselbe Ereignis hat auch Bankfilialen beschädigt.

30 Im Jahr 2021 wurden im Rahmen des CDP[60]-Klima Finanzdienstleister nach der Relevanz von physischen Klimarisiken bei ihrer Geschäftstätigkeit befragt. Von den 27 Unternehmen, die einen entsprechenden Bericht abgaben, haben mehr als zwei Drittel auf diese Frage keine Einschätzung getroffen. Die restlichen Finanzdienstleister schätzten die Risiken als „hoch relevant" oder „teilweise relevant"; eine „nicht relevante" Einschätzung wurde nicht abgegeben.[61, 62]

---

[55] Vgl. BaFin, Merkblatt, 2020, 15.
[56] BaFin, Merkblatt, 2020.
[57] BaFin, Merkblatt, 2020, 11.
[58] Vgl. BaFin, Merkblatt, 2020, 10 f.
[59] Vgl. BaFin, Merkblatt, 2020, 19.
[60] Carbon Disclosure Projekt, in dessen Rahmen berichten Unternehmen seit etwa 20 Jahren freiwillig zu THG-Emissionen und anderen Umweltauswirkungen ihres Geschäfts.
[61] Vgl. Umweltbundesamt, Monitoringbericht 2023, 2023, 297.
[62] Wahrnehmung der Relevanz physischer Klimarisiken bei Finanzdienstleistern (Abb. in Anlehnung an Umweltbundesamt, Monitoringbericht 2023, 2023, 296).

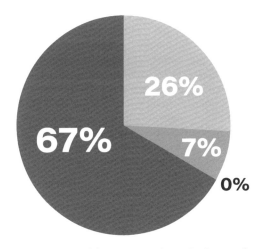

Anteil der Finanzdienstleister, die im Jahr 2021 freiwillig im Rahmen des CDP Bericht erstattet haben [%]
N = 27

Wahrnehmung physischer Klimarisiken als:
- hoch relevant
- teilweise relevant
- nicht relevant
- keine Angaben

„Bemerkenswert ist, dass keiner der teilnehmenden Finanzdienstleister angegeben hat, dass die Wahrnehmung physischer Klimarisiken „nicht relevant" ist."

Eine Schlussfolgerung aus dieser Befragung könnte sein, dass entweder Unsicherheit bei der Bewertung solcher Risiken besteht oder bisher keine entsprechende Auseinandersetzung mit dem Themenkomplex stattgefunden hat. Aufgrund der geringen Anzahl der Berichterstattenden kann diese Interpretation jedoch als kaum repräsentativ gewertet werden.[63] Eine umfassende Erhebung der Deutschen Bundesbank, welche 2022 bis 2023 durchgeführt wurde, kommt allerdings zu einem ähnlichen Ergebnis: Ein Viertel der LSIs[64] betrachtet Nachhaltigkeitsrisiken als wesentlichen Faktor bei mindestens einer Risikokategorie. Zwar „betrachten" rund 80 % der Institute physische und transitorische Klimarisiken, allerdings verfügt nur eine Minderheit über Methoden zur Bewertung, Messung oder Steuerung von derartigen Risiken. Folglich finden Nachhaltigkeitsrisiken beim Risikomanagement und der Strategie des Instituts keine Berücksichtigung.[65]

Diesen Fakt zum Anlass nehmend, hat die BaFin im Rahmen der 7. MaRisk-Novelle vom 29. Juni 2023 das bisher unverbindliche „Merkblatt zum Umgang mit Nachhaltigkeitsrisiken" verbindlich gemacht und wird somit Nachhaltigkeitsaspekte bei ihrer Aufsicht mitberücksichtigen. Im Abschnitt AT 2.2 Risiken heißt es beispielsweise:

„Zur Beurteilung der Wesentlichkeit hat sich die Geschäftsleitung regelmäßig und anlassbezogen im Rahmen einer Risikoinventur einen Überblick über die Risiken des Instituts zu verschaffen, wobei die Auswirkungen von ESG-Risiken angemessen und explizit einzubeziehen sind (Gesamtrisikoprofil). Die Risiken sind auf der Ebene des gesamten Instituts zu erfassen, unabhängig davon, in welcher Organisationseinheit die Risiken verursacht wurden."[66]

Für das Jahr 2024 sind außerdem „Sonderprüfungen mit dem Schwerpunkt ESG/Nachhaltigkeit"[67] angekündigt. Stichprobenhaft wird ferner die Umsetzung der Offenlegungsverordnung überprüft.[68]

Zusammenfassend lässt sich sagen, dass die Implementierung von Nachhaltigkeitsaspekten in der Finanzwirtschaft noch am Anfang steht, jedoch aufgrund neuer Regularien zunehmend an Bedeutung gewinnen wird. Auch wenn es nach wie vor den Kreditinstituten selbst überlassen ist, wie sie das Thema in ihr Risikoprofil und ihre Geschäftsstrategie integrieren, ist klar, dass sowohl die **Taxonomiekonformität** als auch der Umgang mit physischen und transitorischen Risiken in Zukunft größere Berücksichtigung finden wird.

---

[63] Vgl. Umweltbundesamt, Monitoringbericht 2023, 2023, 297.
[64] Less Significant Institutions, „Weniger bedeutende Institute", d. h. kleinere und mittlere Banken.
[65] Vgl. BaFin, Risiken im Fokus, 2024, 41 f.
[66] BaFin, Rundschreiben 05/2023 – MaRisk, 2023, 8.
[67] BaFin, Risiken im Fokus, 2024, 43.
[68] Vgl. BaFin, Risiken im Fokus, 2024, 43.

III. Nachhaltigkeit im Kreditvertrag

35 Wie im vorangegangenen Abschnitt dargestellt, handelt es sich bei einem Kreditvertrag um einen frei zu verhandelnden Darlehensvertrag nach §§ 488 ff. BGB. Die Kreditkonditionen setzen sich zusammen aus dem Anteil des Eigen- und Fremdkapitals, der Höhe der Zinsen, der Darlehensart und ggf. dem Einbezug von Fördermitteln. Kreditausfallrisiken werden durch das Institut bewertet und fließen in die bankinterne Kalkulation mit ein.

36 Überträgt man nun den Ansatz der BaFin, dass Nachhaltigkeitsrisiken keine gesonderte Risikoart darstellen, sondern in alle bekannten Risiken erheblich einwirken, kann man dies auch auf die im obigen Abschnitt aufgezeigten Kreditausfallrisiken anwenden. Es ergibt sich ein Schaubild[69], wie sich Nachhaltigkeitsaspekte auf Seite des Kreditnehmers anhand des Risikomanagements des Kreditgebers auf die Kreditgestaltung auswirken:

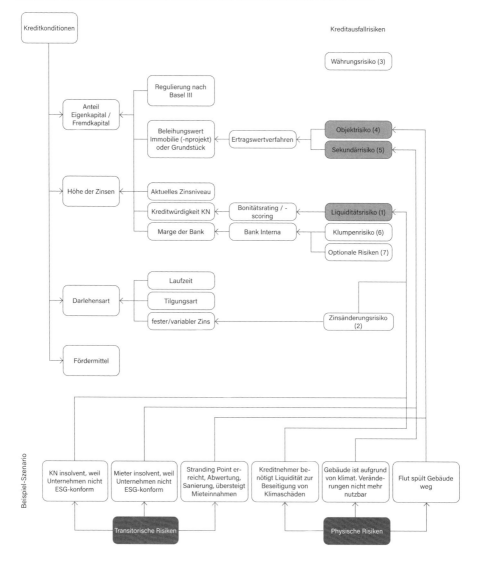

---

[69] Einfluss von Nachhaltigkeitsrisiken auf die Kreditgestaltung (Abb. eigene Darstellung).

Durch diese Darstellung wird deutlich, dass Nachhaltigkeitsrisiken Einfluss auf 37
- das Objektrisiko (also das Risiko einer negativen Wertveränderung der als Sicherheit hinterlegten Immobilie oder des Grundstücks),
- das Sekundärrisiko (also das Ausfallrisiko der Mieteinnahmen als Tilgungsgrundlage) sowie auf
- das Liquiditätsrisiko (also das Risiko, nicht über ausreichend Liquidität für Zins und Tilgung zu verfügen)

haben. Objekt- und Sekundärrisiko hängen dabei eng mit der Qualität der Immobilie bzw. mit der Bewertung dieser (meist anhand des Ertragswertverfahrens ermittelt) zusammen. Das Liquiditätsrisiko steht hingegen in direkter Verbindung mit der Bonitätsprüfung des Kreditnehmenden.

Wie die Kreditinstitute diese Aspekte jedoch in ihr Geschäftsprofil oder ihr Risikomanagement einfließen lassen, welche Bewertungen dahinter liegen und wie groß damit die Auswirkungen auf die Kreditkonditionen sind, ist ihnen selbst überlassen[70] und unterscheidet sich von Institut zu Institut. Inwiefern der Kreditnehmende also mit der Planung seines Immobilienprojektes oder mit Bonitätsnachweisen seines Unternehmens auf die Anforderungen der jeweiligen finanzierenden Seite reagieren soll und kann (um ggf. bessere Konditionen zu verhandeln), ist individuell zu prüfen. Derzeit muss daher durch den Bauherrn frühzeitig beim jeweiligen Kreditinstitut abgefragt werden, welche Anforderungen an Nachhaltigkeit bestehen, um diese dann bestenfalls in seine eigene Nachhaltigkeitsstrategie miteinfließen zu lassen. 38

C. Die Immobilie als Kapitalanlage

Wie oben beschrieben, liegt der Fokus dieser Arbeit auf der Immobilienfinanzierung aus Sicht eines professionellen Bauherrn bzw. Projektentwickler. Gemäß Lassen gibt es jedoch einen sachlogischen Zusammenhang zwischen der Finanzierung und der Investition, die nur künstlich trennbar ist: 39

„Investition und Finanzierung sind untrennbar miteinander verbunden. Man kann mit Fug und Recht von den beiden Seiten einer Medaille sprechen: Der Investor (= Geldgeber) benötigt jemanden (= Geldnehmer), der Finanzierungsbedarf hat. Der Kapitalsuchende (= Finanzbedarf) benötigt wiederum einen Investor (= Anlagesuchender). Eine Trennung beider Sphären ist schwierig, um nicht zu sagen künstlich. Besonders deutlich wird dies, wenn man konkrete Instrumente betrachtet: Eine Immobilienaktie dient einer Immobilien-AG zur Finanzierung mit Eigenkapital. Investoren wiederum kaufen diese Immobilienaktie der Immobilien-AG als lukratives Investment."[71]

Aus diesem Grund und der Vollständigkeit halber wird der Bereich Investition bzw. **Kapitalanlage** im Zusammenhang mit Nachhaltigkeit kurz angerissen. 40

Immobilienfonds erfreuten sich insbesondere zu Zeiten der Null- und Niedrigzinspolitik besonders großer Beliebtheit, da die zu erwartenden Renditen oberhalb der Kapitalmarktrenditen lagen. Im Jahr 2022 belief sich das von Immobilienfonds verwaltete Nettovermögen auf 300 Milliarden Euro.[72] 41

Über die Zeit hinweg etablierten sich am Markt auch zunehmend „grüne Finanzprodukte", wobei durch **Nachhaltigkeitsratings** die jeweiligen ESG-Leistungen bewertet werden. Da es auch hier lange an einheitlichen Standards fehlte, wird nachdrücklich vor dem Risiko des **Greenwashings** gewarnt.[73] 42

---

[70] Vgl. Bafin, Merkblatt, 2020.
[71] Lassen, Immobilienfinanzierung und -investition, 2024, 23.
[72] Vgl. Lassen, Immobilienfinanzierung und -investition, 2024, 408.
[73] Vgl. BaFin, Risiken im Fokus, 2024, 42.

43 Als Reaktion darauf wurde am 30. November 2023 die **EU-Green Bond Verordnung**[74] veröffentlicht, welche ab Dezember 2024 anwendbar ist. Ziel der Verordnung ist, die Vielzahl an Standards und Marktpraktiken zu harmonisieren, um das Risiko des Greenwashings zu reduzieren und Anlagen vergleichbarer zu machen. Sie besagt zudem, dass Anlageerlöse ausschließlich für die Investition in taxonomiekonforme Produkte bzw. Wirtschaftstätigkeiten dienen sollen.[75]

D. Problemstellung und Ausblick

44 Die obigen Ausführungen haben aufgezeigt, dass Nachhaltigkeitsaspekte insbesondere durch das Risikomanagement in die Finanzwirtschaft einfließen, da durch transitorische und klimatische Risiken die Stabilität des Finanzsektors gefährdet sein könnte. Die Berücksichtigung der SFDR und der **CSRD** soll zudem vermehrt durch die Bankenaufsicht überprüft werden.[76] Wie sich diese Faktoren auf die Kreditvergaben der einzelnen Institute auswirken wird, hängt jeweils vom individuellen Risikoprofil und Geschäftsmodell ab. Die Implementierung von Nachhaltigkeitsaspekten steht bei den Finanzakteuren noch am Anfang, jedoch nimmt der Druck durch neue Regularien und tiefergehende Prüfungen stetig zu.

45 Die Bauwirtschaft ist für rund 40 % der Treibhausgasemissionen global und national verantwortlich (siehe bereits → § 1 Rn. 8 ff., „Rolle der Bauwirtschaft"). Bei der Umsetzung der Pariser Klimaziele und des EU „Green-Deals" spielt sie folglich eine bedeutende Rolle, hierfür bedarf es einer umfassenden Sanierung des Gebäudebestands sowie einem Umdenken bei der Errichtung von Neubauten. Es kann daher als problematisch betrachtet werden, dass Nachhaltigkeit bei der Immobilienfinanzierung weder gewichtigen noch eindeutigen Einfluss nimmt, sondern lediglich als Teil des Risikomanagements betrachtet wird (welches einen Bruchteil der Konditionen ausmacht). Wie ferner SFDR und CSRD bei Immobilienfinanzierungen Berücksichtigung finden sollten, also inwiefern sie die Konditionen verbessern oder verschlechtern könnten, ist durch die BaFin nicht geregelt; diese will nur die geforderte Transparenz und die Einhaltung der Verordnungen sicherstellen.[77]

46 Ein weiteres Problem, vielleicht auch sogar das zentrale Schlüsselproblem, ist, dass sich die bei der Kreditgestaltung angewendete Ertragswertmethode zur Ermittlung des Objektwertes grundlegend mit dem Nachhaltigkeitsansatz widerspricht. So wird der Immobilienwert daran gemessen, wie schnell sich die (möglichst niedrige) Investition durch (möglichst hohe) Mieten amortisiert. Ein nachhaltiges Gebäude hingegen zeichnet sich derzeit erst einmal durch einen höheren Invest sowie eine spätere Amortisierung bei sozial verträglichen Mieten aus. Jedoch sind die Rückflüsse über den Lebenszyklus hinweg betrachtet insgesamt deutlich höher. Auch steht das durch das Ertragswertverfahren angestrebte Maximieren der vermietbaren Fläche oft im Widerspruch zur nachhaltigen Reduktion von versiegelter Fläche. Wenn der Kreditnehmer also heutzutage höhere Baukosten aufgrund von qualitativ hochwertigeren, haltbareren und schlichtweg nachhaltigeren Ansätzen im Projekt vorweist, findet meist keine Berücksichtigung der geringeren Wartungs-, Instandhaltungs- und Betriebskosten über den Lebenszyklus hinweg statt. Vielmehr kann dies seinen Ertragswert und somit den Wert seiner Immobilie verringern. Zu Zeiten von grundsätzlich hohen Baukosten, einer sich normalisierenden Zinslandschaft und einer instabilen

---

[74] Verordnung (EU) 2023/2631 des Europäischen Parlaments und des Rates vom 22. November 2023 über europäische grüne Anleihen sowie fakultative Offenlegungen zu als ökologisch nachhaltig vermarkteten Anleihen und zu an Nachhaltigkeitsziele geknüpften Anleihen.
[75] KPMG, Veröffentlichung: EU-Green Bond Verordnung (o. J.), URL: https://kpmg.com/de/de/home/themen/2023/11/veroeffentlichung-eu-green-bond-vo.html#:~:text=November%202023%20%C3%BCber%20europ%C3%A4ische%20gr%C3%BCne,Dezember%202023%20in%20Kraft. (Stand: 29.2.2024).
[76] BaFin, Risiken im Fokus, 2024, 43.
[77] Vgl. BaFin, Sustainable Finance, 2023, 2 ff.

Förderlandschaft wird es so fast unmöglich, nachhaltig zu bauen. Es stellt sich die Frage: Wieso kann es nicht auch aus Banksicht wirtschaftlicher sein, ein haltbares Gebäude zu bauen?

Ein vielversprechender Ansatz könnte sein, neben den Risiken auch die Chancen bei der Bewertung der Immobilie oder des Kreditnehmers zu berücksichtigen. Dieser Ansatz ist nicht neu; 2017 veröffentlichte die Task Force on Climate-related Financial Disclosures (TCFD) des Financial Stability Boards einen Bericht, in welchem die finanziellen Auswirkungen von klimabedingten Risiken und Chancen aufgezeigt werden. Als Beispiel für letztere werden u. a. geringere Betriebskosten, gesteigerte Produktionskapazitäten und damit verbundene höhere Einnahmen, gesteigerte Resilienz und Reputationsvorteile genannt.[78] **47**

Climate-Related Risks, Opportunities, and Financial Impact[79]

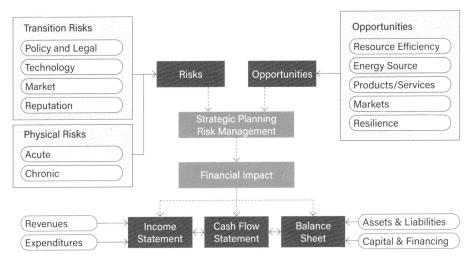

Auch im „Merkblatt zum Umgang mit Nachhaltigkeitsrisiken" wird dieser Ansatz erwähnt: **48**

„Beaufsichtigte Unternehmen sollten im Hinblick auf den Umgang mit Nachhaltigkeitsrisiken (und ggf. Chancen) entweder eine eigene Strategie entwickeln oder die bestehenden Strategien entsprechend anpassen."[80]

Es scheint sich bei der Erwähnung von „Chancen" jedoch eher um eine Randbemerkung zu handeln, da der Begriff im Merkblatt nicht noch einmal erwähnt wird. Das Wort „Risiko" wird 401-mal verwendet. **49**

Ein weiterer Ansatz könnte sein, bei der Bewertung der Immobilie einen größeren Fokus auf den Lebenszyklus und somit auch auf die Nebenkosten sowie den **Materialwert** zu legen. Geringere und insbesondere von äußeren Umständen unabhängige Heizkosten rechtfertigen spätestens seit dem Angriffskrieg auf die Ukraine und der dadurch entstandenen Energiekrise eine minimal höhere Miete. **50**

Um die **grauen Emissionen** zu reduzieren, sollte außerdem nicht nur zukünftige Mieterträge, sondern auch vergangene und bestehende Erträge berücksichtigt werden, wenn es sich um einen Neubau mit vorgelagertem Abriss handelt. Aktuell findet ein Bestands- **51**

---

[78] Vgl. TCFD, Recommendations of the Task Force on Climate-related Financial Disclosures, 2017, 16 ff.
[79] Klimabedingte Risiken, Chancen und finanzielle Auswirkungen (Abb. in Anlehnung an TCFD, Recommendations of the Task Force on Climate-related Financial Disclosures, 2017, 16).
[80] BaFin, Merkblatt, 2020, 20.

gebäude lediglich als Teil der Kostengruppe 200 „Herrichten und Erschließen" bei den Investitionskosten Berücksichtigung.

52 Schlussendlich bedarf es Lösungen, die direkt auf den Eigenkapitalanteil und/oder auf die Zinshöhe einwirken und so nachhaltiges Bauen wirtschaftlich machen. Sollte das gelingen, würde das die Transformation der Immobilienwirtschaft um ein Vielfaches beschleunigen und die Finanzwirtschaft ihrer Schlüsselrolle bei der Umsetzung des „Green Deals" gerecht werden.

E. Der Darlehensvertrag nach BGB

53 Finanzierungs- oder Kreditverträge sind, wie in Rn. 11 ff. dargestellt, Darlehensverträge nach §§ 488 ff. BGB. Auch wenn aufgrund der festen und zumeist kaum verhandelbaren individuellen Vorgaben der meisten Kreditinstitute wenig eigener Gestaltungsspielraum besteht, ist eine rechtliche Einordnung des Darlehensvertrages nach §§ 488 ff. BGB unerlässlich.

53a In Deutschland existiert keine allgemein verwendete Standarddokumentation für Immobiliendarlehen. Insbesondere hat sich die Musterdokumentation für strukturierte Immobilienfinanzierung der Loan Market Association (LMA)[81] zwar in weiten Teilen Europas, jedoch nicht in Deutschland umfassend durchgesetzt. Auch der Verband deutscher Pfandbriefbanken (vdp) e.V.[82] hat eine eigene Musterdokumentation für strukturierte Immobilienfinanzierungen entwickelt, welche im Vergleich zu der LMA-Musterdokumentation weniger umfangreich ist. Die Banken haben in der Regel eigene Musterdokumentationen entworfen, wobei sie auf Elemente der LMA- und vdp-Muster zurückgegriffen haben. Trotz der Abweichungen haben sich hinsichtlich der Struktur und der Regelungen eines Darlehensvertrags zur Immobilienfinanzierung typische Merkmale herausgebildet.[83]

I. Zinsen

54 Gemäß § 488 Abs. 1 BGB wird der Darlehensgeber durch den Darlehensvertrag verpflichtet, dem Darlehensnehmer einen Geldbetrag in der vereinbarten Höhe zur Verfügung zu stellen; der Darlehensnehmer ist verpflichtet, einen geschuldeten Zins zu zahlen und bei Fälligkeit das zur Verfügung gestellte Darlehen zurückzuzahlen. Demnach stellen die Zinszahlungen des Darlehensnehmers Hauptpflichten dar.[84]

55 Die Höhe des Zinssatzes wird vertraglich vereinbart. Zu unterscheiden ist zwischen einer Festzinsvereinbarung und einer variablen Verzinsung[85]:

56 Bei der Festzinsvereinbarung wird der Zinssatz entweder bei Vertragsschluss festgeschrieben oder unmittelbar vor Inanspruchnahme des Darlehens als Summe aus einer bei Vertragsschluss festgelegten Marge und einem vertraglich vereinbarten Referenzzinssatz ermittelt.[86] Demgegenüber wird die variable Verzinsung grundsätzlich als Zinsgleitklausel für eine bestimmte Zinsbindungsperiode (häufig 1, 3 oder 6 Monate) unmittelbar vor Beginn der jeweiligen Zinsbindungsperiode festgelegt (sogenannter Geldmarktkredit). Die Höhe folgt aus der Summe aus einem allgemein zugänglichen Referenzzinssatz für die Laufzeit der Zinsbindungsperiode und der vertraglich vereinbarten Marge. Zinsanpassungsklauseln, bei denen zum Vertragsschluss ein fester Zinssatz vereinbart wird, der vom Darlehensgeber

---

[81] Loan Market Association (o. J.), URL: https://www.lma.eu.com/ (Stand: 27.3.2024).
[82] Verband deutscher Pfandbriefbanken (vdp) e. V. (o. J.), URL: https://www.pfandbrief.de/site/de/vdp.html (Stand: 27.3.2024).
[83] Meyer/Mitzkait, Handbuch Immobilienwirtschaftsrecht, Kapitel 11 Rn. 18 ff.
[84] Meyer/Mitzkait, Handbuch Immobilienwirtschaftsrecht, Kapitel 11 Rn. 23; MüKoBGB/Berger § 488 Rn. 55.
[85] Meyer/Mitzkait, Handbuch Immobilienwirtschaftsrecht, Kapitel 11 Rn. 25.
[86] Meyer/Mitzkait, Handbuch Immobilienwirtschaftsrecht, Kapitel 11 Rn. 26.

jedoch einseitig angepasst werden kann[87], finden sich in gewerblichen Immobiliendarlehensverträgen eher selten. Wenn solche Klauseln bezüglich der Zinsanpassung Ermessensspielräume für den Darlehensgeber eröffnen, unterliegen sie der AGB-rechtlichen Inhaltskontrolle.[88]

Festzinsvereinbarungen sind zwar über die gesamte Laufzeit regelmäßig etwas günstiger als eine variable Verzinsung, allerdings sind Festzinsvereinbarungen im Vergleich zur variablen Verzinsung weniger flexibel hinsichtlich außerplanmäßiger Rückzahlungen des Darlehens.[89] 57

Um das Risiko der Zinsänderung abzusichern, sehen Geldmarktkredite regelmäßig eine Verpflichtung zum Abschluss eines Zinssicherungsgeschäfts vor. Die Zinssicherungsgeschäfte werden grundsätzlich rechtlich selbständig neben dem Darlehensvertrag abgeschlossen.[90] 58

II. Sonstige Finanzierungskosten

In den Darlehensverträgen werden in der Regel – neben der gesetzlich vorgesehenen Zinszahlung – weitere Zahlungspflichten des Darlehensnehmers vereinbart, zB Bereitstellungsprovisionen und Bearbeitungsgebühren[91]: 59

Für die Bereitstellung bzw. Reservierung des Kapitals entstehen dem Darlehensgeber Kosten, welche er als Bereitstellungsprovision an den Darlehensnehmer weiterreicht. Die Provisionen berechnen sich laufzeitabhängig auf den nicht in Anspruch genommenen Darlehensvertrag. Die vertraglichen Ausgestaltungen weichen in ihren Einzelheiten voneinander ab.[92] 60

Üblich bei gewerblichen Immobilienfinanzierungen ist neben der Vereinbarung einer Zinszahlungspflicht auch diejenige einer Bearbeitungsgebühr. Die Bearbeitungsgebühr ist ein laufzeitunabhängiges Einmalentgelt. Sie entsteht mit Abschluss des Darlehensvertrags und wird grundsätzlich mit erster Auszahlung des Darlehens gezahlt.[93] Fraglich ist die Wirksamkeit von Vereinbarungen eines Bearbeitungsentgelts in Allgemeinen Geschäftsbedingungen. Nach der Rechtsprechung des BGH sei das Bearbeitungsentgelt keine Vergütung für eine rechtlich selbständige Leistung, sondern lediglich eine Abwälzung der Kosten für eine Tätigkeit des Darlehensgebers, welche dieser in seinem eigenen Interesse erbringe, und unterliege als solche Preisnebenabrede der Inhaltskontrolle gemäß § 307 Abs. 3 S. 1 BGB.[94] Der BGH geht davon aus, dass die formularmäßige Vereinbarung eines Bearbeitungsentgelts auch in Darlehensverträgen mit Unternehmern grundsätzlich unwirksam sei. Eine Ausnahme gelte nur, wenn es sich um die Vergütung für eine echte Sonderleistung handele[95] oder sonst nach umfassender Interessenabwägung der konkreten besonderen Umstände ergeben, dass der Darlehensnehmer durch die Bearbeitungsgebühr nicht unangemessen benachteiligt werde.[96] Infolgedessen haben die Darlehensgeber unterschiedliche Modelle entwickelt, mit dem Bearbeitungsentgelt umzugehen. Es besteht die Möglichkeit, die Vereinbarungen eines Bearbeitungsentgelts als Individualvereinbarungen auszugestalten. Sofern Anknüpfungspunkte bestehen, können die Bearbeitungsgebüh- 61

---

[87] MüKoBGB/Berger § 488 Rn. 173.
[88] Meyer/Mitzkait, Handbuch Immobilienwirtschaftsrecht, Kapitel 11 Rn. 28 ff; MüKoBGB/Berger § 488 Rn. 173 ff.
[89] Meyer/Mitzkait, Handbuch Immobilienwirtschaftsrecht, Kapitel 11 Rn. 27.
[90] Meyer/Mitzkait, Handbuch Immobilienwirtschaftsrecht, Kapitel 11 Rn. 31; Ellenberger/Bunte/Samhat, Bankrechts-Handbuch, § 54 Rn. 144.
[91] Meyer/Mitzkait, Handbuch Immobilienwirtschaftsrecht, Kapitel 11 Rn. 35.
[92] Meyer/Mitzkait, Handbuch Immobilienwirtschaftsrecht, Kapitel 11 Rn. 36.
[93] Meyer/Mitzkait, Handbuch Immobilienwirtschaftsrecht, Kapitel 11 Rn. 37.
[94] BGH 4.7.2017 – XI ZR 562/15, NJW 2017, 2986.
[95] BGH 4.7.2017 – XI ZR 562/15, NJW 2017, 2986.
[96] BGH 16.2.2016 – XI ZR 454/14, NJW 2016, 1875; Meyer/Mitzkait, Handbuch Immobilienwirtschaftsrecht, Kapitel 11 Rn. 38.

ren durch die Ausgliederung in separate Gebührenvereinbarungen anderen, weitergehenden Rechtsordnungen unterstellt werden. Möglich ist auch, die Bearbeitungsgebühren auf die Zinsen umzulegen. Die rechtliche Einschätzung dieser alternativen Vergütungsstrukturen hängt von der konkreten Ausgestaltung und Situation ab.[97]

62   Darlehensverträge enthalten außerdem Vereinbarungen zur Kostentragung. Danach sind sonstige Kosten (Kosten für die Bestellung der Sicherheiten, die anwaltliche Beratung und die Erstellung von Wertgutachten) grundsätzlich vom Darlehensnehmer zu tragen und dem Darlehensgeber zu erstatten, falls sie bei diesem angefallen sind.[98]

III. Nichtabnahme und vorzeitige Rückzahlung des Darlehens

63   Immobiliendarlehensverträge regeln, dass der Darlehensnehmer das Darlehen innerhalb einer vereinbarten Abnahmefrist in Anspruch zu nehmen hat. Nimmt der Darlehensnehmer das Darlehen trotz der Verpflichtung nicht ab, stellt dies eine Vertragsverletzung dar, sodass der Darlehensnehmer dem Darlehensgeber den Nichtabnahmeschaden zu ersetzen hat.[99]

64   Bei vorzeitiger Rückzahlung des Darlehens auf Veranlassung des Darlehensnehmers bestehen gesetzliche Kündigungsrechte und etwaige vertragliche Kündigungs- oder Aufhebungsvereinbarungen. Gesetzliche Kündigungsrechte folgen aus § 489 Abs. 1 Nr. 1 und Nr. 2 BGB. Für die Immobilienfinanzierung ist daneben das gesetzliche Sonderkündigungsrecht des Darlehensnehmers gemäß § 490 Abs. 2 BGB bedeutsam.[100]

IV. Auszahlungsvoraussetzungen

65   Die Auszahlung des Darlehens ist an die Erfüllung bestimmter Bedingungen geknüpft, die sogenannten Auszahlungsvoraussetzungen bzw. Conditions Precedent (PCs). Die typischen Auszahlungsvoraussetzungen werden dabei durch die für die jeweilige Finanzierung besonderen Nachweise ergänzt. Zu den Standardauszahlungsvoraussetzungen gehören Handelsregisterauszüge nebst Gesellschafterlisten sowie Gesellschaftsverträge und Geschäftsordnungen des Darlehensnehmers und der Drittsicherheitengeber sowie ein Organigramm, welches die Beteiligtenverhältnisse am Darlehensnehmer bis zum wirtschaftlich Berechtigten darstellt.[101]

V. Finanzkennzahlen

66   Eine Vielzahl gewerblicher Immobilienfinanzierungen enthält Regelungen zur Einhaltung bestimmter Finanzkennzahlen (Financial Covenants). Regelmäßig dienen diese als Indikator, um bestimmte, sich auf das Darlehensrisiko auswirkende Verschlechterungen des Finanzierungsobjekts und/oder der wirtschaftlichen Situation des Darlehensnehmers frühzeitig zu erkennen[102] und bereits im Vorfeld zu einem Darlehensausfall bestimmte Rechtsfolgen auszulösen. Für die Immobilienfinanzierung sind insbesondere folgende Finanzkennzahlen relevant: Marktwertauslauf oder Loan-to-Value Ratio (LTV), Kapitaldienstdeckungsgrad oder Dept Service Coverage Ratio (DSCR), Zinsdienstdeckungsgrad oder Interest Coverage Ratio (ICR), Dept Yield (DY) sowie Weighted Average Unexpired Lease Term (WAULT).[103]

---

[97] Meyer/Mitzkait, Handbuch Immobilienwirtschaftsrecht, Kapitel 11 Rn. 39.
[98] Meyer/Mitzkait, Handbuch Immobilienwirtschaftsrecht, Kapitel 11 Rn. 40.
[99] Meyer/Mitzkait, Handbuch Immobilienwirtschaftsrecht, Kapitel 11 Rn. 42; MüKoBGB/Berger § 488 Rn. 69.
[100] Meyer/Mitzkait, Handbuch Immobilienwirtschaftsrecht, Kapitel 11 Rn. 43 ff.
[101] Meyer/Mitzkait, Handbuch Immobilienwirtschaftsrecht, Kapitel 11 Rn. 49 f.
[102] Ellenberger/Bunte/Merkel/Richrath, Bankrechts-Handbuch, § 77 Rn. 174.
[103] Meyer/Mitzkait, Handbuch Immobilienwirtschaftsrecht, Kapitel 11 Rn. 60.

Aus dem Bruch einer Finanzkennzahl können sich für den Darlehensgeber unterschiedliche Rechte ergeben. In den meisten Darlehensverträgen ist geregelt, dass der Bruch einer (harten) Finanzkennzahl einen Kündigungsgrund darstellen kann. Regelmäßig werden jedoch bereits im Vorfeld zu einem Kündigungsgrund weniger starke Rechtsfolgen an den Bruch von weichen, weniger strengen Finanzkennzahlen geknüpft.[104] 67

In der Regel sieht der Darlehensvertrag Heilungsmöglichkeiten des Darlehensnehmers für den Fall des Bruchs einer Finanzkennzahl vor.[105] Nach einer häufigen Ausgestaltung der Heilungsmöglichkeit tilgt der Darlehensnehmer das Darlehen anteilig in Höhe des Betrages, der notwendig ist, um die jeweilige Finanzkennzahl wieder einzuhalten.[106] 68

VI. Sonstige anfängliche und laufende Nebenpflichten

Darlehensverträge enthalten darüber hinaus weitere Nebenpflichten und -vereinbarungen, etwa Zusicherungen, die Übernahme vertraglicher Nebenpflichten und Auflagen, Informationspflichten und Zustimmungserfordernisse.[107] 69

Immobiliendarlehensverträge, die auf der LMA-Musterdokumentation oder dem vdp-Muster beruhen, enthalten Zusicherungen (Representations). Diese geben der Darlehensnehmer und ggf. weitere unter dem Darlehensvertrag Verpflichtete gegenüber den Darlehensgebern in Bezug auf sich, ihre vertraglichen Verhältnisse, das Finanzierungsobjekt und ihre sonstigen Vermögenswerte, aber teilweise auch in Bezug auf andere Gruppengesellschaften ab. Aus falschen Zusicherungen folgt regelmäßig ein vertragliches Kündigungsrecht.[108] 70

Zusicherungen können sich auch auf den Einklang mit baurechtlichen, umweltrechtlichen und anderen gesetzlichen Regelungen sowie auf das Vorliegen erforderlicher Genehmigungen beziehen.[109] Auf diese Weise lassen sich Anforderungen der Nachhaltigkeit im Darlehensvertrag verankern.[110] 71

Die meisten Darlehensverträge enthalten außerdem eine Vielzahl von Auflagen, die den Darlehensnehmer bis zur vollständigen Rückzahlung des Darlehens zu einem bestimmten Tun oder Unterlassen verpflichten (sogenannte General Undertakings oder Covernants). Dazu gehören die Pflicht zur Einhaltung der Finanzkennzahlen, Handlungs- und Unterlassungspflichten bezüglich der geschäftlichen Tätigkeit des Darlehensnehmers sowie Reporting- und Informationspflichten.[111] 72

VII. Kündigungsrechte des Darlehensgebers

Darlehensverträge zur gewerblichen Immobilienfinanzierung werden überwiegend für eine feste Laufzeit geschlossen. Gemäß § 488 Abs. 3 BGB steht dem Darlehensgeber bei einem solchen Darlehen gesetzlich kein ordentliches Kündigungsrecht zu. Eine vertragliche Vereinbarung von ordentlichen Kündigungsrechten des Darlehensgebers ist in der Praxis irrelevant. Dem Darlehensgeber können aber (sowohl gesetzliche als auch vertragliche) außerordentliche Kündigungsrechte zustehen.[112] 73

Gemäß § 490 Abs. 1 BGB kann der Darlehensgeber den Darlehensvertrag vor Auszahlung des Darlehens im Zweifel stets, nach Auszahlung nur in der Regel fristlos kündigen, 74

---
[104] Meyer/Mitzkait, Handbuch Immobilienwirtschaftsrecht, Kapitel 11 Rn. 73 f.
[105] Zur Pflicht des Darlehensgebers, dem Darlehensnehmer vor einer Kündigung eine Heilungsmöglichkeit durch Kreditbesicherung einzuräumen: Ellenberger/Bunte/Merkel/Richrath, Bankrechts-Handbuch, § 77 Rn. 176.
[106] Meyer/Mitzkait, Handbuch Immobilienwirtschaftsrecht, Kapitel 11 Rn. 76.
[107] Meyer/Mitzkait, Handbuch Immobilienwirtschaftsrecht, Kapitel 11 Rn. 78.
[108] Meyer/Mitzkait, Handbuch Immobilienwirtschaftsrecht, Kapitel 11 Rn. 79.
[109] Meyer/Mitzkait, Handbuch Immobilienwirtschaftsrecht, Kapitel 11 Rn. 83.
[110] Siehe dazu unter → Rn. 59 ff.
[111] Meyer/Mitzkait, Handbuch Immobilienwirtschaftsrecht, Kapitel 11 Rn. 84.
[112] Meyer/Mitzkait, Handbuch Immobilienwirtschaftsrecht, Kapitel 11 Rn. 97.

wenn in den Vermögensverhältnissen des Darlehensnehmers oder in der Werthaltigkeit einer für das Darlehen gestellten Sicherheit eine wesentliche Verschlechterung eintritt oder einzutreten droht, durch die die Rückzahlung des Darlehens, auch unter Verwertung der Sicherheit, gefährdet wird. Nach § 490 Abs. 3 BGB bleibt auch das gemäß § 314 BGB für Dauerschuldverhältnisse bestehende Recht auf Kündigung aus wichtigem Grund für Darlehensverträge anwendbar. § 314 BGB ist allerdings nur anwendbar, sofern der Anwendungsbereich des spezielleren § 490 Abs. 1 BGB nicht eröffnet ist.[113] Auch aus den Regelungen zur Störung der Geschäftsgrundlage kann sich ein Kündigungsrecht für den Darlehensgeber ergeben, wenn eine Vertragsanpassung nicht möglich oder nicht zumutbar ist (§ 490 Abs. 3 BGB iVm § 313 Abs. 1 und Abs. 3 BGB). Eingeschränkt ist die Ausübung des Kündigungsrechts durch das sich aus Treu und Glauben ergebende Gebot der Rücksichtnahme. Demnach darf der Darlehensgeber nicht zur Unzeit kündigen, sich nicht vertragswidersprüchlich verhalten und ein zuvor zurechenbares Vertrauen nicht enttäuschen.[114]

75 Das gesetzliche Kündigungsrecht des Darlehensgebers gemäß § 490 Abs. 1 BGB ist dispositiv[115], sodass die Parteien eines Darlehensvertrags abweichende oder zusätzliche Kündigungsrechte vertraglich vereinbaren können. Von diesem Recht wird in den Darlehensverträgen zur Immobilienfinanzierung in unterschiedlichem Umfang Gebrauch gemacht.[116] Folgende Umstände können beispielsweise nach vertraglicher Vereinbarung ein Kündigungsrecht begründen: Zahlungsrückstände, Vorliegen eines Insolvenztatbestands beim Darlehensnehmer, Unrichtigkeit oder Unvollständigkeit der für die Darlehensvergabe zur Verfügung gestellten Unterlagen, Unrichtigkeit der Zusicherungen, mangelnde Einhaltung der Auflagen und sonstige Pflichtverletzungen des Darlehensnehmers, Zwangsvollstreckungsmaßnahmen in das Vermögen des Darlehensnehmers oder in das Finanzierungsobjekt, vorzeitige Fälligkeitsstellung von Finanzverbindlichkeiten des Darlehensnehmers gegenüber Dritten oder die Möglichkeit derselben oder mangelnde Erfüllung bei Fälligkeit, unerlaubte Veräußerung oder Belastung des Finanzierungsobjekts, mangelnder Abschluss der erforderlichen Versicherungen für das Finanzierungsobjekt, fehlende Erreichbarkeit des Verwendungszwecks des Darlehens, Missachtung regulatorischer Offenlegungspflichten durch den Darlehensnehmer, Untersagung des Gewährens oder Bestehenlassens des Darlehens durch gesetzliche Regelungen bzw. behördliche Auflagen gegenüber dem Darlehensgeber.[117]

76 Wenn es sich bei vertraglich vereinbarten Kündigungstatbeständen um Formularklauseln handelt, stellt sich auch bei gewerblichen Immobilienfinanzierungen die Frage, ob sie einer Inhaltskontrolle nach § 307 BGB, insbesondere nach § 307 Abs. 2 Nr. 1 BGB, standhalten.[118]

---

[113] MüKoBGB/Gaier § 314 Rn. 18; MüKoBGB/Berger § 490 Rn. 47.
[114] OLG Hamm 12.9.1990 – 31 U 102/90, NJW-RR 1991, 242; Meyer/Mitzkait, Handbuch Immobilienwirtschaftsrecht, Kapitel 11 Rn. 98 ff.
[115] MüKoBGB/Berger § 490 Rn. 22.
[116] Meyer/Mitzkait, Handbuch Immobilienwirtschaftsrecht, Kapitel 11 Rn. 102.
[117] Meyer/Mitzkait, Handbuch Immobilienwirtschaftsrecht, Kapitel 11 Rn. 103 ff.
[118] Meyer/Mitzkait, Handbuch Immobilienwirtschaftsrecht, Kapitel 11 Rn. 109.

Sachregister

Die fetten Zahlen bezeichnen die Paragraphen, die mageren die Randnummern.

Abfall- und Recyclingkonzept **3** 53
Abfallaufkommen **8** 14
Abfälle **4** 90; **8** 139
Abfalleigenschaft **12** 148 f.
Abnahme **8** 106, 110
Abnahmefiktion **8** 108
Abrufauftrag **4** 39
Absichtserklärung **4** 57, 67
Abstandsflächen **10** 32 ff., 46 ff., 70 ff.
Abweichung **8** 126; **10** 29, 47. 51 f., 58, 71 ff., 77 f.
Agenda 2030 **1** 29
AHO-Leistungsbild **8** 95; **9** 11 ff.
Aktivitäten, umweltfreundliche (Standalone Activities) **2** 21
Alternative Nachweisführung **7** 43
Alleinunternehmer **12** 11
Allgemein anerkannten Regeln der Technik **8** 52, 59, 121; **12** 79 ff.; **14** 59
– Abweichung von den **8** 54; **12** 86; **14** 66
– Vereinbarung zur Abweichung **12** 86
Allgemeine Geschäftsbedingung **12** 129
Allgemeine Programmklausel **4** 48; **8** 8; **12** 19
Allgemeine Verwaltungsvorschrift zur Beschaffung energieeffizienter Produkte und Dienstleistungen (AVV EnEff) **7** 18
Allgemeine Verwaltungsvorschrift zur Beschaffung klimafreundlicher Leistungen (AVV Klima) **7** 18
Ambitionslücke **1** 6
Angebot
– abänderndes **4** 69
Annuitätendarlehen **15** 9
Anordnung **8** 100
Anordnungsrecht **12** 116
Anpassungsfähigkeit **8** 28
Anpassungslücken **1** 5
Arbeitsplätze **8** 28
Artenvielfalt **8** 14
Artikel-6-Produkte **2**
Artikel-8-Produkte **2**
Artikel-9-Produkte **2**
Auditor(en) **6** 16, 17; **9** 20; **12** 47; **14** 34
Auftragsbezug **7** 72
Ausführungsbedingungen **7** 98
Ausführungsplanung **8** 84
Auslegung **4** 53

BaFin **1** 40
Barrierefreiheit **3** 52; **10** 24 ff., 45, 48
Basel-Regelwerke **1** 5
Baubestimmungen
– technische **8** 129
Bauleistungsversicherung **14** 68
Bauordnungsrecht **10** 4, 8 ff., **12** ff.
Bauplanungsrecht **10** 3, 6 f., 80 ff.
Bauprodukte **8** 139; **14** 61
Bauprodukten- und Bauartenrecht **8** 130
Bausatz **8** 141
Beauftragung
– stufenweise **4** 38
Bedarfsanalyse (Bedarfsermittlung) **7** 26
Bedarfsplanung **1** 39
Bedenkenanzeige **12** 128
Bedingung **4** 40
BEG (Bundesförderung für effiziente Gebäude) **6** 9; **8** 34, 153
Begriff der Nachhaltigkeit *(s. Nachhaltigkeit)*
Behaglichkeit **8** 28
Belastungen für die Umgebung **8** 28
Belastungen von Böden **8** 14
Belastungen von Gewässern **8** 14
Bemühensklauseln (Best Effort Klauseln) **4** 56; **8** 9; **12** 21; **13** 14
Berufshaftpflichtversicherung
– Berufsbild **14** 29
– Grundzüge **14** 24, 26
– Erfüllungsausschlussklausel **14** 42
– Wissentliche Pflichtverletzung **14** 57
Beschaffenheit
– Ist- **9** 54; **12** 77
– Soll- **9** 54; **12** 77
– vereinbarte **8** 10; **14** 39
Beschaffungsautonomie **7** 34
Besondere Vertragsbedingungen Nachhaltigkeit **4** 28
Bestandsgebäude **10** 18, 29, 31 ff., 45 ff., 67 ff.
Bestimmtheitsgrundsatz **7** 67
Betriebskostenabrechnung und Mehrkosten der nachhaltigen Bewirtschaftung **13** 32
Betriebswasserkonzept **3** 45
Bevorzugungspflicht **7** 14
Bilanzierungsregeln **5** 25
Biodiversität **3** 55
Blendgutachten **11** 84
BNB **1** 37
BREEAM **2** 114; **5** 28; **6** 2

363

Sachregister

Bundesbodenschutz- und Altlastenverordnung **7** 19
Bundesförderung für effiziente Gebäude (s. BEG)

CO_2
– Abgabe **13** 39
– Emissionen **7** 22
– Kohlendioxidkosten **13** 40
– Preis **7** 92
– Schattenpreis **7** 20 f.
– Schattenpreis-VO **7** 20 f.
Cost + Fee-Vergütung **9** 45 f.
Covenants **15** 13
Cradle to Cradle (C2C) **1** 36; **8** 133; **12** 28, 143; **9** 26
Cradle to Gate **9** 26
Cradle to Grave **9** 26
CREEM-Tool **5** 30
CSRD (Sustainable Finance Disclosure Regulation) **2** 43 ff.; **3** 2; **15** 43

Dachflächen-Anlagen **11** 25, 32 f., 37
Debt-Service-Cover-Ratio **15** 13
Degression **11** 47
Dekarbonisierungspfad **1** 9; **5** 30 ff.
Deutsche Gesellschaft für Nachhaltiges Bauen (DGNB) **1** 35; **2** 70; **6** 6; **12** 107; **14** 36
Deutschen Nachhaltigkeitsstrategie **1** 12
Dienstvertrag **9** 51 ff.
DIN 10945/EN206-1 **12** 162
DIN 18205:2016-11 („Bedarfsplanung im Bauwesen") **9** 22
DIN 4226-100/EN/12610 **12** 162
DIN EN 15643 **4** 79, 88; **5** 19; **12** 25
DIN EN 15978 **12** 52
DIN EN 16309 **12** 36
DIN ISO 14064-1 **12** 51
DIN-Norm
– Vorstufe einer **12** 165
Do no significant harm (DNSH) **2** 24
Doughnut for Urban Development **1** 36

Ecore-ESG-Circle of Real Estate **2** 114; **3** 28
Eigenkapital **15** 15
Eigenversorgung **11** 102, 108
Eignungskriterien **7** 90 f.
Eignungsnachweis **7** 100
Einzelgewerkvergabe **12** 11 ff.
Einzureichende Unterlagen
– Bewertung **7** 92 ff.
E-Ladeinfrastruktur **13** 56, 58
– Elektrisch betriebene Fahrzeuge **13** 56
– Elektromobilität **13** 66
– Erhöhte Brandgefahr **13** 66
– Fachunternehmen **13** 64
– Grundsätzliche Vorbehalte **13** 66
– Grundsätzliches Interesse **13** 67
– Öffentliches Interesse an Energieeinsparung sowie Klima- und Umweltschutz **13** 69
– Rückbaurisiko **13** 63
– Unzureichende Informationen **13** 65
– Wettbewerbsvorteile **13** 68
Elementarschadenversicherung **14** 81
EMAS-Zertifizierung **7** 77
Emissionen in die Luft **8** 14
Emissionsminderungslasten **2** 74
Endfälliges Darlehen **15**
Energieeffizienz **1** 6
Energie-Effizienz-Experten (EEE) **2** 103
Energie- und Messkonzept **3** 42
Energieverbrauch
– Energieverbrauchsrelevante Leistungen **7** 8 ff.
– Energieverbrauchsrelevante Produkte **7** 8 ff.
Energieverbrauchskennzeichenverordnung (EnVKV) **7** 9
Energieversorgung
– dezentrale **11** 1, 5, 6 ff., 21, 135 ff.
– Grundmodelle **11** 26 f.
– Immobilien der öffentlichen Hand **11** 31, 37, 115
– Unternehmen **11** 15
Entwurfsplanung **8** 82
Erfolg
– werkvertraglicher **6** 15
Ersatzbaustoffe **7** 160
– verordnung **7** 159
Ertragsteuerbefreiung **11** 111
erweiterte Kürzung **11** 16, 99 f., 114, 128
Erwerb und Eigentum **2** 29
Erzeugungsanlage **11** 6, 13, 18, 21, 40, 104
ESG **1** 19; **12** 137 f.
ESG-Anforderungen **4** 4
ESG-Kriterienkatalog **2** 121
ESG-Verifikation **2** 70; **9** 34
ESRS1 **2** 49
ESRS2 **2** 49
EU-Emissionshandel **2** 37
EU-Gebäuderichtlinie **2** 38
EU-Green Bond Verordnung **15** 43
EU-Offenlegungsverordnung **2** 5; **3** 13
EU-Taxonomie **4** 83 ff.; **5** 46
EU-Taxonomie-Verordnung **2** 18 ff.
European Green Deal **1** 14; **2** 20
Extremwetterereignisse **14** 75

Fälligkeit **9** 53 ff.
Faktor E (Environment) **2** 68
Faktor G (Governance) **2** 68
Faktor S (Social) **2** 68
Fakultativer Ausschlussgrund **7** 73
Finanzierung **3** 18
Fördermittel **14** 42, 52; **15** 14 ff.

Sachregister

Fördermittelgeber 3 20
Fördermittelschädlichkeit 9 26
Fremdkapital 15 1

Garantie 4 91; 8 11; 12 23; 14 38
Gebäudetyp 10 75 ff.
Geförderter Wohnungsbau 10 84 ff.
GEG (Gebäudeenergiegesetz) 2 91; 12 66
GEIG (Gebäude- Elektromobilitätsinfrastrukturgesetz) 2 88
Genehmigungsfähig 8 57
Genehmigungsplanung 8 83
Generalübernehmer 11 39, 82
Generalunternehmer 12 9
Gesundheit 8, 28
Gewerbesteuerpflicht 11 99, 114 f., 128
Gleichwertigkeit 7 30; 10 29
Graue Emissionen 12 51; 15 51
Graue Energie 4 81; 8 44, 46; 12 70
Green Deal 15 76
Green Lease 13 2, 4
– AGB 13 9
– Bemühensklauseln (s. a. Bemühensklauseln) 13 14
– Environment 13 2
– ESG 13 3
– Governance 13 3
– Mindestanforderungen 13 7
– Social 13 3
Greenhouse Gas Protocol (GHGP) 12 51
Greenwashing 2 15 f.; 2 20
GRESB (Global Real Estate Sustainability Benchmark) 2 114; 3 27
Grundlagenermittlung 8 75
Grund-Leistungsphase 0 9 21
Grundmaximen 4 2
Gütezeichen 7 39 f.

Haftungsausschluss 11 35; 12 129 f.
harmonisierte Bauprodukte 12 144
Herkunft der Baustoffe 8 28
Hinweispflicht 12 82

Immobilieneigentümer 11 26, 28, 30 f., 33, 37, 39, 65, 101, 106, 111
– in öffentlicher Hand 11 37
Industriepark 11 8, 18, 137
Informationsportale 7 45
Innovation 8 52, 120
– echte 8 122; 12 86
– technische 8 124 f.; 12 86
Innovationsklausel 10 72, 78 f.; 12 111
Integrierte Projektabwicklung (IPA) 4 25
Intensität der Verpflichtungen 8 7
IPCC (Intergouvernemental Panel on Climate Change) 1 10; 5 58

Jahresemissionsmengen 2 81

Kapitalanlage (Immobilie) 15 39
Klimawandel 14 75, 85
Klimafolgenanpassung 14 79, 89
Klimaneutralität 2 113
Klimarisiko 5 53 ff. 57; 13 25
– analyse 5 53 ff.
Klimaschutz 1 11 ff., 20; 10 6, 94 ff.
– ziele 7 16;10 6
Klimaschutzgesetz 1 15
Klimaschutzprogramm 2030 2 88
Klimawandel 14 85
Klumpenrisiko 15
kommunale Unternehmen 11 17
Kompensation 7 99
Komplettheitsklausel 12 113
Kreditwesengesetz 15 4
Kreislaufwirtschaft (Circular Economy) 5 48 ff.; 8 133; 12 142
Kreislaufwirtschaftsgesetz 3 53

Lager, anthropogenes 12 164
Landnutzung 8 14
Langlebigkeit 7 14
laufende Meldepflichten 11 116, 118
Lebenszyklus/Lebenszyklusansatz 1 32; 5 19 ff.; 7 16; 8 18; 9 26; 12 51
– Treibhausgasemissionen 12 54
Lebenszykluskosten 2 128; 5 42 ff.; 7 18, 94; 8 23
– externe Kosten 7 96
– interne Kosten 7 96
LEED® 6 4
Leistung (s. Grund-Leistungsphase 0)
– besondere 1 17; 9 26
– zusätzliche 9 26
Leistungen für Nachhaltigkeitszertifizierungen (AHO) 8 95
Leistungsänderungen 8 99
Leistungsbeschreibung
– detaillierte 8 72; 12 105
– funktionale/globale 8 66; 12 100 ff.
– teilfunktionale 7 70; 8 66
Leistungsbild 6 17
Leistungsbilder der HOAI 8 73
Leistungsprogramm 7 65
Leistungsumfang 8 1, 61, 107
Leistungsverzeichnis 7 65; 12 100
Leistungszielanforderungen 8 137
Leistungsziele 8 1, 107
– Konkretisierung der 8 101
– nachhaltige 8 103
Leistungszielvereinbarung 8 151; 12 87
Leistungszusage
– erfolgsorientierte 9 7
Leitfabrikat (Leitprodukt) 7 62 ff.
Leitzins 15 1
Lieferketten 3 15
– Compliance 13 94

365

Sachregister

Lieferkettensorgfaltspflichtgesetz (LkSG) 12 40
Liquiditätsrisiko 15 6
Loan-To-Cost 15 13
Loan-To-Value 15 13
Lüftungskonzept 3 50

Markterkundung 7 60
Materialeinsatz 4 82
Materialität
– doppelte 2 51
Mangel
– begriff (erweiterter) 12 77
– frei 12 120
– freiheit 12 80
– Sach- 12 131
– tatbestände 8 56; 12 75
Mängel 8 107
Mängelrechte 8 62, 109
Marktstammdatenregister 11 88, 95, 111, 116
Materialeinsatz 4 82
Materialität
– doppelte 2 51
Materialwert 15 50
Mehrparteienvertrag 4 25
Messkonzept 11 79, 81, 85, 86, 118
Mess- und Übertragungstechnik 11 55
Mieterstrommodell 11 63, 71, 79 f., 112
Mindestanforderungen 7 61
Minderung 8 114
Mitigation *(s. a. Klimaschutz)* 1 20
Modernisierung nach Mietbeginn 13 44
– Duldungspflichten 13 44
– Mietanpassung 13 46

Nacherfüllung 8 112
Nachhaltigkeit 1 19 ff.
– Begriff der 4 4
– ökologische 8 14
– ökonomische 8 22
– soziale 4 88
– Zertifizierung 12 118
– Ziel 12 117
Nachhaltigkeitsanforderungen bei der Vermietung 13 19
– Arbeitsstättenrichtlinien (ASR) 13 27
– Arbeitsstättenverordnung (ArbStättV) 13 27
– Energieverbrauch 13 21
– Errichtungsprinzip 13 19
– Klimaanlage 13 31
– Klimatische Veränderungen 13 25
– Kühltechnik 13 31
– Lufttemperatur 13 27
– Lüftungsanlage 13 31
– Nachrüstpflicht 13 19
– Raumtemperatur 13 26, 27
– Sonnenschutzsysteme 13 27, 31

– Technische Regeln für Arbeitsstätten (Arbeitsstättenregeln – ASR) 13 27
– Wärmedämmung 13 19, 31
– Zertifizierung 13 23
Nachhaltigkeitsberatende 14 33
– Auditoren, Koordinatoren 14 34
Nachhaltigkeitspositionierung GDV 14 15
Nachhaltigkeitsratings 15 42
Nachhaltigkeitsstrategie 1 18; 3 3
NahWo 1 35
Nationalen Aktionsplans für Wirtschaft und Menschenrechte (NAP) 2 106
Naturgefahren 14 77
Nebenangebot 7 29 ff.
Nebenanlage 11 66 f.
Netzentgelte 11 108 f., 127
– keine 11 105
Neubauten 2 133; 8 18; 12 72
NFRD (Non-Financial Reporting Directive) 2 62
Niedrigstenergiestandards bzw. Niedrigstenergiegebäude 2 39
Nutzerfreundlichkeit 7 59
Nutzung der Mietsache 13 88
– Bordell 13 88
– Glücksspiel 13 88
– Rauchen 13 91
– Spielothek 13 88
– Tabak 13 88
Nutzung von Energieressourcen 8 14
Nutzung von Materialien 8 14

Oberschwellenbereich 7 79
Objektrisiko 15
Objektüberwachung 8 90
Offenlegungsverordnung 1 14; 12 74; 15 19
Operationales Risiko 15 6
Optionsrechte 4 42
Ökobilanz/Ökobilanzierung 5 14 ff.; 8 44; 12 50 ff.
Ökologische Eignung (des Auftragnehmers) 12 27
Ökostromanteil 7 88

Pariser Klimaschutzabkommen 1 1; 2 63
Parkflächen 11 25, 67
Pauschalvergütung 9 45 f.
Performanceziele 9 47
Pflichtverletzung
– konkrete 9 56
Phase Nachhaltigkeit 8 94
Photovoltaikanlage 13 75
physische Risiken 15 23
Planungsphase 8 74
Planungs- und Überwachungsziele 8 61
Planungs- und Überwachungsleistungen 8 3, 103; 9 6

Sachregister

Präventions- und Anpassungsmaßnahmen 14 89
Pre-Check 3 38; 8 36
Pre-Demolition-Audits 12 166
Principal Adverse Impacts (PAI) 2 8
Produktfestlegung
– offene 7 48
– verdeckte 7 48
Produktneutrale Ausschreibung 7 50
Programmklauseln 4 48; 8 8
Projektcontrolling 9 10
Prosuming 11 4, 136
PV-Anlagen
– Haftung 11 35
– Verträge mit Mietern oder Pächtern 11 36
– Zeitplan 11 41
– Zusammenfassung mehrerer Anlagen 11 71

Qualität
– soziokulturelle 8 27
Qualitätssiegel nachhaltiges Gebäude (QNG) 6 9; 8 34, 153; 14 52
Quartier 11 66, 68, 137
Quartierskonzepte 11 19

Rebound Effekt 1 8
Recycling 7 85; 8 147
Redispatch 2.0 11 44, 123
Referenz 7 75 ff.
Regeln der Technik (s. allgemein anerkannte Regeln der Technik)
Regelungen
– dynamische 4 11
Regulierungsstandard
– technischer 2 15 ff.
Reinigungs- und Instandhaltungsfreundlichkeit 3 47
Reparaturfreundlichkeit 7 14
Resilienz 8 28, 85
Ressourcenschonung 1 10, 38
Risikotransformation 15 21
R-Strategien 5 51

Sachbilanz 5 17
Sanierungsquote 1 15
Schadensersatzansprüche 8 117
Schlüsselfertig 12 9
Schutz 8 28
– von Kulturerbe 8 28
Schutzgüter und -Ziele 1 37
Schweigen auf ein Angebot 4 70
Schwerpunkt 6 15
– des Vertrages 9 7
Sekundärrisiko 15
Selbstverpflichtung 3 23
Selbstvornahme 8 114
Sicherheit 8 28
Smart Buildings und Datenschutz 13 18

Solaranlagen 10 15 ff., 38 ff., 99, 109 ff.
Sprache
– verständliche 4 5
Starkregengefährdungsklassen 14 84
– Gefährdungsklasse 14 82
Strahlung 8 14
Stranding Point 5 31
Stranding-Risk-Analyse 15 26
Strategie „Europa 2020" 7 4
Strategische Beschaffungsziele (Vergabeziele) 7 82
Stromlieferverträge 11 4, 119, 124
Stromspeicher 11 70
stromsteuerpflichtig 11 126
Sustainable development goals 3 25; 4 52
Sustainable Finance 1 33
Sustainable Finance Disclosure Regulation (SFDR) 15
Systemanbieter 6 14
Systemexperte 6 16
Systemsicherheit 7 57

Taxonomie 4 84
Taxonomieverordnung (EU) 2020/852 1 34; 3 13; 4, 85; 8 49, 148; 12 124; 14, 12
Technische Ausrüstung 7 76
Technische Baubestimmung 10 25, 42, 56 ff., 73
Technische Bewertungskriterien 2 19; 14 14
Teilleistungen 9 44
THG-Bilanz/Bilanzierung 5 29; 8 44
THG-Emissionen 5 6 f., 42; 12 60
THG-Minderungsquote 11 133
THG-Potential 5 10 ff.; 12 107
Tilgungsdarlehen 15 9
transitorische Risiken 15 22
Transportentfernung 7 87
Treibhausgasprotokoll 5 13

Übergangsaktivitäten (Transition Activities) 2 21
Übergangsrisiken 15 25
Überschwemmungsrisiko 14 83
– Gefährdungsklasse 14 82
Überprüfung 7 4; 9 26
Umlagen
– Befreiung von 11 55, 98 f., 102 f., 108, 110 f., 135
– stromsteuerrechtliche 11 103, 110
Umrechnungsfaktoren 5 11
Umsetzungslücke 15 25
Umwelt- und Gesundheitsrisiken aus Bauprodukten 3 48
Umweltgütezeichen (s. a. Gütezeichen) 7 40
Umweltkennzeichen 5 36 f.
Umweltmanagementmaßnahmen 7 77
Umweltproduktdeklaration 5 34 ff.

Sachregister

Umweltrechtlicher Verstoß 7 73
Umweltziele 8 49
Unmöglichkeit 8 119
UNPRI 3 24
Unterschwellenbereich 7 78
Urban Mining 1 36; 8 134; 12 150

Verbrauchsdaten 13 17
Verfahren
– offenes 7 27
– Verhandlungsverfahren 7 28
Verfahrensfreiheit 10 37, 40
Vergabe 8 86
Vergütung
– projektkostenabhängige 9 45
Verkehrssicherungspflichten 11 35
Vermarktungsform 11 51
Vermeidung von Schadstoffen 3 48
Vernetzte Verträge 4 28
Verschulden 9 50
Versicherungswirtschaft 14 1, 15
– Nachhaltigkeitsbericht 14, 18
Versicherbarkeit von Naturschäden 14 86
Versiegelung 10 21, 112 f.
Versorgungserlaubnis
– stromsteuerrechtliche 11 49
Vertrag 6 14
Vertrag
– fair und ausgewogen 4 34
– vollständiger, abschließender 4 8
Vertragsgestaltung
– isolierte 4 23
Verwendbarkeitsnachweis 12 147
Verwendung
– vertragliche 8 55; 12 74
VOB/B 8 146
VOB/C 8 146
Vollauftrag 9 44
Volleinspeisung 11 49

Vorbereitung zur Wiedereinbringung 8 147
Vorplanung 8 79

Währungsrisiko 15 6
Wärmedämmung 10 32 ff., 106
Wärmepumpe 10 35 ff., 43
Wasserverbrauch 8 14
Werkvertrag 6 20; 9 53 f.
Wert
– anzulegender 11 73
Wesentlicher Beitrag 4 84 f.; 8 49; 9 35; 12 63 ff.
Wesentlichkeit
– der Auswirkungen (Impact Materiality) 2 52
– finanzielle (Financial Materiality) 2 51
Wiedereinbau 8 140
Wiederverwendbarkeit 7 14
Wirkungsbilanz 5 17
Wirtschaftsaktivitäten
– ermöglichende (Enabling Activities) 2 21
Wissentliche Pflichtverletzung 14 57, 62
Wohngebäude- Gewerbegebäudeversicherung 14 77

Zeithonorar 9 45
Zeit- und Kostenziel 9 47
Zertifizierung 4 76; 8 34, 67; 12 103; 14 46
Zertifizierungssysteme 8 78; 14 34, 39, 52
ZIA-Leitfaden 13 4
Zielerreichung 9 55
Zielfindungsphase 8 5
Zielkonflikte 8 118
Zinsänderungsrisiko 15
Zirkuläre Wertschöpfung 5 49
Zirkularität 2 123a
Zirkularitätsbewertung 12 72a
Zugänglichkeit 8 28
Zuschlagskriterien 7 26
– Gewichtung 7 83